Arbeit
Leistung
Lohn

Basistexte Personalwesen

Herausgegeben von Oswald Neuberger

Bd. 1

Peter Schettgen

Arbeit
Leistung
Lohn

Analyse- und Bewertungsmethoden
aus sozioökonomischer Perspektive

62 Abbildungen und 12 Tabellen

 Ferdinand Enke Verlag Stuttgart 1996

Dr. rer. pol. Peter Schettgen, Dipl.-Psych.
Wiss Ass (Lehrstuhl für Psychologie I)
Wirtschafts- und Sozialwissenschaftliche Fakultat
der Universitat Augsburg
Universitatsstraße 16
D-86159 Augsburg

Die Deutsche Bibliothek - CIP-Einheitsaufnahme

Schettgen, Peter:
Arbeit, Leistung, Lohn. Analyse- und Bewertungsmethoden
aus soziookonomischer Perspektive, 12 Tabellen / Peter
Schettgen. - Stuttgart: Enke, 1996
    (Basistexte Personalwesen; Bd. 1)
    ISBN 3-432-27221-9
NE. GT

Dieser Band ersetzt den bisherigen Band 1 "Maier, Arbeitsanalyse und Lohngestaltung"
der Reihe "Basistexte Personalwesen".

Das Werk, einschließlich aller seiner Teile, ist urheberrechtlich geschutzt Jede Verwertung ist ohne Zustimmung des Verlages außerhalb der engen Grenzen des Urheberrechtsgesetzes unzulassig und strafbar. Das gilt insbesondere für Vervielfältigungen, Übersetzungen, Mikroverfilmungen und die Einspeicherung und Verarbeitung in elektronischen Systemen.

© 1996 Ferdinand Enke Verlag, P.O.Box 30 03 66, D-70443 Stuttgart
Printed in Germany
Druck: Gruner Druck GmbH, D-91058 Erlangen

Vorwort

Zur Entstehungsgeschichte dieses Buches

Die Halbwertszeit von wissenschaftlichen Lehrtexten beträgt etwa fünf Jahre; dann sind sie veraltet. Das gilt auch für den Lehrtext "Arbeitsanalyse und Lohngestaltung", der von Walter MAIER 1983 in der Reihe "Basistexte Personalwesen" erschienen ist. Nachdem das Werk 1988 von MAIER überarbeitet und in Form einer zweiten, veränderten Auflage nochmals publiziert wurde, stand mit Beginn der neunziger Jahre eine weitere Neufassung des Textes an.

Da ich in den letzten Jahren auf der Grundlage des Basistextes "Arbeitsanalyse und Lohngestaltung" die gleichlautende Lehrveranstaltung an der Universität Augsburg mehrfach betreut habe, lag es nahe, auch die Aufgabe der inhaltlichen und formalen Überarbeitung des Lehrbuchs zu übernehmen. Durch die Integration der Lehrerfahrungen, aber auch durch die Anregungen, die ich von den Studierenden, unserem Lehrstuhl-Team und nicht zuletzt von Walter MAIER selbst erhalten habe, ist eine völlig neue Konzeption entstanden, die sich hauptsächlich in drei Akzentsetzungen vom alten Text unterscheidet: a) in der Rezeption aktueller Entwicklungen und Trends im Gegenstandsbereich, b) in der theoretischen Fundierung und c) der kritischen Reflektion der Methoden und Verfahren, die systematisch aus dem gewählten theoretischen Bezugsrahmen heraus erfolgt.

Zielsetzung

Ein Lehrbuch sollte m.E. (mindestens) drei Ansprüchen gerecht werden:

1) es sollte einen repräsentativen Überblick über den Stand der wissenschaftlichen Diskussion geben;
2) es sollte die LeserInnen durch das Angebot einer theoretischen Perspektive zur selbständigen Kritik und Relativierung der dargestellten Positionen ermutigen;
3) es sollte seine Informationen in einer strukturierten, transparenten und didaktisch aufbereiteten Form darbieten.

Weil es den LeserInnen vorbehalten bleibt, sich selbst ein Urteil darüber zu bilden, ob der vorliegende Text diesen Ansprüchen genügen kann, bezieht sich der folgende Kommentar mehr auf die Absicht als auf das Ergebnis meiner Bemühungen:

Ad 1): *Repräsentativer Überblick*: Ein Lehrbuch sollte zwar nicht alle Probleme in einem Gegenstandsbereich aufgreifen, aber einen umfassenden Einblick in den gegenwärtigen Problemstand vermitteln können. Das überaus differenzierte, weite Feld zwingt bei der Behandlung der Themen "Arbeit", "Leistung" und "Lohn" jedoch zur Selektivität. Zu jedem einzelnen Thema könnte man ein eigenes Lehrbuch verfassen und existieren auch schon zahlreiche Monographien, so daß die Zusammenführung der verschiedenen Aspekte in *einem* Buch notgedrungen skizzenhaft und oberflächlich bleiben muß. Dem Zwang zur Selektivität ist hier z.B. die Be-

Vorwort

sprechung von Arbeitszeugnissen, tariflichen und gesetzlichen Grundlagen der Lohngestaltung, Aufwärtsbeurteilungen, Verfahren der Gruppenentlohnung, arbeitsrechtlichen Bestimmungen - um nur einige Inhalte zu nennen - zum Opfer gefallen. Dadurch war es andererseits möglich, auf neuere Entwicklungen und Trends ausführlicher einzugehen: dazu gehören z.b. moderne Verfahren psychologischer Arbeitsanalyse (z.B. ATAA, TAI, KABA), die Diskriminierung der Frauenarbeit durch Arbeitsbewertungssysteme ("Comparable Worth-Debatte"), Potentialbeurteilung, Führungskräfte-Vergütung, betriebliche Zusatzleistungen, Cafeteria- und Beteiligungssysteme. Wichtiger als Vollständigkeit, die ohnehin nicht erreicht werden kann, erschienen im vorliegenden Fall der Aktualitätsbezug, der Facettenreichtum der Darstellung und die theoriegeleitete, kritische Reflektion der Phänomene im untersuchten Gegenstandsbereich.

Ad 2) *Theoretische Fundierung*: Um von vornherein einem möglichen Mißverständnis vorzubeugen: Es geht in diesem Buch nicht um die Auseinandersetzung mit "Arbeit", "Leistung" und "Lohn" um ihrer selbst willen, sondern - wie der Untertitel dokumentiert - um die Diskussion der Methoden, die zu ihrer Analyse und Bewertung (und teilweise auch: Gestaltung) in Organisationen angewandt werden. Diese Diskussion wird - das legt der Untertitel ebenfalls nahe - systematisch aus einer sozioökonomischen Perspektive geführt. Mit Sozio-Ökonomie ist hier gemeint, daß sich das Selbstverständnis des Buches nicht darin erschöpft, ein Kompendium der personalwirtschaftlichen Methoden, Verfahren und Instrumente sein zu wollen, die man zur Lösung der Analyse-, Bewertungs- und Gestaltungsprobleme in der Praxis einsetzt. Diese Informationen, die sich auf Aspekte des "how to do it" beziehen und damit hauptsächlich für PersonalpraktikerInnen von Belang sind, liefert das Buch natürlich auch. Es geht darüber hinaus aber um die Frage, welche Probleme (neben den vorgeblich gelösten) durch die beschriebenen Verfahren ausgeblendet oder überhaupt erst geschaffen werden, in welchem Kontext die Verfahren historisch entstanden sind, wem sie nutzen, welche latenten, ideologischen, herrschaftssichernden Funktionen durch sie bedient werden usw. Diese erweiterte sozialwissenschaftliche Perspektive, die gesellschaftliche Bedingungen und Folgen des personalwirtschaftlichen Instrumenteneinsatzes mitbedenkt, wird im vorliegenden Text zudem theoretisch untermauert. Da bis zum heutigen Zeitpunkt keine universelle Theorie der (organisierten) Arbeit existiert, ist es schwierig, blinden Eklektizismus zu vermeiden und einen begrifflichen Rahmen zu finden, der eine befriedigende Einordnung der Gegenstände erlaubt. Zwar werden in diesem Buch immer wieder Anleihen bei verschiedenen Theorietraditionen gemacht, wie z.B. der Systemtheorie, der Attributionstheorie oder dem betriebsstrategischen Ansatz, doch stützt sich der Hauptstrang der Argumentation auf die kritische Organisationstheorie von TÜRK, deren analytisches Kalkül sich wie ein roter Faden durch den gesamten Text zieht und seinen Aufbau maßgeblich bestimmt. TÜRKs sozio- bzw. polit-ökonomische Rahmenkonzeption beschäftigt sich u.a. mit dem Problem, wie es angesichts der unausrottbaren Subjektivität und dem Eigen-Sinn arbeitender Menschen gelingt, den Arbeitsprozeß in Organisationen zu kontrollieren. Mit TÜRKs Modell liegt ein Vorschlag zur Strukturierung des komplexen Gegenstandsbereichs von "Arbeit", "Leistung" und "Lohn" vor, der insbesondere den politischen Charakter von Entscheidungen betont, die Arbeits- und Leistungsbewertungen zugrundeliegen und in die Lohngestaltung einfließen. Dadurch wird es möglich, die existierenden Methoden, Verfahren und Instrumente aus ihrem pragmatischen Kontext zu lösen und als Werkzeuge organisatorischer Kontrolle zu interpretieren. Bei dieser Deutearbeit werden - da Kontrollformen, -muster und -konstellationen bedingt sind und sich im Zeitablauf wandeln - ganz bewußt immer wieder historische Bezüge aufgenommen (vgl. den Verlauf der "Labour Process"-Debatte, die Herausbildung moderner Organisationen im kapitalistischen Produktionsprozeß, die Entstehung des REFA, die Geschichte des Berufsbeamtentums usw.).

Ad 3) *Didaktische Konzeption*: Die folgenden Anmerkungen sollen die Rezeption des Textes anleiten und erleichtern und können insofern als Lesehilfe verstanden werden. Der inhaltliche Block des Buches ist in fünf Kapitel gegliedert. Im ersten Kapitel wird der theoretische Rahmen dargelegt, das zweite Kapitel beschäftigt sich mit methodologischen Aspekten, das dritte Kapitel behandelt die Arbeitsanalyse, das vierte Kapitel setzt sich mit der Leistungsanalyse auseinander und das fünfte Kapitel geht auf die Lohngestaltung ein. Die ersten beiden Kapitel haben aufgrund ihres theoretischen und methodologischen Schwerpunkts einen eher allgemeinen, einführenden Charakter und liegen damit gewissermaßen quer zu den Bezugsgrößen "Arbeit", "Leistung" und "Lohn", die in den folgenden drei Kapiteln entfaltet werden:

1. Theorie	2. Methodologie	3. Arbeitsanalyse
		4. Leistungsanalyse
		5. Lohngestaltung

Der aus den fünf Kapiteln bestehende, inhaltliche Block wird formal durch das Inhaltsverzeichnis (vorne) und durch Glossar, Literaturverzeichnis, AutorInnenverzeichnis, Stichwortverzeichnis und Anhang (jeweils hinten) eingerahmt. Das Glossar soll im Bedarfsfall das schnelle Auffinden und Entschlüsseln von Fremdwörtern und Fachtermini ermöglichen und befindet sich unmittelbar hinter dem fünften Kapitel. Im Anhang ganz am Schluß des Buches wird eine Reihe arbeitsanalytischer Verfahren in Kurzform beschrieben, die im dritten Kapitel zwar angesprochen, aber nicht ausführlicher behandelt werden konnten.

Vorwort

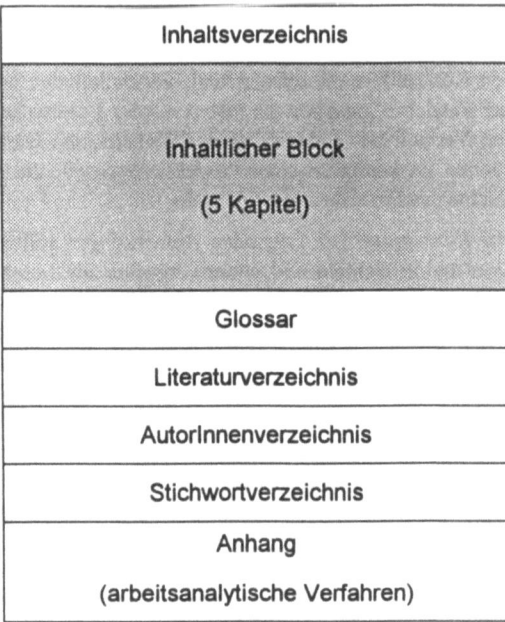

Jedem Kapitel steht eine schematische Kapitelübersicht voran, aus der die innere Struktur des Kapitels auf einen Blick ersichtlich wird. Außerdem wird jedes einzelne Kapitel durch einen kurzen Katalog von Vertiefungsfragen abgeschlossen, mit denen Lernfortschritte selbst überprüft und Transferversuche unternommen werden können. Innerhalb der Kapitel befinden sich Boxen, die durch konkrete Fälle, Exkurse, Exzerpte etc. zur Illustration der fortlaufenden Argumentation beitragen sollen. Da sie keinen systematischen Stellenwert besitzen, sondern mit der Absicht eingefügt wurden, den "trockenen Stoff" durch lebendige Beispiele aufzulockern, kann man sie notfalls übergehen. Auf weiterführende Literatur wurde im Buch nur dort, wo es geboten erschien, gesondert hingewiesen; im allgemeinen sind solche Verweise in den fließenden Text integriert.

Adressaten

Das Buch wendet sich hauptsächlich an Studierende des Fachs "Personalwesen" und soll ihnen als begleitende Lektüre zu Lehrveranstaltungen sowie - in relevanten Ausschnitten - als prüfungsrelevante Literatur dienen. Darüber hinaus dürfte der Text generell für Studierende anderer betriebswirtschaftlicher Fächer sowie der Wirtschafts-, Sozial-, Ingenieur- und Arbeitswissenschaften interessant sein, die sich in den genannten Themenbereich einarbeiten und rasch einen tieferen Einblick in den gegenwärtigen Forschungsstand gewinnen wollen. Schließlich kann das Buch auch PersonalpraktikerInnen wichtige Hilfestellungen bieten und ihnen Denkanstöße vermitteln.

Dank

Bedanken möchte ich mich bei Walter MAIER für die wertvolle Hilfe, die er mit seinen Vorarbeiten zu diesem Thema geleistet hat, und für die zahlreichen persönlichen Gespräche, in denen ich als "Neuling" vom "Alten Hasen" in den Themenbereich eingeführt wurde. Unser Lehrstuhl-Team (Oswald NEUBERGER, Waltraud HELLER, Ain KOMPA und Daniela RASTETTER) hat sich in mehreren Sitzungen intensiv mit meinen provisorischen Arbeitspapieren befaßt; die Kritik, die dort formuliert wurde, war für mich nicht immer leicht zu ertragen, hat aber wesentlich zur logischen Stringenz der Endfassung beigetragen. Insbesondere die Forderung nach theoretischer Durchdringung und die vielfältigen Anregungen, die mir dazu geboten wurden, haben bei der inhaltlichen und letztlich auch der formalen Gestaltung des Buches ausschlaggebende Akzente gesetzt. Allen Lehrstuhl-Mitgliedern sei an dieser Stelle für die aufgewendete Zeit und Mühe herzlich gedankt. Dank gebührt auch Andreas BERGKNAPP für sein inhaltliches Feedback, seine Mitwirkung bei der Gestaltung der Vertiefungsfragen und Kapitelübersichten sowie sein außerordentliches Engagement (Nachtschichten!) bei der redaktionellen Überarbeitung des Rohmanuskripts, der Erstellung von Literatur-, AutorInnen- und Stichwortverzeichnis und der Abfassung des tabellarischen Anhangs. Schließlich: Was wäre alles wissenschaftliche Tun und Treiben ohne die fleißigen Hände, die das Ergebnis in eine publikationsreife Textform bringen? Ursula BOEHNKE hat - gelegentlich unterstützt von Regina DIETMAIR - Abbildungen, Tabellen und Kapitelübersichten angefertigt, wiederholt Korrekturwünsche eingearbeitet und mit dem unermüdlichen Einsatz eines Sisyphus dafür gesorgt, daß im Layout alles am richtigen Platz steht.

Inhaltsverzeichnis

	Seite
0 Vorwort	1
1 **Arbeit, Leistung und Lohn aus organisationstheoretischer Sicht**	2
1.0 Einführung	2
1.1 Die politische Ökonomie der Organisation	4
1.1.1 Erkenntnistheoretische Position und Grundannahmen	4
1.1.2 Zentrale Konzepte	6
1.1.2.1 Mehrprodukt	6
1.1.2.2 Trennung (reelle und formelle Subsumtion)	7
1.1.2.3 (De-)Symbolisierung	7
1.1.2.4 Formale Rationalität	9
1.1.2.5 Qualifikation	10
1.2 Organisation als Modus moderner Herrschaftsausübung	12
1.2.1 Organisierung als Entwicklungslogik moderner Vergesellschaftung	12
1.2.2 Herrschaft und Kooperation in Organisationen	13
1.2.3 Mikropolitik	16
1.3 Bestimmungsmerkmale von Organisationen	17
1.3.1 Organisation als Ordnung	17
1.3.2 Organisation als Gebilde	18
1.3.3 Organisation als Vergemeinschaftung	19
1.4 Organisationslogiken	21
1.4.1 Herrschaftslogik	22
1.4.2 Verwertungslogik	24
1.4.3 Kooperationslogik	24
1.5 Transformationsprobleme: Die "Labour Process"-Debatte	26
1.5.1 Die klassischen Positionen der "Labour Process"-Debatte	27
1.5.1.1 Kontrolle durch Taylorisierung: BRAVERMAN 1977	27
1.5.1.2 Einfache vs. bürokratische Kontrolle: EDWARDS 1981	28
1.5.1.3 Despotische vs. hegemoniale Kontrolle: BURAWOY 1979	29
1.5.2 Kritik an den klassischen Positionen	31
1.6 Kontrolle als soziales Muster ambivalenter Spielzüge	32
1.6.1 Primäre vs. sekundäre Verhaltenssteuerung (BREISIG 1990)	32
1.6.2 Bedingungen für den Einsatz von Sozialtechniken	34
1.6.3 Vertrauen und Verständigung	35
1.6.4 Der Arbeitsprozeß im Spielfeld wechselseitiger Kontrolle	36
1.7 Arbeit, Leistung, Lohn: Thesen und Perspektiven	39
1.7.1 Zur Arbeit	39
1.7.2 Zur Leistung	41
1.7.3 Zum Lohn	42
1.7.4 Schlußbemerkung	43
2 **Methodologische Aspekte der Arbeitsanalyse**	47
2.0 Einführung	47
2.1 Methoden, Verfahren und Instrumente der Arbeitsanalyse	48
2.1.1 Methoden der Arbeitsanalyse	50
2.1.2 Verfahren der Arbeitsanalyse	51
2.1.2.1 Beobachtungsverfahren	51

2.1.2.2 Befragungsverfahren	52
2.1.2.3 Introspektionsverfahren	53
2.1.2.4 Verfahren der Dokumentenanalyse	54
2.1.3 Stellungnahme zu den Klassifikationsversuchen	54
2.2 Methodenstreit	56
2.2.1 Quantitative vs. qualitative Sozialforschung	56
2.2.2 Schlußfolgerungen für die Arbeitsanalyse	60
2.3 Qualitative Arbeitsanalyse: Ein Fallbeispiel (WIDMANN 1992)	66
2.3.1 Erschließung des Untersuchungsfelds	67
2.3.2 Typisierung der untersuchten Tätigkeit	67
2.3.3 Problematik der Lohnfindung	67
2.3.4 Begründung der gewählten Methodologie	71
2.3.5 Methodenauswahl und -abfolge	71
2.4 Arbeitsanalyse und Mikropolitik	75
2.4.1 Die empirische Studie von ENGELHART 1992	76
2.4.1.1 Zielsetzung der Studie	76
2.4.1.2 Methodisches Vorgehen	77
2.4.1.3 Ergebnisse	77
2.4.2 Die empirische Studie von ROSKE 1993	80
2.4.2.1 Offizielle Zielsetzung des Arbeitsanalyse-Projekts	80
2.4.2.2 Latente Zielsetzung des Arbeitsanalyse-Projekts	81
2.4.2.3 Ablauf der mikropolitischen Untersuchung	83
2.4.2.3.1 Methodisches Vorgehen	83
2.4.2.3.2 Ergebnisse	84
2.5 Fazit: Wie objektiv ist die Arbeitsanalyse?	85
3 Arbeitsanalyse	**92**
3.0 Einführung	92
3.1 Bewertungsmaßstäbe menschlicher Arbeit	93
3.2 Zentrale Trennungen	98
3.2.1 Trennung von Arbeit und Leistung	99
3.2.2 Trennung von bezahlter und unbezahlter Arbeit	101
3.3 Primäre vs. sekundäre Arbeitsanalyse	103
3.4 Primäre Arbeitsanalyse bei ArbeiterInnen	108
3.4.1 Der REFA: Entstehung, Geschichte, Funktionen	108
3.4.2 Entstehung der Arbeitsbewertung nach REFA	111
3.4.3 Vollständiger Arbeitsanalyse-Zyklus nach REFA	114
3.4.3.1 Arbeitsbeschreibung	115
3.4.3.2 Anforderungsanalyse	118
3.4.3.3 Anforderungsbewertung	121
3.4.4 Verfahren der Anforderungsbewertung	122
3.4.4.1 Analytische Verfahren	122
3.4.4.1.1 Rangreihenverfahren	122
3.4.4.1.2 Stufenverfahren	123
3.4.4.2 Summarische Verfahren	124
3.4.4.2.1 Rangfolgeverfahren	124
3.4.4.2.2 Lohngruppenverfahren	125
3.5 Primäre Arbeitsanalyse bei Angestellten (HAY-Verfahren)	126
3.5.1 Darstellung des HAY-Verfahrens	127
3.5.1.1 Stellenbeschreibung	127

Inhalt

3.5.1.2 Anforderungsanalyse	128
3.5.1.3 Anforderungsbewertung	129
3.5.1.3.1 Analytische Stellenwert-Methode	129
3.5.1.3.2 Summarische Profil-Methode	130
3.5.1.3.3 Das Bewertungskomitee	131
3.5.2 Kritische Stellungnahme	131
3.6 Kritik an den (analytischen) Arbeitsbewertungsverfahren	136
3.6.1 Arbeitsbewertung im Kräftespiel politischer Interessen	136
3.6.2 Primäre Arbeitsbewertung und Kontrolle	142
3.6.3 Diskriminierung der Frauenarbeit ("Comparable Worth"-Debatte)	145
3.7 Sekundäre Arbeitsanalyse	151
3.7.1 Allgemeiner Überblick	151
3.7.2 Aspekte sekundärer Arbeitsanalyse	152
3.7.3 Ein Beispiel sekundärer Arbeitsanalyse: Das Tätigkeits-Analyse-Inventar (TAI)	154
3.7.3.1 Entwicklung des Verfahrens	154
3.7.3.2 Theoretischer Bezugsrahmen	154
3.7.3.3 Aufbau des Verfahrens	157
3.7.3.4 Durchführung des Verfahrens	160
3.7.3.5 Anwendungsbereiche	162
3.7.3.6 Kritische Stellungnahme	165
3.7.4 Resümee aus der Kontrollperspektive	168
4 Leistungsanalyse	**172**
4.0 Einführung	172
4.1 Leistung - Leistungsprinzip - Leistungsgesellschaft	173
4.1.1 Das obskure Konzept der Leistung	173
4.1.2 Leistungsprinzip	181
4.1.3 Leistungsgesellschaft	183
4.1.3.1 Was versteht man unter einer "Leistungsgesellschaft"?	183
4.1.3.2 Präskriptives Modell: Ist eine Leistungsgesellschaft erstrebenswert?	184
4.1.3.3 Deskriptives Modell: Leben wir in einer Leistungsgesellschaft?	187
4.1.4 Schlußfolgerungen für die Leistungsanalyse in Organisationen	190
4.2 Primäre vs. sekundäre Leistungsanalyse	192
4.3 Primäre Leistungsanalyse ("Leistungsermittlung")	197
4.3.1 Normalleistung	197
4.3.2 Leistungsgrad	199
4.3.3 Arbeitsablaufanalyse	202
4.3.4 Vorgabezeit (Zeitarten)	205
4.3.5 Methoden der Zeitermittlung	206
4.3.5.1 Fremdaufschreibung (REFA-Zeitaufnahme)	208
4.3.5.2 Selbstaufschreibung	210
4.3.5.3 Systeme vorbestimmter Zeiten (MTM-Verfahren)	211
4.3.5.4 Planzeiten	217
4.3.6 Verteilzeitermittlung (Verteilzeit- und Multimomentaufnahme)	219
4.3.7 Erholungszeitermittlung (analytisches Verfahren)	221
4.4 Sekundäre Leistungsanalyse ("Personalbeurteilung")	224
4.4.1 Die Personalbeurteilung (PB) als Kontrollinstrument	224
4.4.2 Leistungskriterien der Personalbeurteilung	226
4.4.2.1 Die Gewinnung von Leistungskriterien	227

4.4.2.2 Typen von Leistungskriterien 233
4.4.2.3 Anforderungen an Leistungskriterien 234
4.4.3 Verfahren der Personalbeurteilung 235
4.4.3.1 Freie Verfahren 235
4.4.3.2 Gebundene Verfahren 235
4.4.3.2.1 Kennzeichnungsverfahren 237
4.4.3.2.2 Rangordnungsverfahren 239
4.4.3.2.3 Einstufungsverfahren 240
4.4.3.3 Zielorientierte Verfahren 249
4.4.3.4 Weitere Verfahrensmodalitäten 252
4.4.4 Evaluation der Personalbeurteilung 253
4.4.4.1 Summative Evaluation: Zur empirischen Bewährung der PB 253
4.4.4.1.1 Psychometrische Qualität 254
4.4.4.1.2 Anwendungsökonomie 256
4.4.4.2 Formative Evaluation: Zum Konzept des Beurteilungs-"Fehlers" 258
4.4.4.3 Fazit 261
4.4.5 Widerstand gegen Beurteilungssysteme 266
4.4.5.1 Vorgesetztenperspektive 266
4.4.5.2 Perspektive der MitarbeiterInnen 267
4.4.5.3 Reaktionen der Organisation auf subjektiven Widerstand 268
4.4.5.3.1 Kontrollspiralen 268
4.4.5.3.2 Bürokratische Kontrolle vs. Verständigung 269
4.4.6 Das Mitarbeitergespräch (MA-G) als "sanfte" Kontrolle 270
4.4.6.1 Typisierung des Mitarbeitergesprächs 270
4.4.6.2 Funktionen des Mitarbeitergesprächs 271
4.4.6.3 Kontrollchancen und -risiken des Mitarbeitergesprächs 272
4.4.6.3.1 Kontrollchancen 272
4.4.6.3.2 Kontrollrisiken des Mitarbeitergesprächs 273
4.4.7 Resümee: Kontrolle durch PB und Mitarbeitergespräch 275
4.4.8 Kontrolle zukünftiger Leistungen: Potentialanalyse 278
4.4.8.1 Definition und Einordnung 278
4.4.8.2 Verfahren der Potentialanalyse 280
4.4.8.3 Kritische Stellungnahme 281

5 Lohngestaltung 288
5.0 Einführung 288
5.1 Begriffliche und methodische Grundlagen der Lohngestaltung 291
5.2 Primäre vs. sekundäre Lohngestaltung 297
5.3 Primäre Lohngestaltung 297
5.3.1 Primäre Lohngestaltung bei ArbeiterInnen 297
5.3.1.1 Zeitlohn 298
5.3.1.2 Akkordlohn 299
5.3.1.3 Prämienlohn 303
5.3.1.4 Andere Lohnformen 308
5.3.2 Primäre Lohngestaltung bei Angestellten 308
5.3.2.1 Gehaltsfestsetzung bei Angestellten der privaten Wirtschaft 308
5.3.2.2 Gehaltsfestsetzung bei Angestellten des öffentlichen Dienstes 309
5.3.3 Primäre Lohngestaltung bei BeamtInnen 313
5.3.3.1 Geschichtliche Entwicklung des Berufsbeamtentums 313
5.3.3.2 Alimentations- und Leistungsprinzip 314

Inhalt

5.3.3.3 Unterschiede zu den Angestellten — 315
5.3.4 Kritische Stellungnahme zur Entlohnung der Angestellten und BeamtInnen — 317
5.4 Sekundäre Lohngestaltung — 319
   5.4.1 Sekundäre Lohngestaltung bei ArbeiterInnen ("Pensumlöhne") — 319
      5.4.1.1 Measured Day Work (MDW) — 320
      5.4.1.2 Programmlohn — 322
      5.4.1.3 Systeme der Zielsetzung — 322
      5.4.1.4 Qualifikations- und Polyvalenzlohn — 323
      5.4.1.5 Vertragslohn (Kontraktlohn) — 324
   5.4.2 Sekundäre Lohngestaltung bei AT-Angestellten (Führungskräfte-Vergütung) — 325
      5.4.2.1 Zum Lohnstatus der AT-Angestellten — 325
      5.4.2.2 Definition der "Führungskraft" — 326
      5.4.2.3 Aufbau der AT-Entlohnung — 327
         5.4.2.3.1 Das Grundgehalt — 328
         5.4.2.3.2 Der variable Entgeltanteil — 329
         5.4.2.3.3 Die Zusatzleistungen — 334
      5.4.2.4 Einflußfaktoren auf die Führungskräfte-Vergütung — 338
      5.4.2.5 Kritische Stellungnahme zur AT-Vergütung — 343
         5.4.2.5.1 Symbolisierung sozialer Distanz — 343
         5.4.2.5.2 Geheimhaltung und Intransparenz — 349
   5.4.3 Betriebliche Zusatzleistungen — 353
      5.4.3.1 Definition und Einordnung — 353
      5.4.3.2 Typen betrieblicher Zusatzleistungen — 354
      5.4.3.3 Bedeutung der Zusatzleistungen aus sozioökonomischer Sicht — 357
   5.4.4 Cafeteria-Systeme — 358
      5.4.4.1 Herkunft und Verbreitung von Cafeteria-Systemen — 358
      5.4.4.2 Gestaltungsparameter eines Cafeteria-Systems — 359
      5.4.4.3 Einführung von Cafeteria-Systemen: Die ROBI-Methode — 360
      5.4.4.4 Kritische Stellungnahme aus kontrolltheoretischer Perspektive — 363
   5.4.5 Beteiligungssysteme — 366
      5.4.5.1 Definition und Einordnung von Beteiligungssystemen — 366
      5.4.5.2 Beteiligungsformen — 366
      5.4.5.3 Bemessungsgrundlagen, Beteiligungs- und Verteilungsquote — 367
      5.4.5.4 Beteiligungsarten — 369
      5.4.5.5 Kritische Stellungnahme aus kontrolltheoretischer Perspektive — 371
5.5 Ausblick: Aktuelle Entlohnungstrends und Kontrolle — 372

6 Glossar — **377**

7 Literaturverzeichnis — **382**

8 AutorInnen-Verzeichnis — **410**

9 Stichwortverzeichnis — **414**

Anhang — **419**

1 Arbeit, Leistung und Lohn aus organisationstheoretischer Sicht
- Schematische Kapitelübersicht -

1.0 Einführung

Begründung einer oganisationstheoretischen Betrachtung von Arbeit, Leistung, Lohn

Auswahl eines politisch-ökonomischen Ansatzes (TÜRK)

1.1 Die politische Ökonomie der Organisation

Erkenntnistheoretische Grundposition und zentrale Konzepte (Mehrprodukt, Trennung, De-Symbolisierung, Formale Rationalität, Qualifikation).

Was will der Ansatz von TÜRK und mit welchen Begriffen operiert er? Die Klärung ist wichtig für das Verständnis der Gesamtkonzeption.

1.7. Thesen und Perspektiven

Rückbezug des theoretischen Rahmens zur Thematik des Buches; Verknüpfung der Argumentationsfäden

1.6 Kontrolle als soziales Muster ambivalenter Spielzüge

These: Kontrolle ist nicht lückenlos; es gibt Spielräume und Optionen.
Management: primäre vs. sekundäre Verhaltenssteuerung (BREISIG), Sozialtechniken, Vertrauen/ Verständigung.
Beschäftigte: diverse Widerstandsformen. Es entsteht ein "Spielfeld" wechselseitiger Einflußnahmen und Abhängigkeiten.

1.5 Die "Labour-Process"-Debatte

Vertiefung des Transformationsproblems:
(1) Taylorisierung (BRAVERMAN)
(2) Einfache vs. bürokratische Kontrolle (EDWARDS)
(3) Despotische vs. hegemoniale Kontrolle (BURAWOY)

1.4 Organisationslogiken

Unternehmerische Basisinteressen und daran gekoppelte Transformationsprobleme:
Herrschaftslogik
(Eigen-Sinn in Konformität)

Verwertungslogik
(konkrete in abstrakte Arbeit)

Kooperationslogik
(Arbeitsvermögen in konkrete Arbeit)

1.2 Organisation als Modus moderner Herrschaftsausübung

Basale Prinzipien:
(1) Organisationen beruhen auf der Dialektik von Herrschaft und Kooperation.
(2) Herrschaft selbst ist unproduktiv, wird aber benötigt, um die Transformation von Arbeitsvermögen in Arbeitsleistung zu kontrollieren.
(3) Herrschaft ist abhängig vom Mitmachen der Subjekte und wird im Kooperationszusammenhang mikropolitisch vermittelt.

1.3 Bestimmungsmerkmale von Organisationen

sind nach dem Alltagsverständnis:

Ordnung: innere Strukturbestimmtheit (insb. Hierarchisierung, Abstraktifizierung)

Gebilde: institutionelle Abschließung nach außen, um sich Erträge legal aneignen zu können

Vergemeinschaftung: Zusammenschluß konkreter Personen mit gemeinsamen Interessen zum "korporativen Akteur"

1. Arbeit, Leistung und Lohn aus organisationstheoretischer Sicht

1.0 Einführung

Eine zentrale Intention des vorliegenden Lehrtextes besteht darin, Methoden, Verfahren und Instrumente der Arbeits- und Leistungsanalyse sowie der Lohngestaltung nicht in üblicher betriebswirtschaftlicher Manier als "positives Wissen" zu präsentieren und in Form von Gliederungsschemata zu referieren, deren Einteilungsgesichtspunkte unhinterfragt und daher willkürlich bleiben. Vielmehr soll ein übergreifendes Bezugssystem entwickelt werden, das eine systematische Verortung der genannten Topoi erlaubt. Erst durch die Konstruktion eines Begriffsinventars, dessen Konzepte in konsistenter Weise miteinander vernetzt werden (vgl. CRONBACH & MEEHL 1955), wird es möglich, folgerichtig zu argumentieren und eindeutige Definitionen von "Arbeit", "Leistung" und "Lohn" vorzunehmen. Darüber hinaus wird es möglich, Typen von Methoden, Verfahren und Instrumenten im gewählten Gegenstandsbereich zu spezifizieren, deren Abgrenzung sich gleichfalls in transparenter und nachvollziehbarer Weise aus dem begrifflichen Rahmen ableiten läßt. Und schließlich - das ist vielleicht der wichtigste Punkt - legt eine theoretische Perspektive mit den begrifflichen Differenzierungen, die sie einführt, immer auch das Fundament für eine begründete Kritik am Bestehenden und liefert damit Anregungen zu Veränderungen. Das schließt mit ein, daß auch die theoretischen Erwägungen selbst explizit und kritisierbar sein müssen. In diesem Sinne versteht sich der Lehrtext nicht als abgeschlossenes Werk, sondern als eine Einladung, die getroffenen Aussagen und Überlegungen kritisch zu bedenken.

Da Arbeits- und Leistungsanalyse sowie Lohngestaltung in und für Organisationen durchgeführt werden, wird die Stringenz der Argumentation in einem hohen Ausmaß davon abhängen, ob ein geeigneter *organisationstheoretischer* Rahmen für die Erörterung gefunden werden kann. Es erscheint sinnvoll, bei der Suche und Auswahl einer Organisationstheorie die aktuellen Entwicklungen zu berücksichtigen, welche die Organisationsforschung in den letzten Jahren erfahren hat und die manche Wissenschaftler von einem "Paradigmenwechsel" (TÜRK 1989) in der Behandlung des Themas sprechen lassen. Gemeint ist damit die Abkehr von den in den traditionellen Organisationstheorien enthaltenen Prämissen der Zweck-, Herrschafts- oder Systemrationalität und die Hinwendung zu Auffassungen, in denen das Moment der "Irrationalität" organisierten Handelns stärker betont wird (vgl. z.B. das Modell der "organisierten Anarchie" von MARCH & OLSEN 1976, die Metapher des "Spiels" bei CROZIER & FRIEDBERG 1979 oder die Diskussion um "Organisationskultur" in NEUBERGER & KOMPA 1987). Die einschneidenden Veränderungen in der Organisationstheorie können als seismographischer Reflex auf die hohen Wandlungsraten und die globale Politisierung der modernen Organisationsgesellschaften interpretiert werden, die ein Bewußtsein für die prinzipielle Formbarkeit sowie die Interessen- und Entscheidungsabhängigkeit von Organisationsstrukturen geschaffen haben: Komplexitätssteigerung, Mobilitäts- und Flexibilitätserfordernis, Wertewandel, Enthierarchisierung der Arbeitsorganisationen, wachsende Konkurrenz, technologische Innovationen usw. Die veränderte Sichtweise bedeutet, daß organisationales Handeln, das vorher Gegenstand von Rationalitätsunterstellungen war, jetzt als Produkt "natürlich" evolvierender sozialer Prozesse betrachtet wird, die aus den wechselseitig aufeinander bezogenen, interessegeleiteten Handlungen individueller Akteure erwachsen. Organisationen sind nach moderner Auffassung weder der Willkür eines Organisationsherren noch dem anonymen Zwang äußerer Verhältnisse unterworfen, sondern verfügen über eine eigene, innere Strukturbestimmtheit, die zugleich als Voraussetzung und Folge einer politischen Arena angesehen werden kann. Macht, Herrschaft, Widerstände, Interessen, Ideologien, Mythen, Deutungsmuster, mikropolitische Strategien und Taktiken, soziale Konflikte und Widersprüche sind normalerweise Themen, die im Zusammenhang mit der Arbeits- und Leistungsanalyse sowie der Lohngestaltung viel zu wenig reflektiert werden (stellvertretend für die wenigen Ausnahmen seien hier FRIELING 1990 und WÄCHTER, MODROW-THIEL & ROßMANN 1989 genannt). Die Eröffnung eines politischen Bezugsrahmens der Organisation ermöglicht es, solche Phänomene anzusprechen und konsequent zu diskutieren.

Um ein genaueres Verständnis für die sozialen Prozesse und Beziehungen in Organisationen als politischen Arenen zu erwerben, möchte ich mich im folgenden auf den theoretischen Ansatz von TÜRK beziehen (TÜRK 1989, 1992, 1993a, 1993b, 1993c, 1993d; STOLZ & TÜRK 1992a; STOLZ & TÜRK 1992b). TÜRK hat in jüngerer Zeit zwar keine elaborierte, ausdifferenzierte, homogene Theorie, aber doch immerhin ein konzeptionelles Gerüst vorgelegt, in dem er die aktuellen Entwicklungstendenzen der Organisationsforschung - mithin auch Überlegungen anderer Autoren unterschiedlicher theoretischer Provenienz - zu integrieren versucht. In seiner eigenwilligen Kombination aus abstrakter Argumentation und der lockeren Kopplung verschiedener Theorietraditionen scheint mir sein Ansatz für die Zielsetzung des vorliegenden Projekts besonders geeignet zu sein, nämlich *politische* Perspektiven für den Gegenstand der Arbeits- und Leistungsanalyse sowie der Lohngestaltung anzubieten. Das hohe Abstraktionsniveau der TÜRKschen Argumentation ist zwar auf Anhieb nicht "leicht verdaulich", bringt aber zwei fundamentale Vorteile mit sich: Es ist erstens eine wichtige Voraussetzung dafür, daß eine Vielzahl konkreter Phänomene und Vorgehensweisen im gewählten Gegenstandsbereich systematisch "angeschlossen" werden kann. Zweitens bietet der hohe Verdichtungsgrad die praktische Gewähr, die räumlichen Limitationen, die einem Einführungskapitel zwangsläufig gesetzt sind, nicht zu überschreiten. Die Neigung TÜRKs, Theorietraditionen zu koppeln, ist darüber hinaus insofern von Wert, als eine für die vorliegende Thematik zentrale sozialwissenschaftliche Diskussion - die sog. "Labour Process"-Debatte, die sich mit dem Problem der Kontrolle der organisierten menschlichen Arbeit befaßt (vgl. MAIER 1991) - systematisch vernetzt werden kann.

Mit anderen Worten: Es geht mir im folgenden weniger um eine kritische Auseinandersetzung *mit* TÜRKs wissenschaftlichem Standpunkt und dem von ihm entfalteten Hypothesengeflecht; dies wäre zwar im Prinzip möglich und nötig, würde jedoch den Rahmen eines Lehrbuches sprengen. Vielmehr wird eine Kritik an den Verfahren der Arbeits- und Leistungsanalyse sowie der Lohngestaltung *auf der Basis* und *durch die Nutzung* der TÜRKschen Konzeption angestrebt. Um TÜRK als "Medium" der Kritik verwenden zu können, ist es zunächst erforderlich, eine möglichst originalgetreue Skizze seiner Kernaussagen zu verfertigen, die weniger auf subjektiven Interpretationen und Kommentaren, sondern vielmehr auf einem präzisen Quellenstudium beruht.

1.1 Die politische Ökonomie der Organisation

1.1.1 Erkenntnistheoretische Position und Grundannahmen

TÜRK 1993 untersucht das Phänomen "Organisation" in der Tradition kritischer "Politischer Ökonomie". "Diese interessiert sich für die historisch jeweils besondere Art und Weise, wie Menschen durch gesellschaftliche Formen ihre Kooperation regulieren, welche Konzepte sie verwenden zur Gestaltung und Legitimation ihrer sozialen Verhältnisse sowie ihrer Arbeit an der äußeren und ihrer 'inneren Natur' als handelnde und erlebende Subjekte" (S. 300). Der Terminus "politisch" bezieht sich auf die Analyse historisch wechselnder Formen der Regulation und (Fremd-) Nutzung des Zusammenlebens der Menschen, d.h. auf die Strukturierung und Konditionierung menschlicher Gemeinschaft (griech.: "polis") vermittels *Herrschaft*, durch die Menschen in systematischer, sozial geordneter Weise ihrer Arbeitsbedingungen und -erträge enteignet werden. Demgegenüber rekurriert der Begriff "Ökonomie" auf den real-materiellen Lebensprozeß, d.h. den praktischen Lebensvollzug, durch den sich Menschen im Rahmen gemeinsamen Handelns (*Kooperation*) in ihren sozialen und natürlich-ökologischen Kontexten reproduzieren.

Die erkenntnistheoretische Position einer politischen Ökonomie der Organisation wird durch das Konzept des "konstruktivistischen Materialismus" markiert (STOLZ & TÜRK 1992a, S. 126). Der *materialistischen* Position liegt die Annahme einer wahrnehmungs- und erkenntnisunabhängigen "äußeren" bzw. objektiven Existenz der Welt zugrunde; nach *konstruktivistischer* Auffassung wird die Welt hingegen durch Prozesse subjektiver oder sozialer Sinngebung überhaupt erst erzeugt (radikaler Konstruktivismus) oder zumindest sinnhaft repräsentiert und angeeignet (Kognitivismus). Die Versöhnung dieser beiden eigentlich antagonistischen Positionen wird durch TÜRK in einer dialektischen Synthese versucht, in der die alten Probleme von "Form und Materie" oder "Sein und Bewußtsein" eine spezifische Wendung erfahren: "'*Sinn*' ist weder mit '*Welt*' identisch, noch radikal von ihr geschieden- vielmehr stellt Symbolproduktion selbst einen Teil von 'Welt' dar und läßt sich darüber hinaus sowohl von dieser *Problemvorgaben* machen wie sie auch umgekehrt aktiv auf jene *zurückwirkt*. Es ist dieser ganze Kreisprozeß, welcher ein soziales

Muster - hier: eine Organisation - '*an und für sich*' identifizierbar werden läßt" (STOLZ & TÜRK 1992a, S. 131).

Die Be- und Ver-arbeitung der materiellen Welt erfolgt zunächst durch spontane, authentische und autonome Ko-operation der Menschen, um über kommunikativ (selbst-)reguliertes Handeln das (Über-)Leben zu gewährleisten. Bereits hier in der Kooperationsdimension sind die Menschen also auf symbolische Vermittlungsprozesse der Abstimmung und Verständigung angewiesen, d.h. konstruktive Akte der Sinngebung, um den stofflichen Austausch mit der Natur im Rahmen gegenseitiger Hilfeleistung und Unterstützung zu bewerkstelligen. Herrschaft jedoch verhindert die "freie Assoziation" der kooperierenden Subjekte und führt zur Aufrichtung und Stabilisierung historisch kontingenter und jeweils spezifisch restringierter Formen des gemeinsamen Praxisvollzugs. Die Geschichte zeigt, daß aus der Vielfalt und Variabilität möglicher Kooperationsweisen stets nur wenige Muster realisiert werden, so *als ob* die Selektion ganz bestimmter Alternativen der Zusammenarbeit das Ergebnis herrschaftlicher Eingriffe sei (ähnlich der in der Sozialpsychologie üblichen Schlußfolgerung von einer beobachtbaren Reduzierung der Verhaltensvarianz auf die Existenz zugrundeliegender Normen). Falls die erwünschte Konformität des sozialen Handelns nicht jedesmal durch die Anwendung unmittelbarer Gewalt erzwungen werden soll, muß sich Herrschaft durch die soziale Konstruktion geeigneter Glaubenssysteme, Ideologien, Mythen etc. legitimieren, um die Tat-Sache der Einschränkung, Konditionierung und Konfigurierung lebendiger Zusammenarbeit "selbstverständlich" erscheinen zu lassen und damit dem (potentiellen) Widerstand zu entziehen. Herrschaft übt demnach einen erheblichen Einfluß auf die Strukturierung der Lebenspraxis zu einer bestimmten "Lebensform" (WITTGENSTEIN) aus; dies geschieht entweder gewaltförmig oder durch die Produktion verbindlicher und gemeinhin akzeptierter Deutungsmuster, die sich nicht nur in der Sphäre symbolischer Repräsentationen bewegen, sondern in ihrem Einfluß auf die Lebenswelt der Akteure auch reale Wirkungen zeitigen, mithin Wirklichkeit konstituieren. "Erst die sich krisenhaft *herstellende dialektische Einheit* dieser realen Prozesse der Verhinderung und Ermöglichung kommunikativ regulierter Kooperation bildet eine tragfähige Basis zur Definition von 'Organisation'" (STOLZ & TÜRK 1992a, S. 127).

Organisationen stellen vor diesem Hintergrund also jeweils besonderte soziale Kontexte dar, die in einem Kreisprozeß aus materialer Zurichtung und deren symbolisch-kognitiver Regulation die menschliche Reproduktion in ein bestimmtes, historisch kontingentes Ordnungsmuster einbegreifen. Bei der Herstellung dieser Ordnung geht es aus politisch-ökonomischer Perspektive keineswegs nur um "Definitionsmacht", sondern immer auch um die Kontrolle materialer Ressourcen. "Es geht also niemals nur um *kognitive Strategien*, sondern *um deren Realisierung*, also in dem hier interessierenden Zusammenhang: um die symbolisch-kognitive Regulation der 'Materialität' von Organisationen" (STOLZ & TÜRK 1992a, S. 131).

Kapitel 1

1.1.2 Zentrale Konzepte

Im folgenden möchte ich aus TÜRKs 1993a organisationstheoretischer Architektur einige wichtige Konzepte herausgreifen und jeweils isoliert erläutern. Dies geschieht in der Absicht, durch die Vermittlung der begrifflichen Instrumente, die TÜRK wiederholt zur Analyse verwendet, den Boden für das Verständnis der im nächsten Abschnitt dargestellten Rahmenkonzeption zu bereiten. Darüber hinaus läßt die Eigenart der hier ausgewählten Konzepte bereits vermuten, daß man systematische Verbindungen zum Gegenstand von "Arbeit", "Leistung" und "Lohn" herstellen kann. Die Aufnahme solcher Querbezüge gelingt auf Grund der quellennahen Vorgehensweise zunächst nur sporadisch; am Ende des ersten Kapitels sollen die verschiedenen Transfermöglichkeiten jedoch zusammengeführt und in Form genereller Schlußfolgerungen präsentiert werden. Zu den einzelnen Basisbegriffen, die später in Verbindung miteinander zu diskutieren sind, gehören: Mehrprodukt, Trennung, (De-)Symbolisierung, formale Rationalität und Qualifikation.

1.1.2.1 Mehrprodukt

"Nicht die Bürger bauten Bürgerhäuser, und das zum Bau notwendige Mehrprodukt haben sie keineswegs erwirtschaftet, sondern sich bloß angeeignet; gleiches gilt vom Pyramidenbau bis hin zu den Schlössern und Gärten absolutistischer Herrscher" (STOLZ & TÜRK 1992a, S. 144). Durch die produktive Lebenstätigkeit der vergesellschafteten Subjekte wird ein Mehrprodukt erzeugt, bei dem es sich nicht ausschließlich um unmittelbar konsumierbare Waren, sondern auch um Symbole der Macht, bindende Entscheidungen, die Einübung militärischer Schlagkraft oder berufliche Qualifizierungsarbeit handeln kann. Konstitutiv für das Konzept des "Mehrprodukts" ist, daß die Enteignung der vergesellschafteten Subjekte von der Kontrolle über ihre produktive Lebenstätigkeit und die Fremdaneignung dieser Kontrolle zum Zwecke der Herrschaftssicherung erfolgen kann: "... so wie die *Wertform* nur eine bestimmte, historisch kontingente 'Kommunikationsform' der Aneignung von Mehrprodukt ist, stellt das soziale Verhältnis der 'freien Lohnarbeit' nur eine bestimmte, historisch kontingente Form der Verausgabung von 'Arbeitskraft' dar" (STOLZ & TÜRK 1992a, S. 129). In den modernen Wohlstandsdemokratien findet die Ent- und Aneignung in sozialen Organisationen statt, die keinesfalls auf den Typus des "Betriebs" beschränkt sind, sondern sich auf die Totalität der subsumierten Lebenszusammenhänge beziehen (Büro, Fabrik, öffentliche Verwaltung, Verbandswesen, Schule, Gefängnis usw.). Für die analytische Definition des Mehrproduktes ist es daher unerheblich, ob in einer Organisation Kühlschränke, Panzer, Meinungen oder Klassenarbeiten hergestellt werden. Der Definition des Mehrprodukts liegt die basale Überlegung zugrunde, daß Arbeit eine menschliche Zu-Tat darstellt, die sich letztlich in der substantiellen "Veredelung" von Rohstoffen oder Zwischenprodukten niederschlägt. Den Dingen oder - allgemeiner formuliert - dem Status quo der jeweils aktuellen menschlichen Auseinandersetzung im Stoffwechsel mit der Natur wird durch menschliche Arbeit etwas hinzugefügt, das in Form von gebrauchs- bzw. tauschfähigen Gütern und Dienstleistungen genutzt werden kann. Soziale Ungleichheit wird dadurch begründet, daß nur ein Teil der Menschen durch produktive Arbeit dasjenige Additivum erzeugt, das von anderen zur Herrschaftssicherung angeeignet und akkumuliert wird.

1.1.2.2 Trennung (reelle und formelle Subsumtion)

Ein *realökonomischer* Prozeß sorgt für eine in letzter Instanz immer gewaltförmige *Trennung* der kooperierenden Subjekte von der Kontrolle über Bedingungen und Resultate ihrer produktiven Lebenstätigkeit. Gewalt dient der Neukonfigurierung überkommener Herrschaftssysteme, der Ausnutzung menschlicher und außermenschlicher Natur sowie der Disziplinierung der unmittelbaren ProduzentInnen durch die Zerstörung alternativer Wirtschaftsformen, die den Beherrschten eine autonome Lebensbasis eröffnen könnten (sog. "Subsistenzproduktion"). Reale Trennungen können aber auch durch formierende Ideologien gefördert bzw. legitimiert werden, die den Verzicht auf gewaltsame Eingriffe ermöglichen. Das Ergebnis ist jedoch das gleiche: Durch die Aneignung von fremden Arbeitserträgen wird der Reichtum der Herrschenden real vermehrt. Die diskriminatorische Auftrennung der menschlichen Population (Ritter-Bauern, Einheimische-Fremde, Männer-Frauen, Deutsche-Juden, Angestellte-Arbeiter usw.) führt zur tatsächlichen physischen Ausgrenzung aus der sozialen Gemeinschaft oder zumindest zur Unterbindung der Partizipation, d.h. der formalen Ausgrenzung aus der politischen Arena.

Die realökonomische Trennung (und Disziplinierung) der kooperierenden Subjekte erfolgt nach den Prinzipien *formeller* und *reeller Subsumtion*. Der Modus formeller Subsumtion bezieht sich auf die Aneignung des Mehrprodukts und die Abschöpfung der Arbeitserträge, die nicht notwendigerweise an die Kontrolle der Produktionsbedingungen geknüpft ist; vielmehr genügt zur formellen Subsumtion die Trennung der kooperierenden Subjekte von der Verfügungsgewalt über die von ihnen erstellten Produkte (vgl. z.B. die formelle Subsumtion von Ländern der "Dritten Welt"). Demgegenüber bezieht sich die reelle Subsumtion auf die Kontrolle der unmittelbaren Produktionsbedingungen, d.h. auf die Art und Weise, in der ein Mehrprodukt faktisch hergestellt wird; reelle Subsumtion bedeutet die Trennung der kooperierenden Subjekte von der Kontrolle über die Gestaltungsbedingungen jener produktiven Lebenstätigkeit, durch die Mehrprodukt erzeugt wird.

1.1.2.3 (De-)Symbolisierung

Ein *symbolisch-kognitiver* Prozeß unterstützt die real-ökonomische Trennung und die damit verbundene Fremdaneignung von Mehrprodukt, indem für diese Vorgänge geeignete "Repräsentationen" geschaffen werden. STOLZ & TÜRK (1992a, S. 135ff) unterscheiden zwei Modi der symbolischen Regulation kooperativen Praxisvollzugs, die sich in Form einer funktionellen Einheit zu einem *zweischichtigen System* sozialer Verständigung zusammenfügen. Der erste Modus bezeichnet die Versprachlichung ("Symbolisierung") von Interaktionsformen zum Zwecke der Koordination und der wechselseitigen Abstimmung sozialen Handelns. Der zweite Modus wird in Anlehnung an LORENZER 1977 "Desymbolisierung" genannt und bezieht sich auf die durch gewaltsame Disziplinierung herbeigeführte Wiederauftrennung von Sprache und Interaktionsformen. Desymbolisierung ("Entsprachlichung", "Ex-Kommunikation")

- verhält sich gegenüber der Symbolproduktion parasitär, d.h. sie setzt jene immer schon voraus und zerstört sie zugleich;
- ergibt sich nicht spontan, sondern wird machtvoll gegen den Eigen-Sinn kooperierender Subjekte durchgesetzt;
- irritiert die Prozesse der symbolischen Regulation, so daß kooperativer Praxisvollzug nur noch auf dem Wege der Re-Symbolisierung oder der Verallgemeinerung spezifischer Desymbolisierungsformen sichergestellt werden kann (z.B. im Zuge "struktureller Gewalt", vgl. GALTUNG 1981).

Über Desymbolisierungen entsteht "ein quasi 'unsichtbar gemachtes' System nach wie vor gesellschaftlich regulierten Verhaltens, welches jedoch von der diskursiven Überprüfung ausgeschlossen" ist (TÜRK & STOLZ 1992a, S. 137). Desymbolisierung hebt die in den Interaktionsformen geleistete produktive Arbeit in keiner Weise auf, aber sie macht die ProduzentInnen buchstäblich "sprachlos" für den Vorgang der objektiven Enteignung von der Kontrolle über die eigene produktive Lebenstätigkeit (und ihrer Ergebnisse). Über die Ausbildung von beschränkten bzw. beschränkenden Symbolsystemen, welche reale Zusammenhänge ausblenden oder abkappen, wird Trennung formal herbeigeführt. So täuscht z.B. die Geld- bzw. Warenform der Produkte über die in ihnen steckende Arbeit und deren Bedingungen hinweg; das sog. "Bruttosozialprodukt" übersieht wesentliche gesellschaftliche Arbeiten, nämlich alle diejenigen, die nicht geldvermittelt sind; und das betriebliche Rechnungswesen interessiert sich nicht für die Bedingungen und Folgen der sog. "betrieblichen Produktivität". Obwohl die realen Zusammenhänge erhalten bleiben, führt ihre desymbolisierte Handhabung zur abwertenden Unterdrückung jeweils nicht repräsentierter Phänomene (in der Bewertung von Arbeitsanforderungen z.B. spielt die in manchen Berufen so wichtige "Emotionsarbeit", d.h. die Freundlichkeit von Stewardessen, die Höflichkeit des Obers oder die Geduld von VerkäuferInnen, kaum eine Rolle).

Obwohl Desymbolisierungen eine (partielle) Entmächtigung der Wahrnehmungs-, Kognitions- und Kommunikationsfähigkeit der Beherrschten bedeuten, kommen auch sie in Sprache und Kognition zum Ausdruck: entweder als Verschiebung im Sinne einer Symptombildung oder als Rationalisierung bzw. gesellschaftliches Legitimationsmuster (man denke nur an solche Euphemismen wie Entsorgung, Verklappung, Solidaritätszuschlag, militärische Hilfsaktion, betriebliche Freisetzung). So kann sich Herrschaft durch geeignete legitimatorische Alltagstheorien, Denkmuster und Sprachfiguren als notwendiges Element der Koordination sozialer Arbeitsteiligkeit präsentieren, obwohl ihr de facto keine produktiven, sondern nur aneignende Funktionen zukommen. Oder negativ gewendet: Ohne die Kopplung betrieblicher Kooperation an Muster symbolischer Regulation würden die ProduzentInnen zum dem degradiert, was sie real-ökonomisch sind: ein reiner "Produktionsfaktor". LITTLER (1987, S. 51f) unterscheidet drei verschiedene Legitimationsmuster, durch die eine Bereitschaft zur Kooperation trotz objektiv vorliegender Trennung, Enteignung, Ausbeutung usw. ideologisch gesichert werden kann:

1) übergreifende Muster von Legitimation im Sinne kultureller Normen (z.B. Leistungsprinzip, Wohlfahrtsstaat);

2) arbeitsbezogene Legitimationen, die von der Organisation aufrechterhalten und unterstützt werden (z.b. humanistische Managementphilosophien, kooperativer Führungsstil);

3) spezifische Legitimationsmuster, die Gefügigkeit und Konformität am Arbeitsplatz in Abhängigkeit von den konkreten Produktionsverhältnissen herstellen sollen (z.B. die Idee der "Betriebsgemeinschaft").

1.1.2.4 Formale Rationalität

Die zweischichtige symbolische Regulation erfolgt in Organisationen über die positive Setzung von Verfahrensregeln, Eigentumsverhältnissen, Verfügungsrechten, Kompetenzzuweisungen usw., mit anderen Worten: in *formalisierter* Weise. Formalität kann als eine spezielle Variante von Symbolik aufgefaßt werden, die der selektiven Codierung von Kooperationsverhältnissen dient. Organisational involvierte Akteure verwenden den formalen Modus daher nur vorgeblich zur "effizienten Allokation von Ressourcen", in Wirklichkeit aber ganz allgemein zur herrschaftsförmigen Konditionierung der Kontexte, in denen gemeinsam gehandelt wird. Formalität bleibt damit immer an wirksame Sanktionspotentiale der Herrschenden und letztlich die Ausübbarkeit unmittelbarer Gewalt gebunden.

Zur Diskussion um die Bedeutung und Funktion von Rationalität haben MEYER & ROWAN 1977 einen wichtigen Beitrag geleistet. Die Autoren fassen die formale Strukturiertheit und Zweckrationalität von Organisationen als symbolische Repräsentationen auf, denen sowohl Legitimitäts- als auch Effizienzgeltung zukommt. D.h. rationale, formale Strukturen sind nicht einfach ontologische Eigenschaften von Organisationen, sondern gesellschaftlich akzeptierte und institutionalisierte Muster der Handlungsorientierung und Situationsdeutung. Rationalität ist ein besonders einfaches, leicht nachvollziehbares Erklärungsmuster, das in unseren abendländischen Gesellschaften allmählich den Stellenwert einer "kulturellen Selbstverständlichkeit" gewonnen hat: "Ob langsam oder in beschleunigtem Tempo, Rationalität wird zu einer objektiv bestehenden Macht, zur Institution 'Vernunft' auch in der alltäglichen Lebenswelt, zur 'Ordnung' der Dinge schon im 18. Jahrhundert... Die Welt und die Menschen sollen funktionieren wie eine Uhr... 'Tugend' ist die unentwegte Produktion von Rationalität in einer historischen Zeit, die durch die Uhr gemessen werden kann" (GRIMMINGER 1986, S. 58ff.).

Kapitel 1

Formale Rationalität ist demnach eine symbolisch kodifizierte gesellschaftliche "Institution". Wenn etwas den Anschein hat, daß es rational konstruiert ist, dann *gilt* es eben darum als gegeben, gerechtfertigt und effizient. Organisationen weisen in diesem Zusammenhang eine teilweise widersprüchliche, kontextuelle Doppelstruktur auf: Während es im symbolischen Kontext um Legitimation schlechthin geht (z.B. "Wettbewerbsfähigkeit", "Leistungsgerechtigkeit"), steht im materiellen Kontext das Prinzip der "Effizienz" im Vordergrund, das sich aufgrund der komplexen und störanfälligen Produktions-, Austausch- und Interaktionsprozesse jedoch nicht durchgängig aufrechterhalten läßt. Nach Auffassung von MEYER & ROWAN 1977 greifen Organisationen hauptsächlich zu zwei verschiedenen Maßnahmen, um den hier angelegten Konflikt zu regeln, und schützen damit das reale, an materielle Kontexte gebundene Organisationsgeschehen durch den Aufbau einer undurchlässigen Legitimationsfassade gegen potentielle Kritik:

1) *Entkopplung* ("decoupling") der symbolischen und materiellen Kontexte, indem der Bereich der symbolischen Repräsentation weitgehend verselbständigt wird (z.B. durch Geschäftsberichte, Pressekonferenzen oder die demonstrative Beschäftigung von ExpertInnen);

2) *Vertrauensbildung* ("logic of confidence") durch die Schaffung und Nutzung entsprechender Einrichtungen, wie z.B. Wirtschaftsprüfung, Unternehmensberatung oder Universität, die Rationalität zu attestieren haben (vgl. z.B. das "European Committee for Work and Pay", das den Erfahrungsaustausch zwischen Wissenschaft und Praxis als oberstes Ziel verfolgt).

1.1.2.5 Qualifikation

Qualifikation kann als ein Modus der organisationalen Nutzung bzw. Verwertung menschlichen Arbeitsvermögens bezeichnet werden (vgl. TÜRK 1993d, S. 83). "'Qualifikationen' bzw. ihre personalwirtschaftlichen und arbeitswissenschaftlichen Klassifikationen erzeugen eine abstrakte Codierung von Arbeitsvermögen als deren ökonomische Verkehrsform (z.B. auf dem 'Arbeitsmarkt'). Organisationale Nutzung von Arbeitsvermögen setzt also einen vorgängigen Segmentierungsprozeß voraus, der den Handelnden die soziale Kompetenz vermittelt, eben diese auftrennende Subsumtion von tatsächlichem Arbeitsvermögen unter Qualifikationskategorien auch in ihrem Handeln zu vollziehen" (TÜRK 1993a, S. 317). Im Sinne der arbeitsmarktlichen Segmentierung läßt sich die Geschichte der BeamtInnen, Angestellten, ArbeiterInnen, UnternehmerInnen, ManagerInnen usw. als die historische Ausprägung einer bestimmten Mentalität bzw. eines Sozialcharakters rekonstruieren, durch die bereits im Vorfeld der organisationalen Nutzung Berufsförmigkeit bzw. Beruflichkeit sowohl als Warenform des Arbeitsvermögens wie auch als Element subjektiver Handlungskompetenz gewährleistet werden.

Diese weitreichenden Formierungen verweisen auf ein breit angelegtes Qualifikationsverständnis, das über die Erfassung rein tätigkeitsbezogener bzw. "berufstechnischer" Fähigkeitspotentiale hinausgeht und auch arbeitsmotivationale Anforderungen berücksichtigt, die auf die sozio-ökonomische Verfaßtheit organisierter Arbeitssysteme bezogen und abgestimmt sein müssen. Deshalb versteht TÜRK 1993b unter Qualifikation "das strukturelle und verhaltensmäßige Vermögen von Personen, eine Konformität mit Sozialsystemen, hier: mit Arbeitssystemen, zu leisten". Kon-Formität meint in diesem Zusammenhang die (letztlich erzwungene) Übereinstimmung mit der Formalität von Organisationen (z.B. mit deren Programmen, Strukturen und Normen). Es liegt auf der Hand, daß aus der Perspektive des Systems immer nur das Handeln der Akteure non-konform sein kann, nicht jedoch das System selbst. Wie sehr sich diese Sichtweise auch im Nachdenken über Qualifikationen niedergeschlagen hat, zeigt die Tatsache, daß in wissenschaftlichen Diskussionen meist die Frage der Anpassung menschlicher Qualifikationen an ein als unveränderbar angesehenes sozio-ökonomisches System erörtert wird, d.h. es ist stets von den "Anforderungen der Arbeitsplätze" und den "Qualifikationen der Beschäftigten" die Rede. Stellt man sich kritisch gegen die herrschende (!) Sichtweise und das daran geknüpfte Sachzwangdenken funktionalistischer Vernunft, dann kann man plötzlich sehen, daß auch das Gegenteil gilt: Die Arbeitskräfte stellen Anforderungen an die Qualifikation der Arbeitsplätze (deren Sicherheit, Freiheitsgrade, motivierende Potentiale etc.)!

Im Konzept der Konformität sind Ansprüche sozial-normativer Art aufgehoben (z.B. Fügsamkeit, Loyalität, Karriereorientierung, "compliance"), welche - um eine altehrwürdige Einteilung von DAHRENDORF 1956 zu bemühen - die "funktionalen" Qualifikationsanforderungen des Arbeitssystems um die "extrafunktionalen" Qualifikationsanforderungen an Einstellungen, Motive, Bewußtseinsstrukturen und -inhalte etc. der Beschäftigten ergänzen bzw. erweitern. Auf diese grundlegende Zweiteilung stützt TÜRK (1993b, S. 120ff) seine beiden Hypothesen einer im Zuge des technologischen Wandels zunehmenden Generalisierung und Internalisierung von Qualifikationsanforderungen. *Generalisierung* zeigt sich im Bereich der funktionalen Anforderungen in der wachsenden betrieblichen Nachfrage nach abstrakten, d.h. von konkreten Stoff-, Material- und Verfahrenskenntnissen absehenden Arbeitstugenden, wie z.B. allgemeine Konzentrationsfähigkeit, Informationsverarbeitungskapazität, Logizität des Denkens, Aufmerksamkeitsspanne, Vigilanz u.a.m. In extrafunktionaler Hinsicht kommt Generalisierung gleichfalls in abstrakter, d.h. hier: vom konkreten Arbeitssystem und den jeweils herrschenden Personen unabhängiger System- oder Organisationsloyalität zum Ausdruck. Im Bereich motivationaler Orientierungen bedeutet das die Ent-bindung und Abkopplung der Leistungsmotivation vom konkreten Arbeitsprozeß, um bei hoher Flexibilität der Arbeitssysteme eine gegenüber wechselnden Arbeitsobjekten und -inhalten gleich-gültige, weitgehend indifferente und damit insgesamt relativ stabile positive Einstellung zur Arbeit aufrechtzuerhalten. Ein derartig "abgehobener", instrumenteller, an abstrakten Erfolgsgrößen (Einkommen, Karriere, Einfluß etc.) orientierter Bezug zur Arbeit ließe - den Ergebnissen der Wertwandel-Forschung zum Trotz (vgl. VON ROSENSTIEL, NERDINGER & SPIEß 1991) - auf eine nach wie vor vorhandene hohe Wertschätzung extrinsischer Anreize und sekundärer Entlohnungsmuster schließen. Die Hypothese der *Internalisierung* verweist auf das Qualifikationserfordernis "innerer Kontrolle", an das in extrafunktionaler Hinsicht verallgemeinerte Erwartungen des Betriebs an die "Selbstständigkeit", "Eigeninitiative" oder "Zuverlässigkeit" der Beschäftigten geknüpft sind. Derartige Arbeitstugenden können Arbeitssysteme nur dann einfordern, wenn über die Verinnerlichung von Systemprinzipien, wie z.B. Leistungsmotivation, ökonomische Effizienz, Wettbewerbsfähigkeit, materieller Wohlstand, formale Rationalität und Flexibilität, die Organisationskonformität der Akteure längst sichergestellt ist. Um es in TÜRKscher Diktion zu paraphrasieren: "von der formalen über die reelle zur ideellen Subsumtion" (1993b, S. 122).

Nach Auffassung von PHILLIPS & TAYLOR (1978, S. 5; zit. in WOOD 1982, S. 18) ist es wichtig zu berücksichtigen, daß kategoriale Tätigkeitsdefinitionen und die ihnen zugeordneten menschlichen Qualifikationen genauso zur Realität von Produktionsprozessen gehören, wie die "objektiven" Tätigkeiten, auf die sie sich beziehen. Tätigkeitsdefinitionen, Qualifikationen, Kompetenzen, Motive etc. werden im Prozeß der Auseinandersetzungen, die bei der Organisierung der Arbeit aufgrund von Interessengegensätzen auftreten, *sozial konstruiert*. Insofern können Qualifikationen einerseits von Managementseite benutzt werden, um durch Segmentierungen die innere Kohäsion der Arbeiterschaft zu schwächen (z.B. Kern- vs. Randbelegschaft, Arbeiter vs. Angestellte, männliche vs. weibliche Berufstätige, Vollzeit-, Teilzeit-, Leih- und VertragsarbeiterInnen). Andererseits können Qualifikationen auch von den ArbeiterInnen strategisch genutzt werden, um einen möglichst hohen Ertrag auf die Investition in Ausbildung zu erzielen, das Lohnniveau zu sichern oder vielleicht sogar ein eigenes (z.B. gewerkschaftliches) Ausbildungssystem zum Zwecke der Abgrenzung und Professionalisierung zu etablieren.

1.2 Organisation als Modus moderner Herrschaftsausübung

1.2.1 Organisierung als Entwicklungslogik moderner Vergesellschaftung

Der Konstitutions- und Reproduktionszusammenhang moderner Gesellschaften ist nach Auffassung von STOLZ & TÜRK 1992a nicht über die Basiskategorie des "ökonomischen Werts", sondern über die der "Organisation" zu erklären. Das herausragende Merkmal kapitalistischer Vergesellschaftung sehen die Autoren in der organisationsförmigen Durchdringung sozialer Ordnung: "Aus historischer Perspektive beginnt diese Durchdringung sozialer Ordnung in der Neuzeit (d.h. etwa seit dem 17./18. Jahrhundert) - in Fortentwicklung 'vormoderner' Modelle der Stadtherrschaft und der 'Proto-Organisation' der Kirche - zunächst mit der Heraufkunft von absolutistisch-merkantilistischem Staat, von Manufakturen, Zucht- und Krankenhäusern, Militär und Fabriken; sie setzt sich in der Folge fort über die Herauskristallisierung politischer Parteien, Gewerkschaften und Verbände, verläuft dann weiter über die organisatorischen Zusammenschlüsse dieser organisationalen Kooperationsformen und kulminiert schließlich in den organisierten Großkomplexen der westlichen kapitalistischen Zentren" (S. 166f).

Organisationen sind quasi erfunden worden, weil die Behandlung der Arbeitskraft als Ware und deren Regulation über Mechanismen der Marktkonkurrenz nicht zur Lösung der *Transformationsproblematik*, d.h. der kontrollierten Umsetzung von Arbeitskraft in verwertbare Leistungen, taugt. Der Markt stellt nur eine Möglichkeit der Realisation von Mehrwert und Handelsgewinnen neben anderen dar; er verkörpert in seiner "Waren-" oder "Geldform" eher einen Modus selektiver Symbolisierung als eine bestimmte Struktur, die sein Verhältnis zur Organisation bestimmt. Demgegenüber macht die Kontrolle der Produktionsbedingungen eine entsprechende Zurichtung der menschlichen Natur der Arbeitenden erforderlich, die nur im Disziplinierungszusammenhang der "Organisation" gewährleistet wird. "*Organisation* als gewaltförmig konstituierte Sozialform geht dem 'Markt' in der Genese und Geltung 'moderner' Gesellschaften logisch und historisch voraus: erst Zurichtung, Disziplinierung, gewaltsame Kasernierung, reelle Subsumtion, Mehrwert*produktion* (Krankenhaus, Zuchthaus, Irrenanstalt, Manufaktur, Fabrik, Militär, Staatsverwaltung), dann erst Ruf nach "freier Marktwirtschaft", formaler Rechtsstaatlichkeit, Liberalisierung der Verkehrsformen etc." (STOLZ & TÜRK 1992a, S. 167).

Die organisationsförmige Prägung moderner Industriegesellschaften zeigt sich nicht nur in der Produktionssphäre, in der die Handhabung der Transformationsprobleme durch geeignete Formen der Disziplinierung im Vordergrund steht, sondern auch in der Distributionssphäre, in der die Idee der "vollständigen Konkurrenz" längst von der Tat-Sache ökonomischer Verflechtungen, einer ungebrochenen Dynamik von Unternehmenskonzentrationen (Monopolisierung, Kartellbildung, Entwicklung von Trusts und Konzernen) und der engen Verbindung zwischen Staat und Wirtschaft (Beispiel: Energie- und Rüstungspolitik) überholt worden ist. Mit anderen Worten: Auch die relevanten Märkte sind längst politisiert und vermachtet. Die "terms of trade" werden weitgehend durch organisierte Macht und nicht durch die "invisible hand" des Marktes bestimmt.

1.2.2 Herrschaft und Kooperation in Organisationen

Nach Auffassung von TÜRK 1993a ist Organisation nicht als produktive Weise der Koordination arbeitsteiliger Kooperation, sondern als eine historisch-gesellschaftlich spezifische Form von Herrschaft zu begreifen. Produktivitätsfiktionen werden durch Desymbolisierungsleistungen erzeugt, die Attributionen selektiv steuern. So wird z.B. die vermeintlich hohe Produktivität der "lean production" artifiziell konstruiert, indem die Leistungen der Zulieferbetriebe aus der Produktivitätsrechnung ausgegrenzt werden. Im Prinzip läßt sich jeder organisierte Arbeitsprozeß durch selektive Zurechnung und Ausgrenzung produktiv gestalten, indem man Erholungszeiten, Bildungstätigkeit, Kommunikation mit Familienangehörigen etc. aus der Betrachtung ausblendet.

Während "Produktion" und "Produktivität" zur Logik der Kooperationssphäre gehören, errichten Organisationen ein Herrschaftsverhältnis, durch das der Kooperationszusammenhang zwar nicht konstituiert oder determiniert, aber konditioniert wird. Organisationen setzen Bedingungen von und für Kooperation, die sie zudem durch die Aneignung von Mehrprodukt nutzen. Organisationen müssen "Energie" aufbringen, um ihre Struktur gegen die (vermeintliche?) Entropie autonom-authentischer Strebungen der ihnen subsumierten Menschen aufrechtzuerhalten, indem sie den übergreifenden Lebens- und Kommunikationszusammenhang menschlicher Tätigkeit in realer und formaler Hinsicht auftrennen. Gleichzeitig bleiben Organisationen in ihrer Existenz jedoch ständig abhängig von der produktiven Lebenstätigkeit der Subjekte, so daß sie fortwährend in multiple Dilemmata geraten. "Organisationen sind angewiesen auf lebendige Arbeit, müssen ihre Lebendigkeit aber fürchten; sie sind angewiesen auf ideologische, legitimatorische, qualifikatorische, politische und materielle Ressourcen, die sie nicht selbst produzieren können, müssen aber fürchten, daß sie durch die Evolution der relativ autonomen Teilmuster der Gesellschaft in Frage gestellt werden" (TÜRK 1993a, S. 328).

Herrschaft ergibt nur als Differenzbegriff einen Sinn, d.h. wenn man Herrschaft als *einen* Pol einer Regulationsdimension menschlicher Assoziation konzeptualisiert, der zugleich dazu herausfordert, Kritik zu üben und sein Gegenteil zu denken. Weil und insofern Kooperation auf der Basis der nicht strategisch aufgebauten Sozialität einer gemeinsamen Lebensform gründet, ist prinzipiell auch die Erfahrung von Nicht-Herrschaft bzw. Nicht-Organisation möglich. Mit Sozialität ist hier also so etwas wie die überindividuelle Grundlage jeglicher Verständigung und jeglicher Aneignung von Natur gemeint (vgl. TÜRK 1993c, S. 31). Aber auch die organisational restringierte Kooperation weist eine Überschüssigkeit gegenüber ihrer Formalität auf, in denen Formalität teilweise abgearbeitet, moduliert oder realisiert, teilweise überschritten wird. Hier zeigt sich, daß "gute Kooperation" (TÜRK 1993c) nicht nur den Stellenwert einer regulativen Idee oder eines utopischen Entwurfs genießt, sondern auch eine empirische Bedeutung aufweist. Beispiele, in denen die Differenz zwischen Organisation (Herrschaft) als einem "Regulator" und Kooperation als einem "Regulationsobjekt" besonders deutlich wird, sind außerhalb organisierter Kontexte Bürgerinitiativen, ökologische Bewegungen oder Selbsthilfegruppen, innerhalb organisierter Kontexte von der Belegschaft initiierte Konversionsprojekte sowie freiwillige Hilfeleistungen und spontane Kooperationsmuster, die paradoxerweise gerade in ihrer Umgehung der Vorschriften funktional für die Aufrechterhaltung der Organisation sein können (vgl. die empirische Untersuchung von BENSMAN & GERVER 1973 in einer Flugzeug-Montagehalle oder die Beschreibung des Spiels "making out" von BURAWOY 1979).

Organisationale Herrschaft kommt nicht nur im bewußten, strategischen Handeln, hier insb. des Managements, zum Ausdruck, sondern ist bereits in das koorientierte Handeln der Akteure selbst eingelassen; denn sie sind nicht nur als Objekte, sondern immer auch als Subjekte in den "Prozeß des Organisierens" (WEICK 1985) involviert. "So verkörpert z.B. ein Sachbearbeiter im Sozialamt gegenüber dem Antragsteller für Sozialhilfe die Herrschaft der Verwaltung bzw. des Staates. Der Sachbearbeiter übt auch Herrschaft aus, ohne daß dies bedeutet, daß er 'strategisch' handeln würde. Er macht einfach seine Arbeit" (TÜRK 1993a, S. 330). Das bedeutet, daß organisierte Arbeit nicht nur Herrschaftsstrukturen reproduziert, sondern im Handeln Herrschaft auch vollzieht. Herrschaft wird durch organisierte Arbeit überhaupt erst konstituiert. Da ein externer, herrschaftlicher Zugriff auf die lebendige Arbeit nie in direkter Weise möglich ist, muß dafür gesorgt werden, daß die Individuen von selbst mitmachen und kooperative, organisationskonforme Muster ausbilden. "D.h. es geht nicht bloß um Leistungsabgabe wie bei einer Maschine, sondern darum, daß die organisational involvierten Akteure individuell und interaktionell 'Organisation' in ihren Handlungen hervorbringen, sie tagtäglich rekonstruieren" (TÜRK 1993a, S. 313). Organisation ist daher nicht gleichzusetzen mit der Standardisierung von Arbeitsprozessen bzw. der Strukturierung oder Steuerung des Arbeitsvermögens, sondern bleibt stets an die Mitwirkung der "ganzen Person" als Subjekt gebunden. Die These der "dialectic of control" (GIDDENS 1984) bringt zum Ausdruck, daß eine wichtige Bestandsvoraussetzung von Organisationen darin liegt, daß die Herrschenden immer ein Stück weit Macht abgeben, wodurch sie vom Mitmachen, vom Wissen und der Loyalität der Beherrschten abhängig werden. Obwohl diese wechselseitige Abhängigkeit bis zu einem gewissen Grade besteht, darf sie aber nicht darüber hinwegtäuschen, daß der Aneignung von Mehrprodukt und der Kontrolle produktiver Lebenstätigkeit der unmittelbaren ProduzentInnen ein fundamentale Asymmetrie innewohnt, die sich im - notfalls radikalen - Durchgriff auf den kooperativen Lebensvollzug der Unterworfenen zeigt.

Als die vom Kapital geschaffenen Kontexte reeller Subsumtion können Organisationen - wie gezeigt - genauso wie Gesellschaften in den Dimensionen von Kooperation und Herrschaft beschrieben werden. Die Kooperationsdimension bezieht sich auf die Kontinuität des (sinnhaft) aufeinander bezogenen Verhaltens konkreter Individuen, das in einem spontanen Prozeß sozialer Strukturierung zur Besonderung entsprechender sozialer Muster führt. Durch diese Besonderung konkreter kooperierender Kollektive wird ein Kontext geschaffen, den STOLZ & TÜRK (1992a, S. 155) als "Organisationskultur" bezeichnen. Die Herrschaftsdimension von Organisationen kommt darin zum Ausdruck, daß Organisationskulturen durch zweischichtige symbolische Regulationen so zugerichtet werden, daß die einseitige Aneignung von Mehrprodukt gesichert bleibt. Mit dieser "ambivalenten" Konzeption kann eine Reihe von Problemen überwunden werden, die der klassischen Organisationsforschung zugrundeliegen: Kooperation verkümmert nicht zur Residualkategorie im Sinne einer weitgehend unbestimmten "Informalität", sondern ist der jegliche Organisation erst konstituierende Vorgang der Verkörperung sozialer Wirklichkeit; und Herrschaft muß nicht länger als Ausdruck eines Willens, sondern kann als pluralistisch konstituierte politische Arena aufgefaßt werden, ohne den Herrschaftsbegriff selbst aufgeben zu müssen.

1.2.3 Mikropolitik

Mikropolitische Ansätze fassen Organisationen und die durch sie konditionierten Kooperationszusammenhänge als "'Arenen' interessegeleiteter Interventionen, Aushandlungen und Konflikte mit jeweils nur temporären Problemlösungen" auf (TÜRK 1993a, S. 319). Obwohl die Spannweite dessen, was unter dem Rubrum "Mikropolitik" verfaßt und diskutiert wird, erheblich ist (vgl. KÜPPER & ORTMANN 1986; NEUBERGER 1986), scheint den verschiedenen Ansätzen gemeinsam zu sein, daß sie prinzipiell vom Eigen-Sinn der Subjekte ausgehen und die Fragestellung formulieren, wie es möglich ist, daß trotz gegebener Interessenunterschiede, -gegensätze und -konflikte organisiertes soziales Handeln zustandekommen kann. Damit wird die Auffassung einer bruchlosen Durchsetzung von Herrschaft zugunsten der Vorstellung aufgegeben, daß es in Organisationen alltägliche Auseinandersetzungen um Kontrolle, Einflußchancen, Macht, Prestige, Ressourcen usw. gibt, die aus dem Eigen-Sinn der Subjekte resultieren, die aus ebenso eigen-nützigen Motiven ihre Handlungen miteinander zu einer "innerbetrieblichen Konstellation" verschränken. CROZIER & FRIEDBERG (1979, S. 68) reflektieren mikropolitisches Handeln aus der Perspektive der Spiel-Metapher: "Handelt es sich, wie immer bei einer Organisation, um ein Kooperationsspiel, so wird das Produkt des Spiels das von der Organisation gesuchte gemeinsame Ergebnis sein. Dieses Ergebnis wird aber nicht durch die direkte Steuerung der Teilnehmer erreicht, sondern durch die Orientierung, die ihnen Beschaffenheit und Regeln des Spiels auferlegen, das jeder von ihnen spielt und in denen sie ihr eigenes Interesse suchen".

Mikropolitische Ansätze sind für eine politische Ökonomie der Organisation insofern von Bedeutung, als sie ihren Akzent auf die Tat-Sache kommunikativ regulierter Kooperation legen. "Das dreifache Transformationsproblem: Arbeitsvermögen in konkrete Arbeit zu verausgaben, konkrete Arbeit in formell-abstrakte Arbeit umzusetzen und individuellen Eigensinn in Konformität zu verwandeln, wird nicht einfach als formell-strukturell gelöst betrachtet, sondern als durch Kooperation vermittelt" (TÜRK 1993a, S. 320). Die "spielerische" Vermittlung der Kooperation darf in diesem Zusammenhang aber nicht darüber hinwegtäuschen, daß dem Spiel eine Widerstandsqualität bis hin zum "Arbeitskampf" (HOFFMANN 1981) anhaftet, die aus der Perspektive der ArbeitnehmerInnen als Rückeroberung verlorenen Terrains interpretiert werden kann: Entwicklung einer eigenen Zeitstruktur und Rhythmik von Arbeit, individuelle Gestaltung von Arbeitsräumen (vgl. das Konzept des "enlarged self" bei JAMES 1984), idiosynkratische "Technisierung" des Arbeitsvollzugs auf der Basis eigener Beurteilungen und Einschätzungen etc. Im Rahmen der subjektiven (Wieder-)Aneignung von Tätigkeiten und der durch sie induzierten Re-Qualifizierungsprozesse wird ein "tacit knowledge" erworben, das für die Aufrechterhaltung des Produktionsprozesses funktional und daher von großer strategischer Bedeutung sein kann. Die Tatsache, daß mikropolitisches Handeln strategische Optionen eröffnet, darf aber nicht den Blick dafür verstellen, daß die Chancen zur Beteiligung an Spielen und Aushandlungsprozessen ungleich verteilt sind: je nach

Segmentierung der Beschäftigten entstehen Gruppen mit mehr oder weniger großer Macht zum "bargaining" (Frauen vs. Männer, ausländische vs. einheimische ArbeitnehmerInnen).

1.3 Bestimmungsmerkmale von Organisationen

Im Anschluß an das naive Alltagsverständnis gesellschaftlicher Akteure, die nicht nur in der Lage sein müssen, das Phänomen "Organisation" zu erkennen, sondern auch durch ihr tagtägliches Handeln hervorzubringen und zu reproduzieren, unterscheidet TÜRK (1992; 1993a) drei Facetten der Organisation: Ordnung, Gebilde und Vergemeinschaftung. Ein Blick hinter die Kulissen dieser laienpsychologisch begründeten Dreiteilung zeigt jedoch, daß sich mit den Konzepten jeweils typische Trennungsmuster verbinden, die durch die selektiv-abstrahierende Wirkung von "Organisation" erzeugt werden: Ordnung als die De-finition einer "inneren", sozialen Struktur der Organisation; Gebilde als die institutionelle Abschließung der Organisation "nach außen" bzw. ihre Grenzziehung gegenüber der "Umwelt"; und schließlich Vergemeinschaftung als formierender Einschluß von Personen, die ein "gemeinsames Interesse" miteinander teilen und sich darin von anderen unterscheiden.

1.3.1 Organisation als Ordnung

Die Form der Ordnung ist eng mit dem abendländischen Rationalitätsdiskurs und der Semantik der Zweckbestimmtheit des Handelns verknüpft. "Man findet Ordnung im 18. Jahrhundert überall dort, wo die 'Einheit' des Gesetzes über eine 'Mannigfaltigkeit' von Dingen oder Menschen herrscht oder auch umgekehrt, wo unterschiedliche Dinge oder Menschen sich wie Mittel dem gemeinsamen Endzweck gleichmäßig unterordnen - dem Gesetz, der 'Regel', der Norm, welche die Ordnung 'begründet'" (GRIMMINGER 1986, S. 58). Praktisch wirksame Ordnungskategorien mit auftrennender Funktion sind in den modernen Organisationen z.B. "Fall", "Vorgang", "Akte", "Stelle", "Position", "Ab-Teilung" und insbesondere "*Hierarchie*", durch die Handeln in jeweils spezifischer Weise beschränkt wird. Derartige Ordnungskonzepte schaffen die Basis für jene Produktivitäts- und Effizienzideologien, mit denen sich sowohl Wirtschaftsunternehmen als auch politische Parteien, Verwaltungen und Verbände öffentlich präsentieren.

Die Ordnungskonzepte der kapitalistischen Arbeitsorganisation sind weniger auf ihre vermeintliche technische Effizienz, sondern vielmehr auf die Bedienung von Herrschaftsinteressen zurückzuführen. Die betriebliche Hierarchie z.B. hat nicht hauptsächlich die Funktion, die Effizienz der Produktion zu erhöhen, sondern über die Kontrolle der lebendigen Arbeit das produzierte Mehrprodukt abzuschöpfen. Ordnungskonzepte können sehr bewußt zu Zwecken der Disziplinierung und Beaufsichtigung eingesetzt werden: *Arbeitsteilung* z.B. verschafft den UnternehmerInnen ein hohes Ausmaß an Kontrolle über den Produktionsprozeß, da sie für Stellenplanung und -schneidung zuständig sind. Die im Zuge wachsender Technisierung und Automatisierung zu beobachtende Re-integration von Arbeitsprozessen auf höherem Niveau (vgl. HELLER 1994) macht es jedoch erforderlich, die Kategorie der Arbeitsteilung in einem allgemeiner gefaßten analytischen Konzept aufzuheben, das prinzipiell auch die Synthese des Getrennten zuläßt. Nach Auffassung von TÜRK (1993b, S. 118) wird diese Forderung durch das Konzept der *"Abstraktifizierung"* erfüllt, worunter er die nach vorgestellten Zwecken verselbständigte, systemhafte Planung und Gestaltung von Arbeitsorganisationen versteht. Abstraktifizierung führt im Ergebnis zur Absehung vom Individuellen und Besonderen der handelnden Subjekte sowie der zwischen ihnen bestehenden konkreten Arbeitsbeziehungen, d.h. zur Versachlichung kooperativer Arbeitsvollzüge nach organisationseigenen Effizienz- und Richtigkeitskriterien. Sie bewirkt darüber hinaus eine zunehmende Distanzierung zwischen den arbeitenden Subjekten und den Produktionsprozessen, die sich aus der Subjektperspektive in der zunehmenden Ferne zu Art, Qualität und Wirkung der hergestellten Produkte spiegelt. Die letzte Überlegung erscheint insbesondere unter qualifikatorischen Aspekten bedeutsam, denn die Distanzierung muß in irgendeiner Weise subjektiv verarbeitet (verdrängt, toleriert, beschönigt etc.) werden können, um das "Mitmachen" der Arbeitskräfte und damit die Reproduktion der Organisationsverhältnisse durch ihr Handeln zu gewährleisten.

STONE (1974, S. 62) plädiert nach Abschluß ihrer empirischen Untersuchungen dafür, organisationale Ordnungskonzepte (Hierarchie, Arbeitsteilung, Lohngruppenkataloge usw.) als Herrschaftsstrategien aufzufassen, die aus Arbeitskämpfen entstanden sind; sie faßt ihre Ergebnisse wie folgt zusammen (S. 62):

"1. Die Technologie selbst bringt kein Arbeitssystem hervor. Technologien definieren nur einen Bereich von Möglichkeiten.

2. Die Entwicklung der Hierarchie innerhalb des Arbeitspersonals war keine Antwort auf die anwachsende Komplexität von Arbeiten, sondern sie beruhte auf der Absicht, die entstehende Homogenität der Industriearbeit aufzuheben (und damit verbundene Solidarität zu erschweren).

3. Die Art, wie Arbeit organisiert wird, wie Stellen definiert werden und wie Arbeiter bezahlt werden, sind Gegenstände von Konflikt und Arbeitskampf zwischen Arbeitern und Arbeitgebern...

4. Die heutige Teilung in geistige und körperliche Arbeit ist eine künstliche und unnötige Auftrennung, die nur dazu dient, die Macht der Arbeitgeber über die Arbeiter zu behaupten."

1.3.2 Organisation als Gebilde

Die Beschränkung einer sozialen Lebensbeziehung auf selektive Zweckerfüllung, auf bloße Funktion, muß machtvoll durchgesetzt werden; sie konkurriert immer mit der Tatsache, daß in Organisationen nicht Rollen, sondern "ganze" Menschen miteinander interagieren. Das institutionelle Gebildekonstrukt erfüllt die Aufgabe, zusammenhängende Lebensbereiche voneinander zu trennen und den ursprünglichen Zusammenhang gleichzeitig zu desymbolisieren. Die Scheidung von Lebenszusammenhängen (z.B. Familie vs. Betrieb) gelingt durch die Definition von Rechtssphären. Um von Organisation sprechen zu können, ist es erforderlich, über die abstrahierende und restringierende Ordnung hinaus einen damit korrespondierenden Mechanismus institutioneller Abschließung anzunehmen; erst dadurch wird es möglich, soziale Orte festzulegen und als spezifische soziale Kontexte von Herrschaft und Gehorsam auszuweisen, in denen über juristische Eigentumsdefinitionen eine abtrennende Zuschreibung von Erträgen erlaubt ist.

Für das "Gebilde"-Konzept ist die Form der juristischen Person, vor allem die in der Haftung beschränkte Kapitalgesellschaft, von besonderer Bedeutung. Das mit einer eigenen Rechtspersönlichkeit ausgestattete Gebilde erfüllt eine Doppelfunktion: Einerseits wird vermittels der Konstruktion geeigneter Ordnungsideologien die Fiktion einer "produktiven Einheit" erzeugt, andererseits der gesellschaftliche Arbeitszusammenhang so interpunktiert, daß abschöpfbare Erträge legal zugerechnet werden können. Der institutionelle Rahmen des Gebildes zerschneidet also einen die Organisation weit übergreifenden Produktivitätszusammenhang, der z.B. darin zum Ausdruck kommt, daß jede Organisation von einer Vielzahl nicht selbst produzierter und nicht bezahlter Arbeitsleistungen abhängig ist (man denke hier vor allem an die Nutzung der "Hausfrauen"-Arbeit) und die Kosten der Folgen ihrer Produktion im allgemeinen auf die soziale und natürliche "Umwelt" abwälzt.

Durch die rechtsförmige Verfassung der "Unternehmung" wird der Vorgang der einseitigen Ertragsaneignung und der durch ihn geschaffene Reichtum entpersonalisiert. "So wie das Geld im Unterschied zu Realien eine prinzipiell unendliche Akkumulation ermöglicht, so schafft die Kapitalgesellschaft die Möglichkeit zu einem prinzipiell unbegrenzten Wachstum des Kapitals, was einer natürlichen Person unmöglich wäre" (TÜRK 1993a, S. 308). Die Konstruktion des "anonymen Kapitals" suggeriert eine sozial unterschiedslose Reichtumsbildung, bei der alle nur "zum Wohle des Betriebs" arbeiten. Dadurch wird verschleiert, daß die Kapitalgesellschaft keine Korporation der Arbeitenden ist, sondern eine der Kapitaleigner, die sich ein Personal halten (vgl. KRELL 1994).

Die Einheit von Ordnung und Gebilde konstituiert die "Formalität" einer Organisation. Formalität abstrahiert durch ihre hochgradige Selektivität und Prinzipialität von der vielfältigen Qualität der Lebensformen und erzeugt damit im Ergebnis Normalisierung, Standardisierung, Zweckmäßigkeit, Funktionalität, Subsumtion, Verwertung etc.

1.3.3 Organisation als Vergemeinschaftung

Im Unterschied zu "Ordnung" als funktionaler und "Gebilde" als institutioneller Grenzziehung deutet der Begriff der "Vergemeinschaftung" auf einen Modus personeller Ab-trennung hin. Vergemeinschaftung impliziert also den mehr oder minder bewußten Einsatz eines Konzepts von Mitgliedschaft. Historisch läßt sich Vergemeinschaftung auf die Idee der Vereinigungsfreiheit zurückführen (vgl. TÜRK 1992), also zunächst die Vorstellung und später die rechtliche Ermöglichung von freien Zusammenschlüssen von Individuen mit gemeinsamen oder zumindest kombinierbaren Interessen. Dahinter scheint die alltagspsychologische Annahme oder Erfahrung zu stecken, daß Interessenbewußtheit, Interessenformierung und Interessenwahrnehmung kollektiv effizienter entwickelt bzw. ausgeführt werden können als individuell. Gerade für die modernen Industriegesellschaften scheint typisch zu sein, daß Bedürfnisse, Wünsche und Ziele via Organisation zunächst in Interessen transformiert werden müssen, um gesellschaftlich mit dem notwendigen Ausmaß an Macht und Durchsetzungskraft artikuliert werden zu können. "Warenform der Produkte und Interessenform der Bedürfnisse sind miteinander korrespondierende kommunikative Codierungen von hoher Selektivität; beide werden offenbar zu Elementen jeweils auf ihre Weise abstrakter gesellschaftlicher Vermittlungssysteme, die diese Elemente auf der einen Seite mit Hilfe des Mediums 'Geld' ('Markt'), auf der anderen Seite mit Hilfe des Mediums 'Interessen' (organisationale Netzwerke) prozessieren" (TÜRK 1993a, S. 316).

Wie schon das Gebilde, so erfüllt auch die Vergemeinschaftung eine Doppelfunktion: Sie verspricht ihren Mitgliedern differenzielle Vorteile und bindet sie gleichzeitig an die Organisation als abstraktes Gebilde, wodurch die Einhaltung der inneren Ordnung gefördert wird: "Wenn Menschen sich zusammentun, um einen korporativen Akteur zu schaffen - sei dies nun ein Industrieunternehmen, eine Gewerkschaft, eine Nachbarschaftsvereinigung oder eine politische Partei -, so sehen sie sich mit einem Dilemma konfrontiert: Um in den Genuß der Vorteile zu kommen, die Organisation bietet, müssen sie die Nutzung gewisser Rechte, Ressourcen oder Macht an die Korporation abtreten. Nur so kann der korporative Akteur die erforderliche Macht erhalten, um die Zwecke zu verfolgen, deren wegen er geschaffen wird. Dadurch jedoch, daß sie diese Rechte überträgt, verliert jede Person weitgehend die Kontrolle über sie. Denn der korporative Akteur kann durchaus in einer Weise handeln, die sie nicht billigt" (COLEMAN 1979, S. 25).

Die Kategorie des Interesses eignet sich offenbar zur Vermittlung des "subjektiven Eigensinns" mit den Systemimperativen der Organisation, die sich als verallgemeinerte Herrschafts-, Verwertungs- und Koproduktionsinteressen ausbilden. In der Funktion als ökonomisch, rechtlich und sozial bestimmtes "Personal" erleben Menschen zwar die Vorrangigkeit des "objektiv gegebenen", organisationalen Kontextes. an den sie sich anzupassen haben. Gleichzeitig aber bietet die Organisation als politische Arena immer auch ein Stück weit die Möglichkeit, subjektiven Eigensinn durch die Artikulation von individuellen oder gruppenbezogenen Interessen in den kontinuierlichen Reproduktionsprozeß der Organisation einzuspeisen (z.B. durch Gewerkschaften, Betriebsrat). In der operativ wirksamen "Überschüssigkeit" des subjektiven Faktors ist nach Auffassung von STOLZ & TÜRK 1992b sogar das Potential für die Umgestaltung des organisationalen Kontextes angelegt; daß dieses Potential im allgemeinen nicht genutzt wird, dürfte wohl damit zu begründen sein, daß einerseits Alternativen im selbstverständlich wirkenden Programm der Organisation zu wenig gesehen werden und andererseits jede Veränderung der Verhältnisse mit einem enormen Widerstand seitens der herrschenden Koalitionäre rechnen muß, die von den etablierten Strukturen profitieren. Solange sich Kritik nur in den "unterregulierten" Zonen des organisationalen Spielfelds manifestiert, nicht aber gegen die Regeln richtet, die das Spielfeld selbst konstituieren, setzt sie sich immer dem Verdacht aus, letztlich spielfördernd (systemfunktional, affirmativ) zu wirken.

Aus qualifikatorischer Perspektive scheint mir wichtig zu sein, daß man "Leidenschaften" in Interessen transformieren bzw. sublimieren *können* muß, wenn man am "Kooperationsspiel 'Organisation'" (CROZIER & FRIEDBERG 1979) teilnehmen will. Aus der Freude am Tätigsein oder dem Stolz über die hergestellten Produkte wird so durch Prozesse der Ent-Sinnlichung, Ent-Stofflichung und Ent-Kopplung von konkreten Anreizen das allgemeine, mit anderen Individuen teilbare und weitgehend versachlichte Interesse erzeugt, ein Einkommen zu erzielen. In fremdgesetzten Produktionsverhältnissen und unter den Bedingungen einer politischen Arena ist allerdings davon auszugehen, daß sich die "gemeinsamen Interessen" nicht bruchlos im Arbeitssystem installieren lassen. Vielmehr werden die Bemühungen der Kapitaleigner, durch die Gestaltung einer homogenen Organisationskultur die Einbindung der vergemeinschafteten Subjekte als Personal zu forcieren, auf das individuelle oder gruppenbezogene Interesse der ArbeitnehmerInnen stoßen, eine eigene Identität zu entwickeln und zu bewahren. Insofern, als die Aufrechterhaltung der Organisation auf die *Dialektik* von Herrschaft und Kooperation angewiesen ist, stellt die Fähigkeit zur Identitätsbestimmung im Rahmen spezieller ArbeiterInnen-Kulturen (Angestellten-, ManagerInnen-, IngenieurInnenkulturen etc.) eine wichtige Qualifikation für den Arbeitsprozeß dar.

1.4 Organisationslogiken

KARPIK 1978 versteht unter einer "Handlungslogik" so etwas wie ein allgemeines Funktionsprinzip, einen personunabhängigen, quasi-objektiven Wirkmechanismus oder eine in der 'Natur der Sache' liegende, innere Gesetzmäßigkeit. In Anlehnung an KARPIKs Begriff der "Handlungslogik" unterscheidet TÜRK (1989, S. 143ff) drei verschiedene Dimensionen von Organisationslogiken, die mit den Bestimmungsmerkmalen von Organisationen eine "lockere Korrespondenz" aufweisen (vgl. Abb. 1.1). Die Herrschaftslogik thematisiert die Aufrechterhaltung sozialer Differenzierung und "Ungleichheit" und ist insofern mit dem Ordnungsaspekt verwandt. Die Verwertungslogik bezieht sich auf die Verwertung des eingesetzten Kapitals und die Erwirtschaftung von Mehrwert, steht also insofern in Beziehung zum Konstrukt des "Gebildes", das die Aneignung des Mehrwerts institutionell-rechtlich absichert. Und die Kooperationslogik schließlich greift in ihrer Betrachtung die reale

Kooperation innerhalb des konkreten Arbeitsprozesses auf; weil und insofern diese Kooperation unter den Bedingungen von Organisation stattfindet, ist eine semantische Affinität zum Konzept der Vergemeinschaftung gegeben. Im folgenden möchte ich die drei Organisationslogiken, die auch als "unternehmerische Basisinteressen" (BREISIG 1990) interpretriert werden können, anhand ausgewählter Aspekte illustrieren. Diese Auswahl orientiert sich systematisch an den Ordnungsgesichtspunkten, die für die Darstellung des TÜRKschen Ansatzes in der vorauslaufenden Erörterung wesentlich waren: die Dialektik von Herrschaft und Kooperation, das daran geknüpfte Problem der Kontrolle des Arbeitsprozesses und den daraus folgenden Konflikten, Widersprüchen und Qualifikationsanforderungen an die ArbeitnehmerInnen. Auf diese Weise ist es möglich, in knapper Form ein markantes Profil typischer Eigenschaften der einzelnen Organisationslogiken zu zeichnen.

1.4.1 Herrschaftslogik

Innerhalb der *Herrschaftslogik* geht es um die Reproduktion sozialer Differenzierungen, die durch die gesellschaftliche Abtrennung der ProduzentInnen von ihrem Produkt mithilfe der Berufung auf Eigentumsrechte etabliert werden. Das damit verknüpfte Transformationsproblem im Hinblick auf die Gestaltung des Arbeitsprozesses besteht in der Umwandlung von Eigen-Sinn der ProduzentInnen in Fügsamkeit, Gehorsam, Konformität usw. ArbeitnehmerInnen werden als Untergebene behandelt, deren inferiore Position durch formale Reglementierungen kontrolliert wird, durch die letztlich die bestehenden Eigentumsverhältnisse gesichert werden sollen. Die Transformation von Eigen-Sinn in Konformität ist aber auch über konsensuelle Mechanismen (Vertrauen, Verständigung) regulierbar, die benutzt werden können, um Menschen in den Produktionsprozeß "einfühlsamer" einzubinden. Typische organisationsstrukturelle Manifestationen der Herrschaftslogik sind Strategien der Hierarchisierung, Segmentation, Dequalifizierung, Mittel der Belohnung und Bestrafung, mikropolitischen Strategien der Einflußerweiterung innerhalb des Arbeitskampfes usw. Ein zentraler Widerspruch dieser Logik ist darin zu sehen, daß Herrschaft zugleich gesichert und versteckt werden muß, mit anderen Worten: die Partizipation der ProduzentInnen sowohl gewährt als auch beschränkt werden muß, um auf diesem Wege einen relativ dauerhaften "working consent" (BURAWOY 1979) zu erzielen. Aus dieser ambivalenten Einstellung der herrschenden Koalitionäre zur Partizipation, aber auch aus der zunehmenden Abstraktifizierung des Arbeitsprozesses, resultieren paradoxe Qualifikationsanforderungen: z.B. Motivation *und* Gleichgültigkeit, Mobilität *und* 'Identifikation' mit der Arbeit, Bindung an den konkreten Arbeitsplatz *und* allgemeines Karrierestreben usw. (TÜRK 1993b S. 125).

Ausgegewählte Apekte	Organisationslogik	Herrschaftslogik	Verwertungslogik	Kooperationslogik
Bestimmungsmerkmal der Organisation		Ordnung	Gebilde	Vergemeinschaftung
Transformationsproblem		Eigen-Sinn in Konformität	Konkrete Arbeit in abstrakte Arbeit	Arbeitsvermögen in konkrete Arbeit
Rollensegment des Arbeiters/der Arbeiterin		ArbeiterIn als Unterstellte(r)	ArbeiterIn als VerkäuferIn	ArbeiterIn als ProduzentIn
Managementkontrolle		Formalität Konsens	Verfügung über den Wertbildungsprozeß	Reale Koordination von Einzelarbeiten
Strukturierungstendenzen (Beispiele)		Hierarchisierung, Segmentierung, Dequalifizierung	Lohnminimierung, Externalisierung von Kosten, Arbeitsteilung	Professionalisierung Taylorisierung Optimierung der Ko-produktion
Zentraler Widerspruch		Partizipation gewähren und beschränken	Lohn als "Einkommen" vs. "Kosten"	Zentralisierung vs. Dezentralisierung von Produktionswissen
Qualifikationsanforderungen		Paradoxe Qualifikationen	Qualifikationen des "impression management"	Mikropolitische ("anomische") Qualifikationen

Abb. 1.1 Aspekte von Organisationslogiken (abgewandelt nach TÜRK 1989, S. 144)

1.4.2 Verwertungslogik

Die *Verwertungslogik* thematisiert den Produktionsprozeß als einen Konsumtions- und Herstellungsprozeß von ökonomischem Wert. Das damit verknüpfte Transformationsproblem besteht in der Umwandlung von konkreter in abstrakte Arbeit, die als Ware über den Markt absetzbar und in einen Tauschwert umsetzbar ist, mit dem die Rendite maximiert werden soll (abstrakte Arbeit ist hier also nicht mit dem Terminus von MARX gleichzusetzen, der damit die physische Arbeitsverausgabung meinte, sondern als "abstraktifizierte", formelle, geldwerte Arbeit zu verstehen). Den Nutznießern fremder Arbeit geht es nicht einfach nur um Arbeit schlechthin, sondern um "werthaltige" Arbeit, die für die Anhäufung von Kapital, Macht, Stimmen usw. gewinnbringend verwendet werden kann. Was in diesem Sinne "Wert" hat, wird durch den jeweiligen gesellschaftlichen Kontext organisierter Arbeit definiert (also z.B. durch die konkreten, historisch kontingenten Marktverhältnisse oder die an sie gekoppelten politischen Konstellationen). Die Konditionierung konkreter Arbeit auf (Tausch-)Wertgrößen hin, die durch Warenverkauf als Gewinne realisierbar sind, geschieht durch Mechanismen reeller Subsumtion. Die Arbeitenden treten aus dieser Perspektive nicht als reale ProduzentInnen, sondern als VerkäuferInnen ihrer Arbeitskraft auf, während das Management versucht, die ökonomische Kontrolle über den Wertbildungsprozeß durch geeignete Strategien der Lohnminimierung zu erhalten bzw. auszubauen. Eine zentrale Konfliktlinie ergibt sich aus dem Prinzip der Mehrwertakkumulation, da Lohn sowohl in Form von "Kosten" (Kapitaleigner) als auch in Form von "Einkommen" (Lohnabhängige) erscheint. Die ArbeitnehmerInnen sind daran interessiert, ihre Arbeitskraft bei gegebenem Einsatz möglichst teuer zu verkaufen bzw. bei gegebener Lohnsumme ihren Arbeitseinsatz zu minimieren. Das Management als Vertreter der Kapitaleigner ist umgekehrt daran interessiert, die Lohnsumme möglichst gering zu halten bzw. bei gegebener Lohnsumme die Arbeitskraft maximal zu nutzen. Mikropolitische Strategien, die unter die Verwertungslogik fallen, sind Leistungsminimierung bzw. -zurückhaltung (Lohnabhängige) und Stimulierung unbezahlter Mehrarbeit durch Loyalitätsbindungen (Kapitaleigner). Die Qualifikationsanforderungen an die LohnarbeiterInnen bestehen darin, sich vermarkten zu können, d.h. die eigene Qualifikation als Gebrauchswertversprechen für das Unternehmen so zu symbolisieren und zu managen, daß der Tauschwert erhöht wird (vgl. auch TÜRK 1993b, S. 124).

1.4.3 Kooperationslogik

Innerhalb der *Kooperationslogik* geht es darum, die Produktivkräfte so einzubinden (TÜRK 1993c, S. 81) und zu einem "betrieblichen Gesamtarbeiter" zu kombinieren, daß ein möglichst hoher "Synergie-Effekt" erzielt wird. Das damit verknüpfte Transformationsproblem ist das der Umwandlung von Arbeitsvermögen in konkrete Arbeit bzw. von Qualifikationen in Gebrauchswert, so daß die Arbeitskraft unter dem Aspekt ihrer Produktivität Bedeutung erlangt. Das auf dem Arbeitsmarkt beschaffte, noch weitgehend "rohe" und ungeschliffene Arbeitsvermögen muß zuerst in einen kooperativen Arbeitskörper (Personal) verformt werden, bevor marktfähige ("werthaltige", abstrakte) Arbeitsleistungen zu erwarten sind; mit anderen Worten: die Produktion abstrakter Arbeit, die auf dem Markt als Tauschware absetzbar ist, setzt logisch immer die Befähigung und Bewilligung des "Gesamtarbeiters" zur Verrichtung konkreter Tätigkeiten voraus, die stets als korporative Aktivität zu denken ist. Die Direktionsfunktion der Arbeitgeber zielt ab auf die Sicherung der Gesamtproduktivität durch die reale Verfügung über Produktionsmittel, -prozesse und -gegenstände. Beobachtbare organisationale Strukturierungstendenzen sind Professionalisierung, Taylorisierung, materielle Optimierung der Produktionsprozesse u.ä. Ein typisch immanentes Konfliktfeld entsteht aus den gegenläufigen Tendenzen, Produktionswissen einerseits zentral steuern, andererseits dezentral sich entwickeln lassen zu müssen. Hinsichtlich der kooperationsbezogenen Qualifikationsanforderungen ist die Forschungsliteratur anscheinend defizitär; TÜRK (1993b, S. 125) fordert in diesem Zusammenhang die systematische Behandlung der Vermittlungsprozesse zwischen "Subjekt" und "System". Mikropolitische, von TÜRK (1993b, S. 125) m.E. zu Unrecht als "anomisch" bezeichnete Qualifikationsanforderungen bestehen im Besitz und der Realisierung von der offiziellen Moral abweichender, negativ bewerteter Fähigkeiten, wie z.B. Informationen zurückzuhalten, zu lügen, Gerüchte zu lancieren, Regeln zu mißachten usw. Da es bei diesen Qualifikationen hauptsächlich darum geht, den inszenatorischen Charakter des betrieblichen Kooperationsgefüges zu durchschauen und für die eigenen Zwecke zu nutzen, wird die betriebliche Ordnung nur vordergründig bedroht, letztlich aber stabilisiert (vgl. BURAWOY 1979).

Fazit: Die aus den drei Organisationslogiken ableitbaren Qualifikationsanforderungen lassen sich insgesamt zu einer knappen Formel verdichten: Die Gemeinschaft der ArbeiterInnen soll brav, billig und beflissen sein. Doch tun sich nicht nur innerhalb der Organisationslogiken Konflikte und Widersprüche auf (vgl. z.B. die paradoxen Qualifikationsanforderungen), sondern auch zwischen ihnen (z.B. kann "totalitäre Herrschaft" oder eine reibungslose Kooperation unter Kostenaspekten suboptimal sein). Unter der Annahme evolutorischer Wirkprinzipien ist es nur bedingt möglich vorherzusagen, welche konkreten betrieblichen Handlungskonstellationen mit einem je spezifischen Geflecht aus logisch begründbaren Widersprüchen entstehen werden, die in rekursiver Weise Lösungsmuster generieren, die wiederum neue Widersprüche erzeugen; Deduktionen im Hinblick auf "die" Organisation mit einem bestimmten Profil überdauernder Strukturen als Ausdruck organisationslogischer Strategien bleiben daher im Rahmen historisch-gesellschaftlich-kultureller "constraints" kontingent.

1.5 Transformationsprobleme: Die "Labour Process"-Debatte

Nach dem Prinzip des konstruktivistischen Materialismus werden Organisationen durch Individuen in zweifacher Weise konstituiert: "(1) kognitiv, indem sie über Anwendung und Wiederholung soziale Handlungs- und Interpretationsmuster reproduzieren, (2) materiell, indem sie Ressourcen, z.B. in Form von Arbeitskraft, bereitstellen" (STOLZ & TÜRK 1992b, S. 847f). Die Bereitstellung der Arbeitskraft bleibt jedoch immer an die ArbeitnehmerInnen als EigentümerInnen der Arbeitskraft gebunden; die ArbeitgeberInnen erwerben mit dem Kauf der Arbeitskraft nur ein Potential, dessen Umsetzung in Arbeitsleistung von der "Zustimmung" der ArbeitnehmerInnen abhängig ist (vgl. BRAVERMAN 1977). Die Organisation schafft lediglich einen Kontext bzw. setzt Bedingungen für diese Transformation, kann sie aber nicht verursachen, weil Menschen keine "trivialen Maschinen" (VON FOERSTER 1985, S. 19ff) sind, bei denen ein Input in Form von Arbeitsanweisungen, Leistungsstandards und Lohn automatisch zu den gewünschten Arbeitsleistungen als Output führt. Menschen sind vielmehr "nicht-triviale Maschinen", deren subjektive Verarbeitung von Inputs zu Outputs im einzelnen nicht vorhergesehen werden kann, da die innere Verarbeitung nicht deterministischer, sondern eigengesetzlicher und eigendynamischer Natur ist. Mit anderen Worten: Das unternehmenszielgerechte Verhalten des "gekauften Arbeitsvermögens" (BRÖDNER 1986) ist nicht bereits mit dem Abschluß eines Arbeitsvertrages gesichert.

Durch den *Arbeitsvertrag* wird lediglich die prinzipielle Verfügung über die Arbeitskraft für eine gewisse Nutzungsdauer an den Arbeitgeber abgetreten, so daß eine asymmetrische Beziehung resultiert, die die ArbeitgeberInnen in doppelter Hinsicht begünstigt: sie disponieren Arbeitskraft faktisch und erhalten gleichzeitig die Bedingungen flexibler Nutzung aufrecht. Die inhaltliche Umsetzung und Ausgestaltung der Verfügungsmacht - mithin der Modus, in dem Leistungen von der Arbeitskraft erbracht werden sollen - bleibt jedoch weitgehend unbestimmt. Diese Unbestimmtheit muß beherrscht werden, damit die Arbeitskräfte zuverlässig ihre Leistungen zum gewünschten Zeitpunkt, am richtigen Ort, in der erforderlichen Menge und Qualität usw. in den kollektiven Arbeitsprozeß einspeisen.

Aus der Perspektive sozialer Kontrolle wird die Transformation von Arbeitsvermögen in Arbeitsleistung deswegen zu einem Problem, weil die ArbeitnehmerInnen über Handlungsspielräume verfügen, deren Nutzung sich für die Realisierung der "unternehmerischen Basisinteressen" (BREISIG 1990) der Herrschaftssicherung, der Gewährleistung hoher Kapitalrendite und der Optimierung der Ko-Produktion als hilfreich oder abträglich erweisen kann. Wäre dieser Spielraum nicht gegeben, dann könnten die ArbeitnehmerInnen unter den gegebenen Bedingungen nicht anders handeln, als sie es jeweils tun; dann bestünde für die ArbeitgeberInnen aber auch kein Anlaß zum variablen Einsatz ihrer Machtressourcen - das Kontrollproblem wäre mithin "verschwunden" (vgl. TÜRK 1993c, S. 87).

Organisationen können als Modi der aneignenden Herrschaftsausübung angesehen werden, die soziale Lösungsmuster für das dreifache Transformationsproblem von Arbeitsvermögen in Arbeitsleistung repräsentieren. "Dreifach" deswegen, weil TÜRK (1993a, S. 321f) in den drei organisationslogischen Dimensionen des Arbeitsprozesses jeweils spezifische Facetten des Transformationsproblems verankert; im einzelnen geht es um die Umwandlung:

1) von Eigen-Sinn in Konformität (Herrschaftslogik),
2) von konkreter in abstrakte, geldwerte Arbeit (Verwertungslogik) und
3) von Arbeitsvermögen in konkrete Arbeit (Kooperationslogik).

Das Transformationsproblem war über viele Jahre Gegenstand einer vielbeachteten sozialwissenschaftlichen Auseinandersetzung, die ursprünglich durch die Thesen BRAVERMANs 1977 entfacht und später als "Labour Process"-Debatte bekannt wurde. Wie die Bezeichnung "Debatte" bereits indiziert, hat die wissenschaftliche Diskussion des Arbeitsprozesses bisher nur verschiedene, wenn auch durchaus bemerkenswerte Positionen, aber noch keine in sich geschlossene, homogene Theorie hervorgebracht. Im folgenden möchte ich die grundlegenden Positionen dieser Debatte - chronologisch geordnet - in ihren essentiellen Argumentationslinien nachzeichnen. Da innerhalb der "Labour Process"-Debatte der Kontrollbegriff von elementarer Bedeutung ist, erscheint eine Vorab-Definition angebracht: Kontrolle meint hier nicht in erster Linie Beobachtung, Überprüfung oder Überwachung, sondern in einem weiten Sinne - wie das Konzept "control" schon im Englischen nahelegt - die Steuerung, Regelung und (soziale) Beeinflussung des störanfälligen Arbeitsprozesses in einer Weise, die Irritationen zugunsten der unternehmerischen Basisinteressen aufhebt (vgl. MAIER 1991, S. 11ff).

1.5.1 Die klassischen Positionen der "Labour Process"-Debatte

1.5.1.1 Kontrolle durch Taylorisierung: BRAVERMAN 1977

BRAVERMAN 1977 beschreibt für einen Zeitraum von etwa einhundert Jahren den fortschreitenden Prozeß der Unterwerfung gesellschaftlicher Lebens- und Arbeitsbedingungen unter das organisierte und den Lebens- und Arbeitsprozeß zunehmend organisierende Kapital. Er gründet seine Analyse auf TAYLOR, den er für den ersten Organisationsforscher hält, der die vitale Bedeutung der Kontrolle für die Managementtheorie entdeckt hat. Ein markantes Kennzeichen der "wissenschaftlichen Betriebsführung" TAYLORs besteht in der Trennung von planender und ausführender Tätigkeit, durch die produktive Arbeit fortwährend dequalifiziert wird, da den ArbeiterInnen ständig Elemente des Wissens, der Verantwortung und der Selbstbestimmung weggenommen werden. Das von den ArbeiterInnen eingebrachte Arbeitsvermögen und von ihnen erworbene Produktionswissen wird im Rahmen des Taylorismus systematisch erforscht, um es anschließend zu enteignen und gezielt zur Optimierung bzw. Effektivierung des Arbeitsprozesses einzusetzen. Als Ergebnis dieses ab-strahierenden Vorgangs tritt das empirische Arbeitswissen den ArbeiterInnen als "objektives System", dem sie sich zu fügen haben, gegenüber (vgl. BRÖDNER 1986, S. 17f). Jede erneute Aneignung von Erfahrungswissen im Arbeitsprozeß ist damit nur noch abgeleitet, d.h. in Abhängigkeit von vor-gesetzten Arbeitssystemen denkbar, die herrschaftsförmig organisiert und in ihrer Funktion durch eine Schicht von ManagerInnen überwacht werden. Die Entwürdigung ("degradation") der Arbeit bezieht sich nach BRAVERMAN auf diesen Prozeß der Mechanisierung, Routinisierung, Programmierung und Spezialisierung von Tätigkeiten, durch den die Arbeit selbst zunehmend an intrinsisch valenten Inhalten verliert und in dessen Folge die ArbeitnehmerInnen in wachsende Lohnabhängigkeit und ökonomische Unselbständigkeit geraten (zur Vertiefung vgl. HELLER 1994).

1.5.1.2 Einfache vs. bürokratische Kontrolle: EDWARDS 1981

Kontrollsysteme, die der konfliktfreien Organisation des Transformationsprozesses und der Ausräumung von (potentiellen) Widerständen dienen, sind nach Auffassung von EDWARDS (1981, S. 27) durch drei Aspekte gekennzeichnet, von denen die ersten beiden anscheinend auf einem engen, der letzte hingegen auf einem weiten Kontrollverständnis basieren:

1) *Anweisung*, d.h. es muß definiert werden, was in welcher Reihenfolge mit welcher Präzision in welcher Zeit etc. zu tun ist (z.B. Arbeits- und Tätigkeitsbeschreibungen, Leistungsvorgaben, Richtsätze, Zielvereinbarungen);

2) *Bewertung*, d.h. Fehler und Abweichungen von gesetzten Soll-Zuständen bzw. normativen Standards müssen erfaßt und klassifiziert werden, um die Leistung der ArbeitnehmerInnen einschätzen, modifizieren oder korrigieren zu können (z.B. Arbeits- und Leistungsbewertung, Gewichtung von Anforderungen, Stufenwertzahlen, Beurteilungsskalen);

3) *Disziplinierung*, d.h. die ArbeitnehmerInnen müssen sanktioniert (belohnt und bestraft) werden, um die notwendige Kooperation sicherzustellen (z.B. Entlohnung, Gehaltskürzung, Boni, immaterielle Gratifikationen, Betriebsrenten, freiwillige Sozialleistungen, Cafeteria-Systeme).

Anders als BRAVERMAN, der den Arbeitsprozeß hauptsächlich als einen Reflex auf Managementstrategien sieht, denen die homogene und träge Masse der Lohnabhängigen mehr oder weniger hilflos gegenübersteht, betrachtet EDWARDS die vom Management gewählten Kontrollstrategien als spezifische Antworten auf die jeweils historisch realisierten Formen des aktiven Widerstands "organisierter Arbeit" (STARK 1980, S. 92). Ein wichtiges Ordnungsinstrument in Organisationen ist zu Beginn des 19. Jahrhunderts zunächst die betriebliche Hierarchie. Durch die enorme Steigerung sowohl der Komplexität der Produkte als auch des Produktionsumfangs entsteht gegen Ende des 19. Jahrhunderts eine größere Notwendigkeit zur Koordination, die durch die *einfache*, persönliche Kontrolle durch die EinzelunternehmerInnen nicht mehr gewährleistet werden kann. "Die Produktion erhielt einen zunehmend vergesellschafteten Charakter, der eine wesentlich stärkere 'soziale' Planung sowie einen erhöhten Bedarf an Kontrolle erforderte" (EDWARDS 1981, S. 322).

Hier zeigt sich ganz generell ein *Kontrolldilemma* der Herrschaft über die produktive Lebenstätigkeit von Menschen einschließlich der von ihnen erzeugten Produkte, da nicht jede(r) einzelne ProduzentIn persönlich überwacht werden kann und Kontrolle an Subalterne delegiert werden muß, die ihrerseits wieder der Kontrolle bedürfen. Die "Vergesellschaftung" der Produktion und die wachsende Unübersichtlichkeit des Produktionsprozesses eröffnen Nischen und Zonen, in denen sich die Gegenkontrolle der ArbeiterInnen manifestieren kann; zu Beginn des 20. Jahrhunderts sind militante Reaktionen der ArbeiterInnen und hohe Fluktuationsraten keine Seltenheit mehr. Zur Reduzierung des dadurch hervorgerufenen neuen Kontrollaufwands und zur Flexibilisierung der Kontrolle wird Herrschaft in die stoffliche Struktur des Arbeitsprozesses eingelagert ("technische Kontrolle"; Beispiel: Fließband) und/oder in formale Strukturen und Regelungen überführt ("bürokratische Kontrolle"; Beispiel: Tarifvereinbarungen). Im Gegensatz zu einfachen Kontrollformen setzen technische bzw. bürokratische Formen der Kontrolle voraus, daß die Arbeitenden über ein gewisses Ausmaß an Selbstdisziplin und Handlungskompetenz verfügen und bereit sind, das soziale System selbst zu reproduzieren.

Während BRAVERMAN (1974, S. 110) noch die Annahme formuliert, daß die durch den Taylorismus hergestellte Kontrolle von den Fortschritten der Technologie unabhängig sei, sieht EDWARDS im technologischen Potential unterschiedliche Chancen enthalten, Kontrolle über die Arbeiterschaft auszuüben. Abweichend von BRAVERMANs These einer durch "Druck" erzeugten Homogenisierung der Arbeitnehmerschaft steht EDWARDS auf dem Standpunkt, daß im Zuge der sich historisch wandelnden Kontrollformen und eines Arbeitsprozesses, für den die Aushandlung aufeinanderbezogener Partikularinteressen zwischen ArbeitgeberInnen- und ArbeitnehmerInnen-Seite charakteristisch wird, die Arbeitnehmerschaft zunehmend zersplittert, fraktioniert und segmentiert worden sei. Beide Autoren sind sich jedoch dahingehend einig, daß die allgemeine Entwicklungstendenz die Managementkontrolle über den Arbeitsprozeß begünstigt.

1.5.1.3 Despotische vs. hegemoniale Kontrolle: BURAWOY 1979

BURAWOY 1979 zeigt für die letzten 150 Jahre gesellschaftlicher Produktion den Gestaltwandel auf, den die herrschaftsförmige Organisation der sozialen Integration in den Arbeitsprozeß erfahren hat. Der Taylorismus stellt nach seiner Auffassung eine *despotische* Steuerungsvariante dar, die aber im gegebenen zeitlich-räumlichen Kontext durchaus den vorherrschenden Leistungs- und Machbarkeitsideologien des "american way of life" entsprach. Mit diesen Ideologien gelang es, die Mehrwertproduktion zu sichern ("to secure") und zugleich hinter den Kulissen "leistungsgerechter Einkommensverteilung" und "sozialer Garantien" zu verstecken ("to obscure"; vgl. LORENZERs 1977 Konzept der "Desymbolisierung"). Der Taylorismus stößt jedoch dort an Grenzen der Akzeptanz, wo Formen der hochgradigen Auftrennung von Planung und Ausführung sowie extreme Arbeitszerlegung entstehen. *He-*

gemoniale Kontrolle, die über kulturellen Konsens Konformität hervorbringt, kommt daher in dem Maße zum Tragen, in dem es schwieriger wird, den Taylorismus mit seinen offen zu Tage tretenden dysfunktionalen Wirkungen auf den arbeitenden Menschen zu rechtfertigen (z.B. Stress und psychische Belastung durch Monotonie- und Sättigungseffekte). Im Sinne einer nicht-intendierten Nebenwirkung erzeugt der Taylorismus damit gesellschaftsweit diejenigen legitimatorischen Ressourcen, die mobilisiert werden können, um für eine "menschengerechte", "humane" Gestaltung der Arbeit einzutreten (man denke an die "Human Relations"-Bewegung, an die "Industrielle Demokratie" in Skandinavien oder an bundesdeutsche Projekte wie "Humanisierung der Arbeit" bzw. "Arbeit und Technik").

Für die mit Beginn des modernen Industriezeitalters auftretende hegemoniale Kontrolle ist eine stärkere Verrechtlichung, Regulierung und Institutionalisierung betrieblicher und überbetrieblicher Verhandlungssysteme des Produktionsprozesses charakteristisch. Die Entwicklung der hegemonialen Kontrolle beschreibt BURAWOY (1979, S. 109ff) als die Herausbildung eines internen Staates ("internal state"), der beide Seiten - Management und Arbeiterschaft - mit bestimmten Rechten und Pflichten der Gestaltung des Arbeitsprozesses ausstattet. Durch die Versachlichung und Rationalisierung von Konflikten sollen Widerstände eingedämmt sowie Einvernehmen herbeigeführt werden, wodurch sich der Bereich der "gemeinsamen Interessen" von Organisation und Beschäftigten allmählich vergrößert. Neuere Managementstrategien setzen daher auf "weiche" Methoden (interne Arbeitsmärkte, Qualitätszirkel, Organisationsentwicklung etc.), die statt zwanghafter Kontrolle Integration und Konsens herzustellen versuchen (vgl. das Konzept der "harten" und "weichen" Maßnahmen im 7-S-Modell von PASCALE & ATHOS 1981, das im Rahmen der Organisationskultur-Forschung eine Rolle spielt).

Innerhalb des internen Staates gibt es sowohl - zumindest zeitweise - befriedete Landstriche (z.B. für die Laufzeit von Tarifverträgen), als auch umkämpfte Regionen, in denen die "politics in production" Raum greifen. Das Verdienst von BURAWOY besteht hauptsächlich darin, die (mikro-)politische Dimension in die Analyse des Arbeitsprozesses eingeschleust zu haben. Er betrachtet den Arbeitsprozeß als ein "Spiel" ("games on the shop floor", vgl. S. 77ff), das den ArbeitnehmerInnen auch bei insgesamt dichter werdenden Kontrollen die Möglichkeit zur Nutzung verschiedener Handlungsoptionen, zur Selbstorganisation von Interessen und zum Einbringen von Subjektivität einräumt. Der Arbeitsprozeß ist damit nicht nur die Grundlage für die Transformation von Arbeit, sondern er repräsentiert auch eine Plattform für die Transformation *sozialer Beziehungen*. In den verschiedenen Spielen, die BURAWOY z.B. in Form des "making out" (Punkte machen), "goldbricking" (Drückebergerei) oder des "chiseling" (Mogelei) beschreibt, geht es nicht nur um die Sicherstellung bestimmter Arbeitsergebnisse, sondern auch um die Verteilung und Regulierung von Macht und Einfluß. Die Situation im Produktionsprozeß ist dabei - wie verschiedene Beispiele von BURAWOY belegen - nicht nur durch den fundamentalen Antagonismus zwischen ArbeitgeberInnen- und ArbeitnehmerInnenSeite gekennzeichnet; vielmehr stehen sich auch verschiedene Beschäftigtengruppen und/oder Fraktionen des Managements (z.B. unteres, mittleres und Top-Management) als Konfliktpartner gegenüber. Sie alle "spielen mit" und produzieren durch ihre Teilnahme am Spiel den Konsens zum "Mitmachen". Die Entstehung dieser Kooperationsbereitschaft, die als *Resultat* des Spiels aufgefaßt werden kann, bezeichnet BURAWOY als Fabrikation von Zustimmung ("manufacturing consent").

1.5.2 Kritik an den klassischen Positionen

Bei der regen Diskussion um die theoretische Beschreibung und Erklärung des Arbeitsprozesses, die durch die "Labour Process"-Debatte angestachelt wurde, sind auch die klassischen Positionen selbst ins Kreuzfeuer der Kritik geraten. Die Einwände richten sich u.a. auf die Annahme linearer, historischer Entwicklungen, auf Bezugsprobleme, Begrifflichkeit, zu eng gefaßte Kontrolltypologien, die These zunehmender Managementkontrolle und das Wesen von Arbeitskraft und Arbeitsvermögen (vgl. dazu ausführlich MAIER 1991, S. 27ff). Ich möchte hier nur zwei Kritikpunkte aufgreifen, die für den Fortgang der Argumentation im vorliegenden Kapitel von Bedeutung sind, weil sie auch die Gegenstände "Arbeit", "Leistung" und "Lohn" in einem veränderten Licht erscheinen lassen.

Insbesondere BRAVERMAN wird immer wieder vorgeworfen, daß er ein zu glattes, stromlinienförmiges, kurz: *zu einfaches Bild von Kontrollprozessen* gezeichnet habe (vgl. WOOD 1982). BRAVERMAN unterstellt, daß sowohl das Management als auch die Arbeiterschaft monolithische Blöcke bilden, die sich diametral gegenüberstehen. Das Management entwickelt immer raffiniertere Kontrollstrategien, so daß sich im Fluchtpunkt dieser Entwicklungstendenz die Selbstkontrolle der ArbeitnehmerInnen in einer lückenlosen Fremdkontrolle auflöst. In dieser Auffassung wird der Wirkungsgrad des Managements offensichtlich heroisiert. Sowohl der Einfluß der Beschäftigten als auch die Spannungen, Konflikte und Widersprüche, die sich bei der Umsetzung der Kontrollstrategien in die Praxis ergeben, werden zu wenig gesehen. Die Einführung geplanter Kontrollregelungen geht immer mit Überlegungen der angemessenen Umsetzung einher, die Revisionen und Modifikationen von Entscheidungen je nach Lage der Dinge erforderlich werden lassen. Daher erscheint die alternative Annahme berechtigt, daß die Durchsetzung von Management-Kontrolle nie einseitig und vollständig gelingt und Kontrollstrukturen im Laufe der Zeit auch wieder verfallen und durch neue abgelöst werden. Gerade da, wo sich Umsetzungsprobleme ergeben, wo Kontrollsysteme (noch) nicht reibungslos funktionieren oder überraschende, unerwartete Situationen auftauchen, entstehen "Funktionslücken" (BREISIG 1990), die als Chance zum Gegeneinfluß durch die Beschäftigten vermittels individueller und/oder kollektiver Strategien genutzt werden können.

Ein zweiter Kritikpunkt richtet sich darauf, daß in den klassischen Ansätzen die Arbeit zu einseitig als Ware oder als Gebrauchswert für den Produktionsprozeß gesehen wird (vgl. TÜRK 1989). Subjektive Aspekte der Arbeit, wie sie sich z.B. in Arbeiterbewußtsein und -widerstand, aber auch in der Bereitschaft der Lohnabhängigen zum Mitmachen spiegeln, werden zu wenig berücksichtigt. Dies muß um so mehr verwundern, als die Unbestimmtheit des Arbeitsvertrags die genauen Arbeitsanforderungen intransparent hält, um auf diese Weise die "elastischen Potenzen" des Arbeitsvermögens je nach betrieblichem Interesse variabel nutzen zu können. Da der konkrete Arbeitsvollzug stets an die *Subjektivität* des Eigentümers von Arbeitskraft gebunden ist (SELTZ & HILDEBRANDT 1985), *muß* (!) das Management einen zumindest minimalen Konsens über die angestrebten Produktionsziele herstellen, um eine begrenzte Mitwirkung der Beschäftigten zu gewährleisten. "Das Ergebnis ist ein Kontinuum möglicher und sich überschneidender Reaktionen, die von verschiedenen Widerstandsformen über Einigung bei zeitweiligen gemeinsamen Zielsetzungen bis zu Gefügigkeit gegenüber der größeren Macht des Kapitals und Konsens mit den Produktionsverfahren reichen" (THOMPSON 1987, S. 23).

Die Kontrollrealität in Organisationen ist damit um einiges komplexer und unübersichtlicher, als dies die orthodoxe kapitalismuskritische Analyse glauben machen möchte. Das Bild uneinheitlicher, vielfältiger und ungleichzeitiger Entwicklungen von Kontrollmustern wird auch durch empirische Studien gestützt (vgl. JÜRGENS 1984), die zusammenfassend die Schlußfolgerung erlauben, daß Kontrolle das Resultat von Zielsetzungen und Strategien unterschiedlicher Interessengruppen in Organisationen ist. Daher hat sich die Aufmerksamkeit der ForscherInnen allmählich von der Untersuchung einfacher, antagonistischer Polaritäten auf das Studium *mikropolitischer* Einflußprozesse innerhalb des Produktions- und Arbeitsprozesses verlagert, wie sich dies bereits in den Untersuchungen von BURAWOY andeutet. Moderne Weiterentwicklungen der "Labour Process"-Debatte nehmen eine "gebrochene Wechselwirkung von Kontrolle, Konsens und Aushandlung" an (LITTLER 1987, S. 45), in deren Bezugsrahmen das Management nicht nur direkte Kontrolle ausübt, sondern den Beschäftigten auch "verantwortliche Autonomie" zugesteht (FRIEDMAN 1987) oder mit ihnen in der Anerkennung gegenseitiger Interessen einen "Produktivitäts-Sozial-Pakt" schließt (HILDEBRANDT 1987).

1.6 Kontrolle als soziales Muster ambivalenter Spielzüge

1.6.1 Primäre vs. sekundäre Verhaltenssteuerung (BREISIG 1990)

BREISIG 1990 hat in jüngerer Zeit mit seinem Konzept der "primären vs. sekundären Verhaltenssteuerung" eine Gegenüberstellung entwickelt, die in der Lage ist, in typisierender Weise die in der "Labour Process"-Debatte verschiedentlich angedeuteten oder ausgesprochenen Kontrollalternativen des Managements zu integrieren und als zwei grundsätzlich verschiedene strategische Muster zu beschreiben, die entweder auf Repressalien oder auf soziale Einbindung setzen. Darüber hinaus versucht BREISIG technische, ökonomische und gesellschaftliche Bedingungen zu benennen, die aus der Sicht des Managements die Selektion einer Kontrollalternative favorisieren.

Die Unternehmung ist gegenüber dem Produktionsfaktor "Mensch" prinzipiell ambivalent eingestellt, weil menschliche Subjektivität für wirtschaftliche Systeme sowohl eine *Stabilitätsbedrohung* als auch eine wichtige *Existenzvoraussetzung* bedeutet (SCHIMANK 1986). Um die Stabilitätsbedrohung zu beherrschen, werden Mechanismen wie z.B. hohe Termin- und Mengenvorgaben, Richtwerte, strenge Leistungskontrollen, Akkordschere, Verarmung von Tätigkeitsinhalten, Dequalifizierung usw. im Betrieb installiert, die BREISIG (1990, S. 7ff) als Maßnahmen *primärer* Verhaltenssteuerung bezeichnet. Selbst wenn es gelänge, die verschiedenen Widerstandsformen menschlichen Verhaltens (Widerspenstigkeit gegenüber Vorgesetzten, kleine Regelverstöße, Ungenauigkeiten, fehlende Aufmerksamkeit, Gleichgültigkeit, Schikanieren von KollegInnen, Krankfeiern, Bummelei, Mobbing, Sabotage usw.) mit den Instrumenten primärer Verhaltenssteuerung unter Kontrolle zu bringen, so daß jeder geflissentlich nur das täte, was der Dienstplan erfordert, so dürfte die Produktion dennoch über kurz oder lang zusammenbrechen. Daher ist es erforderlich, die menschliche Subjektivität als Existenzvoraussetzung des Unternehmens durch *sekundäre* Verhaltenssteuerung zu sichern: Ohne ein zumindest partielles Eingehen auf die Interessen und Bedürfnisse der arbeitenden Menschen können die Bereitschaft zur Zusammenarbeit (Kooperationslogik), die Leistungsmotivation (Verwertungslogik) und die Anerkennung des Unternehmens und der Wirtschaftsordnung insgesamt nicht gewährleistet werden (Herrschaftslogik; vgl. TÜRK 1989). Maßnahmen sekundärer Verhaltenssteuerung, wie z.B. die innere Einbindung der Beschäftigten, Sinngebung, die Vermittlung von Unternehmensvision und -mission oder Unternehmenskultur-Gestaltung, bezeichnet BREISIG als *Sozialtechniken.* "Sozialtechniken greifen vermutete und vorhandene Bedürfnisse der Beschäftigten teilweise auf, setzen positive Anreize und vermitteln am Unternehmerinteresse orientierte Deutungsmuster betrieblicher Realität" (BREISIG 1990, S. 9). Ein derartiges Deutungsmuster oder Attributionsschema kommt z.B. in der oft behaupteten Gleichrangigkeit von Effektivierungs- und Humanisierungszielen zum Ausdruck, so daß es nur "Gewinner" zu geben scheint (ähnlich der ideologischen Rahmung von OE-Projekten, vgl. NEUBERGER 1994a, S. 256f): Den Unternehmen winken Produktivität und Kostensenkung, während die Beschäftigten mehr Entfaltungsmöglichkeiten und Selbstbestimmung erfahren. Daß solche einfachen Werbe-Formeln auf Desymbolisierungsleistungen beruhen und hauptsächlich kosmetische Funktionen haben, wird nicht zuletzt daran ersichtlich, daß der Einsatz von Sozialtechniken an den real-materiellen Verhältnissen des Produktionsprozesses, z.B. dem Eigentum an Produktionsmitteln, dem Direktionsrecht über das Personal, der einseitigen Aneignung von Mehrprodukt usw., überhaupt nichts ändert. Sozialtechniken verschleiern vielmehr die zugrundeliegenden Interessengegensätze und Trennungen, da ihre vornehmliche Aufgabe darin besteht, für die machtvoll durchgesetzten Wirtschafts- und Betriebsordnungen allseits Akzeptanz zu beschaffen. Sie ergänzen damit die Maßnahmen primärer Verhaltenssteuerung, indem sie die Kosten der Fremdkontrolle reduzieren und mit relativ geringem Personalaufwand dafür sorgen, daß die Beschäftigten freiwillig wollen, was sie sollen (vgl. NEUBERGER & KOMPA 1987).

1.6.2 Bedingungen für den Einsatz von Sozialtechniken

Eine bestimmte unternehmerische Kontrollstrategie ist nicht automatisch einer anderen überlegen; ihre Auswahl ist auch nicht beliebig oder zufällig, sondern richtet sich nach Erwägungen, die externe Bedingungen ("constraints") ins Kalkül ziehen. BREISIG 1990 diskutiert im Zusammenhang mit seiner Kontrolltypologie technische, ökonomische und gesellschaftliche Bedingungen des Sozialtechnik-Einsatzes.

Mit der Einführung *neuer Technologien* und der Steigerung des Komplexitätsgrades *technischer* Anlagen wächst auch das Risiko unvorhersehbarer Störungen, das nur durch die Einbringung von Subjektivität der Beschäftigten während der Systementwicklung und -anwendung auf ein vertretbares Maß reduziert werden kann. Hier wird es also offensichtlich unverzichtbar, die menschliche "Überschüssigkeit" als Problemlöse-Potential zu nutzen und "Mittäterschaft" (THÜRMER-ROHR 1987) zu bewirken: Initiative, Engagement, Innovations- und Lernfähigkeit etc. sind wichtige menschliche Eigenschaften, ohne die flexible Zuarbeit oder der verantwortungsbewußte Umgang mit den teuren, z.T. störanfälligen Anlagen kaum zu denken sind. BREISIG (1990, S. 21) spricht in diesem Zusammenhang auch von einem "psychologischen Verschlußmechanismus", der den Maschinisierungsprozeß flankiert und auftretende Funktionslücken rechtzeitig überbrückt: Sicherstellen von Nutzungsmotivation bei der Auslastung des Maschinenparks, Zerstreuung von Ängsten und Widerständen, Aktivierung der schöpferischen Fähigkeiten der Beschäftigten, Ausgleich motivationsgefährdender Isolierungstendenzen infolge der Technikanwendung etc. Neben dem Spannungsverhältnis bestehen zwischen Maschinisierung und dem Einsatz von Sozialtechniken aber auch verschiedene Formen der gegenseitigen Ergänzung. Sozialtechniken können als eine Art Ersatz für Maschinisierung fungieren, und zwar immer dort, wo der Einsatz von Maschinen (noch) nicht möglich oder kostengünstig erscheint und man der Entfaltung von Subjektivität daher zwangsläufig einen größeren Spielraum zugestehen muß.

Die mangelnde Überschaubarkeit und Steuerbarkeit expandierender Unternehmen bzw. Konzerne erfordert organisatorische Umstrukturierungen und wachsende Integrationsleistungen. Dadurch - aber auch bedingt durch die Dynamisierung der Märkte und eine Verschärfung der Konkurrenzsituation infolge von Marktsättigungstendenzen - steigen die Anforderungen an Flexibilität, Elastizität, Plastizität und Anpassungsfähigkeit. Das Management gerät zunehmend unter *ökonomischen* "Druck", die überkommenen Strukturen, die sich in früheren Zeiten und unter anderen Bedingungen einmal als effizient erwiesen haben mögen, so zu verändern, daß sie mit den modernen Anforderungen in Einklang gebracht werden können. Dazu müssen Hierarchien, Kontrollen, Repressalien und Zwangsmaßnahmen gelockert und den Beschäftigten Beteiligungsmöglichkeiten zugestanden werden (ein weiterer Beleg dafür, daß Verwertungs- und Herrschaftslogik nicht bruchlos ineinander überführbar sind).

Wie die Forschungsergebnisse zum *gesellschaftlichen* Wertewandel zeigen (vgl. LUTHE & MEULEMANN 1988; STENGEL 1991), unterliegt das traditionelle bürgerliche Wertesystem deutlichen Abschwächungstendenzen: Das typisch deutsche Arbeitsethos ("Man lebt, um zu arbeiten") ist rückläufig, während die "immateriellen Bedürfnisse" offenbar wichtiger und wirksamer werden. Nicht nur ein guter Verdienst wird gewünscht, sondern auch menschliche Achtung, ganzheitliche Arbeit, Mitbestimmung bei tätigkeitsrelevanten Entscheidungen etc. Die Karriere- und Erfolgsorientierung des Führungskräfte-Nachwuchses lassen im Vergleich zu früher deutlich nach (VON ROSENSTIEL, NERDINGER & SPIEß 1991). Insbesondere in der jüngeren Generation begegnet man Autoritäten und den sie stützenden Hierarchien und Institutionen mit mehr Skepsis und einer kritischeren Grundhaltung (vgl. BERGLER 1982). Der Einsatz von Sozialtechniken kann daher als betriebliche Antwort auf die Identifikations- und Motivationskrise gerade der jüngeren Beschäftigten interpretiert werden, um dem Phänomen der "inneren Emigration bzw. Kündigung" entgegenzuwirken; denn: "... höhere Produktivität ist unter den gegenwärtigen Umständen ohne pfleglicheren, 'aufgeklärteren' Umgang mit der lebendigen Arbeit nicht zu bekommen" (KERN & SCHUMANN 1984, S. 323).

1.6.3 Vertrauen und Verständigung

Aufgrund der immanenten, multiplen Widersprüchlichkeit des Kontrollverhältnisses reichen Gewalt, Macht und Zwang - also direkte, primäre Formen sozialer Kontrolle - als Mechanismen der organisationalen Handlungssteuerung offenbar nicht aus. Wie BREISIG 1990 deutlich macht, müssen sie in Abhängigkeit von bestimmten Bedingungen durch sozialtechnische Maßnahmen ergänzt werden, die auf der gegenseitigen Anerkennung von Interessen beruhen. Damit ist allerdings noch nicht geklärt, durch welche sozialen Prozesse oder Medien die Anwendung von Sozialtechniken realisiert wird.

Nach Ansicht von REMPEL, HOLMES & ZANNA 1985 kann *Vertrauen* als ein Medium der Kontrolle gesehen werden, weil dadurch das Verhalten der Organisationsmitglieder in dreifacher Hinsicht stabilisiert wird: *Vorhersagbarkeit* (als Konsistenz aktuellen Verhaltens), *Verläßlichkeit* (als Beweis der Zuverlässigkeit eines Partners) und *Glaube* (als Gefühl der Zuversicht und Sicherheit). Vertrauen kann sich auf die strukturelle und interpersonelle Ebene organisierten Handelns beziehen. Die strukturelle Variante könnte man auch als institutionalisiertes Vertrauen bezeichnen, da es auf verhaltensleitenden und -reproduzierenden generalisierten Erwartungen aufbaut und der Reduktion von Komplexität dient (LUHMANN 1968). Die zweite Variante beruht auf spezifischen Erwartungen und Regeln innerhalb enger persönlicher Arbeitsbeziehungen nach dem Prinzip der Wechselseitigkeit. Vertrauensbeziehungen werden in Organisationen vorwiegend aus instrumentellen Erwägungen in Form sozialer Tauschbeziehungen konstruiert (vgl. GRAEN 1976). Mit anderen Worten: Vertrauensbeziehugen werden hauptsächlich deswegen eingegangen, weil deren Nützlichkeit als Mittel zur Erreichung anderer Ziele im Rahmen eines "egozentrischen Erfolgskalküls" erkannt wird.

HABERMAS' 1981 entwirft in seiner Theorie des kommunikativen Handelns mit dem zentralen Konzept der *Verständigung* eine das Vertrauensprinzip erweiternde und/oder ergänzende Leitlinie der Handlungsregulation in Organisationen. Nach seiner Vorstellung ist in einer idealen Kommunikationsgemeinschaft, in der sich alle Akteure gegenseitig als Subjekte anerkennen und mit dem gleichen Ausmaß an kommunikativer Kompetenz begegnen, ein "herrschaftsfreier Diskurs" möglich, der normative Willensbildungsprozesse nach dem Kriterium der Rationalität auf einen vernünftigen Konsens ausrichtet. Einverständnis wird durch den "zwanglosen Zwang des besseren Arguments" herbeigeführt, bis gemeinsame Überzeugungen entstehen, die von allen Diskursteilnehmern getragen werden. Damit wird es möglich, auch Interessenkonflikte einer rationalen Lösung zuzuführen, in dem die erkenntnisleitenden Absichten offengelegt, reflektiert und kritisiert werden. Praktische Ansätze verständigungsorientierter Koordination können in der Handlungsforschung, der partizipativen Organisationsentwicklung oder der Qualitätszirkel-Arbeit gesehen werden (vgl. MAIER 1991, S. 64). Der insulare Charakter derartiger Veranstaltungen zeigt aber zugleich, daß die Vorstellung einer idealen Kommunikationsgemeinschaft bestenfalls eine regulative Idee darstellt, die unter objektiven Bedingungen des Herrschens und Beherrscht-Werdens rasch an ihre Grenzen stößt. Chancen für rationale, d.h. nicht-instrumentelle und nicht-strategische Verständigungsprozesse bestehen höchstens in Nischen der Organisation, in denen ein hoher interpersoneller Verständigungsbedarf oder ein objektiver Verständigungszwang vorliegen, wie z.B. in informellen Gruppen (ZÜNDORF 1986) oder in Konstellationen "organisierter Anarchie" (MARCH & OLSON 1976).

1.6.4 Der Arbeitsprozeß im Spielfeld wechselseitiger Kontrolle

Während BREISIG 1990 hauptsächlich die Perspektive der Unternehmung einnimmt, um in emanzipatorischer Absicht die "Umarmungsversuche" des Managements als Sozialtechniken zu entlarven, geht LITTLER 1987 mit seinen Überlegungen einer "gebrochenen Wechselwirkung" und eines "doppelten Widerspruchs" noch einen Schritt weiter: er erweitert die Managementperspektive um die *Sichtweise der ArbeiterInnen*, denen er gleichfalls ambivalente Einstellungen attestiert. Die Ambivalenz der Beschäftigten ergibt sich aus dem Sachverhalt, daß einerseits die eigene Selbstbestimmung durch Widerstand gegen die Einflußversuche des Managements durchgesetzt werden muß und andererseits ein (zumindest minimaler) Konsens mit dem Management herzustellen ist, um ausreichende Bedingungen für die eigene Existenz und Selbsterhaltung unter den vorherrschenden Produktionsverhältnissen zu schaffen. Risiken entstehen für die ArbeitnehmerInnen dort, wo ihnen durch die Kontrollstrategien des Managements Kenntnisse und Erfahrungen mit nachteiligen Konsequenzen abgezogen werden (z.B. Dequalifizierung, Arbeitsentwertung oder Arbeitsplatzverlust). Chancen sind aus der Perspektive der Arbeiterschaft dort zu sehen, wo der Einsatz von Sozialtechniken spürbare Verbesserungen mit sich bringt (z.B. durch die Erweiterung von Entscheidungs- und Handlungsspielräumen).

Die permanenten Ambivalenzen von Management- und Beschäftigtenstrategien werden systematisch durch die Widersprüche des kapitalistischen Wirtschaftssystems erzeugt, in dem die Einzelwirtschaften "Spielfelder" konfligierender Interessen und Handlungsorientierungen mit Ungewißheitszonen und teilweise paradoxen Effekten eröffnen (vgl. Abb. 1.2; in Anlehnung an MAIER 1991, S. 69). Um den Arbeitsprozeß zu kontrollieren, versucht das Management, das koordinierte Handeln der Organisationsmitglieder zu programmieren und zu algorithmisieren, z.B. durch "technische Kontrolle" (Maschinisierung, Automatisierung, Computerisierung usw.), "bürokratische Kontrolle" (Stellenbeschreibung, Personalbeurteilung, Lohnsysteme usw.) und "ideologische Kontrolle" (Sachzwang, Zweckdenken, Rationalität usw.). Die damit erzeugten Wirkungen können jedoch den ursprünglichen Absichten des Managements zuwiderlaufen und nicht-beabsichtigte Folgen hervorrufen (kontraproduktive Friktionen, Demotivation, Leistungszurückhaltung etc.). Offene und/oder verdeckte Widerstandsformen der Beschäftigten resultieren im allgemeinen aus der Einengung von Handlungsspielräumen und - damit einhergehend - einem wahrgenommenen Kontrollverlust, so daß im Gegenzug subjektive Strategien der Beschäftigten zur Rückgewinnung verlorenen Terrains entwickelt werden. Handlungschancen der Beschäftigten ergeben sich notwendigerweise daraus, daß das Management auf den Einsatz von Sozialtechniken angewiesen ist (vgl. BREISIG 1990). Die Konzessionsbereitschaft des Managements wird dadurch gefördert, daß mit dem Sozialtechnik-Einsatz im allgemeinen hohe Kosten und die Erwartung eines "return of investment" verbunden sind. Bei der Nutzung der Gestaltungsspielräume und Interventionschancen im Rahmen der formalen und informalen Macht der ArbeitnehmerInnen-Seite (z.B. durch Gewerkschaft, politische Parteien oder Betriebsrat) gibt es aber genauso wenig wie auf ArbeitgeberInnen-Seite eine wissenschaftlich begründbare "via regia"; die Einschätzung und Wahl einer geeigneten Handlungsstrategie hängt vielmehr in jedem einzelnen Fall von verschiedenen Einflußfaktoren ab. So könnten z.B. Widersprüche, die während des Sozialtechnik-Einsatzes offen zutage treten (z.B. zwischen dem propagierten Menschenbild des selbständigen Arbeitnehmers und dem Bestreben des Managements, enge Kontrolle auszuüben), argumentativ-strategisch vom Betriebsrat genutzt werden. Eine weitere Strategie könnte darin bestehen, das erworbene Produktionswissen als kollektives Tauschmittel für "bessere" Arbeitsbedingungen bzw. "echte" Tätigkeitsspielräume zu verwenden.

Kapitel 1

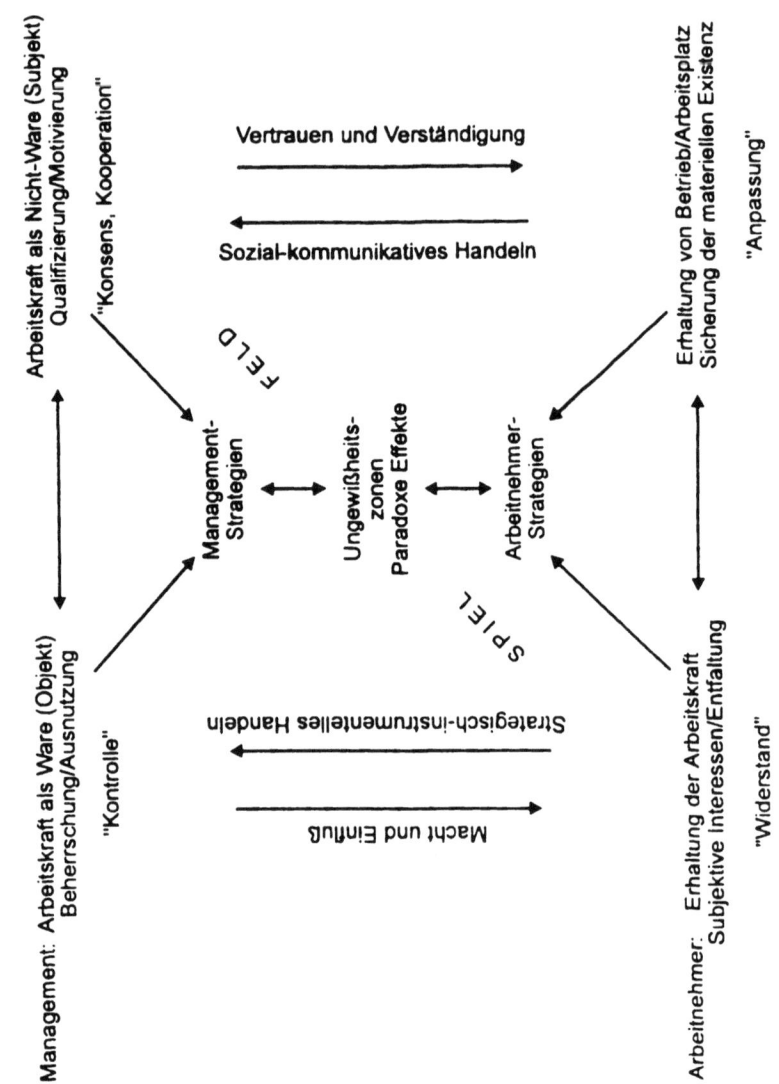

Abb. 1.2   Kontrollbeziehungen in Organisationen (in Anlehnung an MAIER 1991, S. 69)

Durch die ambivalenten Spielstrategien von Arbeitnehmer- und ArbeitgeberInnen bzw. ihrer jeweiligen Repräsentanten wird eine mikropolitische Arena von Aushandlungsprozessen eröffnet, die vor dem Hintergrund von Handlungsregeln und Heurismen flexiblere Möglichkeiten des Anschlußhandelns und der gegenseitigen Abstimmung eröffnen. In dieser Arena mag es auch Zonen geben, in denen neue Regeln überhaupt erst durch Konsensfindung, d.h. durch kommunikatives Handeln, geschaffen werden müssen; allerdings ist zu erwarten, daß dies nur in einem schmalen Korridor geschieht, dessen Begrenzungen bereits durch die Vorschriften und Programmierungen des betrieblichen Herrschaftssystems vor-arrangiert und eng abgezirkelt sind. Im Gegensatz zur Polarität aus Kontrolle und Widerstand erwachsen aus den vertrauens- und verständigungsorientierten Aushandlungsprozessen zwischen Management und Arbeiterschaft vergleichsweise "weiche" Kontrollmaßnahmen, da im Rahmen der Konsensfindung ein Teil der Fremdkontrolle in die Selbststeuerung der Subjekte hineinverlagert werden kann (vgl. z.B. die psychologischen Verfahren der Arbeitsanalyse, das Mitarbeitergespräch, die Systeme der Zielvereinbarung oder die Mitbestimmung bei der Lohngestaltung).

1.7 Arbeit, Leistung, Lohn: Thesen und Perspektiven

Abschließend möchte ich die an verschiedenen Stellen dieses Kapitels vorgenommenen Deduktionen und Querbezüge, die der organisationstheoretische Ansatz von TÜRK 1993a im Hinblick auf den Gegenstand von "Arbeit", "Leistung" und "Lohn" gestattet, nochmals zusammenführen. Die allgemeinen Definitionen und Schlußfolgerungen, die hier in thesenähnlicher Form vorgestellt werden, stellen zugleich Perspektiven dar, die in den folgenden Kapiteln entfaltet werden sollen, um eine Einordnung und Kritik der verschiedenen Methoden, Verfahren und Instrumente im genannten Gegenstandsbereich zu ermöglichen.

1.7.1 Zur Arbeit

(1) "Arbeit" soll verstanden werden als eine spontane, produktive Lebenstätigkeit der Menschen, die den gemeinsamen Praxisvollzug gewährleistet. Als solche ist sie zunächst konkrete Arbeit in kooperativen Kontexten, die nicht an Verwertungsimperative gekoppelt und frei von herrschaftsförmiger Zurichtung ist. "*Organisierte*" Arbeit ist unter mehreren verschiedenen Aspekten bedeutsam: Erstens als "*kontrollierte*" Arbeit, die das Resultat der Transformation von Arbeitsvermögen in einen organisationsförmigen Arbeitskörper, das Personal, ist. Auch hier geht es noch um konkrete Arbeit, aber sie wird als vergemeinschaftete Arbeit in einem komplizierten Kräftespiel zwischen ArbeitnehmerInnen- und ArbeitgeberInnen-Interessen im Rahmen von Legitimierungs-, Disziplinierungs- und Aushandlungsprozessen herbeigeführt, und in letzter Instanz: erzwungen. Zweitens als "*abstrakte*" Arbeit, die eine Konditionierung konkreter Arbeit hin zu marktfähigen Gütern und Dienstleistungen impliziert, so daß die Arbeit verwertbar wird und die Abschöpfung des Mehrpro-

dukts zur Festigung von Herrschaftsverhältnissen erlaubt. Und drittens als *"qualifizierte"* Arbeit, die eine spezifische Relation zwischen der Ware "Arbeitskraft" und ihrer Involvierung in Prozesse organisierter Arbeit verkörpert. Qualifizierung bedeutet die berufsförmige Kanalisierung von Anforderungskategorien, die zunächst aus typisierten Arbeitsprozessen stammen, dann aber getrennt von ihnen als Marktanforderungen an das Arbeitsvermögen abgetreten werden. Organisierte Arbeit als kontrollierte, abstrakte und qualifizierte Arbeit ist stets mehrfach zugerichtete Arbeit, deren Transformation nicht urwüchsig geschieht, sondern der Steuerung bedarf.

(2) Organisationen dienen als realökonomische Abstraktionen der Regulation des materiellen Reproduktionsprozesses. Die **Arbeitsanalyse** unterstützt den damit verbundenen realen Kooperationszusammenhang durch die Segmentierung des fließenden Arbeitsprozesses in separate Module. Arbeitsanalyse ermöglicht die Kontrolle des Arbeitsprozesses durch *Arbeitsteilung*, in dem an sich zusammenhängende Prozeduren zerschnitten, aufgetrennt und den Produktionszwecken entsprechend, die immer auch Herrschaftsinteressen verfolgen, wieder zusammengesetzt werden. Die Arbeitsanalyse kann damit als konstitutives Element des zweckgerichteten Aufbaus von Arbeitsorganisationen gesehen werden. Zweckgerichtetheit bedeutet dabei im vorliegenden Fall gerade nicht die Verfolgung neutraler, rationaler, ausschließlich ökonomischer Standards, sondern die Verfolgung von Zielen, die für die soziale Kontrolle des Arbeitsprozesses funktional sind.

(3) Die Arbeitsanalyse trennt nicht nur auf und fügt zusammen, sondern sie dient auch der *Definition von Anforderungen* gestalteter Arbeitssysteme, die dem Arbeitsvermögen bzw. dem Personal in Form von *Qualifikationen* abverlangt werden. Damit erfüllt die Arbeitsanalyse eine wichtige Brückenfunktion zu Prozessen der Personalbeschaffung und -auswahl sowie der Personalentwicklung, je nachdem, ob entsprechend geformtes Arbeitsvermögen von internen oder externen Arbeitsmärkten bezogen oder selbst hergestellt werden soll. Mit der Definition von erforderlichen Qualifikationen, hier insb. der sog. "extrafunktionalen" Qualifikationen (Termintreue, freiwilliger Arbeitseinsatz, Gefügigkeit etc.), werden aber immer auch Leitbilder des "idealen Mitarbeiters" bzw. der "idealen Mitarbeiterin" transportiert, die eine gerade aktuelle oder für die Zukunft geplante Gestaltung des Arbeitsprozesses stabilisieren. Die Vermutung liegt nahe, daß das Konzept der "extrafunktionalen Qualifikationen" selbst auf einer Desymbolisierungsleistung beruht, da unter dieser Überschrift gerade jene Kompetenzen in ideologischer Weise marginalisiert werden, die für die Aufrechterhaltung des Arbeitsprozesses aus einer Herrschaftsperspektive zentral sind. Die Eingliederung der Beschäftigten in den Arbeitsprozeß ist an die Bereitschaft zur Unterordnung gebunden; nur wenn diese Voraussetzung gegeben ist oder über Disziplinierungsprozesse erwirkt werden kann, stehen andere wichtige ("funktionale") Ressourcen des Personals zur Verfügung.

(4) Arbeitsanalyse unterstützt nicht nur die Arbeitsgestaltung, sondern ist ihr in rekursiver Weise auch selbst unterworfen. Mit anderen Worten: Wenn *formale Rationalität* ein wichtiges Kennzeichen moderner Arbeitsorganisationen ist, dann bedingt

dieser Modus auch die Produktion arbeitsanalytischer Verfahren. Auch Arbeitsanalyse ist formal strukturiert, d.h. sie unterliegt den Formprinzipien der Standardisierung, "Normalisierung", Schablonisierung usw., und sie überträgt dieses Verständnis auf die Analyse von Arbeitsprozessen.

(5) Durch ihre formale Rationalität leistet die Arbeitsanalyse einen fundamentalen Beitrag zur *Gewichtung von Arbeitsanforderungen* nach sozialen Gerechtigkeitserwägungen. Der Begriff der "Analyse" wird durch Sachlichkeit, Objektivität, Neutralität und Wissenschaftlichkeit konnotiert, so daß es möglich wird, Bewertungen in Feststellungen zu überführen und als solche geltend zu machen. Arbeitsanalyse ist eine wichtige Legitimationsquelle, um trotz unterschiedlicher Bewertungen von Arbeitsplätzen den Betriebsfrieden aufrechtzuerhalten und das Personal auf eine Gemeinschaftsideologie einzuschwören, bei der alle zum Wohle des Ganzen "an einem Strang ziehen" (vgl. SIEGEL 1989; KRELL 1994). Durch ihre Mobilisierung von Akzeptanz für Arbeitsbewertungen im Sinne vorherrschender Gerechtigkeitsnormen desymbolisiert die Arbeitsanalyse die faktisch vorliegende Trennung des gesamten Produktionsprozesses in Interessen der Kapitaleigner und der Lohnabhängigen. Darüber hinaus führt sie durch die Installierung von Bewertungsschlüsseln dort formelle Trennungen ein, wo faktisch produktiv-kooperative Zusammenhänge bestehen.

1.7.2 Zur Leistung

(1) Die Konzepte der Desymbolisierung und Legitimation zeigen, daß Organisationen als Realabstraktionen, d.h. praktisch wirksame Abstraktionsleistungen, immer auf symbolisch-kognitive Regularien angewiesen sind, um als kooperative Kontexte bzw. Konstrukte im Sinne einer Organisationskultur "an und für sich" identifizierbar zu sein. Die politische Funktion der Organisationskultur liegt darin, "bestimmte kognitive Konstrukte in Form von Theorien der Effizienz, also als bestimmte Ideologien durchzusetzen, sie als allgemein gültig erscheinen und von den Beschäftigten lernen zu lassen" (STOLZ & TÜRK 1992a, S. 140). Ideologien repräsentieren kollektive Deutungsmuster, durch die Attributionen zeitlich, sachlich und sozial generalisiert werden. So ermöglicht die in Organisationen vermittelte gesellschaftliche Leistungsideologie z.B. eine Auftrennung von "Arbeit" und "Leistung" nach dem Prinzip der "individualisierten Verantwortungszuschreibung" (vgl. SCHETTGEN 1991, S. 270ff). Obwohl Arbeit durch den kollektiven Arbeitskörper in einem kooperativen Zusammenhang verrichtet wird, werden Arbeitsergebnisse bzw. -leistungen einzelnen StelleninhaberInnen oder Subaggregaten der Organisation zugerechnet. Durch das Verbindlichmachen von Mythen, wie z.B. daß es auf den einzelnen ankomme, daß jeder seines Glückes Schmied sei oder daß sich Leistung lohne, wird der aufklärerische Diskurs über Inhalte oder das Zustandekommen von Leistungen abgebrochen bzw. suspendiert.

(2) Die **Leistungsanalyse** ermöglicht auf der Basis der gleichen Rationalitätsprämissen, mit denen bereits die Arbeitsanalyse verknüpft ist, die vernünftig erscheinende und daher widerspruchsfrei hingenommene Zuordnung von Arbeitsergebnissen zu StelleninhaberInnen oder Gruppen von StelleninhaberInnen (Projektteams, Abteilungen etc.). Damit wird "Leistung" als von "Arbeit" unabhängige Bewertungsdimension etabliert, denn die Leistungsanalyse unterstellt, daß es in einem Arbeitssystem, dem die Arbeitsanalyse allgemeine Anforderungen und eine bestimmte Gesamtwertigkeit zuschreibt, Freiheitsgrade und Spielräume der individuellen oder gruppenbezogenen Gestaltung der Arbeitsausführung gibt. Die allgemeinen Arbeitsanforderungen werden unterschiedlich (intensiv, ausdauernd, sorgfältig, kostenbewußt etc.) erfüllt, so daß sich Leistungsvariationen ergeben, die gemessen werden sollen. Als leistungsanalytische Meßverfahren kommen die unterschiedlichsten Methoden und Instrumente zur Zählung, Schätzung, Bewertung und Beurteilung von Arbeitshandlungen bzw. -ergebnissen in Betracht (z.B. Personalbeurteilungssysteme, Zeitmeßverfahren, Einschätzungen von Normalleistungen etc.).

(3) Durch die Leistungsanalyse wird Leistung als präskriptive Kategorie in den Arbeitsprozeß eingeführt, weil ein Maßstab für die *"normale"* Erfüllung - mithin also auch für die Über- und Untererfüllung - von Anforderungen errichtet wird. Dies geschieht erneut vor dem Hintergrund formaler Rationalität, so daß die politische Dimension der Durchsetzung, Aushandlung oder Vereinbarung von "Normalität" verschleiert und durch die Annahme leidenschaftsloser Diagnostik ersetzt wird. Da die Politik nicht zur Sprache kommt, können die Herrschaftsverhältnisse nicht reflektiert und die Leistungsanalyse nicht kritisiert werden. Normal ist das, was die Leistungsanalyse vorgibt (im Doppelsinn des Wortes).

(4) Da die Leistungsanalyse imstande ist, die Messung von Leistungen durch geeignete symbolisch-kognitive Repräsentationen vom politischen Vorgang der Definition von Normalitätsstandards, Zielgrößen oder Zweckorientierungen abzukoppeln, korrespondiert mit ihrer *praktischen* Anwendung letztlich ein sehr enges Verständnis von Kontrolle. Die zweischichtige symbolische Regulation macht es möglich, die Leistungsanalyse als ein *Instrument der Datenerhebung* erscheinen zu lassen, mit dem Unterschiede zwischen erwünschten (Soll) und tatsächlich erreichten Kennwerten der Leistung (Ist) erfaßt werden können, um Leistungsabweichungen zu erfassen und auszugleichen.

1.7.3 Zum Lohn

(1) Aufgrund der realökonomischen Trennung zwischen Kapitaleignern und unmittelbaren ProduzentInnen erhält auch das in den Verwertungsprozessen erzielte Einkommen faktisch eine unterschiedliche Bedeutung: nämlich einmal im Sinne einer Wertschöpfung, die auf der Basis von Eigentumsrechten einseitig als Mehrprodukt angeeignet wird, und einmal als "Lohn", der im Rahmen arbeitsvertraglicher Be-

stimmungen für das zeitweilige Zur-Verfügung-Stellen der Arbeitskraft entrichtet wird.

(2) Aufgrund der zunehmend organisationsförmigen Durchdringung der modernen Industriegesellschaften dürfte es immer schwieriger werden, freie, selbstbestimmte Arbeit in Form von Subsistenzproduktionen aufrechtzuerhalten. Um so wichtiger wird es daher im Rahmen der **Lohngestaltung** sein, den im Lohnarbeitsverhältnis liegenden sozialen Konfliktstoff, der sich an der Frage der Einkommensverteilung entzündet, durch überzeugende Symbolisierungen von *Gerechtigkeit* zu entschärfen. Arbeits- und Leistungsanalyse stellen insofern Methoden der sozialen Konfliktregulierung dar, da sie durch legitimierte und weitgehend akzeptierte Bewertungsverfahren anforderungs- und leistungsgerechte Lohnanteile definieren.

(3) Weitere Komponenten der Lohngerechtigkeit sind Markt- und soziale Gerechtigkeit: Marktschwankungen moderieren den Wert von Qualifikationen als Funktion des Verhältnisses von Angebot und Nachfrage; auch soziale Aspekte können in Abhängigkeit von bestimmten Bedingungen (z.B. Kräfteverhältnis zwischen ArbeitnehmerInnen- und ArbeitgeberInnen-Seite, konjunkturelle Lage) bei der Lohngestaltung Berücksichtigung finden.

1.7.4 Schlußbemerkung

In Anlehnung an eine Differenzierung von BREISIG 1990 und das Spielfeld-Schema von MAIER 1991 (vgl. Abb. 1.2) können zwei verschiedene Typen von Arbeits- und Leistungsanalyse sowie der Lohngestaltung unterschieden werden. Der erste Typ beruht auf programmierter, algorithmisierter, "harter" Kontrolle und dient der primären Verhaltenssteuerung der ArbeitnehmerInnen im Sinne der unternehmerischen Basisinteressen bzw. Organisationslogiken (Mehrwertproduktion, Kapitalrentabilität, Effizienz- und Leistungssicherung usw.). Daher sollen diese Verfahren als *primäre* (tayloristische, betriebswirtschaftliche) Verfahren der Arbeits- und Leistungsanalyse bzw. der Lohngestaltung bezeichnet werden (Beispiele: REFA-Anforderungsermittlung, standardisierte Leistungsbeurteilung, klassische Entlohnungsgrundsätze). Der zweite Typ ist eher heuristischer, flexibler und "weicher" Natur und als Reflex auf das Unvermögen zu sehen, mithilfe der primären Verfahren ausreichende Kontrolle ausüben zu können. Primäre Verfahren stoßen bei den Beschäftigten vielmehr auf Widerstand, werden umgangen, unterlaufen, sabotiert usw., so daß in Form kompromißhafter Lösungen zu adaptiveren Verfahren gegriffen werden muß, mit denen eine sekundäre Verhaltenssteuerung zu erreichen ist. Daher sollen diese Verfahren als *sekundäre* (sozialtechnische, psychologische) Verfahren der Arbeits- und Leistungsanalyse bzw. der Lohngestaltung bezeichnet werden (vgl. FRIELING 1975; Beispiele: Arbeitswissenschaftliches Erhebungsverfahren zur Tätigkeitsanalyse - AET - von ROHMERT & LANDAU 1979, Zielvereinbarungsgespräch, Caféteria- und Beteiligungssysteme). Die Division in primäre und sekundäre Verfahren gilt ohne Rücksicht auf die proklamierten Absichten oder theoretischen Überlegungen, mit denen die Autoren bzw. Institutionen ihre Instrumente ursprünglich entwickelt haben; sie folgt hier ausschließlich den logisch-deduktiven Erwägungen des gewählten konzeptuellen Rahmens. Um es an einem Beispiel zu demonstrieren: Auch wenn ein Verfahren wie das AET (ROHMERT & LANDAU 1979) für sich in Anspruch nimmt, nach ingenieurwissenschaftlichen Erkenntnissen konstruiert zu sein, so wird es hier dennoch als sekundäres Arbeitsanalyseverfahren eingeordnet, weil es hauptsächlich die Subjektivität der Beschäftigten in Form von Belastungs- und Beanspruchungskategorien aufgreift.

Arbeit, Leistung und Lohn

- Vertiefungsfragen zum 1. Kapitel -

1) Skizzieren Sie die fünf zentralen Konzepte der politisch-ökonomischen Organisationstheorie von TÜRK und stellen Sie (mögliche) Verbindungen zwischen ihnen her!

2) Welche Bedeutung haben bei TÜRK die Herrschaft- und Kooperationsdimension in Organisationen? Gehen Sie in diesem Zusammenhang auch auf die Relevanz mikropolitischer Aspekte ein!

3) Wie lauten TÜRKs Bestimmungsmerkmale von Organisationen und in welcher Beziehung stehen sie zu den Organisationslogiken? Welche Rolle spielen die genannten Dreiteilungen im Zusammenhang mit dem Transformationsproblem?

4) Nehmen Sie zu TÜRKs Dreiteilungen kritisch Stellung, indem Sie Alternativen und Ergänzungen zu den von ihm vorgeschlagenen Gesichtspunkten in Erwägung ziehen!

5) Diskutieren Sie unter Zuhilfenahme der zentralen Konzepte politischer Ökonomie die immanenten Widersprüche und Konflikte, die im System der Organisationslogiken strukturell angelegt sind!

6) Grenzen Sie die Kontrollauffassungen der klassischen Positionen innerhalb der "Labour Process"-Debatte gegeneinander ab! Wie lassen sich die Positionen nach dem heutigen Stand der Debatte beurteilen?

7) Beschreiben Sie die Kontrollbeziehungen in Organisationen in Anlehnung an das Spielfeld-Schema von MAIER! Ordnen Sie in das Schema die Konzepte der primären und sekundären Verhaltenssteuerung von BREISIG systematisch ein!

8) Welche Thesen ergeben sich aus dem organisationstheoretischen Rahmen von TÜRK für die Thematik des vorliegenden Buches? Nehmen Sie kritisch Stellung, indem Sie auch weitere Implikationen für die Arbeits- und Leistungsanalyse bzw. Lohngestaltung bedenken!

9) Was würde passieren, wenn eine wissenschaftliche Arbeitsanalyse in ihrer Verlaufsdiagnose erbrächte:"
   - daß die Arbeitsanforderungen steigen und die Kontrollen zunehmen,
   - daß die gesundheitlichen einschließlich der nervlichen Belastungen etwa bei Bildschirmarbeit wachsen,
   - daß vor allem ältere Kollegen diesen Belastungen nicht mehr gerecht werden und deswegen abgeschoben werden,
   - daß durch Computerprogramme Handlungs- und Entscheidungsspielräume eingeengt und ... Tätigkeiten im Extremfall auf 'Knöpfchendrücken' reduziert werden,
   - daß sie [die ArbeitnehmerInnen; P.S.] von bevorstehenden Änderungen erst gerüchteweise erfahren und
   bei für sie besonders wichtigen Fragen kein Mitspracherecht haben" (vgl. KUBICEK 1984; zit. in BREISIG 1990, S. 32).

   Diskutieren Sie die die diagnostizierten Veränderungen vor dem Hintergrund des Spieleld-Schemas! Welche Kontrollform wird im vorliegenden Beispiel von den ArbeitgerInnen gewählt und welche Gründe kommen dafür in Betracht? Welche Risiken und Chancen ergeben sich daraus für die Interessenvertretung der ArbeitnehmerInnen? Wie ist in diesem Zusammenhang die Funktion der Arbeitsanalyse als wissenschaftlichem Verfahren zu werten? Auf welche Weise könnte durch die Ergebnisse der Arbeitsanalyse die politische Auseinandersetzung zwischen ArbeitgeberInnen- und ArbeitnehmerInnen-Seite beeinflußt werden?

2. Methodologische Aspekte der Arbeitsanalyse
- Schematische Kapitelübersicht -

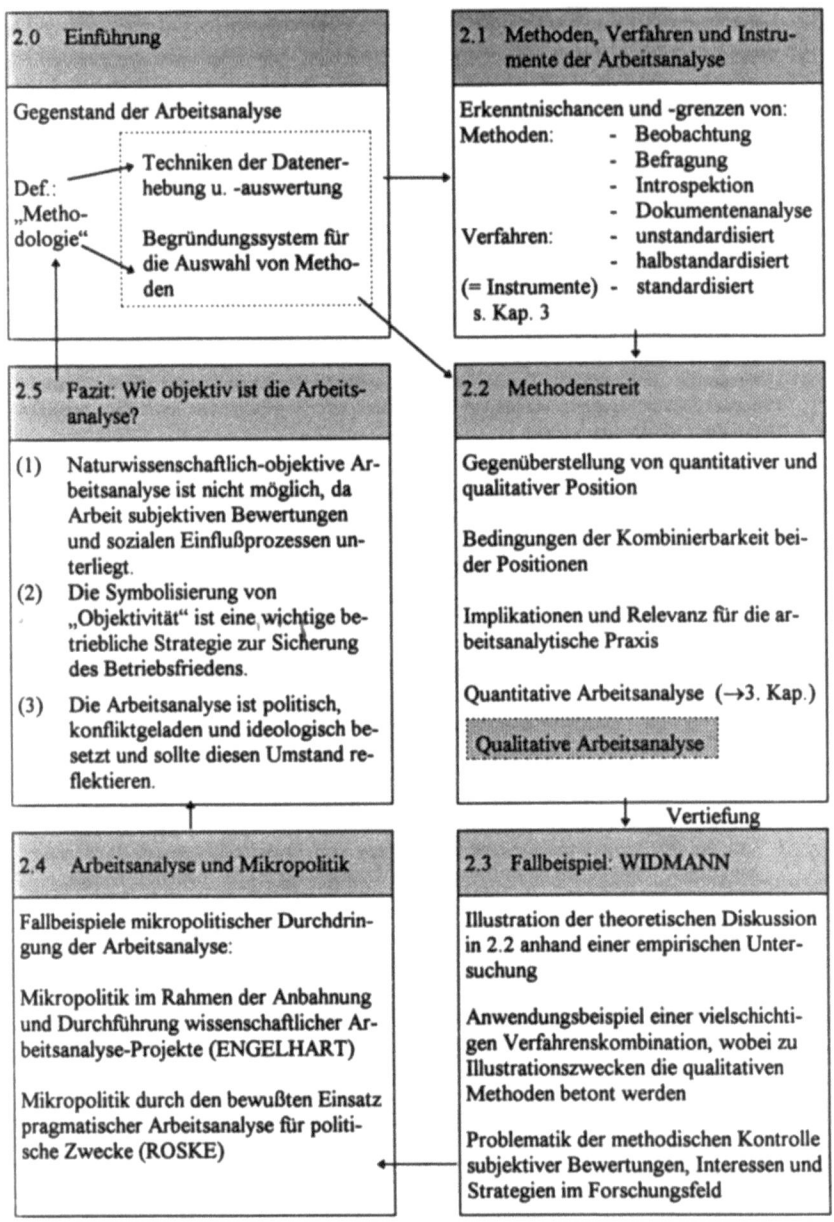

2 Methodologische Aspekte der Arbeitsanalyse

2.0 Einführung

Gegenstand der Arbeitsanalyse[1] ist die systematische Untersuchung der *organisierten* Arbeit (s. Kap. 1.7) in ihren sachlichen, sozialen und gesellschaftlichen Dimensionen (vgl. TÜRK 1993a, STOLZ & TÜRK 1992a). Unter *sachlichem* Aspekt erscheint menschliche Arbeit als Eingriff in den Stoffwechsel der Natur (Verfeinerung von Rohstoffen, Herstellung von Werkzeugen etc.) oder als Auseinandersetzung mit bereits geschaffenen Artefakten (Zwischenprodukte, Maschinen, Informationen etc.). Aus *sozialer* Perspektive ist Arbeit als Interaktion mit anderen Menschen anzusehen, als gemeinschaftliche Kooperation und Dienstleistung für andere (z.B. in Arbeitsgruppen, Projektteams, Qualitätszirkeln). In *gesellschaftlicher* Hin-Sicht steht Arbeit unter Verwertungsbedingungen, durch die der erzeugte Mehrwert abgeschöpft und von den Besitzern des Kapitals angeeignet wird; Arbeit wird als Ware gegen Geld getauscht und unterliegt den Strukturprinzipien des Marktes (Rationalisierung, Fragmentierung, Dequalifizierung etc.)[2]. Die systematische Untersuchung der Arbeit ist in allen drei Dimensionen dem Bestreben nach Optimierung der Organisierung (Stichworte: "Taylorismus", "Fordismus", "Toyotismus") und der herrschaftlichen Kontrolle des Arbeitsprozesses unterworfen, um auf die Investitionen in das Arbeitsvermögen eine maximale Rendite zu erzielen.

Der Begriff der "Methodologie" wird in den Sozialwissenschaften buchstäblich zweideutig verwendet: In der ersten Bedeutung bezeichnet Methodologie als "Lehre von den Methoden" einen didaktischen Zugang, der über die praktische Vielfalt von Techniken der Datenerhebung und -auswertung systematisch informieren will; die zweite Bedeutung hingegen bezieht sich auf Methodologie als wissenschaftstheoretisch fundiertem Begründungssystem für die Entwicklung, Auswahl und Anwendung von Methoden, die dem Erkenntnisgewinn dienen (vgl. PELTZER 1983). In diesem Kapitel wird Methodologie in beiden Deutungsvarianten besprochen: Zunächst soll ein pragmatischer *Überblick über die wichtigsten Methoden* und anschließend ein *Einblick in die prinzipiellen wissenschaftlichen Argumente* vermittelt werden, durch die der Einsatz arbeitsanalytischer Methoden (Verfahren, Instrumente) geleitet wird. Diese grundsätzlichen Argumente sind keineswegs homogen und in sich abgeschlossen, sondern verweisen auf einen seit vielen Jahren währenden Methodenstreit zwischen Verfechtern einer mehr *quantitativ* vs. *qualitativ* orientierten Sozialforschung. Da innerhalb der Arbeitsanalyse die qualitative Methodologie im Vergleich zu den quantitativen Vorgehensweisen noch kaum berücksichtigt wurde,

---

[1] In diesem Kapitel sollen ausschließlich die methodologischen Aspekte der Arbeitsanalyse behandelt werden; methodologische Erwägungen zur Leistungsanalyse und zur Lohngestaltung finden sich später bei den entsprechenden Kapiteln in geraffter Form, da viele der hier getroffenen Aussagen bereits weiterreichende Schlußfolgerungen erlauben.
[2] Für ein weiteres und präziseres Begriffsverständnis von "Arbeit" vgl. den in der vorliegenden Reihe erschienenen Basistext "Arbeitsgestaltung" von HELLER 1994.

soll aus Gründen der Ausgewogenheit ein Beispiel qualitativer Arbeitsanalyse ausführlicher dargestellt werden. Dieses Beispiel zeigt u.a. die Bedeutung *mikropolitischer Prozesse* bei der Erhebung und Auswertung arbeitsanalytischer Daten auf, die anhand weiterer empirischer Belege illustriert und abschließend im Hinblick auf die proklamierte Objektivität arbeitsanalytischer Messungen beurteilt werden soll.

2.1 Methoden, Verfahren und Instrumente der Arbeitsanalyse

Das Ziel dieses Abschnitts besteht darin, ein bei den LeserInnen vorausgesetztes Grundlagenwissen über die Methoden empirischer Sozialforschung in seinen wesentlichen Konturen in Erinnerung zu rufen (vgl. dazu ausführlich: ATTESLANDER 1991; FRIEDRICHS 1990; KERLINGER 1978; KÖNIG 1974; KOOLWIJK & WIEKEN-MAYSER 1974). Anstelle einer vertieften, detaillierten Betrachtung kann hier nur ein kursorischer Überblick gegeben werden (vgl. dazu Abb. 2.1), der hauptsächlich dazu dient, für die prinzipiellen methodischen Zugänge zu sensibilisieren und systematisch die Brücke zu arbeitsanalytischen Fragestellungen zu schlagen (eine fundierte Einführung in zentrale Methoden der Arbeitsanalyse liefern bereits im Jahre 1968 BLUM & NAYLOR; s.a. ZAPF 1989). Die Leitfrage lautet im folgenden: Welche Methoden, Verfahren und Instrumente werden in arbeitsanalytischen Untersuchungen zu welchem Zweck und mit welchen Erkenntnismöglichkeiten bzw. -grenzen angewandt?

Unter *Methoden* versteht man in den Sozialwissenschaften alle grundsätzlichen Techniken der Datenerhebung und -auswertung. Während *Erhebungsmethoden* der Gewinnung, Sammlung und Aufzeichnung von Daten dienen, unterstützen *Auswertungsmethoden* systematisch (z.B. durch Bildung entsprechender Indizes oder Kategorien) ihre Aufbereitung und Interpretation, um auf diese Weise zu wissenschaftlichen Aussagen auf höherem Abstraktionsniveau zu gelangen. Innerhalb des Erhebungsmodus sind Beobachtung und Befragung die beiden wichtigsten und gebräuchlichsten Methoden, gefolgt von Introspektion und Dokumentenanalyse. Das *Experiment* ist strenggenommen keine Methode, weil es keine besondere oder neue Art der Datengewinnung bzw. -auswertung einführt; vielmehr stellt das Experiment ein besonderes Setting, eine Versuchsanordnung oder ein Untersuchungsdesign zur Verfügung, das unter dem Einsatz bekannter Methoden aus den erhobenen Daten die Ableitung von Kausalschlüssen erlaubt (vgl. ATTESLANDER 1991, S. 205; HENNING & MUTHIG 1979).

Als *Verfahren* sollen hier alle diejenigen Methoden bezeichnet werden, die einen inneren Zusammenhang zur Arbeitsanalyse aufweisen und der Gewinnung bzw. Interpretation arbeitsrelevanter Daten dienen (vgl. MAIER 1988, S. 20). Im Rahmen von Verfahren werden in der Regel verschiedene Methoden miteinander kombiniert (wie z.B. beim Beobachtungsinterview) oder auf arbeitsanalytische Fragestellungen zugeschnitten (wie z.B. bei einer Arbeitsplatzbeschreibung).

METHODEN (Erhebungsmodus)

	Beobachtung	Befragung	Introspektion	Dokumentenanalyse
Unstandardisiert	Freie Beobachtung bzw. Eindrucksschilderung durch ArbeitsanalytikerIn, Vorgesetzte(n), StelleninhaberIn usw.	Narrative Interviews (Explorationen) mit StelleninhaberIn, Arbeitsgruppen usw.	Arbeitsausführung durch die/den ArbeitsanalytikerIn	Betriebsstatistiken ArbeiterInnen-Literatur Ausbildungsberichte und -programme Arbeitsplatz- bzw. Stellenbeschreibungen
Halbstandardisiert	Leitfäden zur Beurteilung von Arbeitsbedingungen und -verhalten Teilnehmende Beobachtung	Critical Incident Technique (CIT) Strukturierte, themenzentrierte Interviews	Arbeitstagebücher	
Standardisiert	Checklisten (aufgaben- bzw. verhaltensorientiert) Beobachtungsinterview (z.B. FAA) Beobachtungssysteme (z.B. IPA, SYMLOG)	Fragebogen (z.B. BMS)		

Abb. 2.1   Raster zur Einordnung arbeitsanalytischer Verfahren

Instrumente sind theoretisch fundierte Verfahren, die den Arbeitsplatz oder die an ihm verrichteten Tätigkeiten in operationalisierter, formalisierter und standardisierter Weise erfassen (wie z.B. REFA-Arbeitsbeschreibungsbogen oder TAI; s. Kap. 3 und den Anhang) und für die im allgemeinen explizite Angaben zu den Gütekriterien der Messung gemacht werden können.

Kapitel 2

2.1.1 Methoden der Arbeitsanalyse

Bei der *Beobachtung* registrieren "Außenstehende" (z.B. Vorgesetzte oder ExpertInnen) auf der Basis zu entwickelnder oder festgelegter Kategorien sowohl die objektive Arbeitsplatzsituation als auch das Arbeitsverhalten der StelleninhaberInnen. Da nur das erfaßt werden kann, was sichtbar ist, sind via Beobachtung zunächst keine Aussagen über Einstellungen bzw. Motive möglich, die der Situationsgestaltung oder dem Verhalten zugrunde liegen; sie können nur über die aktiven, sinnstiftenden Denkleistungen des Beobachters erschlossen oder zugeschrieben werden (vgl. SCHETTGEN 1992a).

Die *Befragung* zielt auf die Erfassung der subjektiven Repräsentation einer objektiven Arbeitssituation im Wahrnehmungsfeld des arbeitenden Menschen ab. Sie füllt mit ihren Ergebnissen die "blinden Flecken" auf, die aufgrund der Beobachtung allein zwangsläufig auftreten müssen (so können über die Beobachtung z.B. keine subjektiven Interpretationen erfaßt werden). "Befragung bedeutet Kommunikation zwischen zwei oder mehreren Personen [...] Die Antworten beziehen sich auf erlebte und erinnerte soziale Ereignisse, stellen Meinungen und Bewertungen dar" (ATTESLANDER 1991, S. 129f).

Bei der *Introspektion* ("Innenschau", Selbstbeobachtung bzw. -befragung) gibt die arbeitende Person darüber Auskunft, was sich in ihrem Bewußtsein gerade abspielt bzw. ereignet hat. Die Introspektion ermöglicht damit die Erhebung von Daten über (verhaltensbegleitende) Erlebensprozesse arbeitender Menschen aus ihrer je spezifischen, subjektiv getönten Perspektive. Es ist nicht unüblich, daß die ausgebildeten ArbeitsanalytikerInnen selbst in die Rolle der arbeitenden Person schlüpfen, um durch Selbsterfahrung und -befragung Erkenntnisse über den untersuchten Arbeitsplatz zu gewinnen.

Die *Dokumentenanalyse* richtet sich auf die Erhebung sämtlicher gegenständlicher Zeugnisse, die als Quelle zur Beschreibung, Erklärung und evtl. auch Vorhersage menschlicher Arbeitsleistungen herangezogen werden können. Dazu gehören schriftliches Material (z.B. Statistiken, Tagebücher), Wort- und Bilddokumente (z.B. Filme, Tonbänder) und andere Dinge (z.B. Werkzeuge).

Daten aus offenen Interviews, Introspektion und Dokumentenanalyse bedürfen zur Auswertung der systematischen *Inhaltsanalyse*, da sie "Texte" repräsentieren, die nicht für sich selbst sprechen, sondern jeweils (nach bestimmten Regeln) gedeutet werden müssen (zu den inhaltsanalytischen Auswertungsmethoden seien stellvertretend für viele genannt: RUST 1983, MAYRING 1990a, FROSCHAUER & LUEGER 1992, RUSTEMEYER 1992, BOS & TARNAI 1989, WIEDEMANN 1986). Beobachtungs- und Befragungsdaten lassen sich darüber hinaus mit zunehmendem Standardisierungsgrad auch durch Methoden *deskriptiver* und/oder *inferentieller Statistik* auswerten (z.B. BAMBERG & BAUR 1993, CLAUSS, FINZE & PARTZSCH 1995; HAYS 1988, BORTZ 1989, RUDINGER 1985).

2.1.2 Verfahren der Arbeitsanalyse

Die Verfahren der Arbeitsanalyse können nach dem Grad ihrer Standardisierung und damit dem Ermessensspielraum, den sie den ArbeitsanalytikerInnen bei der Beurteilung des Arbeitsprozesses belassen, in drei große Gruppen eingeteilt werden: *unstandardisierte*, *halbstandardisierte* und *standardisierte* Verfahren (vgl. Abb. 2.1). Bei einem hohen Ausmaß an Formalisierung (und gegebenem Theoriebezug) kann man bei den standardisierten Verfahren auch von Instrumenten sprechen; umgekehrt weisen alle Instrumente definitionsgemäß stets einen hohen Standardisierungsgrad auf. In Anlehnung an Abb. 2.1 sollen im folgenden die wichtigsten Verfahren der Arbeitsanalyse mit ihren jeweiligen Anwendungschancen und -problemen skizziert werden. Die arbeitsanalytischen Instrumente werden hier nur kurz gestreift und in Kap. 3 ausführlich dargestellt.

2.1.2.1 Beobachtungsverfahren

Als *unstandardisiert* kann ein Beobachtungsverfahren bezeichnet werden, das die Auswahl der Beobachtungskategorien, -kriterien, -indikatoren, -modi etc. völlig in das Ermessen der ArbeitsanalytikerInnen stellt. Wenn Festlegungen getroffen werden, die den Spielraum der ArbeitsanalytikerInnen bei ihren Auswahlentscheidungen einengen, ihnen aber andererseits genügend Freiheitsgrade für zusätzliche Bemerkungen, besondere Notizen, außergewöhnliche Wahrnehmungen usw. lassen, handelt es sich um eine *halbstandardisierte* Beobachtung. Beispiele dafür sind die Konstruktion eines Leitfadens, der die Beobachtung grob strukturiert und so eine Vorab-Orientierung bietet, und die teilnehmende Beobachtung, deren Ablauf ganz bestimmten Spielregeln zu folgen hat (vgl. GRÜMER 1974). Als *standardisiert* dürfen alle elaborierten vorgefertigten Beobachtungssysteme gelten, von denen die bekanntesten und verbreitetsten im Rahmen der Kleingruppenforschung entwickelt worden sind (z.B. die "Interaction Process Analysis" - IPA - von BALES 1950 und ihre Weiterentwicklung durch BORGATTA 1963; oder das SYMLOG-Verfahren von BALES & COHEN 1982: "Systematic Multiple Level Observation of Groups"). Minimalversionen systematischer Beobachtung stellen Checklisten dar, bei denen die ArbeitsanalytikerInnen nur angeben müssen, ob eine gegebene Feststellung zutrifft oder nicht. Während aufgabenorientierte Checklisten eine Arbeitsposition mit ihren elementaren Aufgaben und Pflichten beschreiben, machen verhaltensorientierte Checklisten Aussagen über den an einer bestimmten Position arbeitenden Menschen mit seinen zentralen Verrichtungen und Funktionen. Aufgrund der Alternativeinstufung im Fragemodus sind Checklisten schnell und ökonomisch anwendbar, liefern jedoch im Vergleich zu "ausgefeilten" Beobachtungssystemen nur ein vages Abbild der Verhältnisse am Arbeitsplatz.

2.1.2.2 Befragungsverfahren

Beispiele *unstandardisierter* Befragung sind narrative Interviews oder Explorationen, bei denen es darum geht, möglichst viel von den Befragten zu einem bestimmten Themenbereich zu erfahren. Die Befragten erhalten lediglich einen Frageimpuls, der sie veranlassen soll, selbständig und in einer von ihnen frei gewählten Art und Weise zu erzählen. *Halbstandardisierte* Befragungsverfahren engen demgegenüber den Antwortspielraum der Befragten ein, indem sie themenzentriertes, in die "Tiefe" gehendes Nachfragen der ArbeitsanalytikerInnen gestatten und/oder dem Gesprächsverlauf eine gewisse, im allgemeinen aus Vorkenntnissen zum Gegenstandsbereich abgeleitete Struktur auferlegen. Ein klassisches Beispiel halbstandardisierter Befragung ist die von FLANAGAN 1954 entwickelte "Critical Incident Technique", mit der kritische Ereignisse (Erfolgs- und Mißerfolgserlebnisse) am Arbeitsplatz erhoben werden können (s.a. FLANAGAN & BURNS 1955). Als *standardisiert* hingegen sind alle Formen von schriftlichen Fragebogen anzusehen, da sie einen Katalog von Fragen enthalten, der systematisch abgearbeitet werden muß (wie z.B. beim "BMS" von PLATH & RICHTER 1976: Verfahren zur Erfassung von Belastung, Monotonie und Sättigung; vgl. Abb. 2.4). Ihre höchste Zuspitzung erfährt die Standardisierung schließlich in der Vorgabe geschlossener Fragen, weil den Befragten nur noch die Möglichkeit bleibt, mit Ja oder Nein zu antworten.

Der Vorteil standardisierter Befragung liegt zweifellos darin, daß umfangreiche Datenmengen an großen Stichproben relativ schnell erhoben und ökonomisch ausgewertet werden können. Dieser Vorteil wird jedoch erkauft um den Preis einer langen Konstruktionsphase, in der verschiedene Frageformulierungen getestet und erste Objektivitäts-, Reliabilitäts- und Validitätsprüfungen vorgenommen werden müssen. Bei der Verwendung von Fragebogen besteht immer der Nachteil, daß das Antwortverhalten der Befragten (z.B. durch äußere Einflüsse) verzerrt sein kann; dies kann nur kontrolliert werden, wenn die BefragerInnen während der Beantwortung des Fragebogens anwesend sind, um z.B. situative Störungen beseitigen, einzelne Fragen erläutern oder Mißverständnisse klären zu können (vgl. FRIEDRICHS 1990; s.a. FRIELING 1975, S. 50f).

Eine in arbeitsanalytischen Untersuchungen ebenso beliebte wie bewährte Hybridvariante der Datenerhebung stellt das sog. *Beobachtungsinterview* dar, wie es z.B. bei der Durchführung des FAA, des TAI oder des TBS verwendet wird (s. dazu die sekundären Arbeitsanalyse-Verfahren in Kap. 3 und im Anhang). Dabei beobachten die ArbeitsanalytikerInnen den arbeitenden Menschen am Arbeitsplatz und sammeln gleichzeitig zusätzliche Daten, indem sie die ArbeiterInnen während der Arbeitsausführung nach verschiedenen Aspekten ihrer Tätigkeiten befragen. Ein Vorteil dieser Vorgehensweise ist darin zu sehen, daß sich aus der Kombination von Beobachtung ("objektive" Daten) und Befragung ("subjektive" Daten) relativ umfassende, informations- und facettenreiche Arbeitsbeschreibungen erstellen lassen. Nachteilig wirkt sich allerdings aus, daß die Anwendung des Beobachtungsinterviews in der Regel "Expertenwissen" voraussetzt, so daß es nur von geschulten ArbeitsanalytikerInnen sinnvoll angewandt werden kann (vgl. MAIER 1988, S. 24). Das Beobachtungsinterview ist darüber hinaus eine langsame und teure Form der Datenerhebung, die manchmal auch den normalen Vollzug der Arbeit stören kann.

2.1.2.3 Introspektionsverfahren

Ein Beispiel für die *unstandardisierte*, introspektive Erhebung von Daten über den Arbeitsprozeß stellt die *Arbeitsausführung durch die ArbeitsanalytikerInnen* dar; die ArbeitsanalytikerInnen begeben sich in die Rolle der StelleninhaberInnen und erfahren sozusagen stellvertretend die Bedingungen, den Vollzug und die Konsequenzen des Arbeitsvorgangs. Das Vorgehen ist insofern unstandardisiert, als die ArbeitsanalytikerInnen im allgemeinen vor Beginn der Arbeitsausführung noch nicht genau wissen, was sie erwartet und auf welche Aspekte des Arbeitsprozesses sie möglicherweise aufmerksam werden. Ein Vorteil dieser Vorgehensweise besteht darin, daß sie insbesondere bei einfachen Aufgaben effektiv eingesetzt werden kann und Informationen "aus erster Hand" vermittelt (BLUM & NAYLOR 1968, S. 495). Als nachteilig ist anzusehen, daß es sich um eine zeitaufwendige Untersuchungsmethode handelt, die bei komplexen Aufgaben ein intensives Vortraining der ArbeitsanalytikerInnen erfordert.

Eine *halbstandardisierte*, introspektive Arbeitsanalyse besteht im Führen von *Arbeitstagebüchern*, in denen individuelle Erlebnisse und Beobachtungen am Arbeitsplatz aufgezeichnet werden. Im Hinblick auf die Eintragungen können unterschiedliche Regeln angewendet werden: z.B. können von den InhaberInnen eines Arbeitsplatzes alle subjektiv bemerkenswerten Arbeitsereignisse registriert werden oder ausschließlich Arbeitsereignisse von einem ganz bestimmten, vorab definierten Typ; die Notizen können regelmäßig (z.B. nach Arbeitsende) oder stichpunktartig (z.B. nach dem Zufallsprinzip) erfolgen. Der zentrale Vorteil dieser Vorgehensweise besteht darin, daß eine große Menge von Informationen systematisch gesammelt werden kann. Nachteilig wirkt sich aus, daß die TagebuchführerInnen zeitlich um so mehr belastet sind, je differenzierter und elaborierter die Aufzeichnungen zu erfolgen haben. Dadurch evtl. bedingte Störungen des Arbeitsprozesses können Methodenartefakte zur Folge haben.

Im Prinzip läßt sich die Idee regelgeleiteten Registrierens so weit fortführen und formalisieren, daß Arbeitstagebücher auch als *standardisierte* Meßverfahren eingesetzt werden könnten; solche Fälle scheinen jedoch in der Forschungspraxis - vermutlich aufgrund der oben beschriebenen Nachteile - nur selten vorzukommen (so weiß HINRICHS 1964 zu berichten; zit. in FRIELING 1975).

Kapitel 2

2.1.2.4 Verfahren der Dokumentenanalyse

Die Verfahren der Dokumentenanalyse ziehen manifeste Texte zu Rate, um Informationen über einen Arbeitsplatz zu gewinnen. Da Art und Qualität der Texte in einem breiten Spektrum streuen können, ist die Dokumentenanalyse nach ihrem Erhebungsmodus als *unstandardisiert* einzustufen. Filme, Tonbänder, Betriebsstatistiken, bereits vorhandene Arbeitsplatz- und Stellenbeschreibungen, Berichte aus der ArbeiterInnen-Literatur oder aus Ausbildungsprogrammen weisen zwar kein gemeinsames Format auf, können aber dennoch als wertvolle Informationsquellen genutzt werden.

2.1.3 Stellungnahme zu den Klassifikationsversuchen

Die übersichtliche Darstellung in Abb. 2.1 darf nicht darüber hinwegtäuschen, daß die Schematik eine Exaktheit vorführt, die in der arbeitsanalytischen Praxis in dieser Form wohl kaum anzutreffen ist. Wie das Beispiel des Beobachtungsinterviews deutlich macht, gibt es Erhebungsverfahren, die genau an der Schnittstelle zwischen eigentlich verschiedenen Methoden liegen. Noch problematischer wird die getroffene Einteilung, wenn man bedenkt, daß die Zuordnung eines ausgewählten Verfahrens - je nachdem, welche Perspektive man einnimmt - ganz unterschiedlich erfolgen kann. Das Verfahren der Stellenbeschreibung z.B. kann im Raster an verschiedenen Stellen verortet werden, je nachdem, ob der vorliegende Standardisierungsgrad eher zum Pol spontaner Schilderung oder zum Gegenpol eines minutiös aufgegliederten Berichts tendiert (wie z.B. im "REFA-Arbeitsbeschreibungsbogen"). Was hier für die Ordinate des Rasters behauptet wird, ist aber auch auf die Abszisse übertragbar: Eine vorliegende Stellenbeschreibung kann man z.B. zum Gegenstand einer Dokumentenanalyse machen; geht es jedoch um ihre Erstellung, dann kann gleichermaßen auf Beobachtungs-, Befragungs- und Introspektionsdaten zurückgegriffen werden.

Die Einordnungsproblematik wurzelt nicht zuletzt in einem erkenntnistheoretischen Problem, das hier aus Platzgründen nur kurz am Beispiel der Tagebuchaufzeichnung demonstriert werden soll. Was eigentlich bedeutet "Introspektion"? Handelt es sich dabei um einen Beobachtungsvorgang des Innenlebens, der analog zur Beobachtung "äußerer" Gegenstände erfolgt? Und ist das Beobachtete wirklich unabhängig von der Welt "da draußen", hermetisch abgeschlossen und nur seinen eigenen Gesetzen unterworfen? Oder ist Introspektion nicht Selbstbefragung statt -beobachtung, weil der Beobachtungsvorgang ohne einen sprachlichen Code nicht gedacht werden kann? Und umgekehrt: Ist nicht jede Beobachtung eigentlich Introspektion, weil sie stets über die eigenen Wahrnehmungsapparate vermittelt werden muß, um die Außenwelt mehr oder weniger "verzerrt" durch die eigenen Vor-Urteile, Stereotype und Deuteschemata wiedergeben zu können? Im Prinzip sind alle gewonnenen Daten - gleichgültig, mit welcher Methode sie erhoben worden sind - das Resultat eines komplexen Interaktionsprozesses, in dem das System "DatenerheberIn" (BeobachterIn, BefragerIn, IntrospekteurIn, DokumentenanalysiererIn...) in eine Relation zum untersuchten "Objekt" tritt (Beobachtete[r], Befragte[r], psychische Binnenwelt, Text...). Die Folge dieser Beziehungsaufnahme ist, daß beide - Subjekt und Objekt - verändert aus dem Prozeß der Datenerhebung heraustreten. Jede Beobachtung, die sich auf ein Objekt "da draußen" bezieht, führt immer zu einem Eindruck "da drinnen", der durch die Modi, Semantiken, Codierregeln etc. der subjektiven Informationsverarbeitung mitbeeinflußt ist. Natürlich läßt sich die Subjektivität, die dem naiven Prozeß der Informationsverarbeitung anhaftet, durch das Erlernen standardisierter Verfahren der Informationsverarbeitung überformen, vielleicht sogar ersetzen - und genau das ist es, was bei der Anwendung arbeitsanalytischer *Instrumente* passiert. Im Grunde wird dabei subjektiver "common sense" gegen eine wissenschaftliche Interpretationsschablone getauscht, die auf sozialem (sozial erzwungenem?) Konsens beruht. An die Stelle von Klassifikationen, die auf subjektiver Erfahrung basieren, treten Analyseschemata, die eine Gemeinschaft von VerfahrenskonstrukteurInnen erfunden, vereinbart, durchgesetzt oder in irgendeiner anderen Form verbindlich gemacht hat. Aus diesen Gründen erscheint die Annahme der Möglichkeit einer im naturwissenschaftlich-physikalischen Sinne "objektiven" Arbeitsanalyse fragwürdig (vgl. dazu ausführlicher Punkt 2.5).

Nach FREI 1981 lassen sich arbeitsanalytische Verfahren nach vier unterschiedlichen Gruppen von Kriterien einordnen und beurteilen; dazu gehören: die Art der gewonnenen Informationen, die intendierte Anwendung, die theoretische Fundierung und die formalen Charakteristika. Das der Abb. 2.1 zugrundeliegende Kriterium der Standardisierung ist demnach nur ein *formales* Kennzeichen und stellt selbst in dieser Hin-Sicht nur eines neben anderen denkbaren Alternativen dar, wie z.B. Anwendungsökonomie, Quantifizierbarkeit oder metrische Güte. In empirischen Untersuchungen zur Arbeitsanalyse werden in der Tat sehr unterschiedliche Einteilungskriterien verwendet (z.B. die Art der Itemformulierung oder die Anwendungsbreite; vgl. FLEISHMAN & QUAINTANCE 1984). Dennoch ermöglicht der Standardisierungsgrad eine für die Orientierung hilfreiche Bestimmung von Verfahrens*typen*. Mit anderen Worten: Das angegebene Raster bietet unter dem Vorbehalt kritischer Distanz und eines reflektierten Umgangs mit den vorhandenen Methoden eine prägnante Übersicht über die in der Praxis der Arbeitsanalyse überwiegend eingesetzten Verfahren. Außerdem lenkt die inhaltliche Diskussion der Verfahrensvorzüge und -schwächen, die durch das Raster strukturiert wird, die Aufmerksamkeit auf eine grundsätzliche Kontroverse, die in den Sozialwissenschaften als "Methodenstreit" Bedeutung gewann. Auf diesen Methodenstreit zwischen AnhängerInnen einer mehr quantitativ vs. qualitativ ausgerichteten Forschung soll im folgenden näher eingegangen werden, um über die beiden methodologischen Positionen überblicksartig zu informieren und ihre Implikationen für die Arbeitsanalyse aufzuzeigen. Eine ausführliche und detaillierte Betrachtung quantitativer und qualitativer Sozialforschung, z.B. ihrer wissenschaftstheoretischen Voraussetzungen, ihrer konkreten Techniken oder ihrer Gütekriterien, kann an dieser Stelle aus Gründen des beschränkten Raums nicht erfolgen (s. dazu die einschlägige Literatur: z.B. LAMNEK 1993a,b; HEINZE 1984, HOPF & WEINGARTEN 1984, JÜTTEMANN 1985, REICHERTZ 1986, SOMMER 1987, STRAUSS 1987, VAN MAANEN 1983, WITZEL 1982, BOHNSACK 1991; zu den Methoden der Arbeitsanalyse s. vertiefend ZAPF 1989 und zu ihren Gütekriterien MOSER, DONAT, SCHULER & FUNKE 1989 sowie OESTERREICH 1992; die klassischen Gütekriterien der quantitativen Methodologie werden in Kap. 4, "Personalbeurteilung", behandelt).

2.2 Methodenstreit

2.2.1 Quantitative vs. qualitative Sozialforschung

Ein Blick auf die arbeitsanalytische Forschungsliteratur zeigt, daß schriftliche Befragungen mit meist hochstrukturierten Erhebungs- und Auswertungsinstrumenten den weitaus größten Teil aller Untersuchungen ausmachen. Diese Feststellung steht im Einklang mit der Tatsache, daß in den Sozialwissenschaften allgemein bislang eine starke Bevorzugung quantitativer Methoden zu beobachten war (vgl. ATTESLANDER 1991, S. 6-8), aus der man kurzerhand auf die überragende Bedeutung dieser Methodologie für die Forschungspraxis schließen könnte. Es haben sich jedoch zwischenzeitlich die Stimmen gemehrt, die dieser Auffassung vehement widersprechen, die sogar von einem "Paradigmenwechsel" (LAMNEK 1993a, S. 218) und einer "qualitativen Wende" (MAYRING 1989, S. 306) reden. Die Veränderungen in der Forschungsszene, auf die derartige Schlagworte aufmerksam machen, lassen sich geschichtlich darauf zurückführen, daß in den vierziger und fünfziger Jahren - inspiriert durch die Kritik von BLUMER und anderen Vertretern des Symbolischen Interaktionismus - in den USA bereits ein beachtlicher Diskussionsstand zur qualitativen Sozialforschung erreicht war (vgl. SCHNELL, HILL & ESSER 1989). In den siebziger Jahren etablierte sich in den USA die qualitative Methodologie neben der quantitativen zu einem eigenständigen Forschungsansatz, während die Rezeption dieser Entwicklungen in der Bundesrepublik mit einem "time-lag" versehen war und nur ganz allmählich und vorsichtig geschah (erste Arbeiten stammten von SCHÜTZE und OEVERMANN). Die zunehmende forschungspraktische Relevanz und Anerkennung, die die qualitative Methodologie seitdem in der Bundesrepublik erfahren hat, läßt es mittlerweile gerechtfertigt erscheinen, auch hierzulande von einem ebenso autonomen Forschungsstrang auszugehen, der von den Sozialwissenschaftlern selbst einmal mehr in Konkurrenz, ein anderesmal mehr im Ergänzungsverhältnis zur traditionellen Linie quantitativer Forschung gesehen wird.

Trotz ihres gemeinsamen Versuchs, sich von der quantitativen Methodologie abzugrenzen, streiten sich die Gelehrten der qualitativen Ausrichtung nach wie vor darüber, was unter dem von ihnen verfolgten Paradigma eigentlich verstanden werden soll. In den angebotenen Unterteilungen, durch die zentrale Grundprinzipien des "Qualitativen" aufgegliedert und transparent gemacht werden sollen, finden sich sowohl strukturelle Ähnlichkeiten als auch Divergenzen: SPÖHRINGSs (1989, S. 9) "Dimensionen zur Klassifizierung von Untersuchungstypen", MAYRINGs (1990b, S. 13-25) "13 Säulen qualitativen Denkens", FLICKs "neuralgische Punkte" oder LAMNEKs (1993a, S. 21-30) "Programmatik qualitativer Sozialforschung" setzen jeweils unterschiedliche Akzente. Es gibt demnach keine einheitliche, verbindliche Methodologie für die qualitative Sozialforschung; deren Praktiken und Empfehlungen sind vielmehr weitgehend durch Unübersichtlichkeit und mangelhaft präzisierte Begriffsbedeutungen gekennzeichnet. Qualitative Sozialforschung fungiert offensichtlich als Sammelbegriff für eine in großen Ausschnitten undurchsichtige Ordnung interpretativer Techniken und Strategien, mit denen die Bedeutung verschiedener Phänomene der sozialen Welt durch Beschreibung, Dechiffrierung und Übersetzung erklärt werden soll. VON KARDORFF (1991, S. 4) definiert den "Minimalkonsens" qualitativ denkender Wissenschaftler wie folgt: "Qualitative Sozialforschung hat ihren Ausgangspunkt im Versuch eines vorrangig deutenden und sinnverstehenden Zugangs zu der interaktiv 'hergestellt' und in sprachlichen wie nichtsprachlichen Symbolen repräsentiert gedachten sozialen Wirklichkeit".

Einen interessanten Entwurf zum Verhältnis von qualitativer zu quantitativer Methodologie hat KLEINING 1982 vorgelegt. Der Autor ist der Auffassung, daß alle sozialwissenschaftlichen Methoden aus den "Alltagstechniken" entstanden sind, die Menschen im allgemeinen benutzen, um Verhaltenssicherheit und Orientierung durch Sinnstiftung zu gewinnen (vgl. die Attributionstheorie von HEIDER 1958; deutsch: 1977). Alltagstechniken beruhen auf Strategien, in denen "sich die persönlichen Erfahrungen und die tradierten der Vorgeneration" wiederfinden (KLEINING 1982, S. 225), und die zur Erkennung, Bewertung und Veränderung der Umwelt benutzt werden. Nach KLEININGs These von der "zwingenden Abfolge der Verfahren" sind aus den Alltagstechniken durch Abstraktion die qualitativen Verfahren entstanden und aus diesen wiederum in einer zweiten Abstraktionsstufe die quantitativen Methoden. Qualitative Sozialforschung kann daher als "die Herauslösung und Systematisierung der Entdeckungs-Techniken aus den Alltagsverfahren" (KLEINING 1982, S. 227) verstanden werden. Durch die geschickte "Sandwich"-Positionierung der qualitativen Sozialforschung zwischen Alltagstechniken und quantitativen Methoden gelingt es KLEINING, die "Wissenschaftlichkeit" der qualitativen Verfahren zu betonen (die ja im Vergleich zu den Alltagstechniken transparent, systematisch und kritisierbar sein müssen) und zugleich die Bedeutung der quantitativen Methoden zu relativieren: Während qualitative Analysen auch ohne Quantifizierung auskommen, bleiben quantitative Studien immer an die Voraussetzung qualitativer Analysen gebunden. Daß KLEININGs Kritik womöglich ein "Eigentor" sein kann, zeigt die Überlegung, daß sich der Wert qualitativer Forschungsbemühungen letztlich nur daraus ergibt, für die anschließende Quantifizierung wichtige Vorarbeiten leisten zu können. So ist unschwer festzustellen, daß einführende Lehrtexte zu Methoden empirischer Sozialforschung den qualitativen Methoden bestenfalls eine Bedeutung für die Explorationsphase von Forschungsprojekten zuweisen (vgl. KÜCHLER 1980); die "eigentlich wissenschaftliche" Arbeit scheint erst danach zu beginnen. Daß die Durchführung qualitativer Studien - je nach Fragestellung, erkenntnisleitendem Interesse und Gegenstand - auch per se indiziert und gewinnbringend sein kann, wird jedoch aus dem Bewertungshorizont quantitativer Methodologie leicht übersehen. Qualitative Methoden erschöpfen sich nicht in ihrer Funktion als "heuristische Hilfsmittel zur Erstellung standardisierter Instrumente, sondern [sind] legitime Möglichkeiten eines objektiveren Zugangs zur Empirie" (WITZEL 1982, S. 38); sie repräsentieren damit einen eigenständigen Weg zur wissenschaftlichen Erkenntnis, der natürlich per se nicht ausschließt, für die Vorbereitungsphase quantitativer Untersuchungen wertvolle Dienste leisten oder überhaupt mit quantitativen Methoden kombiniert werden zu können (vgl. dazu den nächsten Abschnitt und die empirische Studie von WIDMANN 1992 in diesem Kapitel).

In Ermangelung eines Konsens über die zentralen Prinzipien qualitativer Forschung möchte ich ihre methodologischen Charakteristiken anhand der sozialwissenschaftlichen "Folklore" skizzieren, die LAMNEK 1993 in einer Synopse zusammengefaßt hat. LAMNEK (1993a, S. 218ff) arbeitet die Differenzen zwischen quantitativer und qualitativer Position in einer idealtypischen Gegenüberstellung heraus, die Verdeutlichung durch Kontrastbildung anstrebt und zu diesem Zweck auch ganz bewußt Überzeichnungen als Gestaltungsmittel einsetzt. LAMNEK verwendet zur Beschreibung der beiden Forschungsrichtungen 18 bipolare Dimensionen, die keinen Anspruch auf Vollständigkeit, Unabhängigkeit oder logische Systematik erheben. Da sich die Beschreibungen vielfach überlappen, greife ich zu Demonstrationszwecken nur einige wichtige Dimensionen heraus, um für LAMNEKs Argumentationsweise zu sensibilisieren:

1) *Nomothetisch vs. idiographisch:* Die quantitative Sozialforschung sucht nach allgemeinen Gesetzesaussagen ("nómos" = griech.: das Gesetz) und reduziert ihren Erklärungsanspruch auf das manifest Beobachtbare. Die qualitative Sozialforschung ist idiographisch, weil sie soziale Erscheinungen in ihrer Einmaligkeit und Einzigartigkeit zu beschreiben versucht ("idio" steht für das Individuelle, Singuläre); sie berücksichtigt dabei explizit die Sinnkomponente sozialer Interaktionen und läßt die Interpretationen der untersuchten Personen in den Forschungsprozeß einfließen.

2) *Deduktiv vs. induktiv:* Die Maxime der quantitativen Methodologie besteht darin, die anvisierte Hypothesenprüfung deduktiv durchzuführen, indem durch sukzessive logische Ableitungen und Operationalisierungen die Brücke von der Theorie zum empirischen Feld geschlagen wird. Ziel ist es, die Hypothese zu falsifizieren und - falls sie der statistischen Widerlegung standhält - als "erhärtet" anzusehen. Die qualitative Sozialforschung strebt den umgekehrten, induktiven Weg der Hypothesenentdeckung an: von den Beobachtungen in regelgeleiteter Form zur Theorie.

3) *Objektiv vs. subjektiv:* Die quantitative Sozialforschung kann insofern als objektiv bezeichnet werden, als die/der Forschende quasi "über den Dingen" steht und die zu untersuchenden Subjekte als Forschungsobjekte, d.h. als Personifikationen von spezifischen Variablenkonstellationen betrachtet. Im qualitativen Paradigma hingegen entsteht Objektivität gerade nicht durch die Ausblendung von Subjektivität, sondern durch deren explizite Berücksichtigung: nur so kann objektiv sichtbar werden, wie die Bedeutung der Alltagswirklichkeit durch die Akteure selbst konstruiert wird.

4) *Geschlossen vs. offen:* In der quantitativen Methodologie wird die gesamte Untersuchung durch das vorab formulierte Hypothesenset gesteuert und strukturiert, so daß der Raum möglicher Erkenntnisse geschlossen ist. Das am häufigsten proklamierte Kennzeichen des qualitativen Paradigmas hingegen ist seine Offenheit, die von Beginn an den gesamten Forschungsprozeß in der permanenten Überprüfung, Korrektur und Revision der Daten begleitet. Offenheit bezieht sich demnach nicht nur auf die Frage an den Gegenstand, sondern auf alle wichtigen Facetten einer Untersuchung: empirisches Feld, interagierende Personen, Theoriebildung, Methoden und die damit verbundenen Erkenntnischancen.

5) *Zufallsstichprobe vs. "theoretical sampling":* Durch die Ziehung von relativ großen Zufallsstichproben versucht die quantitative Sozialforschung, repräsentative Schlußfolgerungen vorzunehmen, d.h. aus den Stichprobenwerten (Statistiken) auf die Parameter einer Grundgesamtheit zu generalisieren. Die qualitative Methodologie bevorzugt hingegen kleine Stichproben vor dem Hintergrund einer gezielten Auswahl, die sich aus dem offengelegten theoretischen Vorverständnis ergibt und im Zuge der Sammlung der für die Theoriebildung wichtigen Aspekte kontinuierlich erweitert wird. Verallgemeinerungen oder Aussagen über Verteilungen und Häufigkeiten sind mit dieser Methode nicht ohne weiteres möglich oder zumindest problematisch.

6) *Datennähe vs. Datenferne:* Datennähe wird in der qualitativen Sozialforschung schon allein dadurch erzwungen, daß bewährte theoretische Konzeptionen der ForscherInnen fehlen und man daher versucht, durch das Eingehen auf die Sichtweise der Betroffenen wichtige Informationen für die Theoriebildung zu erhalten. In den standardisierten Massenerhebungen des quantitativen Ansatzes besteht demgegenüber eine erhebliche Distanz zu den untersuchten Personen und den an ihnen gewonnenen Daten, insbesondere dann, wenn die ForscherInnen selbst von der Datenerhebung ausgeschlossen sind.

7) *Unterschiede vs. Gemeinsamkeiten:* Quantitative Sozialforschung ist bemüht, durch Hypothesentests auf der Basis gemeinsamer Merkmale (z.B. Befragtengruppen, Sozialkategorien, Interventionen) wichtige und zu erklärende Unterschiede nachzuweisen; die Annahme von Unterschieden geht in die sog. Alternativhypothese ein, die gegen die Nullhypothese (= keine Unterschiede!) statistisch geprüft wird. Qualitative Forschung hingegen sucht nach jenen Gemeinsamkeiten, die eine Identifikation der Strukturen sozialen Handelns oder eine Typenbildung ermöglichen; daß dies immer auf der Basis von Unterschieden (zwischen Strukturen oder zwischen Typen) geschieht, interessiert hier nur in zweiter Linie.

8) *Reduktive vs. explikative Datenanalyse:* Während die quantitative Forschung zum Zwecke des Informationsgewinns eine Datenreduktion mithilfe der Statistik und - falls nötig und möglich - der EDV anstrebt (z.B. für die Verfahrensgruppe der Faktorenanalyse), ist die qualitative Vorgehensweise auf die Explikation der Daten gerichtet, durch die der Datenbestand allmählich erweitert wird: die "Rohdaten" liegen zunächst in Form von Texten (Transkriptionen von Interaktionen oder Kommunikationen) vor und werden anschließend in mehreren Analyseschritten protokolliert, woraus sich jeweils neue Datenbasen ergeben.

LAMNEKs Darstellung betont offensichtlich die Diskrepanzen zwischen den beiden methodologischen Positionen und ergreift in akzentuierender Weise Partei für den qualitativen Ansatz. Eine kritische Bestandsaufnahme hingegen kann die Vor- und Nachteile beider Vorgehensweisen offenlegen: Die vorgebliche Stärke des qualitativen Ansatzes, nämlich dem Problem ganz nahe zu sein und seinen Besonderheiten in einer komplexen Untersuchungssituation gerecht zu werden, kann sehr leicht der Myopie anheimfallen und der/dem Forschenden insofern zum Verhängnis werden, als "der Wald vor lauter Bäumen nicht zu sehen ist". Um den "Wald" zu sehen, und d.h. hier: die allgemeinen Regeln und Gesetzmäßigkeiten des Untersuchungszusammenhangs zu erkennen, erscheint die Vogelperspektive besser geeignet - allerdings mit der Gefahr, bei allzu großer Weitsichtigkeit die Einzelheiten der Situation und ihre vielschichtige Bedeutung aus dem Auge zu verlieren. In praxi wird kein(e) qualitativ Forschende(r) ernsthaft bestreiten, daß er/sie mit einem bestimmten theoretischen Vorwissen an die Problemanalyse herantritt. Die Erfüllung des qualitativen Forscherdrangs dürfte zudem nicht mit dem Stadium der Theorieentwicklung, sondern erst mit der Phase der Theorieüberprüfung und der Aussagengeneralisierung vollendet sein. Umgekehrt entspricht der Typus des "weltfremden Grüblers" im Elfenbeinturm der Wissenschaft wohl eher einer Karikatur quantitativer Forschung als einer realistischen Beschreibung der tatsächlichen Verhältnisse: Kaum eine repräsentative Untersuchung wird - schon allein aus Kostengründen - ohne sorgfältige Explorationen im Vorfeld einer großangelegten Studie durchgeführt. Daraus kann man schließen, daß jedes konkrete wissenschaftliche Verfahren Anpassungsleistungen an den vorliegenden Forschungskontext erbringen muß; die Frage nach "quantitativ" oder "qualitativ" läßt sich mithin nicht einfach durch die prinzipielle Entscheidung für einen der beiden Pole, sondern angemessener mit einem Mischungsverhältnis oder einer Bevorzugung in einer bestimmten Phase des Forschungsprozesses beantworten. So können beispielsweise bei der Verfahrensentwicklung qualitative Methoden vielfältige Einsichten in ein Phänomen vermitteln, während quantitative Methoden bei der Verfahrensanwendung zur Reduktion von Komplexität und Perspektivität tauglich sind. LAMNEKs Dimensionen sind demnach als flexible Sensoren zu verstehen, in deren Medium die Einordnung methodischer Vorgehensweisen in Form von Konfigurationen oder "Clustern" möglich ist (vgl. Abb. 2.2).

2.2.2   Schlußfolgerungen für die Arbeitsanalyse

Das, worauf der qualitative Forschungsstrang gerichtet ist - das Nachvollziehen der subjektiven Wahrnehmungs- und Bewertungsprozesse, durch die eine Arbeitssituation psychologisch mit Bedeutsamkeit aufgeladen wird - ist für das quantitative Paradigma lediglich "Störgröße" oder zu vernachlässigende Marginalie. Dem quantitativen Paradigma geht es vornehmlich um generelle Aussagen ohne Ansehen der Person oder situativer Eigenarten, um eine Vergleichbarkeit verschiedener Arbeitsplätze zu gewährleisten. Folglich liefert das quantitative Forschungsprogramm in erster Linie Daten für die Errichtung von Maßstäben zur kollektiven Arbeitsbewertung und darauf aufbauender Lohngestaltung. Demgegenüber kommen qualitative Verfahren schwerpunktmäßig dort zum Einsatz, wo subjektive Aspekte der Arbeit (Be-

Methodologische Aspekte der Arbeitsanalyse

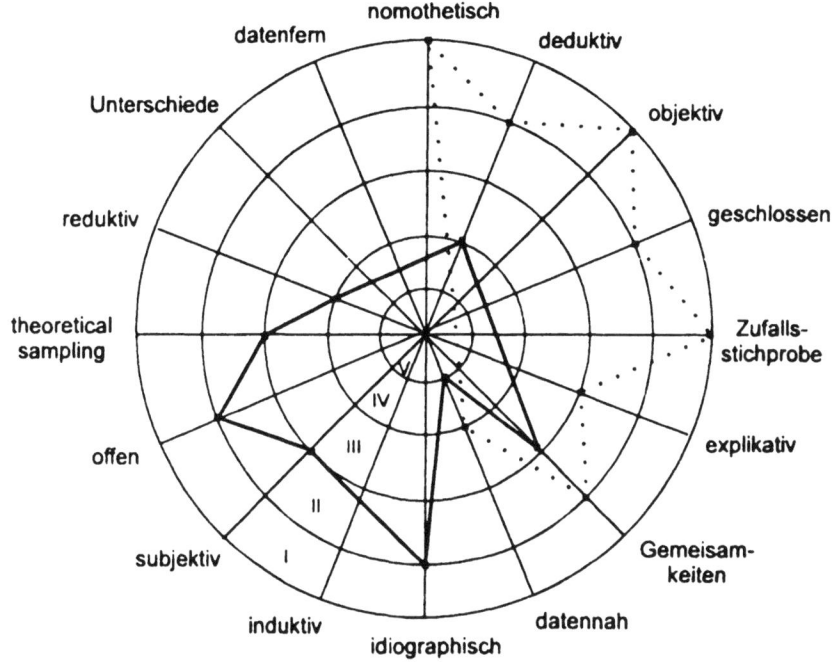

Abb. 2.2   Gitternetz-Diagramm zum Vergleich quantitativer und qualitativer Sozialforschung

lastung, Ermüdung, Sättigung, Streß, Zufriedenheit etc.) erfaßt werden sollen, um z.B. Humanisierungsmaßnahmen anzuleiten (MAIER 1983; VOLPERT 1990). Ein weiterer Unterschied deutet sich an: Während für die quantitative Arbeitsanalyse die Übernahme theoriegeleiteter Fremdverfahren charakteristisch ist, die von den ForscherInnen auf die Arbeitenden und deren Arbeitssituation angewandt werden, steht bei der qualitativen Arbeitsanalyse die Eigenentwicklung des Verfahrens in der Kooperation von ForscherInnen und ArbeiterInnen zur gemeinsamen Analyse des Arbeitsprozesses im Vordergrund. Wie bereits bei der Diskussion von LAMNEKs Dimensionen (Abschnitt 2.2.1) deutlich gemacht wurde, kann sich hinter diesem anscheinend partizipativ-idealistischen Anliegen genauso gut eine Akzeptanzbeschaffungsmaßnahme verbergen, die letztlich in die Konstruktion eines hochstrukturierten Meßinstruments einmündet.

Mit quantitativen oder qualitativen Forschungsansätzen sind in der Regel normative Prämissen der WissenschaftlerInnen hinsichtlich der Eigenart des zu untersuchenden Gegenstands verknüpft. Quantitative ForscherInnen imaginieren den Gegenstand der "Arbeitsanalyse" als ein wohlstrukturiertes, klar definiertes und rational eindeutig lösbares Problem. Ein eindrucksvolles Beispiel dieser Auffassung stellt die systematische Abarbeitung der Bewertungsebenen dar, die im TBS (HACKER, IWANOWA & RICHTER 1983) zur Vorbereitung persönlichkeitsförderlicher Maßnahmen der Arbeitsgestaltung erfolgen muß (vgl. Abb. 2.3). Die Erfüllung der Ausführbarkeit, Schädigungslosigkeit und Beeinträchtigungsfreiheit von Tätigkeiten muß auf separaten und aufeinander aufbauenden Bewertungsebenen jeweils gesondert nachgewiesen werden, *bevor* das TBS zur Diagnose der Persönlichkeitsförderlichkeit eingesetzt werden kann. Abb. 2.4 demonstriert am Beispiel der "Beeinträchtigungsfreiheit", welche Bewertungsschritte mit dem BMS - einem Instrument zur Messung psychischer Belastung, Monotonie und Sättigung (PLATH & RICHTER 1976) - sukzessive vollzogen werden müssen. Die Prüfung, ob die Voraussetzungen auf vorgelagerten Bewertungsebenen jeweils gegeben sind, gleicht dem Ablauf eines Computerprogramms bzw. eines Algorithmus, der Exaktheit, Präzision, Transparenz, Eindeutigkeit, Machbarkeit, Beherrschbarkeit usw. suggeriert. Mit der Konstruktion derartiger Untersuchungsanordnungen läuft der quantitative Ansatz letztlich Gefahr, nur noch das zu erforschen, "was vermeintlich mit den verfügbaren Methoden und der zugrundeliegenden Methodologie ausreichend exakt erfaßt werden kann" (LAMNEK 1993a, S. 12). Oder, noch drastischer formuliert: "Durch die Methode wird bestimmt, was als Erfahrung zugelassen wird; die Struktur des Gegenstandes wird der eigenen Methodologie zuliebe verleugnet" (BOGUMIL & IMMERFALL 1985, S. 81). Das Problematische daran ist, daß andere Forschungsfragen ausgeschlossen werden, anstatt sie als Herausforderung zur Entwicklung neuer und besser angepaßter Methoden zu verstehen. Qualitative ForscherInnen rekonstruieren den Gegenstand der "Arbeitsanalyse" demgegenüber als ein unklares, vage definiertes und rational nicht bzw. zumindest nicht eindeutig lösbares Problem, für dessen Handhabung bestenfalls Heuristiken empfohlen werden können. Der qualitative Ansatz bleibt bei der Erforschung des Gegenstands damit prinzipiell offen und sensibel für Phänomene, die mit der "Suchbrille" quantitativer Analyse nicht gesehen werden können, weil sie abseits der vorfabrizierten, technisch-neutralen Beobachtungskategorien liegen. Phänomene, die insbesondere durch qualitative Studien ins Blickfeld der Betrachtung gerückt werden können, sind z.B. Widersprüche, Spannungen, Konflikte, Interessen, Macht und mikropolitische Prozesse.

Bewertungs-ebene	Schneider (1971)	Rohmert (1972)	Hacker/Richter (1980) Hacker (1986)
1.	Beachtung menschlicher Leistungsgrenzen	Ausführbarkeit	Ausführbarkeit
2.	Vermeidung gesundheitsschädigender Arbeitsbelastung	Erträglichkeit	Schädigungslosigkeit
3.	Nutzung zumutbarer Beanspruchungen für die Leistungsverbesserung	Zumutbarkeit	Beeinträchtigungsfreiheit
4.	Gewährleistung fähigkeitsgerechter Arbeitsanforderungen	Zufriedenheit	Persönlichkeitsförderlichkeit

Abb. 2.3 Bewertungsebenen menschengerechter Arbeitsgestaltung
(nach RÖBKE 1989, S. 28)

Die "Glaubensbekenntnisse" der ForscherInnen sind nicht nur unterschiedliche Hin-Sichten, sondern häufig auch affektiv stark besetzte Präferenzen, die die Auswahl und Anwendung von Methoden leiten. Obwohl derartige Präferenzen im Forschungsprozeß nicht völlig zu kontrollieren sind, sollten sie dennoch bewußt gemacht und der kritischen Reflexion zugeführt werden. Bei aller Sympathie für das eine oder andere methodologische Paradigma sollten immer auch rationale Erwägungen darüber entscheiden, zu welcher methodischen Vorgehensweise man sich letztlich entschließt. Wie sonst will man den Anspruch auf "Wissenschaftlichkeit"

Kapitel 2

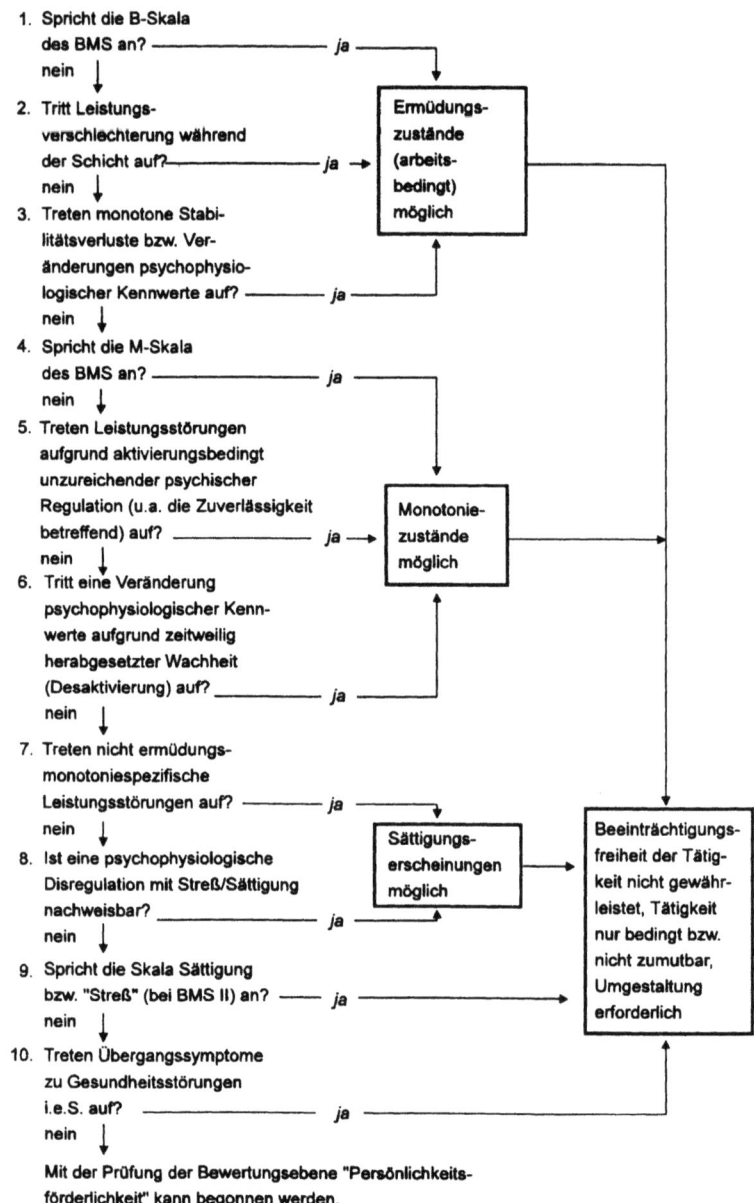

Abb. 2.4 Prüfbedingungen für Beeinträchtigungsfreiheit (nach HACKER, IWANOWA & RICHTER 1983, S. 75)

erhalten? In das rationale Entscheidungskalkül sollte die zentrale wissenschaftliche Fragestellung genauso wie das zugrundeliegende erkenntnisleitende Interesse, der bereits erreichte Diskussions- und Wissensstand, das finanzielle Budget zur Durchführung des Forschungsprojekts usw. einfließen. Erst ein sorgfältiges Abwägen derartiger Einflußfaktoren kann dafür Sorge tragen, daß ein realistischer Forschungshorizont eröffnet wird, vor dem das Set der geplanten methodischen Vorgehensweisen sinnvoll positioniert werden kann. Innerhalb dieses Sets lassen sich quantitative und qualitative Verfahren durchaus miteinander kombinieren. Bezeichnenderweise sind es gerade die methodisch versierten ExpertInnen, die für eine Aufhebung des "Grabenkriegs" zwischen Quantophrenen und Qualophilen plädieren und stattdessen die Frage aufwerfen, unter welchen Bedingungen sich die alternativen Forschungsperspektiven einander fruchtbar ergänzen. So muß nach Auffassung von GIRTLER (1984, S. 12f) bei qualitativem Vorgehen nicht grundsätzlich auf Quantifizierung verzichtet werden, und auch MAYRING 1990a sieht die Möglichkeit zur Quantifizierung inhaltsanalytischer Ergebnisse explizit vor. "Entscheidend ist, daß diese Quantifizierung im Nachhinein erfolgt, auf der Basis einer umfangreichen Auseinandersetzung mit dem qualitativ erhobenen Material und nicht auf der Grundlage von Daten, die im Rahmen standardisierter Vorgehensweisen erhoben wurden" (HOPF 1984, S. 14). Wenn der Kenntnisstand zu einem arbeitsanalytischen Problem sehr gering ist, erscheint es kaum angebracht, einen Fragenkatalog zu entwerfen und damit eine Massenbefragung nach quantitativen Standards durchzuführen; vielmehr bietet es sich an, im Vorfeld der quantitativen Untersuchung einige qualitative Interviews zu erheben, um den Gegenstandsbereich sondieren und strukturieren zu können.

Für den Bereich der Arbeitsanalyse schlägt MAIER (1988, S. 46) einen synthetischen Ansatz vor, in dem quantitative und qualitative Methoden als Module einer kompletten Verfahrensbatterie eingesetzt werden, deren Zusammensetzung in Abhängigkeit vom gewählten Untersuchungsziel jeweils neu zu bestimmen ist. Auch CASCIO 1987 empfiehlt, mehrere Verfahren und damit deren jeweilige Vorteile zu kombinieren, gibt aber gleichzeitig zu bedenken, daß die Integration der Ergebnisse unterschiedlicher Verfahren und deren immanenter Logiken bislang noch ein ungelöstes Problem ist (s.a. die Kritik von PÖHLER 1992, S. 47). Eine Kombination verschiedener Verfahren wird z.B. in der sog. "dualen Arbeitsanalyse" realisiert, der es um die "doppelte Beschreibung" eines Arbeitssystems geht, "... und zwar zum einen als Ergebnis einer Erhebung der realen Gegebenheiten, und zum anderen als subjektive Wahrnehmung desselben Arbeitssystems durch die in ihm beschäftigten Menschen" (ELIAS, GOTTSCHALK & STAEHLE 1982; vgl. auch KARG & STAEHLE 1982). Im Konzept der dualen Arbeitsanalyse wird demnach die objektive Arbeitssituation systematisch auf ihre subjektive Redefinition durch das Personal bezogen.

Daß eine "kombinierte Vorgehensweise" zu brauchbaren Resultaten führen kann, zeigt auch die empirische Studie von LÜDERS & PUST 1992. Im Rahmen des Seminars "Frauen untersuchen ihren Arbeitsalltag und verändern ihn" haben die beiden Forscherinnen die Instrumente RHIA-B (Regulationshindernisse in der Büroarbeit), VERA-B (Verfahren zur Ermittlung von Regulationsanforderungen bei Bürotätigkeiten) und KABA (Kontrastive Aufgabenanalyse in der Büroarbeit) angewandt, um die Büro-Arbeitsplätze der Teilnehmerinnen nach den Kriterien humaner Arbeit zu bewerten und entsprechende Gestaltungsmaßnahmen zu empfehlen. Der "Witz" der Vorgehensweise von LÜDERS & PUST besteht darin, die in den eingesetzten Verfahren enthaltenen Bewertungsprozeduren nicht einfach "abzuspulen", sondern zur Grundlage eines partizipativen Vorgehens zu machen, in das die betroffenen Arbeitnehmerinnen in Form von Gruppendiskussionen aktiv einbezogen werden. "Sowohl die Analyse als auch die Entwicklung von Gestaltungsvorschlägen wird von den Teilnehmerinnen gemeinsam vorgenommen - der Prozeß sowie die Ergebnisse sind somit für alle nachvollziehbar. Mit den Kriterien humaner Arbeit ist dabei ein inhaltlicher Bezugsrahmen gegeben, der die Strukturierung, Einordnung und Bewertung einer Vielzahl von Problemen ermöglicht. Die Analyse schafft eine Grundlage, auf der alle Beteiligten über notwendige und gewünschte Veränderungen verhandeln können" (LÜDERS & PUST 1992, S. 27).

2.3 Qualitative Arbeitsanalyse: Ein Fallbeispiel (WIDMANN 1992)

In bewußter Abhebung vom Gros der traditionellen Forschung, die der quantitativen Arbeitsanalyse zuzurechnen ist und im dritten Kapitel ausführlich behandelt wird, soll an dieser Stelle ein exemplarischer Einblick in die Vorgehensweise qualitativer Arbeitsanalyse geliefert werden. Der empirische Beleg beruht auf einer Untersuchung von WIDMANN 1992, der durch seine eigene fünfjährige Aushilfstätigkeit als Fahrer in der Getränkeindustrie auf eine Reihe von Mißständen aufmerksam wurde. So beobachtete der Autor immer wieder Streitereien zwischen den Fahrern und zwischen ihnen und ihren Vorgesetzten sowie Formen verdeckter ("Bummelei") und offener Arbeitsverweigerung. WIDMANN deutet diese offenkundigen Tatbestände als das Resultat einer als ungerecht empfundenen Verteilung der Arbeit und des Lohnes in der vorherrschenden Betriebspraxis. Diese Beobachtungen wurden für WIDMANN zum Anlaß, mit seiner Studie die Grundlagen für eine gerechte Entlohnung zu schaffen: "gleicher Lohn für gleiche Tätigkeiten". Da der Entlohnungsaspekt im vorliegenden Zusammenhang nur von peripherer Bedeutung ist, möchte ich im folgenden hauptsächlich die Überlegungen referieren, die WIDMANN zur Analyse "gleicher Tätigkeiten" angestellt hat. Die Problematik der Lohnfindung wird nur insoweit einbezogen, als sie zum Verständnis der Studie unbedingt notwendig ist. Da es hier außerdem primär um methodologische Erwägungen geht, wird auf die Darstellung des umfangreichen Ergebnisteils der Studie verzichtet.

2.3.1 Erschließung des Untersuchungsfelds

WIDMANN schildert die Kontaktaufnahme zum empirischen Untersuchungsfeld - trotz seines vorhandenen Vorwissens und seiner praktischen Erfahrung als Lieferfahrer - als einen außerordentlich schwierigen, mit vielen Widerständen verknüpften und langwierigen Suchvorgang; bei zahlreichen Brauereien wird er mit der nahezu gleichlautenden Formel abgelehnt, daß eine solche Untersuchung nur "Unruhe im Betrieb" stiften würde. Nur eine einzige Unternehmung zeigt von vornherein großes Interesse, was darauf zurückzuführen ist, daß der "Leidensdruck" in der Firma, insb. im Fuhrpark, aufgrund eines als ungerecht empfundenen Lohnes erheblich ist. Insofern kommt es in diesem Fall also zur Interessensdeckung zwischen Forscher und den relevanten "Weichenstellern" im Forschungsfeld, während man in den anderen Fällen der Ablehnung offensichtlich keine "schlafenden Hunde wecken" wollte.

2.3.2 Typisierung der untersuchten Tätigkeit

Für einen Lieferfahrer ist der ständige Wechsel zwischen den verschiedensten Arbeitsplätzen typisch; dazu gehören hauptsächlich die Brauerei, der LKW, die Straße und die Abladeplätze bei den zu beliefernden KundInnen. Der Abladeplatz stellt jedoch den eigentlichen und wichtigsten Ort der Liefertätigkeit dar. Die Abladeplätze sind sehr unterschiedlich, so daß die Fahrer ihre Arbeitsleistung unter sehr stark variierenden Bedingungen erbringen müssen (vgl. Abb. 2.5). Es treten zwar Ähnlichkeiten auf, diese lassen sich aber nicht an Kundengruppen festmachen (wie z.B. Gaststätten, Supermärkten, Flaschenbierhandlungen). Tages- oder Wochentouren werden aus wirtschaftlichen Gründen vielmehr nach Gebieten zusammengestellt oder orientieren sich an der Größe und Kapazität des Fahrzeugs. Auf diese Weise entstehen also Touren mit ganz unterschiedlichen Anforderungen, die im Rahmen der offiziellen Lohngestaltung bisher nicht explizit und systematisch berücksichtigt wurden. Stattdessen scheint es so etwas wie "ungeschriebene Gesetze" zu geben, nach denen die Vergabe "leichter" und "schwerer" Touren erfolgt; dem Toureneinteiler kommt in diesem Zusammenhang eine Schlüsselrolle zu, so daß die Fahrer bemüht sind, gute Beziehungen zu ihm zu pflegen.

2.3.3 Problematik der Lohnfindung

Die bisher existierenden Lohnsysteme im Brauereibetrieb sind entweder der reine Zeitlohn (auf der Basis der tariflich vereinbarten Arbeitszeit) oder ein Prämienlohn, bei dem auf einen fixen Grundlohn zusätzlich eine mengenabhängige Leistungsprämie gezahlt wird, die sich nach den gelieferten Hektolitern bemißt. Beim System der reinen *Zeitentlohnung* erhält derjenige einen höheren Lohn, der schwerere Arbeitsbedingungen an den Abladeplätzen vorfindet, weil er zur Verrichtung der Tätigkeiten entsprechend länger braucht. Obwohl dies auf den ersten Blick gerecht er-

Kapitel 2

Abb. 2.5 Unterschiedlich schwere Tätigkeiten an Abladeplätzen (nach WIDMANN 1992, S. 36ff).

Leichter Abladeplatz

- Transportgut übersichtlich gestapelt;
- Transportebenen schließen plan zueinander an;
- ausreichende Bewegungsmöglichkeiten;
- gute Lichtverhältnisse.

Schwerer Abladeplatz

- Transportgut unaufgeräumt;
- Arbeit in sehr beengtem Raum;
- schlechte Lichtverhältnisse;
- Tür zum Warenlager schließt zur falschen Seite (hier nicht zu sehen).

Box 2.1: Ein Tag im Leben eines Getränkefahrers (nach WIDMANN 1992, S. 27ff)

6.00h: Arbeitsbeginn, PKW auf Firmenplatz abstellen; in den LKW umsteigen; Tachographenscheibe schreiben und einlegen; vom Parkplatz zur Brauerei ca. 200m fahren und LKW dort abstellen.

6.08h: Papiere im Büro holen (Beladen entfällt, da schon am Vortag geschehen), im Büro kurzes Gespräch und 'Sticheleien' mit den Kollegen.

6.15h: Abfahrt ab Brauerei; Beifahrer ist inzwischen zugestiegen.

6.22h: Ankunft beim ersten Kunden ...; dieser ist nicht da, aber man hat selbst den Schlüssel, die Ware ist per Hand ab-/aufzuladen und teilweise mit der Sackkarre, teilweise per Hand auch über Treppen zu transportieren; das Leergut ist im Gegenzug mitzunehmen; vom Kunden verursachte Unordnung ist zusätzlich zu beseitigen; die Arbeit geht mit dem Beifahrer wie immer Hand in Hand.

6.47h: Abfahrt; während der Fahrt redet man über den Vortag, Sport und Familie.

7.19h: Ankunft beim zweiten Kunden, einem Großmarkt; der LKW ist rückwärts an eine Rampe heranzurangieren; die Ware ist per Hand auf eine auf der Rampe stehende Palette herüberzustapeln, von hier per Hubwagen in den Laden zu schieben und dort aufzuräumen; dabei stehen andere Lieferanten im Weg; das Leergut ist direkt von der Rampe auf den LKW zu laden; dies macht einer, während der andere im Laden arbeitet; das Ganze geschieht unter Kontrolle des Warenannahmemannes, mit dem es auch noch Streit gibt.

7.46h: Abfahrt; man redet nicht viel und macht die erste Limo auf.

7.50h: Hänger für nächsten Kunden abhängen und stehenlassen.

7.57h: Ankunft beim dritten Kunden, einem Getränkemarkt; es ist per Hand ab-/aufzuladen und die Ware per Sackkarre über Kies und Beton zu transportieren; das Leergut steht im Hof, in geringer Entfernung zum LKW; man ärgert sich wie jedesmal, da der Kunde auf Grund des Lieferumfangs eigentlich einen Stapler zur Verfügung stellen sollte; Gespräche mit diesem sind jedoch kurz und neutral.

8.44h: Abfahrt.

8.50h: Hänger anhängen.

8.55h: Ankunft beim vierten Kunden, einem Supermarkt; das Abladen gestaltet sich ähnlich wie beim zweiten Kunden, nur daß es keinen Ärger mit dem Warenannahmemann gibt.

9.20h: Abfahrt; auf dem Weg zum nächsten Kunden erst nach einem tollen Auto umgeschaut und dann eine Vollbremsung hingelegt.

9.30h: Ankunft beim fünften Kunden, einer Fabrikkantine; aufgrund einer Abmachung und für eine Maß Bier lädt ein Angestellter der Firma die Ware per Stapler ab und

Kapitel 2

bringt sie zum Endlager, einem 'Schrank'; dort ist sie zu verräumen; das Leergut wird palettenweise per Stapler zum LKW gebracht und aufgeladen.

10.31h: Abfahrt; jetzt kann man sich schon ein Bier gönnen!

10.40h: Ankunft beim sechsten Kunden, einem Getränkemarkt; die Ware ist per Hand ab-/aufzuladen, per Sackkarre zu transportieren und im Laden sortenweise zu verräumen; Leergut fällt keines an; wenn die Warenmenge größer ist, steht ein Stapler zur Verfügung, und Warten darauf rentiert sich; da aber heute 'Überkinger' damit ablädt, was lange dauert, wird die Arbeit wie beschrieben verrichtet und etwas mit der Angestellten des Marktes geflirtet.

11.26h: Abfahrt; auf der Fahrt spricht man über die nette Angestellte.

12.09h: Ankunft beim siebten Kunden, einem Lebensmittelmarkt; das Abladen gestaltet sich wie beim vierten Kunden, nur daß ca. 10 Minuten Wartezeit anfallen, bevor man an die Rampe heranfahren kann.

12.44h: Abfahrt.

12.46h: Ankunft beim achten Kunden, einer Gaststätte; das Liefern gestaltet sich ähnlich wie beim ersten Kunden, nur daß wesentlich mehr Treppen zu steigen sind.

13.07h: Abfahrt; man redet wenig.

13.18h: Ankunft beim neunten Kunden, einer Gaststätte; die Träger sind per Hand ab-/aufzuladen und per Sackkarre über ebene Wege und Treppen zu transportieren; die Fässer sind ebenfalls per Hand ab-/aufzuladen und durch ein Falloch in die Bierkühlung im Keller hinunterzulassen; dabei darf der Obere das nicht mit zu viel Schwung tun, sonst erschlägt es den Untenstehenden; der Wirt spendiert Essen und Trinken, und man macht erst mal ausgiebig Brotzeit; das nennt man Kundenpflege!

14.24h: Abfahrt.

14.32h: Ankunft beim zehnten Kunden, einem Lebensmittelmarkt; das Abladen gestaltet sich wie beim vierten Kunden, nur daß 15 Minuten Wartezeit anfallen.

15.03h: Abfahrt; man ist müde.

15.13h: Ankunft an der Brauerei; der Beifahrer verabschiedet sich; es ist zu warten, bis zwei andere Lastzüge entladen sind; währenddessen besorgt man die Ladepapiere; Öl-Kontrolle.

16.00h: Das Ladekommando beginnt zu entladen.

16.15h: Das Ladekommando belädt mit der am Nachmittag zusammengestellten und während der Wartezeit vom Fahrer auf Vollständigkeit kontrollierten Ware den LKW; dabei Gespräch mit anderen Wartenden über den Verlauf des Tages und die Entwicklung des 'Geschäftes'.

16.40h: Das Ladekommando ist fertig; der LKW ist auf den Parkplatz zu fahren; die Tachographenscheibe ist herauszunehmen und wiederum auszufüllen.

16.50h: Feierabend.

scheint, wird dieser Eindruck bei genauerem Hinsehen dadurch relativiert, daß der Zeitlohn nicht zwischen verschieden hohen Anforderungen differenziert. Mit anderen Worten: Sechs Stunden harte Arbeit an einem schwierigen Abladeplatz (z.B. Handentladung des LKWs) werden genauso bezahlt wie sechs Stunden Arbeit an einem leichten Abladeplatz (z.B. bei Staplerentladung). Auch die Einführung eines *Prämienlohnsystems* kann diese anforderungsbedingten Unterschiede nicht ausgleichen. Derjenige, "der die einfachere und somit zeitlich kürzere Tour hat, kann noch eine Lieferung zu einem nahe gelegenen Kunden übernehmen und so über die zusätzlich erwirtschaftete Prämie seinen Tageslohn gegenüber dem anderen steigern" (WIDMANN 1992, S. 5).

2.3.4 Begründung der gewählten Methodologie

Nach einer eingehenden Prüfung der existierenden betriebswirtschaftlichen und psychologischen Arbeitsanalyse-Instrumente verwirft WIDMANN den quantitativen Untersuchungsansatz. In Anlehnung an LAMNEK (1993a, S. 96) macht er der quantitativen Methodologie den Vorwurf, "daß sie weniger an der Wirklichkeit selbst, so wie sie sich für die Betroffenen darstellt, interessiert ist, als an der Überprüfung der vom Forscher vorab formulierten Theorien und Hypothesen [...] Das, was erhoben wird, mag wohl für die Konzeption des Forschers bedeutsam sein, aber nicht unbedingt für die Untersuchten". WIDMANN hingegen geht es hauptsächlich darum, die Arbeitswirklichkeit der Getränkefahrer aus deren Blickwinkel zu rekonstruieren, um auf diese Weise zu verstehen, wie ein von den Beteiligten als gerecht empfundener und damit akzeptierter Lohn aussehen könnte. Aus diesem Vorverständnis leitet er für die Arbeitsanalyse das forschungsleitende Ziel ab, "ein einfach anwendbares Instrument zu schaffen, welches Abladeplätze bzw. Touren beschreibt und miteinander vergleichbar macht" (WIDMANN 1992, S. 8); dazu ist es zunächst notwendig, die verschiedenen Arbeitsbedingungen an den Abladeplätzen aufzuzeigen, zu ordnen und zu bewerten.

2.3.5 Methodenauswahl und -abfolge

Der komplette Ablauf der Untersuchung von WIDMANN 1992 wird aus Abb. 2.6 ersichtlich, die darüber informiert, welche Methode zu welchem Zweck in welchem Abschnitt der Untersuchung zum Zuge kam. Wie Abb. 2.6 zeigt, schließt sich an den qualitativen Forschungsrahmen ein quantitativer an, der hier jedoch nicht näher ausgeführt werden soll.

Kapitel 2

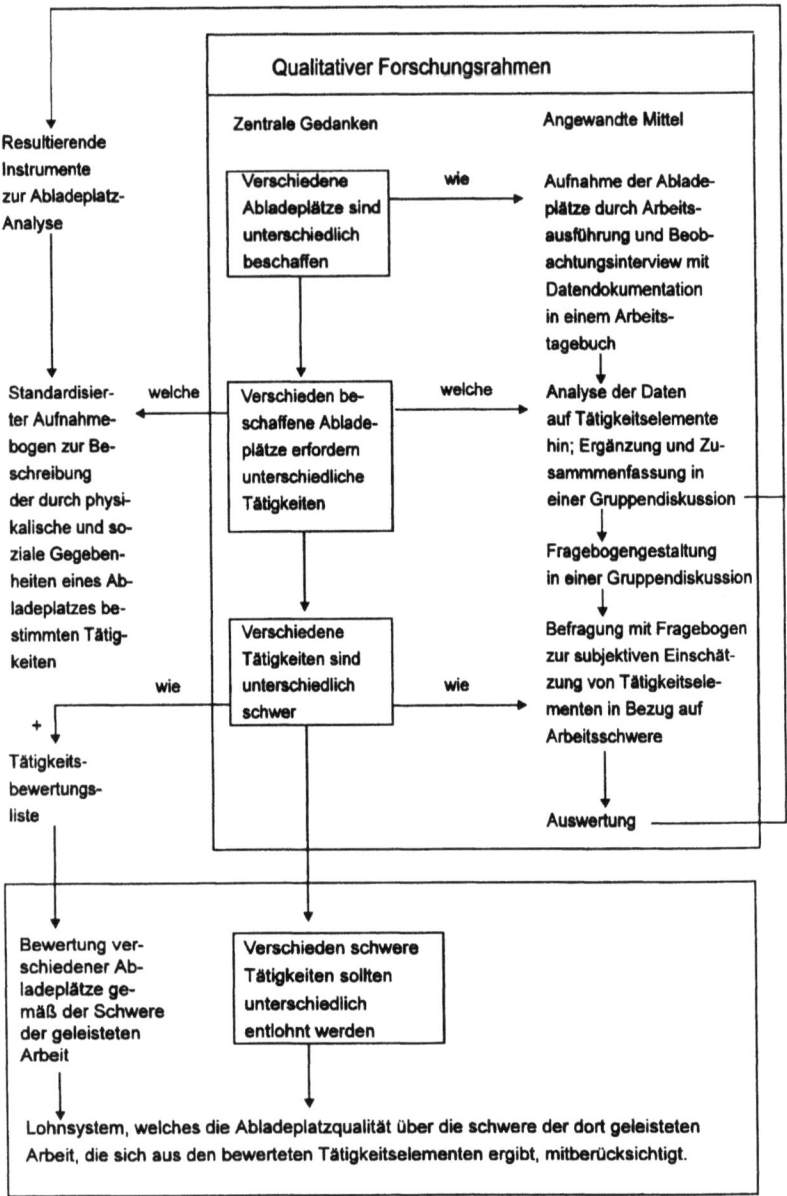

Abb. 2.6   Ablaufdiagramm der Untersuchung von WIDMANN (1992, S. 26)

Als zentrale Technik der Datenerhebung wählt WIDMANN die *teilnehmende Beobachtung* bei den Lieferfahrten und Ladearbeiten. "Die prototypische qualitative Form der Beobachtung ist unstrukturiert (nicht standardisiert), offen, teilnehmend, tendenziell aktiv teilnehmend, direkt und im Feld" (LAMNEK 1993b, S. 255). Unter dieser prototypischen Leitlinie wendet WIDMANN die *Arbeitsausführung durch die/den ArbeitsanalytikerIn* und das *Beobachtungsinterview* an. Ein allmählich an die Untersuchungsbedingungen angepaßtes, halbstandardisiertes *Arbeitstagebuch* (in Form sog. "Kunden-" und "Touren-Blätter") dient darüber hinaus dazu, alle Beobachtungs und Befragungsdaten aufzuzeichnen und in groben Kategorien festzuhalten. "Die Dokumentation der durch Arbeitsausführung und Beobachtungsinterview erhaltenen Daten geschah mittels Arbeitstagebuch, welches eine Form haben mußte, die ein problemloses Mitführen und Ausfüllen erlaubt ... [Es war] so flexibel, daß man es umknicken und hinten in die Hose stecken konnte, um beim Arbeiten beide Hände frei zu haben" (WIDMANN 1992, S. 31f). Als *Dokumente* werden Tachographenscheibe (enthält Angaben über Fahr-, Stand- und Rangierzeiten) und Lieferscheine (mit Kunden- und Auftragsinformationen) in die Analyse einbezogen. Situationen schließlich, die nur schwierig in Worte zu fassen waren, hat der Autor in Fotos festgehalten (vgl. Abb. 2.5).

WIDMANN (1992, S. 17) berichtet über seine Erfahrungen bei der Datenerhebung: "Aufgrund der fünfjährigen Tätigkeit durch die 'Aushilfstätigkeit' dürfte der Akzeptanz meiner Person als Bierfahrer im Feld nichts entgegenstehen. Da die Untersuchung aber offen durchgeführt wurde, die Betroffenen sich jedoch auch nach längeren Erklärungen nur eine vage Vorstellung von den Zielen machen konnten, schwankte meine Rolle als Forscher zwischen 'Kollege' ... und 'REFA-Mann', der sie im Auftrag der Vorgesetzten 'bespitzelt'". Durch die Skepsis der Betroffenen wurde der Autor mitunter überraschenden Schwierigkeiten ausgesetzt, die nur mit ebenso außergewöhnlichem Engagement zu überwinden waren: "Jeden Morgen stellte ich mich mit einer ausführlichen Erläuterung meiner Untersuchung beim Zusteigen [in den LKW] vor. Das war der Normalfall, denn einmal wollte man mich trotz ausführlicher Darlegungen nicht mitnehmen. Um dennoch zu Daten zu gelangen, bin ich mit dem eigenen Auto hinterhergefahren. Im Laufe des Tages baute sich die Aversion ab, und es kam dann doch zu einer 'fruchtbaren' Zusammenarbeit" (WIDMANN 1992, S. 32). Aus derartigen Erfahrungen leitet WIDMANN ab, daß teilnehmende BeobachterInnen - wollen sie für ihr Forschungsvorhaben wichtige Informationen erhalten - über ein hohes Ausmaß an sozialer Kompetenz in Form von Aufgeschlossenheit, Toleranz, Anpassungsvermögen, Vertrauenswürdigkeit, Kommunikationswilligkeit, aber auch Verschwiegenheit etc. verfügen müssen.

Neben der teilnehmenden Beobachtung setzt WIDMANN zweimal die *Gruppendiskussion* ein, um den mithilfe der oben genannten Methoden entworfenen Katalog von Tätigkeitsmerkmalen durch die "Realgruppe" (LAMNEK 1993b, S. 144) der Betroffenen auf Verständlichkeit prüfen zu lassen und durch gemeinsame Überarbeitung einen Fragebogen zu entwickeln. Indem die Mitwirkung aller Beteiligten bei der Gestaltung berücksichtigt wird, integriert WIDMANN die Betroffenen in den Forschungsprozeß und erhöht ihre Akzeptanz für den Fragebogen. "Es entstand ein Katalog, welcher nach der Meinung der Fahrer alle wichtigen Aspekte ihrer Arbeit am Arbeitsplatz abdeckt. Die Zusammenfassung gleich schwerer Tätigkeiten und das Streichen von Tätigkeitselementen, die als nicht aufnehmbar oder nicht bewertbar galten, reduzierte den anfänglichen Umfang auf etwa die Hälfte" (WIDMANN 1992, S. 50). Die von den Teilnehmern im Diskurs festgelegte Kategorieneinteilung führt am Ende zu fünf Tätigkeitsdimensionen (Abstellen des LKWs; Ab- und Aufladen; Weg zwischen LKW und Lager; Arbeit im Lager; Soziale Kontakte), unter denen insgesamt 78 unterscheidbare Tätigkeitselemente subsumiert werden.

Um den im Fragebogen enthaltenen Katalog von Tätigkeitsmerkmalen abschließend nach Maßgabe der Anforderungsschwere von den Arbeitnehmern bewerten zu lassen, greift WIDMANN (1992, S. 19) auf die *standardisierte Einzelbefragung* zurück, weil "der Einigungsprozeß bei ca. 80 Elementen, über die entschieden werden sollte, zu lange dauern würde und praktisch undurchführbar ist". Die Bewertung wird durch Rangreihenbildung (für die transportierten Waren bzw. Gegenstände), Punktgewichtung (für die Tätigkeitsdimensionen) und Ratings auf einer siebenstufigen Skala vorgenommen (für die Tätigkeitselemente). Bei allen Einzelbefragungen ist der Autor persönlich anwesend, um notwendige Erklärungen und Hilfestellungen geben zu können. WIDMANN bezeichnet das von ihm durchgeführte Einzelinterview als strukturiert und den eingesetzten Fragebogen zu diesem Zeitpunkt als standardisiertes Verfahren mit geschlossenen Fragen. Mit dem Fragebogen strebt WIDMANN eine repräsentative *Totalerhebung* an, "d.h. jeder hauptberufliche Fahrer der Brauerei ... sollte seine Einschätzung der Tätigkeitselemente abgeben [...] Von einem Teil der Angesprochenen wurden verschiedenste Gründe genannt, um sich der Befragung zu entziehen. Diese reichten von 'keine Zeit' über 'keine Lust' bis zur Abqualifizierung der Untersuchung als 'totalen Blödsinn'. Dahinter steckt sicher auch die Angst um den Status quo bei denjenigen, welche jetzt 'zu gut' verdienen und erahnen, daß eine eventuelle Umstellung des Lohnsystems eine Umverteilung zu ihren Ungunsten als Konsequenz hat. Letztendlich konnten 23 der Fahrer befragt werden, wobei sich 21 Fragebögen als für die Auswertung geeignet erwiesen" (WIDMANN 1992, S. 53f).

Die Fragebogenergebnisse werden zur Konstruktion eines Abladeplatz-Aufnahmebogens, der von den Fahrern selbst gehandhabt werden kann, und zur Berechnung von Schwereindices (Trageeinheiten, Abladeplatzschwerewerte, Arbeitswerte, Tourenschwere und -struktur) herangezogen, die - gemäß der forschungsleitenden Zielsetzung - zur Schaffung einer anforderungsgerechten Lohndifferenzierung beitragen sollen. Mit der Verwendung des standardisierten Aufnahmebogens und der rechnerischen Datenanalyse verläßt WIDMANN endgültig den qualitativen Forschungsrahmen (vgl. Abb. 2.6). Es wird deutlich, daß der Autor zur Beherrschung der zahlreichen Schwierigkeiten, die sich aus seiner reflektierten Suche nach "Genauigkeit" und "Gerechtigkeit" im Untersuchungsalltag ergeben, letztlich doch auf statistische

Reduktionstechniken zurückgreifen muß, um den Anwendungsbezug seines Verfahrens nicht zu verlieren. Ein Beispiel soll abschließend dokumentieren, daß auch in die quantitative Zone der Untersuchung subjektive Bewertungen, Interessen und Strategien "eingeschleppt" werden, deren Kontrolle sich im weiteren Forschungsverlauf als mühselig erweist; das Antwortverhalten der befragten Arbeitnehmer tendierte nämlich dazu, "diejenigen Waren bzw. Tätigkeiten, welche einen selbst am meisten betreffen, möglichst hoch zu bewerten". Und der Autor fährt fort: "Als gegensteuernde Maßnahme erklärte ich bei der Einführung zur Fragebogenbearbeitung folgendes: Wenn alle 'politisch' antworten, hebt sich das gegenseitig auf, und die Ergebnisse der Befragung spiegeln nicht die Einstufung der Waren und Tätigkeiten in bezug auf Arbeitsschwere wider. Sie zeigen nur, wer was am meisten macht, womit nichts anzufangen ist" (WIDMANN 1992, S. 54).

2.4 Arbeitsanalyse und Mikropolitik

WIDMANNs (1992, S. 54) Beobachtung "politischer" Äußerungen der von ihm interviewten Personen lenkt die Aufmerksamkeit auf die Interessengebundenheit arbeitsanalytischer Messungen. Dieser Aspekt soll im folgenden vertieft werden, weil er ein Licht auf die mikropolitischen Prozesse wirft, von denen jede Arbeitsanalyse - von ihrer Projektierung bis hin zur Verwertung ihrer Ergebnisse - durchdrungen ist[3]. Der Einfluß von Interessen zeigt zugleich die Grenzen einer im naturwissenschaftlichen Sinne "objektiven" und "rationalen" Bestimmung von Arbeitsanforderungen auf - deshalb ist es wichtig, diesen Einfluß auch unter *methodologischen* Gesichtspunkten zu würdigen.

Im deutschen Sprachraum hat als einer der ersten Arbeitswissenschaftler FRIELING 1990 explizit die Interessegeleitetheit arbeitspsychologischer Forschung betont und die Spannungsfelder thematisiert, die sich zwischen den beteiligten Gruppen auftun (wie z.B. Management, MitarbeiterInnen, UnternehmensberaterInnen, externen GeldgeberInnen, Betriebsrat und WissenschaftlerInnen). WÄCHTER, MODROW-THIEL & ROßMANN 1989 gehen noch einen Schritt weiter, wenn sie die gegenläufigen Interessen der an der Arbeitsanalyse beteiligten Gruppen während des Projektverlaufs aufdecken und ein Forum für Aushandlungsprozesse schaffen wollen, auf dem ein sozialer Konsens für geplante Anforderungserhebungs- und Arbeitsgestaltungsmaßnahmen herbeigeführt werden kann[4]. Trotz der genannten Beispiele ist jedoch hierzulande immer noch ein hohes Ausmaß an Zurückhaltung bei der Behandlung politischer Einflußprozesse auf die Arbeitsanalyse festzustellen, insbesondere wenn man bedenkt, daß derartige Studien im angelsächsischen Kulturkreis eine gewisse Tradition aufweisen (z.B. KIPNIS, SCHMIDT, PRICE & STITT 1981;

---
[3] Es geht hier demnach nicht um die Analyse mikropolitischer Prozesse in der organisierten Arbeit, sondern um die Mikropolitik der Arbeitsanalyse selbst.
[4] POHLER 1992 berichtet zudem von der Praktikabilität einer solchen Vorgehensweise im Rahmen offensiver Organisationsentwicklungsmaßnahmen.

Kapitel 2

KIPNIS & SCHMIDT 1988; LONGENECKER 1986; LONGENECKER, SIMS & GIOIA 1987; BENSON & HORNSBY 1988; FERRIS & BUCKLEY 1990). Diese auffällige Zurückhaltung weist darauf hin, daß vermutlich ein durchschlagendes Interesse an der Tabuisierung des Themas besteht. Insbesondere arbeitsanalytische Studien mit quantitativer Akzentsetzung eignen sich aufgrund der von ihnen demonstrierten "Neutralität", "Sachlichkeit" und "Präzision" zur Ausblendung interessegeleiteter Standpunkte, während qualitative Studien durch ihr vergleichsweise unvoreingenommenes Herantreten ans Forschungsfeld Interessen leichter ent-decken und zur Sprache bringen können.

Im folgenden möchte ich auf zwei empirische Studien näher eingehen, in denen die Bedeutung (mikro-)politischer Einflüsse auf die Durchführung von Arbeitsanalysen mithilfe von qualitativen Verfahren demonstriert wird. Die Untersuchung von ENGELHART 1992 greift primär Fragen der Akquisition arbeitsanalytischer Projekte sowie der Kontaktanbahnung und -aufrechterhaltung zwischen ForscherInnen und BetriebspraktikerInnen auf; ENGELHART thematisiert damit diejenigen mikropolitischen Prozesse, die in der Praxis der Forschung im Rahmen der Verfahrensentwicklung und der wissenschaftlichen Erhebung arbeitsanalytischer Daten virulent werden. Demgegenüber legt die Untersuchung von ROSKE 1993 ihren Akzent auf die Arbeitsanalyse als ein mikropolitisches Instrument, das in der Praxis der betrieblichen Anwendung ganz bewußt zur Durchsetzung politischer Ziele eingesetzt wird. In beiden Studien wird über die Inhalte der Arbeitsanalyse kaum etwas ausgesagt, weil sie jeweils nur der Aufhänger sind, an denen sich mikropolitische Einflußprozesse demonstrieren lassen. Die Konsequenzen dieser Einflüsse für die Konstruktion und Durchführung arbeitsanalytischer Instrumente sollen im letzten Abschnitt dieses Kapitels nochmals zusammenfassend erörtert werden.

2.4.1   Die empirische Studie von ENGELHART 1992

2.4.1.1   Zielsetzung der Studie

Zentrales Anliegen der empirischen Untersuchung von ENGELHART 1992 ist die Beantwortung der Frage, ob sich mikropolitische Prozesse in den Schilderungen von Arbeitsanalyse-Projekten finden lassen, und - falls ja - welche Arten von Taktiken und Strategien in den Projekten von den verschiedenen Interessengruppen benutzt werden. In Anlehnung an eine Definition von NEUBERGER (1990, S. 261) bezeichnet ENGELHART Mikropolitik als "das Arsenal jener alltäglichen 'kleinen' (Mikro-!)Techniken, mit denen Macht aufgebaut und eingesetzt wird, um den eigenen Handlungsspielraum zu erweitern und sich fremder Kontrolle zu entziehen". ENGELHARTs Ziel besteht letztlich darin, mithilfe qualitativer Methoden spezifische Muster sozialer Einflußnahme für die Akteure, Instanzen, Agenten, Organe usw. aufzuzeigen, die mit Arbeitsanalyse-Projekten in Verbindung stehen.

2.4.1.2 Methodisches Vorgehen

ENGELHART stellt die *Stichprobe* nach dem Prinzip des "theoretical sampling" zusammen (LAMNEK 1993a; vgl. Abb. 2.2), d.h. es werden Expertenbefragungen mit Personen vorgenommen, die in intensivem Kontakt mit Arbeitsanalyse-Projekten stehen oder gestanden haben, um auf diese Weise Informationen "aus erster Hand" zu erhalten. Insgesamt führt ENGELHART zwölf offene, meist ein- bis zweistündige Interviews durch, davon drei als Pretest des von ihm selbst entworfenen Interviewschemas. Die neun Interviews der Haupterhebung teilen sich in drei Gespräche mit BetriebspraktikerInnen und sechs Gespräche mit WissenschaftlerInnen auf.

Die *Fragenanordnung* im Interviewschema ist schwach-strukturiert und sieht eine "Trichterung" (SCHNELL, HILL & ESSER 1989, S. 315; FRIEDRICHS 1990, S. 315) der Fragen vor, um sich von relativ unpersönlichen und daher problemlosen Themen wie der Projektverortung und -beschreibung allmählich an die stärker tabuisierten, unangenehmen, peinlichen oder moralisch bedenklichen Inhalte heranzutasten, wie sie in Fragen nach den beteiligten Interessengruppen (Konflikten, Machtspielen etc.) und auch der persönlichen Bedeutung des Projekts (z.B. für die eigenen Karriereziele) zum Ausdruck kommen. Das Interviewschema versteht sich allerdings nur als gedankliche Strukturierungshilfe, die dem Interviewer eine Orientierung bei der Behandlung aufeinanderfolgender Themenbereiche bieten soll.

Nach einer ausgiebigen, ethischen Reflexion der WissenschaftlerInnen-Rolle entschließt sich ENGELHART (1992, S. 58f) zu einer *verdeckten Befragung*: "Auch Wissenschaftler müssen sich - wie andere Interessengruppen in Organisationen - überlegen, welche 'Selbstinszenierung', welches 'Impression Management' ... sie in ihrer Studie wählen, welche Rolle ... sie einnehmen wollen, um ihrem Untersuchungszweck, aber auch diversen Rollenerwartungen verschiedenster Stake-holder gerecht zu werden". Das offiziell verlautbarte Ziel der Untersuchung besteht darin, "praktische Probleme" in Arbeitsanalyse-Projekten in Erfahrung zu bringen, da der direkte, explizite Bezug zu mikropolitischen Aktivitäten vermutlich einen starken Methodeneffekt auf die Ergebnisse ausgeübt hätte (z.B. Verleugnung sozialunerwünschter Verhaltensweisen).

Alle Interviews werden auf Tonband aufgezeichnet und vollständig wörtlich transkribiert. Die inhaltsanalytische Textauswertung erfolgt mit dem *Verfahren der qualitativen Organisationsdiagnose* von LUEGER & SCHMITZ 1984, das für den vorliegenden Untersuchungszweck leicht modifiziert wird.

2.4.1.3 Ergebnisse

Da ENGELHARTs Ergebnisse einen plastischen Eindruck vom "Alltag der Arbeitsanalyse" liefern, von dem, was sich mit einer gewissen Regelhaftigkeit und Mustergültigkeit "hinter den Kulissen der (Projekt-)Organisation" abspielt, möchte ich sie im folgenden kurz referieren.

Als Ursachen bzw. Gründe für die Entstehung von Arbeitsanalyse-Projekten werden von den Befragten genannt: "... Reorganisationen des Gesamtunternehmens, Vorstandsbeschlüsse zur Servicequalität, Fehlentscheidungen bei der Personalauswahl und besonders auch die Einführung von Produktions-Planungs- und Steuerungssystemen (PPS), Computer-Integrated-Manufacturing (CIM) sowie die Notwendigkeit neuer Fabriklayouts" (ENGELHART 1992, S. 96f). WissenschaftlerInnen unterscheiden in ihrer Wahrnehmung offenbar zwei verschiedene Typen von Projekten: einerseits drittmittelgeförderte, mehrjährige Grundlagenforschung (z.B. im Rahmen der Programme "Humanisierung des Arbeitslebens" bzw. "Arbeit und Technik"), und andererseits von den Unternehmen selbst initiierte, an konkreten betrieblichen Problemen anknüpfende Aufträge. Bei beiden Projekttypen geht der Anstoß bzw. die Erstanfrage nach Meinung der Interviewten meist von Wissenschaftsseite aus. Für die BetriebspraktikerInnen sind arbeitsanalytische Projekte vorwiegend unter dem Gesichtspunkt der Ermittlung von Qualifikationsanforderungen interessant, die mit Fragestellungen der Personalauswahl, -beurteilung und -entwicklung in Verbindung gebracht werden. Die Kontaktaufnahme zwischen ArbeitswissenschaftlerInnen und PraktikerInnen geschieht überwiegend durch "persönliche Beziehungen". Wer einmal als WissenschaftlerIn in einem Unternehmen tätig war, wird meistens immer wieder zu Rate gezogen; falls ein Projekt scheitert, liegen die Gründe regelmäßig in einer mangelhaft geklärten Anfangsphase des Projekts.

Die langfristige Zusammenarbeit gestaltet sich als komplexer, nicht selten konfliktträchtiger Übersetzungs- und Vermittlungsprozeß zwischen Theorie und Praxis, bei dem Laien und ExpertInnen bemüht sind, "eine gemeinsame Sprache" zu finden. Es ist auffällig, daß die BetriebspraktikerInnen vorwiegend strukturelle Gründe für die Entstehung von Konflikten in Arbeitsanalyse-Projekten nennen: Komplexität der verwendeten Verfahren, Intransparenz des Analyseprozesses, Unverständlichkeit der wissenschaftlichen Terminologie etc. Demgegenüber sehen die Wissenschaftler/-Innen die Hauptursache für das Auftreten von Konflikten in der Person der jeweiligen betrieblichen ProjektleiterInnen, die nach Maßgabe ihrer Managementtalente über das Wohl und Wehe des Projektsverlaufs entscheidet ("fundamentaler Attributionsfehler"; vgl. ROSS 1977). Ein Teil der WissenschaftlerInnen nimmt kaum echte Anreize wahr, durch die ein Betrieb zur Durchführung arbeitswissenschaftlicher Projekte veranlaßt werden könnte, so daß mehr denn je auf öffentliche Fördermittel und ein ökonomisches Untersuchungsdesign gesetzt werden muß. Andere äußern sich optimistischer: "Wenn der Forscher es mal gelernt hat, seine Rolle im Unternehmen bewußt einzunehmen, sein Erscheinungsbild und Auftreten den Erwartungen der Beteiligten anzupassen, seine Präsentationstechniken auszufeilen und die richtigen Leute anzusprechen, werden Spannungen reduziert und mögliche Konflikte zwischen den Beteiligten vermieden" (ENGELHART 1992, S. 103).

Methodologische Aspekte der Arbeitsanalyse

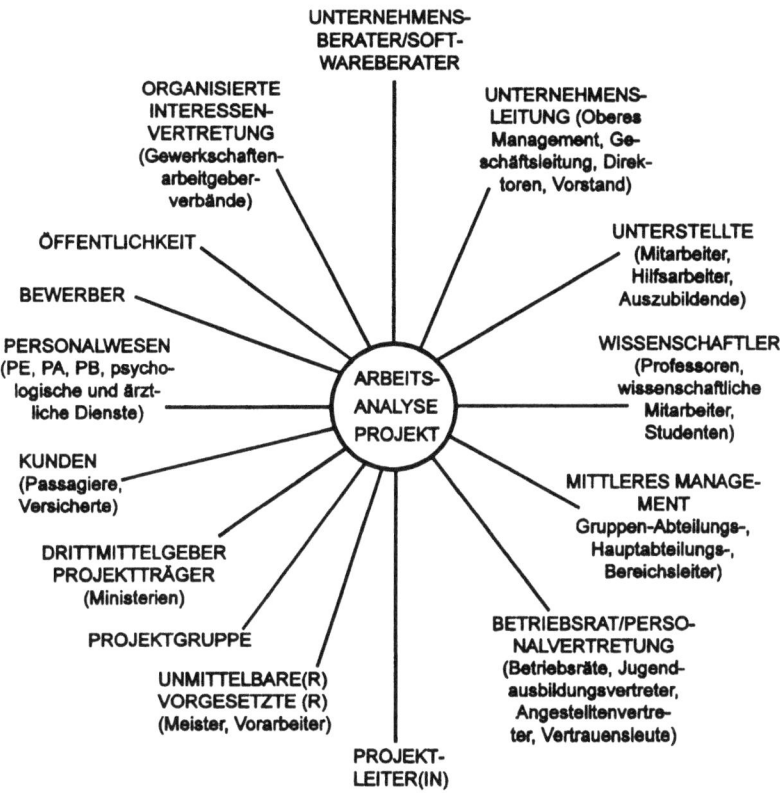

Anmerkung: PE = Personalentwicklung
PA = Personalauswahl
PB = Personalbeurteilung

Abb. 2.7 Agenten, Interessengruppen, Organe und Instanzen in betrieblichen Arbeitsanalyseprojekten (nach ENGELHART 1992, S. 101)

Die Projektgremien werden von den Befragten selbst als Bühne aufgefaßt, auf der die Akteure ihre Selbstdarstellung in mikropolitischen Spielen inszenieren. Bemerkenswert ist in diesem Zusammenhang, daß die Metaphern der "Politik" oder des "Spiels" trotz der verdeckten Interviewmethode von mehr als zwei Dritteln der Befragten selbst zur Beschreibung herangezogen werden! Eine große Zahl von Gesprächsbeiträgen befaßt sich mit Interessen- und Akteursgruppen (komprimiert wiedergegeben in Abb. 2.7) sowie ihren mikropolitischen Taktiken auf der Ebene des Projekts (z.B. Ablauf, Ziele, Methoden, Ergebnisse). Die Identifizierung dieser Taktiken durch ENGELHART, ihre Einordnung in ein Klassifikationssystem und ihre Zuordnung zu bestimmten Akteursgruppen wird jedoch im folgenden nicht weiter dargestellt, weil diese Analyseschritte in der im Anschluß referierten Untersuchung von ROSKE 1993 im einzelnen beschrieben sind. ROSKEs Studie ist darüber hinaus hervorragend geeignet, einen nachhaltigen Eindruck von der Brisanz, der Tragweite und den gravierenden Konsequenzen mikropolitischer "Spiele" zu vermitteln.

2.4.2 Die empirische Studie von ROSKE 1993

2.4.2.1 Offizielle Zielsetzung des Arbeitsanalyse-Projekts

In einer Fallstudie in einem mittelständischen deutschen Bauunternehmen berichtet ROSKE 1993 über ein Netzwerk mikropolitischer Aktivitäten, das sich im Zusammenhang mit einem arbeitsanalytischen Projekt entwickelt hat. In seiner Eigenschaft als "Assistent der Geschäftsführung", d.h. nur gegenüber der unmittelbaren Geschäftsleitung verantwortlich und versehen mit Weisungsbefugnis an alle Unternehmensbereiche und Funktionen, wird ROSKE damit beauftragt, eine Arbeitsanalyse für betriebliche Zwecke durchzuführen. Die offizielle Zielsetzung des Projekts lautet, angesichts neuer Marktbedingungen, gesellschaftlichen Wandels, veränderter Mitarbeiterbedürfnisse, moderner Technologien und eines rasch expandierenden Unternehmens geeignete Reorganisations- und Humanisierungsmaßnahmen einzuleiten - dafür soll die Arbeitsanalyse im ersten Schritt eine Datenbasis liefern und Informationen über Arbeitsabläufe, Kompetenzen, Verantwortlichkeiten, funktionale Überschneidungen, Engpässe, Prozeßunterbrechungen, Friktionen, Mehrfachbelastungen usw. bereitstellen. Schon bald jedoch bemerkt ROSKE, daß es der Unternehmensleitung "in Wirklichkeit" um etwas ganz anderes geht: "Die Geschäftsführung war mit der bestehenden Organisationsstruktur nicht zufrieden, wie auch mit einigen Mitarbeitern (den 'Günstlingen' des Technischen Leiters), welche zu viel Gehalt für zu wenig Leistung bekamen. Desweiteren wollte die Geschäftsführung der 'Herr im Haus' sein und wollte, daß die Struktur und die Prozesse nach ihren Vorstellungen gestaltet werden. Man erwartete aus dieser Handlungsinitiative neue motivationale Impulse für die Belegschaft, die Anerkennung als 'Führer' und die Bindung der (Schlüssel-)Mitarbeiter an die Person des Geschäftsführers" (ROSKE 1993, S. 37).

2.4.2.2 Latente Zielsetzung des Arbeitsanalyse-Projekts

Um die latente Zielsetzung des Arbeitsanalyse-Projekts nachvollziehen zu können, ist es wichtig, sich die Führungssituation "im Hause" zu vergegenwärtigen. "Zu verstehen ist diese Situation nur aus der evolutionären Entwicklung des Unternehmens, welche ich durch Erzählungen von langjährigen Mitarbeitern und der Mitglieder der Geschäftsleitung zusammengetragen habe. In den 60-er Jahren war die Firma auf dem Niveau eines Kleinstbetriebes und wurde zu jener Zeit von den heutigen Geschäftsführern übernommen. Etwa zur selben Zeit ist der heutige Technische Leiter als damaliger Maurer zur Firma gestoßen. Die Geschäftsführer zeichneten sich schon zur damaligen Zeit als eigentlich risikoscheu, ohne Durchsetzungsvermögen, unpersönlich und phlegmatisch aus. Der gegenteilige Typus wird vom Technischen Leiter verkörpert. Ihn kann man bezeichnen als ... charismatischen, aber patriarchalischen Führer und mit einem cholerischen Gemüt ausgestattet" (ROSKE 1993, S. 33). Nachdem das Unternehmen in den 80-er Jahren die Marktführerrolle in der Region übernommen hat, wollte der Technische Leiter "... nun seine Zukunft sichern und erstrebte deshalb eine Kapitalbeteiligung sowie die formelle Ausstattung mit Titel und Macht. Der dominierende Geschäftsführer wollte in seiner sicheren Situation nicht mehr teilen..."(ROSKE 1993, S. 34).

Die innere Konstellation des "Führungsteams" ist gespalten (vgl. das Beziehungsgeflecht der Stakeholder in Abb. 2.8; weitere Angaben sind der Box 2.2 zu entnehmen). Obwohl das Bauunternehmen in der Rechtsform einer GmbH & Co. KG firmiert, handelt es sich eigentlich um ein Familienunternehmen, das seit seiner Gründung im Jahre 1922 in der 3. Generation besteht. Die beiden geschäftsführenden Gesellschafter sind Brüder, von denen der eine dominant ist (GL1) und der andere als einflußloser "Frühstücksdirektor" (GL2) gilt. An ihrer Autorität nagt der Technische Leiter (TL), der nicht zur Familie gehört, aber als Emporkömmling gewissermaßen Ansprüche auf den Familienbesitz erhebt - seine Position im Unternehmen ist insofern gesichert, als er von großen Teilen der Belegschaft als der eigentliche "Chef" angesehen wird und zudem die Gesamtprokura hat. Zwischen den Kontrahenten TL und GL steht der Kaufmännische Leiter (KL), der es versteht, als "glücklicher Dritter" seinen Eigennutz in der Auseinandersetzung zu suchen, indem er mal als Vermittler zwischen den Fronten, mal in wechselnden Koalitionen als Verbündeter auftritt. Nachdem der Versuch des GL1 gescheitert ist, die konfliktäre Situation mithilfe eines externen Unternehmensberaters zu lösen, entschließt er sich, zur Unterstützung einen Assistenten heranzuziehen. "Unter der Führung des dominierenden Geschäftsführers, mit der Billigung - jedoch ohne aktive Unterstützung - des zweiten Geschäftsführers und im gekauften Bündnis mit dem Kaufmännischen Leiter, sollte der Technische Leiter mit meiner Hilfe 'beseitigt' werden" (ROSKE 1993, S. 35).

Kapitel 2

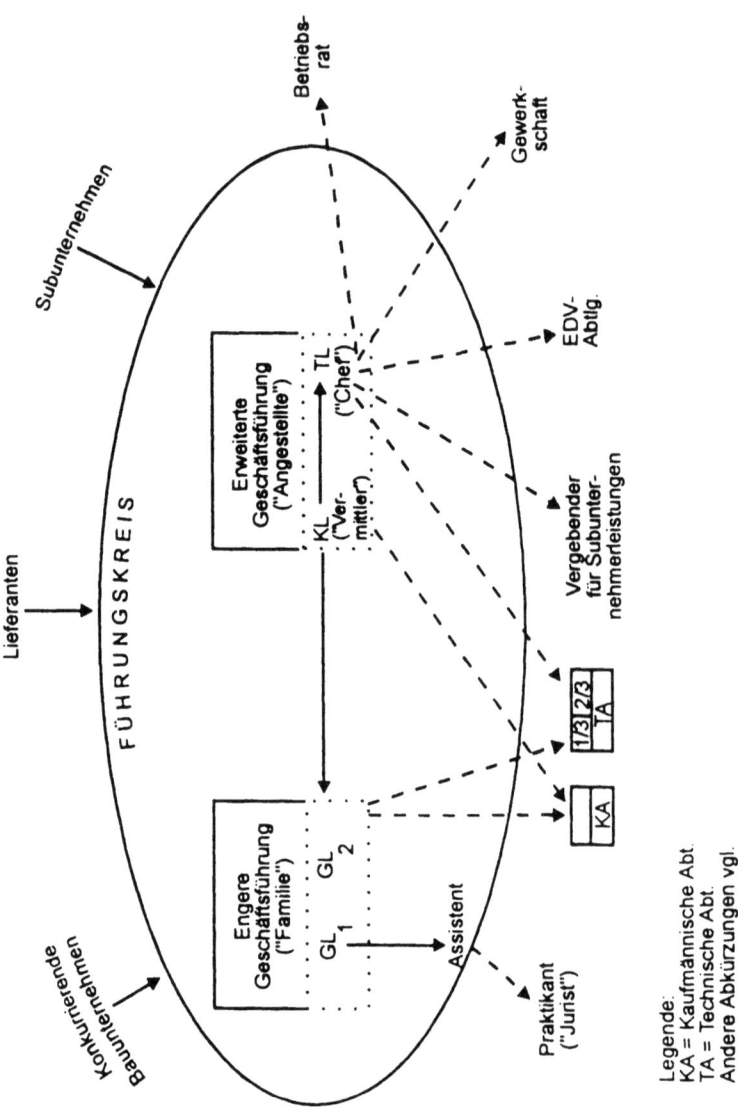

Abb. 2.8 Stakeholder in der Fallstudie von ROSKE 1993

2.4.2.3 Ablauf der mikropolitischen Untersuchung

Mit seiner empirischen Untersuchung verfolgt ROSKE (1993, S. 90) das Ziel, am Fallbeispiel des Arbeitsanalyse-Projekts im beschriebenen Bauunternehmen mikropolitische Handlungsweisen aufzuspüren, in ein Klassifikationsschema von NEUBERGER (1990, S. 269ff) einzuordnen und die identifizierten Handlungstypen entsprechend ihrer Auftretenswahrscheinlichkeit statistisch auszuwerten. Dazu legt der Autor zunächst sein Verständnis von Mikropolitik offen: "Mikropolitik ist ein zielgerichtetes, berechnendes Spiel um die Macht - mit einer unbekannten und variierenden Anzahl von Spielregeln und Spielern - in einer Organisation, welche mit der ihr eigenen Qualität den Umfang und die Reichweite des Spieles definiert" (ROSKE 1993, S. 22).

2.4.2.3.1 Methodisches Vorgehen

Der Schwerpunkt der Datenerhebung - die weitgehend verdeckt erfolgt - liegt auf teilnehmender Beobachtung, Dokumentenanalyse und schwach strukturierten Interviews im Rahmen einer Längsschnittuntersuchung über etwa ein halbes Jahr. Die Methode der teilnehmenden Beobachtung ist hier besonders hervorzuheben, weil ROSKE in der Doppelrolle als "Systemagent" und wissenschaftlicher Beobachter auftritt. An diesem widersprüchlichen Verhältnis läßt sich einmal mehr die gegensätzliche Auffassung zwischen quantitativer und qualitativer Methodologie demonstrieren: Während der quantitative Ansatz den Modus der Datenerhebung als "subjektiv", "interessenabhängig" und "wertbehaftet" bezeichnen würde, kann aus qualitativer Perspektive ROSKEs Standpunkt im Beziehungsgeflecht der mikropolitischen Akteure sehr viel über die "objektiven" sozialen Bedingungen vor Ort verraten, sofern der Autor seine eigene Position darin immer wieder reflektiert. So berichtet der Autor eingangs, daß er ganz bewußt mit Argumenten der Produktivitätssteigerung oder der Kostensenkung um das Vertrauen der Geschäftsführung wirbt, um mit ihrer Rückendeckung möglichst schnell an alle nötigen Daten und Fakten im Unternehmen zu gelangen. Im Zuge der eskalierenden Auseinandersetzungen neigt auch ROSKE immer mehr zu mikropolitischen Aktivitäten, um seine eigene Position in der Unternehmung zu sichern. Obwohl ursprünglich mit dem wissenschaftlichen Anspruch angetreten, die an das Arbeitsanalyse-Projekt gekoppelten mikropolitischen Prozesse aus der Perspektive des verdeckt arbeitenden, neutralen Beobachters zu dokumentieren, wird ROSKE allmählich immer tiefer in den Strudel der strategischen Manöver hineingezogen: "Ich setze den Bogen und die Gespräche gezielt als Machtinstrumente ein und schaffe einen Mythos der wissenschaftlichen Arbeit und ein Geheimnis, das nur wenige kennen. Ich bevorzuge 'loyale' Mitarbeiter durch Ausnahmeregelungen beim Interview und beim Ausfüllen des Bogens [...]. In diesem Vorgehen setze ich bewußt mikropolitische Handlungsweisen ein, um Macht zu demonstrieren und Handlungen von Mitarbeitern zu provozieren, damit dann offizielle Sanktionsmaßnahmen ergriffen werden konnten" (ROSKE 1993, S. 47).

Kapitel 2

Die Daten aus der teilnehmenden Beobachtung werden ergänzt durch kolportierte Geschichten, Anekdoten, Legenden, Mythen, Gerüchte usw. aus der Unternehmenskultur. Auf diese Weise entsteht eine plastische Schilderung der empirischen Vorfälle (s. dazu Box 2.2), die anschließend - im Rahmen einer qualitativen Textanalyse - als Textsegmente oder "Items" in das Klassifikationsschema von NEUBERGER (1990, S. 269ff) integriert werden.

In einer Querschnittuntersuchung wertet ROSKE zudem das strategische Antwortverhalten der befragten Personen auf den strukturierten Fragebogen zur Arbeitsanalyse aus (z.B. fehlende Unterschriften; falsche oder unvollständige Angaben; abfällige Bemerkungen; extreme Betonung von Verantwortung, Berufserfahrung oder Überstunden), um diese Vorfälle gleichfalls in Anlehnung an das NEUBERGER-Schema als mikropolitische Aktivität einzuordnen.

2.4.2.3.2 Ergebnisse

In der Längsschnittuntersuchung treten "Informationskontrolle" und die "Kontrolle von Verfahren, Regeln und Normen" mit Abstand am häufigsten auf (neben Beziehungspflege, Selbstdarstellung, Situationskontrolle, Handlungsdruck erzeugen und Chancen nutzen; vgl. NEUBERGER 1990, S. 269ff). ROSKE begründet den Befund damit, daß zur Anwendung der beiden dominanten Strategien ausgeprägte Machtpotentiale vorhanden sein müssen, die aufgrund der hohen hierarchischen Stufe der Akteure in der Auseinandersetzung um die Freisetzung des Technischen Leiters in direkter Interaktion ausgespielt werden konnten. Eine andere Begründung bezieht sich auf die Einfachheit und Unauffälligkeit der favorisierten Beeinflussungsformen: "Die Akteure bevorzugten Taktiken, die funktional und einfach in der Anwendung waren, wie: Gerüchte verbreiten, Informationen zurückhalten, Mitarbeiter überlasten, etc. Ebenso durften die Taktiken keine Spuren hinterlassen, man mußte sie anwenden können, ohne erkannt und 'angeschwärzt' zu werden" (ROSKE 1993, S. 92). Das Hauptergebnis aus der ergänzend durchgeführten Querschnittuntersuchung besteht darin, daß hier vorwiegend die Selbstdarstellung als mikropolitische Taktik eingesetzt wurde, um sich über entsprechende Angaben im Fragebogen als "leistungsorientiert" oder "loyal" auszuweisen (ROSKE 1993, S. 88).

Interessanter als die "nüchternen" Ergebnisse mikropolitischer Klassifikation erscheint mir jedoch der Stellenwert, den die Arbeitsanalyse im Verlauf des Projekts gewonnen hat, welches ja ursprünglich ins Leben gerufen worden war, um das bevorstehende Change-Management zu meistern. ROSKE (1993, S. 60f) macht deutlich, daß "... das Projekt zur Arbeitsanalyse sich als 'Mittel zum Zweck' für die Freisetzung des Technischen Leiters entwickelt hatte. Man rechtfertigte alle Maßnahmen gegen den Technischen Leiter damit, daß sie für die Projekte bzw. die verfolgten Ziele notwendig und unabdingbar sind. Die Konsequenz war, daß jeder, der sich gegen die Projekte stellte und diese negativ kritisierte, nicht 'loyal' war. Er versündigte sich am Kollektiv der Mitarbeiter, da diese ohne die Projekte nicht in den Genuß der Maßnahmen zur 'Humanisierung der Arbeit' kämen. Man hatte damit ein Sanktionssystem in Form einer 'antagonistischen Repression' aufgebaut, welches Druck von 'oben' durch die Geschäftsführung - in bezug auf Loyalität - ausübte und welches Druck von 'unten' durch die Mitarbeiter - in bezug auf die mögliche Verbesserung der Arbeitssituation - ausübte. Das Projekt der Arbeitsanalyse hatte sich von den offiziellen Zielen (Reorganisation, Humanisierung der Arbeit, etc.) zum politischen Machtinstrument entwickelt".

2.5   Fazit: Wie objektiv ist die Arbeitsanalyse?

Abschließend möchte ich die verschiedenen Gedanken, die in diesem Kapitel zur methodisch akzeptablen und "einwandfreien" Erfassung von Arbeitssituationen angestellt wurden, nochmals aus der "Control"-Perspektive zusammenführen. Im ersten Kapitel wurde in Anlehnung an TÜRK 1993a argumentiert (vgl. Punkt 1.7: "Thesen und Perspektiven"), daß der Arbeitsprozeß kontrolliert werden muß, um die Koordination der Einzeltätigkeiten in der mikropolitischen Arena des Betriebs sicherzustellen. Die Arbeitsanalyse konkurriert bei der Wahrnehmung dieser Kontrollaufgabe immer mit anderen funktionalen Äquivalenten der Personalwirtschaft, wie z.B. der Personalbeurteilung, dem Führungsstil oder Zeiterfassungssystemen. Um im Wettbewerb mit personalwirtschaftlichen Alternativen bestehen zu können, muß die Arbeitsanalyse daher ihren spezifischen Eingriffspunkt bei der Kontrolle des Arbeitsprozesses deutlich machen: Ihr geht es hauptsächlich um die präzise Definition von allgemeinen Arbeitsanforderungen (und darauf aufbauend Stellenschneidungen, Personaleinsatzplanung, Qualifikationsbedarfsanalyse etc.), nicht etwa um die nachträgliche Prämierung individueller Leistungen an einem Arbeitsplatz, die Schaffung von Anreizen oder die "Fernsteuerung" des Personals durch unternehmenskulturelle Regulierungen - dafür sind z.B. Verfahren der Leistungsermittlung oder der Lohngestaltung besser geeignet.

Ein wichtiges Unternehmensziel besteht in der Erhöhung der Gesamtkontrolle über den Arbeitsprozeß durch die maximale Kontrolle *und* Nutzung menschlicher Arbeitskraft. Die Arbeitsanalyse unterliegt damit - wie auch alle anderen eingesetzten Kontrollverfahren - dem Kosten-Nutzen-Kalkül und muß sich rechnen. Ärger, Konflikte oder Belastungen, die durch die Anwendung der Arbeitsanalyse entstehen, stellen "Transaktionskosten" dar, die den Ertrag schmälern. Um die Kontrolle des Personals auf ökonomisch effiziente Weise zu gewährleisten, ist es wichtig, auf kostspielige Disziplinierungs- und Sanktionsmechanismen verzichten und auf gesellschaftliche Legitimationsmuster zurückgreifen zu können, durch die ein potentieller Widerstand rechtzeitig ausgeschaltet werden kann. In der mikropolitischen Arena des Betriebs sind daher nicht nur Inhalt, Zweck oder Ergebnisse einer Arbeitsanalyse bedeutsam, sondern auch die Art und Weise ihrer Aufbereitung, Filterung und Präsentation gegenüber Vorgesetzten bzw. Betroffenen. "Objektivität" und "exakte Messung" stellen rhetorische Argumentationsfiguren dar, die mit geeigneten

Kapitel 2

Methoden, Verfahren und Instrumenten der Arbeitsanalyse überzeugend symbolisiert werden können. Als objektiv erfaßbare Merkmale der Arbeitssituation gelten in diesem Sinne Arbeitsanforderungen, -umgebung, -bedingungen und -belastungen. Ein weiterer Kontrollgewinn liegt darin, daß durch die Demonstration von "Objektivität" die Ergebnisse der Arbeitsanalyse und die aus ihr abgeleiteten Maßnahmen (z.B. zur Arbeitsgestaltung oder zur Personalentwicklung) unter Ausschluß der betroffenen MitarbeiterInnen zu planen und zu gestalten sind, aber dennoch auf ein hinreichendes Ausmaß an Akzeptanz stoßen.

Die empirische Studie von ROSKE 1993 liefert ein eindrucksvolles Beispiel dafür, welche "Power" eine in diesem Sinne "objektive" Arbeitsanalyse bei der Kontrolle des Arbeitsprozesses entfalten kann, weil es mit ihrer Hilfe gelingt, den informellen Chef des Unternehmens des offiziellen Amtes zu entheben, obwohl er über eine starke Lobby "im Hause" verfügte. Im Wechselspiel aus der Symbolisierung formaler Rationalität und der Desymbolisierung von Interessenunterschieden werden durch das Arbeitsanalyse-Projekt vorgeblich sachliche Ziele verfolgt, wie z.B. die Sicherung der Wettbewerbsfähigkeit, der Arbeitsplätze und der unternehmerischen Effizienz, also "vernünftige" Ziele, die im "gemeinsamen Interesse" aller Organisationsmitglieder liegen müssen und die niemand "ernsthaft" in Frage stellen kann. Hinter dieser Legitimationsfassade rationaler Argumentation geht es jedoch hauptsächlich um das Austragen ausgesprochen persönlicher Konflikte zwischen den Angehörigen der Führungsmannschaft, es geht um "Kampf auf 'Leben und Tod'" und um die "Verteidigung der Ehre, des Status und der Gesundheit" (so ROSKE 1993, S. 80). Die Geschäftsführung kann ihre eigentlichen Absichten hinter dem Deckmantel des Arbeitsanalyse-Projekts verbergen, unter anderem auch deswegen, weil sie im Assistenten der Geschäftsführung einen Zuständigen geschaffen hat, der für alle Projekt-Maßnahmen verantwortlich zeichnet. So schützt sich die Geschäftsführung vor Kritik und Angriffen, ein Ausufern des Konflikts wird vermieden und der Betriebsfrieden bleibt trotz der Machtkämpfe im "Führungsteam" weitgehend gewahrt. Daß vom Arbeitsanalyse-Projekt auch Kontrollwirkungen auf die gesamte Belegschaft ausgehen, zeigt die Tatsache, daß noch vor Beginn der Mitarbeiterbefragung systematisch eine Einschüchterungspolitik betrieben wird, um die Konformität des Personals sicherzustellen: "Obwohl nicht an dem Projekt zur Arbeitsanalyse gearbeitet wurde, wurde im Unternehmen nur noch darüber geredet, ...insbesondere in 'unqualifizierter Weise' und 'hinter vorgehaltener Hand', mit Angst vor Rationalisierung und dem damit verbundenen möglichen Arbeitsplatzverlust. Ich war der 'job-killer'. [...] Im weiteren Verlauf stellte sich dann heraus, daß die 'falschen' Gerüchte ihren Ursprung angeblich in einem Gespräch zwischen dem dominierenden Geschäftsführer und dem Technischen Leiter gefunden haben. In dem Gespräch hat der Geschäftsführer verlauten lassen, daß ich mit der Arbeitsanalyse im Unternehmen 'mal richtig aufräumen' würde und 'schwere Zeiten für jeden Taugenichts anbrechen'" (ROSKE 1993, S. 40f).

Gegen die Annahme der tatsächlichen Möglichkeit einer naturwissenschaftlich-objektiven Erfassung von Arbeitssituationen sprechen nicht nur erkenntnistheoretische Überlegungen (vgl. Punkt 2.1.3), sondern auch die Tatsache, daß organisierte Arbeit nach TÜRK 1993a auf der herrschaftlichen Konditionierung eines *kooperativen Kontexts* beruht. In diesem Kontext "ist Arbeit auch ein kommunikativer und interaktiver Prozeß, in dem Menschen eine spezifische soziale Realität herstellen" (PÖHLER 1992, S. 46). In den kommunikativen Handlungen, durch die sich die arbeitenden Menschen aufeinander beziehen, entäußern sich die kooperativen Subjekte und nehmen die Entäußerungen der anderen zugleich interpretierend wahr. Daher kann die Wirkung der Arbeit auf den Menschen nur unvollständig analysiert werden, wenn dessen Beteiligung an der Herstellung solcher Wirkungen nicht reflektiert wird. Folglich muß man die subjektiven Bewertungen und die sozialen Einflußprozesse berücksichtigen, unter denen Arbeit vollzogen wird, und von denen nicht zuletzt auch die alltägliche Nutzung und Umsetzung arbeitsanalytischer Ergebnisse abhängt.

Der Begriff der "Objektivität" greift offenbar zu kurz, wenn man ihn einseitig auf seine technisch-instrumentelle Dimension reduziert. Um es an einem trivialen Beispiel zu demonstrieren: Wenn in einem Arbeitsanalyse-Inventar die meisten ProbandInnen in einheitlicher Weise angeben, daß die gestellten Fragen auf den Arbeitsplatz nicht zutreffen, dann ist in diesem Fall von einer hohen Beurteilerübereinstimmung (= Objektivität) auszugehen. Würde man die Qualität, d.h. hier: die soziale Bedeutung der Daten, nicht in die Analyse einbeziehen, dann wäre man darauf angewiesen, den vom Computerprogramm errechneten Objektivitätsindex als Beweis für die Tauglichkeit des Verfahrens anzusehen. Der gesunde Menschenverstand hingegen zeigt auf den ersten Blick, daß die Anwendung einer Arbeitsanalyse, bei der die meisten Fragen auf einen gegebenen Arbeitsplatz nicht anwendbar sind, unangemessen und irrelevant ist (wahrscheinlich ließe sich aus dem Verhältnis zutreffender zu nicht-zutreffenden Fragen sogar ein quantitatives Abbruchkriterium für den Instrumenteneinsatz festlegen).

In einem umfassenderen sozialen Sinne bedeutet Objektivität, daß Arbeitsanalyse die herrschaftlich-strukturellen, mikropolitisch-interaktionellen und interpretativ-subjektiven Komponenten der organisierten Arbeit rekursiv, d.h. auch im Hinblick auf die eigene Verfahrenskonstruktion und -anwendung, mitbedenken muß. Erst dadurch können die sozialen Strukturen und Prozesse aufgedeckt werden, die objektiv (!) dazu beitragen, daß Arbeit auf ganz bestimmte Weise wahrgenommen, bewertet, verteilt, vorenthalten, entlohnt, zerlegt, zusammengefaßt usw. wird. Von einem Herrschaftsinstrument zu verlangen, daß es seine eigenen herrschaftlichen Grundlagen aufdeckt, entspricht zwar im Prinzip der Forderung, den Kindern in der Schule beizubringen, daß die Schule sie unterwerfen und ihre Bedürfnisse unterdrücken will. Andererseits bietet wohl nur der "Schonraum" wissenschaftlicher Betätigung und die mit ihm verbundene Entlastung von praktischem Handlungsdruck die Chance

Kapitel 2

Box 2.2: Arbeitsanalyse aus mikropolitischer Perspektive (nach ROSKE 1993)

"Nach der Übernahme des Fragebogens [einer Schweizer Unternehmensberatung, P.S.] und der Modifikation an die Bedingungen des Baugewerbes, erhielt der dominierende Geschäftsführer erstmals Einblick in die Erhebung und den Fragebogen, was der 'Anfang allen Übels' war ... Durch das 'Einweihen' des dominierenden Geschäftsführers, kamen Informationen über den Fragebogen im Vorfeld der Erhebung nach außen, was wiederum die 'Gerüchteküche' im Unternehmen anheizte und insbesondere den Betriebsrat aktivierte ... Die Gerüchte um den Fragebogen wurden auch von seiten des Technischen Leiters geschürt, der schon in diesem Stadium des Projekts 'inoffiziell' und ebenfalls als Gerücht zum Boykott des Fragebogens und des Interviews aufrief" (ROSKE 1993, S. 43) ... "Nach mehreren schriftlichen Verwarnungen - bzgl. Loyalität, Kompetenzen, Verantwortung, Leistungsmißbrauch - erhielt der Technische Leiter eine förmliche Abmahnung [...] Im anberaumten Gespräch zur Abmahnung wurde erstmals eine Trennung 'angedacht', für den Fall, daß sich das Innenverhältnis nicht bessern sollte. In den 'Wortgefechten', welche sehr offen ausgetragen wurden, wurde vom Technischen Leiter geäußert: 'Warum soll ich gehen? Geht doch ihr (Geschäftsführer)! Wenn ich gehen muß, geht ihr mit!" (ROSKE 1993, S. 60). Diese Anspielung auf Vorfälle steuerrechtlicher und wirtschaftsrechtlicher Brisanz in der Firma hat zum Ergebnis, daß sich der dominierende Geschäftsführer "... zwei Tage später, aufgrund eines Schlaganfalles, in ärztliche Behandlung begeben [muß]" (ROSKE 1993, S. 60) ... "Das Ergebnis der Arbeitsanalyse war viel Papier. Die Projektunterlagen der Arbeitsanalyse wurden überführt in das Projekt 'Organisationsrevision', dessen Ziel es war, eine Dokumentation des Projekts und der 'neuen' Organisationsstruktur durch Organigramme, Stellenpläne, Stellenbeschreibungen und Stellenbesetzungspläne zu fertigen" (ROSKE 1993, S. 64) ..."Die neue Organisationsstruktur trat mit dem 1. April 1992 sofort in Kraft. Neben der Beschneidung des Bereiches des Technischen Leiters wurde auch die Position des Vergebenden für Subunternehmerleistungen ... relativ geschmälert, in dem sein Funktionsbereich geteilt wurde in Vergabe und Verkauf" (ROSKE 1993, S. 64f) ... "Aufgrund der Veränderungen kam man dann auch sehr schnell zu dem Punkt, an dem man offen über eine Freisetzung des Technischen Leiters diskutierte, was dadurch verstärkt wurde, daß geheime persönliche Notizen des Technischen Leiters bei einem Geschäftsführer 'anonym' in der Privatpost gefunden wurden [...] Aus den Papieren ... ging hervor, daß er plante, sich mit einem Bauträgerunternehmen selbständig zu machen. [...] Mit diesem Informationsvorsprung war es dann relativ einfach zu verhandeln ... Das Resultat: Ein Geschäftsführer in der Rehabilitationsklinik für Schlaganfälle, Reduktion des Verwaltungsapparates um 10% der Mitarbeiter aus 'Schlüsselpositionen' und die daraus folgende Mehrarbeit für die verbleibende Belegschaft und Geschäftsleitung" (ROSKE 1993, S. 65f).

zu kritischer Distanzierung, aus der heraus auch die Wissenschaft selbst ihren Standpunkt gegenüber unternehmerischen Interessen bedenken sollte. Unter kapitalistisch organisierten Arbeitsbedingungen ist und bleibt die Arbeitsanalyse ein politisiertes, konfliktbeladenes und ideologisch stark besetztes Feld (vgl. TÜRK 1993a; STOLZ & TÜRK 1992a) - eben deshalb ist es wichtig, die Möglichkeit zur Erfassung von Interessen, Machtpolitik, Deutungsmustern, Aushandlungsvorgängen usw. methodologisch und methodisch im Rahmen von Arbeitsanalyse-Projekten vorzusehen.

Kapitel 2

- Vertiefungsfragen zum 2. Kapitel -

1) Skizzieren Sie die vier grundlegenden arbeitsanalytischen Methoden und diskutieren Sie ihre jeweiligen Erkenntnismöglichkeiten und -grenzen!

2) Wie lassen sich Methoden, Verfahren und Instrumente der Arbeitsanalyse gegeneinander abgrenzen? Entwickeln Sie für die Analyse eines konkreten Arbeitsplatzes (Ihrer Wahl) ein kombiniertes Verfahren! Zeigen Sie Probleme und Chancen Ihrer Verfahrenskombination auf!

3) Beschreiben Sie (in Anlehnung an LAMNEK) fünf methodologische Differenzen zwischen der qualitativen und der quantitativen Position! Was bedeuten diese Unterschiede für den Einsatz arbeitsanalytischer Verfahren?

4) Zeigen Sie anhand WIDMANNs Studie auf, welche Methoden, Verfahren und Instrumente der Autor bei seiner Arbeitsanalyse eingesetzt hat! Ordnen Sie die methodische Vorgehensweise von WIDMANN in das Gitternetz-Diagramm ein (vgl. Abb. 2.2)!

5) Schlüpfen Sie in die Rolle WIDMANNs und versuchen Sie, die getroffene Methodenauswahl vor der Unternehmensleitung zu begründen! Bedenken Sie, daß Sie es mit PraktikerInnen zu tun haben, die mit einer theoretisch-abstrakten Argumentationsweise nur schwerlich zu überzeugen sein dürften. Würden Sie Modifikationen am Untersuchungsdesign vornehmen? Wenn ja, welche? Begründen Sie Ihre Entscheidung!

6) Überlegen Sie, ob Sie als UnternehmensleiterIn WIDMANNs Aufnahmebogen zur Bestimmung der Arbeitsplatzschwere für die Lohngestaltung verwenden würden! Von welchen Bedingungen wird Ihre Entscheidung abhängen?

7) Diskutieren Sie anhand der Dimensionen von LAMNEK, welche mikropolitischen Handlungsspielräume sich für ForscherInnen und Beforschte bei qualitativen vs. quantitativen Arbeitsanalyse-Verfahren eröffnen!

8) Welche *allgemeinen* Handlungsstrategien und -taktiken lassen sich aus den Untersuchungen von ENGELHARDT und ROSKE für arbeitsanalytische Projekte ableiten?

9) Reflektieren Sie den Zusammenhang zwischen "Kontrolle" und "Arbeitsanalyse" unter Berücksichtigung der empirischen Fallstudien in diesem Kapitel und der allgemeinen Ergebnisse der "Labour Process"-Debatte!

10) Diskutieren Sie das mikropolitische Potential arbeitsanalytischer Projekte anhand des Spielfeld-Schemas von MAIER (vgl. Abb. 1.2)! Gehen Sie dabei insbesondere auf das Verhältnis primärer zu sekundärer Verhaltenssteuerung ein!

3. Arbeitsanalyse (AA) - Schematische Kapitelübersicht -

3.0 Einführung
Personalwirtschaftliche Funktionen der AA im Überblick.
Zentrale Funktion der AA innerhalb des Lehrtexts:
Arbeitsbeschreibung und insbes. Arbeitsbewertung als Grundlage der Lohndifferenzierung.

3.1 Bewertungsmaßstäbe der AA
Kooperationsdimension: Humanisierungsabsichten

Herrschaftsdimension: Kontrollbestrebungen im Sinne der Organisationslogiken

Versachlichung als legitimer Modus der Konfliktregelung

3.7 Sekundäre Verfahren der AA
- Überblick über die Verfahren.
- Psychologische Aspekte der Verfahren.
- Beispiel: Tätigkeits-Analyse-Inventar - TAI - (Entwicklung, Theorie, Aufbau, Durchführung, Anwendung, Kritik).
- Resümee: Die sekundäre AA aus der Kontrollperspektive.

3.2 Zentrale Trennungen
- Ungelernte, angelernte, gelernte Tätigkeiten
- Arbeit (Stelle) und Leistung (Person)
- Bezahlte und unbezahlte Arbeit
- ArbeiterInnen und Angestellte (s. dazu 3.4 und 3.5)
- Männer- und Frauenarbeit (s. dazu 3.6.3)

3.6 Kritik an der primären AA
3.6.1: Objektivität nicht gegeben, Arbeitsbewertung als Plattform einer mikropolitischen Arena.
3.6.2: Soziale Kontrolle, AA als Instrument der Hierarchisierung und Disziplinierung.
3.6.3: Diskriminierende Funktion der AA: Unterbewertung der Frauenarbeit ("Comparable Worth" - Debatte).

3.3 Primäre vs. sekundäre AA
Primäre Verfahren: Direkte Kontrolle des Arbeitsprozesses (Mensch als Produktionsfaktor).
Sekundäre Verfahren: Sozialtechnische Kontrolle des Arbeitsprozesses (Rücksichtnahme auf die menschlichen Belange).
Begründung der beiden sich ergänzenden Verfahrenstypen mithilfe des betriebsstrategischen Ansatzes.

3.5 Primäre AA bei Angestellten
Bewertungsprozedur nach dem HAY-Verfahren:
Stellenbeschreibung → Anforderungsanalyse → Anforderungsbewertung (analytische Stellenwert- und summarische Profilmethode).
Kritik aus unternehmenskultureller Perspektive: Die Arbeit im Bewertungskomitee als Ritual und zugrundeliegende Mythen.

3.4 Primäre AA bei ArbeiterInnen
- Entstehung der Arbeitsbewertung nach REFA.
- Vollständiger Arbeitsanalyse-Zyklus nach REFA:
Arbeitsbeschreibung → Anforderungsanalyse (Genfer Schema) → Anforderungsbewertung (summarisch: Lohngruppen- und Rangfolgeverfahren; analytisch: Rangreihen- und Stufenverfahren).

3 Arbeitsanalyse

3.0 Einführung

Als wissenschaftliches Untersuchungsverfahren könnte sich die Arbeitsanalyse prinzipiell den unterschiedlichsten Aspekten menschlicher Tätigkeit widmen. So könnte sie sich z.B. für die Schönheit und Eleganz der Körperbewegungen, die Umweltverträglichkeit von Arbeitsprozessen oder auch die gesellschaftliche Bedeutung interessieren, die menschliche Arbeit in der Zukunft haben wird (vgl. SZ vom 9./10.1.1988, Nr. 6, S. I). Daß derartige Aspekte im allgemeinen aus der Arbeitsanalyse ausgeklammert werden, zeugt einmal mehr davon, daß die Wissenschaft ihre Unschuld längst verloren hat und nicht nur nach "reiner Erkenntnis" strebt. Sie steht vielmehr im Dienste des gesellschaftlichen und - da "moderne" Arbeit hauptsächlich in Wirtschafts- und Verwaltungsbetrieben verrichtet wird - zwangsläufig auch *organisationalen* Anliegens, den Arbeitsprozeß zu kontrollieren (vgl. TÜRK 1993a; STOLZ & TÜRK 1992a).

Die Aufgabe der Arbeitsanalyse liegt zunächst darin, Informationen über die tätigkeitsbezogenen Inhalte von Arbeitsplätzen (Stellen, Positionen ...) zu sammeln und in Form einer Arbeitsbeschreibung zusammenzufassen. Zu diesem Zweck kann sich die Arbeitsanalyse der in Kap. 2 vorgestellten Methoden bedienen, wobei standardisierte (Kurz-)Fragebogen und Interviewtechniken in der Praxis sehr häufig, Beobachtungsverfahren hingegen aufgrund des mit ihnen verbundenen hohen Zeitaufwands relativ selten zum Einsatz kommen (ARMSTRONG & MURLIS 1988, S. 109). In den Arbeitsbeschreibungen werden die erhobenen Daten erstmalig aggregiert (z.B. zu Stellenbezeichnungen, Berichtswegen, übergreifenden Verantwortlichkeiten, Hauptaufgaben) und zu Kernaussagen verdichtet, die anschließend für die verschiedensten Zielsetzungen des Personalmanagements weiterverwendet werden können. Einen Überblick über die vielfältigen Aufgaben, die die Arbeitsanalyse als ein Breitbanddiagnostikum und -therapeutikum innerhalb des Personalwesens wahrnimmt, gibt Abb. 3.1.

Im Zentrum der verschiedenen Funktionen steht jedoch die Aufgabe, der Arbeit einen bestimmten *Wert* beizumessen, aus dem sich Implikationen für Gestaltungsmaßnahmen und - noch wichtiger im vorliegenden Zusammenhang - für die gerechte Entlohnung ableiten lassen. Das Ziel der Arbeitsanalyse besteht daher hauptsächlich in der Arbeits*bewertung*[1]; aus der Vielfalt der möglichen Analyseaspekte rückt der Bezug zu den zugrundeliegenden *Anforderungen* an den tätigen Menschen in den Mittelpunkt der Betrachtung. Ein weiterer wichtiger Aspekt der Arbeitsanalyse ist die Zerlegung der Arbeit in einzelne Ablaufschritte; da Arbeitsablaufanalysen jedoch vorwiegend zum Zwecke der Zuordnung von Zeiteinheiten zu den einzelnen

---

[1] Als synonyme Bezeichnungen der Arbeitsbewertung gelten Arbeitsplatzbewertung, Tätigkeitsbewertung, Stellenbewertung, Funktionsbewertung, Anforderungsermittlung und Job Evaluation (vgl. SIEGEL 1989, S. 247; KÖSTER 1994, S. 135).

Ablaufschritten, kurz: zur Zeitermittlung, durchgeführt werden, gehören sie thematisch zur Leistungsanalyse, die im nächsten Kapitel dargestellt wird.

Funktion	Beispiel
(1) Personalorganisation	Personalbedarfsermittlung, Personalplanung u. -auswahl
(2) Arbeitsgestaltung	Beseitigung aufbau- und ablauforganisatorischer Mängel
(3) Arbeitseinsatz	Unterweisung neuer MitarbeiterInnen auf der Basis von Arbeitsbeschreibungen
(4) Anforderungsprofile	Quantitativer und qualitativer Vergleich von Arbeitssystemen
(5) Rationalisierung	Aufdecken von Fehlern und Schwachstellen in Arbeitssystemen
(6) Personalinformationssysteme	Datengewinnung für Einstellung, Versetzung, Aufstieg, Beförderung, Freisetzung etc.
(7) Arbeitssicherheit	Förderung des Unfallschutzes
(8) Gesundheitsvorsorge	Geeignete Aufgaben für leistungsgemindertes Personal
(9) Lohngestaltung	Anforderungsabhängige Lohngestaltung

Abb. 3.1 Funktionen der Arbeitsanalyse (in Anlehnung an REFA 4, 1991, S. 94ff)

3.1 Bewertungsmaßstäbe menschlicher Arbeit

Die Frage der Bewertung menschlicher Arbeit stellt sich, seitdem Menschen ihre Arbeitskraft gegen Lohn zur Verfügung stellen. Schon vor Tausenden von Jahren, im Reich der Sumerer und der alten Ägypter, wurden Klassifikationen von Berufen erstellt, an denen die Bezahlung orientiert war. Nach einem Edikt des römischen Kaisers Diokletian z.B. erhielt im Jahre 301 n. Chr. ein Turnlehrer monatlich 50 Denar, ein Rechenlehrer 75 Denar, ein Lehrer der Rhetorik aber 250 Denar je Schüler (vgl. PAASCHE 1974). Dieses einfache Beispiel unterstreicht in augenfälliger Weise die implizite gesellschaftliche Wertschätzung, die - hier in Geldeinheiten ausgedrückt - unterschiedliche Berufe genossen haben und auch heute noch genießen. Damit diese Wertschätzung nicht zu Konflikten zwischen verschiedenen gesellschaftlichen Interessengruppen führt, sondern gemeinhin auf soziale Akzeptanz stößt, ist es wichtig, Legitimationsfiguren für die unterschiedliche Zuschreibung und Verteilung von Werten geltend zu machen. Im römischen Reich waren es beispielsweise noch Arbeitschwierigkeit und Ansehen der Berufe, die als entscheidende Maßstäbe des Arbeitswertes und der daraus abgeleiteten Entlohnung galten. Mit dem Beginn der industriellen, gewerblichen Wirtschaft formierten sich zum Ausgang des 19. Jahrhunderts Art und Dauer der Ausbildung zu den relevanten Kriterien, während die tatsächlich ausgeübte Tätigkeit nur von untergeordneter Bedeutung war (s. PAASCHE 1974; MANNTZ 1988). Mit der Aufwertung der beruflichen Qualifizierung wurde allmählich die "klassische Dreiteilung" in ungelernte, angelernte und gelernte Arbeit bedeutsam, die uns heute so selbstverständlich erscheint (vgl. SIEGEL 1989). Im Rahmen tayloristischer Arbeitsorganisationen entstanden durch Spezialisierung und Arbeitsteilung neue Anforderungen an die arbeitenden Menschen, die gegenwärtig - im Zuge fortschreitender Technisierung, Maschinisierung und Computerisierung - ein weiteres Mal im Wandel begriffen sind. Die hier nur kurz skizzierten Entwicklungen des Arbeitsprozesses (zur Vertiefung vgl. HELLER 1994) gehen mit einer wachsenden Dynamik, Vielschichtigkeit und Komplexität der Arbeitsanforderungen einher, die ihrerseits durch die Konstruktion geeigneter Meßinstrumente der Anforderungsermittlung und Arbeitsbewertung beherrscht werden müssen, damit das Problem der Lohnfindung in gerechter, sozial verträglicher Weise gelöst werden kann.

Aus der Perspektive der TÜRKschen Organisationstheorie ist die Bestimmung des Arbeitswertes zwangsläufig mit einem sozialen Konflikt behaftet (vgl. Kap. 1 im vorliegenden Band). In der *Herrschaftsdimension* der organisierten Arbeit geht es primär um die Reproduktion der Anweisungsbefugnisse, d.h. der geltenden Über-/Unterordnungsverhältnisse zum Zwecke des Erhalts der Bestandsvoraussetzungen einzelwirtschaftlicher Aktivität, deren funktionale Imperative aus der Verwertungslogik gespeist werden. In einer Betrachtungsweise, die Bestandssicherung, Gewährleistung von Konkurrenzfähigkeit und die strategische Kontrolle von Erfolgsparametern in den Vordergrund rückt, taucht der Mensch lediglich als "Produktionsfaktor" auf (neben Finanzen, Maschinen, Gebäuden, Boden etc.). Aus dem Blickwinkel einer solchen "Menschenökonomie" werden systematisch Bedingungen gesetzt, die nach dem Prinzip tayloristischer Rationalisierung das "Bild der Arbeit" (FREI & UDRIS 1990) in der Moderne prägen:

- *Formalisierung* (z.B. Dienstweg);
- *Spezialisierung* (z.B. Aufgabenteilung);
- *Objektivierung* (z.B. Sachzwang-Denken);
- *Privatisierung* (z.B. Eigentum an Produktionsmitteln);
- *Neutralisierung* (z.B. Dominanz wertfreier Rationalität);
- *Standardisierung* (z.B. Normierung von Arbeitsmitteln);

- *Trivialisierung* (z.B. einfache, monotone Resttätigkeiten);
- *Fragmentierung* (z.B. Zerstückelung von Arbeitsabläufen);
- *Personalisierung* (z.B. Grundsatz individueller Verantwortung);
- *Harmonisierung* (z.B. ideologische Glättung von Widersprüchen);
- *Abstraktifizierung* (z.B. Ent-Subjektivierung der lebendigen Arbeit);
- *Technisierung* (z.B. Mechanisierung, Maschinisierung, Computerisierung);
- *Dequalifizierung* (z.B. Entwertung beruflicher Tätigkeiten durch Technikeinsatz) usw.

Im Fluchtpunkt der Rationalisierungsbestrebungen steht eine umfassende Ent-Humanisierungsabsicht: Die Arbeit - sofern sie nach der Vision (und teilweise schon: Praxis!) der "menschenleeren Fabrik" nicht gänzlich aus dem Produktionsprozeß ausgeschaltet wird - soll doch zumindest von allen menschlichen "Verunreinigungen" befreit werden, die sich im Sinne der Organisationslogiken als störend erweisen könnten (z.B. durch Ent-Sinnlichung, Ent-Körperlichung, Ent-Emotionalisierung). Arbeit ist mithin dann etwas "wert", wenn sie sich im System der Organisationslogiken als funktional erweist, d.h. wenn sie die gewünschten Inputs zuverlässig und kostengünstig in den betrieblichen Arbeitsprozeß einspeist. In der im marktwirtschaftlichen System erfolgten Unterordnung des Themas "Arbeit" unter eine geldäquivalente Ergebnisbewertung (Motto: Was bringt's ein?) wird demnach nur eine bestimmte von mehreren möglichen Wert-Setzungen verabsolutiert: es interessieren die Preise bzw. Erlöse der Arbeit, nicht ihr Inhalt.

Demgegenüber treten innerhalb der *Kooperationsdimension* organisierter Arbeit die handelnden Subjekte in kommunikative Beziehungen miteinander, die emergente Qualitäten aufweisen, so daß aus den teils lust-, teils leidvollen Erfahrungen mit den Gegebenheiten im Arbeitsprozeß alternative Ansprüche und Bewertungsmaßstäbe erwachsen: Arbeit soll z.B. Spaß machen, befriedigend sein, sozialen Kontakt ermöglichen, Sicherheit bieten, Sinn stiften, kurz: zu einer "menschlichen Ökonomie" beitragen. Derartige "Kriterien humaner Arbeit" (MAIER 1983) wurden im Rahmen staatlich geförderter Projekte ("Humanisierung des Arbeitslebens", "Arbeit und Technik") zur Grundlage umfangreicher Kataloge der Arbeitsgestaltung, in denen sich das diffuse Unbehagen der Beschäftigten an der vorliegenden Arbeitsorganisation als ebenso handfestes wie differenziertes Interesse artikuliert, die bestehenden Verhältnisse zu überwinden (vgl. Abb. 3.2, die als Checkliste der Arbeitsbewertung aus der subjektiven Sicht von ArbeitnehmerInnen gelesen werden kann; nach BITZER 1991, S. 7). Im Zusammenhang mit dem Einsatz moderner Technologien wurde in jüngster Zeit die Frage der Humanverträglichkeit aufs Neue aufgeworfen und versucht, mit wissenschaftlichen Methoden zu akzeptablen Lösungen zu kommen. So werden z.B. Vorschläge gemacht, wie man tayloristische (entfremdende, beeinträchtigende...) Arbeitsstrukturen an CNC-Maschinen in lern- und entwicklungsförderliche Arbeitsbedingungen überführen kann (RHIA/VERA-Verfahren; vgl. VOLPERT, OESTERREICH & WEBER 1986; WEBER 1994). Oder: Neue Steuerungstechniken, (teil-)automatisierte Arbeitssysteme und die Anwendung von CAD-Pro-

Umgebung
☐ Entspricht die Ausleuchtung Ihres Arbeitsplatzes Ihrer Meinung nach den gesundheitlichen Mindestanforderungen?
☐ Gelangt genügend Tageslicht, das u.a. für den Stoffwechsel und den Biorhythmus wichtig ist, an Ihren Arbeitsplatz?
☐ Ist die Lärmbelästigung erträglich?
☐ Ist die Temperatur angenehm?
☐ Herrscht u.U. Zugluft?
Tätigkeit
☐ Was sollte verändert werden, damit Sie Ihr Wissen u. Können besser einbringen können?
☐ Was muß geändert werden, damit Ihre Vorschläge ausreichend berücksichtigt werden? (auch Organisation und Vorgesetztenverhalten)
☐ Werden Ihnen die Aufgaben, Tätigkeiten und Ziele der Arbeit stets klar vermittelt?
☐ Ist die Kontinuität der Tätigkeiten gewahrt, und sind Spitzen, Leerläufe, Unterbrechungen dominant? (auch Organisation)
☐ Welche Arbeitsabläufe können verbessert werden? Evtl. Hinweise "wie"
Vorgesetztenverhalten
☐ Wie kann Ihr Vorgesetzter den Teamgeist fördern?
☐ Was muß Ihr Vorgesetzter im Hinblick auf die Kommunikation mit Ihnen beherzigen?
☐ Welches Verhalten Ihres Vorgesetzten ist nötig, damit Sie motiviert werden?
☐ Welche Unterstützung erwarten Sie von Ihrem Vorgesetzten in Problemsituationen?
☐ Wie akzeptabel kontrolliert Sie Ihr Vorgesetzter?
☐ Was muß verändert werden, damit Sie sich gerecht behandelt fühlen?
☐ Wie schätzen Sie das Führungsverhalten des Chefs Ihres Vorgesetzten ein?
☐ Welche Veränderungen am Entscheidungsverhalten Ihres Vorgesetzten sind wünschenswert? Trifft Ihr Vorgesetzter überhaupt Entscheidungen?
Gruppenklima/Betriebsklima
☐ Wie kann die Zusammenarbeit in Ihrer Gruppe/Abteilung verbessert werden?
☐ Wie kann die gruppen-/abteilungsübergreifende Zusammenarbeit verbessert werden?
☐ Gibt es Rivalitäten zwischen einzelnen betrieblichen Teilbereichen? Woraus erklären sich diese?
Organisation
☐ Wie könnte der Arbeitsablauf verbessert werden? Welche besseren Methoden/Verfahren/Werkzeuge als die bisher eingesetzten sind denkbar?
☐ Welche besseren Arbeitsmittel als die bisher eingesetzten sind nötig?
☐ Wie sieht eine zweckmäßige Arbeitsplatzgestaltung aus?
☐ Gibt es ausreichend Informationsveranstaltungen, die Sie über Ihre spezielle Aufgabe hinaus über die Veränderungen des Gesamtunternehmens informieren?
☐ Welche Änderungen der Informationspolitik über Dinge Ihres Arbeitsbereiches wünschen Sie sich?
☐ Welche Art der Information möchten Sie mehr haben?
☐ Besteht Ihrer Ansicht nach die Notwendigkeit, Weiterbildungsangebote auszuweiten oder reichen die bisherigen Angebote aus?
☐ Wie kann die Weiterbildung verbessert werden?
☐ Wie schätzen Sie die Weiterbildungsmöglichkeiten für sich selbst ein?

Abb. 3.2 Die Arbeitssituationserfassung (nach BITZER 1991, S. 7)

grammen werden systematisch hinsichtlich ihrer psychischen Belastungs- und Beanspruchungsmomente untersucht (mit dem TAI-Verfahren: DERISAVI-FARD, HILBIG & FRIELING 1988; SONNTAG, BENEDIX & HEUN 1989; FRIELING, FACAOARU, BENEDIX, PFAUS & SONNTAG 1993). Oder: Die Arbeit in Flexiblen Fertigungssystemen wird auf ihre Persönlichkeitsförderlichkeit geprüft und im Hinblick auf ihre Potentiale zur menschengerechten Gestaltung untersucht, die nach Auffassung von KANNHEISER (1988, S. 47, mit dem Verfahren des P-TAI) folgende Aspekte einschließen sollte:

"- Möglichkeit der Arbeitnehmer, eigenständige Planungen für zumindest wöchentliche Zeiträume vornehmen zu können;

- Möglichkeit, die Bearbeitungsreihenfolge von Aufträgen selbständig einteilen zu können;

- Möglichkeit, vorbereitende, entscheidungsbezogene, ausführende und kontrollierende Tätigkeiten übernehmen zu können;

- Möglichkeit, sich in der Arbeitstätigkeit weiter qualifizieren zu können".

VOLPERT (1990, 1992) formuliert aus einer evolutionstheoretischen, organismischen, ganzheitlichen Sicht der "conditio humana" und in kritischer Distanzierung zum arbeitswissenschaftlichen Maschinen-Modell des Menschen zusammenfassend neun Kriterien der Arbeitsgestaltung, die er der sog. "Kontrastiven Aufgabenanalyse" (KABA) zugrundegelegt:

1) *Handlungs- und Entscheidungsspielraum;*

2) *Zeitautonomie* (Freiraum zur zeitlichen Disposition);

3) *Strukturierbarkeit* (individuelle Interpretation und Verarbeitung von Anforderungen; Gestaltungsspielraum);

4) *Abwesenheit von Regulationshindernissen* (objektive Behinderungen des technisch-organisatorischen Umfelds);

5) *ausreichende und körperliche Aktivität;*

6) *Beanspruchung vielfältiger Sinnesqualitäten;*

7) *Gegenständlichkeit* (konkreter Umgang mit realen Gegenständen und direkter Bezug zu sozialen Bedingungen);

8) *zentrierte Variabilität* (eine Aufgabe soll bei gleicher Grundstruktur unterschiedliche Realisierungsmöglichkeiten beinhalten);

9) *Kooperation und unvermittelter, sozialer Kontakt.*

Obwohl von ArbeitgeberInnen- wie von ArbeitnehmerInnenseite häufig behauptet wird, daß sich betriebliche und individuelle Interessen in Einklang bringen lassen, liegt es auf der Hand, daß die Gestaltungsleitlinien humaner Arbeit mit den "objektiven" Interessen der Unternehmen kollidieren müssen. Konflikte aus den divergierenden Anspruchshaltungen resultieren für alle Ebenen der Arbeitsbewertung von der Beschreibung über die Typisierung bis hin zur Gewichtung und Zusammenfassung einzelner Anforderungen. Eben weil Bewertungsunterschiede und -unsicherheiten existieren, muß die herrschaftliche Sichtweise gegen die "subversiven" Auffassungen der beschäftigten ArbeitnehmerInnen durchgesetzt und ihre Veridikalität (Stimmigkeit, Richtigkeit) unter Beweis gestellt werden. Mit anderen Worten: Nicht nur die Arbeit selbst - der konkrete Tätigkeitsvollzug - muß kontrolliert werden, sondern auch die *Bewertung* der Arbeit, indem auf geeignete Strategien der Versachlichung, Ent-Politisierung und damit letztlich der Sicherung des Betriebsfriedens zurückgegriffen wird. In der Dialektik von Herrschaft und Kooperation ist die Versachlichung ein Modus der Konfliktregelung, der zur Aufrechterhaltung der Kooperation unter den Bedingungen herrschaftlicher Eingriffe und Restriktionen dient. Wo normalerweise Widerstände auf Seiten der ArbeitnehmerInnen erzeugt würden, wird durch Versachlichung für Einverständnis gesorgt. Obwohl ArbeitnehmerInnen und ArbeitgeberInnen im Konfliktfeld wechselseitig voneinander abhängig sind, so daß sich Spielräume für Verhandlungsprozesse ergeben (vgl. das Spielfeld-Schema in Kap. 1), verfügen die ArbeitgeberInnen aufgrund der vorhandenen Machtasymmetrie (vgl. GIDDENS 1984) über bessere Einflußchancen, die eigenen Interessen und die damit verbundenen Wertsetzungen zur Geltung zu bringen. Da eine konfliktfreie Arbeitsbewertung eine wichtige Voraussetzung für einen ungestörten Arbeitsprozeß ist, sind im Zuge der Versachlichung die legitimatorischen Grundlagen dafür zu schaffen, daß wichtige Prämissen und Operationen der Arbeitsbewertung berechtigt erscheinen und nicht ständig in Frage gestellt werden. In diesem Zusammenhang ist das TÜRKsche Konzept der *Trennung* (z.B. in gelernte, angelernte und ungelernte Tätigkeiten; ausländische und inländische ArbeitnehmerInnen; Stamm- und Randbelegschaften) von fundamentaler Bedeutung.

3.2 Zentrale Trennungen

Die Arbeitsanalyse baut auf gesellschaftlichen Trennungsmustern auf, die sie zugleich stabilisiert und perpetuiert, indem sie sich in der Verfahrensanwendung auf sie stützt: Von der historisch gewachsenen Trennung in ungelernte, angelernte und gelernte Tätigkeiten war bereits die Rede; sie ist z.B. Gegenstand des sog. "Lohngruppenverfahrens" der Arbeitsbewertung, bei dem der Arbeitswert hauptsächlich nach Maßgabe des jeweils eingebrachten Lern- bzw. Qualifikationsniveaus eingeteilt wird, das zur Ausführung der Arbeitsaufgabe erforderlich ist (vgl. REFA 4, 1991, S. 12). Aber auch andere Trennungen tauchen in mannigfaltiger Form auf und liefern der Arbeitsanalyse das legitimatorische Rüstzeug, auf das sie ihre Differenzierungen stützen und weiterentwickeln kann. So macht die Arbeitsanalyse beispielsweise immer wieder einen Unterschied zwischen ArbeiterInnen und Angestellten[2] und schreibt ihn durch die eigene Praxis in konservativer Weise fort, so daß

---

[2] Die Angestellten werden ihrerseits wiederum in tarifliche (T) und außertarifliche (AT) geschieden, wobei letztere in der Regel mit der Wahrnehmung höherer Führungsaufgaben betraut sind. Eine weitere Trennlinie verläuft für die T-Angestellten nach der Zugehörigkeit zum privaten oder öffentlichen Dienst, weil je nach Typus der Vergemeinschaftung unterschiedliche juristische Definitionen geltend gemacht werden, die sich auf den Modus der Arbeitsbewertung auswirken. Dies

auch der vorliegende Text nicht umhin kommt, sich bei der Behandlung von Arbeitsanalyse-Verfahren an dieser (noch!?) geltenden Systematik zu orientieren (s. Tab. 3.2). In der Trennung von ArbeiterInnen und Angestellten spiegelt sich offenbar die für den kapitalistischen Arbeitsprozeß typische Aufteilung von planender (dispositiver) und ausführender (operativer) Arbeit. Umbrüche oder Veränderungen in den Bewertungsschemata sind erst aufgrund politischer Meinungsbildung und Interessendurchsetzung zu erwarten: In dem Maße, in dem sich das Gesicht der gewerblichen Arbeit wandelt (Stichworte: Zunahme von Steuerungs-, Überwachungs- und Kontrolltätigkeiten in teilautomatisierten Maschinenparks; Vermehrung von Denk- und Planungsprozessen auch in operativen Funktionsbereichen; Ausweitung des Dienstleistungssektors; Abnahme der ehemals körperbetonten Industriearbeit, die vorwiegend durch muskelmäßige Belastungen und schädigende Umgebungseinflüsse gekennzeichnet war), wird auch die Trennlinie zwischen ArbeiterInnen und Angestellten durchlässiger und letztlich fragwürdig (s. dazu ausführlicher HELLER 1994, S. 22ff). Auf derartige Veränderungen werden auch die eingeschliffenen Prozeduren der Arbeitsbewertung reagieren müssen, zumindest dann, wenn solche Veränderungen in massiver Weise thematisiert und von gesellschaftlich relevanten Bezugsgruppen bestätigt werden (vgl. FREIMUTH 1992 a,b; KÖSTER 1994; GUDE 1991; OHL 1990). Eine weitere Trennung beruht auf der Geschlechtervariable: Die Erwerbsarbeit von Männern und Frauen ist in der Vergangenheit immer sehr unterschiedlich gesehen und bewertet worden; erst in letzter Zeit aber wurde im Rahmen der Frauenbewegung vermehrt die Kritik geäußert, daß gleichwertige Tätigkeiten von weiblichen Arbeitnehmern im Vergleich zu ihren männlichen "Kollegen" schlechter entlohnt werden (sog. "Comparable Worth"-Debatte; vgl. ADAMS 1992; JOCHMANN-DÖLL 1990; MÜLLER-HAGEDORN 1993). Auf die Grundzüge dieser Debatte wird erst in Abschnitt 3.6.3 genauer eingegangen, da für ihr Verständnis zunächst einmal die allgemeinen Prinzipien der Arbeitsbewertung zu klären sind. Zwei andere, für die Arbeitsanalyse wichtige Trennungen sollen jedoch im folgenden erläutert werden: die Trennung von *Arbeit* und *Leistung* sowie von *bezahlter* und *unbezahlter* Arbeit.

3.2.1 Trennung von Arbeit und Leistung

Die für die Arbeitsbewertung fundamentale Trennung in Arbeit (objektive Arbeitsanforderungen) und Leistung (interindividuelle Differenzen bei der Erfüllung gegebener Arbeitsanforderungen) läßt sich sowohl laienpsychologisch als auch politisch begründen.

Mit jeder Arbeitsanalyse ist zunächst unauflöslich ein laienpsychologisches Zuschreibungs- oder *Attributionsproblem* verknüpft, denn bei der Ausführung von Tätigkeiten wirken Person (genauer: die Persönlichkeit des Stelleninhabers) und Situa-

---

zeigt sich im öffentlichen Dienst nochmals deutlich an der Trennung zwischen BAT-Angestellten und der Gruppe der BeamtInnen.

Kapitel 3

tion (hier: die jeweilige Stelle mit ihrem konkretem Arbeitsobjekt und -kontext) in komplexer Weise zusammen. Der weitaus größte Teil der resultierenden Arbeit dürfte demnach - denkt man hier an die Ergebnisse der Sozialpsychologie (vgl. MISCHEL 1968; ENDLER & MAGNUSSON 1976) - eine Funktion der spezifischen Wechselwirkung (Inter-Aktion) zwischen Person und Situation sein. Der renommierte Streßforscher LAZARUS beschreibt mit seinem Konzept der Trans-Aktion noch präziser die Verschränkung von Person- und Umweltfaktoren: "Mit Transaktion ist ... gemeint, daß sich die beiden Pole (Person, Umwelt) im Verlauf der Beziehung *wandeln*; anders als bei bloßer Interaktion, bei der die Entitäten, die miteinander Effekte produzieren, unverändert bleiben, werden sie bei einer Transaktion durch die Rückwirkungen ihrer Effekte selbst verändert, so daß strenggenommen im Zeitablauf niemals (mehr) die gleichen Gegebenheiten miteinander in Beziehung treten" (zit. nach NEUBERGER 1994b, S. 58). Da es ein bislang noch nicht gelöstes Problem ist, das Ineinandergreifen von persönlichen und situativen Merkmalen des Arbeitsprozesses theoretisch zu beschreiben, zu erklären oder gar vorherzusagen, liegt der Arbeitsanalyse im Prinzip ein pragmatisches, auf Plausibilitätskriterien gestütztes Vorgehen zugrunde. Dieses Vorgehen besteht darin, die Interaktions- bzw. Transaktionsvarianz zu vernachlässigen und stattdessen die resultierenden Arbeitsergebnisse den Qualitäten der Person *oder* der Situation zuzuschreiben. Eine Bewertung kann folglich für die *Stellen* vorgenommen werden, auf denen ArbeitnehmerInnen ihre Tätigkeiten ausführen, oder für die *StelleninhaberInnen* selbst, die diese Tätigkeiten unterschiedlich genau, intensiv, ausdauernd, qualitäts- oder kostenbewußt etc. wahrnehmen (vgl. ROHMERT & RUTENFRANZ 1975; MAIER 1988; DOBROSCHKE 1984, S. 58; ARMSTRONG & MURLIS 1988, S. 74). Im ersten Fall werden durch die Position Anforderungen "ge-stellt", die zwar nach Schwere (physisch) und Schwierigkeit (psychisch) variieren können, von denen aber angenommen wird, daß sie für einen gegebenen Arbeitsplatz relativ konstant sind. Wenn von "Arbeit" gesprochen wird, dann sind damit die *situationsbezogenen* (quasi-objektiven) Arbeitsanforderungen gemeint, die in ihrer Art und Anzahl zu erfassen, nach typischen Merkmalen zu klassifizieren und in ihrer Bedeutung zu gewichten sind. Im zweiten Fall - der Bewertung von StelleninhaberInnen - wird hingegen vermutet, daß jede definierte Aufgabe bei ihrer Ausführung Freiheitsgrade und Spielräume enthält, die bei der Erfüllung der Arbeitsanforderungen individuelle Leistungsvariationen zulassen. Leistung ist demnach als eine *personbezogene* Kategorie anzusehen, weil ein Maßstab für die "normale" Erfüllung - mithin also auch für die Über- und Untererfüllung - von Anforderungen eingeführt wird. Während es in der Arbeitsbewertung - ohne Ansehen der Person - um die Einordnung einer Tätigkeit bzw. eines Arbeitsplatzes in eine Bewertungsskala[3] geht, strebt die Leistungsbewertung eine Beurteilung individueller Leistungsabgaben ohne Ansehen der Situation an.

---

[3] So gelten in unserer Gesellschaft die beruflichen Anforderungen eines Arztes beispielsweise mehr als die eines Bauarbeiters, obwohl diese selbstverständlichen Seh-Gewohnheiten kaum reflektiert und die Begründungsmuster dafür nur selten ausgesprochen werden.

Aus einer *politischen* Perspektive wäre es jedoch höchst kurzsichtig, die Trennung von Arbeit und Leistung auf ein kognitives Problem reduzieren zu wollen, das unter Anwendung geeigneter Methoden "technisch" gelöst werden kann. Hinter der Fassade technischer Lösungen und Eingriffe steht vielmehr die Tatsache, daß mit der Vergabe von Arbeit bzw. Arbeitsplätzen auch bestimmte Einkommen und damit gesellschaftliche Lebenschancen verteilt werden. Da es hier deutliche Unterschiede gibt, muß jedermann/-frau einsichtig vor Augen geführt werden, daß höherwertige Arbeiten auf höheren Anforderungen beruhen, denen nur durch entsprechend höhere Investitionen in berufliche Qualifizierung entsprochen werden kann. Die Unterschiede in der sozialen Verteilung von Arbeitswertigkeiten müssen ihrerseits durch den Rückgriff auf werthaltige und gesellschaftlich weitgehend akzeptierte Einsatzgrößen wie z.B. Berufserfahrung, fachliche Kompetenz oder Belastbarkeit gerechtfertigt werden. Darüber hinaus müssen die Koordinationsmechanismen zwischen Anforderungen und Qualifikationen - mithin die Kriterien gesellschaftlichen Auf- oder Abstiegs - transparent sein, um dem Verdacht auf "Seilschaft", "Kungelei" oder "Vetterleswirtschaft" wirkungsvoll begegnen und damit die Grundlagen sozialer Ordnung aufrechterhalten zu können. Mit der Erfindung des "Leistungsprinzips" ist ein legitimes Begründungsmuster geschaffen worden, durch das soziale Ungleichheit der persönlichen Verantwortung der arbeitenden Menschen attribuiert werden kann (NEUBERGER o.J.; s.a. BECKER 1992; HAUG & WOLLMANN 1993). Die individualisierende Zurechnung von Leistung und Leistungsergebnissen ist ein wirkungsvolles Disziplinierungsinstrument, das "Erfolg", "Bewährung", "Weiterkommen", aber auch "Scheitern" und "Versagen" ausschließlich in die Dispositionssphäre des/der Einzelnen rückt und die sozio-strukturellen Einflüsse auf die Leistungserstellung vergessen macht. Von diesem Ablenkungsmanöver profitieren nicht zuletzt die Organisationen, die durch die Verkündigung des Leistungsprinzips ihren eigenen Rechtfertigungs- und Kontrollaufwand gering halten und damit in ökonomischer Weise das Arbeitsvermögen ohne große Friktionen nutzen können (da die Leistungsanalyse Gegenstand des 4. Kapitels ist, soll sie im folgenden nicht weiter behandelt werden).

3.2.2 Trennung von bezahlter und unbezahlter Arbeit

Unter den gesellschaftlichen Verhältnissen kapitalistischer Marktwirtschaft teilt sich Arbeit auf in *unbezahlte* und *bezahlte* Arbeit - nur vor dem Hintergrund einer gesellschaftlichen Zirkulationssphäre von "Geld" macht diese Einteilung überhaupt einen Sinn (vgl. HELLER 1994, 1. Kap.). Ausgleichssport, privater Straßenverkehr oder eigene Auto- und Wohnungsreparaturen (sog. "Eigenarbeit") stellen - einem anthropologischen Arbeitsverständnis folgend - zweifellos auch "Arbeit" dar, weil psychophysische Energien verausgabt werden. Auch die Hausfrauenarbeit ist "echte" Arbeit (siehe Box 3.2) die jedoch im Bruttosozialprodukt unserer Gesellschaft deshalb nicht auftaucht, weil sich mit ihr weder Kosten noch Erträge verbinden, die in Geldeinheiten zu bemessen sind: Es ist Arbeit, die - im Doppelsinn des

Wortes - nicht zählt (vgl. SZ Nr. 268, 21./22.11.1989, S. 12). Hausfrauenarbeit ist Reproduktionsarbeit, die - weil sie nicht unmittelbar zu betrieblichen Problemlösungen beiträgt -, nach dem Prinzip der "selektiven Zurechnung" (TÜRK 1993c, S. 33) aus der Organisationssphäre ausgegrenzt wird, obwohl ohne die Tätigkeiten der Hausfrauen vermutlich kaum ein Betrieb auf Dauer funktionsfähig wäre. Auf ähnliche Weise werden Erholungszeiten, Bildungsarbeit, die Versorgung im Alters- und Krankheitsfalle etc. artifiziell aus dem betrieblichen Produktivitätskalkül ausgeklammert und dann teilweise an staatliche Regulationsinstanzen delegiert.

In einer geldwirtschaftlich geregelten Produktion und Verwertung gilt nur die fremdbestimmte, auf Erwerb gerichtete Arbeit als "eigentliche" Arbeit, die unter den Bedingungen der Vergemeinschaftung in organisierter Weise verrichtet wird (vgl. TÜRK 1993a); sie wird im folgenden als *Lohnarbeit* bezeichnet, und nur sie ist (im allgemeinen) Gegenstand personalwirtschaftlicher Verfahren der Arbeitsanalyse. Unter dem Begriff *Lohn* werden hier unterschiedliche Entlohnungsformen und -bezeichnungen subsumiert, deren Gemeinsamkeit aber darin besteht, daß sie Einkünfte aus nicht-selbständiger Arbeit darstellen, wie z.B. Heuer, Sold, Gehalt, Bedienungsgeld, Tantieme, Entgelt, Vergütung. Mit einem Anteil der Erwerbstätigen an der bundesdeutschen Bevölkerung von etwa 45% (INSTITUT DER DEUTSCHEN WIRTSCHAFT 1994) erscheint die These berechtigt, daß Lohnarbeit für die meisten Menschen in unserer Gesellschaft wesentliche Bedingung und elementarer Inhalt der Lebensführung ist (weitere Eckdaten zur Erwerbstätigkeit befinden sich in den Tab. 3.1 und 3.2). Optionen bestehen im allgemeinen nicht hinsichtlich der Frage, ob man arbeiten will oder nicht, sondern lediglich - innerhalb gewisser Spielräume - hinsichtlich der Qualifizierung für einen bestimmten Beruf oder der Auswahl eines konkreten Arbeitsplatzes. Zur Sicherung ihrer Existenz sind demnach die meisten Menschen darauf angewiesen, ihre Arbeitskraft in Organisationen gegen Lohn zu verkaufen, wobei die Frage des "Existenzminimums" in unserer Gesellschaft nicht nur physiologische, sondern auch soziale Aspekte involviert (vgl. KUPSCH & MARR 1990, die von einem "sozialen Existenzminimum" reden: man muß "genug" Geld verdienen können, um sozial anerkannt und integriert zu sein).

	Einwohner[1]	Erwerbstätige[2]	Erwerbstätigen-quote
BR Deutschland	81.187	35.912	44,23 %
Alte Bundesländer	65.539	29.568	45,12 %
Neue Bundesländer	15.648	6.344	40,54 %

[1,2] Alle Angaben in 1000

Tab. 3.1 Erwerbstätigenquote in der BR Deutschland im Jahre 1992 (Quelle: INSTITUT DER DEUTSCHEN WIRTSCHAFT 1994; zusammengestellt aus Tab. 1 u. 2)

	BR Deutschland[1]	Alte Bundesländer[2]	Neue Bundesländer[3]
Selbständige	8,4	9,0	5,7
Mithelfende Familienangehörige	1,4	1,7	./.
BeamtInnen	6,8	7,9	1,6
Angestellte	45,6	44,7	49,8
ArbeiterInnen	37,8	36,7	42,7
davon Teilzeitbeschäftigte	12,9	16,0	7,2

[1,2,3] Alle Angaben in %

Tab. 3.2 Erwerbstätige der BR Deutschland im Jahre 1992 nach der Stellung im Beruf (Quelle: INSTITUT DER DEUTSCHEN WIRTSCHAFT 1994; zusammengestellt aus Tab. 22)

3.3 Primäre vs. sekundäre Arbeitsanalyse

In Anlehnung an BREISIGs 1990 Typologie der Verhaltenssteuerung und das Spielfeld-Schema, die beide in Abschnitt 1.6 beschrieben wurden, lassen sich je nach Art und Weise, wie durch die Arbeitsanalyse betriebliche Kontrollfunktionen ausgeübt werden sollen, *primäre* (tayloristische, betriebswirtschaftliche, direkte, "harte") von *sekundären* (sozialtechnischen, psychologischen, indirekten, "weichen") Verfahren unterscheiden. Aus dem Spielfeld-Schema wird zunächst deutlich, daß im allgemeinen kein Betrieb ohne das Mitmachen, d.h. die aktive Kooperation der Beschäftigten, auskommt; umgekehrt sind die Beschäftigten auf den Betrieb als Grundlage der Entlohnung und damit der Existenzsicherung angewiesen. In der Verschränkung von wechselseitigen Abhängigkeiten und unterschiedlichen Interessenlagen zwischen Betrieb und Beschäftigten wird die Differenzierung in primäre und sekundäre Verfahren deswegen für wichtig erachtet, weil sie in typisierender und teilweise metaphorischer Weise ("hart", "weich") auf das unterschiedliche Ausmaß aufmerksam macht, mit dem arbeitsanalytische Verfahren auf die "menschlichen Belange" Rücksicht nehmen.

Kapitel 3

Box 3.1: Wieviel ist eine Mutter wert? (HECKER 1989)

"Das Problem drängt: Jährlich werden 8000 Hausfrauen bei Verkehrsunfällen verletzt und 800 getötet. Nach Recht und Gesetz muß die Kfz-Haftpflichtversicherung auch der Hausfrau alle Nachteile ausgleichen, die sie bei ihrer Arbeit durch den Unfall hat. Ist eine Hausfrau getötet worden, so haben der Ehemann und die Kinder Anspruch auf Schadenersatz. Das heißt im Klartext: Die Versicherung muß die Kosten für eine Ersatzkraft zahlen, wenn die Hausfrau in der Familie voll ausfällt (S. 48). [...] Die Versicherungen taxieren häufig den finanziellen Wert von Hausfrauenarbeit, indem sie einen Vergleich mit Hausgehilfinnen und Putzfrauen ziehen. Das bedeutet: Wird eine Frau und Mutter verletzt, bekommt sie nicht viel; stirbt sie nach dem Unfall, erhalten die Angehörigen allzu oft nur ganz wenig. Ehemännern wird vorgerechnet, daß sie durch den Tod ihrer Frau sogar finanziell entlastet werden: Die Tote brauche weder Essen noch Kleidung. Ergebnis ... in manchen Fällen: null Schadenersatz. Denn rein rechnerisch ergebe sich sogar eine Bereicherung des Witwers durch den Tod seiner Ehefrau. Professor Dr. Karl-Heinz Ludwig, ehemaliger Präsident des Oberlandesgerichts Nürnberg, sarkastisch: 'Ein Glück, daß noch niemand auf den Gedanken gekommen ist, dem Schädiger auch noch einen Anspruch auf diesen Überschuß zuzuerkennen' (S. 49). [...] Der ADAC "fordert seit Jahren, daß den Berechnungen ein Bewertungsschema zugrundegelegt werden muß, das für jeden einzelnen Fall die tatsächlichen Arbeitsleistungen der Frauen in ihren Familien berücksichtigt - und zwar nach zeitlichem Aufwand, körperlicher Anstrengung und Schwierigkeitsgrad der Arbeiten. Professor Dr. Kurt Landau, Arbeitswissenschaftler an der Universität Stuttgart-Hohenheim, hat mehrere hundert Haushalte untersucht und dabei die Hausarbeit nach 216 Einzeltätigkeiten aufgeschlüsselt: Wie viele Kinder sind zu versorgen, wie intensiv muß sich die Mutter mit ihnen in den verschiedenen Entwicklungsstufen beschäftigen? Ist eine pflegebedürftige Großmutter zu betreuen? Wie aufwendig ist die Haushaltsplanung, wie häufig sind Gäste zu bewirten? Wie groß ist die Wohnung, wie oft wird gekocht, geputzt, gewaschen und gebügelt? Und wie ist die Ausstattung mit elektrischen Geräten? Fazit des Professors: Hausfrauen erledigen nicht nur schwere körperliche Arbeit. Sie müssen auch häufig vielfältige Informationen verarbeiten und daraus schnelle Entscheidungen ableiten. Außerdem haben sie umfassende Planungs- und Organisationsarbeiten am Hals. Natürlich sieht es in jedem Haushalt anders aus. Der Wissenschaftler hat deshalb 7 unterschiedliche Haushaltstypen herausgearbeitet. Das 'Anforderungsprofil' für Typ 5 zeigen wir auf der nächsten Seite. Wieviel ist die Hausfrauenarbeit in Mark und Pfennig wert? Professor Dr. Landau vergleicht sie mit der Arbeit in Industrie, Verwaltungs- und Pflegeberufen. Bei einer 40-Stunden-Woche kommt er auf Summen von 1550 DM (Typ 1) bis 2000 DM (Typ 7). Aber in dieser Zeit ist die Hausarbeit in aller Regel nicht zu schaffen. Bei 60 Stunden - und das trifft für die meisten Hausfrauen zu - sind es 2325 bis 3000 DM. Landau hat ein Verfahren entwickelt, mit dem die Betroffenen - verunglückte Frauen oder die Hinterbliebenen - selbst den Nachweis erbringen können, wie hoch der tatsächliche Verlust durch den Unfall ist (S. 49f).

Anforderungsprofil für Haushaltstyp V

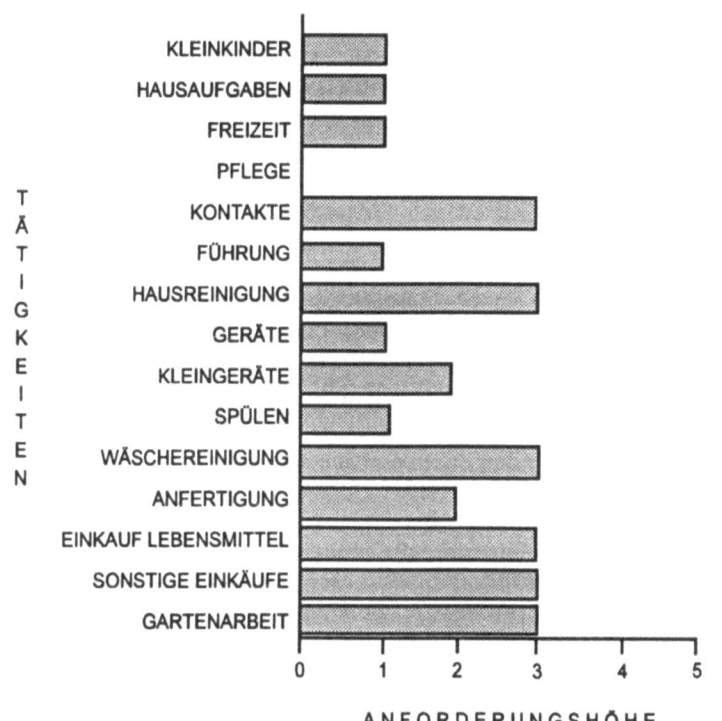

(Erläuterung zu Haushaltstyp V: "Ehepaar mit 2 oder 3 Kindern. Die Familie bewohnt ein eigenes Haus mit 100 bis 160m^2, das mittel bis gut ausgestattet ist. Bruttoeinkommen im Jahr: 40 000 bis 50 000 DM. Es gibt pro Woche 'bei hoher Anspruchsstufe' 72 bis 80 Stunden zu tun. Die Arbeit ist nach Landau im Monat bis zu 3700 DM wert").

Im ersten Fall soll der Mensch als Produktionsfaktor ohne Rücksicht auf seine "stofflichen Besonderheiten" vermittels der Arbeitsanalyse so in das arbeitsorganisatorische System integriert werden, daß die gewünschte Arbeitsleistung erwartungstreu abgerufen werden kann. Im Vordergrund steht das Streben nach ökonomischer Arbeitsgestaltung, gekoppelt an die systemische Notwendigkeit, Arbeit unter der Maxime von Beherrschung und Ausbeutung möglichst restriktiv organisieren zu müssen. Im zweiten Fall macht die Arbeitsanalyse hingegen Konzessionen gegenüber den "menschlichen Belangen" - entweder, weil die rücksichtslose Ausbeutung zu Widerständen bei den ArbeitnehmerInnen führt, die einen hohen Kontroll- und damit Kostenaufwand bedeuten, oder weil spezifisch menschliche Eigen-Arten und Zu-Taten für den Produktionsprozeß gebraucht werden, die nur bei pfleglicher Behandlung der "human ressources" zu erhalten sind. Daß betriebliche Rationalisierungsvorhaben nur dann zum Erfolg führen, wenn die Beschäftigten sie auch akzeptieren, hatte bereits TAYLOR erkannt: "Machen Sie Ihren Arbeiter zu Ihrem Freund und meinen Sie es ehrlich und aufrichtig mit dieser Freundschaft. Erst wenn dieser Geist in ihren Betrieb eingezogen ist, erst wenn Sie Ihrem Arbeiter durch die Tat bewiesen haben, daß ihr Vorteil ebenso auch der seinige ist, wird er Ihnen freiwillig und ungezwungen und ohne Widerstand helfen, die Grundsätze der wissenschaftlichen Betriebsführung durchzuführen" (1909; zit. nach SIEGEL 1989, S. 220).

Die Unterscheidung von primären und sekundären Arbeitsanalysen wird nicht nur durch geschichtliche Quellen, sondern auch durch jüngere theoretische Entwicklungen unterstützt, die unter dem Etikett des *"Betriebsstrategischen Ansatzes"* firmieren (vgl. ALTMANN & BECHTLE 1971; ALTMANN, BINKELMANN, DÜLL & STÜCK 1982; BECHTLE 1980; zusammenfassend: HELLER 1994, Kap. 6) und im folgenden zur weiteren Ausdeutung der arbeitsanalytischen Typologie kurz referiert werden sollen. Es ist auffällig, daß die weitaus meisten der sekundären Arbeitsanalysen, in denen man beispielsweise die verschiedenen Auswirkungen moderner Technologien auf den arbeitenden Menschen untersucht (Streß, Belastung, Ermüdung, Reizbarkeit, Sättigung, gesundheitliche Schädigung etc.), im Rahmen von staatlich geförderten Projekten zur "Humanisierung der Arbeit" (HdA) bzw. zu "Arbeit und Technik" (AuT)[4] *in enger Kooperation mit Wirtschaftsunternehmen* entwickelt wurden (vgl. ENGELHARDT 1992; FRIELING 1990; ZÜLCH 1992). Wenn das objektive Ziel von Organisationen in einer kapitalistischen Wirtschaftsordnung darin besteht, das eingesetzte Kapital - einschließlich des beschafften Arbeitsvermögens - langfristig optimal zu verwerten (vgl. TÜRK 1993a), dann muß man sich fragen, was eigentlich die Betriebe zu einer Kooperation bewegt, die doch offensichtlich "menschliche Zugeständnisse" macht. Nach Auffassung des Be-

---

[4] Das Bundesministerium für Forschung und Technologie (BMFT) hat von 1974 bis 1988 das Projekt "Humanisierung des Arbeitslebens" (HdA) gefördert, das Ende 1988 durch das Nachfolgeprogramm "Arbeit und Technik" abgelöst wurde (BMFT 1981; BMFT u.a. 1989). FRIELING (1991, S. 228) sieht in dem offenkundigen Namenswechsel der Projekte eine "erhebliche Umstrukturierung", bei der ehemals emanzipatorische Gestaltungsansprüche aufgegeben und forschungspolitische Ziele erneut dem Primat der Technik untergeordnet werden.

triebsstrategischen Ansatzes interessiert sich der Betrieb nicht in erster Linie für das abstrakte Arbeitsvermögen (und schon gar nicht für den "ganzen Menschen"), sondern für die konkrete Arbeitsleistung, die allerdings nicht ohne die Erhaltung (Reproduktion) und damit prinzipielle Verfügbarkeit des Arbeitsvermögens zu haben ist. Insofern besitzt der Betrieb also ein objektives Interesse an der Beherrschung der Bedingungen, die auf die Leistungsverausgabung Einfluß nehmen. Zu diesen Bedingungen gehören sowohl die Qualifikationen der Arbeitskräfte als auch die konkreten Umstände der Leistungserbringung (z.B. Arbeitsorganisation, Arbeitseinsatz, Gratifikation). Wenn sich nun zeigt, daß traditionelle Formen der Arbeitsgestaltung im Zeichen primärer Verhaltenssteuerung dysfunktionale oder sogar antagonistische Wirkungen auf die Erhaltung und Nutzung des Arbeitsvermögens haben (was sich z.B. in hohem Krankenstand, drastischen Fluktuationsraten oder mangelnder Arbeitsmotivation ausdrücken kann), dann liegt es nahe, HdA als eine *betriebliche Strategie* zu entwickeln, um den pathologisierenden Folgen rationaler Organisation entgegenzuwirken (vgl. TÜRK 1976). In diesem Zusammenhang liefern sekundäre Arbeitsanalysen wichtige Informationen, auf deren Basis geeignete Maßnahmen geplant und durchgeführt werden können, mit denen man die Effekte rationaler Übersteuerung, Überkomplizierung oder Überstabilisierung (TÜRK 1976) aufzufangen oder auszutarieren versucht. Die Tatsache, daß die Wirtschaftsorganisationen mit der staatlich geförderten Begleitforschung zusammenarbeiten, zeigt, daß offenbar beide Seiten - Wirtschaft und Gesellschaft - ein Interesse an der Reproduktion des Arbeitsvermögens haben: "Die Kooperationsbeziehungen zwischen Betrieb und Begleitforschung werden geprägt durch die Art der finanziellen Beteiligung der Unternehmen an den Kosten der wissenschaftlichen Begleitforschung [...] Bei der überwiegenden Zahl der Betriebsprojekte ist eine 50%ige Betriebsbeteiligung üblich. Dieser hohe Anteil erzwingt - und das ist vom BMFT gewünscht - eine enge Abstimmung zwischen Betrieb und wissenschaftlicher Begleitforschung, d.h. die Wissenschaft wird aus der Sicht der Unternehmen instrumentalisiert" (FRIELING 1990, S. 229). Vertreten durch staatliche Behörden muß die Gesellschaft den Betrieben gewisse Auflagen machen, um nicht einseitig die Kosten der Reproduktion zu tragen, die von den Betrieben externalisiert werden können (z.B. Kosten des Gesundheitswesens, der Arbeitslosigkeit, der Ausbildung). Der Betrieb ist umgekehrt durch die gesetzlichen Auflagen gezwungen, bestimmte Beiträge an die Gesellschaft zu entrichten (z.B. Abbau von Arbeitsbelastungen, Erfüllung von Sicherheitsvorschriften, Schaffung von Behindertenarbeitsplätzen), um die gesellschaftliche Funktionsfähigkeit zu erhalten, von der letztlich die Aufrechterhaltung der Nachfrage und damit der Absatz der produzierten Güter und Dienstleistungen abhängen. Sekundäre, im Rahmen von HdA-Projekten geförderte Arbeitsanalysen sind also in einen "trade off" zwischen Betrieb und Gesellschaft eingespannt. Da die Betriebe in einer marktwirtschaftlichen Ordnung nach Autonomie streben und sich für individuelle Reproduktionsgefährdungen erst dann interessieren, wenn aus ihnen Probleme für die Nutzung der menschlichen Arbeitskraft resultieren, bleiben sie gegenüber HdA und der Anwendung sekundärer Arbeitsanalysen prinzipiell *ambiva-*

lent eingestellt. Nicht zu unterschätzen ist jedoch der Image-Gewinn, den die Unternehmen aus der HdA-Entwicklung von Arbeitsanalysen ziehen, indem sie sich von der "menschlichen Seite" zeigen und dabei gleichzeitig die rationale Nutzung der Arbeitskräfte - diesmal nur mit raffinierteren Mitteln - weiter vorantreiben. "Die in den allermeisten Projekten dominierenden Rationalisierungsabsichten werden durch Schlagworte, wie z.B. 'Persönlichkeitsförderlichkeit der neuen Arbeitsbedingungen' verschleiert. Im Zentrum des Projektverständnisses steht nicht der beschäftigte Mensch, sondern die Absicht, durch die modellhafte Implementierung möglichst aufwendiger technischer Systeme das eigene Renommee für die Akquirierung neuer Kunden zu stärken" (FRIELING 1990, S. 230f). Es liegt die Schlußfolgerung nahe, daß die Betriebe dem Imageaspekt von HdA-Projekten ein größeres Gewicht beimessen als der tatsächlichen Verbesserung der Arbeitsbedingungen.

Primäre und sekundäre Verfahren sind keine sich gegenseitig ausschließenden, sondern vielmehr ergänzende Modi der Arbeitsanalyse, die gleichzeitig zum Zuge kommen können, aber unterschiedliche Schwerpunkte setzen. Den primären Verfahren kommt in der Praxis die größere Bedeutung zu, da sie speziell für die betriebliche Routine kurz- und mittelfristiger personalpolitischer Entscheidungen (z.B. Personalauswahl, Personalplanung, Entgeltdifferenzierung) entwickelt wurden und sich hier aufgrund ihres einfachen Aufbauprinzips recht gut handhaben lassen. Demgegenüber ist mit den sekundären Verfahren ein vergleichsweise hoher Konstruktions-, Durchführungs- und Auswertungsaufwand verbunden, der wohl nur dann investiert wird, wenn die Berücksichtigung humaner Interessen in langfristig angelegten Gestaltungsprojekten höhere Produktivität und/oder Imagegewinne verspricht.

3.4 Primäre Arbeitsanalyse bei ArbeiterInnen

3.4.1 Der REFA: Entstehung, Geschichte, Funktionen

REFA war ursprünglich die Abkürzung für "Reichsausschuß für Arbeitszeitermittlung", was auf die Wurzeln dieser Institution in der Weimarer Republik verweist. Nach seiner Gründung im Jahre 1924 verlagerte der REFA seinen Tätigkeitsbereich allmählich von der Sammlung, Entwicklung und Verbreitung von Methoden der Arbeitszeitermittlung auf grundsätzliche Fragen der betrieblichen Rationalisierung: Die Arbeitsstudie mit dem Ziel der effizienten Gestaltung von Arbeitsabläufen, -methoden, -unterweisungen und -vorbereitungen sowie der Etablierung von Arbeitsbewertungssystemen rückte in den Mittelpunkt, so daß der REFA entsprechend seinem erweiterten Aufgabengebiet zur Zeit des Nationalsozialismus in "Reichsausschuß für Arbeitsstudien" umbenannt wurde (vgl. PECHOLD 1974).

Der REFA war kein spezifisch nationalsozialistisches Phänomen, sondern entsprach in Auftrag und Programm weitgehend Entwicklungen, die in jenen Tagen auch in anderen kapitalistischen Ländern, insb. aber den USA, zu beobachten waren. SIEGEL (1989, S. 222) betrachtet den REFA als Bestandteil einer deutschen Variante des "Taylorismus", wobei sie - um Mißverständnissen vorzubeugen - dieses Konzept als einen Sammelbegriff für die "Versuche um eine Rationalisierung der Leistungsentlohnung und des Arbeitsprozesses benutzt und Taylor lediglich stellvertretend für die US-amerikanischen Protagonisten dieser Versuche" nennt. Vorsicht in der Anwendung des Begriffs "Taylorismus" auf den REFA ist offensichtlich deswegen geboten, weil um die Vaterschaft des Arbeitsstudiums schon seit langem eine Kontroverse entbrannt ist, bei der es einigen Verfechtern unter Berufung auf Leonardo da Vinci um die Ehrenrettung des abendländischen Kulturkreises und seiner Errungenschaften geht: "Wenn heute noch jemand Taylorismus sagt und das Arbeitsstudium in unserem Land meint, muß er sich den Vorwurf mangelnder Kenntnis der tatsächlichen geschichtlichen Vorgänge oder den Vorwurf der bösartigen Verleumdung gefallen lassen. Unser deutsches Arbeitsstudium wurzelt in einer langen europäischen Tradition des Bewußtseins sozialethischer Verantwortung" (HACKSTEIN 1978, S. 129; vgl. auch ROOS & BLANK 1978).

Daß dennoch zwischen den deutschen Rationalisierungsbemühungen und dem amerikanischen Taylorismus eine innige Verbindung bestand, geht aus dem Brief eines führenden Oberingenieurs der SIEMENS-SCHUCKERT-Werke (S.S.W.) hervor, die damals intensiv das in den USA entwickelte "BEDAUX-System" der Arbeitsbewertung auf seine Anwendungsmöglichkeit überprüften: "Ergeben unsere im Gange befindlichen Untersuchungen die Möglichkeit einer weiteren Leistungssteigerung durch Anwendung der Bedaux'schen Ideen, dann werden wir aus der Eigenart unserer Betriebe heraus auch selbst eine entsprechende Organisation mit allen den S.S.W. zur Verfügung stehenden Mitteln aufziehen können. Es wird uns dies ebenso gelingen, wie es uns gelungen ist, die Taylorschen Ideen auf deutsche Verhältnisse umzuwerten, umsomehr, da die ganze deutsche Industrie jetzt doch mehr denn je an allen diesen Entwicklungsarbeiten sich beteiligt" (KUPKE 1951, S. 38; zit. in SIEGEL 1989, S. 255; systematischer mit der Rezeption des Taylorismus in Deutschland beschäftigen sich die Arbeiten von HINRICHS & PETER 1976, HINRICHS 1981, HOFFMANN 1985; zum BEDAUX-System vgl. den Abschnitt 3.4.2 im vorliegenden Band).

Durch die Beteiligung der "ganzen deutschen Industrie" an einer umfassenden Rationalisierungsbewegung erhielt der REFA erheblichen Aufwind. Mit der Rückendeckung durch die "Deutsche Arbeitsfront" (DAF) und der Auflösung der Gewerkschaften wurde jeglicher Kritik der Wind aus den Segeln genommen, so daß sich der REFA im günstigen Klima der nationalsozialistischen "Leistungsgemeinschaft" allmählich zu *der* Institution für Zeit- und Arbeitsstudien in Deutschland entwickeln konnte. Die TAYLORschen Ideen wurden zwar in den meisten Industrieländern zur Grundlage eines Arbeits- und Zeitstudienwesens, doch ist es nur in Deutschland unter der Trägerschaft des REFA gelungen, die Methoden durchgehend zu vereinheitlichen, eine eigene Terminologie und Nomenklatur zu schaffen sowie in weiten Bereichen geltende Standards für die betriebswissenschaftliche Forschung und Lehre zu errichten.

Kapitel 3

Der zunehmende Einfluß des REFA im "Dritten Reich" ist nicht zuletzt darauf zurückzuführen, daß Wirtschaft und Gesellschaft in Vorbereitung des "totalen Krieges" für "Ruhe an der Lohnfront" (so DAF-Führer Robert LEY) sorgen mußten. Klagen über ungerechte Löhne stellten für die Idee der Volksgemeinschaft eine Bedrohung dar, wobei es nicht nur um die absolute Lohnhöhe, sondern vor allem um das relative Verhältnis der Löhne zueinander ging (vgl. BURK & BENGE 1982; KÖSTER 1994, S. 134f). Daher kam es 1942 zum Erlaß "lohnordnender Maßnahmen", durch die bestehende Lohnsysteme im Hinblick auf die Verwirklichung des Prinzips der "Lohngerechtigkeit" überprüft und ggf. verändert werden sollten. Das politische Ziel der Herstellung von Lohngerechtigkeit lag aber darin, die Lohnveränderungen möglichst gering zu halten, um über Preisstabilität die Wirtschaftsbedingungen insgesamt besser beherrschen und die wachsende Produktivität gezielt zur "Wiederwehrhaftmachung des Volkes" einsetzen zu können. Der Lohn als Kostenfaktor und als Einkommensfaktor mußte stabil bleiben, um Investitionen in die Rüstungsindustrie forcieren und die Nachfrage nach Konsumgütern dem beschränkten Angebot anpassen zu können. Um leistungsmindernde Lohndiskussionen und -konflikte zu verhindern, war es ausgesprochen wichtig, die Kalkulation der Löhne auf wissenschaftlich anerkannte und objektive Verfahren zu stützen. Im "Aufruf des Führers der Deutschen Arbeitsfront zum 1. Mai" sagte LEY zur Frage des "gerechten Lohns": "Ich bin gewillt, dieses größte Problem jeder Sozialordnung gründlich anzufassen, wie es der Nationalsozialismus verlangt. Deshalb habe ich die besten Männer auf diesem Gebiete zusammengerufen, damit sie uns alle wissenschaftlichen Grundlagen auf diesem Gebiet zusammentragen" (zit. nach SIEGEL 1989, S. 212). Die besten dieser Männer waren im REFA versammelt, der das betriebsökonomische Ziel der Leistungssteigerung mit dem betriebspolitischen Ziel der Versachlichung von Konfliktbereichen und damit der Einhaltung des "Betriebsfriedens" verband.

Daß der REFA dieser doppelten Zielsetzung auch in der Nachkriegszeit treu geblieben ist, davon zeugen sowohl die personelle Kontinuität seiner maßgeblichen Funktionsträger als auch die nahezu unveränderte Übernahme der einschlägigen Definitionen, Methoden und Erkenntnisse (die "REFA-Methodenlehre" z.B. trat 1971 an die Stelle des REFA-Buches von 1952 und ist in dieser Form auch heute noch gültig). Mittlerweile hat sich der REFA von seiner nationalsozialistischen Vergangenheit getrennt und nennt sich in neutral klingender Weise "Verband für Arbeitsstudien und Betriebsorganisation"; sein Sitz ist nach wie vor in Darmstadt. Der Verband versteht sich als Einrichtung praktischer betriebsorganisatorischer Forschung und Ausbildung, die von der Industrie unterstützt wird und folglich ihren Interessen nahesteht. Die Ausbildungsaufgaben des REFA beziehen sich hauptsächlich auf die Qualifizierung von Arbeits- und Leistungsanalytikern: Über den Besuch von Seminaren kann man sich im Rahmen REFA-eigener Curricula in der Anwendung der standardisierten Materialien und Unterlagen schulen lassen, um das erworbene Wissen später als "REFA-Mann" bzw. "-Frau" bei der Lösung betrieblicher Probleme anzuwenden (z.B. Leistungsgradschätzung, Zeitmessung, Arbeitsbeschreibung).

3.4.2 Entstehung der Arbeitsbewertung nach REFA

In der Zeit zwischen 1938 und 1945 entstand in Deutschland das Problem, daß es nahezu unmöglich wurde, die Bemühungen um korrekte Arbeitszeitermittlung ("Vorgabezeiten", "Akkordrichtsätze") bei *verschiedenen Arbeitsarten* durch die ausgleichende Anwendung von sog. "Geldfaktoren" aufrechtzuerhalten. Mit den Geldfaktoren hatte man bis dahin versucht, bei der Lohnfindung dem Umstand Rechnung zu tragen, daß verschiedene Arbeitsarten zu ihrer Durchführung per se ein unterschiedlich hohes Ausmaß an Zeit beanspruchen - das System der Geldfaktoren wurde als Gewichtungsverfahren allerdings schnell unübersichtlich und führte zu nicht vergleichbaren Ergebnissen. Etwa im gleichen Zeitraum entwickelte der französische Ingenieur BEDAUX in den USA ein Entlohnungssystem, das es ermöglichte, den Geldfaktor der leistungsabhängigen Entlohnung ("Zeitakkord") schwierigkeitsgerecht durch eine systematische Klassifikation von Tätigkeiten festzulegen. Im Zuge der Rezeption des BEDAUX-Systems in Deutschland verlagerte sich in den dreißiger Jahren die Diskussion um den Leistungslohn vom Problem der Leistungsermittlung ("Zeitermittlung", "Leistungsgradschätzung") zu deren Ergänzung durch Verfahren der Arbeitsbewertung. Bei der Anwendung des BEDAUX-Systems wurden erstmals keine Unterschiede zwischen Ungelernten, Angelernten und Gelernten gemacht; vielmehr wurden verschiedene Anforderungsarten differenziert und nach einer Punkttabelle bewertet. Das BEDAUX-Verfahren konkurrierte mit den analytischen Arbeitsbewertungssystemen des Arbeitswissenschaftlichen Instituts (AWI), das der DAF angeschlossen war, und der Reichgruppe Industrie, die zu je anderen Vorgehensweisen bei der Aufgliederung der Anforderungsarten und ihrer Gewichtung gelangten. Letztlich setzte sich das analytische Verfahren der Reichgruppe Industrie durch, wobei auf Veranlassung der DAF der Punktbewertungsplan weggelassen wurde. Damit kam erstmals der sog. "Lohngruppenkatalog Eisen und Metall" (LKEM) zur praktischen Anwendung, der eine summarische Bewertung der Arbeiten als Ganze vorsah (vgl. Abb. 3.3), indem diese mit den Richtbeispielen des Katalogs verglichen und entsprechend ihrer Rangfolge eingestuft wurden. Der REFA begrüßte diese Neuerung, weil mit dem LKEM die Bewertung der ArbeiterInnen abgelöst wurde durch die *Bewertung der Arbeit* selbst, was eine Abstufung der Schwierigkeitsgrade der einzelnen Arbeiten zur Folge hatte. Damit war es möglich geworden, den bislang willkürlich in Geldfaktoren ausgedrückten "Schwierigkeitszuschlag" systematisch in die Staffelung der gebildeten Lohngruppen und der an sie gekoppelten Grundlöhne zu integrieren. Geschichtlich ging die Leistungsanalyse und -entlohnung also der Arbeitsbewertung voraus; daß die Leistungsanalyse und -entlohnung im vorliegenden Text erst im Anschluß an die Arbeitsbewertung dargestellt werden, hat damit zu tun, daß die Arbeitsbewertung heute zur festen Bezugsgrundlage der leistungsabhängigen Lohndifferenzierung geworden ist.

1949 bildete sich aus dem damaligen Hauptausschuß des REFA ein Ausschuß "Arbeitsbewertung", dem es um die Anpassung des LKEM an sich verändernde Arbeitsbedingungen und die gewerkschaftlichen Forderungen nach mehr Mitbestimmung ging. Der Ausschuß löste sich jedoch nach nur fünf Sitzungen wieder auf, weil die Vorstellungen der Experten über ein gerechtes Arbeitsbewertungssystem zu weit auseinanderfielen. Während einige Experten an eine Weiterentwicklung der Punktbewertungsmethode der Reichgruppe Industrie dachten, indem sie eine Punktdifferenzierung bis zu zwei Stellen hinter dem Komma genau vorsahen und von den vagen Richtbeispielen des LKEM Abstand nahmen, warfen ihnen die Kritiker im Ausschuß eine unzulässige Vortäuschung von Genauigkeit vor, da es sich bei jeder Arbeitsbewertung um eine "rein subjektive Methode" handele. Es kam zwar zu keiner Einigung, doch enthielten alle noch so unterschiedlichen Expertenvorschläge in der einen oder anderen Form diejenigen Anforderungsarten, die 1950 im sog. "Genfer Schema" zusammengefaßt wurden:

1) Erforderliches Können und Wissen einschließlich Vorbildung, Erfahrung und Geschicklichkeit;

2) körperliche und geistige Belastung beim Arbeitsvollzug;

3) auferlegte Verantwortung für Sachen, Vorgänge, Menschen;

4) erschwerende Begleitumstände wie z.B. Hitze, Lärm, Staub.

Der REFA-Grundsatzausschuß "Arbeitsbewertung" faßte am 19. Juni 1954 einen Beschluß über "Methodische Grundlagen der analytischen Arbeitsbewertung", durch den man der gewerkschaftlichen Forderung nach Mitbestimmung bei der Gewichtung der Anforderungsarten und bei der Zuordnung vom Grundlohn zum Gesamt-Arbeitswert entgegenzukommen versuchte. "Arbeitgeberverbände und Gewerkschaften einigten sich jedoch nie auf eine für alle Industriezweige, oft nicht einmal für einen Industriezweig gültige Arbeitsbewertung" (SIEGEL 1989, S. 267).

Zwar waren sich beide Tarifparteien darin einig, daß eine analytische Arbeitsbewertung nützlich sei, doch gab es divergierende Ansichten darüber, wie sie im konkreten Fall ausschauen sollte.

Die Bemühungen des REFA um eine gerechte Entlohnungsbasis dürfen jedoch nicht vergessen machen, daß die Arbeitsbewertung ein "ideologisches Instrument" (GIKAS 1985) darstellt. Durch die Einführung der Arbeitsbewertungs-Instrumente im "Dritten Reich" sollte der Lohn quasi "marktunabhängig" gemacht werden, indem alle Tätigkeiten nach einem einheitlichen Plan beurteilt und eingestuft wurden. Die Bestimmung des sachlichen Arbeitswertes jeder Tätigkeit sollte die Grundlage für eine Lohngestaltung nach volksgemeinschaftlichen Prinzipien schaffen. Mit der Arbeitsbewertung konnte aber auch die Absicht einer Trennung der Belegschaft in verschiedene Segmente, die miteinander um den Aufstieg konkurrieren, verwirklicht werden. So wollte man mit dem LKEM z.B. "die hierarchische Ordnung unter den Lohnabhängigen wiederherstellen. Die Spanne der Grundlöhne zwischen gelernten und angelernten Arbeitern wurde vergrößert, damit letztere, wenn sie im Akkord arbeiteten, nicht mehr verdienen konnten als erstere. Ferner wurde die relative Unterbezahlung der ArbeiterInnen wie auch - durch zusätzliche Regelungen - der 'fremdrassigen' Arbeiter und Arbeiterinnen systematisiert. Drittens wollte man durch

Arbeitsanalyse

	Grundlohn-abstufung	Die Grundlöhne der Frauen betrugen 75 % der Grundlöhne für Männer in den entsprechenden Lohngruppen
ungelernte Arbeiter	75 %	**Lohngruppe 1** Einfachste Arbeiten, die ohne jegliche Ausbildung nach kurzer Anweisung ausgeführt werden können.
	80 %	**Lohngruppe 2** Einfache Arbeiten, die eine geringe Sach- und Arbeitskenntnis verlangen, aber ohne jegliche Ausbildung nach einer kurzfristigen Einarbeitungszeit ausgeführt werden können oder einfachste Arbeiten von erschwerender Art.
angelernte Arbeiter	87,5 %	**Lohngruppe 3** Arbeiten, die eine Zweckausbildung oder ein systematisches Anlernen bis zu 6 Monaten, eine gewisse berufliche Fertigkeit, Übung und Erfahrung verlangen, ferner einfache Arbeiten von besonders erschwerender Art.
	92,5 %	**Lohngruppe 4** Arbeiten, die ein Spezialkönnen verlangen, das erreicht wird durch eine abgeschlossene Anlernausbildung oder durch ein Anlernen mit zusätzlicher Berufserfahrung oder einfachere Arbeiten von ganz besonders erschwerender Art.
gelernte Arbeiter	100 % (Ecklohn)	**Lohngruppe 5** Facharbeiten, die neben beruflicher Handfertigkeit und Berufskenntnissen einen Ausbildungsstand verlangen, wie er entweder durch eine fachentsprechende ordnungsgemäße Berufslehre oder durch eine abgeschlossene Anlernausbildung und zusätzliche Berufserfahrung erzielt wird.
	110 %	**Lohngruppe 6** Schwierige Facharbeiten, die besondere Fertigkeiten und langjährige Erfahrungen verlangen, oder Arbeiten, die eine abgeschlossene Anlernausbildung erfordern und unter besonders erschwerenden Umständen ausgeführt werden müssen.
	120 %	**Lohngruppe 7** Besonders schwierige oder hochwertige Facharbeiten, die an das fachliche Können und Wissen besonders hohe Anforderungen stellen und völlige Selbständigkeit und hohes Verantwortungsgewußtsein voraussetzen. Ferner schwierige Facharbeiten unter besonders erschwerenden Umständen.
	133 %	**Lohngruppe 8** Hochwertigste Facharbeiten, die meisterliches Können, absolute Selbständigkeit, Dispositionsvermögen, umfassendes Verantwortungsbewußtsein u. entsprechende theoretische Kenntnisse erfordern.

Abb. 3.3 Der Lohngruppenkatalog Eisen und Metall - "LKEM" (LEITFADEN 1943, S. 21, 22, 53)

Kapitel 3

Untergliederung der herkömmlichen Lohngruppen den 'Aufstiegswillen' der Arbeiter (Frauen hatten nicht aufzusteigen) fördern. Insbesondere die Aufgliederung der alten Lohngruppe 'gelernte Arbeiter' in vier Lohngruppen sollte dazu dienen, daß hochspezialisierte Facharbeiter (die Mangelware waren) 'stoßtruppmäßig' herausgehoben wurden" (SIEGEL 1989, S. 247).

Die Verfahren der Arbeitsbewertung konstituieren das Konzept eines anforderungsgerechten Lohnes, bei dem die Frage der Lohngerechtigkeit sukzessive von der gesellschaftlichen in die betrieblich-organisatorische und hier wiederum in eine rein technische Sphäre verlagert wird, um auf diese Weise mehr und mehr von der immanenten sozialen Kontroll- und Steuerungsfunktion der Verfahren abzulenken. Nicht zuletzt deswegen stand die Arbeitsbewertung in den fünfziger und sechziger Jahren in voller Blüte, weil die herrschaftspolitische Bedeutung der angewandten Methoden mit dem Untergang des nationalsozialistischen Reichs nicht einfach verloren ging.

3.4.3 Vollständiger Arbeitsanalyse-Zyklus nach REFA

Der vollständige Arbeitsanalyse-Zyklus wird im vierten Band der *REFA-Methodenlehre* beschrieben (REFA 4, 1991), einem formalisierten Regelwerk, das alle zur Analyse notwendigen Definitionen, Instruktionen und Anwendungsbeispiele enthält. REFA 4 (1991, S. 17) sieht für die Arbeitsanalyse eine "3-Stufen-Methode der Anforderungsermittlung" vor:

1) Arbeitsbeschreibung;
2) Analyse der Anforderungen;
3) Bewertung der Anforderungen.

Die Ergebnisse der einzelnen Analyseschritte werden im sog. "REFA-Anforderungsermittlungsbogen" festgehalten (vgl. Abb. 3.4). Das Ziel des dreistufigen Vorgehens liegt in der Ermittlung eines zusammenfassenden *Arbeitswertes* (für ein Tätigkeitsmuster, einen Arbeitsplatz, eine Stelle etc.), dem anschließend ein bestimmter *Lohn* zugeordnet werden kann. Insgesamt betrachtet kann eine hierarchisch gestaffelte Liste von Arbeitswerten bzw. Arbeitswertgruppen einer Liste von Löhnen bzw. Lohnbandbreiten gegenübergestellt und mit ihr gekoppelt werden. Da die Bestimmung und Vergabe von Löhnen nicht an "objektive" Verfahren, sondern offiziell an politische Lohnverhandlungen gebunden ist, gehört sie logisch-systematisch nicht mehr zum Bereich der Arbeitsanalyse. Die Funktion der Arbeitsbewertung besteht ausschließlich darin, eine betriebliche Struktur von Arbeitsplatz- bzw. Stellenwerten festzulegen; die daran orientierte Lohnstruktur ist Gegenstand von Verhandlungen (vgl. ARMSTRONG & MURLIS 1988, S. 97). Durch den Aufbau einer bewerteten Hierarchie von Arbeitsplätzen wird es allerdings möglich, die betriebliche Lohnstruktur so einzurichten, daß man die relative Positionierung der Löhne zueinander als gerecht empfinden kann.

3.4.3.1 Arbeitsbeschreibung

Das Ziel der Arbeitsbeschreibung[5] besteht "in einer systematischen Beschreibung von Arbeitssystemen und gegebenenfalls deren Organisationsbeziehungen, um daraus die Anforderungen ableiten zu können, welche die Arbeit an den Menschen stellt" (REFA 4, 1991, S. 22). Im standardisierten REFA-Anforderungsermittlungsbogen werden folgende Kategorien zur Beschreibung des Arbeitssystems verwendet (REFA 4, 1991, S. 23ff; s.a. ZÜLCH 1992, S. 137):

1) *Arbeitsaufgabe*: Sie stellt quasi eine Aufforderung an den Menschen dar, zielgerichtete Tätigkeiten auszuführen; die Tätigkeit und ihr Gegenstand sind stichwortartig anzugeben.

2) *Eingabe*: Arbeitsgegenstände, aber auch Informationen und Energie, die zur Durchführung der Arbeitsaufgabe benötigt werden.

3) *Ausgabe*: Arbeitsgegenstände (Informationen, Energie), die im Sinne der Arbeitsaufgabe verändert oder verwendet werden.

4) *Arbeits- bzw. Betriebsmittel*: Maschinen, Anlagen und sonstige Geräte, die zur Erfüllung der Arbeitsaufgabe notwendig sind.

5) *Umwelteinflüsse*: Physikalische, chemische, biologische, organisatorische und soziale Faktoren, die das Verhalten des Arbeitssystems und seiner einzelnen Elemente beeinflussen.

6) *Arbeitsablauf*: Räumliche und zeitliche Folge des Zusammenwirkens von Mensch und Arbeits- bzw. Betriebsmitteln.

7) *Bildliche Darstellung*: Foto oder Skizze des Arbeitssystems.

Bei Bedarf kann die Beschreibung des Arbeitssystems durch dessen Einordnung in die Aufbauorganisation, d.h. eine Beschreibung der Organisationsbeziehungen zu über-, nach- und gleichgeordneten Arbeitssystemen - ergänzt werden. Da die aktuelle REFA-Methodenlehre sehr häufig den Begriff des "Arbeitssystems" benutzt, verwundert es, daß kein systematischer Bezug zu arbeitswissenschaftlichen System-Konzeptionen hergestellt wird (vgl. etwa ROHMERT & RUTENFRANZ 1975; HETTINGER & WOBBE 1992). Aus dem Blickwinkel der modernen sozialwissenschaftlichen Systemtheorie stützt der REFA sein Systemverständnis nach wie vor auf die "Urstände" der Entwicklung systemtheoretischer Konzeptionen, die noch durch die Leitdifferenz "Teil-Ganzes" geprägt waren (vgl. NEUBERGER 1990, S. 240f): Systeme werden als Ganzheiten gesehen, die sich aus "Elementen" zusammensetzen, die miteinander in einer spezifischen Beziehung stehen. Diese ontologische Auffassung ignoriert, daß eine wesentliche Leistung von sozialen (!) Arbeitssystemen auch darin besteht, ihre Grenzziehung zur Umwelt selbstreferentiell vorzunehmen und zu stabilisieren. Im Grunde ist das REFA-Arbeitssystem eine nur formal definierte "Leerstelle", deren inhaltliche Bestimmung ausbleibt: Ein Input wird in der "Black Box" des Arbeitssystems zunächst irgendwie in einen "Arbeitsgegenstand" überführt und anschließend durch den Einsatz von Arbeits- und Be

---

[5] Die Begriffe "Aufgaben-, Tätigkeits-, Funktions- oder Stellenbeschreibung" werden häufig synonym verwandt (REFA 4, 1991, S. 22).

| AE1 | REFA-Anforderungsermittlungsbogen |

1. Arbeitsbeschreibung

Arbeitssystem

Arbeitsaufgabe, Kurzbeschreibung, Stichwort

Schneiden von Streifen aus Blech auf Tafelschere.

Eingabe

Blechtafeln verschiedener Stahlsorten und Abmessungen, z.T. geölt; z.B. Blech 1 dick DIN 1623 St 10.
Tafelabmessung 1000 mm x 2000 mm, Gewicht der Tafel etwa 16 kg.
Schriftlicher Arbeitsauftrag mit Angabe der Menge und Streifenabmessung, mündliche Unterweisung.

Ausgabe (Arbeitsergebnisse)

Streifen abgeschnitten z.B. 90 mm x 2000 mm aus Blech 1 dick DIN 1623 St 10.
Ggf. für andere Arbeitsaufträge verwendbare Reststreifen.
Zeitbedarf etwa 8 Minuten für 100 Streifen.

Arbeitsmittel/Betriebsmittel

Tafelschere mit elektrischem Antrieb und Fußschaltung, Messerlänge 2050 mm, größte zulässige Blechdicke 2,5 mm.
Ablageböcke, Stapelgestell. Hammer, Schraubenschlüssel, Schraubendreher. Maßstab, Schiebelehre. Lederschürze,
Lederschutzhandschuhe, Ölkanne.

Umgebungseinflüsse

Arbeitsplatz zwischen dem Blechlager und den Pressenarbeitsplätzen in einer etwa 10 m x 35 m großen, etwa 5 m hohen,
hellen, lüft- und heizbaren Stanzerei mit etwa 20 Exzenterpressen von 10 bis 160 t.

andere Einflüsse
Einzelarbeitsplatz.
Serien bis etwa 2000 Streifen im Wechsel mit gleichartigen Arbeiten.

Arbeitsablauf/Arbeitsablaufabschnitte bzw. Teilaufgaben

Blechtafeln werden vom Lager angeliefert und hinter der Schere in Griffhöhe auf Böcken abgelegt.
Schere selbst einrichten, hierbei Anschlag auf der Rückseite der Schere auf 90 ± 0,25 mm einstellen. Blechtafel vom Stapel ziehen,
in Schere schieben und mit dem ersten Schnitt ohne Anschlag beschneiden. Tafel gegen Anschlag schieben, ersten Streifen abschneiden
und Streifenbreite mit Schiebelehre messen. Ggf. Anschlagstellung korrigieren.
Blechtafel weiter gegen Anschlag schieben und die Streifen schneiden. Reststreifen in gesondertes Gestell ablegen. Die abgeschnittenen
Streifen fallen hinter der Schere in ein Stapelgestell. In gleicher Weise die weiteren Blechtafeln in Streifen schneiden, hierbei von Zeit zu
Zeit Streifenbreite kontrollieren. Bei Erkennen unzulässiger Gratbildung den Einrichter verständigen und diesem beim Messerwechsel
helfen.
An- und Abtransport der Blechtafeln, Streifen und Reststreifen sowie der zugehörigen Gestelle durch Transportgruppe der Werkstatt,
diese bei Bedarf verständigen.
Das Warten der Maschine, wie Reinigen und Abschmieren, gehört zur Arbeitsaufgabe.

Körperhaltung: Arbeitsverrichtung im Stehen, zeitweise in leicht gebeugter Haltung.

Datum	Unterschrift	Stichwort	Beispiel-Nr.	Ablage-Nr.		
		Streifen schneiden	14	Blatt 1	von 1	Blättern

	2. Anforderungsanalyse	3. Quantifizierung der Anforderungen		
Fortsetzung der Arbeitsbeschreibung		REFA-Rang-Platz-Nr.	Gewichtungsfaktor	Anforderungswert
Organisationsbeziehungen				
Stellenbezeichnung	Kenntnisse: *Ausbildung, Erfahrung, Denkfähigkeit*	10		
	Kenntnisse und Erfahrungen im Einstellen des Anschlags, im Messen mit der Schiebelehre, im Erkennen der Messerabnutzung und in der Wartung der Maschine.			
Unmittelbar vorgesetzte Stelle				
Meister	Geschicklichkeit: *Handfertigkeit, Körpergewandtheit*	15		
Erhält zusätzlich fachliche Weisungen von	Handfertigkeit beim Einstellen des Anschlages und beim Messen mit der Schiebelehre. Handfertigkeit und Körpergewandtheit beim Heranziehen der Blechtafeln vom Stapel, beim Einschieben in die Schere gegen Anschlag und beim Messerwechsel mit dem Einrichter.			
dem zeitweise betreuenden Einrichter				
	Verantwortung: *für die eigene Arbeit, für die Arbeit anderer und für die Sicherheit anderer*	10		
Kontrolle durch				
Einrichter	Schadensmöglichkeit durch Meßfehler beim Einstellen des Anschlages und beim Warten der Maschine.			
Unterstellte Stellen	Geistige Belastung: *Aufmerksamkeit, Denktätigkeit*	10		
	Aufmerksamkeit beim Einstellen der Anschläge und beim genauen Anlegen der Blechtafeln an den Anschlag.			
Erteilt zusätzliche fachliche Weisungen an				
	Muskelmäßige Belastung: *dynamische, statische, einseitige Muskelarbeit*	35		
Wird vertreten von	Ganztägiges Stehen, Körperdrehen und -beugen beim Abziehen der Blechtafeln vom Stapel und beim Einschieben in die Schere. Gewicht je Tafel etwa 16 kg. Fußschaltung.			
Vertritt	Umgebungseinflüsse: *Klima, Nässe, Öl, Fett, Schmutz, Staub, Gase, Dämpfe, Lärm, Erschütterung, Blendung oder Lichtmangel, hinderliche Schutzkleidung, Erkältungsgefahr, Unfallgefährdung*	20		
	Belästigung durch verschmutzte und teilweise ölige Blechtafeln. Gefährdung durch scharfkantige Bleche trotz Lederhandschuhen. Lärmbelästigung durch 20 Pressen im gleichen Arbeitsraum, Lärmpegel 84 dB(A).			
Besondere Befugnisse und Verpflichtungen				
			Wertzahlsumme	
Bemerkungen				

Abb. 3.4 Der REFA-Anforderungsermittlungsbogen (nach REFA 4, 1991, S. 122)

Kapitel 3

triebsmitteln ("Werkzeugen") auf unbestimmte Weise in einen Output verwandelt. Wie diese Metamorphose im einzelnen geschieht, bleibt dabei genauso ungeklärt, wie die Herkunft des Inputs, der Werkzeuge und der Regeln, mit deren Hilfe die Dinge, Informationen und Energien zunächst zu Arbeitsgegenständen und später in einen Output transformiert werden.

Da die theoretischen Zusammenhänge nicht erhellt werden, kann REFA zur Erstellung von Arbeitsbeschreibungen nur einige praktische Empfehlungen geben:

- Die Beschreibungen sollten soweit wie möglich zahlenmäßige Angaben enthalten;
- zur Beschreibung sollten besonders typische Arbeitssysteme als repräsentative Bezugsgrößen ausgewählt werden;
- die Daten können durch Selbstaufschreibung (der Betroffenen), Fremdaufschreibung (der Vorgesetzten oder REFA-Beauftragten) und Befragung (der Betroffenen, deren Vorgesetzten und MitarbeiterInnen) registriert werden. Die Mitwirkung der StelleninhaberInnen an der Beschreibung ist ausdrücklich erwünscht, weil diese dadurch die Gelegenheit bekommen, Verbesserungsvorschläge für die Gestaltung ihrer Arbeit zu machen. "Die Mitwirkung des Mitarbeiters hat zudem den Vorteil, daß er das Vorgehen und die Ziele der Anforderungsermittlung besser versteht und diesen eher Vertrauen entgegenbringt" (REFA 4, 1991, S. 39);
- falls dem arbeitenden Menschen durch die Zunahme hochmechanisierter Fertigungsprozesse jegliche Einwirkungsmöglichkeiten auf die Arbeitsgegenstände entzogen werden - so der lakonische Hinweis des REFA - "genügt eine zusammenfassende Angabe der Arbeitsmittelbedienung (sofern sie die Anforderung nicht beeinflußt), zum Beispiel in der Form 'Maschine durch Druckknopfbetätigung zum automatischen Fräsen der Innenflächen einschalten'" (REFA 4, 1991, S. 30).

3.4.3.2 Anforderungsanalyse

Die Anforderungsanalyse übersetzt die Ergebnisse der Arbeitsbeschreibung in diejenigen Faktoren, die Aufschluß über Art und Höhe der Anforderungen geben können. Erfolgt diese Übersetzungsleistung eher global und für die Anforderungen des Arbeitssystems als Ganzes, spricht man von *summarischen* Verfahren der Arbeitsbewertung: Die Anforderungsanalyse entspricht dem Vorgehen nach eigentlich einer Anforderungssynthese. Wird jedoch eine differenziertere Bewertungsbegründung angestrebt, müssen die verschiedenen Anforderungen im Rahmen eines *analytischen* Vorgehens vor der Bewertung genau festgelegt und gegeneinander abgegrenzt werden. Die Festlegung der Grundanforderungsarten nach REFA - im vorliegenden Text als "Anforderungsdimensionen" bezeichnet - erfolgt dabei in Anlehnung an das Genfer Schema und dient gewissermaßen als Orientierungsrahmen für tarifpolitische Vereinbarungen, bei denen die tatsächliche Aufgliederung der einzelnen Grundanforderungsarten in Abhängigkeit von Tarifgebiet und den jeweiligen tarifvertraglichen Bestimmungen variieren kann.

Exkurs: "Genfer Schema"

Bei einer internationalen Konferenz für Arbeitsbewertung im Mai 1950 in Genf wurde eine Gliederung von Anforderungsarten vorgeschlagen, für die "Können" und "Belastung" die zentralen Einteilungsgesichtspunkte darstellen (vgl. Abb. 3.5). Obwohl an der Genfer Konferenz Experten der Arbeitsanalyse teilnahmen, verweist die Willkürlichkeit und Beliebigkeit der ausgewählten Anforderungsarten auf die mangelnde theoretische Fundierung der Systematik. Es scheint, daß die Experten in Genf unter politischem Handlungsdruck und in Ermangelung einer arbeitswissenschaftlichen Anforderungstheorie aus ihrem reichen, praktisch orientierten Erfahrungsschatz geschöpft und beim Entwurf ihrer Schematik eine naive, laienpsychologische Konzeption bemüht haben: Zunächst werden gemäß der abendländischen Denktradition des Dualismus geistige und körperliche Anforderungen voneinander geschieden und im nächsten Schritt als Funktion von Können *und* Belastung interpretiert. Die Anforderungsarten "Verantwortung" und "Umgebungseinflüsse" werden ausschließlich als Funktion von Belastungsparametern gesehen, obwohl man - einfachen Plausibilitätsüberlegungen folgend (vgl. HEIDER 1958; 1977) - Verantwortung auch tragen *können* muß. Im Hinblick auf die Umgebungseinflüsse stellt sich sogar die Frage, ob "Können" nicht generell das Resultat einer *Verhältnisbestimmung* zwischen den eigenen Fähigkeiten und den aus der Umgebung erwachsenden Problemen bzw. Herausforderungen ist: Man kann nur dann eine Aufgabe bearbeiten, wenn die Fähigkeit der objektiv gegebenen Aufgabenschwierigkeit entspricht oder diese übersteigt.

	Können	Belastung
1. Geistige Anforderungen	x	x
2. Körperliche Anforderungen	x	x
3. Verantwortung	-	x
4. Umgebungseinflüsse	-	x

Abb. 3.5   Das Genfer Schema (nach REFA 4, 1991, S. 43)

Der Konstruktion des Genfer Schemas liegt offenbar das Stereotyp zugrunde, daß man zur Durchführung von Aufgaben über bestimmte Fähigkeiten verfügen muß, und daß bei jeder Tätigkeit Belastungen (nicht etwa Freude, Kraft, Entspannung, "flow" etc.) entstehen, die man dem Menschen zumuten bzw. abverlangen muß. Diese Belastungs-Logik ist insofern defizitär, als Lohn seine Bedeutung ausschließlich aus der Kompensation für entgangene Lebensfreude bezieht ("Schmerzensgeld"). Dabei wird offensichtlich übersehen, daß Arbeit auch Ent-lastungen mit sich bringen kann. Die gratifikatorischen Aspekte der menschlichen Tätigkeit (z.B. anregende oder sogar beglückende Aufgaben, angenehmes Betriebsklima, Lockerungen der Managementkontrolle) werden gegenüber den Belastungsmomenten aber nicht bilanziert oder in Form von Substitutionsbeziehungen analysiert, so daß alternative Modi der Entlohnung nicht ins Blickfeld geraten können.

Die Grundanforderungsarten des Genfer Schemas erhalten in der REFA-Systematik - getrennt nach dem Können- und Belastungsaspekt - neue Bezeichnungen, so daß sich insgesamt sechs *Anforderungsdimensionen* ergeben, die ihrerseits jeweils in verschiedene *Anforderungsarten* unterteilt werden (vgl. Abb. 3.6).

Anforderungsdimensionen des GENFER Schemas	REFA-Anforderungsdimensionen	REFA-Anforderungsarten
Geistige Anforderungen	Kenntnisse	Ausbildung Erfahrung Denkfähigkeit
	Geistige Belastung	Aufmerksamkeit Denktätigkeit
Körperliche Anforderungen	Geschicklichkeit	Handfertigkeit Körpergewandtheit
	Muskelmäßige Belastung	Dynamische Muskelarbeit Statische Muskelarbeit Einseitige Muskelarbeit
Verantwortung	Verantwortung	Verantwortung für die eigene Arbeit Verantwortung für die Arbeit anderer Verantwortung für die Sicherheit anderer
Arbeitsbedingungen	Umgebungseinflüsse	Klima, Nässe, Öl/Fett/-Schmutz, Staub, Gase/Dämpfe, Lärm, Erschütterung, Blendung/Lichtmangel, Erkältungsgefahr, hinderliche Schutzkleidung, Unfallgefährdung

Abb. 3.6 Anforderungsdimensionen und -arten (modifiziert nach REFA 4, 1991, S. 46ff)

Die Anforderungsdimension "Verantwortung" z.B. unterteilt sich in die Anforderungsarten "Verantwortung für die eigene Arbeit" (sach- und zeitgerechte Anwendung von Arbeitsmethoden, -verfahren und -abläufen), "Verantwortung für die Arbeit anderer" (Einflußnahme auf unterstellte MitarbeiterInnen) und "Verantwortung für die Sicherheit anderer" (Kontrolle von Gefahrenquellen im übertragenen Verantwortungsbereich).

Ein zentrales Problem der Anforderungsanalyse besteht in der Festlegung der *Anzahl* der zu verwendenden Anforderungsarten. Zu viele Anforderungsarten verursachen Überschneidungen, Doppelbewertungen, Komplexität, Unübersichtlichkeit sowie steigenden Arbeits-, Zeit- und Geldaufwand in der Handhabung. Zu wenige Anforderungsarten können der Grund für das Übersehen wichtiger Anforderungsaspekte oder für große, subjektive Bewertungsspielräume sein. Um diese denkbaren Beeinträchtigungsfolgen miteinander auszugleichen und damit die Praktikabilität des Verfahrens zu gewährleisten, werden aufgrund praktischer Erfahrungen im allgemeinen etwa 10-16 Anforderungsarten für angemessen gehalten (vgl. MAIER 1988, S. 57; zur Unabhängigkeit verschiedener Anforderungsarten s.a. GERUM & HERRMANN 1981).

Die Daten für die einzelnen Anforderungsarten können durch

- Messen und Zählen,
- Schätzen,
- Beschreiben unter Verwendung vorgegebener Klassen und
- allgemeines Beschreiben

ermittelt werden (vgl. REFA 4, 1991, S. 59). Mit der Datenermittlung ist in diesem Stadium jedoch noch nichts ausgesagt über das Zusammenspiel der einzelnen Anforderungsarten und -dimensionen bei der Bestimmung (Bewertung) der Gesamtanforderung.

3.4.3.3 Anforderungsbewertung

Das Ergebnis der Anforderungsanalyse sind die einzelnen Anforderungsarten mit quantitativen, zumeist aber qualitativen Daten über die Höhe und manchmal auch die Auftretensdauer der jeweiligen Anforderungen. Unter der Anforderungsbewertung wird jedoch die quantitative Gesamtbewertung der einzelnen Anforderungsarten in einer zusammenfassenden Kennziffer verstanden, die gewissermaßen die Gesamt-Anforderung eines Arbeitssystems an den Menschen repräsentiert. Das Quantifizieren der Anforderungen geschieht demnach zunächst durch die Umsetzung der für jede Anforderungsart ermittelten Daten in (standardisierte) Zahlenwerte, die *Anforderungswerte* genannt werden. Das eigentliche Ziel der Quantifizierung besteht dann im zweiten Schritt in der Addition der Anforderungswerte zu einem sog. "*Arbeitswert*". Bei dieser Addition wird eine *Gewichtung* der einzelnen Anforderungsarten vorgenommen, durch die gewährleistet werden soll, daß jede Anforderungsart mit der ihr entsprechenden Bedeutung in den Gesamt-Index eingeht (so gilt z.B. üblicherweise, daß Kenntnisse wichtiger sind als die Belästigung durch Schmutz). Bei den Bewertungsverfahren mit *getrennter* Gewichtung wird der Gewichtungsfaktor für jede Anforderungsart explizit ausgewiesen, so daß sich der resultierende Anforderungswert erst nach Multiplikation mit dem Gewichtungsfaktor ergibt. Wenn die Gewichtung hingegen an das Bewertungsverfahren *gebunden* ist, dann ist die Bedeutung der einzelnen Anforderungsarten unmittelbar aus dem (maximal erreichbaren) Anforderungswert abzulesen.

"Unter Bewerten versteht man das Vergleichen quantitativer und qualitativer Daten je Anforderungsart eines Arbeitssystems mit einer zuvor definierten Skala" (REFA 4, 1991, S. 66). Das Bewerten der Tätigkeiten erfolgt auf der Basis von systematisch geordneten Vergleichs*beispielen* (z.B. sog. "Brückenbeispiele" des REFA, die aus verschiedenen Wirtschaftszweigen ausgewählt wurden; Richtbeispiele; Tarifbeispiele; betriebliche Beispiele; Stufendefinitionsbeschreibungen). Ein wichtiges Hilfsmittel für das Bewerten sind Bewertungstafeln, die es für jede einzelne Anforderungsart gibt und auf denen die Beispiele gemäß ihrer Anforderungshöhe entlang einer Skala geordnet sind. Anhand der Bewertungstafeln lassen sich deutlich die Vor- und Nachteile der beiden genannten Gewichtungsarten demonstrieren. Bei der gebundenen Gewichtung können die einzelnen Anforderungswerte für die Brückenbeispiele zwar direkt den Bewertungstafeln entnommen werden, so daß sich eine Umrechnung mit Hilfe des Gewichtungsfaktors erübrigt; dennoch haben Verfahren mit gebundener Gewichtung in der Praxis kaum eine Bedeutung, weil jede Änderung der Gewichtung mit einem hohen Aufwand für die komplette Überarbeitung der Bewertungstafeln einhergeht.

3.4.4 Verfahren der Anforderungsbewertung

3.4.4.1 Analytische Verfahren

Bei der analytischen Bewertung wird der Anteil jeder einzelnen Anforderungsart (vgl. REFA-Systematik) an der Gesamtanforderung einer Tätigkeit bzw. eines Arbeitssystems festgelegt, indem man eine Gewichtung der einzelnen Anforderungsarten durchführt.

3.4.4.1.1 Rangreihenverfahren

Beim Rangreihenverfahren erfolgt das Bewerten der Anforderungen eines Arbeitssystems durch Vergleichen seiner Anforderungen mit denen der Brückenbeispiele. Die Brückenbeispiele werden zunächst den überbetrieblichen REFA-Bewertungstafeln entnommen, können aber nach längerer Handhabung immer mehr durch betriebliche Richtbeispiele ergänzt oder ersetzt werden. Da ein real existierendes Arbeitssystem im allgemeinen nur mehr oder weniger genau mit den Brückenbeispielen übereinstimmt, ist im nächsten Schritt das Ausmaß der Abweichung zu beurteilen. Erst danach wird das Arbeitssystem endgültig in die Bewertungsskala eingeordnet, indem ihm eine REFA-Rangplatznummer zugewiesen wird, die - in Fünferschritte unterteilt - zwischen 0 und 100 variieren kann (also 5, 10, 15 ...). Die REFA-Rangplatznummern stellen damit gewissermaßen in Prozentzahlen transformierte Rangplätze dar, die bereits im Vorfeld der Bestimmung des Arbeitswertes eine Zusammenfassung per Addition gewährleisten sollen. Beim Rangreihenverfahren mit getrennter Gewichtung müssen die REFA-Rangplatznummern für die einzelnen Anforderungsarten mit den Gewichtungsfaktoren multipliziert werden, die dem Anwender des Verfahrens meistens vorgegeben sind und eine Umsetzung der gewichtsneutralen Rangplätze in gewichtete Anforderungswerte ermöglichen. Demgegenüber enthalten beim Rangreihenverfahren mit gebundener Gewichtung die Bewertungstafeln anstatt der Rangplatznummern unmittelbar die Anforderungswerte, die entsprechend nicht von 0 bis 100, sondern von 0 bis zu einer je nach Anforderungsart unterschiedlichen Höchstzahl reichen. "In der unterschiedlichen Höhe der maximal möglichen Anforderungswerte drückt sich die Gewichtung der einzelnen Anforderungsarten zueinander aus" (REFA 4, 1991, S. 75).

3.4.4.1.2 Stufenverfahren

Grundlage des Stufenverfahrens sind Bewertungstafeln je Anforderungsart, die aus mehreren, nach *Anforderungsstufen* unterteilten *Bewertungsdimensionen* bestehen. Die Anforderungsstufen selbst sind formal, d.h. nicht über den empirischen Vergleich von Tätigkeiten festgelegt[6], und sollen den unterschiedlichen Grad der Anforderungen verbal oder anhand quantitativer Angaben zum Ausdruck bringen. Den einzelnen Anforderungsstufen sind Wertzahlen zugeordnet, die es erlauben, den festgestellten Anforderungsgrad als Anforderungswert abzulesen. Durch die Addition der einzelnen Anforderungswerte gewinnt man dann wieder - wie schon im Rangreihenverfahren - den Arbeitswert.

Beispiel: Unter der Anforderungsdimension "Geistige Belastung" wird im REFA-System u.a. die Anforderungsart "Aufmerksamkeit" rubriziert. Um den Anforderungswert der Aufmerksamkeit zu bestimmen, werden dieser Anforderungsart im Rahmen des Stufenverfahrens verschiedene Bewertungsdimensionen zugeordnet: z.B. Art der Aufmerksamkeit, Intensität der Aufmerksamkeit, Dauer der Aufmerksamkeitsbeanspruchung und Anzahl der Störungsfaktoren. Jede einzelne Bewertungsdimension läßt sich wiederum in verschiedene Anforderungsstufen unterteilen. Die Art der Aufmerksamkeit kann beispielsweise "fokussiert" oder "freischwebend" sein, die Intensität der Aufmerksamkeit könnte man in die Stufen "hoch/mittel/-niedrig" gliedern, die benötigte Dauer der Aufmerksamkeitsbeanspruchung kann über "wenige Sekunden" über "Minuten" bis hin zu "Stunden" variieren und die Anzahl der Störungsfaktoren kann in die Klassen "1-5", "5-10" und "11 und mehr" ein-

---

[6] Die Bewertung anhand der Stufendefinitionen kann jedoch durch den Vergleich mit Richtbeispielen ergänzend abgesichert werden.

geteilt werden. An der Schnittstelle der verschiedenen Anforderungsstufen läßt sich der mehrdimensionalen Bewertungstafel der jeweilige Anforderungswert entnehmen.

Das angegebene Beispiel soll hier nur die prinzipielle Struktur eines Stufenverfahrens wiedergeben, dessen tatsächliche Ausgestaltung je nach Anwendungsfall, d.h. je nach den für Wirtschaftszweige, Branchen, Betriebe usw. getroffenen Vereinbarungen zwischen ArbeitgeberInnen- und ArbeitnehmerInnenseite, sehr unterschiedlich aussehen kann. Das Beispiel verdeutlicht aber die in der Regel willkürlich getroffenen Grenzziehungen bei der Definition von Anforderungsstufen, in deren Schnittmenge sich die ebenfalls per "Augenscheinvalidität" festgelegten Anforderungswerte befinden, die ausschließlich auf Erfahrungswissen bzw. "Expertenurteilen" basieren.

Beim Stufenverfahren mit gebundener Gewichtung stellen die Stufenzahlen unmittelbar die Anforderungswerte dar; die jeweils höchsten Stufenzahlen repräsentieren damit den unterschiedlichen Einfluß der einzelnen Anforderungsarten auf die Gesamt-Anforderung. Beim Stufenverfahren mit getrennter Gewichtung entsteht der Anforderungswert je Anforderungsart erst aus der Multiplikation der Stufenzahl mit einem Gewichtungsfaktor. In dem Maße, in dem die Stufendefinitionen durch Vergleichsbeispiele ergänzt werden, ähnelt das Stufenverfahren immer mehr dem Rangreihenverfahren.

3.4.4.2 Summarische Verfahren

Bei den summarischen Verfahren der Anforderungsbewertung findet keine differenzierte Anforderungsanalyse statt, sondern die Tätigkeiten werden als Ganzes bewertet, so daß die einzelnen Anforderungsarten nur implizit und eher global in den Bewertungsvorgang einfließen.

3.4.4.2.1 Rangfolgeverfahren

Beim Rangfolgeverfahren werden alle zur Bewertung anstehenden Tätigkeiten nach ihrem Gesamteindruck in eine Rangordnung gebracht. Dies kann auf der Basis einer einfachen, globalen Einschätzung oder - systematischer und konsistenter - mit der *Methode des Paarvergleichs* geschehen, bei der alle Arbeitsplätze paarweise gegenübergestellt und miteinander in Relation gesetzt werden. Ein Beispiel für die Anwendung der Paarvergleichs-Methode ist in Abb. 3.7 wiedergegeben. Wenn ein Arbeitsplatz im Vergleich zu den jeweils anderen als wertvoller, wichtiger oder herausfordernder betrachtet wird, werden dafür zwei Punkte vergeben. Wird er als genauso bedeutsam eingeschätzt, erhält er einen Punkt. Beurteilt man ihn als weniger anspruchsvoll, gibt es dafür keinen Punkt. Durch das Aufsummieren der Punkte pro Arbeitsplatz erhält man eine aggregierte Wertliste, die eine Rangfolge der verschiedenen Arbeitsplätze verkörpert.

Arbeitsanalyse

Arbeits-platz	A	B	C	D	E	Gesamt-wert	Rang-ordnung
A	-	0	2	0	2	4	2
B	2	-	2	2	2	8	1
C	0	0	-	2	0	2	5
D	2	0	0	-	1	3	3
E	0	0	2	1	-	3	3

Abb. 3.7 Methode des Paarvergleichs
(aus ARMSTRONG & MURLIS 1988, S. 78)

Die - im allgemeinen durch ExpertInnen - erstellte Rangfolge von Tätigkeiten dient abschließend als Grundlage für die Zuordnung zu Lohngruppen. Bei der Durchführung des Rangfolgeverfahrens werden in der Praxis meistens Aufgabenkataloge der REFA verwendet, die bereits mehrere (fertige) Rangfolgen für verschiedene Produktgruppen oder Fertigungsbereiche von Wirtschaftszweigen enthalten. Durch den Rückgriff auf solche Aufgabenkataloge wird die Anwendung des Rangfolgeverfahrens erheblich erleichtert. Insbesondere die Methode des Paarvergleichs ist im Grunde nur in kleineren Betrieben oder einzelnen Abteilungen praktikabel, wenn man bedenkt, daß sich bei n Arbeitsplätzen genau $n(n-1)/2$ Paarvergleiche ergeben. Bei einer Bewertung von 50 Arbeitsplätzen z.B. müßten bereits 1125 Vergleiche durchgeführt werden; daraus wird ersichtlich, daß aufwendigere Bewertungsprozesse mit der Methode des Paarvergleichs den Einsatz der EDV erforderlich machen (vgl. ARMSTRONG & MURLIS 1988, S. 79).

3.4.4.2.2 Lohngruppenverfahren

Beim Lohngruppenverfahren wird jede konkrete Tätigkeit in eine Tätigkeitsgruppe eingeordnet. Die Tätigkeitsgruppen sind innerhalb eines Katalogs nach Maßgabe der Schwierigkeit bei der Arbeitsausführung gestaffelt - gemessen an Kriterien wie Kenntnissen, Ausbildung, Berufserfahrung, Fertigkeiten, Können usw., die in unterschiedlicher Kombination und meistens sehr abstrakt definiert in die Bewertung eingehen. Die Beschreibung der jeweiligen Tätigkeitsgruppen erfolgt für die einzelnen Betriebe, Branchen und Wirtschaftszweige in unterschiedlicher Weise und beruht in der Regel auf Vereinbarungen zwischen ArbeitgeberInnen- und ArbeitnehmerInnen-Seite. Das Lohngruppenverfahren ist stark verwandt mit den Methoden, die in der angloamerikanischen Literatur als "job classification" (ARMSTRONG & MURLIS 1988, S. 80) bezeichnet werden: Auch hier erfolgt die Einordnung von Arbeitsplätzen in eine Werthierarchie durch den Vergleich der konkreten Arbeitsplatzbeschreibungen mit abstrakten, kategorialen Stufendefinitionen, die berufs- bzw. berufsausbildungsnah formuliert sind.

Mit den Tätigkeitsgruppen ist jeweils eine bestimmte *Lohngruppe* verbunden, die ihrerseits wiederum mit einem *Lohngruppenschlüssel* assoziiert ist. Der (anforderungsabhängige) Lohn ergibt sich nach Maßgabe des an die Lohngruppe gekoppelten Lohngruppenschlüssels und auf der Basis des tariflich vereinbarten *Ecklohns* (d.i. der Median der Lohngruppenanzahl, wobei der Schlüssel im allgemeinen bei 100% liegt). Löhne werden demnach in Abhängigkeit von der Einstufung in eine Tätigkeitsgruppe als prozentuale Auf- bzw. Abschläge vom Ecklohn vergeben, der seinerseits mit der "mittleren" Gesamtanforderung eines Arbeitssystems korrespondiert. Die prinzipielle Struktur des Lohngruppenverfahrens ist in Abb. 3.8 wiedergegeben; ein konkretes Beispiel für das Lohngruppenverfahren ist der LKEM (vgl. Abb. 3.3).

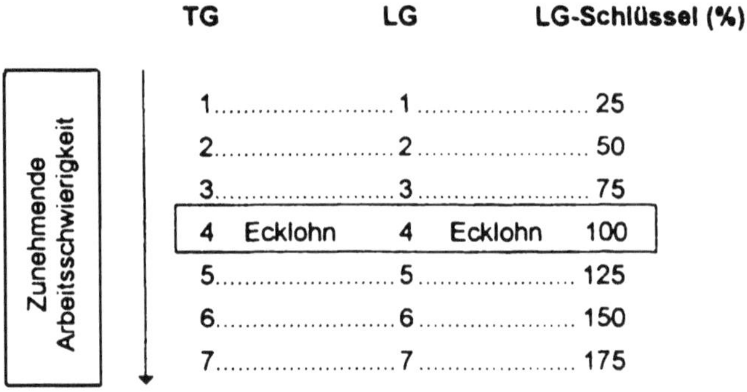

TG	LG	LG-Schlüssel (%)
1	1	25
2	2	50
3	3	75
4 Ecklohn	4 Ecklohn	100
5	5	125
6	6	150
7	7	175

(Zunehmende Arbeitsschwierigkeit)

Legende: TG = Tätigkeitsgruppe; LG = Lohngruppe

Abb. 3.8   Schematischer Aufbau des Lohngruppenverfahrens

3.5 Primäre Arbeitsanalyse bei Angestellten (HAY-Verfahren)

Wie ARMSTRONG & MURLIS (1988, S. 90) betonen, können extrem verschiedene Arten von Tätigkeiten - z.B. leitende Angestellte mit Planungs- und Dispositionsaufgaben vs. gewerblich-produktive ArbeiterInnen mit operativen Funktionen - nur unzulänglich mit ein- und demselben Grundbewertungsschema erfaßt werden. Im Angestelltenbereich (T und AT) sind Umfang und Vielseitigkeit der Stellenanforderungen so groß, daß die üblichen summarischen Verfahren im allgemeinen versagen. Aber auch die bewährten analytischen Bewertungssysteme für gewerblich-produktive ArbeitnehmerInnen sind unbrauchbar, weil in ihnen vorwiegend körperlich-physiologische Anforderungsmerkmale und belastende Umgebungseinflüsse repräsentiert sind, Merkmale also, die für die Tätigkeiten von Angestellten nicht gerade typisch sind. Mit der enormen Expansion des Angestelltenbereiches in den letzten Jahrzehnten ist auch das Interesse der Großunternehmen gewachsen, speziell für diesen Sektor besondere Verfahren der Tätigkeitsbewertung einzuführen (vgl. FREIMUTH 1992a; KÖSTER 1994). Manche Unternehmen entschließen sich dazu, eigene, maßgeschneiderte Bewertungssysteme zu konstruieren, die zwar auf die konkreten betrieblichen Bedingungen zugeschnitten, aber auch mit einem hohen Entwicklungsaufwand verbunden sind. Viele Unternehmen lassen sich daher bei der Verfahrenskonstruktion von externen Beratungsunternehmen unterstützen. Wieder andere greifen von vornherein auf bewährte Arbeitsbewertungssysteme zurück, die von spezialisierten Unternehmensberatungen eigens zu dem Zweck entworfen worden sind, die Tätigkeiten von Angestellten einzugruppieren. ARMSTRONG & MURLIS (1988, S. 85f) beschreiben im Anhang ihres umfangreichen Werkes über "Reward Management" acht verschiedene, meist unter dem Namen ihrer jeweiligen Begründer firmierende Bewertungssysteme für Angestellte. Das am weitesten verbreitete Verfahren, das mittlerweile auf eine über vierzigjährige Tradition zurückblicken kann, ist die Stellenwert-Profil-Methode der HAY Consultants Group; es soll im folgenden näher beschrieben werden.

3.5.1 Darstellung des HAY-Verfahrens

Die Stellenwert-Profil-Methode wurde in den frühen fünfziger Jahren von Edward N. HAY begründet, einem der Pioniere der analytischen Arbeitsbewertung (so ARMSTRONG & MURLIS 1988, S. 459). In der gleichnamigen Beratungsgesellschaft wurden die Überlegungen von HAY zu einem geschlossenen, standardisierten und EDV-tauglichen Verfahren weiterentwickelt, mit dem derzeit etwa 6000 profit- und non-profit-Organisationen in 22 Ländern der Welt regelmäßig arbeiten, davon allein 200 Organisationen aller Größenordnungen und Branchen in Deutschland und Österreich (HAY 1984, S. 65).

3.5.1.1 Stellenbeschreibung

Ausgangspunkt des HAY-Verfahrens ist die Erhebung der Stelleninhalte nach "klaren und gleichen" Merkmalen, die von StellenanalytikerIn und StelleninhaberIn gemeinsam durchgeführt wird. Dabei geht man von der Grundidee aus, daß jede Stelle im Unternehmen mit den ihr zur Verfügung stehenden *Mitteln* ganz bestimmte Wirkungen erzeugt. Jede(r) StelleninhaberIn produziert auf der Basis von Einsatzfaktoren *Ergebnisse*, von denen angenommen wird, daß sie einen meßbaren (!) Beitrag zum Erreichen der Unternehmensziele leisten (SCHNEIDER & HELEMANN 1989). HAY versucht, die Größenordnung von Mitteln und Ergebnissen in einem einheitlichen Maßstab abzubilden, indem er sich auf Geldgrößen (bezogen auf ein Geschäftsjahr) bezieht: z.B. Kostenbudgets für unterstelltes Personal oder Sachaufwendungen, Umsätze, Investitionen, Beschaffungsvolumina, Rechnerkosten etc.

Bei der praktischen Durchführung der Stellenbewertung werden zunächst sog. *"Meßstellen"* ermittelt (ARMSTRONG & MURLIS 1988 sprechen in diesem Zusammenhang von "benchmark jobs"), also Schlüsselstellen, die ein markantes Profil der Stellenstruktur im Unternehmen zeichnen. MitarbeiterInnen des Unternehmens werden ausgewählt, um nach entsprechender Schulung und Einweisung in das Verfahren auf der Basis von Fallbeispielen (vgl. HAY 1993b), "bewaffnet" mit einem Handbuch (HAY 1993a) und mit Unterstützung der HAY-BeraterInnen die Stellenanalyse in Angriff zu nehmen. Die Ergebnisse werden, sofern Einvernehmen mit den jeweiligen StelleninhaberInnen und deren Vorgesetzten erzielt worden ist, einem *Bewertungskomitee* zugespielt, das die Endauswertung nach Vorlage aller Stellenbeschreibungen vornimmt.

3.5.1.2 Anforderungsanalyse

Nach Auffassung von HAY werden Stellen geschaffen, um Ergebnisse zu erzielen. Jede organisatorische Stelle ist mit einem Input und einem Output verknüpft, d.h. sie erbringt auf der Basis von Eingangsfaktoren im Zuge der Aufgabenbewältigung bewertbare Leistungen. Damit das angestrebte Resultat einer Stelle erreicht werden kann, ist für jede Position ein bestimmtes *Wissen* ("Know-How") als Input-Faktor nötig. Es gliedert sich auf in (vgl. HAY 1993a, S. 6ff):

- *Sach- oder Fachwissen* (acht Bewertungsstufen von "ungelernt" bis "inter-/nationale Autorität");
- *Management-Anforderungen* (sieben Bewertungsstufen von "begrenzt" bis "übergeordnete Integration");
- *Umgang mit Menschen* (drei Bewertungsstufen von "normal" über "wichtig" zu "unentbehrlich").

Der Output einer Stelle schlägt sich nach HAY in ihrem *Verantwortungswert* ("accountability") nieder; in ihm kommt der gemessene Einfluß einer Stelle auf Endresultate zum Ausdruck. Die Quantifizierung des Verantwortungswertes wird anhand von drei verschiedenen Größen vorgenommen (vgl. HAY 1993a, S. 15ff):

- *Handlungsfreiheit* (acht Bewertungsstufen von "detailliert angewiesen" bis "allgemein orientiert");
- *Art der Einflußnahme* (vier Bewertungsstufen von "gering" bis "entscheidend");
- *Geldgrößenordnung* des Endresultats (sechs Bewertungsstufen von "unbestimmt" bis "sehr groß").

Die Geldgröße bezieht sich auf den Wirkungsbereich - die "Spielwiese" (HAY 1993a, S. 17) - einer Stelle. In der Größenordnung erfolgt eine Dimensionierung der Kosten und/oder Umsatzwerte, die am eindeutigsten oder in erster Linie von einer Stelle beeinflußt werden (Geldwert pro Jahr). Die monetären Werte, nach Unternehmensgröße gestaffelt, liefert HAY unter Zuhilfenahme der vom Statistischen Bundesamt errechneten Geldwertänderungen jährlich neu. Für ein Unternehmen der

Größenordnung von MBB in Augsburg beispielsweise gibt HAY folgenden Geldwert-Index vor (vgl. MANNTZ 1988):

- Sehr klein: unter 600 TDM;
- klein: 600 TDM - 6 MDM;
- mittel: 6 MDM - 60 MDM;
- groß: 60 MDM - 600 MDM;
- sehr groß: 600 MDM - 6 TMDM.

Nach HAY besteht zwischen Input und Output ein Vermittlungsprozeß, der die Umsetzung von Wissen in Handlungen zum Erzielen von Resultaten erfordert. Dieser Prozeß wird über das Merkmal *"Denkleistung"* ("problem solving") erfaßt, die durch zwei Aspekte gekennzeichnet ist (1993a, S. 12ff):

- *Denkrahmen* (acht Bewertungsstufen von "strikte Routine" bis "abstrakt definiert");
- *Denkanforderung* (fünf Bewertungsstufen von "wiederholend" bis "neuartig").

In der Terminologie des vorliegenden Lehrbuchs setzt sich das Grundschema der Anforderungsanalyse nach HAY demnach aus drei Anforderungsdimensionen (Wissen, Denkleistung, Verantwortungswert) und insgesamt acht Anforderungsarten zusammen, die ihrerseits unterschiedlich stark abgestuften und verbal verankerten Bewertungsdimensionen zugeordnet werden. ARMSTRONG & MURLIS (1988, S. 461) erwähnen noch eine vierte Anforderungsdimension des HAY-Verfahrens: *"Arbeitsbedingungen"* ("working conditions"), die aber offensichtlich nur in Ausnahmefällen bewertet wird, wenn z.B. die Umwelt einer Stelle extreme Belastungen mit sich bringt oder besondere körperliche Anforderungen für die StelleninhaberInnen auftreten.

3.5.1.3 Anforderungsbewertung

Die Anforderungsbewertung gliedert sich in zwei unterschiedliche, sich gegenseitig ergänzende Vorgehensweisen auf: die analytische Stellenwert-Methode und die summarische Profil-Methode.

3.5.1.3.1 Analytische Stellenwert-Methode

Zur Ermittlung der Anforderungswerte hat HAY für jede der drei Anforderungsdimensionen "Wissen", "Denkleistung" und "Verantwortungswert" mehrdimensionale Bewertungstafeln geschaffen (vgl. Abb. 3.10, Seiten 132 u. 133). Durch die Einordnung einer Stelle in die am besten zutreffenden Bewertungsstufen bzw. deren verbalen Umschreibungen wird die Punktezahl einer Anforderungsdimension "gefunden". Durch die Addition aller drei Anforderungswerte erhält man den gesuchten "Stellenwert". Die Zahlenfelder der Bewertungstafeln sind so aufgebaut, daß die Unterschiede von einer Zahl zur nächsten horizontal und vertikal jeweils 15% betragen.

Die Einführung dieses sog. *"Schrittkonzepts"* begründet HAY mit Forschungsergebnissen aus der Sinnesphysiologie, die besagen, daß die menschliche Wahrnehmung quantitative und qualitative Unterschiede immer nur relativ zu einer Bezugsgröße, d.h. mit dem Überschreiten einer bestimmten Unterschiedsschwelle, erkennen kann (Weber-Fechner'sches Gesetz).

3.5.1.3.2 Summarische Profil-Methode

Stellen unterscheiden sich nicht nur nach Maßgabe ihres Gesamtwertes, sondern auch im Hinblick auf ihr Anforderungsprofil. Das Profil, das gewissermaßen die "innere Struktur" oder Formbestimmung einer Stelle repräsentiert, soll damit als Kontrollinstrument der analytischen Stellenbewertung fungieren. Um die relative Kalibrierung einer Anforderungsdimension zu ermitteln, wird auch bei der Profilinterpretation vom HAY-Schrittkonzept Gebrauch gemacht. Die StellenanalytikerInnen interessieren sich dabei vornehmlich für das Verhältnis von Denkleistung zu Verantwortung; je nachdem, welcher Wert jeweils den anderen überwiegt, spricht man von einem D- oder V-Profil. Und je nachdem, in welchem Prozentsatz sich die beiden Werte voneinander unterscheiden, gibt eine zugeordnete Ziffer die Anzahl der vorhandenen HAY-Schritte an. Auf diese Weise lassen sich die Charakteristika von Stellen nach HAY (1993a, S. 23) auch summarisch einschätzen:

- V3 bzw. V4: handlungsorientierte Stellen (klassisches Linienmanagement);
- V2 bzw. V1: unterstützende Stellen (typische Stabsstellen);
- D1 bzw. D2: Stellen im Entwicklungsbereich;
- D3 bzw. D4: Stellen im Forschungsbereich.

Ein Beispiel für die Überprüfung eines analytischen Bewertungsfehlers mithilfe der summarischen Profilmethode ist in Abb. 3.9 abgedruckt.

Profile überprüfen die Bewertung

	Bewertung				Profile	
	WI	DL	VW	Gesamt	152	
Betriebsleiter					———	= V 3
	350	152	230	732	230	
Unter-	WI	DL	VW	Gesamt	200	
nehmens-					———	= D 3
stab	400	200	132	732	132	

Abb. 3.9   Profilmethode nach HAY (1984, S. 65)

3.5.1.3.3 Das Bewertungskomitee

Die Aufgabe des Bewertungskomitees besteht darin, sich für jede der vorher festgelegten Meßstellen auf eine vollständige Bewertungszeile zu einigen; dazu gehören: die drei Anforderungswerte, der Gesamtwert und das Schritt- bzw. Prozentprofil. Der Bewertungsvorgang wird durch eine(n) externe(n) HAY-BeraterIn angeleitet und auf die von HAY mitgelieferten Definitionen und Richtlinien gestützt. Keine Stelle wird abschließend bewertet, bevor nicht alle Stellen der Bewertung zugeführt wurden, um auf diese Weise Lernprozesse des Bewertungsteams flexibel in die Gestaltung der Endrangreihe zu integrieren. Die Arbeit im Bewertungskomitee ist erst dann beendet, wenn die vollständige Liste bewerteter Stellen für die TeilnehmerInnen "im großen und ganzen" (ARMSTRONG & MURLIS 1988, S. 469) eine sinnvolle Zuordnung ergibt.

3.5.2 Kritische Stellungnahme

Die Auswahl der Anforderungsdimensionen "Wissen", "Denkleistung" und "Verantwortungswert" unterliegt keiner gesetzmäßigen Ordnung oder einem theoretischen Bezugssystem. "Es gibt keine Regeln dafür, welches die am besten passenden Anforderungsdimensionen sind oder wieviele es geben sollte" (ARMSTRONG & MURLIS 1988, S. 83). Die unterschiedlichen Differenzierungsgrade in den Anforderungsdimensionen und -arten werden nicht näher begründet und produzieren teilweise Scheingenauigkeiten, die für die Betroffenen kaum noch nachvollziehbar sein dürften (z.B. 504 Abstufungen für "Wissen"). Gerade dadurch aber eröffnet sich die Möglichkeit, dem Endergebnis eine bestimmte Form zu verleihen; in diesem Zusammenhang ist auffällig, daß obere Managementfunktionen und spezialisierte Aufgaben höher bewertet werden als sog. "praktische Vorgehensweisen" (HAY 1993a, Bewertungstabelle "Wissen").

Die HAY-Methode scheint auf den ersten Blick ohne Gewichtung auszukommen, doch ist diese implizit sowohl in das Verhältnis zwischen den Anforderungsdimensionen als auch in den internen Differenzierungsgrad der Anforderungsarten eingeflossen. Beispiele für solche "versteckten Gewichtungen" sind:

- die Denkleistung, die immer prozentual zum gegebenen Wissensstand errechnet wird (da immer nur ein Teil des Wissens in Denkleistung umgesetzt wird, erhält die Denkleistung "automatisch" einen geringeren Wert);
- die Setzung der Anfangs- und Endwerte in den jeweiligen Anforderungsarten;
- die höhere Bewertung der "Handlungsfreiheit" im Vergleich zu den anderen Anforderungsarten innerhalb des Verantwortungswerts;
- die Bestimmung der maximalen Geldgröße in Abhängigkeit von der Unternehmensgröße;
- die Feinheit der Differenzierung in den Bewertungsstufen, die auf die Bedeutung einer Anforderungsdimension zurückschließen läßt;
- die Definition des Schrittkonzepts (damit wird festgelegt, "was als nächstes zählt").

Kapitel 3

DEFINITION: Wissen ist die Summe jeder Art von Kenntnissen und Fähigkeiten, wie auch immer erworben, die zur Erbringung der von der Stelle geforderten Standardleistungen benötigt werden. Das Wissen hat drei Dimensionen, und zwar:
- Praktische Vorgehensweisen, spezielle Techniken und wissenschaftliche Grundlagen (Sach- oder Fachwissen)
- •• Kenntnisse und Fähigkeiten, die zur Koordination, Integration und Harmonisierung mehr oder weniger unterschiedlicher Tätigkeiten oder Funktionen erforderlich sind und zur Planung, Organisation, Leitung und Kontrolle des Einsatzes von Menschen und Mittel benötigt werden. Diese Kenntnisse und Fähigkeiten können nicht nur für Entscheidung (in Linie), sondern auch beratend bzw. kozipierend (in Stab und Verwaltung) erforderlich sein.
- ••• die erforderlichen Fähigkeiten im direkten Umgang mit Menschen

0. MINIMAL Ausführung einer Aufgabe (oder von Aufgaben), die nach Zielsetzung und Inhalt weitgehend spezifiziert ist und keine Überwachung anderer Stellen umfaßt.

Abb. 3.10 Bewertungstafel "Wissen" (HAY 1993b)

	••• Umgang mit Menschen	1.	2.	3.
A.	GRUNDKENNTNISSE: Durch einfache Arbeitsanweisung vermittelbare Grundkenntnisse	38 / 43 / 50	43 / 50 / 57	50 / 57 / 66
B.	FACHLICHE GRUNDKENNTNISSE: Durch Anlernen für einfache oder standardisierte Arbeitsvorgänge und/oder für die Verwendung einfacher technischer Einrichtungen vermittelbare Kenntnisse	50 / 57 / 66	57 / 66 / 76	66 / 76 / 87
C.	FACHKENNTNISSE: Praktische oder methodische Fertigkeiten auf bestimmten Fachgebieten einschließlich der zum Gebrauch von Spezialeinrichtungen	66 / 76 / 87	76 / 87 / 100	87 / 100 / 115
D.	FORTGESCHRITTENE FACHKENNTNISSE: Durch praktische Tätigkeit im Arbeitsprozeß gewonnene oder durch zusätzliche Ausbildung erweiterte Fachkenntnisse	87 / 100 / 115	100 / 115 / 132	115 / 132 / 152
E.	GRUNDLEGENDE SPEZIELLE ODER WISSENSCHAFTLICHE KENNTNISSE: Können u. Verstehen von Techniken, Methoden u. Zusammenhängen u/o wissenschaftl. Theorien u. Grundsätzen basierend auf Auswertung von breiter Erfahrung, zusätzlichem Training od. formeller Fach- oder Hochschulausb.	115 / 132 / 152	132 / 152 / 175	152 / 175 / 200
F.	AUSGEREIFTE SPEZIELLE ODER WISSENSCHAFTLICHE KENNTNISSE: Vertiefte Kenntnisse auf Spezialgebieten/Disziplinen oder verbreitertes Können und Verstehen der Elemente und Zusammenhänge von komplexen Arbeitsgebieten erworben durch umfangreiche Erfahrung in der Praxis	152 / 175 / 200	175 / 200 / 230	200 / 230 / 264
G.	BEHERRSCHUNG VON SPEZIALGEBIETEN: Vollständige Beherrschung der Techniken, Zusammenhänge, Theorien u. ihrer praktischen Anwendungen auf einem speziellen Aufgabengebiet oder volle Beherrschung von komplexen Aufgabengebieten	200 / 230 / 264	230 / 264 / 304	264 / 304 / 350
H.	ANERKANNTE AUTORITÄT: Einzigartige Beherrschung aller Prinzipien und Theorien sowie der Praxis wissenschaftlicher Disziplinen	264 / 304 / 350	304 / 350 / 400	350 / 400 / 460

Arbeitsanalyse

BEMESSUNG DES WISSENS: Wissen umfaßt sowohl Tiefe als auch Breite. Eine Stelle kann z.B. gewisse Kenntnisse auf verschiedenen Gebieten erfordern oder aber vertiefte Kenntnisse auf einigen Spezialgebieten. Das gesamte Wissen ist die Kombination aus Wissenstiefe u. Wissensbreite. Diese Betrachtungsweise macht es möglich, die Summe des Wissens, das für verschiedene Stellen erforderlich ist, zu vergleichen u. zu bemessen, u. zwar ausdrücklich in "Wieviel Wissen von wie vielen Dingen?"

•• MANAGEMENT WISSEN ANFORDERUNG

I. BEGRENZT	II. HOMOGEN	III. HETEROGEN	IV. BREIT
Durchführung oder Überwachung der Durchführung einer oder mehrerer dem Ziel und Inhalt nach klar festgelegter Aufgaben, unter angemessener Berücksichtigung ihrer Beziehung zu angrenzenden Sachgebieten.	Interne Integration von ihrer Zielsetzung nach weitgehend homogenen Unterfunktionen oder verwandten Teilbereichen und externe Koordination mit anderen Funktionen oder Bereichen.	Integration oder Koordination von Funktionen oder Bereichen, die aufgrund ihrer Größe oder Komplexität eigene und teilweise divergierende Zielsetzungen entwickeln	Intergration und Koordination aller Funktionen bzw. Bereiche des Unternehmens.

1.	2.	3.	1.	2.	3.	1.	2.	3.	1.	2.	3.
50	57	66	66	76	87	87	100	115	115	132	152
57	66	76	76	87	100	100	115	132	132	152	175
66	76	87	87	100	115	115	132	152	152	175	200
66	76	87	87	100	115	115	132	152	152	175	200
76	87	100	100	115	132	132	152	175	175	200	230
87	100	115	115	132	152	152	175	200	200	230	264
87	100	115	115	132	152	152	175	200	200	230	264
100	115	132	132	152	175	175	200	230	230	264	304
115	132	152	152	175	200	200	230	264	264	304	350
115	132	152	152	175	200	200	230	264	264	304	350
132	152	175	175	200	230	230	264	304	304	350	400
152	175	200	200	230	264	264	304	350	350	400	460
152	175	200	200	230	264	264	304	350	350	400	460
175	200	230	230	264	304	304	350	400	400	460	528
200	230	264	264	304	350	350	400	460	460	528	608
200	230	264	264	304	350	350	400	460	460	528	608
230	264	304	304	350	400	400	460	528	528	608	700
264	304	350	350	400	460	460	528	608	608	700	800
264	304	350	350	400	460	460	528	608	608	700	800
304	350	400	400	460	528	528	608	700	700	800	920
350	400	460	460	528	608	608	700	800	800	920	1056
350	400	460	460	528	608	608	700	800	800	920	1056
400	460	528	528	608	700	700	800	920	920	1056	1216
460	528	608	608	700	800	800	920	1056	1056	1216	1400

Kapitel 3

Durch die Verwendung semantischer Skalen und verbaler Verankerungen wird nahezu unmerklich an die positiv anerkannten und weitgehend internalisierten Werte der westlichen Industriegesellschaften angeknüpft: "Breites Wissen ist besser als begrenztes Wissen" (HAY 1993a, S. 8); "Naturgemäß kommt der Top-Stelle die höchste Management-Anforderung zu" (HAY 1993a, S. 9); die Handlungsfreiheit "entspricht für Linienpositionen normalerweise der internen Hierarchie" (HAY 1993a, S. 15). Derartige kulturelle Selbstverständlichkeiten bzw. "Truismen" (McGUIRE 1964) programmieren die Einigkeit der AnwenderInnen des HAY-Systems mit den zugrundegelegten Kriterien voraus und vereinfachen insofern das Verfahren. Mit den Anweisungen werden aber zugleich Denkverbote erteilt, weil die in den zirkulären bzw. tautologischen Definitionen enthaltenen Basisannahmen keinen Widerspruch erlauben. Sollten dennoch Mißverständnisse oder Meinungsverschiedenheit auftauchen, stellt die soziale Institution des "Bewertungskomitees" eine Schlichtungsinstanz dar, mit der abweichende Interpretationen in den allgemein akzeptierten Rahmen geltender Assoziations- und Zuschreibungsprozesse zurückgeführt werden können.

Ein weiteres Problem besteht in der Addition der drei Anforderungswerte zu einem Gesamtarbeitswert ("Stellenwert"). Verschiedene Anforderungen ("Äpfel und Birnen") können in einem physikalisch-mathematischen Sinn nicht einfach zusammengezählt werden (ARMSTRONG & MURLIS 1988, S. 88). Wenn die Anforderungsdimensionen und -arten miteinander korrelieren, besteht darüber hinaus die Gefahr, daß sich Bewertungsfehler kumulieren bzw. multiplizieren und damit das Endergebnis verzerren.

Obwohl das HAY-Verfahren in vieler Hinsicht Exaktheit des Vorgehens und Präzision der gewonnenen Ergebnisse demonstriert (Weber-Fechner'sches Grundgesetz, Kennzahlen, gleichbleibende Systematik etc.), bleibt es in anderen Verfahrensschritten wiederum erstaunlich vage. Es war schon davon die Rede, daß das Bewertungskomitee "irdendwie" zu einem Konsens finden muß, wobei vereinzelte abweichende Meinungen geduldet werden (ARMSTRONG & MURLIS 1988, S. 469). Der anvisierte Genauigkeitsgrad spiegelt sich aber auch in den Formulierungen, mit denen Stellen in bestimmte Bewertungsstufen eingeordnet werden sollen: Um z.B. die Management-Anforderungs-Stufe III auswählen zu können, muß zuvor eine Reihe von Leitfragen katalogartig abgearbeitet werden. "Erst wenn die Mehrzahl dieser Fragen mit 'ja' beantwortet werden kann, sollte der Position die Managementbreite III zugeordnet werden" (HAY 1993a, S. 10). Ein weiterer Hinweis auf gewährte Toleranzen ist dem Prinzip zu entnehmen, das der Aufstellung der Gesamtrangreihe zugrundeliegt, nämlich alle übriggebliebenen "Nicht-Meßstellen" in einem Schnellverfahren durch ad-hoc-Kommissionen zwischen den Meßstellen aufzuteilen. Propagierte Genauigkeit und faktische Ungenauigkeit des Verfahrens stehen also offenbar in einer paradoxen Beziehung zueinander. Die HAY-Methode läßt auf diese Weise genügend Spielraum, daß sich vorgefaßte Meinungen und Einschätzungen - eine implizite Rangordnung von Stellen - in Form von self-fulfilling prophecies in den Meßergebnissen niederschlagen können; und mehr noch: sie liefert zugleich den "Beweis" dafür, daß "die Dinge in Ordnung sind", weil jetzt auch ein unabhängiges, "wissenschaftliches" Verfahren die bereits vermuteten und im Grunde bekannten betrieblichen Verhältnisse, hierarchischen und funktionalen Zuordnungen, Wertzuschreibungen usw. bestätigt.

In Wirklichkeit wurde das HAY-Schema niemals auf seine Objektivität, Reliabilität und Validität getestet (ARMSTRONG & MURLIS 1988, S. 87). D.h. es ist völlig unklar, bis zu welchem Ausmaß das Verfahren zu gleichen Ergebnissen kommt, wenn es von verschiedenen AnwenderInnen benutzt wird (Objektivität), ob die gewonnenen Ergebnisse zeitlich konsistent sind (die Stabilität der Stellen vorausgesetzt; Reliabilität) und ob das Verfahren wirklich mißt, was es zu messen vorgibt (Validität). Offensichtlich ist den KonstrukteurInnen und AnwenderInnen des Verfahrens viel an wissenschaftlicher Selbstdarstellung gelegen, obwohl sie im Detail den Nachweis schuldig bleiben, wie sie zu ihren tabellierten Zahlenwerten gekommen sind, ob sich das Weber-Fechner'sche Gesetz überhaupt auf die Wahrnehmung von Zahlen übertragen läßt, mit welchem Recht sich Intervalle von HAY-Punktzahlen so und nicht anders bestimmten Stellen zuordnen lassen etc.

In einer empirischen Untersuchung über die Einführung des HAY-Systems in einem großen Augsburger Unternehmen fand MANNTZ 1988 seine Vermutung bestätigt, daß das Verfahren hauptsächlich der Inszenierung eines Rituals dient, mit dem Bewertungsangst und -unsicherheit wirkungsvoll reduziert und traditionelle Wertemuster einer Unternehmenskultur stabilisiert werden können. Unter einem Ritual versteht man im allgemeinen "standardisierte Verhaltensabläufe, in denen existentielle Fragen einer Gemeinschaft durch kollektiv reglementiertes Handeln bearbeitet oder bewältigt werden" (NEUBERGER & KOMPA 1987, S. 160). Im vorliegenden Fall besteht die Hauptfunktion des Rituals darin, die Akzeptanz für die vorherrschende Ordnung zu sichern, inhaltliche Konflikte handhabbar zu machen bzw. die im Bewertungskomitee beteiligten InteressengegnerInnen vor massiver Kritik zu schützen (verschiedene Managementfunktionen, Betriebsrats- bzw. Gewerkschaftsmitglieder, externe BeraterInnen). Durch den Begriffskatalog, den HAY für die Bewertung zur Verfügung stellt, wird die Sprache zum Zeremoniell. Die Formelhaftigkeit und die ständigen Wiederholungen führen zu einem Ausmaß an Redundanz, das keinen "echten" Informationsaustausch mehr zuläßt, sondern einzig und allein der Aufrechterhaltung des Status quo zugute kommt. Die Regelhaftigkeit und Emotionslosigkeit des Rituals hält den Bewertungsvorgang zudem frei von Gefühlsausdrücken und stellt ihn damit auf eine *scheinbar rationale Basis*. Damit wird es nicht zuletzt möglich, die Erfordernisse des Arbeitsplatzes in sachlicher Weise vom Leistungsergebnis der Personen zu trennen, obwohl gerade im Bereich der leitenden Funktionen die Stelleninhalte in hohem Ausmaß subjektiv, d.h. durch die Persönlichkeit der StelleninhaberInnen, bestimmt werden. Nach Auffassung von MANNTZ 1988 trägt das HAY-Verfahren zur kollektiven Selbstberuhigung durch rituelle Konfliktlösung bei: neue MitarbeiterInnen oder Trainees können durch die Beteiligung am Verfahren mit der Firma und der Art der in ihr geleisteten Arbeit vertraut gemacht werden; für die "Alteingesessenen" werden die bestehenden Verhältnisse einmal mehr gerechtfertigt und legitimiert. Die unsichtbare Ordnung dieser Verhältnisse ist zudem in Mythen aufgehoben, die über das rituelle Procedere symbolisiert und reproduziert werden (vgl. Abb. 3.11). Unter einem Mythos versteht man eine "objektiv und rational nicht beweisbare Behauptung; das Illusionäre, Täuschende, Trügerische" (NEUBERGER & KOMPA 1987, S. 123). MANNTZ 1988 belegt durch zahlreiche empirische Beispiele, wie Mythen der "Gleichheit", der "Gerechtigkeit" oder der "Unfehlbarkeit" bei der Vergabe von Arbeitswertpunkten in dem von ihm untersuchten Unternehmen mithilfe des HAY-Verfahrens systematisch bekräftigt werden. So wird letztlich für das Weiterleben des Obermythos gesorgt, daß "der Wert der Arbeit ermittelt werden kann".

3.6 Kritik an den (analytischen) Arbeitsbewertungsverfahren[7]

3.6.1 Arbeitsbewertung im Kräftespiel politischer Interessen

Wie die geschichtliche Betrachung gezeigt hat (vgl. Abschnitt 3.4.2), wurde die Verbreitung der Arbeitsbewertung von Anfang an von identifizierbaren Interessen begleitet. Die im Zuge der "lohnordnenden Maßnahmen" während des NAZI-Regimes eingeführten Arbeitsbewertungssysteme dienten dazu, das Einkommen von der Qualifikation der Arbeitenden abzulösen und an die Arbeitsschwierigkeit zu knüpfen, die fortan durch wissenschaftliche Methoden zu bestimmen war. Vor dem Hintergrund exakter und objektiver Bemessungsgrundlagen und der mit ihrer Hilfe allseits demonstrierten Lohngerechtigkeit sollte ein reibungsloses Funktionieren aller sozialen Gruppen mit dem Ziel der Leistungssteigerung des gesamten "Deutschen Volkes" gewährleistet werden.

Auffällig ist die Kontinuität der Argumente, mit der die Protagonisten der Arbeitsbewertung auch in der Bundesrepublik für den Einsatz der entsprechenden Verfahren plädieren und damit - nolens, volens - die an die Arbeitsbewertung gekoppelten Herrschaftsinteressen artikulieren: "Um ein relativ gerechtes Entgelt zu erreichen, gibt es ... bis heute keine überzeugendere Lösung als die getrennte Bewertung der Anforderungen des Arbeitsplatzes und der individuellen Leistung des jeweiligen Stelleninhabers" (SCHLICHTING 1986b, S. 136). Auch in der aktuellen Diskussion geht es darum, Lohnkonflikte durch die Offenlegung der Gründe für die Lohndifferenzierung zu versachlichen und "durch transparente Vorgehensweise zu objektiveren und gerechteren Einkommensergebnissen und damit zu einer anforderungs orientierten Entgeltstruktur ... zu gelangen" (SCHLICHTING 1986a, S. 53f). Im

---

[7] Die Kritik gilt in entsprechender Weise natürlich auch für die summarischen Verfahren primärer Arbeitsbewertung; sie wurde aber hier vorwiegend für die analytischen Verfahren formuliert, weil mit ihnen der Anspruch verbunden wird, ein höheres Ausmaß an anforderungsgerechter Entlohnung als durch die summarischen Verfahren zu erreichen.

Arbeitsanalyse

Die HAY-Stellenwert-Profil-Methode - Latente Mythen des Bewertungsrituals

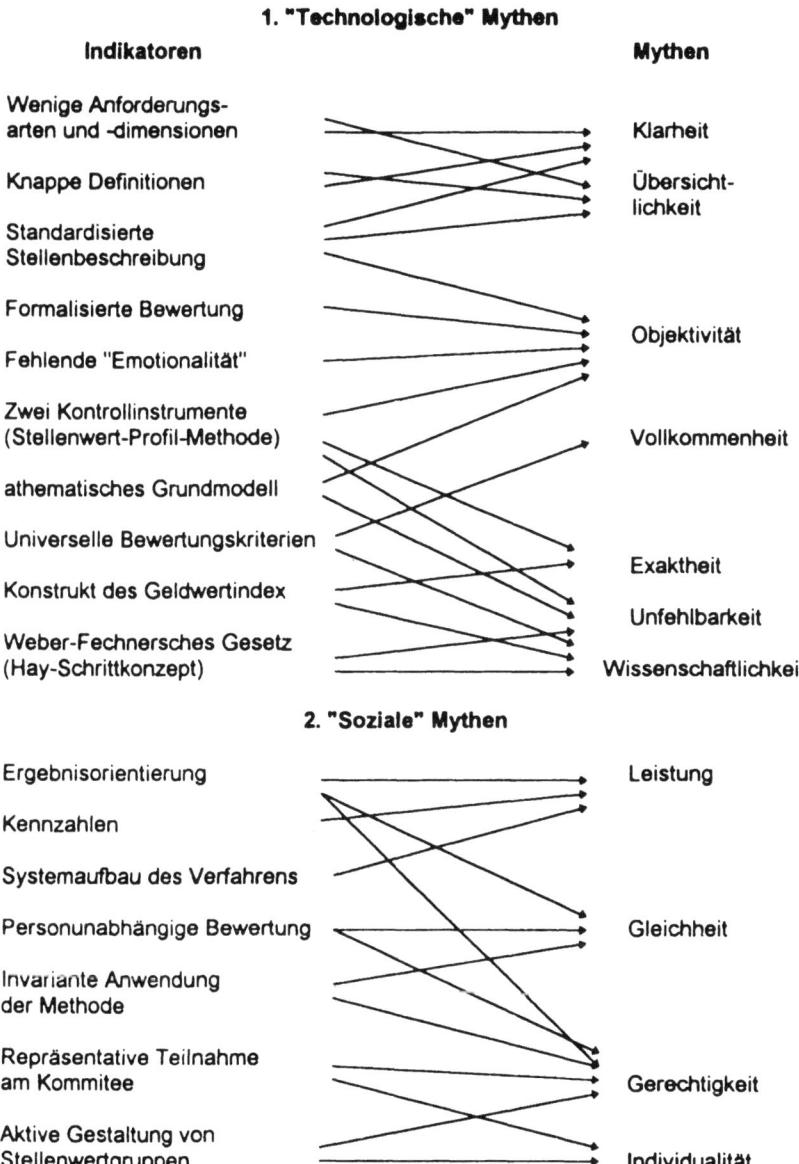

Abb. 3.11   Mythen des HAY-Bewertungsrituals

Fluchtpunkt der Bemühungen um Versachlichung und Verobjektivierung steht eigentlich eine Algorithmisierung und programmatische Lösung des Bewertungsproblems; so kann es nicht verwundern, daß mittlerweile auch vollcomputerisierte Varianten[8] der Stellenbewertung auf den Markt drängen (so z.B. das von TPF & C entwickelte Verfahren "VALJOB"). Doch auch den aufgeschlosseneren VertreterInnen analytischer Arbeitsbewertung erscheinen derartige Entwicklungen offenbar suspekt: Nach Auffassung von FREIMUTH (1992a; 1992b) z.B. will die analytische Arbeitsbewertung aufgrund ihres schwerfälligen und bürokratischen Charakters nicht mehr so recht in Organisationslandschaften passen, die zunehmend durch Intrapreneurship, Lean Production und Total Quality Management gekennzeichnet sein werden. Den Erfordernissen der Flexibilisierung, Dynamisierung und Individualisierung von Arbeitsbewertungen sollte nach seiner Meinung durch die Beschreibung von "Funktions- und Arbeitskernen" mit Hilfe von Leitfragen begegnet werden (s. a. KÖSTER 1994), mit denen man einschneidende Veränderungen des Produktionsablaufs nicht nur diagnostizieren, sondern auch zielbezogen anregen kann. Auch GUDE 1991 sieht die analytische Arbeitsbewertung zunehmend mit Problembereichen konfrontiert, die aus den vielfältigen Neuerungen und Bewegungen resultieren, denen moderne Organisationen ausgesetzt sind. Die Arbeitsbewertung muß z.B. auf die Umstrukturierung der Arbeitsplätze durch neue Technologien, politische Forderungen der Gewerkschaften und die veränderte Einstellung der Menschen zur Arbeit reagieren, wenn sie durch derartige Entwicklungen nicht überholt werden will. In diesem Zusammenhang wird sogar überlegt, ob die REFA-Anforderungsdimensionen nicht durch ein neues Bewertungsgrundschema ersetzt werden sollten, das weniger auf Geschicklichkeit, körperliche Belastung und erschwerende Umgebungseinflüsse, sondern stattdessen auf eine stärkere Ausdifferenzierung von Fachkenntnissen und moderne ("extrafunktionale") Qualifikationserfordernisse setzt (vgl. OHL 1990):

- Kenntnisse/fachliches Können;
- geistige Beweglichkeit/flexible Einsatzfähigkeit;
- Eigenständigkeit/Verantwortung/Selbständigkeit;
- Kooperationsfähigkeit/Kommunikationsfähigkeit.

Zwar haben sich die Arbeitsstrukturen durch die Einführung rechnerunterstützter Fertigungsplanungs- und Fertigungssteuerungssysteme fundamental gewandelt (vgl. HELLER 1994), doch konnte dadurch der Glaube an die vorhandenen Flexibilitätspotentiale einer analytischen Arbeitsbewertung insgesamt nicht grundlegend erschüttert werden; vielmehr wird angenommen, daß die Dynamik der Anforderungen trotz der raschen und durchgreifenden Veränderungen innerhalb des Arbeitsprozesses durchaus erfaßbar sei und die analytische Arbeitsbewertung folglich unbegrenzte Anwendungsmöglichkeiten besitze (vgl. RIDDER 1990, S. 187ff). Den Arbeitge-

---

[8] Einen Überblick über die marktgängige Software zur Funktionen- und Aufgabenanalyse gibt TIEMEYER 1995.

berInnen geht es demnach hauptsächlich um die Anpassung und Verbesserung der bestehenden und bereits bewährten Verfahren der Arbeitsbewertung an neue Herausforderungen (z.B. durch die Modifikation von Anforderungsarten, Gewichtungen, Richtbeispielen, Stufendefinitionen). Im Vordergrund dieses Vorgehens steht die Konzentration auf wenige, aktualisierte Grundanforderungen und einfache Bewertungsstufen, um die Handhabbarkeit der Verfahren zu optimieren.

Einer Renaissance der analytischen Arbeitsbewertung halten die Kritiker entgegen, daß sich die Arbeitsbewertung unlängst in einer "Krise" befinde und als Vehikel für eine "Lohnpolitik mit Hilfe von Fiktionen" (RIDDER 1990, S. 185) benutzt werde. So wird den Verfechtern der Arbeitsbewertung beispielsweise vorgeworfen, daß sie den *Gerechtigkeitsbegriff* in einer sehr eingeschränkten Interpretation verwenden, die sich nur auf die Verteilung der vorhandenen Lohnsumme beziehe (relative Lohngerechtigkeit) und das Verteilungsverhältnis zwischen UnternehmerInnen und ArbeitnehmerInnen aus der Betrachtung ausblende (absolute Lohngerechtigkeit). Für TOPITSCH 1965 stellt der Begriff der "Lohngerechtigkeit" sogar nur eine "Leerformel" dar, die aufgrund ihrer Unbestimmtheit geeignet ist, alle möglichen, ja sogar gegensätzlichen Standpunkte in konkreten Auseinandersetzungen zu rechtfertigen. Eine inhaltliche Begriffsbestimmung führt nach Auffassung des Autors zu Zirkelschlüssen (Tautologien); praktische Entscheidungshilfen und Verhaltensdirektiven lassen sich aus dem abstrakten Konzept seiner Meinung nach nicht ableiten.

LASKE 1977 stellt grundsätzlich den *Objektivitätsanspruch* der Arbeitsbewertung in Frage und kommt nach einer Sichtung der Arbeitsbewertungsliteratur zu dem Ergebnis, daß der Begriff "Objektivität" meistens im Sinne von "Plausibilität" verwandt wird. In einem streng wissenschaftlichen Sinne ist Objektivität allerdings weder bei der Nachprüfbarkeit der Arbeitswertermittlung durch die Bewertenden, noch bei der intersubjektiven Vergleichbarkeit der Bewertungen und auch nicht bei der Festlegung einer "richtigen", d.h. den tatsächlichen Anforderungen eines Arbeitsplatzes entsprechenden Schwierigkeitseinstufung gegeben. Mit der analytischen Arbeitsbewertung wird in Organisationen folglich keine sachliche Diagnose des Arbeitswertes erstellt, sondern ein Prozeß kumulativer Wertungen installiert, der Auslegungsspielräume offenläßt:

- Arbeitsplatzbeschreibungen sind immer auch subjektiv akzentuierte und höchst selektive Abbilder der Wirklichkeit, die mehr über die Beschreibenden als über das Beschriebene verraten - in dem Maße, in dem die Beschreibungen standardisiert und formalisiert sind, verraten sie Prämissen und Vorannahmen, die dem Beschreibungssystem zugrundegelegt werden;
- Auswahl, Abgrenzung und Differenzierung der verschiedenen Anforderungsarten können wissenschaftlich nicht begründet werden;
- Bewertungsdimensionen und Anforderungsstufen sind willkürlich definiert;
- die Höhe der Gewichtungsfaktoren ist abhängig von den Überzeugungen und Absichten der jeweiligen Mitglieder in den Arbeitsbewertungskommissionen (s.a. KNEBEL &

ZANDER 1988, S. 64); REFA 4 nennt als Kriterien zur Festlegung der Gewichtung u.a. Arbeitsmarktfragen, sozialpolitische Notwendigkeiten und das "allgemeine Arbeitswertgefühl" im Sinne einer soziologischen Wertung[9]: "Letztlich entscheiden in der Praxis die Vertragsparteien eines Tarifvertrags oder einer Betriebsvereinbarung über die Verwendung einer vorgeschlagenen Gewichtung. Die Brauchbarkeit einer Gewichtung ist allein aus ihrer Wirkung zu beurteilen, nämlich danach, ob man mit ihrer Hilfe [...] eine Wertzahlstufung und Entgeltdifferenzierung erzielt, die von allen Beteiligten anerkannt wird" (REFA 4, 1991, S. 88);

- Anzahl und Definition der Lohngruppen sowie des Lohngruppenschlüssels werden ebenfalls auf der Basis politischer Entscheidungen festgelegt, da keine wissenschaftlichen Verfahren dafür existieren.

Auch ARMSTRONG & MURLIS 1988 fordern in ihrem umfassenden Kompendium über "Entlohnungssysteme" zum Skeptizismus gegenüber der These auf, die bekannten Raster und Schemata der Arbeitsbewertung seien objektiv oder gar wissenschaftlich. "Die Arbeitsanalyse ist noch immer mehr eine Kunst als eine Wissenschaft, und es besteht ständig die Gefahr, daß die Struktur der Arbeitsbewertung auf Sand gebaut ist" (ARMSTRONG & MURLIS 1988, S. 115f). Die Autoren sind der Ansicht, daß allein die Quantifizierung subjektiver Beurteilungen diese noch keinen Deut objektiver werden läßt. Auch die ausgefeiltesten Methoden der Arbeitsbewertung lenken die möglichen Ansichten und Meinungen über den Wert einer konkreten Arbeit letztlich nur in eng umschriebene Korridore, die dann leichter zu handhaben sind. Darüber hinaus ist nicht zu unterschätzen, welche Macht von dem Eindruck ausgeht, daß eine Bewertungsprozedur objektiv *sei*. Punktevergaben, Bewertungsrichtlinien, Stufendefinitionen, Paargleiche, Manuale, Computerauswertungen, hinzugezogene ExpertInnen usw. erzeugen die Eindrucksqualität der Objektivität. Der hohe Zeit- und Kostenaufwand und die Überwindung der zahlreichen Probleme, die mit der Einführung und Pflege von Arbeitsbewertungssystemen verbunden sind, (ver-)führen die Betroffenen zu der Annahme, daß es "fair" zugehe. Das Resultat dieser "organisierten Rationalisierung" (ARMSTRONG & MURLIS 1988, S. 88) gleicht im Grunde dem, was in älteren Lehrbüchern der psychologischen Testanalyse (z.B. LIENERT 1969) noch als "Augenscheinvalidität" (face validity) bezeichnet wird: Die Menschen haben das Gefühl, daß wissenschaftlich vorgegangen wird, und darum schenken sie dieser Vorgehensweise ihr Vertrauen und halten die Ergebnisse für gültig.

Da die mit jeder Arbeitsbewertung verbundenen Interpretationsspielräume für verschiedene Interessen nutzbar gemacht werden können, kommt KRELL (1990, S. 205) zu der Schlußfolgerung: "Arbeitsbewertung ist und bleibt ein politischer Prozeß". Wie FOIT 1978 auf der Basis empirischer Untersuchungen zeigt, werden die Bewertungen in Ermangelung gesicherter Maßstäbe *ausgehandelt*, so daß sich der Umgang mit der Arbeitsbewertung in Form permanenter Methodenkritik vollzieht. Demnach ist den Verhandelnden durchaus bewußt, daß Lohnpolitik nicht objektiv

---

[9] ARMSTRONG & MURLIS (1988, S. 77) sprechen in diesem Zusammenhang davon, daß die produzierten Arbeitswerthierarchien einem "felt-fair" folgen müssen.

Arbeitsanalyse

betrieben werden kann. Die Arbeitsbewertung bildet aber gewissermaßen eine Plattform, auf der eine mikropolitische Arena errichtet werden kann, in der die jeweiligen Akteure ihre Verhandlungspotentiale strategisch ausspielen: Betriebsräte, Gewerkschaften, Personalverantwortliche, Top-Management, Arbeitgeberverbände usw. Ein Beispiel dafür ist das delikate Problem der Zusammensetzung von Bewertungskomitees, in denen die entscheidenden Stakeholder der Organisation vertreten sein müssen; dies nicht zuletzt deswegen, weil jede(r) TeilnehmerIn des Bewertungskomitees versuchen wird, die Bedeutung der eigenen Funktion für die Organisation durch die höhere Bewertung derjenigen Positionen hervorzuheben, die zur persönlichen Kontrollspanne gehören. Die Auswirkungen politischer Aushandlungsvorgänge lassen sich aber auch anhand eines Gewichtungsvergleichs analytischer Arbeitsbewertungssysteme für ArbeiterInnen und Angestellte demonstrieren, den ZANDER & KNEBEL (1978, S. 68) auf der Basis empirischer Daten vorgenommen haben (vgl. Tab. 3.3): Den Angestellten ist es offenbar gelungen, dort hohe Gewichtungsfaktoren durchzusetzen, wo die für sie typischen Tätigkeiten in augenfälliger Weise Grundanforderungen stellen, nämlich bei "Können" und "Verantwortung". Der Aspekt der "Verantwortung" wird noch deutlicher bei den AT-Angestellten hervorgehoben, die in der Regel Führungsaufgaben wahrzunehmen haben. Demgegenüber "punkten" die ArbeiterInnen stärker unter den Anforderungsdimensionen "Belastung" und "sonstige (Umgebungs-)Einflüsse", die ihren Tätigkeiten einen charakteristischen Stempel aufdrücken. Letztlich werden also immer bei denjenigen Anforderungsdimensionen hohe Gewichtungen erzielt, deren Stellung nach Meinung der jeweiligen InteressenvertreterInnen in der späteren Lohnstruktur besonders berücksichtigt werden sollte.

0 von ... Firmen		32 Firmen	15 Firmen	14 Firmen	11 Firmen	4 Firmen	76 Firmen
System für:		Arbeiter	Angestellte	Arbeiter und Angestellte	Angestellte und leitende Angestellte	AT-Angestellte	alle Systeme
An-forde-rungs-grup-pen	Können	36,8	43,1	47,2	28,3	25,1	36,1
	Belastung	25,8	19,6	21,5	35,0	30,7	26,5
	Verantwortung	18,4	31,2	24,4	33,8	42,6	30,1
	sonstige Einfl.	19,9	6,1	6,9	2,9	1,6	7,3
	Summe	100,0	100,0	100,0	100,0	100,0	100,0

Tab. 3.3 Gewichtungsvergleich analytischer Arbeitsbewertungssysteme (nach ZANDER & KNEBEL 1978, S. 68)

Für die Interessendurchsetzung der ArbeitnehmerInnen-Seite bieten sich im Rahmen der Arbeitsbewertung überall dort Chancen, wo die Verfahren Lücken lassen, die durch Partizipation und Dialog geschlossen werden können (oder sogar: müssen). Dies wird naturgemäß mehr in der Anfangs- und Einführungsphase von Arbeitsbewertungsverfahren der Fall sein als in späteren Stadien der bürokratischen Konsolidierung (RIDDER 1990, S. 191). Da die analytische Arbeitsbewertung durch ihre Bindung an Anforderungsmerkmale auf technisch-organisatorische Veränderungen ("Automatisierung", "Computerisierung" etc.) der Arbeitsplätze reagieren kann, müssen ArbeitnehmerInnen, ihre VertreterInnen und Gewerkschaften prinzipiell damit rechnen, daß über eine Abgruppierung der "klassischen" Anforderungen (Umgebungseinflüsse, physische Belastungen) eine Absenkung der Lohnansprüche erfolgt. Der Ersatz von Fachkräften durch Personal mit geringerem Ausbildungsniveau, allgemeiner Qualifikationsabbau und eine Entwertung mancher Berufe zeichnen sich am Horizont derartiger Entwicklungen ab. Hier kommen einer Gewerkschaftspolitik, die auf den Erhalt einmal erworbener Qualifikationen setzt, die jüngeren Vorschläge der ArbeitgeberInnen-Seite zur funktionalen Abgrenzung größerer Arbeitssysteme strategisch entgegen (vgl. FREIMUTH 1992b; BRUMLOP 1986): die Betonung der globalen Aufgabenzusammenhänge, die Beschreibung von Rolle und Verantwortung einer Funktion in übergreifenden Prozessen und die Darstellung der zur Aufgabenerfüllung notwendigen Kooperationsformen und -initiativen. Denn derartig abstrakte Funktionsbeschreibungen, die zunächst der *ökonomischen* Notwendigkeit zur Flexibilisierung, Dynamisierung und Individualisierung von Arbeitsprozessen geschuldet sind, ermöglichen es nicht nur, im Einzelfall die unterschiedlichsten Aus- und Fortbildungen für die Aufgabenerfüllung geltend zu machen, sondern auch, die Polyvalenz der Anforderungsstruktur argumentativ für eine Aufwertung der Löhne zu verwenden - durch eine funktionsorientierte, ganzheitliche Arbeitsbewertung wird so unter der Hand dem arbeitenden Menschen mit den von ihm eingebrachten Qualifikationen wieder zum Recht verholfen, wie sie z.B. in Berufsausbildung, Berufserfahrung und Fortbildung zum Ausdruck kommen (KÖSTER 1994). Die konkrete Umsetzung dieser allgemeinen Strategie sollte nach Auffassung der Gewerkschaften in betrieblichen Bewertungskommissionen stattfinden, die paritätisch zu besetzen sind (einen Überblick über die Positionen der Arbeitgeber- und ArbeitnehmerInnen gibt WIESER 1980, S. 17ff).

3.6.2 Primäre Arbeitsbewertung und Kontrolle

Wie die vorauslaufende Diskussion gezeigt hat, scheint sich die durch Verfahren der primären Arbeitsbewertung installierte Kontrolle im Spannungsfeld zwischen Verflüssigung und Verfestigung etablierter Routinen zu bewegen. Bei der Konstruktion und Einführung der Verfahren existieren zunächst Handlungsspielräume, die später - bei der Institutionalisierung der Bewertungssysteme - wieder verloren gehen. Durch die modernen Wandlungsprozesse, denen Personal, Technik und Organisationsstrukturen unterworfen sind, entsteht ein erneuter Bedarf zur Flexibilisierung der eingeschliffenen Bewertungsprozeduren.

Mit dem Stadium der Institutionalisierung von Arbeitsbewertungssystemen geht der Modus *struktureller Kontrolle* einher. Dieser Kontrollmodus wird dadurch besonders wirksam, daß er über entsprechende Desymbolisierungsleistungen (vgl. STOLZ & TÜRK 1992a) auch ideologisch im Personal verankert wird. Deswegen ist es wichtig, die zentralen Mythen der "Gerechtigkeit", der "Objektivität" und "Sachlichkeit" des Vorgehens stets aufs Neue zu beschwören. Viele der eingangs zu diesem Kapitel genannten Funktionen primärer Arbeitsbewertung weisen Bezüge zum Kontrollproblem auf: So wird beispielsweise durch die Vergrößerung der Aufgabentransparenz und eine klarere Regelung von Kompetenzen der Arbeitsprozeß leichter steuerbar, zudem durch eine Erschließung von Rationalisierungspotentialen ökonomisch besser verwertbar usw. Über Arbeitsbeschreibungen wird Verhalten nicht nur be-, sondern auch vor-geschrieben, und durch die anschließenden Bewertungsvorgänge werden Arbeitsplatzwerte festgelegt, die eine soziale Ordnung etablieren, besser noch: perpetuieren. Da Löhne immer adäquat zur existierenden Hierarchie verlaufen müssen, weil sie die herrschende Ordnung nicht in Frage stellen dürfen, funktioniert auch die Arbeitsbewertung konservativ. So heißt es z.B. in den Gewichtungsempfehlungen von REFA 4 (1991, S. 88): "Praktisch orientiert man sich beim Festlegen der Gewichtung an bereits vorhandenen Gewichtungen". Im Grunde geht es also darum, die bestehenden Lohnstrukturen in den oder mit den Bewertungssystemen zu reproduzieren (s. ARMSTRONG & MURLIS 1988, S. 76). Die Neuschaffung eines Arbeitsbewertungsverfahrens wird daher nichts am Lohngefüge verändern - dazu müßte man vielmehr die hierarchischen Verhältnisse umorganisieren (vgl. MANNTZ 1988; RIDDER 1990). Das daran auch die Arbeitnehmerschaft nur ein bedingtes Interesse haben dürfte, kann man der Tatsache entnehmen, daß zahlreiche Arbeitsplätze bei der Durchführung neuer Arbeitsbewertungen durch Abgruppierung bedroht sind, so daß Lohneinbußen in Kauf genommen werden müßten. Obwohl die Unternehmensleitung diese Option nur selten nutzt, weil sie weiß, daß Lohneinbußen von den betroffenen ArbeitnehmerInnen nicht stillschweigend geduldet würden (ARMSTRONG & MURLIS 1988, S. 87), geht allein von der Möglichkeit zur Nutzung dieser Option eine erhebliche Disziplinierungswirkung aus. Disziplinierung findet aber auch da statt, wo durch Arbeitsplatzwerte Status symbolisiert wird, an dem - wie die tarifpolitischen Auseinandersetzungen zeigen - im Sinne eines "Besitzstandsdenkens" auch von Seiten der ArbeitnehmerInnen festgehalten wird: man möchte z.B. als qualifizierte Fachkraft und nicht als einfache(r) ArbeiterIn angesehen werden. So halten sich die ArbeitnehmerInnen quasi gegenseitig in Schach, um in den Genuß privilegierter Positionen zu gelangen (vgl. HEINRICH 1985). Um es in der Diktion von TÜRK 1993a zu resümieren: Der kommunikativ regulierte Kooperationszusammenhang der Arbeitnehmerschaft wird durch die strukturelle Verfestigung von Trennungsmustern, wie sie z.B. in Stellenabgrenzung, Einteilung in körperliche und geistige Anforderungen, Ausblendung bestimmter Anforderungsaspekte etc. zum Ausdruck kommen, nach dem Prinzip des "divide et impera!" immer wieder zerspalten, um die soziale Ordnung und mit ihr die Bedienung von Herrschaftsinteressen aufrechtzuerhalten.

Paradoxerweise legen formalisierte Arbeitsbeschreibungen nicht nur ein Verhalten fest, sondern schließen auch Verhalten aus: sie zeigen z.b., wo Verantwortung endet, aber nicht unbedingt, wo sie beginnt. In dem Maße, in dem schnelles, situationsreagibles, unkonventionelles Verhalten zur Arbeitsausführung erforderlich wird, erweist sich der "Dienstweg" zunehmend als dysfunktional, so daß die durch Arbeitsbewertungssysteme ausgeübte strukturelle Kontrolle an ihre Grenzen gelangt. Wie die Analyse von FREIMUTH 1992b deutlich macht, sind die Dogmen klarer Zuständigkeiten, der Aufgabenkonstanz und einer hohen Regelungsdichte durch den Einsatz moderner Technologien und Organisationsformen (z.B. "Enthierarchisierung", "Simultaneous Engineering") längst ins Wanken geraten. Die Bearbeitung immer komplexer werdender Aufgaben erfordert die Bildung bereichs- und stufenübergreifender "task forces" unterschiedlichster Art, Dauer und Zusammensetzung. Durch vertikale, horizontale und diagonale Vernetzungen müssen mehr und mehr Probleme gelöst werden, die den Horizont einzelner, voneinander separierter Arbeitsplätze überschreiten. Mit der steigenden Fluktuation von Tätigkeitsinhalten aber wird die klare Abgrenzung und bewertungsmäßige Einordnung von gesonderten Arbeitsplätzen, mithin das Kontrollinstrument der "klassischen" Arbeitsbewertung obsolet. Mehr noch: Es blockiert die notwendige Lernfähigkeit von Organisationen, in dem es den Akteuren die Kompetenz zur Selbststeuerung entzieht. FREIMUTH 1992b schlägt in diesem Zusammenhang vor, die vorhandenen Arbeitsbewertungssysteme an die hohe Veränderungsdynamik und -unsicherheit anzupassen, indem die einzelnen Systembestandteile erneut der Verhandlung zwischen ArbeitnehmerInnen und dem Unternehmen zugänglich gemacht werden, um flexible Bandbreiten von Tätigkeitsmustern und ihrer Bewertung festzulegen. Dadurch würde sich die soziale Kontrolle wieder stärker auf Mechanismen der Verständigung und des Vertrauens stützen, um letztlich über die Mitwirkung der betroffenen Arbeitsplatz-InhaberInnen in deren Selbststeuerung einzumünden. Wenn es aber darum geht, Verhaltenskorridore zu öffnen und einen größeren Part der Fremdkontrolle durch Selbstkontrolle zu ersetzen, taucht die Frage auf, ob der Umweg über ein Arbeitsbewertungssystem, das *arbeitsplatzbezogen* (und damit notgedrungen: partialisierend) vorgeht, überhaupt sinnvoll ist. RIDDER 1990 bezweifelt aus diesem Grunde die Nützlichkeit von Arbeitsbewertungssystemen und setzt auf den Menschen als Erfolgspotential. Wenn es darum geht, komplexe, intransparente, widersprüchliche und instabile Anforderungen zu managen, ist nach seiner Auffassung eine *personenbezogene* Sichtweise erforderlich, um die erwünschte ganzheitliche Flexibilität durch den Einsatz lernwilliger und verhaltenssouveräner MitarbeiterInnen zu sichern. In kongenialer Weise äußert sich WEIL (1986, S. 140): "Als flexibel bezeichnen wir einen Mitarbeiter, der bereit und fähig ist, sich schnell, umsichtig und gekonnt auf wechselnde oder veränderte Arbeitsbedingungen ein- oder umzustellen. Dies sind spezielle Anforderungen, die von der Arbeitsbewertung sehr viel weniger erfaßt werden, als von einer personenbezogenen Bewertung, weil sie ganz von der individuellen Persönlichkeitsstruktur, vom Einsatz des Willens und vom tatsächlichen Verhalten abhängen". Mit diesen Überlegungen wird allerdings das Feld der Arbeitsanalyse endgültig verlassen und auf die Leistungsanalyse als funktionales Kontrolläquivalent verwiesen, das sich auf die Bewertung des arbeitenden Menschen, nicht seiner Arbeitsanforderungen richtet (s. Kap. 4).

3.6.3 Diskriminierung der Frauenarbeit ("Comparable Worth"-Debatte)

Neben Hierarchisierung und latenter Disziplinierung geht von der primären Arbeitsbewertung auch eine diskriminierende Wirkung auf die Arbeitskräfte aus, die vor allem im Hinblick auf die Unterbewertung der Frauen- im Vergleich zur Männerarbeit, und in diesem Zusammenhang insbesondere in den USA, heftig diskutiert wurde (sog. "Comparable Worth"-Debatte). In den USA kam der "Comparable Worth"-Gedanke erstmals während des Zweiten Weltkriegs auf und wurde dort Mitte der siebziger Jahre auch zum Gegenstand politischer Bewegungen (vgl. EVANS & NELSON 1989). Inhaltlich geht es in der "Comparable Worth"-Debatte um die Aufdeckung derjenigen Einkommensdifferenz zwischen Männern und Frauen, die auf der "traditionell gewachsenen und tief verwurzelten, systematischen Unterbewertung typisch weiblicher Arbeit beruht" (JOCHMANN-DÖLL 1989, S. 21).

Die Forderung nach Chancengleichheit der Frauen im Erwerbsleben ist in ganz verschiedenen Hinsichten gestellt worden (s. dazu ausführlicher RASTETTER 1994): gleiche Zutrittschancen auf den Arbeitsmarkt (Arbeitsplatzsuche und -zuweisung), gleiche Aufstiegschancen im Betrieb, gleiche Aus- und Weiterbildungsmöglichkeiten wie Männer und, für die vorliegende Fragestellung bedeutsamer, gleicher Lohn für gleiche, gleichartige und gleichwertige Arbeit. Die Arbeit ist *gleich*, wenn die auszuführenden Tätigkeiten zweier Personen hinsichtlich der Art der Tätigkeit, des Arbeitsvorgangs und der Arbeitsumgebung identisch sind. *Gleichartige* Arbeit liegt vor, wenn zwischen den Tätigkeiten zweier Personen keine wesentlichen Unterschiede bezüglich der Vorkenntnisse, Ausbildung, Anstrengungen, Verantwortlichkeit und Arbeitsbedingungen beobachtet werden können. *Gleichwertige* Arbeit umfaßt gleiche und gleichartige Arbeit, bezieht aber zusätzlich auch solche Tätigkeiten mit ein, die sich zwar in ihrem äußeren Erscheinungsbild unterscheiden, aber nach ihren Arbeitsanforderungen dennoch gleich zu bewerten sind (vgl. JOCHMANN-DÖLL 1990). Da das Prinzip des gleichen Lohns für gleiche und gleichartige Arbeit gesetzlich abgesichert und gesellschaftlich weitgehend durchgesetzt ist, geht es den "Comparable Worth"-VertreterInnen um das Postulat des gleichen Lohns für - oberflächlich betrachtet - ungleiche, aber potentiell gleichwertige Arbeit (JOCHMANN-DÖLL 1989).

Wie aus den oben geschilderten Differenzierungen hervorgeht, ist die Frage der *Verteilung* von Arbeitsplätzen (*Arbeitsplatzdiskriminierung*: ungleiche Arbeits- und Aufstiegsmöglichkeiten bei gleicher Qualifikation) systematisch-logisch von dem Problem der *Bewertung* der Arbeit zu trennen ("reine" *Entgeltdiskriminierung*: das

Einkommensdifferential zwischen Männern und Frauen ist größer als ihr Produktionsdifferential; vgl. KRELL 1990; LANGKAU 1979, S. 7). Methodisch erweist es sich jedoch als ausgesprochen schwierig, das sowohl in den USA als auch in der BRD empirisch nachweisbare "pay-" oder "earning-gap" zwischen Männern und Frauen (KILLINGSWORTH 1990; HEINLEIN 1992; ROSINUS 1992) eindeutig auf die Ursache der Entgeltdiskriminierung zurückzuführen, da vorgelagerte oder begleitende ("mittelbare") Diskriminierungsmechanismen in die Entgeltgestaltung einfließen (z.B. arbeiten Frauen im Durchschnitt weniger Stunden als die Männer, haben ihnen gegenüber eine geringere Vorbildung und weniger Arbeitserfahrung aufgrund kürzerer Verweildauer im Betrieb). Die regressionsanalytischen Einschätzungen der "bereinigten" Einkommensdiskriminierung variieren entsprechend je nach Anzahl und Art der einbezogenen Einflußfaktoren von 8% (LANGKAU 1979 für die BRD) über 25-38% (WEILER 1986) bis hin zu 20-50% (TREIMAN & HARTMANN 1981) der jeweils ermittelten Einkommensdifferentiale.

Auch die "bereinigten" und damit reduzierten Werte ergeben aber immer noch ein deutliches Bild der Ungerechtigkeit in der Entlohnungspraxis der Frauenarbeit, das die Aufmerksamkeit automatisch zur Gerichtsbarkeit und zur Rechtsprechung wandern läßt. Hier tritt aber die mangelnde Durchschlagskraft der gesetzlichen Regelungen offen zutage: In den USA gibt es kein Gesetz zum Schutze gleichwertiger Arbeit [derartige Bestimmungen sind weder im "Equal Pay Act" von 1963 noch im "Title VII of the Civil Rights Act" von 1964 explizit verankert], und in der BRD sind die Gesetzesnormen viel zu allgemein und vage formuliert und damit letztlich unbrauchbar (vgl. Gleichstellungsgrundsatz im Grundgesetz von 1949, Gleichwertigkeitsgrundsatz im Paragraphen 611a BGB; s. PFARR & BERTELSMANN 1989). Die Arbeitsgerichte sehen sich angesichts dieser gesetzlichen Situation nicht in der Lage, Entscheidungen zu treffen, und delegieren die Aufgabe der Bestimmung des Arbeitswertes an den Markt zurück, der wiederum genau die sozialen Ungerechtigkeiten schafft, derenthalben die Gerichte angerufen werden.

Diese absurde Situation muß man sich vergegenwärtigen, wenn man die "Comparable Worth"-Position ins Auge faßt: "Women are paid less because they are in women's jobs, and women's jobs are paid less because they are done by women" (SHEPELA & VIVIANO 1984, S. 47). Demzufolge wird den Frauen also ein minderwertiger Status zugeschrieben (!), der durch den Lohn nur eine nachträgliche Legitimation erfährt (DROHSEL 1986). In den fünfziger Jahren, als es noch durchaus üblich war, die gleiche Arbeit - sofern sie von Frauen erledigt wurde - gegenüber der "männlichen" Vergütung mit einem tariflich festgelegten Lohnabschlag zu versehen, äußerte sich ein maßgeblicher Mitarbeiter des REFA: "Den Frauenabschlag von der Arbeitsbewertung her zu erklären, ist praktisch nicht möglich. Er muß erklärt werden aus den sozialen Unterschieden" (zit. nach SIEGEL 1989, S. 217). Das Projekt zur Fixierung des gesellschaftlichen Mann-Frau-Unterschieds gelangt zur Vollendung, wenn die Frauen schließlich auch selbst eine geringe Erwartungshaltung gegenüber ihrem eigenen Arbeitswert entwickeln, so daß sie sich klaglos mit einer vergleichsweise geringeren Entlohnung zufriedengeben (PAUL 1989).

Zur Erklärung der Unterbewertung weiblicher Arbeit werden die neoklassische Humankapitaltheorie, sozialisationstheoretische Konzeptionen und die Segmentationstheorie herangezogen (vgl. ADAMS 1992; RASTETTER 1994). Letztere eröffnet eine Perspektive, die starke Anklänge an das "Trennungstheorem" von TÜRK 1993a aufweist und daher hier näher beleuchtet werden soll. Nach segmentationstheoretischer Auffassung ist der Arbeitsmarkt in Segmente ("Teilarbeitsmärkte") unterteilt, woraus eine Aufspaltung der Arbeitskräftenachfrage resultiert. Weibliche Erwerbstätige werden systematisch (!) den jeweils ungünstigeren Arbeitsmarktsegmenten zugeordnet bzw. von den günstigeren ausgeschlossen. Auf diese Weise entstehen typisierte Frauenarbeitsplätze, die man mit MOSER 1985 folgendermaßen kennzeichnen kann:

- Ausführen von Aufträgen;
- Kopplung an hierarchisch höherstehende männliche Positionen, denen zugearbeitet oder assistiert wird;
- repetitive Aufgaben, die Sorgfalt und Geschicklichkeit erfordern;
- Aufgaben, die keine Qualifizierungs- oder Aufstiegschancen bieten.

Die im Prinzip vorstellbare Geschlechtsneutralität eines Arbeitsplatzes geht verloren, weil er nach seinen Tätigkeitsinhalten so festgelegt wird, daß nur noch Vertreter eines Geschlechts für seine Besetzung in Frage kommen (KLEBER 1988). Das bedeutet, daß sich mit der Aufspaltung der Arbeitskräftenachfrage auch die Vorstellungen über die erforderlichen Qualifikationen in den jeweiligen Segmenten verfestigen und in stereotyper Weise die Selektionsentscheidungen der UnternehmerInnen anleiten. Aus diesem "Teufelskreis" der Separierung "männlicher" und "weiblicher" Arbeitsplätze, für die mutmaßlich nur noch die Vertreter *eines* Geschlechts *aufgrund* ihres Geschlechts geeignet sind, scheint es kein Entrinnen zu geben: "Women are first channeled into certain sectors of the economy, then they are clustered into the lowest paying occupations within those sectors, and finally they are confined to jobs that, by virtue of being female-dominated, are undervalued and underpaid" (FERRARO 1984, S. 1167).

Wenn nach Auswegen gesucht wird, dann dürfen diese eben nicht im blinden Vertrauen auf die "invisible hand" ökonomischer Marktmechanismen begangen werden, die bestehende Ungerechtigkeiten in der Behandlung der Frauenarbeit lediglich fortschreiben, sondern sie müssen ein ganz neues Terrain alternativer Wertvorstellungen und -setzungen sondieren. Eine zentrale Behauptung der "Comparable Worth"-These liegt ja - salopp formuliert - darin, daß man die betreffenden Berufe bzw. Tätigkeiten höher bezahlte, wenn sie von Männern ausgeübt würden. Innerhalb der Marktlogik scheidet eine Überprüfung dieser These jedoch aus, denn "Frauenberufe sind ja deshalb Frauenberufe, weil sie eben nicht von Männern dominiert werden" (JOCHMANN-DÖLL 1990, S. 44). Folglich kann sich eine Feststellung diskriminierender Entlohnungspraxis nur auf einen alternativen Bewertungsmaßstab gründen, den die "Comparable Worth"-VertreterInnen im Konzept des "intrinsic worth" verwirklicht sehen (HARTMANN, ROOS & TREIMAN 1985): Nur wenn gemessen an ihren eigentlichen, "inneren", intrinsischen Werten die Tätigkeiten gleich sind, kann die stringente Schlußfolgerung auf eine Unterbewertung von Frauenarbeitsplätzen und eine "Fehleinschätzung" des Marktes gezogen werden.

Das Ziel des "Comparable Worth"-Programms besteht demnach darin, im ersten Schritt diskriminierende Elemente von Arbeitsbewertungsverfahren aufzuspüren und zu eliminieren, um anschließend die alte Lohnstruktur mithilfe objektiver Arbeitsbewertungssysteme diskriminierungsfrei umzugestalten. Bedauerlicherweise erweist sich die Arbeitsbewertung in diesem Zusammenhang jedoch als "die Krankheit, zu deren Therapie sie werden könnte" (JOCHMANN-DÖLL 1990, S. 5). Denn, wie JOCHMANN-DÖLL & WÄCHTER 1989 zeigen, enthalten auch die scheinbar exakten und objektiven Systeme der primären Arbeitsbewertung zahlreiche Ermessens- und Auslegungsspielräume, die in diskriminierender Weise genutzt werden können, um die politische Absicht der Trennung von Männern und Frauen innerhalb der Erwerbsarbeit durchzusetzen; bei den summarischen Verfahren handelt es sich hier vornehmlich um die Abgrenzung der Lohngruppen (vgl. das Konzept der "Leichtlohngruppen", die geringere Anforderungen stellen und "deswegen" im allgemeinen für Frauen reserviert wurden; s. ROHMERT & RUTENFRANZ 1975), während bei den analytischen Verfahren die Auswahl und Gewichtung der Anforderungsarten für Manipulationen zur Verfügung stehen. Ein offensichtlich höchst reagibler, politischer Vorgang ist und bleibt die Zuordnung des Entgelts zum ermittelten Arbeitswert, da dieser Entscheidung keine wissenschaftliche Methode zugrundegelegt werden kann; allerdings sind derartige Zuordnungsentscheidungen, die im allgemeinen tarifvertraglich geregelt werden, zu ihrer Rechtfertigung in hohem Ausmaß auf die mit den Bewertungsverfahren demonstrierte Anforderungsgerechtigkeit angewiesen.

Am Beispiel der REFA-Anforderungsdimensionen möchte ich im folgenden illustrieren, wie die typischen Merkmale von Frauenarbeitsplätzen in einem analytischen Verfahren ab-gewertet werden können:

1) *Kenntnisse*: für Frauenarbeitsplätze ist im allgemeinen keine umfangreiche Berufsausbildung erforderlich; es finden kurze Anlernprozesse statt, die in der Gewichtung kaum zählen; es werden Kenntnisse aus außerberuflichen Kontexten erwartet, die nicht hoch bewertet sind;

2) *Geschicklichkeit*: typisch "weibliche" Eigenschaft, quasi "naturgegeben", daher wertlos; wird zudem im Zuge von Automatisierungsprozessen immer weniger wichtig (z.B. taktgebundene, repetitive Fließbandarbeit); Geschicklichkeit im Sinne sozialer, kooperativer und kommunikativer Fähigkeiten bzw. Fertigkeiten wird nicht thematisiert, obwohl oder da sie eine weibliche Stärke darstellt;

3) *Verantwortung*: zwar wird Frauen Verantwortung übertragen (man denke an Krankenschwestern, Erzieherinnen, Lehrerinnen), aber diese Art sozialer Verantwortung zählt

nicht; Frauen werden nicht zu den begehrten, hochdotierten Posten zugelassen, die mit öffentlichem Ansehen und/oder politischem Einfluß versehen sind;

4) *Geistige Belastung*: Übertragung einfacher, monotoner Tätigkeiten (z.B. Vigilanzaufgaben); Ansprüche an Gedächtnis, Vorstellungsvermögen und Phantasie sind gering; die vorhandene hohe Belastung der Nerven und Sinne wird aus der Bewertung ausgeblendet oder niedrig gewichtet; die psychische Belastung durch erlebte Eintönigkeit und Langeweile wird in ihrer Bedeutung "heruntergespielt";

5) *Muskelmäßige Belastung*: ständiges Laufen und Gehen, langanhaltendes Stehen oder ganztägiges Sitzen (z.B. Bildschirmarbeit) werden nicht berücksichtigt; Tätigkeiten, die ein hohes Ausmaß an Muskelkraft erfordern, werden zwar hoch bewertet, Frauen aber im allgemeinen nicht zugemutet;

6) *Umgebungseinflüsse*: Wenn Frauen unter "frauengerechten" Bedingungen arbeiten (vgl. "Frauen"- und "Mutterschutzgesetze"), dann gehen ihnen - Ironie des Schicksals !? - wichtige Zuschläge für Belastungen (Staub, Lärm, Hitze usw.) verloren; absurderweise sind andere Belastungsfaktoren, die für Frauenarbeit typisch sind (man denke an Kellnerinnen in Nachtlokalen) aus den Schutzbestimmungen ausgeklammert; die Gesundheitsbeeinträchtigung durch abstrahlende Bildschirmgeräte oder das Sicherheitsrisiko einer erhöhten Belastung der Augen werden unterschätzt und entsprechend niedrig gewichtet.

JOCHMANN-DÖLL 1990 zeigt anhand des REFA-Rangreihenverfahrens mit getrennter Gewichtung, daß allein schon durch die Auswahl der Brückenbeispiele eine Diskriminierung der Frauenarbeit erfolgt: 87,8% der in den untersuchten Brückenbeispielen angesprochenen Berufe weisen einen Frauenanteil von unter 30% auf; lediglich ein Brückenbeispiel gehört zu einer von Frauen dominierten Berufsordnung. Daraus kann man ableiten, daß typische Frauenarbeitsplätze eher in den niedrigeren Rangplätzen zu finden sind. Um diese Zusammenhangshypothese zu testen, hat ADAMS 1992 die 35 Brückenbeispiele des REFA 4 (1991, S. 107) hinsichtlich ihres Frauenanteils und den entsprechenden Rangplatznummern untersucht. Die Brückenbeispiele wurden gemäß ihres prozentualen Frauenanteils, der sich aus dem "Schlüsselverzeichnis für die Angaben zur Tätigkeit in den Versicherungsnachweisen" rekonstruieren läßt, in aufsteigender Reihenfolge geordnet und in drei Gruppen eingeteilt ("niedrig", "mittel", "hoch"). Um die zugehörigen Rangplatznummern zu bestimmen, wurde für jede REFA-Anforderungsdimension der mittlere Rangplatzwert über diejenigen Brückenbeispiele errechnet, die zu einer der genannten Frauenanteils-Gruppen gehören. Tab. 3.4 enthält die mittleren Rangplatzwerte, die in den jeweiligen REFA-Anforderungsdimensionen für die drei Gruppen von Brückenbeispielen ermittelt wurden, die sich nach dem Ausmaß ihres Frauenanteils voneinander unterscheiden; die mittleren Rangplatzwerte drücken die durchschnittliche Höhe der Bewertung aus, die verschiedene Anforderungsdimensionen in Abhängigkeit von den Frauenanteils-Gruppen erfahren. Die Ergebnisse zeigen, daß die "Kenntnisse" über alle Frauenanteils-Gruppen hinweg am höchsten bewertet werden, woraus man folgern kann, daß die Anforderungsarten "Ausbildung" und "Erfahrung", in denen Frauen allgemein benachteiligt sind, maßgeblich in die Gesamtbeurteilung einfließen. Mit den "Kenntnissen" in etwa gleichrangig wird die "Geistige Belastung" eingestuft, der über alle Frauenanteils-Gruppen hinweg ein größeres Gewicht als die "Muskelmäßige Belastung" beigemessen wird. Als durchgängigen Trend kann man der Tab. 3.4 entnehmen, "daß eine Tätigkeit um so niedriger in die Rangreihe eingestuft ist, je höher der Frauenanteil in der entsprechenden Berufsordnung ist" (ADAMS 1992, S. 74). Da sich die typischen Frauenarbeitsplätze bevorzugt in den unteren Regionen der Rangreihen bewegen, vermutet ADAMS (1992, S. 74), "daß die entsprechenden Tätigkeiten nur deshalb niedrig bewertet werden, weil sie überwiegend von Frauen ausgeübt werden".

REFA-Anforde-rungsdimen-sionen Frauenanteil	Kennt-nisse 1	Geschick-lichkeit 2	Verant-wortung 3	Geistige Belastung 4	Muskel-mäßige Belastg. 5	Umge-bungs-einflüsse 6
niedrig	50	40	37	45	38	29
mittel	43	34	34	43	19	23
hoch	23	18	17	20	17	8

Tab. 3.4   Verhältnis zwischen der Höhe des Frauenanteils einer Berufsordnung und der Einstufung in die Rangreihe innerhalb der einzelnen REFA-Anforderungsdimensionen (nach ADAMS 1992, S. 73)

Aufgrund der demonstrierten Lückenhaftigkeit und der damit verbundenen Interpretationsspielräume primärer Arbeitsbewertungssysteme, die zur Spaltung von Frauen- und Männerarbeit und zu einer Unterbewertung weiblicher Erwerbstätigkeit genutzt werden können, scheint es keine erfolgversprechende Strategie der "Comparable Worth"-VertreterInnen zu sein, auf die Gestaltung präziser, objektiver und damit vorurteilsfreier Verfahren zu setzen. Vielmehr ist eine "Neudefinition von Wertigkeit" erforderlich (JOCHMANN-DÖLL 1990, S. 43), die erst durch die Sozialisierung eines anderen gesellschaftlichen Bewußtseins und einer Wertauffassung erreicht werden kann, nach der das weibliche Arbeitsvermögen gleichberechtigt neben dem männlichen steht. Weitere Vorschläge und Empfehlungen der "Comparable Worth"-VertreterInnen zur Gestaltung einer diskriminierungsfreien Arbeitsbewertung sind in Box 3.2 zusammengestellt.

> **Box 3.2:** Gestaltungsempfehlungen für eine diskriminierungsfreie Arbeitsbewertung nach "Comparable Worth" (vgl. THOMSEN 1991, JOCHMANN-DÖLL & WÄCHTER 1989, REMICK 1984 und KRELL 1990)
>
> (1) Arbeitsbewertungsverfahren und insbesondere der Modus für die Umsetzung von Arbeitswertsummen in Entgeltsätze sollten für alle Beschäftigten einheitlich sein.
> (2) Das Bewertungssystem sollte möglichst spezifisch auf die Bedingungen bzw. Gegebenheiten des Unternehmens oder der Branche abgestimmt sein, damit die typischen Merkmale von Frauenberufen erfaßt werden können.
> (3) In den Bewertungskommissionen sollten Männer und Frauen bei allen relevanten Entscheidungen (Auswahl, Definition, Skalierung und Gewichtung der Anforderungsarten) und der Nachprüfung der Bewertung repräsentativ im Hinblick auf die Tätigkeitsbereiche und paritätisch vertreten sein.
> (4) Es muß sichergestellt werden, daß die Arbeitsplätze selbst und nicht die ArbeitsplatzinhaberInnen bewertet werden.
> (5) Bei der Auswahl von Richtarbeitsplätzen bzw. Brückenbeispielen muß darauf geachtet werden, daß Männer- und Frauenarbeitsplätze gleichermaßen berücksichtigt werden.
> (6) Es müssen in der Bewertung auch die für Frauenarbeitsplätze zutreffenden Anforderungen thematisiert werden.
> (7) Bei der Gewichtung der Anforderungsarten darf man sich nicht am bestehenden Lohn- und Gehaltsgefüge orientieren, damit auch die für Frauenarbeitsplätze charakteristischen Merkmale (z.B. "manuelle Geschicklichkeit", "Sorgfalt", "Konzentration") ebenso hoch bewertet werden können wie solche, die für Männerarbeitsplätze typisch sind (z.B. "physische Belastung", "Kraft").
> (8) Die Entgeltkurve sollte im Bereich der höheren Entgeltgruppen, in die überwiegend Männerarbeitsplätze eingestuft sind, nicht überproportional ansteigen, um bestehende Einkommensnachteile der Frauen nicht noch weiter zu verschärfen.

3.7 Sekundäre Arbeitsanalyse

3.7.1 Allgemeiner Überblick

In Abhebung von der primären Arbeitsanalyse wird die *sekundäre* weniger zur Erfüllung unmittelbarer personalwirtschaftlicher Kontrollfunktionen, wie z.B. zur Lohnfindung und -gestaltung, eingesetzt, sondern hauptsächlich aus sozialtechnischen Gründen verwendet (vgl. BREISIG 1990): Stress am Arbeitsplatz, psychische Beanspruchung, Ermüdung, Sättigung, Wohlbefinden, Reizbarkeit, persönlichkeitsförderliche Arbeitsgestaltung usw. sind zentrale "Gegenstände", die mit den Instrumenten erfaßt und im Hinblick auf einzuhaltende Standards der "Humanverträglichkeit" geprüft werden sollen. Die sekundären Arbeitsanalyseinstrumente sind aufgrund ihrer wissenschaftlichen Konstruktion, Durchführung und Auswertung im Vergleich zu den primären Verfahren wesentlich komplizierter und aufwendiger in der Anwendung, so daß sie für die Lösung der alltäglichen und durchgängigen Personalmanagement-Probleme in der Praxis im allgemeinen ausscheiden dürften (z.B. zur Personalselektion, -entwicklung, -planung).

Bisher wurde noch kein allumfassendes Meßinstrument sekundärer Arbeitsanalyse entwickelt; die Zahl der Instrumente ist mittlerweile Legion, das Forschungsfeld selbst unüberschaubar geworden. Ständig tauchen neue Verfahren am Horizont der Forschungsszene auf, die - mit teilweise kurios anmutenden Reiznamen wie z.B. "KABA", "VERA" oder "NASA-TLX" (PFENDLER 1993) versehen - eine Weile die Aufmerksamkeit des interessierten Publikums genießen, um dann ebenso wie die flüchtigen Hits der Popmusik wieder aus den "Charts" zu verschwinden. Zwar zentrieren sich die verschiedenen Instrumente mit ihren jeweiligen Forschungsanliegen um ganz bestimmte Schwerpunkte, so daß man hieraus Ordnungsgesichtspunkte zur Strukturierung des Forschungsfeldes gewinnen könnte. Ein genauerer Hinblick zeigt jedoch, daß allein zu einem Schwerpunkt wie z.B. "psychische Beanspruchung" bereits zehn verschiedene und zudem (angeblich) bewährte Analyseinstrumente vorliegen (TBS, SABA, OBS, SBS, STB, BMS, BLV, SBW, BFB, BEB; vgl. BACHMANN 1990), die ihrerseits vermutlich nur eine Stichprobe aus der Grundgesamtheit potentiell geeigneter Verfahren repräsentieren (zum damaligen Zeitpunkt nicht erfaßt werden konnten z.B. neuere Entwicklungen wie SYNBA von SCHWARZ & SCHMITZ 1994). Eine ausführliche Darstellung dieser Verfahren würde den Rahmen des vorliegenden Lehrtextes sprengen, insbesondere wenn man bedenkt, daß es zu jedem Verfahren zahlreiche Materialien gibt (Handanweisungen, Fragebogenhefte, Auswertungsschablonen), die zusammengenommen jeweils für sich bereits etwa den Umfang eines Buches ergeben - von den Ergebnissen empirischer Untersuchungen und den publizierten Stellungnahmen in der wissenschaftlichen Fachwelt ganz abgesehen.

3.7.2 Aspekte sekundärer Arbeitsanalyse

Aufgrund der gebotenen Informationsvielfalt und -fülle im Bereich der sekundären Arbeitsanalyse muß notgedrungen eine Auswahl erfolgen. Diese stützt sich im vorliegenden Fall auf die Kriterien der *Aktualität* und der *forschungspraktischen Relevanz* einzelner Verfahren (wie z.B. die Häufigkeit der Zitation in anerkannten Fachzeitschriften der letzten Jahre). In Anlehnung an eine Systematik von KARG & STAEHLE 1982 wird im Anhang zu diesem Buch eine Reihe von sekundären Arbeitsanalyse-Instrumenten überblicksartig nach folgenden Gesichtspunkten behandelt: Bezeichnung des Instruments, allgemeine Zielsetzung, theoretische Basis, Aufbau, Durchführung/Auswertung, Anwendung, Varianten, verwandte Verfahren und weiterführende Literaturhinweise. Neben dem Überblick, der dadurch gewährt wird, ist es zu didaktischen Zwecken natürlich auch möglich, einzelne Instrumente herauszugreifen, mithilfe der gegebenen Hinweise und Literaturempfehlungen einer vertieften Betrachtung zu unterziehen oder sogar in einem Projekt praktisch zu erproben [Für den Anhang aufbereitet wurden: AET, ATAA, BMS, FAA, ISTA, JDS, KABA, P-TAI, RHIA, RHIA/VERA-Büro-Verfahren, TAI, TBS, TBS-GA, VERA-G].

Auffällig ist, daß die Verfahren sekundärer Arbeitsanalyse in Ermangelung einer universellen Theorie der menschlichen Arbeit[10] immer auf bestimmte, eingegrenzte Untersuchungsanliegen und -inhalte ausgerichtet sind und sich folglich durch eine starke *Aspektspezialisierung* auszeichnen. In den jeweiligen Verfahren werden folgende Gesichtspunkte der Arbeit akzentuiert:

- volitiver (motivationaler) Aspekt: JDS;
- kognitiver (mentaler) Aspekt : ATAA, KABA, RHIA-VERA-Büro, TAI, TBS, TBS-GA, VERA-G;
- affektiver (emotionaler) Aspekt: AET, BMS, ISTA, RHIA-VERA-Büro; und
- konativer (verhaltensbezogener) Aspekt: ATAA, FAA, P-TAI, TAI, TBS.

Dabei zeigt sich an der chronologischen Reihenfolge des Auftretens der einzelnen Analyseinstrumente in der Forschungspraxis, daß der *volitive* Aspekt der menschlichen Tätigkeit seit Erscheinen des JDS in den siebziger Jahren zumindest für wissenschaftlich-empirische Untersuchungen sukzessive an Bedeutung verloren hat - es sei denn, man will von der psychischen Beanspruchung, deren Meßinstrumente hier dem affektiven Bereich zugeordnet wurden, oder von den Methoden zur Erfassung der Arbeitszufriedenheit (vgl. NEUBERGER 1974; FISCHER 1991) indirekt eine Beziehung zur menschlichen Antriebsstruktur herstellen. Wenn die vermutete Diagnose aber stimmt, muß man sich aus einer Kontrollperspektive fragen, wie der defizitäre Status von Meßinstrumenten im Bereich der Arbeitsmotivation erklärt werden kann. Sind die motivationalen Voraussetzungen in den modernen Arbeitsorganisationen soweit erfüllt, daß hier keine Kontroll-Lücken und damit Probleme entstehen, die man mit sekundären Methoden der Arbeitsanalyse im Sinne einer "Besänftigungsstrategie" lösen müßte? Wenn ja, woran liegt das (z.B. drohende Arbeitslosigkeit als "Motivationsfaktor", sinkendes Anspruchsniveau der ArbeitnehmerInnen gegenüber Tätigkeitsinhalten, zunehmende Indifferenz des Arbeitsprozesses gegenüber motivationalen Einflüssen)? Demgegenüber haben *affektive* Komponenten der Arbeit ("Stress", "Belastung"), die Ende der siebziger Jahre mit dem AET oder BMS erstmals in größerem Umfang untersucht wurden, nichts an Aktualität eingebüßt; lediglich die spezifischen Auslösebedingungen haben sich vielleicht durch den Einsatz moderner Technologien und im Zuge veränderter Organisationsstrukturen so verändert, daß die Palette der Analyseverfahren durch einige neuere Instrumente ergänzt werden mußte (RHIA, ISTA). Einen deutlichen Aufschwung aber haben *kognitive* (TBS-GA, VERA-G, RHIA-VERA-Büro) und *konative* (ATAA, TAI), hier insb. *soziale* Aspekte der Arbeit (P-TAI) erlebt. Derartige Entwicklungen auf

---

[10] Die in dieser Hinsicht vermutlich am weitesten entwickelte Theorie der menschlichen Arbeit stammt von Karl MARX.

der Ebene der Meßinstrumente sind wahrscheinlich ein Reflex auf das veränderte Bild der Arbeit in den modernen Organisationen: Abnahme handwerklich-manueller Tätigkeiten im produktiven Gewerbe, Zunahme von Planungs-, Steuerungs-, Kontroll- und Überwachungsaufgaben mit Unterstützung der EDV, Ausweitung des Dienstleistungssektors, Arbeit in Teams und in vernetzten sozialen Strukturen usw. Zu beobachten ist weiterhin der Trend, die Zielsetzung der Verfahren auszuweiten bzw. unter einem größeren thematischen Block zu subsumieren (z.B. "Gesundheit" beim TBS-GA, "Stress" beim ISTA), während sich die Verfahren gleichzeitig in ihrer Infrastruktur immer mehr in einzelne, selbständige Module aufgliedern (wie z.B. beim TAI oder auch P-TAI), um innerhalb des Rahmenthemas eine flexible Anwendung zu ermöglichen.

3.7.3 Ein Beispiel sekundärer Arbeitsanalyse:
Das Tätigkeits-Analyse-Inventar (TAI)

3.7.3.1 Entwicklung des Verfahrens

Gemäß der Anwendungsziele eines vom Bundesministerium für Forschung und Technologie (BMFT) geförderten Grundlagenprojekts sollte mit dem TAI ein praktikables, standardisiertes und auf verschiedene Arbeitstätigkeiten anwendbares Analyseinstrument entstehen, das zur Ermittlung von Qualifikationsanforderungen, Belastungen und Gefährdungspotentialen herangezogen werden kann (FACAORU & BENEDIX 1988; SONNTAG, BENEDIX & HEUN 1989). Die erste Forschungsphase bezieht sich auf den Zeitraum 1980-1983 am Institut für Psychologie der Universität München und wurde 1984 mit einem Projektbericht abgeschlossen, in dem das TAI in Form von vier selbständigen Verfahrensteilen vorgestellt wird. Nach der Beendigung dieser Projektphase hat KANNHEISER in München das erste Teilverfahren zum sog. "P-TAI" weiterentwickelt (KANNHEISER, HORMEL & AICHNER 1993), während eine ForscherInnengruppe um FRIELING an der Gesamthochschule Kassel die ursprüngliche Version überarbeitete, um das komplette Verfahren zur Anwendungsreife zu bringen. 1993 erschien das Tätigkeits-Analyse-Inventar - TAI - als geschlossenes, im Buchhandel erhältliches Werk, das sich aus Handbuch und Verfahren zusammensetzt (FRIELING, FACAORU, BENEDIX, PFAUS & SONNTAG 1993).

3.7.3.2 Theoretischer Bezugsrahmen

Das TAI stützt sich nicht auf ein vorab "gewähltes" theoretisches Modell, sondern läßt sich durch konkrete Problemstellungen in Teilbereichen der praktischen Arbeitsanalyse leiten. Dabei geht es im ersten Schritt darum, Problembereiche zu benennen, die sich bei der Analyse von Arbeitsplätzen ergeben, und gleichzeitig die Grenzen vorliegender (klassischer) Analyseinstrumente aufzuzeigen. Erst im zweiten Schritt werden theoretische Konzeptionen der Arbeitsanalyse auf ihren Aussagegehalt im Hinblick auf die empirisch beobachtbaren Problembereiche geprüft, um auf diese Weise Anforderungen an die theoretischen Grundlagen arbeitsanalytischer Instrumente formulieren zu können.

Für die mit dem TAI verfolgten Analysezwecke sind die Strukturen und Prozesse, die zwischen Person und Umwelt vermitteln, von ausschlaggebender Wichtigkeit. Es geht also darum, das Reiz-Reaktions-Modell des FAA (FRIELING & HOYOS 1978), einem Vorläufer des TAI, zugunsten einer dreigliedrigen Schematik zu überwinden, in der die Interaktion zwischen Reiz- und Reaktionsfaktoren explizit verortet ist. Zu diesem Zweck wird auf die Tätigkeitstheorie von LEONTJEW 1977 rekurriert, der die "gegenständliche Tätigkeit" als einen Vorgang der Wechselwirkung zwischen subjektiven und objektiven Momenten menschlicher Aktivität begreift. Die Arbeitstätigkeit als Untersuchungsgegenstand des TAI kann als Spezialfall dieser "gegenständlichen Tätigkeit" aufgefaßt werden (PROJEKTGRUPPE TÄTIGKEITSANALYSE 1983; KANNHEISER 1983; FRIELING et al. 1984). Um Ansatzpunkte für die gezielte Suche nach Analysekriterien zu erhalten, die der Konstruktion des TAI zugrundegelegt werden können, führen FRIELING et al. 1984 zwei unterschiedliche Betrachtungsweisen ein.

Aus einer *hierarchisch-makrostrukturellen* Perspektive steht das Problem der Auslösung und Steuerung von Arbeitstätigkeiten im Mittelpunkt der Betrachtung. Aus dieser Sicht sind Arbeitstätigkeiten als hierarchische Systeme geordneter Einheiten zu verstehen (vgl. Abb. 3.12). Die Aufgabe der Arbeitsanalyse besteht folglich darin, nicht nur die einzelnen Elemente der Arbeitstätigkeit zu identifizieren (wie noch beim FAA geschehen), sondern auch ihren "inneren Bauplan" zu entschlüsseln, d.h. die für eine Arbeitstätigkeit typischen Beziehungen zwischen den einzelnen Arbeitselementen. Aus Abb. 3.12 ist ersichtlich, daß sich die Makrostruktur der Tätigkeit in drei Ebenen gliedert, zwischen denen enge Wechselwirkungen angenommen werden. Nach Auffassung der PROJEKTGRUPPE TÄTIGKEITSANALYSE (1983, S. 128ff) "wird die Durchführung einer Tätigkeit über Motive initiiert, über zielgerichtete Handlungen und ihnen entsprechende, bedingungsadäquate Operationen, die selbst aus koordinierten Einzelbewegungen bestehen realisiert, wobei Operations- und Bewegungseffekte zu Ergebnissen und diese insgesamt zu dem angestrebten Resultat führen". In Anlehnung an HACKER 1986 wird unter einer Handlung die "kleinste psychologische Einheit einer willensmäßig gesteuerten Tätigkeit" verstanden. Potentielle Diskrepanzen zwischen den Hierarchieebenen bilden insgesamt drei Problembereiche, die im TAI anhand geeigneter Analysekriterien operationalisiert werden sollen (KANNHEISER 1983; KANNHEISER 1984; FRIELING et al. 1984; BENEDIX 1987).

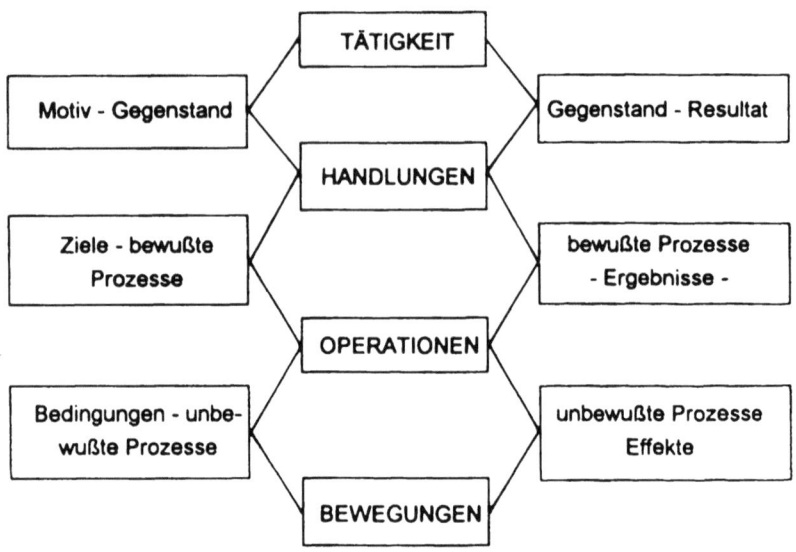

Abb. 3.12 Hierarchische Makrostruktur der Tätigkeit
(PROJEKTGRUPPE TÄTIGKEITSANALYSE 1983, S. 129)

In Ergänzung zur makrostrukturellen Betrachtungsweise betont die *dynamisch-prozessuale* Perspektive die Vermittlungsvorgänge zwischen Subjekt und Objekt der Tätigkeit. Die Arbeitstätigkeit wird als Ringstruktur begriffen (vgl. Abb. 3.14), in der Austausch- und gegenseitige Einflußprozesse zwischen Individuum (Subjekt) und Umwelt (Objekt) systematisch aufeinander bezogen sind. Aus Abb. 3.14 lassen sich vier Übergangszonen zwischen Subjekt, Tätigkeit und Objekt ableiten, die als weitere Problemschwerpunkte im TAI zu operationalisieren sind (KANNHEISER 1983; KANNHEISER 1984; FRIELING et al. 1984; BENEDIX 1987):

a) Das Subjekt entwirft seine Tätigkeit und führt sie aus;

b) die Tätigkeit verändert das Objekt;

c) das gestaltete Objekt wirkt auf die Tätigkeit zurück, indem bestimmte Anschlußhandlungen begünstigt und andere ausgeschlossen werden[11] ;

d) die Tätigkeit wirkt auf das Subjekt zurück und verändert seinen psychophysischen Status.

Die AutorInnen des TAI sind bemüht, anhand der aufgezeigten Problembereiche aus hierarchisch-makrostruktureller und dynamisch-prozessualer Sicht konkrete Analy-

---

[11] Wenn der Arbeitsprozeß stark formalisiert ist, dann ist die Rückkopplungsschleife zwischen Objekt und Tätigkeit weitgehend determiniert, so daß sich kaum noch individuelle Freiheitsgrade der Aufgabenbearbeitung ergeben.

sekriterien aufzustellen, die einen empirischen Zugang zur LEONTJEW'schen Konzeption ermöglichen sollen (KANNHEISER 1983; FRIELING et al. 1984; BENEDIX 1987).

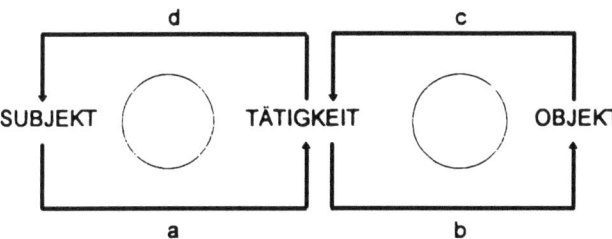

Abb. 3.13   Die Ringstruktur der Tätigkeit (FRIELING et al. 1984)

3.7.3.3   Aufbau des Verfahrens

Der Begriff "Tätigkeits-Analyse-*Inventar*" bringt bereits zum Ausdruck, daß das Instrument ein möglichst breites und umfangreiches Spektrum von Arbeitsaspekten erfassen will, wobei sich der Schwerpunkt der Analyse allerdings auf die Messung *konativer* und *kognitiver* Elemente der menschlichen Tätigkeit bezieht (FRIELING et al. 1984; FRIELING 1987).

Das TAI enthält 2055 Items, die sich in drei große Hauptteile gliedern. Der erste Hauptteil bezieht sich auf die *betrieblichen Rahmenbedingungen* (Gesamtgesellschaft[12], Standort, Betriebsbereich), die Aussagen über allgemeine Charakteristika des Betriebs machen sollen. Der zweite Hauptteil erfaßt *die technisch-organisatorischen Bedingungen* der Arbeitsausführung und die *Umgebungsbedingungen* am Arbeitsplatz. Hier sollen sowohl die unmittelbaren Arbeitsplatzbedingungen als auch die übergeordneten technischen und organisatorischen Zusammenhänge einschließlich ihrer Auswirkungen auf den Arbeitsplatz untersucht werden. Im dritten Hauptteil werden die *Arbeitsinhalte* erhoben, d.h. die sensumotorischen und kognitiven Komponenten der Arbeitsausführung (FACAOARU & BENEDIX 1988). Die drei Hauptteile gliedern sich in sechs Abschnitte (Hauptteil 1 umfaßt zwei, Hauptteil 2 einen und Hauptteil drei nochmals drei Abschnitte), die wiederum in Gruppen zusammengehöriger Items aufgeteilt sind (vgl. Abb. 3.14). Vom ersten bis zum dritten Hauptteil wird der Fokus der Betrachtung vom Betrieb über den Betriebsbereich und den konkreten Arbeitsplatz bis hin zu den Tätigkeiten, die dort

---

[12] Unter einer Gesamtgesellschaft wird die rechtliche und organische Einheit (privat oder öffentlich) verstanden, die bestimmten Zwecken oder Zielbündeln dient (z.B. der Produktion von Gütern und Dienstleistungen).

auszuführen sind, sukzessive enger gestellt. Ein letzter Abschnitt ist für die Aufnahme personenbezogener Daten (Kenntnisse, Eingangsqualifikationen, demographische Angaben) reserviert.

Der ausgeprägt *modulare* Aufbau des Verfahrens ermöglicht es, je nach Fragestellung und untersuchter Arbeitsposition Merkmalsbereiche auszuwählen, die als weitgehend eigenständige Erhebungsteile zur Durchführung arbeitswissenschaftlicher Untersuchungen benutzt werden können (SONNTAG, BENEDIX & HEUN 1989). Der Inhalt der insgesamt sieben Abschnitte und die daraus ableitbaren Aussagen sollen im folgenden kurz charakterisiert werden (in Anlehnung an ENGELHARDT 1990):

1) *Merkmale der Gesamtgesellschaft und des Standorts:* Hier soll ein erster Überblick über die strukturellen Eigenarten der Gesamtgesellschaft gewonnen werden. Von besonderem Interesse sind dabei die Einflüsse der Gesamtgesellschaft auf den untersuchten Betriebsbereich, die Kennzeichen des Betriebsbereichs (z.B. Beschäftigtenstruktur, Organisationsmerkmale) und die Organisation der ArbeitnehmerInnen-Interessenvertretung (Betriebsrat, Betriebsvereinbarungen). Hieraus können Schlußfolgerungen über das Ausmaß der Zentralisierung der Gesamtgesellschaft und über den Grad der Automatisierung von Betriebsbereichen gezogen werden.

2) *Organisatorisch-technische Bedingungen des Betriebsbereichs:* Diese Merkmale dienen dazu, die Organisation und die Art des betrieblichen Technikeinsatzes näher zu beschreiben. Dazu werden zunächst der konkrete Betriebsbereich in den Betrieb eingeordnet und daraufhin Kennzeichen der Auftragsbearbeitung (Auftraggeber, Kontrolle, Organisationsbzw. Fertigungsprinzipien, Fertigungsarten) und personalwirtschaftliche Strukturdaten erhoben (Anzahl der Beschäftigten, Beschäftigtenarten, Aufbauorganisation, Vergütung und Personalentwicklungsmaßnahmen). Wenn es sich um Fertigungs- und Montagebereiche handelt, werden auch Fertigungstechniken, Pufferformen, Transport- und Montagesysteme usw. untersucht.

3) *Technisch-organisatorische Arbeitsbedingungen:* Um Aufschlüsse über mögliche Belastungen motivationaler, emotionaler oder somatischer Art sowie Hinweise zur Verbesserung der Sicherheit zu erhalten, werden in diesem Abschnitt organisatorische Regelungen, soziale, technische, räumlich-physikalische Bedingungen und Gefahrenquellen des Arbeitsplatzes (in einer sog. "Sicherheitsanalyse") erfaßt.

Arbeitsanalyse

		Analysegegenstände	
		Betriebliche Rahmenbedingungen	
	Gesamtgesellschaft	1.1 Allgemeine Charakterisierung der Gesamtgesellschaft Itemanzahl 10	
	Standort	1.2 Kennzeichen des untersuchten Standorts 1.3 Organisation der Arbeitnehmerinteressenvertretung Itemanzahl 74	
	Betriebsbereich	2.1 Stellung des Betriebsbereichs im Betrieb 2.2 Kennzeichen der Auftragsbearbeitung 2.3 Personalwirtschaftliche Strukturdaten 2.4 Spezieller Technikeinsatz in der Fertigung und Montage Itemanzahl 153	
Analyseebenen		Arbeitsbedingungen	Arbeitsinhalte
	Arbeitsplatz	3.1 Formale Rahmenbeding. der Tätigkeit Itemanzahl 46 3.2 Merkmale der Aufbau- und Ablauforganisation Itemanzahl 122 3.3 Kennzeichen der Auftragsdurchführung Itemanzahl 79 3.4 Techn.-org. Störungsarten Itemanzahl 52 3.5 Räumliche u. physikalisch-chem. Umgebungsbeding. Itemanzahl 137 3.6 Merkmale zur Sicherheitsanalyse Itemanzahl 80 3.7 Daten- u. Kommunikationstechniken Itemanzahl 28	Sensumotorik 4.1 Sinnesleistungen 4.2 Physische Arbeitsschwere 4.3 Koordinationsleistungen Itemanzahl 226 Informationsaufnahme 5.1 Beobachten 5.2 Zuhören / Befragen 5.3 Lesen von Zeichnungen 5.4 Lesen von Zahlenmaterial 5.5 Lesen von Texten Itemanzahl 386 Informationsabgabe 6.1 Umgang mit Maschinen Werkzeugen u. Geräten 6.2 Reden / Sprechen 6.3 Erstellen von Zeichnungen 6.4 Erstellen von Zahlenmaterial 6.5 Erstellen von Texten Itemanzahl 424
	Personenbezogene Daten	7.1 Kenntnisse 7.2 Eingangsqualifikationen 7.3 Daten zur Person Itemanzahl 238	

Abb. 3.14   Gesamtaufbau des TAI (nach FRIELING et al. 1993)

Kapitel 3

4) *Sensumotorische Arbeitsausführung:* Art, Häufigkeit und Zeitdauer eingenommener Körperhaltungen, Präzision und benötigter Kraftaufwand ausgeführter Bewegungen und die Feinheit von Koordinations- und Sinnesleistungen sind Gegenstand dieser Analysemerkmale. Daraus kann man Informationen über erforderliche sensumotorische Fertigkeiten sowie über Koordinations- und Diskriminationsleistungen gewinnen. Außerdem ist die Durchführung einer Belastungsanalyse möglich.

5) + 6) *Informationsaufnahme, -gewinnung, -speicherung sowie Informationsumsetzung und -erzeugung:* Diese beiden Abschnitte sind in ihrer Struktur spiegelbildlich aufgebaut und erfassen zusammen die kognitiven Anforderungen auf der Basis informationstheoretischer Annahmen. Aus den äußerlich sichtbaren, der Informationsaufnahme und -abgabe dienenden Tätigkeiten der StelleninhaberInnen lassen sich die zugrundeliegenden kognitiven Prozesse erschließen, um Aussagen über das quantitative und qualitative Niveau geforderter Denkleistungen herauszufiltern. Dauer und Höhe verschiedener Formen informatorischer Belastung können durch die Kombination von Art, Menge, Komplexität und Variabilität der Informationen mit zeitlichen Merkmalen festgestellt werden.

7) *Kenntnisse und Eingangsqualifikationen:* Hier werden die Art und der Umfang zu beherrschender Wissensgebiete, die Differenziertheit von Kenntnissen und die erforderlichen Eingangsqualifikationen erhoben. Auf diese Weise können Kenntnisbreite und -tiefe sowie Ausbildungsinhalte und die für einen Arbeitsplatz notwendigen Lernziele formuliert werden. Ein anonymisierter Komplex von Fragen zur Person, der nur für statistische Auswertungszwecke benutzt wird, schließt die Untersuchung ab.

3.7.3.4 Durchführung des Verfahrens

Das TAI wird meist in Form eines *Beobachtungsinterviews* durchgeführt, da die StelleninhaberInnen im Hinblick auf ihre spezifischen Arbeitsplatzbedingungen als "beste Experten" (KANNHEISER 1985a) angesehen werden. Bisher wurde das TAI ausschließlich von geschulten ArbeitsanalytikerInnen durchgeführt, da die Struktur des Verfahrens eine intensive Beschäftigung mit dem Analyseinstrumentarium erfordert. So kann z.B. nur dieser Personenkreis darüber entscheiden, welche Hauptteile, Abschnitte und Itemgruppen für die jeweilige Arbeitstätigkeit heranzuziehen bzw. zu vernachlässigen sind (FRIELING et al. 1984).

Die durchschnittliche reine Erhebungszeit pro Beobachtungsinterview ist stark vom Analysezweck bzw. den untersuchten Arbeitsplätzen abhängig; sie schwankt angeblich zwischen einer (Stellen im Logistikbereich) und fünf Stunden (Ingenieurtätigkeiten). In einigen Analyseabschnitten (z.B. bei der Feststellung der physikalischchemischen Umgebungsbedingungen eines Arbeitsplatzes) werden zusätzlich Meßgeräte eingesetzt, wobei man bemüht ist, diesen Hilfsmittelaufwand möglichst gering zu halten.

Nach der Erhebung werden sämtliche Daten in Einstufungsbögen festgehalten, in die sowohl Beobachtungs- und Befragungsergebnisse als auch sonstige Erhebungen (Funktions- und Aufgabenanalysen des Arbeitsplatzes, Meßwerte etc.) eingehen. Die Einstufungsbögen werden anschließend auf Vollständigkeit überprüft, in die Maske eines Computerprogramms eingegeben und die Daten durch eigens dafür entwickelte Rechenprogramme aufbereitet. Die drei Hauptteile und Abschnitte können, wie von FACAORU & FRIELING (1989) gezeigt, in Form von Profilen ausgewertet werden. Für den gesamten Prozeß der Datenerhebung und -auswertung werden, je nach Arbeitsplatz und Analyseumfang, zwischen zehn und fünfzehn Stunden veranschlagt.

Alle Items des TAI sind nach einem einheitlichen Schema aufgebaut (vgl. Abb. 3.15):

1) Merkmalsbezeichnung bzw. Itemüberschrift;
2) ausformulierte Frage nach dem Erhebungsinhalt;
3) Definitionen zentraler Begriffe und Einstufungshinweise;
4) Einstufungsschlüssel.

Übertragung von Zeichnungen, Skizzen

Wie häufig und wie lange liest und überträgt der Stelleninhaber Zeichnungen, Skizzen, Pläne nach den folgenden Arten?

E Das Lesen von Zeichnungen erfolgt hier im unmittelbaren Zusammenhang mit dem gleichzeitigen Zeichnen oder Schreiben bzw. Programmieren.

	H	Z	
5.3	39	45	<u>Digitalisieren</u> von Zeichnungen
5.3	40	46	Erstellen von <u>Reinzeichnungen</u>, Retuschieren; Reproduktion einer vorgegebenen maßstäblichen Zeichnung
5.3	41	47	<u>Umsetzung</u> einer vorgegebenen <u>grobmaßstäblichen</u> Skizze in eine maßstäbliche Zeichnung (Veränderung von Dimensionen)
5.3	42	48	<u>Umsetzung</u> von 2-D Ansichten in 3-D Darstellungen
5.3	43	49	<u>Ableitung</u> und Darstellung von 2-D Ansichten, Schnitten aus 3-D perspektivischen Modellen (Abwicklungen)
5.3	44	50	<u>Übertragung von geometrischen Informationen</u> aus Zeichnungen in <u>Programme</u> (NC-Programmierung)
		Z	Schlüssel: **Durchschnittliche Zeitdauer eines Vorgangs**
	H		Schlüssel: **Häufigkeit**

Abb. 3.15   Itembeispiel aus dem TAI (FRIELING et al. 1993, Abschnitt 5.3)

Aus Gründen der Übersichtlichkeit sind solche Items, die mit dem gleichen Schlüssel einzustufen sind, teilweise zu Gruppen zusammengefaßt (FRIELING et al.

Aus Gründen der Übersichtlichkeit sind solche Items, die mit dem gleichen Schlüssel einzustufen sind, teilweise zu Gruppen zusammengefaßt (FRIELING et al. 1984). Die Itemskalierung erfolgt auf Alternativ- bzw. Nominalskalen, Ordinalskalen und sog. "Hybrid"-Skalen, die aus einer Kombination zweier Skalentypen bestehen. Je nach Art des einzustufenden Merkmals werden unterschiedliche Schlüssel verwendet (vgl. Abb. 3.16), die zwar durch ihre Verschiedenartigkeit den Einstufungsprozeß erschweren, jedoch die Operationalisierbarkeit der Merkmale verbessern sollen. Die Einstufungsschlüssel sind in ihren Abstufungen möglichst konkret formuliert. Dadurch wird zwar der Leseaufwand beträchtlich erhöht, doch erscheint diese Vorgehensweise nach FRIELING et al. 1984 durch die damit zu erreichende Spezifität der Analyse und die Vermeidung von Beurteilungsverzerrungen gerechtfertigt.

Eine Besonderheit der Itemeinstufung des TAI besteht darin, daß bei einer Reihe von Items (insb. in den Abschnitten 5 und 6) das gleiche Merkmal sowohl mit einem Häufigkeits- als auch einem Zeitdauerschlüssel beurteilt wird. FACAOARU & BENEDIX 1988 zeigen, daß aus diesen Daten durch Aggregation und Gruppierung von Items Konfigurationen gebildet werden können, die die Berechnung von Teil- und Gesamtindikatoren inhaltlicher Anforderungen und Belastungen erlauben (KANNHEISER 1985b; FACAOARU & FRIELING 1986, 1989). Die belastungsrelevanten Konfigurationen werden im allgemeinen durch mehrere Beurteiler bewertet, um so eine möglichst objektive und reliable Belastungsmessung zu gewährleisten (FACAOARU & BENEDIX 1988).

3.7.3.5 Anwendungsbereiche

FRIELING et al. 1993 geben in ihrem Handbuch (S. 164ff) einen umfassenden Überblick über 18 während der TAI-Entwicklung vorgenommene empirische Erhebungen, bei denen insgesamt über 300 verschiedene Arbeitsplätze analysiert wurden. Hier sollen aus Platzgründen nur die wichtigsten Studien zusammenfassend referiert werden, die noch einen Bezug zur ursprünglichen Zielsetzung des Forschungsprojekts aufweisen, da sich im Zuge der Verfahrensentwicklung offenbar zahlreiche weitere Anwendungsmöglichkeiten eröffnet haben (z.B. Eignungsdiagnostik, Berufsklassifikation, Curriculumgestaltung).

In einer Untersuchung von SCHWEITZER 1989 werden *Gefährdungspotentiale* an 15 exemplarischen Arbeitsplätzen eines Großlagers mit der Sicherheitsanalyse des TAI überprüft. In Anlehnung an ein Gefährdungsregister von NOHL 1989 spezifiziert SCHWEITZER zunächst die relevanten Teilgefährdungen in dem von ihm untersuchten Betriebsbereich. Anschließend werden den Teilgefährdungen Werte aus einer "Gefährdungsmatrix" zugeordnet, in der die beiden TAI-Schlüssel "wahrscheinliche Folgen" und "Dauer des Aufenthalts im Wirkungsbereich der Gefahr" miteinander verknüpft sind. Die Werte der Matrix stammen aus Expertenratings und stellen einen Ausdruck für das Gefährdungsmaß dar, das sich aus der Kombination

Arbeitsanalyse

Schlüsseltyp	Abstufungen	Anzahl	Besonderheiten
H Häufigkeit (Konkrete Zeitdauer eines Ereignisses)	Sekunden Monate Minuten Jahre Stunden Tage Wochen	21	Zusammen mit dem Häufigkeitsschlüssel der am meisten verwendete Schlüssel im TAI. Häufigkeit u. Zeitdauer werden (in den Abschnitten 4, 5 u. 6) zu einem Mindest-Prozentanteil verrechnet, der darüber Auskunft gibt, welchen Prozentanteil ein Ereignis an der Gesamtarbeitszeit besitzt.
Z Zeitdauer (Häufigkeit des Auftretens von Ereignissen)	Jahre Minuten Monate Sekunden Woche Tage Stunden	20	
S Sonderschlüssel	sind Schlüssel auf Nominalkalenniveau, um Sachverhalte zu kategorisieren; Stufenanzahl verschieden		
N Anzahl Bestimmung von abzählbaren Anzahlen	es wird jeweils die genaue Anzahl eingetragen		Kategorisierung/Verrechnung/Bewertung erfolgt während der Auswertung
R Anteil Bestimmung von %-Anteilen	es wird jeweils der genaue Prozentanteil eingetragen		Kategorisierung/Verrechnung/Bewertung erfolgt während der Auswertung
ZG Aufenthaltsdauer im Wirkungsbereich der Gefahr	0 trifft nicht zu 1 kleiner als 5 Min. oder seltener als täglich 2 5 - 30 Min. 3 30Min. - 2 Stunden 4 länger als 2 Stunden, aber nicht ständig 5 ständig		wird nur im Abschnitt 3.6 'Sicherheitsanalyse' eingesetzt
F Folgenausmaß (Wahrscheinlichkeit von Folgen aufgrund von Gefährdungen)	0 trifft nicht zu 1 keine Folgen 2 Bagatellfolgen 3 Verletzungs- u. Erkrankungsfolgen 4 leichter bleibender Gesundheitsschaden 5 schwerer bleibender Gesundheitsschaden		wird nur im Abschnitt 3.6 'Sicherheitsanalyse' eingesetzt
W Bedeutung (Bedeutung von Ereignissen)	0 trifft nicht zu 1 geringe Bedeutung 2 mittlere Bedeutung 3 hohe vorrangige Bedeutung		wird nur sehr selten eingesetzt
SF Selbständigkeit der Auswahl / Festlegung	0 trifft nicht zu 1 sind vorgegeben 2 werden zum Teil mit anderen festgelegt 3 werden von STI selbst festgelegt		
K Kenntnistiefe	0 trifft nicht zu 1 Begriffswissen 2 Grundkenntnisse mit prakt. Erfahrungen 3 Fachpraktische Kenntnisse 4 Fachmethodische Spezialkenntnisse 5 Fachtheoretische Spezialkenntnisse		wird nur im Abschnitt 7.1 'Kenntnisse' verwandt
AD Ausbildungsdauer	Wochen Monate Jahre	15	wird nur im Abschnitt 7.2 'Eingangsqualifikationen' eingesetzt
A Alternativ	Beurteilung, ob ein Ereignis zutrifft oder nicht		

Abb. 3.16   Einstufungsschlüssel des TAI (nach FRIELING et al. 1993, S. 25)

von Folgen und Aufenthaltsdauer zusammensetzt. Über die Gefährdungsmaße läßt sich sowohl ein Profil für die charakteristischen Teilgefährdungen des Gesamtlagers als auch ein Vergleich der potentiellen Gefährdung der Beschäftigten in verschiedenen Lagerbereichen durchführen (z.B. durch herabfallende Teile, Schneiden an scharfen Kanten, Klemmen und Quetschen). Außerdem läßt sich aus der Gefährdungsmatrix eine Rangreihe von Sicherheitsmaßnahmen aufstellen, an deren Spitze die Maßnahmen für Gefährdungen mit den jeweils höchsten Gefährdungswerten stehen sollten.

Untersuchungen im Rahmen eines BMBW/BiBB[13] -geförderten Forschungsprojekts befassen sich mit den *Qualifikationsanforderungen*, die durch die Einführung flexibler Fertigungssysteme im Werkzeugmaschinenbereich enstehen (SONNTAG 1985a; SONNTAG 1985b). Es wird dabei versucht, Konsequenzen für berufliche Qualifizierungsmaßnahmen abzuleiten und geänderte Anforderungsstrukturen in den sog. "spanabhebenden Berufen" sichtbar zu machen (SONNTAG 1986). In einem weiteren Modellversuch mit dem Titel "Anforderungsorientierte Qualifizierung in der Berufsausbildung unter besonderer Berücksichtigung neuer Technologien in der Steuerungstechnik" werden geänderte Anforderungen in der flexibel automatisierten Großserienfertigung abgebildet; darüber hinaus werden auch Vorschläge für Trainings- und Qualifizierungskonzepte im Bereich der Steuerungstechnik entwickelt (SONNTAG & HEUN 1986; SONNTAG, BENEDIX & HEUN 1989). Dabei geht es insbesondere um kognitive Anforderungen, die bei verschiedenen Arbeitssystemen (Flexibles Fertigungssystem, Flexibel Automatisierte Transferstraße, CNC-Einzelmaschinen) in unterschiedlicher Höhe und Qualität entstehen (SONNTAG, BENEDIX & HEUN 1987; SONNTAG, HEUN & BENEDIX 1987; SONNTAG & SCHAPER 1988).

DERISAVI-FARD, HILBIG & FRIELING 1988 haben *Belastungs- und Beanspruchungsmomente* beim computerunterstützten Konstruieren (CAD) untersucht. Hierzu wird das TAI in einer auf CAD-Konstrukteure zugeschnittenen, abgekürzten Version angewandt. In die Ergebnisse der Arbeitsanalyse fließen noch weitere Erhebungsverfahren ein (ergonomische Prüfliste für CAD-Arbeitsplätze, Fragebögen zur subjektiven Befindlichkeit, physiologische Meßverfahren usw.), um so ein umfassenderes Bild vom Arbeitsplatz eines CAD-Konstrukteurs zu gewinnen. In einer Untersuchung von FACAOARU & FRIELING 1989 wird die Höhe informatorischer Belastung bei Ingenieuren eines Automobilbetriebs gemessen und durch Profile auf verschiedenen Aggregationsebenen beschrieben. Diese Ergebnisse sollen der vergleichenden Analyse von Arbeitsplätzen im Hinblick auf informatorische Belastungen sowie der korrektiven bzw. projektiven Arbeitsgestaltung dienen.

---

[13] BMBW: Bundesministerium für Bildung und Wissenschaft; BiBB: Bundesinstitut für Berufsbildung.

3.7.3.6 Kritische Stellungnahme

Ein wesentliches Kennzeichen des "problemorientierten Vorgehens", das der Entwicklung des TAI zugrundeliegt, besteht darin, in der Praxis beobachtbare Problemstellungen mit einer möglichst "breiten" *Theorie* erklärbar und bearbeitbar zu machen. Zu diesem Zweck wird die Tätigkeitstheorie von LEONTJEW 1977 herangezogen, die durch eine große Zahl von Modellen und Konzepten weiter ausdifferenziert und verfeinert wird (FACAOARU & BENEDIX 1988; FACAOARU & FRIELING 1989). Dabei bleibt jedoch unberücksichtigt, daß sich die verschiedenen Konzepte auf unterschiedlichen Abstraktionsniveaus bewegen und z.T. unterschiedliche Analysegegenstände im Auge haben, die eine Verbindung mit der LEONTJEW'schen Konzeption der "gegenständlichen Tätigkeit" fragwürdig erscheinen lassen (s.a. LEITNER 1994, S. 130). Dieser Einwand führt mitten in das Spannungsfeld zwischen Theorie und Praxis, in dem die Arbeitsanalyse steht (THOMAS 1983). Diskussionen, ob ein Arbeitsanalyseverfahren eher von einer Theorie oder von Problemen der Praxis geleitet sein sollte, sind auch während der Entwicklung des TAI immer wieder geführt worden (FRIELING 1981; FISCHBACH & NULLMEIER 1983; LUDBORZS 1983; BENEDIX 1987). Die VerfasserInnen des TAI haben sich offenbar für einen praxisnahen Weg entschieden. Dies wird nicht zuletzt daran deutlich, daß zahlreiche Itemformulierungen an diejenigen in anderen bekannten Arbeitsanalyseverfahren erinnern (z.B. FAA und AET), die zwar von abweichenden theoretischen Bezugssystemen ausgehen (FAA: Reiz-Reaktions-Modell; AET: Belastungs-Beanspruchungs-Konzept), aber auf der Ebene der Operationalisierung dennoch als "Vorläufer" des TAI angesehen werden können.

Auch die Kennzeichnung des TAI als *"objektives"* Arbeitsanalyseinstrument ist zu problematisieren. Es stellt sich die Frage, inwiefern die angestrebten "objektiven" Belastungsanalysen überhaupt möglich sind. LEITNER (1994, S. 132) bemängelt in diesem Zusammenhang die mangelnde Transparenz bei der Konstruktion von Streßindikatoren. Zu bedenken ist aber auch, inwiefern der inhärente Gestaltungsgedanke darüber hinaus eine Untersuchung individuellen Erlebens erfordert. Eine einzelfallspezifische Betrachtung im Sinne des "Beanspruchungs"-Konzepts (vgl. AET) ist jedoch nur mit "subjektiven" Arbeitsanalyseverfahren möglich (GABLENZ-KOLAKOVIC et al. 1981; FACAOARU 1983). Als gangbarer Mittelweg käme eine Kombination aus "objektiven" und "subjektiven" Arbeitsanalyseinstrumenten in Betracht, die bei der Anwendung des TAI bisher nur ansatzweise zu erkennen ist (DERISAVI-FARD, HILBIG & FRIELING 1988) und auf deren Notwendigkeit in der Literatur zum TAI entsprechende Hinweise fehlen.

Neben der theoretischen Fundierung ist auch die *Praktikabilität* des TAI in Frage zu stellen. Das buchstäblich "erschöpfende" (!) Merkmalsinventar bleibt schon allein aufgrund des enormen Itemumfangs schwer zu handhaben. Einer Angabe von HORMEL (1993, S. 106) zufolge beansprucht nur die Erfassung der streßrelevanten Merkmale bereits "sechs und mehr Stunden" - für die anderen Verfahrensteile fehlen leider entsprechende Angaben. Hinzu tritt das Problem, daß das Inventar für den Betriebspraktiker im Grunde undurchschaubar ist, weil konkrete Suchalgorithmen und Auswertungsmodi für bestimmte Untersuchungszwecke bislang fehlen. Die "sparsame Anwenderführung" sollte nach Auffassung von LEITNER (1994, S. 132f) durch klare Ausschlußkriterien, "Sprungadressen", Verzweigungen, Erhebungshinweise usw. deutlich verbessert werden. Ansonsten droht Verwirrung oder die Gefahr einer allzu pragmatischen Itemauswahl, so daß von einem theoretischen Konzept der Tätigkeitsanalyse kaum mehr gesprochen werden kann (FRIELING et al. 1984). Erste Such- und Auswertungsmuster sind zwar bereits vorgeschlagen worden (KANNHEISER 1983, 1984, 1985a; SONNTAG 1985a, 1986; BENEDIX 1987; FACAOARU & BENEDIX 1988; FACAOARU & FRIELING 1989); trotzdem fehlen für eine Vielzahl arbeitswissenschaftlicher Fragestellungen noch Systematiken, die die Anwendung und Verbreitung des TAI positiv beeinflussen könnten.

Die Frage einer *empirischen Überprüfung* des Gesamtvorgehens des TAI wurde auch von seinen Entwicklern mehrmals aufgeworfen (FRIELING et al. 1984; FACAOARU & FRIELING 1986; BENEDIX 1987; SONNTAG, HEUN & BENEDIX 1987). Eine empirische Validierung, die nach Auffassung von BENEDIX 1987 an einer möglichst großen, heterogenen Stichprobe von Arbeitstätigkeiten vorgenommen werden müßte, sollte sowohl die oben genannten Such- und Auswertungsmuster als auch die Gesamtstruktur des TAI umfassen. Diese Forderungen wurden bislang noch nicht eingelöst: Die Unabhängigkeit der Hauptteile und Abschnitte, die Relevanz gewählter Itemgruppen für bestimmte Fragestellungen und die diskriminatorische Leistung der einzelnen Items ist bisher noch nicht ausreichend überprüft worden. LEITNER 1994 übt massive Kritik an der psychometrischen Qualität des TAI und zieht die Schlußfolgerung: "Ein 'wissenschaftlich überprüftes' Arbeitsanalyseinstrument, das keine differenzierten Angaben zu den Überprüfungsergebnissen enthält, ist testtheoretisch inakzeptabel" (S. 131). Die testtheoretische Güte des TAI ist nach LEITNER (1994, S. 133) ungeklärt, weil die Objektivitäts- und Reliabilitätsuntersuchungen große Mängel aufweisen und zur Validität überhaupt keine Ergebnisse vorliegen.

Nicht zuletzt aufgrund der fehlenden Validitätsbelege erscheint der Anspruch, das TAI sei *universell* einsetzbar, etwas unbescheiden. Zudem fällt auf, daß der überwiegende Teil aller Untersuchungen mit dem TAI in der industriellen Fertigung durchgeführt wurde; Arbeitstätigkeiten in anderen Unternehmensbereichen (z.B. Planung, Absatz) stellen bis jetzt die Ausnahme dar (DERISAVI-FARD, HILBIG & FRIELING 1988; FACAOARU & FRIELING 1989). Insgesamt entsteht der Eindruck, daß in einem über zehnjährigen, elaborierten Forschungsprojekt ein Instrumentarium geschaffen wurde, dessen wissenschaftliche Brauchbarkeit noch zur Debatte steht (s.a. LEITNER 1994). Gemessen am hohen Entwicklungsaufwand und der insgesamt recht anspruchsvollen Zielsetzung wirkt die Ausbeute "neuer Erkenntnisse", die mit dem Verfahren bisher gewonnen wurden, eher gering. Damit taucht die Frage auf, ob sich mit dem TAI gegenüber seinem "Vorläufer": dem FAA als einem "Dinosaurier" der Arbeitsanalyse, wirklich ein qualitativ bedeutsamer Forschritt in der Evolution der Meßinstrumente vollzogen hat.

ENGELHART 1990 ist dieser Frage nachgegangen, indem er vor dem Hintergrund eines Bewertungsrasters von FREI 1981, in dem allgemeine Anforderungen an arbeitsanalytische Verfahren formuliert werden (vgl. Abschnitt 2.1.3 im vorliegenden Text), einen Vergleich der beiden Analyseinstrumente vornimmt:

1) *Art der durch die Analyse gewonnenen Information:* Im Bereich der "Mensch-Komponente", d.h. der "psychologischen" Seite des Arbeitsprozesses, ist das TAI dem FAA aufgrund einer breiteren quantitativen Analysebasis überlegen. Darüber hinaus gelingt ihm eine qualitativ bessere Beschreibung und Bewertung der Prozesse zwischen Informationsaufnahme und -abgabe. Hinsichtlich der Maschine-Komponente ergibt sich ein noch einseitigeres Bild zugunsten des TAI: Es bietet hier zumindest die Möglichkeit einer detaillierteren Erfassung, obwohl offenbleibt, inwiefern die ArbeitsanalytikerInnen durch die Itemflut und die zeitintensiven Einstufungsvorgänge nicht überfordert werden.

2) *Intendierte Anwendungen:* Während der FAA das Potential möglicher Anwendungsbereiche fast vollständig ausgeschöpft hat, ist das TAI ursprünglich nur auf drei spezifische Anwendungszwecke hin entwickelt worden. Aufgrund der Breite und Vielfalt der beurteilten Merkmale sind jedoch auch weitere Anwendungsbereiche denkbar (z.B. Klassifikation von Berufen nach psychischen und physischen Eignungsvoraussetzungen, Vergleich von Positionen). Um weitere Anwendungsmöglichkeiten ausschöpfen zu können, käme es aber darauf an, den bereits gezeigten "Sammlerfleiß" durch klare Empfehlungen zur Auswahl jeweils geeigneter Items wirkungsvoll zu nutzen.

3) *Theoretische Fundierung des Ansatzes:* "*Einen* alleinseligmachenden theoretischen Bezugsrahmen" (FREI 1981, S. 28) der Arbeitsanalyse kann es vielleicht nicht geben. Aber die theoretische Fundierung kann in Abhängigkeit vom beabsichtigten Analysegegenstand und -zweck mehr oder weniger adäquat sein. Das TAI hat den breiteren theoretischen Rahmen zur Verfügung, der prinzipiell geeignet ist, die unterbelichtete Organismus-Komponente im Reiz-Reaktions-Schema des FAA aufzuhellen. An die Stelle systematischer theoretischer Erwägungen rücken beim TAI jedoch Aufzählungen unterschiedlichster Konzeptionen, die in loser Anbindung an die LEONTJEW'sche Tätigkeitstheorie mit in das Verfahren einfließen (FACAOARU & FRIELING 1985, 1989; FACAOARU & BENEDIX 1988); ihre konkrete Umsetzung in Analysemerkmale und Auswertungsmuster bleibt weitgehend undurchsichtig.

4) *Formale Charakteristika des Verfahrens:* Unter dem Aspekt der Ökonomie ist das TAI dem FAA bislang klar unterlegen. Zur höheren Erhebungs- und Auswertungszeit tragen sowohl der größere Itemumfang als auch das Fehlen geeigneter Suchalgorithmen und standardisierter Auswertungssschemata bei. Die Ökonomie wird aber auch dadurch beeinträchtigt, daß das TAI ausschließlich von erfahrenen und mit dem Instrument vertrauten ArbeitsanalytikerInnen angewandt werden kann. Gegenüber dem FAA besitzt das TAI hingegen Vorteile bei der Quantifizierbarkeit in der Datenerhebungs- und -auswertungsphase (Eingabemasken, Programmsteuerung, Profilausgaben etc.). Da die mit dem TAI bisher durchgeführten Untersuchungen Pilotcharakter haben und die Objektivität, Reliabilität und Validität des Analyseinstruments noch nicht abschließend sicherstellen können, ist in dieser Hinsicht kein Vergleich mit dem FAA möglich.

Fazit: Das TAI hat gegenüber dem FAA zwar beträchtliche Vorteile aufzuweisen, die insbesondere in der angelegten Verfahrensbreite, -tiefe und -differenziertheit zu sehen sind; die Umsetzung dieser Potentiale in ein wissenschaftlich ausgereiftes Instrument der Arbeitsanalyse steht allerdings noch aus.

3.7.4 Resümee aus der Kontrollperspektive

Damit die sekundären Verfahren ihre Funktionen als Instrumente der sozialen Kontrolle wirkungsvoll erfüllen können, müssen sie ihre wissenschaftliche Rationalität nachdrücklich demonstrieren (vgl. Kap. 1). Daher verwundert es nicht, wenn derartige Verfahren - wie das Beispiel "TAI" deutlich macht - in der Regel nur von *ExpertInnen* handhabbar sind (häufig sogar: nur von den ForscherInnen, die das Verfahren selbst konstruiert haben; vgl. dazu auch den Standpunkt von WÄCHTER, MODROW-THIEL & ROBMANN 1989, S. 26). Nur die ExpertInnen scheinen sich aufgrund ihrer akademischen Ausbildung und Spezialisierung im Dschungel der Fachbegriffe auszukennen, wissen Zahlen und Kennziffern richtig zu interpretieren, die Bedeutung bestimmter Meßwerte einzuschätzen, verfügen über die entscheidenden Auswertungsprogramme und -dokumente etc. Wenn andere mit der Anwendung derselben Verfahren nicht zurechtkommen oder sogar zu anderen Ergebnissen gelangen, dann nur deshalb, weil sie nicht ursprünglich in die Handhabungsprinzipien eingeweiht wurden und sich folglich als Dilettanten erweisen müssen. Neben derartigen Immunisierungsgebräuchen und Initiationsriten gehört es aber auch zur Symbolisierungspraxis, daß die Verfahren im Sinne einer selbstattestierten Unbedenklichkeitserklärung und als Ausweis der zufriedenstellenden meßtechnischen Güte Angaben über ihre Objektivität, Zuverlässigkeit und Gültigkeit im Manual mitzuführen haben - wo dies nicht oder nur unzureichend geschieht, setzt man sich dem Verdacht der "mangelnden wissenschaftlichen Seriosität" aus (so LEITNER 1994, S. 133, in seinem Abschlußstatement zum TAI).

Da es letztlich die Theorie ist, die den Wissenschaftler vom Laien unterscheidet, benötigt jedes Verfahren zur überzeugenden Selbstdarstellung eine eigene theoretische Verankerung, die jedoch in den meisten Fällen nur sehr dürftig ausgearbeitet ist: Der JDS stützt sich beispielsweise auf das Modell der Arbeitsmotivation von HACKMAN & OLDHAM 1974, das AET ist mit dem Belastungs-Beanspruchungskonzept von ROHMERT & LANDAU 1979 fundiert, das ISTA zieht u.a. den Streßansatz von LAZARUS & LAUNIER 1981 zur Erklärung heran, für die weitaus meisten Verfahren aber - insb. mit kognitiver und konativer Akzentuierung - ist die psychologische Handlungsregulationstheorie von HACKER 1986 zum ausschlaggebenden Bezugssystem geworden (zusammenfassend beschrieben in HELLER 1994, Kap. 3); es hat ehemals rivalisierende Alternativen (wie z.B. das Reiz-Organismus-Reaktions-Modell des FAA) längst verdrängt. Trotz der Bemühungen um theoretische Untermauerung ist für die Verfahren aber typisch, daß die systematischen Erwägungen oft auf einen bis zur Unkenntlichkeit verstümmelten Torso reduziert sind, dem man nur schwerlich seine Zugehörigkeit zu einem größeren theoretischen Zusammenhang ansehen kann. Entweder werden in pragmatischer Weise Mini-Modelle zurechtgebastelt (wie das von HACKMAN & OLDHAM 1974 gezimmerte) oder aber Anleihen bei wirklich anspruchsvollen Theorietraditionen gemacht (wie z.B. bei LEONTJEW's 1977 Theorie des gegenständlichen Handelns für das TAI oder bei HACKER's 1986 Handlungstheorie in modifizierter Form für das VERA-G), die jedoch eigentlich nur in ihrem "Strukturkern" reflektiert werden. Es bleibt meistens völlig undurchsichtig, wie die Übersetzung der theoretischen Grundannahmen auf eine vorliegende Fragestellung geleistet wurde, und woher die in der Regel beiläufig eingeführten Zusatzannahmen eigentlich stammen. Spätestens auf der Itemebene wird erkennbar, daß der Bezug zur theoretischen Basis kaum mehr nachzuvollziehen ist. Man gewinnt oftmals den Eindruck, als sei die Operationalisierung des Meßinstruments der theoretischen Fundierung vorausgegangen.

Keine der Theorien, die zur sekundären Arbeitsanalyse verwendet werden, betrachtet solche Meßinstrumente als Vehikel der *sozialen Kontrolle* des Arbeitsprozesses. Um diese Unterscheidung treffen und wahrnehmen zu können, mithin: Kritik an den Verfahren üben zu können, ist die Einnahme einer Meta-Perspektive nötig, die hier durch die Kontrolltheorie von TÜRK 1993a eröffnet wurde. Denn erst aus dieser Rahmung heraus wird verständlich, daß das Interesse der Organisationen an der Durchführung von Sicherheitsanalysen, Belastungstests oder Gesundheitszirkeln nicht "vom Himmel gefallen" oder gar der Mitmenschlichkeit geschuldet ist. Zwar bieten die Verfahren der sekundären Arbeitsanalyse prinzipiell die Chance, die "inneren", erlebensbezogenen Aspekte der menschlichen Arbeit systematisch zu erfassen; mit ihrer Hilfe könnte man im Bezugsrahmen der Kooperationsdimension organisierten Handelns einen eigenen Standpunkt entwickeln, der eine Kritik an den primären Verfahren ermöglichte, die solche subjektiven Momente der psychischen Verarbeitung von Arbeitssituationen im allgemeinen sträflich vernachlässigen. Andererseits werden Investitionen in sekundäre Arbeitsanalysen aber nur dann getätigt, wenn sie eine Fortsetzung der Kontrolle über den Arbeitsprozeß mit anderen, subtileren Mitteln gestatten. Der Einsatz dieser Mittel wird vermutlich deswegen notwendig, weil die Ausbeutung des menschlichen Arbeitsvermögens mit Unterstützung primärer Arbeitsanalysen dort an ihre Grenzen stößt, wo das "Mitmachen" der Arbeitskräfte aus physischen oder psychischen Gründen nicht mehr gewährleistet ist. Sekundäre Arbeitsanalysen können als Reflex auf subjektive Widerstandsformen der Arbeitnehmerschaft gedeutet werden, durch deren organisiertes Interesse (Gewerkschaften, Parteien, Staat) die "menschlichen Belange" zunächst thematisiert und in gesellschaftlich relevante Diskurse eingespeist werden, um anschließend erneut den Kontrollbemühungen der herrschenden Koalitionäre in die Hände zu fallen. Humanisierung ist demnach nicht nur ein menschlicher Anspruch, sondern immer auch schon eine Antwort der Organisationen auf diesen Anspruch. Ein sekundäres Arbeitsanalyseverfahren nimmt die Gesundheit des Menschen nicht zum Gegenstand, weil es sich um sein Wohlergehen Sorgen macht; es untersucht die Gesundheit am Arbeitsplatz, weil gesunde Menschen besser arbeiten als kranke.

Kapitel 3

- Vertiefungsfragen zum 3. Kapitel -

1) Diskutieren Sie vor dem Hintergrund der Organisationslogiken von TÜRK den konfliktären Charakter der Arbeitsbewertung! Welcher Mechanismus gewährleistet, daß sich der "soziale Sprengstoff" divergierender Anspruchshaltungen nicht entzündet?

2) Eine fundamentale Trennung, auf der die Arbeitsanalyse basiert, ist die von Arbeit (als "Anforderung") und Leistung. Diskutieren Sie die Relevanz dieser Unterteilung in verfahrenstechnischer und politischer Perspektive!

3) Mit welchen Argumenten lassen sich primäre und sekundäre Verfahren der Arbeitsanalyse gegeneinander abgrenzen? Begründen Sie mithilfe des Betriebsstrategischen Ansatzes, warum der Einsatz sekundärer Verfahren notwendig werden kann.

4) Wie ist die Anwendung primärer und sekundärer Verfahren der Arbeitsanalyse jeweils aus der Kontrollperspektive von TÜRK zu beurteilen? Lassen sich Unterschiede hinsichtlich der Kontrollfunktionen herausarbeiten? Wenn ja, welche? Begründen Sie Ihre Meinung!

5) Für GIKAS 1985 stellt die Arbeitsanalyse ein "ideologisches Instrument" dar. Welche ideologischen Absichten könnten dem LKEM zugrundeliegen? Nehmen Sie dazu - auch aus heutiger Sicht - kritisch Stellung!

6) Beschreiben Sie die drei Stufen des vollständigen Arbeitsanalyse-Zyklus nach REFA. Worin unterscheiden sich summarische und analytische Methoden der Arbeitsbewertung? Welche Rolle spielt in diesem Zusammenhang das Genfer Schema?

7) In jüngster Zeit wurde häufiger erwogen, die REFA-Anforderungsdimensionen den "modernen Organisationslandschaften" anzupassen. Erstellen Sie - unter besonderer Berücksichtigung der sog. "extrafunktionalen Qualifikationen" - ein neues, potentielles Bewertungsgrundschema!

8) Skizzieren Sie Aufbau und Ablauf des HAY-Verfahrens und nehmen Sie aus unternehmenskultureller Perspektive kritisch dazu Stellung!

9) Erläutern Sie die diskriminierende Wirkung der Arbeitsbewertung am Beispiel der "Comparable Worth"-Debatte! Welche Empfehlungen zur Gestaltung eines diskriminierungsfreien Verfahrens wurden bislang von den ExpertInnen gegeben? Wie beurteilen Sie die Umsetzbarkeit und die Erfolgsaussichten der entwickelten Vorschläge? Begründen Sie Ihre Einschätzung!

10) **Szenario**: Als Betriebsratsvorsitzende(r) eines modernen Unternehmens bereiten Sie sich auf eine Sitzung vor, in der gemeinsam mit dem Top-Management, den Personalverantwortlichen und den ArbeitsanalytikerInnen beratschlagt wird, ob man demnächst eine Arbeitsanalyse mit dem TAI-Verfahren durchführen soll. Sie haben sich mit dem Verfahren ausgiebig vertraut gemacht und möchten die bereits aufgekommene Euphorie im Hause dämpfen, indem Sie auf die Nachteile des Verfahrens aufmerksam machen. Wie würden Sie gegenüber der Unternehmensleitung und den ArbeitsanalytikerInnen jeweils argumentieren?

    Wechseln Sie anschließend in die Rolle der externen ExpertInnen, die das Verfahren dem Unternehmen gewissermaßen "verkaufen" wollen! Wie würden Sie die Argumentation des/der Betriebsratsvorsitzenden zu entkräften versuchen und die Unternehmensleitung von den Vorteilen des Verfahrens überzeugen?

4. Leistungsanalyse - Schematische Kapitelübersicht -

4.0 Einführung

Attributionstheoretische Abgrenzung "Arbeitsanalyse ⇔ Leistungsanalyse" (Stelle/Person)

Fortführung und Betonung der sozioökonomischen Kontrollperspektive

4.1 Leistung, Leistungsprinzip, Leistungsgesellschaft

- Definition u. Typisierung von "Leistung"
- Inhalte des Leistungsprinzips
- Konturen der Leistungsgesellschaft (deskriptives vs. präskriptives Modell)
- Schlußfolgerungen für die Leistungsanalyse

4.2 Primäre Leistungsanalyse / Sekundäre

	Primäre	Sekundäre
Kontrollebene	Unmittelbare Kontrolle u. Nutzung der Arbeitskraft	"Bewußtseinskontrolle", Installation von Selbststeuerungsprogrammen
Konzeptebene	Physikalischer Leistungsbegriff	Sinnhafter Leistungsbegriff
Datenebene	quantitativ (Messen und Zählen)	qualitativ (Schätzen, Beurteilen, Vergleichen)

Ziel: Das Rationale der Verfahren herausarbeiten und als Mythos entlarven; latente Funktionen entdecken und beschreiben

4.3 REFA-Leistungsermittlung

Begriffsbestimmung: Normalleistung, (Soll-Leistung) und Leistungsgrad. Die Arbeitsablaufanalyse dient der Spezifizierung von Ablaufarten, denen bestimmte Zeitarten zugeordnet werden. Die Zeitarten (Ausführungs- und Rüstzeit; Grund-, Verteil- und Erholungszeit) gehen additiv in die Ermittlung der Vorgabezeit (Auftrags- bzw. Belegungszeit) ein.

Klassifizierung der Zeitmittlungsmethoden: Fremdaufschreibung (REFA-Zeitaufnahme), Selbstaufschreibung, Systeme vorbestimmter Zeiten (MTM-Verfahren), Planzeiten.

Programmatische Beschreibung der Ermittlung von Verteilzeit (Verteilzeit- und Multimomentaufnahme) und Erholungszeit (analytisches Verfahren).

Fazit: Leistungsgradbeurteilung als mikropolitisches "Spiel" und interpersoneller Aushandlungsvorgang; Scheingenauigkeit der Verfahren.

4.4 Personalbeurteilung (PB)

- Kontrollfunktionen der PB
- Leistungskriterien: Gewinnung (CIT), Typen und Anforderungen

Klassifizierung der PB-Verfahren: Freie Verfahren, Kennzeichnungsverfahren, Rangordnungsverfahren, Einstufungsverfahren, Zielorientierte Verfahren.

Evaluation der PB (summativ/ formativ): Fragwürdiger Nutzen bei hohen Kosten.

Latente Funktionen: Unsicherheitsreduktion, Mikropolitik, Herrschaftssicherung.

Organisatorische Reaktion auf den mikropolitischen Widerstand der Beschäftigten gegen die Klassische PB: Aufweichung der bürokratischen Kontrolle durch verständigungsorientierte Verfahren.

- Mitarbeitergespräch (Kontrolle durch Vertrauen)
- Potentialanalyse (Kontrolle zukünftiger Leistungen)

4 Leistungsanalyse

4.0 Einführung

Analog zur Begriffsbestimmung der Arbeitsanalyse (s. Kap. 3) läßt sich die Aufgabe der Leistungsanalyse in der "Beschreibung und Bewertung von Leistungen" sehen. Leistungen sind dabei - attributionstheoretisch betrachtet - als die *personen*abhängigen Ursachen bzw. Gründe für das Zustandekommen von Arbeitsergebnissen zu verstehen (vgl. Abschnitt 3.2.1). Während es der Arbeitsanalyse also um die Kontrolle des Arbeitsprozesses durch die Festlegung "objektiver" Arbeitsanforderungen geht, steht bei der Leistungsanalyse die Umsetzung des subjektiven Leistungspotentials (Fähigkeiten, Bereitschaften, Dispositionen) in konkrete Arbeitsergebnisse im Vordergrund des Kontrollinteresses.

Da das Konzept der "Leistung" ideologisch sehr stark besetzt ist, geht der Darstellung leistungsanalytischer Methoden und Verfahren in diesem Kapitel eine ausführliche, sozioökonomisch-kritische Analyse der wissenschaftlichen Diskurse über "Leistung", "Leistungsprinzip" und "Leistungsgesellschaft" voraus. Der umfangreiche Raum, der dieser Diskussion gewidmet wird, erscheint insofern gerechtfertigt, als die Leistungsanalyse nicht unabhängig von gesellschaftlich-organisatorischen Prozessen gesehen werden kann (vgl. TÜRK 1993a), innerhalb derer sie wichtige Funktionen der sozialen Kontrolle übernimmt. Im nächsten Schritt wird aus kontrolltheoretischer Perspektive begründet, warum es wichtig ist, zwischen primären und sekundären Verfahren der Leistungsanalyse zu unterscheiden (s. BREISIG 1989; MAIER 1991). Dieser Einteilung folgend werden zunächst die primären Verfahren der Leistungsanalyse (das sind hauptsächlich die REFA-Verfahren der "Leistungsermittlung") mit ihren Anwendungsmöglichkeiten und -grenzen dargestellt. Anschließend erfolgt eine kritische Auseinandersetzung mit den sekundären Verfahren der Leistungsanalyse (Personalbeurteilung, Mitarbeitergespräch, Potentialanalyse), die als Pendant zu den primären Verfahren weniger die unmittelbare Leistungskontrolle auf der Basis meßbarer Daten und Fakten im Auge haben, sondern vorwiegend sozialtechnische Aufgaben erfüllen. Es wird versucht zu zeigen, daß sich in den letzten Jahren nicht nur eine zunehmende Verschiebung des Kontrollanliegens von den primären zu den sekundären Verfahren abzeichnet; auch innerhalb der Rubrik "sekundärer Verfahren" ist eine Entwicklung von den formalisierten Vorgehensweisen der Skalierung hin zu den "weichen Gesprächsvarianten" zu beobachten, die sich ebenfalls kontrolltheoretisch ausdeuten läßt.

4.1 Leistung - Leistungsprinzip - Leistungsgesellschaft

4.1.1 Das obskure Konzept der Leistung

In der *Umgangssprache* zeichnen sich die Begriffe "Leistung" und "leisten" durch eine große Verwendungsbeliebigkeit, Bedeutungsvielfalt und Unschärfe aus: So kann man z.B. einen Eid, aber auch Gesellschaft, Gefolgschaft, Rechenschaft, Hilfe, Abbitte, Sühne u.a.m. leisten; man kann *sich* etwas leisten und - wenn man einen Fehler begeht - dann *hat* man sich etwas geleistet. "Das Wort 'Leistung' riecht nach Schweiß, schwerer Muskelkraft, nach außergewöhnlichen Bemühungen - manchmal sogar unabhängig vom Ergebnis dieser Bemühungen" (BECKER 1992, S. 12). Obwohl der zur kulturellen Selbstverständlichkeit geronnene Leistungsbegriff im Alltag unbekümmert verwendet wird, bleibt er - bei genauerem Hinsehen - schillernd. Fast immer schwingt im Bedeutungshorizont die Aura des fraglos Positiven, Legitimen und Wertvollen mit.

VONESSEN (1974, S. 60) versucht, dem Leistungsbegriff durch eine *etymologische* Analyse näher zu kommen: "Leist und Leisten mit allen ihren Verwandten sind maskulin und bedeuten Spur, Fußspur, Form. Dem entsprechend heißt das abgeleitete Verbum leisten soviel wie "auf den Leist achten", folgen, nämlich der Spur folgen [...] Wenn der Vorgesetzte den Untergebenen, nachdem er ihm eine Anweisung gegeben hat, fragt, ob er das Befohlene leisten könne, liegt der Akzent nicht auf dem Erfolg, sondern auf dem Vermögen zu folgen, den geschilderten Weg zu gehen, die Spur zu halten - also nicht auf der Leistung als Ergebnis, sondern auf dem verbal verstandenen Leisten". Leider hilft bei der Begriffsklärung die Rückbesinnung auf die Wurzel des deutschen Wortes "Leistung" nicht viel weiter, weil auch sie letztlich nur eine historisch-gesellschaftlich-kulturell kontingente Auslegung (ein "Sprachspiel" im Sinne WITTGENSTEINs) repräsentiert. Genauso wie die rezenten Alltagsbedeutungen präjudizieren auch die ursprünglichen Bedeutungen nicht automatisch eine wissenschaftliche Verwendung des Begriffs - sie geben allenfalls Hinweise zur zweckmäßigen Begriffsbildung bzw. Auswahl der Termini.

Der Versuch, Leistung *wissenschaftlich* zu definieren, stößt auf die gleichen Probleme wie der Versuch, Arbeit bzw. die ihr zugrundeliegenden Anforderungen in ihrer Bedeutung zu erfassen (vgl. HELLER 1994 und Kap. 3 in diesem Buch). Da es keine universelle Leistungstheorie gibt, liegt auch kein semantisches Netzwerk logischer, konsistenter Aussagen über Leistung vor, aus dem der Stellenwert der Leistung systematisch und widerspruchsfrei abgeleitet werden könnte. In BOX 4.1 ist eine Reihe von wissenschaftlichen Definitionen des Leistungsbegriffs ohne Anspruch auf Vollständigkeit oder innere Ordnung zusammengestellt. Die Synopse zeigt, daß jede Leistungsdefinition willkürlich einige Bestimmungsmerkmale aus einem Universum von Möglichkeiten einschließt und damit notwendigerweise Alternativen ausklammert. In der Begrenzung auf spezifische Aspekte bleiben die Definitionen ihre Begründung der jeweiligen Auswahlkriterien schuldig und können

Kapitel 4

> **BOX 4.1: Definitionen der Leistung**
>
> Leistung "ist nomen actionis und nomen acti zugleich, meint zuerst das Geschehene selbst, den Vorgang, und dann erst das durch das Geschehen erreichte Ergebnis" (VONESSEN 1975, S. 60).
>
> "Leistung ist jede Aktion, die Grundlage einer zufallsunabhängigen Rangordnung (Hierarchie) sein kann" (ADAM 1975, zit. in LENK 1976, S. 58).
>
> "Leistung ist nur möglich, wenn eine Anpassung stattfindet ... Ein Verhalten und ein Ergebnis werden nur dadurch zur Leistung, daß sie sich an irgendetwas anpassen" (SCHOECK 1977, S. 173).
>
> "Leistung ist die Erfüllung der formalisierten Verhaltenserwartungen, die eine Rolle konstituieren" (SEIBEL 1973, S. 12).
>
> "Leistung ist formal jeder bewußte Beitrag zu einem Zielsystem, das von der Gesellschaft oder innerhalb einer Gruppe der Gesellschaft anerkannt wird" (SCHLAFFKE 1971, zit. in BRAUN 1977, S. 195).
>
> ICHHEISER unterscheidet zwischen Leistungs- und Erfolgstüchtigkeit; zur Erfolgstüchtigkeit bemerkt er: "Das faktische Niveau der Leistungen erhöht sie in keiner Weise; sehr wohl aber den Schein der Leistung und ihres Niveaus und damit - die Erfolgschancen. Durch eine entsprechende Reklame z.B. können die faktisch *schlechteren* Schuhe zu den - erfolgssoziologisch betrachtet - *besseren* gemacht werden; der schlechtere Schuster (als Handwerker nämlich: schlechter) kann also seine Leistungsminderwertigkeit durch eine entsprechende (reklamegewandte) Erfolgstüchtigkeit völlig kompensieren" (ICHHEISER 1930, S. 9).
>
> BOLTE (1979, S. 20f) betrachtet Leistung "... als mehr oder weniger großen Beitrag zur Annäherung an ein Ziel und/oder als eine dabei erbrachte mehr oder weniger große Anstrengung [...] Leisten heißt ... das zu tun, was in bestimmten Handlungszusammenhängen als Leistung verstanden (bzw. definiert) wird".
>
> "Die Bewertung einer Aktion als Leistung ist ... ein mehrstufiger Prozeß, bei dem in der sozialen Realität diejenigen, die Leistung beurteilen, diese nicht als objektive und intersubjektiv unzweifelbare Tatsache vorfinden, sondern Leistung gleichsam in ihrer Beurteilung des Sachverhalts 'erzeugen'" (BOHLE 1977, S. 12f).
>
> "Leistung ist Veränderung von Wirklichkeit durch den Menschen gemäß einem Plan oder einer Absicht" (ASSLÄNDER 1982, S. 62).
>
> "Durch den Gebrauch des Substantivs 'Leistung' kann etwas ausgesagt werden im Hinblick auf das Werk, als das Ergebnis der Aktivität, aber auch auf das Maß und den Umfang des Könnens, des Wissens, der Ausdauer und schließlich - noch allgemeiner - über das Niveau und endlich, das Individuelle betonend: die Reife" (FURCK 1972, S. 20).

"Aus dem Begriff 'Arbeit' leiten wir den Begriff der 'Leistung' dadurch ab, daß wir versuchen, das sachliche (in der Regel wirtschaftliche) Ergebnis der Arbeit und zugleich die humane Anspannung bei der Arbeit durch Messung zu quantifizieren. Eine Arbeit wird zur Leistung, wenn sie in einem günstigen ... Verhältnis zwischen der objektiven, erfüllten Arbeitsaufgabe und der subjektiv nötigen Anspannung verrichtet und beendet wird" (HILF 1976, S. 17f).

"Der Leistungsbegriff steht nicht unveränderlich fest. Er ist abhängig vom jeweiligen Charakter der Arbeit und ihrer Organisation sowie vom Ausmaß der Kenntnisse, die wir von diesen Zusammenhängen haben" (FÜRSTENBERG 1974, S. 77).

"Leistung ist als ein Funktionsbegriff anzusehen, der nur in Verbindung mit einer bestimmten Aufgabenstellung zu kennzeichnen ist, so daß jeweils durch die Art der Leistung die Zielsetzung angedeutet werden muß" (MELLEROWICZ 1960, Sp. 3774).

Für KERN (1962, S. 37) ist "Leistung als betriebswirtschaftlich-kinetischer Funktionsbegriff ... eine zielgerichtete Tätigkeit von bestimmter Intensität in einem Zeitabschnitt. Sie wird gemessen am Ergebnis des Leistungsprozesses, der Leistung als statischem Begriff".

"Da in der Betriebswirtschaftslehre nur Dimensionen interessieren, die ökonomisch interpretiert werden können, muß die Leistung durch weitere Maßzahlen [als die in der Physik verwendeten] gemessen werden" (LÜCKE 1973, S. 62).

"Es ist ... alles Leistung, was ... in einen Wert hineingeleistet worden ist, sei es am Anfang oder am Ende oder in irgendeinem Zeitpunkt zwischen beiden" (NICKLISCH 1939, Sp. 868).

"Leistung ist nicht nur Arbeitsergebnis an sich, sondern Leistung relativiert ein Arbeitsergebnis unter Berücksichtigung der individuellen Leistungsfähigkeit und Leistungsbereitschaft" (WOHLAND 1988, S. 8).

"Von allen möglichen Person-Umwelt-Interaktionen werden jene als 'leistungsthematisch' bezeichnet (d.h. einer besonderen Inhaltsklasse zugeschlagen), bei denen Handlungen und Handlungsergebnisse auf einen Tüchtigkeitsmaßstab bezogen werden, den man für verbindlich hält, so daß am Ende letztlich Erfolg oder Mißerfolg steht" (HECKHAUSEN 1974, S. 170).

KOSIOL (1958, S. 23) ist der Ansicht, "daß von den verschiedenen Möglichkeiten, den Leistungsbegriff definitorisch festzulegen, ... nur diejenige Auslegung sinnvoll [erscheint], die die Wertentstehung im Gegensatz zum Wertverzehr zum Begriffsinhalt erhebt".

"Wann immer der Einzelne eine Disposition einsetzt und entwickelt, dann leistet er, zumindest - aus individueller Sicht - immer dann, wenn eine persönliche Inanspruchnahme, die Überwindung äußerer und innerer Widerstände gegeben ist" (BECKER 1992, S. 85).

"Leistung ist ... die sozial vermittelte Produktion von Mehrwert, die die Überwindung von Widerständen voraussetzt" (NEUBERGER o.J., S. 11).

außerdem für manche Verwendungen unzutreffend sein. Das umgekehrte Vorgehen, nämlich eine allumfassende "Regenschirmdefinition" vorzulegen, ist ebenso sinnlos, weil der Begriff dadurch am Ende inhaltsleer wird. Daher möchte ich im folgenden versuchen, verschiedene Facetten, Dimensionen bzw. Typen des Leistungsbegriffs herauszuarbeiten, um im Rahmen einer sich annähernden Diskussion die im Begriff angelegte Bedeutungsvielfalt offenzulegen.

Nach Auffassung von LENK 1976 kann Leistungshandeln nach mindestens dreizehn verschiedenen Merkmalsdimensionen differenziert werden, die in Abb. 4.1 wiedergegeben sind. Greift man beispielsweise die dritte Merkmalsdimension heraus, dann wird deutlich, daß Leistung zwischen den Extremwerten "*aufgabenbezogen*" und "*wettbewerbsbezogen*" variieren kann. Eine vollständig aufgabenbezogene Leistung bestünde in dem Versuch eines Sportlers, die 100-Meter-Strecke unter 9 Sekunden zu laufen (vgl. hier auch HECKHAUSENs 1974 Idee vom "inneren Tüchtigkeitsmaßstab"). Als vollständig wettbewerbsbezogen wäre hingegen eine Sportlerin einzustufen, der es beim 100-Meter-Lauf nicht um die Unterschreitung subjektiv bedeutsamer Zeitgrenzen geht, sondern für die einzig und allein das bessere Abschneiden im Vergleich zu den mitlaufenden Gegnerinnen zählt. Eine andere, insbesondere für Organisationen wichtige Merkmalsdimension ("*eigenhandelnd*" vs. "*darbietend*") bezieht sich auf die Gegenüberstellung von Aktions- und Präsentationsleistungen: Innerhalb der betrieblichen Leistungserstellung ist im allgemeinen nicht nur die sachbezogene (Aktions-)Leistung relevant, sondern die hergestellten Produkte bzw. Dienstleistungen müssen unter Beachtung bestimmter Regeln und Rollenerwartungen auch erfolgreich präsentiert werden. Es genügt also nicht, nur ein gutes bzw. qualitativ hochwertiges Produkt anzubieten; vielmehr bedarf die Gestaltung des Angebots selbst einer besonderen Leistung, wie sie z.B. über Verkaufs- oder Marketingstrategien realisiert wird. In vielen Fällen ist diese zweite, zu Unrecht als "extrafunktional" bezeichnete Leistung sogar wichtiger als die erste, nämlich überall dort, wo es innerhalb der Arbeitsrolle auf die Erzielung einer überzeugenden Imagewirkung ankommt. Damit verschieben sich aber auch die Beurteilungskriterien auf solche Bestandteile der Arbeitsrolle, die von den jeweils relevanten Bezugsgruppen einer Unternehmenskultur als wünschenswert betrachtet werden, ohne daß man sagen könnte, was zur scheinbar "funktionalen" Rollenerfüllung genau genommen notwendig ist. Wenn man Präsentationen als Leistungen auffaßt, kann man nicht mehr ausschließen, daß auch Sanktionen für geschickte Dramaturgie, Intrigenspiel, Kriechertum, Täuschung usw. vergeben werden - also mikropolitisches Handeln belohnt wird. BECKER (1992, S. 92) gibt in diesem Zusammenhang zu bedenken: "Die Kunst des Bluffens, des Manipulierens, des Verkaufens von 'faulen Tomaten' wird im Betrieb wie am Markt zur - akzeptierten, oft geforderten - Leistung bzw. zum Bestandteil der Leistung. Oft sind auch besonders kreative Anstrengungen Grundlage des Bluffes, einer Manipulation. Warum sollten sie nicht als Leistung anerkannt werden, sofern sie den Zielsetzungen des Betriebes entsprechen?" Was hier an zwei herausgegriffenen Kategorien demonstriert wurde: die Kontrastierung ausgewählter Begriffsinhalte, läßt sich im Grunde für alle Merkmalsdimensionen von LENK zeigen. Nimmt man an, daß die dreizehn bipolaren Dimensionen voneinander unabhängig sind, und ordnet man in Vernachlässigung möglicher Abstufungen eine gegebene Leistung jeweils einem der beiden Pole eindeutig zu, ergeben sich $2^{13} = 8192$ verschiedene Fälle von Leistungsphänomenen, über die (wissenschaftliche) Aussagen gemacht werden müßten. LENKs semantisches Differential führt die Grenzen einer derartigen Analyse eindrücklich vor Augen. Leistung stellt offensichtlich kein eindimensionales Konstrukt dar. Wenn von Leistung gesprochen wird, ist es vielmehr nötig, sich von vornherein auf eine Merkmalskombination zu verständigen, die als *Typus* zum Gegenstand der Betrachtung erhoben werden kann.

1.	fähigkeitsbezogen ("fähigkeitszentriert")	anstrengungsbezogen ("anstrengungszentriert")
2.	eigenhandelnd "(Aktionsleistung")	darbietend ("Präsentationsleistung", Erfolg)
3.	aufgabenbezogen ("aufgaben- orientiert")	wettbewerbsbezogen ("wettbewerbs- orientiert")
4.	eigenmotiviert	fremdbestimmt
5.	kreativ	routinehaft
6.	lustvoll getönt ("libidinös besetzt")	unlusterzeugend
7.	gruppenbezogen (kooperativ)	individualistisch (isoliert/isolierend)
8.	prozeßorientiert	resultatorientiert
9.	äußerlich-materiell herstellend	symbolisch bezeichnend
10.	vorrangig eigen- motorisch (physisch)	psychisch
11.	vermarktbar ("kommerziell")	nicht vermarktbar ("nicht marktlich")
12.	genetisch programmiert	(vollständig) erlernt
13.	langfristig disziplinierend	kurzfristig konzentriert

Abb. 4.1 Leistungsdifferential nach LENK (1976, S. 61)

Kapitel 4

BECKER (1992, S. 16ff) sichtet mehrere Wissenschaftsdisziplinen im Hinblick auf ihre jeweils typischen Verwendungen des Begriffs "Leistung"[1]:

1) *Physik*: Leistung ist "Arbeit (Kraft x Weg) pro Zeiteinheit". Im Vordergrund des naturwissenschaftlich-physikalischen Leistungsverständnisses steht der Prozeß, während das Leistungsergebnis (als sog. "Wirkungsgrad") von nachgeordneter Bedeutung ist. Durch die Betonung des technisch-mechanischen Moments ist der physikalische Begriff im Rahmen menschlicher Leistungen fast nur auf körperliche Tätigkeiten anwendbar; die Sinnhaftigkeit von Leistungsprodukt und -prozeß wird vernachlässigt.

2) *Soziologie*: Hier konkurrieren statische mit dynamischen Begriffsauffassungen. In den statischen Leistungsdefinitionen ist die Anpassung an die jeweils vorherrschende soziale Ordnung das wesentliche Element. Demgegenüber betonen dynamische Definitionen, daß sich Leistung nicht in der Erfüllung formalisierter Handlungserwartungen oder im Beitrag zu einem gegebenen Zielsystem erschöpft, sondern daß es auch eine Leistung ist, soziale Erwartungen bzw. Normen zu verändern und neue Ziele zu setzen bzw. durchzusetzen. Der dynamische Leistungsbegriff übt damit Kritik am konservativen, innovationsfeindlichen Charakter der statischen Begriffsbestimmung, setzt sich aber gleichzeitig selbst der Kritik aus, Leistung als Variable inhaltlich unbestimmt zu lassen[2].

3) *Psychologie*: Innerhalb der Psychologie ist die Definition von HECKHAUSEN 1974 vorherrschend (vgl. BOX 4.1), mit der Leistung subjektiviert und individualisiert wird. Handlungen werden für eine Person nur dann als Leistungen interpretierbar, wenn es ihr gelingt, sie auf einen verinnerlichten Tüchtigkeitsmaßstab zu beziehen.

4) *Volkswirtschaftslehre*: Leistung wird global als die (mengen- oder wertmäßige) Summe aller erzeugten Güter und Dienstleistungen einer Periode betrachtet und im Ergebnis als Wertschöpfung oder Bruttosozialprodukt bezeichnet. Leistung realisiert sich über Marktwerte, die immer im Hinblick auf eine Nachfrage entstehen, die Folge von Knappheiten ist. Der volkswirtschaftliche Leistungsbegriff ist aggregierend, ergebnisbezogen und statisch.

5) *Betriebswirtschaftslehre*: Hier lassen sich vier Positionen unterscheiden:

- *Technologisch-orientiertes Leistungsverständnis*: Gemeint ist hier primär die fertigungstechnische Leistungserstellung bzw. Güterproduktion, die erst im zweiten Schritt als Objekt der Bedarfsdeckung ökonomisch zu bewerten ist. Der technische Leistungsbegriff stellt die produktive Tätigkeit in den Vordergrund der Betrachtung und ignoriert andere wichtige Determinanten des Leistungsprozesses (z.B. die dem Arbeitsergebnis vorausgehenden physischen, psychischen und sozialen Prozesse) ebenso wie die Bedeutung des Leistungsproduktes selbst.

- *Tätigkeitsorientiertes Leistungsverständnis*: Gemeint ist hier einerseits die Tätigkeit im Sinne des menschlichen Leistungsverhaltens (vgl. die Definition von HECKHAUSEN 1974; s. BOX 4.1), andererseits aber auch die Tätigkeit im Sinne der Erfüllung betrieblicher Aufgaben bzw. Funktionen.

---

[1] Die Erziehungswissenschaften orientieren ihr Leistungsverständnis unsystematisch am Wissensstand anderer Disziplinen; die Arbeitswissenschaften fußen weitgehend auf dem physikalischen Leistungsbegriff; die Rechtswissenschaften tragen aufgrund ihrer Formalität nicht viel zur inhaltlichen Klärung bei (vgl. BECKER 1992, S. 16ff).

[2] Die Leistung bleibt insofern unbestimmt, weil das Begriffsverständnis in Abhängigkeit von den historisch-gesellschaftlich-kulturellen Verhältnissen changiert: Was jeweils als Ziel (neue Norm, neue Regel etc.) in einer sozialen Gemeinschaft erstrebenswert wird, hängt von den bis dahin geltenden Strukturen und den darin enthaltenen Defiziten ab, die überwunden werden sollen.

Leistungsanalyse

- *Ergebnisorientiertes Leistungsverständnis*: Dieses Leistungsverständnis ist innerhalb der BWL dominant und läßt sich in fünf Ergebnisformen untergliedern: a) Leistung als Ergebnis eines *Kombinationsprozesses* von Produktionsfaktoren. Mit dem im "nackten" Ergebnis vorliegenden, reinen Mengenbegriff kann auch etwas "normales" oder "ineffizientes" als Leistung angesehen werden - diese Definition ist insofern problematisch, weil der Begriff "Leistung" im allgemeinen für ein relativ zufriedenstellendes, gutes, herausragendes - eben "erfolgreiches" - Arbeitsergebnis reserviert wird; b) Leistung als Ergebnis einer *effizienten* Faktorenkombination; c) Leistung als die (mengen- oder wertmäßige) Summe der *abgesetzten Güter und Dienstleistungen*. Obwohl sich Leistung auf diese Weise operational fassen läßt, ist es für die personbezogene Leistungsanalyse im allgemeinen nicht zweckmäßig, mit dem Leistungsbegriff auf die betriebliche Gesamtleistung abzuheben; d) Leistung als erzielter *Wertschöpfungsbeitrag*, wobei Wertschöpfung als die Erzeugung eines Wertüberschusses verstanden wird, den ein einzelner Betrieb zum Gesamteinkommen der Wirtschaft beisteuert. Da "Wertschöpfung" ein absoluter Begriff ist, muß er für konkrete betriebliche Kontexte jeweils spezifisch operationalisiert werden; e) Leistung als Gegenbegriff zu den entstandenen *Kosten* (i.S. aufgewandter "Leistungen"): Leistungen werden analog zum Kostenbegriff als bewertete Mengengrößen in Form von Einzelprodukten oder Periodenausbringungen verstanden. Leistung erscheint damit als rechnerischer Ausdruck der sachzielbezogenen Entstehung von Wirtschaftsgütern. Mit dem Arbeitsaufwand begnügt man sich bei der Leistungsbestimmung vor allem dann gerne, wenn sich die Arbeitsergebnisse in hoch arbeitsteiligen Produktionsprozessen einzelnen ArbeitnehmerInnen nicht mehr eindeutig zuordnen lassen.

- *Leistung als Einheit von Tätigkeit und Ergebnis*: Da die auf die Erstellung von Leistungen ausgerichteten Tätigkeiten nicht zwangsläufig zum Erfolg führen müssen, ist es fragwürdig, ob Leistung in jedem Fall als sinnvolle Kombination von Tätigkeit *und* Ergebnis betrachtet werden kann. Ebensowenig ist das erstellte Produkt allerdings allein als Leistung anzusehen, da in ihm die Leistung als Tätigkeit gewissermaßen "untergeht".

In Anlehnung an TÜRKs 1993a Differenzierung zwischen realökonomischen und symbolisch-kognitiven Prozessen (vgl. 1. Kap.) läßt sich eine weitere, einfache Typisierung des Leistungshandelns vornehmen, je nachdem, ob man den durch Organisationen pulsierenden Leistungsstrom hinsichtlich seiner objektiv-materiellen Wirkungen oder seiner sozialen Bedeutungen beurteilt (vgl. SCHETTGEN 1991, S. 270ff). *Realökonomische* Leistungsprozesse sind dem "Reich der Wirkungen" zuzuordnen und richten sich auf die soziale Handlungsproduktion in den hoch interdependenten und vernetzten Strukturen komplexer Arbeitssysteme. Sie werden hier deshalb als "realökonomisch" bezeichnet, weil angenommen wird, daß die erzeugten Wirkungen der Bedeutungszuschreibung vorauseilen (vgl. WEICKs Konzept der "retrospektiven Sinngebung" 1985). Eine objektive Wirkungsanalyse strebt demnach die Untersuchung der Leistungserstellung aus der Perspektive der Herstellung "materieller" Güter und Dienstleistungen im Rahmen organisatorischer Handlungskoordination an. Für den Typus der realökonomischen Prozesse kann damit festgehalten werden:

Kapitel 4

1) Leistung ist ein Tatbestand, der an das soziale Handeln von Menschen gebunden ist - Maschinen-Leistungen sind nicht gemeint;
2) die Handlungen und/oder ihre Ergebnisse müssen objektivierbar bzw. der Wahrnehmung anderer zugänglich sein;
3) Leistungen stehen im Zusammenhang mit der regelgeleiteten, koordinierten Erfüllung von Aufgaben in Organisationen.

Während realökonomische Leistungsprozesse durch Regeln konstituiert werden, die die Handlungen einzelner Akteure in soziale Mittel-Zweck-Relationen stellen und sie auf diese Weise funktional koordinieren, übernehmen *symbolisch-kognitive* Prozesse die Aufgabe der nachträglichen Interpretation und Kontrolle der Handlungen bzw. Handlungsergebnisse. Bildlich gesprochen, lagern sich symbolisch-kognitive Prozesse an realökonomische Prozesse an, um das "Reich (inter-)subjektiver Bedeutungen" auf dem Wege der Ideen- oder Sinnproduktion zu eröffnen. Symbolisch-kognitive Prozesse werden etabliert, um Handlungen als "Leistungen" (z.B. Erfolg, Mißerfolg, Routine) interpretieren und die Verantwortung für Leistungsergebnisse sozial aufteilen zu können. Für den Typus der symbolisch-kognitiven Prozesse gilt damit:

1) Handlungen und/oder ihre Ergebnisse werden erst im Rahmen sozialer Bewertung als Leistungen qualifiziert;
2) Leistungen werden individuell zugerechnet, obwohl sie durch koordiniertes Handeln in einem (komplexen) sozialen Kontext entstehen[3];
3) Leistungen werden kontrolliert, indem man Personen für die Einhaltung von Regeln zur Aufgabenerfüllung sanktioniert.

Wie die Behandlung von Definitionen und Typen der Leistung in diesem Abschnitt gezeigt hat, stellt "Leistung" offensichtlich kein monolithisches Erkenntnisobjekt dar. Die Vielfalt möglicher Bedeutungsaspekte führt eindrücklich vor Augen, daß Leistung ein Ergebnis *sozialer Konvention* ist. Beurteilt wird also niemals nur die Leistung "selbst" oder "als solche", sondern beurteilt werden die gesetzten Kriterien der Leistung, die das hypothetische Leistungskonstrukt überhaupt erst konstituieren. Zu dem Problem, was Leistung "eigentlich" ist, tritt zudem die Frage, welche Bezugsgröße oder Relation als jeweils zutreffende oder maßgebende angenommen werden soll. Man darf vermuten, daß über die Standards der Leistungsfestsetzung die jeweils vorherrschende Definitionsmacht entscheidet, woraus unmittelbar deutlich wird, daß die Leistungsbestimmung vor allem ein *politischer* Prozeß ist. Was jeweils als Leistung gilt, ist davon abhängig, was die Angehörigen einer Bezugsgruppe (Vorgesetzte, Kollegen, Familie, Betriebsrat etc.) vor dem Hintergrund ihrer Kriterien und Maßstäbe als Leistung bezeichnen, anerkennen und durchsetzen.

---

[3] Das Prinzip der individuellen Leistung ist unter marktwirtschaftlichen Bedingungen eigentlich nur auf EinzelunternehmerInnen anwendbar, obwohl auch sie in ihren Entscheidungen und Handlungen von anderen Akteuren abhängig sind.

4.1.2 Leistungsprinzip

Das Leistungsprinzip löst - historisch gesehen - das feudale, ständische Ordnungsprinzip ab. "Nicht mehr das Geburtsrecht bzw. die Gruppenzugehörigkeit, bspw. Familie, Rasse, Religion, Reichtum, Mitgliedschaft in einer politischen Partei (Ämterpatronage) und Stand, sollte über die Stellung, die berufliche Tätigkeit oder die soziale Bewertung eines Menschen in einer Gesellschaft entscheiden, sondern dessen Leistungsfähigkeit und -beitrag" (BECKER 1992, S. 97). Mit dem Leistungsprinzip wird die selbst erbrachte, individuelle Leistung zum Bezugspunkt für die Verteilung von Sanktionen (im soziologischen Doppelsinn von "Bestrafung" und/oder "Belohnung"). Der Inhalt des Leistungsprinzips ist demnach in die Formel zu fassen: "Jede(r) soll nach Maßgabe seiner Leistung bekommen, was er/sie verdient!" Genau genommen müßte man daher von einem "Leistungs-Gegenleistungs-Prinzip" (NEUBERGER o.J., S. 11) sprechen. Die gesellschaftlichen Gegenleistungen bestehen z.B. in

- der Zulassung zu bestimmten sozialen Positionen, Berufen, Ämtern;
- der finanziellen Vergütung (Lohn, Einkommen);
- der Zuerkennung sozialer Wertschätzung (Status, Privilegien etc.);
- der Übertragung von Funktionen, Kompetenzen, Autorität usw.

oder verschiedenen Kombinationen daraus.

Im Grunde lassen sich zwei verschiedene Varianten des Leistungsprinzips unterscheiden. Nach dem *aufwandsorientierten* Leistungsprinzip sollen diejenigen mehr erhalten, die mehr Anstrengung, Fähigkeit, Erfahrung, Hingabe, Belastung etc. in die Bewältigung einer Aufgabe investiert haben. Das *ertragsorientierte* Leistungsprinzip besagt hingegen, daß diejenigen mehr bekommen sollen, die ihr Ergebnis besser absetzen bzw. cleverer vermarkten, indem sie einer bestehenden Nachfrage folgen oder diese wecken. Daß beide Formen des Leistungsprinzips voneinander unabhängig sind, kann an Beispielen veranschaulicht werden: Die Erziehungsarbeit einer Mutter, der Gottesdienst eines Mönchs oder die Bergbesteigung eines Touristen stellen aufwandsorientierte Leistungen dar, die jedoch "nicht marktfähig" sind (vgl. NEUBERGER o.J., S. 13). Die Frage, ob Input- oder Output-Faktoren der Leistung als Bezugsbasis für Gegenleistungen verwendet werden sollen, steht häufig im Mittelpunkt der Lohndiskussionen zwischen Arbeitnehmer- und Arbeitgeber-VertreterInnen (s. MAIER 1988, S. 75ff). Während die Gewerkschaften tendenziell für eine qualifikations- und ausbildungsbezogene Entlohnung der Leistung plädieren, macht sich die ArbeitgeberInnen-Seite für eine Vergütung nach Ergebnisaspekten stark.

Inhalt (Gegenleistungen bemessen sich nach...)	Beispiele (für die Umsetzung der Verteilungsregel sind...)
Leistung	Fachliche Autorität, Anerkennung
Vererbung	Ständeprivilegien, Adelstitel
Familienstand	Kindergeld, Besteuerung
Besitzstand	Privateigentum, Boden
Loyalität	Parteizugehörigkeit
(Dienst-)Alter	Aufstieg, Einkommen
Zufall	Studienplatzvergabe per Los
Soziale Rücksicht	Bevorzugung von Behinderten
Politische Macht	Zutritt zu Verbänden, Lobbies
Geschlecht	Militäreintritt, Führungspositionen

Abb. 4.2   Verteilungsprinzipien für knappe Ressourcen

Obwohl das Leistungsprinzip nur eine mögliche Ordnungsmaxime für Gesellschaften darstellt, die de facto mit zahlreichen anderen Grundsätzen der Pluralität, der Demokratie, der Solidarität, der Rechtsstaatlichkeit usw. konkurriert (vgl. Abb. 4.2), so gilt (!) es dennoch als *das* konstituierende Verteilungsprinzip für Sanktionen in den modernen, westlichen Industrienationen. Nach TÜRKs 1993a theoretischer Vorstellung von einer Organisationsgesellschaft (vgl. 1. Kap.) kann man annehmen, daß Organisationen vom Leistungsprinzip in zweifacher Hinsicht betroffen sind: Als (teil-)autonome Subsistenzproduktionen (z.B. Alternativbetriebe) müssen sie sich diesem Prinzip zumindest passiv stellen, weil MitbewerberInnen, KundInnen und LieferantInnen nach ihm funktionieren und entsprechend ihre Erwartungen ausrichten. Andere Organisationen (z.B. Wirtschaftsunternehmungen) propagieren das Leistungsprinzip hingegen in aktiver Weise und erheben es damit zur eigenen, immanenten Bestandsvoraussetzung, die erfüllt sein muß, um auf dem Markt überleben zu können.

Die manifesten Funktionen des Leistungsprinzips werden über die Vergabe der oben genannten Gegenleistungen hinaus auch in der Entschädigung für individuelle Vorleistungen (z.B. Ausbildung), der Aufhebung diskriminierender Praktiken (z.B. Geschlecht), der Verbesserung der Produktivität (z.B. durch die Schaffung von Anreizen/Orientierungen) und in der optimalen Allokation von (Human-)Ressourcen im Arbeitsprozeß gesehen. Eine latente Funktion des Leistungsprinzips, die sich schon jetzt unter Bezugnahme auf TÜRKs 1993a Rahmenkonzeption der sozialen Kontrolle vorwegnehmen läßt, liegt aber zweifellos im eingebauten Zwangs- und Disziplinierungsmechanismus. "Aus einem Verfahren zur Allokation unterschiedlicher individueller Arbeitskraft, das unter frühindustriellen Bedingungen ... Rationalität beanspruchen konnte, entsteht eine Disziplinierungstechnik, welche die Loyalität mit herrschenden Interessen und Lebensformen prämiert ... und den Schein einer objektiven oder 'technischen' Begründbarkeit organisatorischer Hierarchien hervorbringt und stabilisiert" (OFFE 1977, S. 166).

4.1.3 Leistungsgesellschaft

4.1.3.1 Was versteht man unter einer "Leistungsgesellschaft"?

Eine *Leistungsgesellschaft* ist dadurch gekennzeichnet, daß das Leistungsprinzip als normativer Dreh- und Angelpunkt für wirtschaftliches Wachstum und hohen Lebensstandard, die Legitimation von Macht, als tatsächliche Basis für die Verteilung von Sanktionen sowie als effizientes System der Ressourcenverwendung angesehen wird. Die positive Wertschätzung des individuellen Einsatzes zur Erhöhung der gesamtgesellschaftlichen Leistung wird ideologisch damit begründet, daß von einer Steigerung des Bruttosozialprodukts letztlich auch die einzelnen Haushalte profitieren.

Für die *Entstehung* einer Leistungsgesellschaft können verschiedene Gründe in Betracht gezogen werden. Aus der Kontrollperspektive läßt sich folgern, daß die menschlichen Arbeitskräfte so gesteuert bzw. ihre Talente so zusammengeführt werden sollen, daß die gesellschaftliche Produktivität insgesamt zunimmt; dieses Ziel wird offenbar dann am besten erreicht, wenn in der Sphäre symbolisch-kognitiver Regulation bei den individuellen Arbeitskräften die Wahrnehmung gleicher Startchancen verankert wird. Mit dem Leistungsprinzip kann man aber auch die stets vorhandene gesellschaftliche Ungleichheit (im Hinblick auf Status, Einkommen, Vermögen etc.) legitimieren. Das Leistungsprinzip fordert geradezu Formen der Ungleichheit heraus, nämlich überall dort, wo sie plausibel auf individuelle Leistungsunterschiede zurückgeführt werden können. HELFERT (1974, S. 5) bemerkt in diesem Zusammenhang treffend, daß es das Leistungsprinzip erlaube, "die unbestreitbare Notwendigkeit der effektiven Arbeit mit den gegebenen Privilegierungen in einer spezifischen Weise zu verknüpfen und diese Privilegierungen als vernünftig, funktional und unvermeidlich hinzustellen". Jedwede Kritik, die sich gegen das Leistungsprinzip und die angebliche Gerechtigkeit der bestehenden Privilegierungen richtet, setzt sich damit dem Verdacht aus, die Notwendigkeit der gesellschaftlichen Arbeit selbst in Frage zu stellen.

Ersetzt man den Ausdruck "Leistungs*prinzip*" durch "Leistungs*norm*", dann kann man das Doppelgesicht des Normbegriffs auch auf das Leistungskonzept übertragen: Normen be-schreiben nämlich nicht nur ein Verhalten (*deskriptiver* Aspekt), sondern sie schreiben auch ein Verhalten vor (*präskriptiver* Aspekt). Dieser Bedeutungsdifferenzierung entsprechend möchte ich im folgenden das Konstrukt der Leistungsgesellschaft kritisch untersuchen. In Übereinstimmung mit der präskriptiven

Bedeutungskomponente wird zunächst die Frage aufgeworfen, ob und inwiefern der normative Entwurf einer Leistungsgesellschaft eigentlich zu begrüßen ist. Gemäß der deskriptiven Bedeutungskomponente wird anschließend geprüft, ob und inwiefern das Konstrukt der Leistungsgesellschaft den Zustand moderner Industriegesellschaften angemessen beschreibt.

4.1.3.2 Präskriptives Modell: Ist eine Leistungsgesellschaft erstrebenswert?

"In der marktwirtschaftlichen Ordnung der westlichen Welt umfaßt das Leistungsprinzip ein doppeltes: Einmal gewährleistet das organisierte Leistungsstreben ihrer Wirtschaftssubjekte ... der Volkswirtschaft ein Höchstmaß an Produktivität; zum anderen gilt die individuelle Leistung wenigstens im Prinzip zugleich auch als Maßstab für ihre Entlohnung" (SCHMÖLDERS 1975, S. 20). Einige der gesellschaftlichen Funktionen, die häufig in positiver Weise mit dem Leistungsprinzip verknüpft werden, sind weiter oben bereits angeklungen (vgl. auch NEUBERGER o.J., S. 14):

- *Motivationsfunktion*: Solange bei den Gesellschaftsmitgliedern die tatkräftige Überzeugung verankert werden kann, daß sich "Leistung lohnt", werden sie eine Vielzahl von Belastungen und Anstrengungen in Kauf nehmen, um die erwünschten Belohnungen zu erhalten. Die Freisetzung von Leistungspotentialen wird zusätzlich dadurch gesichert, daß man bei Mißerfolg einsehen muß, sich nicht genügend angestrengt zu haben.

- *Entwicklungsdynamik*: Hierzu werden sowohl die individuelle Entfaltung von Begabungen als auch die Etablierung einer sozialen Elite gezählt, deren Leistungen letztlich allen zugute kommen.

- *Optimale Allokation der "human ressources"*: Der Marktphilosophie von Adam SMITH entsprechend wird jeder da tätig, wo er seine Fähigkeiten und Fertigkeiten am besten einsetzen kann; auf diese Weise wird kein Talent vergeudet.

- *Legitimation sozialer Ungleichheit*: Der Besitz und Genuß bestimmter Privilegien erscheint gerechtfertigt, weil Vorrechte jederzeit als Gegenleistungen für erbrachte Leistungen interpretiert werden können.

- *Politik der Restauration*: Wenn Wachstums-, Wohlstands- und Sinnkrisen auftreten, dann nur deswegen, weil zu wenig geleistet wird. Umgekehrt verbindet sich mit der Beschwörung des Leistungsprinzips unhinterfragt die Hoffnung, soziale Krisen bekämpfen oder sogar vermeiden zu können: Leistung erscheint als Wunderwaffe und Allheilmittel gegen den antizipierten Zusammenbruch des Systems.

Mit der gesellschaftlichen Realisierung des Leistungsprinzips gehen aber auch zahlreiche unerwünschte, häufig nicht-beabsichtigte Nebenwirkungen und Probleme einher. Die dysfunktionalen Wirkungen des Leistungsprinzips scheinen periodisch in individuelle, aber auch kollektive Krisen einzumünden, in denen die Frage nach der "sinnvollen Leistung" neu gestellt wird:

- *Intransparenz der Leistungsmessung*: Damit man die Einhaltung des Leistungsprinzips kontrollieren kann, ist es erforderlich, Leistungen sachlich, objektiv und zuverlässig zu messen. Wie aber ist es um die Güte derartiger Leistungsmessungen in den (angeblich) leistungsorientierten Domänen unserer Gesellschaft bestellt? Was mißt man z.B., wenn ein Sportler 2,12 Meter hoch und 8,15 Meter weit springt? Wie die Massenmedien in jüngerer Zeit wiederholt deutlich gemacht haben, wird die Leistung "an sich" nicht nur durch Doping, sondern auch durch zunehmende Professionalisierung, durch Material- und Ausrüstungsraffinessen, durch Hunderstel-Sekunden-Zielfoto-Entscheidungen usw. in Frage gestellt. AMERY (1978, S. 125) gibt zu bedenken, daß die Leistung eines Ski-Rennläufers eigentlich eine Kollektivleistung von KonstrukteurInnen, ÄrztInnen, TrainerInnen usw. ist, bei der alles auf die Erreichung eines isolierten Ergebnisses ausgerichtet wird (nämlich die möglichst hohe Geschwindigkeit eines Ensembles aus Skiern, Textilien, Kunststoff und organischem Eiweiß zu erzielen). Ähnlich der Beurteilung sportlicher Erfolge ist auch die Bewertung schulischer Leistungen nicht unproblematisch, weil unklar ist, welches Wissenspensum, welche Fähigkeiten, welche Lernbereitschaften, welche Wechselwirkungen im Lehrer-Schüler-Verhältnis oder welche Gruppendynamik in der Schulklasse jeweils mit welchem Gewicht in eine gegebene Note einfließen. Die hier skizzierten Meßprobleme in der Schule verlängern sich weiter ins Berufsleben: Da Leistung in vielen Arbeitsbereichen nur auf dem Wege der Einschätzung über Eindrucksurteile (der KollegInnen, Unterstellten, Vorgesetzten, KundenInnen, LieferantInnen etc.) erfaßt werden können, ist es wahrscheinlich, daß nicht nur die bloße Aktionsleistung, sondern vor allem die für Präsentationen wichtigen Erfolgsdeterminanten den Gesamtwert bestimmen (z.B. Herkunft, Geschlecht, Aussehen, Wortgewandtheit, Beherrschung von Kulturtechniken, Selbstdarstellung und "impression management"; vgl. NEUBERGER o.J., S. 17).

- *Zwang zur Vereinfachung*: Um die Komplexität einer Leistung und der darauf abzielenden Bewertung handhaben zu können, ist es erforderlich, die verschiedensten Leistungen und die Vielfalt der in ihnen aufgehobenen Teilaspekte auf *einen* Bewertungsmaßstab zu beziehen, d.h. letztlich. "eindimensional" zu machen. Zeitmessungen im Sport, Schulnoten oder individuelle Leistungswerte im Betrieb legen Zeugnis von dieser fragwürdigen, manchmal ungerecht wirkenden oder doch zumindest willkürlichen Praxis der Leistungsbeurteilung ab, der es hauptsächlich darum geht, Leistungen auf den "Punkt" zu bringen und nach Möglichkeit in einer einzigen Kennziffer auszudrücken. Daß dieser Vorgang nicht nur durch das offizielle Verfahren begünstigt wird, sondern sich auch stillschweigend vollzieht, zeigt das Beispiel des sog. "Halo-Effekts": Ein einziges, vielleicht besonders auffälliges Beurteilungskriterium "überstrahlt" bzw. dominiert den Gesamteindruck, den man sich von einer Person macht (frei nach dem Motto: "Nur ein folgsamer Schüler ist ein guter Schüler"). Versucht man, dem Problem der Vereinseitigung dadurch zu entkommen, daß man - wie z.B. bei den eigenschaftsorientierten Einstufungsverfahren betrieblicher Leistungsbeurteilung - mehrere Bewertungsdimensionen zuläßt, erfordern die notwendigen Gewichtungen der Einzelaspekte politische Entscheidungen, da bislang keine wissenschaftlichen Begründungen dafür vorliegen.

- *Spezialisierung der Leistung*: Durch den Zwang, Leistungen vereinfachen zu müssen, wird auch die Gestaltung des Leistungserstellungsprozesses selbst immer mehr vereinseitigt, verengt und spezialisiert. Wer es beispielsweise im Sport zu Höchstleistungen bringen will, muß sich irgendwann entscheiden, ob er Fußball oder Schwimmen vorzieht. Wenn sich eine Person zum Schwimmen entschließt, wird sie sich im nächsten Moment einen bestimmten Schwimmstil (Freistil, Butterfly, Lage, Brust) und eine bestimmte Distanz (100, 200, 500 Meter ...) aussuchen müssen, auf die sie den Schwerpunkt ihres Trainings legt. Mit anderen Worten: Wer exzellenter "Fachmann" auf seinem Gebiet werden will, hat kaum noch die Möglichkeit, sich intensiv mit anderen Themen oder Aufgaben zu befassen. Am Horizont der gesellschaftlichen Differenzierungsprozesse taucht das Schreckgespenst des "eindimensionalen Menschen" (MARCUSE) auf.

Kapitel 4

- *Quantifizierung der Leistung*: Die Vernachlässigung qualitativer Aspekte der Leistung und die starke Ausrichtung auf eine am bloßen Wachstum orientierte Leistungssteigerung forciert Einseitigkeiten des Leistungsprinzips, weil der Akzent auf die Erreichung quantitativ erfaßbarer, materieller Ziele gelegt wird. MITSCHERLICH (1973, S. 369f) spricht sogar von einem "Kult der quantifizierbaren Leistung", der der Ersatzbefriedigung für fehlende Selbstverwirklichung und Sinngebung dient. FÜRSTENBERG (1974, S. 74ff) wendet sich aus diesem Grunde gegen den rein quantitativen Leistungsbegriff des wissenschaftlichen Arbeits- und Zeitstudiums, weil dabei wichtige (z.B. psychische oder soziale) Facetten menschlicher Leistungen unberücksichtigt bleiben. Alle Versuche innerhalb der Arbeitswissenschaften, die menschliche Leistung "objektiv" zu messen (z.B. als Ausbringungsdurchschnitt in einer gegebenen Zeiteinheit), sind letztlich fehlgeschlagen, weil es keinen Leistungsbegriff gibt bzw. geben kann, der nicht auf einem relativen, subjektiven Werturteil beruht (vgl. BECKER 1992, S. 37, 81).

- *Bemessung der Gegenleistung*: Die Einhaltung des Leistungsprinzips zeigt sich auch darin, ob für eine Leistung auch eine angemessene Gegen-Leistung gefunden werden kann. Da das Leistungsprinzip eine abstrakte Zuteilungsregel darstellt, die über Inhalt und Höhe der Gegenleistung nichts aussagt, bleibt es zwischen LeistungsgeberIn und -empfängerIn jeweils auszuhandeln, was als eine angemessene Vergütung bzw. als gerechter Lohn gelten darf. In diesem Verhandlungsprozeß dürften die jeweiligen Machtverhältnisse der VerhandlungspartnerInnen (bzw. die sie stützenden Strukturen und Institutionen) eine gravierende Rolle spielen (vgl. NEUBERGER, CONRADI & MAIER 1985).

- *Instrumentalisierung der Leistung*: Wenn es (fast) ausschließlich die Gegenleistung ist, die den Wert einer Leistung bestimmt, dann degeneriert Leistung zum bloßen Mittel der Einkommenssicherung und -steigerung. VONESSEN (1974, S. 72) attestiert dem Leistungsprinzip insofern eine Alibifunktion: "Man gibt vor, alles leisten zu wollen, und wünscht in Wahrheit, sich alles leisten zu können". Durch die im Grunde beliebige Austauschbarkeit von Leistungen und Gegenleistungen wird eine Leistungsmentalität herangezüchtet, in der "Erfolg" alles entscheidet, auch wenn er erschlichen, vorgetäuscht oder schönfärberisch ausgemalt wird (vgl. NEUBERGER o.J., S. 21): "Die persönlich wirklich vollbrachte Leistung ist weniger Maßstab für die Einordnung in soziale Ränge als eher die soziale Wirklichkeit von Leistungen, der Erfolg oder gar der Schein der Leistung, die Publizität vermeintlicher Leistungen. Erfolg wird (manchmal nachträglich) als Leistung ausgegeben. Erfolg zu haben - selbst schon Leistung?" (LENK 1971, S. 83). Wenn nur das, was Erfolg hat, als Leistung zählt, wird die Rede von der "Leistungsgesellschaft" obsolet, weil wir eigentlich in einer "Erfolgsgesellschaft" (GEBAUER 1972) leben. In einer Gesellschaft, die ihr Verständnis von Leistung auf die ökonomische Erfolgsdimension reduziert, muß umgekehrt alles unterbleiben, was keinen "Wert" hat, weil es nicht vergütet werden kann: Das geduldige Zuhören oder die freundliche Zuwendung einer Ärztin gegenüber einem Patienten beispielsweise lassen sich nicht abrechnen - wozu sich also Mühe geben?

- *Individuelle Zuschreibung der Leistung*: Mit seiner Forderung nach individueller Zurechenbarkeit zwingt das Leistungsprinzip den einzelnen, seinen unselbständigen Anteil an einer gemeinsam erbrachten Leistung hervorzuheben und sichtbar zu machen. Wenn aber gemeinsame Interessen und Solidarität unter den Beschäftigten zugunsten persönlicher Nutzenkalküle zurückgestellt werden müssen, werden die Chancen für kooperatives oder auch altruistisches Verhalten in Organisationen ausgehöhlt und untergraben. Da Leistungen und ihre Ergebnisse den Individuen zugeschrieben werden und nicht den Arbeitssystemen, in denen sie ihre Leistungen erbringen, muß das Unterliegen im Leistungswettbewerb notgedrungen als persönliche Selbstentwertung und Kränkung empfunden werden. Jede Leistungssituation enthält die Möglichkeit des Scheiterns und damit ein Angstpotential ("Furcht vor Mißerfolg"), so daß den Individuen ein hoher psychologischer Druck aufgebürdet wird. "Indem die Schwarzen Peter so an die *Individuen* vergeben sind, nimmt es nicht wunder, daß sie schweigen, wenn sie auf ihnen sitzen bleiben - denn sie haben ja keine Ahnung (um im Bild zu bleiben), daß bei der Distribution der Karten gemogelt wurde" (HACK 1966, S. 30; Hervorhebung durch P.S.).

- *Leistung als Zeitkrankheit*: Der Begriff "Zeitkrankheit" ist hier in einem doppelten Sinne gemeint: Leistung als Krankheit *in* unserer (postmodernen) Zeit und Leistung als Krankheit *aufgrund* von (mangelnder) Zeit. Weil Leistungen in bestimmten Zeiträumen, zu bestimmten Zeitpunkten oder mit einer bestimmten Geschwindigkeit zu erledigen sind, ist mit einer Leistungsforderung in der Regel Zeitdruck verbunden. Wie die Herzinfarkt-Forschung zeigt (FRIEDMAN & ROSEMANN 1975), führt der Glaube, nicht genügend Zeit zu haben, in einer sich selbst erfüllenden Prophezeiung zum frühen Tod (NEUBERGER o.J., S. 29). Auch Versuche, via Zeitmanagement "Zeit zu gewinnen", schlagen im allgemeinen fehl, weil die "gesparte Zeit" sofort wieder mit neuen, drängenden Aufgaben gefüllt wird. Die "Entdeckung der Langsamkeit" (Sten NADOLNY) muß angesichts der kollektiven Zeitneurose als eine praxisferne Tugend erscheinen (vgl. BOX 4.2).

Bedenkt man die negativen Auswirkungen, die eine radikale Umsetzung des Leistungsprinzips zur Folge hätte, dann taucht zwangsläufig die Frage auf, ob eine perfekte Leistungsgesellschaft wirklich wünschenswert ist. Wenn nur die leistungsstärksten bzw. qualifiziertesten Personen jeweils für eine Position ausgewählt werden, und man diese Position auch nur solange ausüben kann, wie man sich tatsächlich als das kompetenteste Individuum erweist, dann wächst die Gefahr, daß Leistung zum (asozialen) Selbstzweck wird und die Ziele der Leistung nicht mehr zur Diskussion stehen. Im Fluchtpunkt dieser Überlegungen zeichnet sich das Szenario eines permanenten inner- und außerbetrieblichen Konkurrenzkampfes ab, der keine Rücksichten auf leistungsgeminderte, insb. "ältere" ArbeitnehmerInnen, nimmt: "Der totale Wettbewerb, der Berufskampf aller gegen alle wäre institutionalisiert" (SEIBEL 1973, S. 142).

4.1.3.3 Deskriptives Modell: Leben wir in einer Leistungsgesellschaft?

Die soziale Akzeptanz und Verbreitung einer Verteilungsregel, wie das Leistungsprinzip sie darstellt, hängt entscheidend von ihrer *gesellschaftlichen* Legitimation ab. Die Legitimation des Leistungsprinzips ergibt sich aus seiner Einbettung in ein kulturelles Wertesystem, das nach NEUBERGER (o.J., S. 12) durch folgende Aspekte charakterisiert werden kann:

- demokratische Ideale der (Chancen-)Gleichheit und Freiheit;
- individualistische Orientierung (die z.B. persönliche Verantwortung und Eigentumsrechte betont);
- die grundsätzlich positive Bewertung der Arbeit;
- unerschütterlicher Fortschrittsglaube (Veränderung und Gestaltung der Praxis durch persönlichen Einsatz).

> **BOX 4.2: Zeitverzögerung als Antwort auf Zeitknappheit?**
>
> Im Jahre 1990 hat der Klagenfurter Universitätsprofessor für Philosophie und Gruppendynamik, Dr. Peter HEINTEL, den "Verein zur Verzögerung der Zeit" gegründet, dem mittlerweile zahlreiche, teilweise auch prominente Mitglieder angehören. Hier einige Auszüge aus den Vorüberlegungen zur Vereinsgründung:
> "[...] Immer mehr Menschen haben trotz 'Arbeitszeitverkürzung' immer weniger Zeit für das, was sie wollen. [...] Pausen sind Ablenkung, unproduktiv und kosten überdies Geld. Wir leben in einer Epoche einer sich immer schneller 'beschleunigenden Zeit'. 'Zeit ist Geld' lautet die nicht unplausible Erkenntnis unserer Neuzeit. Sie gilt auch zweifellos für ein wirtschaftliches Produktionssystem, in dem der 'gewinnt', der in immer kürzeren Zeiträumen immer mehr und besser produziert. Er hat Konkurrenzvorteile. Was für die industrielle Produktion und ihre Eigenlogik gilt, hat sich aber auf alle Lebensbereiche übertragen und nicht nur auf unsere Arbeit. [...] Die Beschleunigung wird zum Maß aller Tätigkeiten und vergewaltigt 'Eigenzeit'. Damit ein Schwein 'sich rechnet', muß es nach einem halben Jahr für den Schlächter 'reif' sein. Agrartechnologie hilft Natur und Lebendiges unter das ökonomische Zeitmaß zu zwingen. [...] Medizinische, psychologische Hilfe und Beratung darf ein gewisses Zeitmaß nicht überschreiten, sonst wird sie unrentabel; [...] Am Arbeitsplatz wachsen Spannungen, Konflikte proportional zur fehlenden Zeit, sie 'behandeln', analysieren und lösen zu können. [...] Produkte haben in einer 'Wegwerfgesellschaft' immer kürzere Lebenszeiten; man produziert bestenfalls für Recycling. Produkte, deren Herstellung lange dauert, sind unerschwinglich. [...]
>
> Was wären die Ziele, individuell und kollektiv?
> Jedes Vereinsmitglied sollte am Ort seiner Tätigkeit überall dort, wo es ihm sinnvoll erscheint, Zeit verzögern und sich der Solidarität des gesamten Vereins sicher sein. Er sollte zum Innehalten, Nachdenken auffordern, wo blinder Aktivismus und partikulares Interesse Scheinlösungen produziert. Er sollte in seiner Umgebung recht viele Mitglieder werben, damit er den nötigen Rückhalt in seiner Umgebung hat. Denn eines ist klar, nur als 'Bewegung' ist dieser Verein stark; letztlich müßte er zu einer internationalen Vereinigung werden" (HEINTEL 1990).

Während - wie die Wertwandel-Forschung zeigt - die positive Bewertung der Arbeit und der Fortschrittsglaube als Wertefundamente westlicher Industrienationen allmählich marode werden (vgl. BECK 1986; LUTHE & MEULEMANN 1988), scheint sich im Zuge des Verfalls der sozialistischen Gesellschaftsformen des Ostens eine Wiederbelebung demokratischer und individualistischer Wertorientierungen abzuzeichnen. Eine abschließende Würdigung der gesellschaftlichen Voraussetzungen zur Anwendung des Leistungsprinzips ist daher schwierig. Auch bei noch so positiver "Weichenstellung" kann dem Leistungsprinzip aber insgesamt wohl nur eine *Teilgültigkeit* zugesprochen werden, da es mit anderen Verteilungsregeln konkurriert oder vermischt ist (s. auch Abb. 4.2): "Arbeitsunwillige Arbeitslose erhalten Arbeitslosengeld, einflußreiche Wirtschaftsmanager/-unternehmen unterdrücken kleinere, innovative Initiativen, weil sie ihr Erfolgspotential möglicherweise beeinträchtigen, im Leistungssport werden Titel und Rekorde mit Dopingmitteln errungen, Positionen in Unternehmen, Kredite ohne Sicherheiten sowie Lieferaufträge werden aufgrund von Beziehungen vergeben. Oft wird durch den Wohlfahrtsstaat bzw. den Leistungsstaat die 'Untüchtigkeit' belohnt, wie z.B. Subventionen und 'übertriebene' sozialfürsorgerische Maßnahmen zeigen. Besondere Tüchtigkeit wird etwa durch die progressive Besteuerung 'bestraft'. All dies sind Beispiele, die das 'Leistungsprinzip' als tatsächliches oder gar einziges dominantes Strukturierungsprinzip unserer Gesellschaft bezweifeln lassen" (BECKER 1992, S. 109).

Zu den rein *ökonomischen* Voraussetzungen des Leistungsprinzips zählen im allgemeinen die Chancengleichheit der MarktteilnehmerInnen, die Markttransparenz und das Vorliegen vollkommener Konkurrenz. Im folgenden möchte ich kritisch beleuchten, ob und inwiefern diese Ausgangsbedingungen zur Realisierung des Leistungsprinzips in unseren modernen Industrieländern gegeben sind:

1) *Chancengleichheit der MarktteilnehmerInnen*: Gleiche Startchancen sind schon allein aufgrund der oben genannten, rivalisierenden Verteilungsprinzipien (z.B. Erbbesitz- und Besitzstandsrechte, schichtenspezifische Rekrutierungsprozesse, formale Eingangsqualifikationen für Positionen) nicht zu erwarten. Desweiteren schließen biologische Begabungsunterschiede und ihre Kombination mit schichten- bzw. kulturspezifischen Sozialisationsbiographien (vgl. BERNSTEINs 1967 Konzept vom "elaborated" vs. "restricted code") eine vollkommen gleiche Leistungsfähigkeit aus. Unterschiedliche Chancen zur Leistungserbringung bestehen nicht zuletzt aufgrund variierender externer (gesellschaftlicher und/oder organisatorischer) Randbedingungen, die Leistungen fördern oder einschränken können (z.B. Betriebsklima, Führungsstil, Arbeitsmittel). Da aus den genannten Gründen gleiche individuelle Leistungschancen nicht gegeben sind, resultiert aus der Diskrepanz zwischen Postulat und sozialer Realität ein Leistungskonflikt: Der Glaube an den sozialen Wert der Leistung muß innerhalb einer sozialen Umwelt aufrechterhalten werden, die sich offensichtlich nur teilweise an diesem Wert orientiert.

2) *Markttransparenz*: Zwar geht man unter marktwirtschaftlichen Prämissen davon aus, daß sich die "beste" Leistung am Markt auch durchsetzt, d.h. das "beste" Ergebnis auch entsprechend bewertet und belohnt wird. Problematisch ist allerdings, daß es keinen universellen Leistungsbegriff und -maßstab gibt, der solche Differenzierungen glaubwürdig begründen kann. Da sich Gesellschaften entwickeln und immer wieder neu formieren, kann das gleiche Leistungsschema als einheitliche Grundlage auch nicht zu allen Zeiten gültig sein. Angesichts des Fehlens einer verwendungsfähigen Beurteilungsskala und einer objektiven Beurteilungsinstanz, die individuelle Leistungen anhand eines konsistenten Systems von Beurteilungsmaßstäben wahrnehmen und bewerten kann, muß die Vergabe leistungsäquivalenter Sanktionen als Fiktion erscheinen.

3) *Atomistische Konkurrenz*: In den realexistierenden Marktwirtschaften besteht weder vollständige Konkurrenz noch vollkommene KonsumentenInnen-Souveränität. Der marktwirtschaftliche Wettbewerb ist unvollkommen, weil es zur Herausbildung von Oli-

go- und Monopolen kommt (z.B. Trusts, Konzernbildungen). Die gesellschaftlichen Auslese- und Belohnungskriterien bleiben angesichts der hochgradig vernetzten, komplexen und arbeitsteiligen Prozesse der Leistungserstellung in unserer Gesellschaft und ihrer Organisationen im allgemeinen undurchsichtig. Leistungsangebote werden nicht immer erkannt und/oder abgenommen, Belohnungen unsystematisch verteilt.

4.1.4 Schlußfolgerungen für die Leistungsanalyse in Organisationen

Da das Prinzip der Leistungsgerechtigkeit eine regulative Idee bzw. eine normative Orientierungsmarke darstellt, kommt es nicht unbedingt auf die *tatsächliche* Geltung bzw. Realisierung dieses (vermeintlichen) Idealzustands an. Vielmehr ist wichtig, daß in der Gesellschaft die Meinung vorherrscht, daß Leistung das dominierende Ordnungsprinzip *sei*. Die Leistungsgesellschaft fußt demnach auf einer Leitvorstellung, die als symbolische bzw. ideologische Repräsentation auf die soziale Realität einwirkt (vgl. TÜRK 1993a) und dabei "normativen, verhaltensregulativen Charakter" (SEIBEL 1973, S.15) gewinnt. Reale Wirkungen werden also offensichtlich auch dort schon erreicht, wo allein das Postulat des Leistungsprinzips gilt (vgl. STOLZ & TÜRK 1992a).

Der geäußerten Kritik am Leistungsprinzip ging es folglich nicht darum, die Bedeutung der Leistung als Anspruch und als Realität in unserer Gesellschaft grundsätzlich zu bezweifeln. Was die Realität betrifft, so ist nur die *Dominanz* des Leistungsprinzips in Frage zu stellen, da es - trotz weitgehender Institutionalisierung, sozialer Akzeptanz und Relevanz für die Aufstiegsmobilität - mit anderen Ordnungsprinzipien in einer Art "Verdrängungswettbewerb" steht (vgl. Abb. 4.2): man denke etwa an das Sozialprinzip, an umfassende Bürokratisierungstendenzen oder auch die lokalen Zweckmäßigkeitsüberlegungen der herrschenden Koalitionäre in Organisationen. Was den Anspruch betrifft, so sind wohl alle Gesellschaften - auch die sog. "primitiven" Kulturen[4] - auf die individuellen Leistungsbeiträge ihrer Mitglieder angewiesen: Wie sollten Gesellschaften und ihre sozialen Institutionen ohne Leistungserbringung existieren können? Eine Gesellschaft, die auf das Leistungsprinzip völlig verzichtet, kann vermutlich mit gleichem Recht als "inhuman" bezeichnet werden wie eine, die auf der bedingungslosen Durchsetzung dieses Prinzips besteht. Was eine Kritik am Leistungsprinzip aber bringen kann und auch bringen sollte, ist, die ideologischen Vorannahmen bzw. Vorurteile einer Leistungsgesellschaft und ihre negativen Begleiterscheinungen aufzudecken, damit auch die unliebsamen Folgen und Schattenseiten diskutiert werden können. Nur wenn beide Seiten - erwünschte und unerwünschte Konsequenzen des Leistungsprinzips - ins Blickfeld geraten und in ihrer Bedeutung für das gesellschaftliche Leben gegeneinander abgewogen werden, kann ein aufklärender Diskurs stattfinden, in dem sich die

---

[4] Wie BARLEY 1970 zeigt, zählt auch bei den vorzeitlichen Gesellschaften der "Jäger und Sammler" sowie bei den noch lebenden Naturvölkern "Leistung" (i.S. von der/die Stärkste, der/die Geschickteste usw.) als herausragendes Kriterium für die Verteilung von Sanktionen.

Gesellschaftsmitglieder gegenseitig über Inhalte "sinnvoller" Leistungen und die zu ihrer Umsetzung notwendigen Handlungsstrategien verständigen.

Faßt man die Funktionen des Leistungsprinzips nochmals im Hinblick auf die *Organisationen* zusammen, dann dient es hauptsächlich:
- zur Mobilisierung der Leistungsanstrengungen der MitarbeiterInnen;
- als Orientierungsmarke der gewünschten Verhaltensweisen;
- zur Begründung der jeweils zugeteilten Sanktionen, der (bestehenden und entstehenden) sozialen Ungleichheit sowie der Produktivität;
- zur Forcierung des ökonomischen Ressourceneinsatzes, indem eine leistungsbezogene Zuteilung an Mitteln an die qualifizierteren MitarbeiterInnen prinzipiell ermöglicht wird;
- als Disziplinierungsinstrument für die an positiven Sanktionen interessierten MitarbeiterInnen.

Damit das Leistungsprinzip in Betrieben *umgesetzt* werden kann, bedarf es u.a. (vgl. BECKER 1992, S. 122):
- der generellen Gültigkeit des Prinzips;
- der Objektivität der Leistungsbeurteilung;
- der tatsächlichen Zuteilung der Sanktionen nach Leistung;
- der vertikalen und horizontalen Vergleichbarkeit von Leistungen im Zeitablauf;
- gleicher Startchancen;
- der individuellen Zurechnung von Verantwortung für das Zustandekommen der Leistung;
- der Akzeptanz des Leistungsprinzips durch die MitarbeiterInnen;
- der tatsächlichen individuellen Beeinflußbarkeit der entscheidenden Leistungsfaktoren;
- der Existenz objektiver und kompetenter BeurteilerInnen.

Aus der Reihe der betrieblichen Voraussetzungen zur Realisierung des Leistunsprinzips sind für die Thematik der Leistungsanalyse, der es hauptsächlich um die Beschreibung und Beurteilung von Leistungen geht, vor allem die folgenden relevant:
- *Vergleichbarkeit*: Leistungen müssen meßbar, bewertbar und vor dem Hintergrund gleicher Maßstäbe miteinander in Beziehung zu bringen sein. Es bedarf eines einheitlichen und objektivierbaren Leistungsbegriffs, mit dem sich das Arbeitsverhalten aller PositionsinhaberInnen systematisch einschätzen läßt.
- *Transparenz*: Die Leistungskriterien müssen eindeutig definiert und die Maßstäbe der Beurteilung offengelegt werden, damit alle an die Beurteilung geknüpften Entscheidungen nachvollziehbar sind.
- *BeurteilerInnen-Kompetenz*: Es muß eine kompetente Instanz geschaffen werden, der man es zutraut, den "richtigen" Leistungswert festzustellen und alternative ("subjektive") Kriterien der Sanktionenvergabe auszuklammern.

Da das "reine" Leistungsprinzip - wie gesehen - weder realisiert noch realisierbar ist, fällt es schwer, die Angemessenheit von Leistungsanalysen global zu beurteilen (vgl. dazu ausführlicher Abschnitt 4.4.5). Nach Ansicht von BECKER (1992, S. 71, 95) ist ein bestimmtes, exakt eingegrenztes Leistungsverständnis für die Leistungsanalyse auch nicht unbedingt notwendig, da jedwede Auffassung von menschlichen Leistungen gelten kann, sofern die Facetten solcher Leistungen aufgedeckt werden. Anders formuliert: Je nach den vorherrschenden Leistungszielen, d.h. je nach der inhaltlichen Bestimmung dessen, was als Leistung im Betrieb verstanden werden soll, kann auch die Beurteilung erfolgen, ohne daß es einer normativen Vorgabe ausgewählter Begriffsinhalte bedarf. Das bedeutet im Extremfall: Leistung ist das, was das jeweilige Meßinstrument erfaßt. Die Kenntnis der möglichen Bedeutungsvielfalt von "Leistung" und ihre Typisierung in bestimmte Bedeutungsklassen sensibilisiert aber für die impliziten Leistungskonzepte, die den jeweiligen Verfahren der Leistungsanalyse zugrundeliegen.

4.2 Primäre vs. sekundäre Leistungsanalyse

Die Unterscheidung in primäre und sekundäre Kontrollverfahren des Arbeitsprozesses läßt sich - ähnlich dem Vorgehen bei der Arbeitsanalyse - auch auf die Leistungsanalyse übertragen. Die *primäre* Leistungsanalyse (sog. "Leistungsermittlung") ist mehr auf die unmittelbare Kontrolle und Nutzung der Arbeitskraft gerichtet ("extrinsische Motivation" durch leistungsabhängige Entlohnung), während die *sekundäre* Leistungsanalyse (z.B. "Personalbeurteilung", "Mitarbeitergespräch") Leistungssteigerungen vergleichsweise stärker über die Selbststeuerung und "Bewußtseinskontrolle" der ArbeitnehmerInnen anstrebt ("intrinsische Motivation", z.B. durch Karriereangebote).

Die zunehmende Bedeutung sekundärer Leistungsanalyse kann man an dem explosionsartigen Boom ablesen, den die Personalbeurteilung (PB) in den letzten Jahren erfahren hat (vgl. BREISIG 1989). Da die Einführung und Verwaltung von PB-Systemen mit hohen Kosten verbunden ist, kann man die weite Verbreitung der PB in der Personalpraxis wohl nur damit erklären, daß es sich um eine für die Unternehmen ausgesprochen wertvolle Sozialtechnik handelt. Mit ihrer Hilfe gelingt es, autoritäre Zwangsmaßnahmen weitgehend zugunsten "freundlicher" Herrschafts- und Disziplinierungsmittel zurückzustellen, mit denen die Beschäftigten zur Identifikation mit den Zielen des Unternehmens bewegt werden sollen. Nicht zuletzt deswegen ist in ideologischer Weise immer wieder davon die Rede, daß alle MitarbeiterInnen ein Recht darauf haben, periodisch über ihren aktuellen Leistungsstand und ihre weiteren Entwicklungsmöglichkeiten im Betrieb informiert zu werden. Über die PB kann so insb. gewährleistet werden, daß

- die Beschäftigten in der Wahrnehmung von Beurteilungskriterien und Anforderungen ihr Verhalten an einem für die Unternehmung wünschenswerten Leitbild ausrichten;

- "soziale Qualifikationen" (z.B. Bereitschaft zur Mobilität, zur ständigen Weiterbildung, zur Einarbeitung in neue oder wechselnde Aufgabenfelder) in ihrer Bedeutung für die modernen Arbeitsprozesse hervorgehoben werden;
- personalpolitische Entscheidungen (z.B. Entlassungen, Versetzungen) durch "objektive", quasi "wissenschaftliche" Beurteilungen leichter durchzusetzen sind.

BREISIG sieht die PB als Bestandteil eines "intelligenten" Managements an, "das auf Formen direkter Ausbeutung und autoritärer Herrschaft verzichtet und gerade dadurch - mit Hilfe der 'weichen' Methoden des Einflusses auf die Köpfe der Beschäftigten - seine ökonomischen Ziele effizienter zu erreichen versucht" (1989, S. 13f).

In den letzten Jahren kristallisiert sich immer mehr der Trend heraus, das auf zukünftige Entwicklungen bezogene Beurteilungsgespräch ("Mitarbeitergespräch") zwischen beurteilenden Vorgesetzten und den von ihnen beurteilten MitarbeiterInnen zum entscheidenden Element des gesamten Beurteilungssystems zu machen. Nach Ansicht von HÖHN (1977, S. 43f) stellt sich im Beurteilungsgespräch schnell heraus, "wer bereit und in der Lage ist, neue Ideen zu entwickeln, wer den Mut besitzt, eine eigene Meinung zu vertreten ... Ebenso wird deutlich, wer dem Gesamtgeschehen interesselos gegenübersteht und sich an der Erörterung von betrieblichen Problemen, die über den eigenen Delegationsbereich hinausgehen, beteiligen will oder kann". Das Mitarbeitergespräch (MA-G) ist daher ein exzellentes "Instrument der Auslese und Förderung begabter Kräfte" (HÖHN 1977, S. 44), was im Klartext heißt, daß leistungsschwache MitarbeiterInnen "ausgemendelt" werden, weil sie für den weiteren Aufstieg in der Organisation ausscheiden. Der Informationsaustausch zwischen Vorgesetzten und MitarbeiterInnen kann aber auch dazu benutzt werden,

- den Sachverstand bzw. das Experten- und Produktionswissen der MitarbeiterInnen für die Lösung betrieblicher Probleme "anzuzapfen";
- den MitarbeiterInnen beizubringen, wie sie sich auch oder gerade in unüberschaubaren und kritischen Situationen flexibel den Unternehmenszielen entsprechend verhalten;
- den MitarbeiterInnen das *Gefühl* zu vermitteln, daß sie als GesprächspartnerInnen gleichberechtigt sind, woraus sich eine höhere Arbeitsmotivation und Akzeptanz für die Entscheidungen des Managements ergibt;
- den Beteiligten die Gelegenheit zu geben, persönliche und sachliche Unzufriedenheit zu äußern, um über den Abbau belastender Spannungen und Konflikte die Arbeitsatmosphäre zu verbessern.

Ein letzter Vorteil des Einsatzes von PB und MA-G besteht für die ArbeitgeberInnen-Seite darin, daß die Möglichkeiten zur Gegenkontrolle der ArbeitnehmerInnen (z.B. durch Gewerkschaften, Betriebsrat) stark eingeschränkt sind, weil die Formen sekundärer Leistungsanalyse

- aufgrund ihrer verdeckten Funktionen in der Regel nicht so leicht als Kontrollinstrument entdeckt werden können (anders als z.B. das autoritär gehandhabte Weisungsrecht der Vorgesetzten);

Kapitel 4

- (zumindest zum Teil oder zum Schein) auf die Belange der MitarbeiterInnen Rücksicht nehmen - z.B. durch die Schwerpunktsetzung auf ein "entkrampfendes" Beurteilungsgespräch oder die angebliche Verankerung von mehr Leistungsgerechtigkeit;
- sehr flexible, wandlungsfähige Kontrollinstrumente darstellen, die auf konkrete betriebliche Situationen genau abgestimmt werden können, so daß den ArbeitnehmerInnen die Entwicklung einer einheitlichen Gegenstrategie schwerfällt;
- den "ungebildeten Laien" (z.B. Betriebsräten, Vertrauensleuten, Gewerkschaftsfunktionären) aufgrund ihrer "wissenschaftlichen" Untermauerung eine inhaltliche Kritik nahezu unmöglich machen.

Mit dem Status der Kontrolle, der durch die Leistungsanalyse jeweils ausgeübt werden soll, gehen auch unterschiedliche Verständnisse von Leistung und Methoden der Leistungsmessung einher. So liegt den Verfahren der primären Leistungsanalyse offensichtlich ein physikalischer Leistungsbegriff zugrunde: Die Verausgabung von Arbeitskraft soll nach dem Programm der REFA-*Leistungsermittlung* durch Messen und Zählen von Leistungsergebnissen quasi naturwissenschaftlich erfaßt werden (z.B. Stückzahl, Stückzeit, Ausschußmenge, Grad der Maschinenauslastung). "Man sollte stets bemüht sein, Daten durch Messen und Zählen und möglichst selten durch Schätzen und Beurteilen zu ermitteln" (REFA 2 [1992, S. 100]). Das Resultat dieser *quantitativen* Bestimmung sind *Leistungskennzahlen*, die nach dem Prinzip der Lohn-Leistungs-Äquivalenz, nach dem eine höhere Leistung mit einer höheren Entlohnung einhergehen soll, als Grundlage für die leistungsabhängige Lohndifferenzierung dienen. Derartige Leistungskennzahlen werden hauptsächlich für den Bereich der gewerblich-produktiven Arbeit herangezogen - sofern ein individueller Einfluß auf das Arbeitsergebnis (zumindest bedingt) möglich ist (vgl. MAIER 1988, S. 98); sie können prinzipiell auch für Sachbearbeiter-, Angestellten- und Führungstätigkeiten angewendet werden (z.B. Verkaufsumsätze, Kassierzeiten, Schreibmengen, Abteilungskosten, Fehlerhäufigkeiten, Toleranzüberschreitungen, Reklamationsquoten, Anzahl durchgeführter Abrechnungen oder Buchungen pro Zeiteinheit; s. HELM, FROITZHEIM & RIESENKÖNIG 1977, S. 40; vgl. auch die Kennziffern zur Beurteilung des Führungsverhaltens bei WURSTER 1993). Daß diese Option vergleichsweise selten genutzt wird, hat vermutlich damit zu tun, daß über quantitative Indizes die sinnhafte Komponente "geistiger" Tätigkeiten nur unzureichend erfaßt werden kann.

Für den Fall, daß sich ein meß- oder zählbarer Beitrag des Menschen am Arbeitsergebnis nicht feststellen läßt - z.B. weil durch den wachsenden Automatisierungsgrad im Produktionsbereich der individuelle Einfluß auf das Arbeitsergebnis sinkt oder sogar ausgeschaltet ist (z.B. bei Überwachungstätigkeiten) oder weil es gerade um die Erfassung der sinnhaft-*qualitativen* Merkmale des Leistungsverhaltens geht (z.B. "soziale Schlüsselqualifikationen"), kann die *Personalbeurteilung* als sekundäre Leistungskontrolle durchgeführt werden; sie beruht auf der Vergabe von *Leistungswerten oder -punkten* mit Hilfe vorab definierter Stufen bzw. Klassen (ähnlich der Notenskala kann eine Leistung z.B. als "sehr gut", "gut", "befriedigend" usw. beurteilt und mit den entsprechenden Ziffern versehen werden; vgl. PAASCHE 1981, S.

78). Zum Verhältnis quantitativer und qualitativer Daten nimmt REFA 2 (1992, S. 17) folgendermaßen Stellung (vgl. dazu auch Abb. 4.3): "Im allgemeinen wird man versuchen, möglichst viele Daten quantitativ und nicht qualitativ zu erfassen. Ein Ziel der Arbeitswissenschaft besteht darin, quantitative Meßmethoden für solche Daten zu finden, die nicht ohne weiteres meßbar sind. Das gilt gegenwärtig z.B. für das Erforschen meßbarer Reaktionen des menschlichen Körpers auf psychische Belastung. Bis heute gibt es im Arbeitsstudium eine große Reihe von Daten, die sich einer messenden und zählenden Ermittlung entziehen, wie z.B. der menschliche Leistungsgrad, die Verantwortung, oder häufig die Qualität von Mengenleistungen [...] Die Beurteilung qualitativer Merkmale hängt von der Erfahrung und Übung des Urteilenden, von der geeigneten Auswahl von Merkmalen und deren präziser Beschreibung ab."

Es wäre aber vermutlich verfehlt, die sekundären Verfahren der Leistungsanalyse nur als "Lückenbüßer" für alle diejenigen Fälle anzusehen, in denen eine primäre Leistungsanalyse aus den bereits genannten Gründen nicht durchgeführt werden kann. Wie bereits im ersten Kapitel des Lehrbuchs einführend argumentiert wurde, ist die sekundäre Kontrolle ein alternativer Modus der Verhaltenssteuerung, der auch fakultativ oder ergänzend zu den primären Verfahren eingesetzt werden kann. Dies zeigt sich nicht zuletzt daran, daß den sekundären Verfahren auch ein anders gearteter, sehr viel "weicherer" und flexiblerer Leistungsbegriff innewohnt, der es z.B. erlaubt, Präsentationsleistungen der Selbstdarstellung oder der Übereinstimmung mit den geltenden Unternehmenszielen zu erfassen.

Wie jede idealtypische Klassifizierung, so muß auch die vorliegende Einteilung in primäre und sekundäre Kontrollverfahren von den zahlreichen "Verunreinigungen" absehen, die in der Praxis der Leistungsanalyse auftreten - die "Wirklichkeit" ist selten so sauber geordnet, wie es die wissenschaftlichen Analysekriterien fordern. Ohne die Entwicklung eines Ordnungssystems, wie es hier in Form der Kontrolltypologie "primärer" und "sekundärer" Verfahren vorgeschlagen wurde, ist aber andererseits kein strukturierter Einblick in die Vielfalt der Phänomene und Zusammenhänge der "Praxis" möglich. Wie anders als durch die Reduktion auf ein Set sprachlicher Konstrukte und deren logischer Vernetzung soll denn die Wirklichkeit "da draußen" dem systematischen Verständnis zugeführt werden? Dennoch möchte ich an dieser Stelle auf einige Abweichungen zwischen der Praxis der Leistungsanalyse und ihrer kontrolltheoretischen Reflexion hinweisen. Auch bei der "direkten" Kontrolle, wie sie durch Verfahren der Leistungsermittlung beabsichtigt wird, gibt es qualitative Interpretations- und Handlungsspielräume. Vor jeder quantitativen Bestimmung von Leistungskennzahlen steht zunächst die (subjektive bzw. politische) Entscheidung für die zentralen Leistungs*kriterien* (was ist jeweils relevant: Menge, Güte, Tempo... in welcher Kombination und warum?). Innerhalb der konkreten Leistungsmessung werden erneut politische Entscheidungen erforderlich, weil die Bestimmung quantitativer Meßwerte vorab den Vergleich mit dem *individuellen Leistungsgrad* erforderlich macht. Wie empirische Untersuchungen zeigen, ist die

Kapitel 4

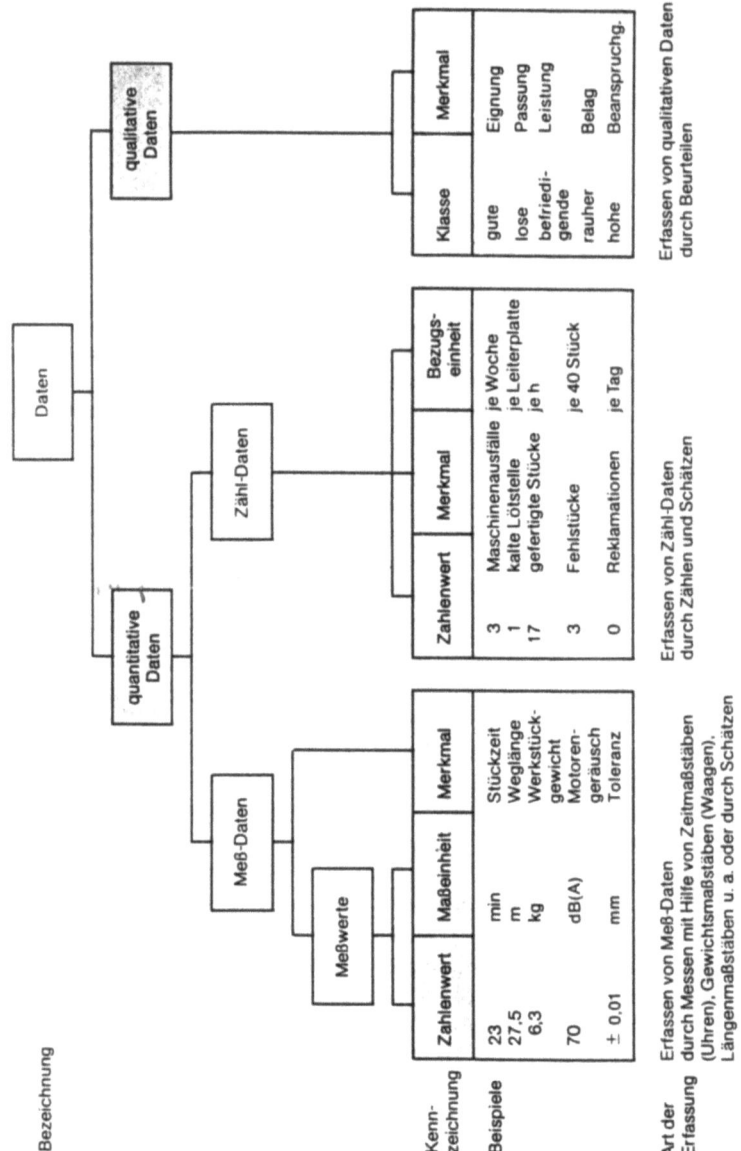

Abb. 4.3 Quantitative und qualitative Daten (nach REFA 2 [1992, S. 15])

Beurteilung des individuellen Leistungsgrads bzw. einer Bezugsleistung (z.B. die sog. "Normalleistung"), mit der die aktuellen Leistungen jeweils verglichen werden, ein qualitativer Vorgang - nicht zuletzt Verhandlungssache zwischen den betroffenen ArbeitnehmerInnen und den Zeitstudienleuten (vgl. das Spiel "Making out" von BURAWOY 1979, S. 46ff; s. dazu auch die Spielbeschreibung in NEUBERGER 1995, S. 266ff; vgl. MAIER 1988, S. 93). Umgekehrt gibt es innerhalb der sekundären Leistungsanalyse auch durchaus "harte" Fakten: So kann man den (nominalen bzw. ordinalen) Klassen und Stufen der Personalbeurteilung Zahlen zuordnen, die anschließend (unberechtigterweise) zu quantitativen Indizes (Summen, Mittelwerten, Streuungen, Faktoren etc.) verrechnet werden. Hat man die naiven Eindrucksurteile der BeurteilerInnen auf diese Weise erst einmal in *aggregierten Kennziffern* zusammengefaßt, beginnen diese allmählich, in Personalakten und -statistiken ein Eigenleben zu führen und als "sachliche" Entscheidungsgrundlage zu fungieren, weil der fragwürdige Vorgang des numerischen Abstrahierens der Kritik entzogen wurde (ein echter Akt der Desymbolisierung! Vgl. STOLZ & TÜRK 1992a). Ungeachtet der hier skizzierten "Anomalien" der Leistungsanalyse läßt sich die Kontrolltypologie aber aufrechterhalten, wenn man von der jeweils verfolgten Intention der Verfahren ausgeht: Die klassische Leistungsermittlung - in prominenter Weise z.B. durch die REFA-Verfahren vertreten - legt ihren Akzent in weitaus geringerem Maße auf die soziale Integration des Personals als dies mit den latenten Funktionen der PB oder des MA-G zu erreichen versucht wird.

4.3 Primäre Leistungsanalyse ("Leistungsermittlung")

Im folgenden soll die Leistungsermittlung gemäß der programmierten Unterweisung von REFA 2 (1992) beschrieben werden, ohne auf die detaillierte Untergliederung von Einzelaspekten, die ausführliche Darstellung von Anwendungsbeispielen oder die symbolische Notation durch Formeln und Gleichungssysteme innerhalb des REFA-Handbuchs näher einzugehen. Im vorliegenden Zusammenhang ist es vielmehr wichtig, das Rationale der REFA-Verfahren bzw. die der Leistungsermittlung zugrundeliegende Logik herauszuarbeiten.

4.3.1 Normalleistung

Auch bei Verwendung gleicher Arbeitsmethoden und -verfahren, bei Einsatz gleicher Betriebsmittel und Werkstoffe und unter gleichen Arbeitsbedingungen benötigen verschiedene ArbeitnehmerInnen unterschiedlich lange Zeiten zur Erstellung einer bestimmten Arbeitsleistung. REFA 2 (1992, S. 125) schätzt die Streuung der menschlichen Arbeitsleistung unter den Bedingungen eines "normalen" Arbeitsplatzes beispielsweise mit 1: 1,5 bis 1:2 (vgl. auch die verschiedenen Schätzungen in SCHULER 1989, S. 399). Dies wird mit dem unterschiedlichen Leistungsangebot von MitarbeiterInnen erklärt, das sich nach Auffassung von REFA 2 (1992, S. 131) aus Differenzen in den menschlichen *Fähigkeiten* (z.B. Anlagen, erworbene Qualifikationen), *Dispositionen* (z.B. physische Konstitution, psychische Belastbarkeit) und *Antrieben* (z.B. Interesse an der Arbeit, Streben nach Verdienst) herleiten läßt.

Zur Ermittlung der individuellen Leistung kommen prinzipiell mehrere Bezugsgrößen in Frage; welche davon letztlich zur Leistungsermittlung herangezogen wird, müssen ArbeitgeberInnen und ArbeitnehmerInnen in einem Tarifvertrag oder einer Betriebsvereinbarung gemeinsam festlegen:

- *Minimale* Leistung, die an einem Arbeitsplatz beobachtet wird: sie führt als Vergleichsmaßstab zur Unterforderung der meisten ArbeitnehmerInnen, so daß Leistungspotentiale verschüttet werden bzw. ungenutzt bleiben;
- *maximale* Leistung, die auf einer Stelle erbracht wird: sie hat eine Überforderung der meisten ArbeitnehmerInnen zur Folge, so daß Dekompensationseffekte und irreversible Leistungsbeeinträchtigungen resultieren können;
- *durchschnittliche* Leistung: ihre Erfassung ist stichprobenabhängig, daher notgedrungen mit einem Meßfehler behaftet und ergibt - insb. bei den betrieblich bedingten kleinen Stichproben - unzuverlässige, keinesfalls repräsentative Schätzungen; darüber hinaus machen Veränderungen in der Zusammensetzung der Stichprobe (z.B. durch neu eingestellte oder entlassene ArbeitnehmerInnen, neue Arbeitsmethoden und -techniken, Wandlungen der Arbeitsmarktlage oder der Arbeitszeitregelungen etc. ständige Anpassungen des "mittleren" Leistungsniveaus erforderlich;
- *Standardleistungen*, die aus den Tabellenzeiten der "Systeme vorbestimmter Zeiten" abgeleitet werden können (vgl. Abschnitt 4.3.5.3); die Tabellenwerke haben jedoch den Nachteil, daß sie nicht überbetrieblich gültig sind und mit ihnen längst nicht alle menschlichen Arbeiten erfaßt werden können.

Aufgrund der genannten Schwierigkeiten schlägt REFA 2 (1992, S. 136) die sog. *Normalleistung* als Maßstab vor. "Unter REFA-Normalleistung wird eine Bewegungsausführung verstanden, die dem Beobachter hinsichtlich der Einzelbewegungen, der Bewegungsfolge und ihrer Koordinierung besonders harmonisch, natürlich und ausgeglichen erscheint. Sie kann erfahrungsgemäß von jedem in erforderlichem Maße geeigneten, geübten und voll eingearbeiteten Arbeiter auf die Dauer und im Mittel der Schichtzeit erbracht werden, sofern er die für persönliche Bedürfnisse und gegebenenfalls auch für Erholung vorgegebenen Zeiten einhält und die freie Entfaltung seiner Fähigkeiten nicht behindert wird". Obwohl arbeitswissenschaftliche Untersuchungen nahelegen, daß es so etwas wie "physiologisch optimale Geschwindigkeitsbereiche" für Körperbewegungen gibt, die zudem von erfahrenen Arbeitsstudienleuten hinreichend genau vorgestellt bzw. beobachtet werden können, konzediert REFA 2 (1992, S. 135): "Einen schlüssigen und quantitativen Beweis dafür, ob diese Erscheinung der Normalleistung tatsächlich existiert, gibt es nicht."

Die Normalleistung ist demnach als eine praktikable Soll- oder Bezugsleistung zu verstehen, als das, was man - ceteris paribus - "vernünftigerweise" an Leistung von den Beschäftigten erwarten darf. Diese Erwartung wird nicht punktgenau festgelegt, sondern variiert innerhalb eines Leistungsbereichs, wobei der Leistungsgrad jeweils in Fünferschritten angegeben wird (z.B. 95%, 100%, 105%; vgl. REFA 2 [1992, S.

136]). Zur einfacheren Berechnung wird die Normalleistung aber im allgemeinen auf einen Leistungsgrad von 100% bezogen (REFA 2 [1992, S. 125]).

4.3.2 Leistungsgrad

Will man die Leistung der einzelnen ermitteln, so ist ihre Ist-Leistung ins Verhältnis zur Soll-Leistung zu stellen; auf diese Weise ergibt sich der individuelle *Leistungsgrad* [5]

$$\text{Leistungsgrad} = \frac{\text{Ist-Leistung}}{\text{Soll-Leistung}} \times 100$$

Der Leistungsgrad läßt sich in Abhängigkeit vom gewählten Richtmaß in *Mengen-* oder *Zeit*einheiten ausdrücken. Bei einer mengenmäßigen Betrachtung wächst der individuelle Leistungsgrad in dem Maße, in dem innerhalb eines gegebenen Zeitraums die produzierte Ist-Menge die Soll-Menge übersteigt:

$$\text{Leistungsgrad} = \frac{\text{Beeinflußbare Ist-Mengenleistung bei beobachtetem Bewegungsablauf}}{\text{Beeinflußbare Soll-Mengenleistung bei vorgestelltem Bewegungsablauf}} \times 100$$

Legt man der Bestimmung hingegen Zeiteinheiten zugrunde, dann nimmt der individuelle Leistungsgrad in dem Maße zu, in dem die Soll-Zeit zur Bearbeitung einer gegebenen Arbeitsmenge unterschritten wird:

$$\text{Leistungsgrad} = \frac{\text{Soll-Zeit}}{\text{Ist-Zeit}} \times 100$$

Ein Beispiel soll verdeutlichen, wie man die Soll-Mengenleistung bzw. Soll-Zeit berechnen kann, wenn man über Meßwerte der Ist-Leistung verfügt und den Leistungsgrad beurteilt hat:

---

[5] Der menschlichen Soll-Leistung würde bei Maschinen die "Nenn-Leistung", dem individuellen Leistungsgrad der "Wirkungsgrad" entsprechen; während sich der menschliche Leistungsgrad nur beurteilen läßt, kann der Wirkungsgrad einer Maschine berechnet werden.

Kapitel 4

Beträgt die Ist-Mengenleistung 15 Stück/h und wird der Leistungsgrad mit 120% angesetzt, so liegt eine Soll-Mengenleistung x_M vor von

$$x_M = \frac{100}{\text{Leistungsgrad}} \times \text{Ist-Menge} = \frac{100}{120} \times 15 = 12,5 \text{ Stück/h}$$

Mißt man eine Ist-Zeit von 16 min/Stück und beurteilt man den Leistungsgrad mit 90%, errechnet sich eine Soll-Zeit x_Z von

$$x_Z = \frac{\text{Leistungsgrad}}{100} \times \text{Ist-Zeit} = \frac{90}{100} \times 16 = 14,4 \text{ min/Stück}$$

Die Ist-Zeit bzw. Ist-Mengenleistung kann man innerhalb eines gegebenen Arbeitssystems im allgemeinen relativ leicht erfassen, während der zugrundeliegende Leistungsgrad zunächst unbekannt ist. Welchem Leistungsgrad eine beobachtete Ist-Leistung entspricht, hängt davon ab, welche Soll-Menge pro Zeiteinheit bzw. welche Sollzeit pro Mengeneinheit man von einer Arbeitsperson *erwartet*. Sind die Erwartungen hoch (i.S. einer hohen Soll-Mengenleistung oder einer geringen Soll-Zeit), dann wird der Leistungsgrad geringer ausfallen, als wenn man wenig erwartet.

Die Beurteilung[6] des Leistungsgrads ist offensichtlich nur bei Bewegungsabläufen möglich (und nötig), die vom Menschen beeinflußt werden können (sie kommt demnach z.B. nicht bei taktgebundenen Tätigkeiten oder bei vorwiegend statischer Muskelarbeit in Frage). Bei der Leistungsgradbeurteilung beobachtet der Arbeitsstudienmann[7] das Erscheinungsbild des Bewegungsablaufes und vergleicht es mit dem Bild des vorgestellten ("normalen") Bewegungsablaufes, um auf diese Weise Schlußfolgerungen über die mutmaßlich erreichte Ist-Leistung im Verhältnis zur Soll-Leistung ziehen zu können. Der Unterschied zwischen dem gedanklich vorgestellten und dem beobachteten Erscheinungsbild wird in Leistungsgradprozenten ausgedrückt. "Dabei wird davon ausgegangen, daß sich der Arbeitsstudienmann durch genaue Sachkenntnis des beobachteten Arbeitsablaufes unter den gegebenen Arbeitsbedingungen und durch Training eine Vorstellung davon machen kann, wie

---

[6] Man spricht mittlerweile nicht mehr - wie früher üblich - von der Schätzung des Leistungsgrads, da sich die Richtigkeit bzw. Genauigkeit von Schätzungen durch Nachmessungen überprüfen läßt; das Erscheinungsbild von Bewegungsausführungen stellt aber ein qualitatives Datum dar, das man nicht nachmessen kann, so daß "Beurteilen" der angemessenere Ausdruck dafür ist (vgl. REFA 2 [1992, S. 127]).

[7] Innerhalb der REFA-Terminologie gibt es nur den Arbeitsstudien-*Mann*, so daß dieser Begriff aus Gründen der Übereinstimmung mit der Originalquelle auch im vorliegenden Text ausnahmsweise beibehalten wird; es ist aber eine interessante Übung, den Begriff beim Lesen hin und wieder durch "Arbeitsstudienfrau" zu ersetzen.

das Erscheinungsbild des beobachteten Bewegungsablaufes hinsichtlich Geschwindigkeit (Intensität) und Beherrschung (Wirksamkeit) der Bewegungen und ihrer Aufeinanderfolge sein müßte, wenn es der Bezugsleistung entspräche" (REFA 2 [1992, S. 127]). Zwar behauptet REFA, daß durch intensive Ausbildung und Erfahrung das Leistungsgradbeurteilen soweit objektiviert werden kann, daß praktisch ausreichende Näherungswerte vorliegen, gesteht aber andererseits zu: "Dieses Verfahren zur Bestimmung des Leistungsgrades ist im naturwissenschaftlichen Sinne nicht exakt. Es ist auch nicht möglich anzugeben, wie genau bzw. ungenau das Leistungsgradbeurteilen ist" (REFA 2 [1992, S. 139]).

Selbst dann, wenn alle wichtigen Voraussetzungen der Leistungsgradbeurteilung gegeben sind (z.B. unveränderte Arbeitsmethode; nur beeinflußbare Ablaufabschnitte; geeignete, geübte und voll eingearbeitete Personen, die die Arbeitsmethode strikt einhalten; Arbeitsstudienmänner, die mit der Technologie und den Besonderheiten des Arbeitsvorgangs vertraut sind und über die erforderliche Sicherheit im Leistungsgradbeurteilen verfügen), kann das REFA-Verfahren nicht im naturwissenschaftlichen Sinne exakt funktionieren, weil die Beobachtung keine einseitige Bestandsaufnahme, sondern einen wechselseitigen, sozialen Prozeß darstellt, durch den auch die BeobachterInnen beeinflußt werden (vgl. die Ausführungen in Kap. 2: "Methodologie"). In Abschnitt 4.2 war bereits davon die Rede, daß man die soziale Beziehung, die zwischen Arbeitsstudienmann und Arbeitsperson während des Beobachtungsvorgangs entsteht, auch in den Termini eines "Spiels" oder einer "Verhandlung" rekonstruieren kann. Da auf weiterführende Literatur zu diesem Thema schon in Abschnitt 4.2 hingewiesen wurde, soll hier die Illustration durch ein Zitat genügen: "Wenn die Kalkulatoren kommen, dann mache ich langsamer. Das müssen Sie nicht falsch verstehen, das ist kein Mogeln, das wird jeder tun. Der (Kalkulator) sagt z.B.: 'In sechs Minuten müssen Sie das Werkstück bearbeiten.' Dann arbeite ich umständlich und komme auf 10, denn der zieht mir ja doch wieder was ab. Der kommt dann und sagt: 'In 8 Minuten mußt Du das machen, mehr kann Dir die Kalkulation nicht dafür geben.' Dann unterschreibe ich das, dann habe ich immer noch was verdient, das ist eine stillschweigende Einigung" (WIEDEMANN 1974, S. 74).

Es ist anzunehmen, daß alle Beteiligten die verborgenen Regeln des Spiels "Leistungsgradbeurteilung" kennen; auch den Arbeitsstudienmännern ist wohl bewußt, auf welches Spiel sie sich einlassen, wenn sie - die Stoppuhr in der Hand - an den Arbeitsplätzen auftauchen (d.h., auch sie kennen ihre "Pappenheimer"). Allen Beteiligten dürfte damit auch klar sein, wie wenig die Zeitmessungen und Kalkulationen eigentlich mit "Objektivität" zu tun haben. Eine zentrale, im Grunde paradoxe Regel des Spiels lautet aber, daß genau dieser Schein der Objektivität gewahrt werden muß, damit das Spiel weiterlaufen kann: "Die Beweise gelingender Intersubjektivität der Schätzer bei der Anwendung der Methode sind gut geeignet, von der Kritik der besonderen Interessengebundenheit ihrer Konstruktion abzulenken und die Beteiligung der Arbeitenden an der Normensetzung als überflüssig darzustellen" (BRUNN & POSENENSKE 1979, S. 38). Würde man die Leistungsgradbeurteilung zum Gegenstand *offizieller* Verhandlungen machen, müßte man die mangelnde Objektivität des REFA-Verfahrens eingestehen und anerkennen, daß das Urteil der Arbeitsstudienmänner genauso "gut" ist wie das der beschäftigten Laien. Damit würde aber das Spiel zusammenbrechen, das den Mythos "Objektivität", den es im Fortgang des Spiels selbst erzeugt, auch als Bestandsvoraussetzung braucht. Wenn das Spiel zusammenbricht, müssen die Interessengegensätze zwischen den beschäftigten ArbeitnehmerInnen und den Arbeitsstudienmännern (als Vertretern des Managements) und das damit verbundene, latente Konfliktpotential offen zutage treten, so daß der Arbeitsprozeß gefährdet wird. PÖHLER (1992, S. 59) berichtet über den Versuch, die Beschäftigten im Rahmen einer offensiven Organisationsentwicklungsmaßnahme an der Zeitermittlung zu beteiligen: "Nach entsprechender Unterweisung (einschließlich der Diskussion über Manipulation von Zeiten und deren Konsequenzen) erhielten die Beschäftigten die Aufgabe, die noch nicht festliegenden Zeiten selbst zu ermitteln [...] Dieser Prozeß konnte nicht konfliktfrei ablaufen. Konfliktfreiheit hätte eher auf Fehler im Organisationsentwicklungsprozeß schließen lassen". Die Leistungsgradbeurteilung ist folglich ein plastisches Beispiel dafür, wie sich in der mikropolitischen Verflechtung von Arbeitspersonen und Arbeitsstudienmännern ein "manufacturing consent" (BURAWOY) vollzieht. Beide Seiten versuchen, sich gegenseitig "über den Tisch zu ziehen"; es wird gemogelt, getrickst, getäuscht - und gerade *weil* "gespielt" wird, weil jeder innerhalb der mikropolitischen Arena das bestmögliche für sich herausholen will, wird damit einmal mehr das Spielfeld bestätigt und konsolidiert, das durch Herrschaftsinteressen abgesteckt ist (s. TÜRK 1993a; MAIER 1991, S. 65ff). Spielen bedeutet Mitspielen - die Nutznießer sind und bleiben die herrschenden Koalitionäre.

4.3.3 Arbeitsablaufanalyse

Da man Mengeneinheiten hinsichtlich der zu erbringenden Leistung nur schlecht standardisieren kann, werden zur gleichermaßen flexiblen und einheitlichen Anwendung von Soll-Leistungen im allgemeinen Zeiteinheiten herangezogen. Die Soll- oder Bezugszeit, die zur Herstellung einer festgelegten Output-Menge bei optimalem (natürlichem, harmonischem, ausgeglichenem...) Bewegungsablauf vorgesehen ist, wird als *Normalzeit* bezeichnet. Nach REFA setzt sich die Normalzeit aus verschiedenen *Zeitarten* zusammen, für die im Rahmen der sog. *Zeitermittlung* jeweils gesondert ein Zeitbedarf bestimmt werden kann. Die Normalzeit ergibt sich folglich aus der Synthese der verschiedenen Zeitarten bzw. der Summierung der für sie jeweils ermittelten Zeitanteile.

Die Zeitermittlung setzt eine *Arbeitsablaufanalyse* voraus, um unterschiedliche Zeitarten differenzieren und das für sie notwendige Zeitbudget festlegen zu können. Die Arbeitsablaufanalyse dient dabei zunächst der Aufgliederung des Arbeitsablaufs in einzelne *Ablaufabschnitte* (z.B. Vorgänge, Teilvorgänge, Vorgangsstufen, Vorgangselemente), denen sog. *Ablaufarten* zugeordnet werden (s. a. PFEIFFER, DÖRRIE & STOLL 1977, S. 210). Danach werden in Übereinstimmung mit den jeweiligen Ablaufarten die Zeitarten festgelegt, die Grundlage der Zeitermittlung sind. Arbeitsablaufanalysen lassen sich jeweils getrennt für den arbeitenden Menschen, für die Betriebsmittel und die Arbeitsgegenstände durchführen. Abb. 4.4 zeigt das allgemeine Arbeitsablaufschema für den Menschen.

Die von REFA 2 (1992, S. 24ff) herausgegebenen Definitionen für die einzelnen, auf den Menschen bezogenen Ablaufarten[8] lauten wie folgt (Hervorhebungen durch P.S.):

"Der Mensch ist *im Einsatz*, wenn er während der festgelegten Arbeitszeit Arbeitsaufgaben durchführt. Der Mensch ist *außer Einsatz*, wenn er zur Ausführung von Arbeitsaufgaben während der festgelegten Arbeitszeit längerfristig nicht zur Verfügung steht oder vom Betrieb längerfristig nicht beschäftigt werden kann. [...] Beispiele: Krankheit, Unfall oder Kur; Urlaub; Teilnahme an Weiterbildungsmaßnahmen; Auftragsmangel. Unter *Betriebsruhe* fallen die gesetzlich, tariflich oder betrieblich geregelten Arbeitspausen und sonstige Anlässe, während denen im Gesamtbetrieb oder in Teilen des Betriebes nicht gearbeitet wird. Beispiele: festgelegte Betriebspausen; Kurzarbeit; Betriebsversammlungen; Feiertage; Katastrophen. Eine *Haupttätigkeit* ist eine planmäßige, unmittelbar der Erfüllung der Arbeitsaufgabe dienende Tätigkeit. [...] Beispiele: Werkstück bearbeiten; Anstreichen; Schreibmaschine schreiben... Eine *Nebentätigkeit* ist eine planmäßige, nur mittelbar der Erfüllung der Arbeitsaufgabe dienende Tätigkeit. [...] Beispiele: Werkstücke in ein Magazin einlegen; Farbe mischen; neues Blatt Papier einspannen [...] Um eine *zusätzliche Tätigkeit* handelt es sich, wenn deren Vorkommen oder Ablauf nicht vorausbestimmt werden kann". REFA 2 (1992, S. 26) nennt vier Ursachen für das Zustandekommen zusätzlicher Tätigkeiten:

1) organisatorische und technische Störungen im Arbeitsablauf;

2) freiwillige oder angeordnete Mithilfe bei anderen Personen;

3) Mangel an Informationen;

4) Tätigkeiten ohne besonderen Auftrag.

"Das *ablaufbedingte Unterbrechen* ist ein planmäßiges Warten des Menschen auf das Ende von Ablaufabschnitten, die beim Betriebsmittel oder Arbeitsgegenstand selbständig ablaufen. [...] Beispiele: Warten auf das Auskühlen einer Form vor der Aufnahme eines neuen Werkstückes; Warten während des Anheizens eines Spritzgußwerkzeugs auf Arbeitstemperatur; Warten auf das Trocknen einer Grundierfarbe, um einen Schriftzug darüber anzubringen; bei Fließarbeit Warten auf das nächste Stück. Das *störungsbedingte Unterbrechen* der Tätigkeit ist ein zusätzliches Warten des Menschen infolge von technischen und organisatorischen Störungen sowie

---

[8] Alle genannten Ablauf- und Zeitarten sind nochmals weiter in Segmente unterteilt; insbesondere für die Verteilzeit- und Erholungszeitbestimmung ist eine feinere Differenzierung in Einzelkomponenten erforderlich.

Kapitel 4

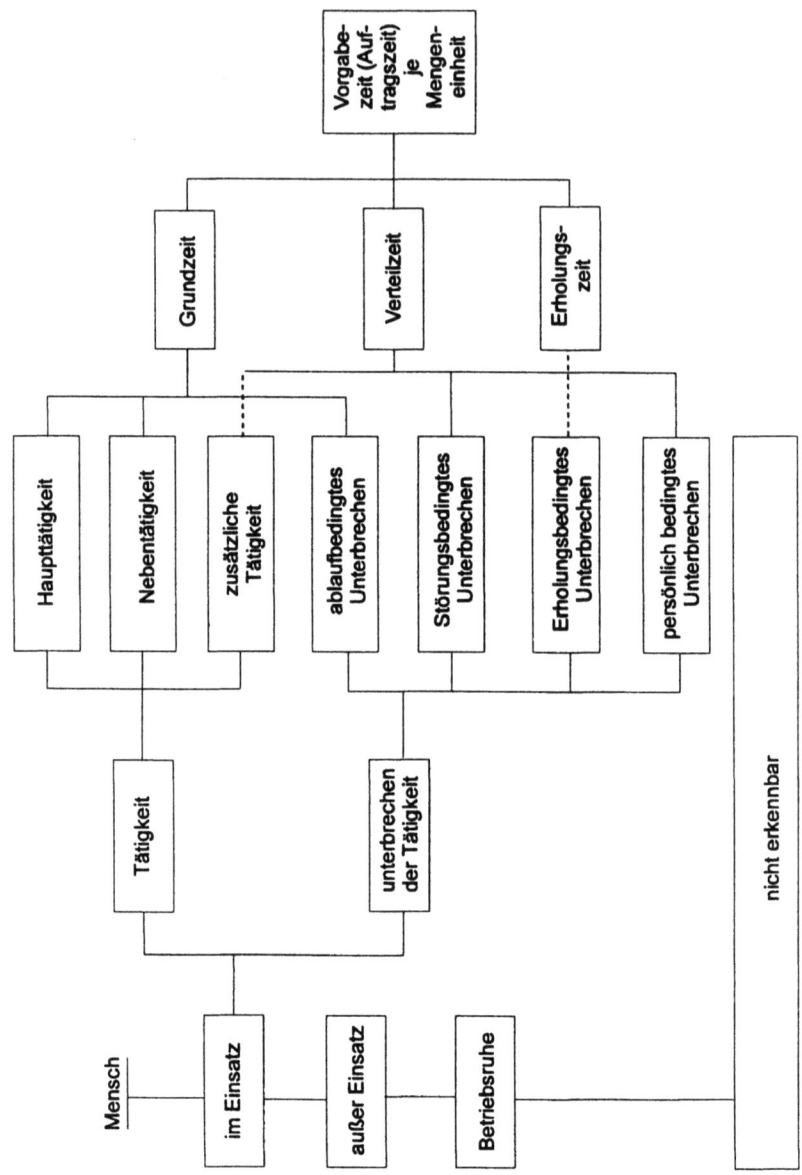

Abb. 4.4 Arbeitsablaufanalyse für den Menschen (in Anlehnung an REFA 2 [1992, S. 25 u. S. 47])

Mangel an Informationen[9] [...] Beispiele: Warten während der Behebung des Schadens durch einen Schlosser; Warten wegen Energiestörung; Warten auf Arbeitsauftrag; Warten auf Material. *Erholen* im Sinne des Arbeitsstudiums ist ein Unterbrechen der Tätigkeit, um damit die infolge der Tätigkeit aufgetretene Arbeitsermüdung abzubauen. Beispiele: Ausruhen nach dem Schmieden eines Rohlings am Arbeitsplatz (mit Hitzebelastung) bzw. außerhalb der Hitzezone; Erholen nach einem längeren Kontrollieren von Textilien. Ein *persönlich bedingtes Unterbrechen* der Tätigkeit liegt vor, wenn der Mensch seine Tätigkeit unterbricht und die Ursache persönliche Gründe hat. [...] Beispiele: Getränke oder Zigaretten bestellen oder vom Automaten holen; Gang zur Toilette; Unterbrechung der Tätigkeit durch Privatgespräche mit Kollegen; verspäteter Arbeitsbeginn, zu frühes Beenden der Arbeit". Die Rubrik "*nicht erkennbar*" wird benutzt, wenn eine Ablaufart nicht eindeutig zu identifizieren ist oder sich der Mensch außerhalb des Beobachtungsbereichs befindet (REFA 2 [1992, S. 28]).

4.3.4 Vorgabezeit (Zeitarten)

Die als Soll- oder Bezugszeit definierte Normalzeit wird im Arbeitsstudium *Vorgabezeit* genannt, wenn diese Zeit neben der planmäßigen Durchführung der Arbeitsaufgabe auch Anteile für nicht genau vorausbestimmbare Ablaufabschnitte enthält (vgl. PFEIFFER, DÖRRIE & STOLL 1977, S. 213). Die Vorgabezeit besteht aus *Ausführungszeit* und *Rüstzeit*: "Rüsten ist das Vorbereiten des Arbeitssystems für die Erfüllung der Arbeitsaufgabe sowie - soweit erforderlich - das Rückversetzen des Arbeitssystems in den ursprünglichen Zustand". [...] Beispiele: Auftrag annehmen, Auftrag lesen, Zeichnung lesen; Werkzeug wegbringen (soweit dies nicht von einer anderen Arbeitskraft vorgenommen wird); Maschine einrichten und einstellen; Proben und Muster anfertigen; Betriebsmittel innerhalb eines Arbeitsauftrages umstellen (umrüsten); Werkzeuge und Vorrichtungen abbauen. Beim *Ausführen* wird die Eingabe im Sinne der Arbeitsaufgabe des Arbeitssystems verändert" (REFA 2 [1992, S. 21]; Hervorhebungen durch P.S.).

---

[9] Das "störungsbedingte Unterbrechen" unterscheidet sich von der "zusätzlichen Tätigkeit" dadurch, daß die Ursache der Unterbrechung während des Wartens durch andere Personen beseitigt wird. Bei der zusätzlichen Tätigkeit liegt der Akzent auf *Tätigkeit*, d.h. der Eigenaktivität zur Behebung der Störung, z.B. im selbständigen Ausführen einer Reparatur, der Nachbesserung des Werkstücks, dem Einholen von Informationen etc. Bei längeren Wartezeiten kann es für BeobachterInnen jedoch mitunter schwierig sein, störungsbedingte Unterbrechungen von der Kategorie "außer Einsatz" zu trennen.

Kapitel 4

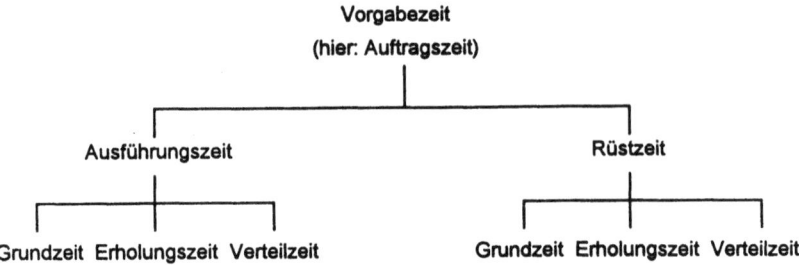

Abb. 4.5 Gliederung der Vorgabezeit (in Anlehnung an REFA 2 [1992, S. 42])

Sowohl für Ausführungs- als auch für Rüstzeiten ist nach REFA 2 eine weitere Untergliederung in Grund-, Erholungs- und Verteilzeiten relevant (vgl. Abb. 4.5). In die *Grundzeiten* gehen alle Sollzeiten für die planmäßige Ausführung von Arbeitsabläufen ein, d.h. alle Zeiten, die für Haupt- und Nebentätigkeiten sowie das Warten während ablaufbedingter Unterbrechungen systematisch veranschlagt werden müssen (man könnte die Grundzeit daher auch als "Normalzeit i.e.S." bezeichnen). Bei den *Erholungszeiten* handelt es sich um Sollzeiten, die aufgrund der durch die Tätigkeit notwendig gewordenen Erholung des Menschen entstehen (Regeneration aufgrund von Ermüdung). *Verteilzeiten* sind unregelmäßig anfallende Zeiten, die sachlich (zusätzliche Tätigkeiten, störungsbedingte Unterbrechungen) oder persönlich bedingt sein können; ein wichtiges Kriterium zur Definition der Verteilzeiten ist die Unvorhersehbarkeit bestimmter Ereignisse am Arbeitsplatz, mit der aber trotzdem - im Doppelsinn des Wortes ! - gerechnet werden muß (paradoxerweise sind also auch die nicht planbaren Vorfälle in die Zeitkalkulation mit einzubeziehen). Erholungs- und Verteilzeiten können als prozentuale Zuschläge zur Grundzeit ausgewiesen werden. Durch die Addition der drei Zeitarten erhält man - faßt man Ausführen und Rüsten zusammen - insgesamt die Vorgabezeit, die für den Menschen *Auftragszeit* und für die Betriebsmittel *Belegungszeit* genannt wird. Belegungszeiten unterscheiden sich von Auftragszeiten dadurch, daß sie keine Erholungszeiten enthalten. Grund-, Erholungs- und Verteilzeiten, die man zur Bestimmung der Vorgabezeit verwendet, beziehen sich immer auf die Mengeneinheit 1, d.h. auf einen kompletten Arbeitsvorgang bzw. die vollständige Erledigung eines Arbeitsauftrags.

4.3.5 Methoden der Zeitermittlung

Die Zeitermittlung dient der Feststellung leistungsabhängiger Kennzahlen. Zwei Typen von Zeitermittlungsmethoden lassen sich grundsätzlich unterscheiden: Während *messende* Zeitstudien "empirisch" vorgehen, d.h. über Beobachtungen eines Arbeitssystems Ist-Zeiten erfassen, die zur Aufgabenausführung benötigt werden, setzen *rechnende* Zeitstudien die Soll-Zeiten "theoretisch" aus vorgegebenen Zeitanteilen zusammen, die für die einzelnen Ablaufabschnitte jeweils normierten Zeittabellen zu entnehmen sind (vgl. Abb. 4.6). Die Unterteilung in messende und rechnende Zeitstudien ist allerdings insofern willkürlich, als aus den gemessenen Ist-Zeiten unter Beurteilung des Leistungsgrads Soll-Zeiten errechnet werden müssen und umgekehrt in die Erstellung der Zeittabellen gemessene, zumindest aber vorgestellte Zeitwerte für tatsächliche Bewegungsabläufe einfließen.

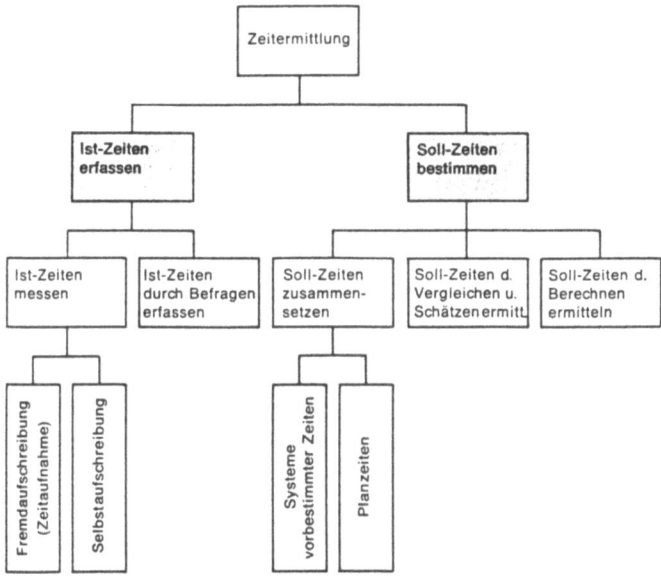

Abb. 4.6 Methoden der Zeitermittlung (nach REFA 2 [1992, S. 61])

Ist-Zeiten sind diejenigen Zeiten, die vom Menschen oder Betriebsmittel tatsächlich gebraucht werden, um bestimmte Ablaufabschnitte auszuführen. Sie können in Form der unmittelbaren Messung am Arbeitsplatz entweder durch BeobachterInnen (*Fremdaufschreibung, Zeitaufnahme*) oder - seltener - in Form der *Selbstaufschreibung* durch die arbeitenden Menschen bzw. durch die Betriebsmittel oder Arbeitsgegenstände (selbsttätige Registrierung) erfaßt werden. Das *Befragen* von Arbeitspersonen, das zwischen offenen Einzelinterviews und hochstrukturierten Betriebsumfragen variieren kann, stellt eine weitere Möglichkeit der Ist-Zeitermittlung dar. Es kommt jedoch nur äußerst selten vor, daß der Arbeitsstudienmann eine Arbeitsablaufanalyse ausschließlich auf Befragung stützt. Häufig tritt hingegen der Modus ergänzender Befragung auf: Während oder nach der Zeitaufnahme z.B. können zusätzliche Informationen über den Grad der Einarbeitung der Arbeitsperson, Qualitätsschwankungen des Werkstoffs, die gewünschte Qualität der Arbeitsausführung usw. gewonnen werden, um damit die durch eigene Beobachtung ermittelten Daten auf ihre Richtigkeit zu überprüfen und abzusichern.

Soll-Zeiten beruhen auf zuvor einmal erfaßten Ist-Zeiten und werden für einzelne Ablaufabschnitte und deren verschiedene Einflußgrößen meist in tabellarischer Form zusammengestellt (*Systeme vorbestimmter Zeiten, Planzeiten*). Gegenüber Ist-Zeiten haben Soll-Zeiten den Vorteil, daß sie sich auch für die Planung und Vorkalkulation von Arbeitsabläufen verwenden lassen, indem die Zeiten kleinerer Ablaufabschnitte systematisch aneinandergefügt werden. Wenn für bestimmte Ablaufabschnitte keine Soll-Zeiten vorhanden sind und die Ermittlung von Ist-Zeiten nicht möglich oder zu aufwendig ist, dann kann man die Soll-Zeiten immer noch durch *Vergleichen* und *Schätzen* bestimmen. "Unter Vergleichen versteht man im allgemeinen ein Nebeneinanderstellen von Sachen oder Sachverhalten, um Unterschiede oder Übereinstimmungen festzustellen. Schätzen ist das ungefähre Bestimmen von quantitativen Daten. Kennzeichnend ist, daß man geschätzte Daten stets nachmessen kann" (REFA 2 [1992, S. 276]). Vergleichen bedeutet im vorliegenden Zusammenhang demnach das Gegenüberstellen eines Arbeitsablaufes mit einem ähnlichen Arbeitsablauf, für den bereits Leistungsdaten vorliegen. Beim Schätzen der Soll-Zeit für Arbeitsabläufe bzw. Ablaufabschnitte läßt man sich von der Erinnerung oder Erfahrung leiten: Wieviel Zeit werde ich oder eine andere Person zur Ausführung dieser Arbeit voraussichtlich brauchen? Ein Schätzen ohne ein vorheriges Vergleichen kommt daher praktisch kaum vor. Falls Ablaufabschnitte durch den Menschen unbeeinflußbar sind, können die Soll-Zeiten (sog. "Prozeßzeiten") unter Verwendung der Leistungsdaten der Betriebsmittel mit Hilfe von graphischen und/oder technischen Hilfsmitteln auch *errechnet* werden.

"Der Grundsatz der Wirtschaftlichkeit gebietet es, bei der Ermittlung von Zeiten soweit wie möglich auf bereits vorhandene Soll-Zeiten zurückzugreifen und erfaßte Ist-Zeiten als Planzeiten aufzubereiten" (REFA 2 [1992, S. 62]).

4.3.5.1 Fremdaufschreibung (REFA-Zeitaufnahme)

Unter Zeitaufnahme versteht man die Bestimmung von Soll-Zeiten durch das Messen und Auswerten von Ist-Zeiten. Im Rahmen der Fremdaufschreibung wird der Ist-Ablauf durch den Arbeitsstudienmann beobachtet und unter Zuhilfenahme von Zeitmeßgeräten (meist eine Stoppuhr) und Zeitaufnahmebögen protokolliert. Alle Angaben auf dem Zeitaufnahmebogen müssen reproduzierbar sein, d.h. die Merkmale des Arbeitssystems (insb. Arbeitsverfahren, Arbeitsmethode, Arbeitsbedingungen, Bezugsmengen, Einflußgrößen und Leistungsgrade) müssen ebenso sorgfältig erfaßt werden wie die Ist-Zeiten für einzelne Ablaufabschnitte selbst.

Am Anfang einer Zeitaufnahme fällt der erste Meßzeitpunkt mit dem Anfangsereignis des ersten Ablaufabschnittes zusammen (z.B. "Werkstück einspannen"). Für alle weiteren Meßzeitpunkte gilt, daß sie jeweils mit dem Endergebnis eines Ablaufabschnittes - in der REFA-Terminologie als "Vorgangselement" bezeichnet (z.B. "Loslassen eines Werkstücks") - korrespondieren. Zwei Verfahren der Zeitmessung, deren Vor- und Nachteile in Abb. 4.7 wiedergegeben sind, kann man grundsätzlich unterscheiden:

1) *Fortschrittszeit-Messung*: Diejenigen Zeiten, die zwischen dem Beginn der Zeitaufnahme und den Endereignissen der einzelnen Ablaufabschnitte liegen, heißen Fortschrittszeiten. Das Zeitmeßgerät wird zu Beginn der Zeitaufnahme nur einmal in Gang gesetzt und läuft dann während der gesamten Aufnahme weiter. Aus der Differenz zwischen den Fortschrittszeiten zweier aufeinanderfolgender Meßzeitpunkte läßt sich die Dauer eines Ablaufabschnitts errechnen.

2) *Einzelzeit-Messung*: Hier wird das Zeitmeßgerät am Ende jedes Ablaufabschnittes gestoppt, so daß jeder Ablaufabschnitt separat gemessen werden kann. Die Einzelzeit entspricht demnach der Dauer eines einzelnen Ablaufabschnitts.

Fortschrittszeitmessung	Einzelzeitmessung
Vorteile:	Vorteile:
1) Lückenlose Zeitmessung.	1) Keine Errechnung der Einzelzeit.
2) Ablesefehler wird bei der folgenden Zeitmessung ausgeglichen.	2) Vermeidung von Fehlem bei der Errechnung von Einzelzeiten.
3) Keine Beeinflussung beim Beurteilen des Leistungsgrades durch Kenntnis der Einzelzeit.	3) Meist kleinere Zahlenwerte bei Eintragung im Zeitaufnahmebogen.
4) Keine Einzelzeit geht verloren.	4) Streuung der Meßwerte infolge von Unregelmäßigkeiten des Arbeitsablaufes sofort erkennbar.
5) Verwendung einer Stoppuhr mit oder ohne Doppelzeiger ist möglich.	Nachteile:
6) Bei langdauernden Abschnitten, wie z.B. in der Bauindustrie, können zur Zeitmessung Taschen- oder Armbanduhr mit Sekundenzeiger verwendet werden.	1) Mögliche Beeinflussung des Leistungsgradurteils durch Kenntnis der Dauer der Ablaufabschnitte.
Nachteile:	2) Zeitverzögerung durch mechanische Schaltung der Zeitmeßgeräte möglich.
1) Einzelzeiten müssen errechnet werden.	3) Zusätzliche Gesamtzeitmessung der Zeitaufnahmedauer erforderlich.
2) Bei Verwendung von Stoppuhren ohne Schleppzeiger größere Konzentration des Beobachters zur sicheren Ablesung der laufenden Centiminuten erforderlich.	4) Höhere Kosten der Zeitmeßgeräte.

Abb. 4.7 Vor- und Nachteile von Fortschritts- und Einzelzeitmessung (nach REFA 2 [1992, S. 87])

Kapitel 4

Die Ergebnisse der Zeitmessungen sind in standardisierte Zeitaufnahmebögen einzutragen, die anschließend schrittweise ausgewertet werden (vgl. REFA 2 [1992, S. 150ff]):

1) Kontrolle der Zeitaufnahme auf Richtigkeit und Vollständigkeit;
2) Berechnen der Ist-Einzelzeiten für die einzelnen Ablaufabschnitte;
3) statistische Auswertung;
4) Berechnen der Soll-Zeiten (meistens: Normalzeiten) für die einzelnen Ablaufabschnitte unter Berücksichtigung des individuellen Leistungsgrads;
5) Addition der Soll-Zeiten über die einzelnen Ablaufabschnitte hinweg;
6) Bestimmung der Zuschläge für Erholungs- und Verteilzeiten und Berechnung der Vorgabezeit je Mengeneinheit.

Die Zeitaufnahmebögen unterscheiden sich hinsichtlich der Art der Tätigkeit, für die jeweils Messungen vorgenommen werden sollen (z.B. Ablauffolge bei Einzelarbeit ohne oder mit nur wenigen Wiederholungen; Abläufe bei Gruppen- oder Mehrstellenarbeit; Abläufe bei Serienarbeit mit regelmäßiger Wiederholmessung) sowie hinsichtlich der Art der Repräsentation der Meßergebnisse (tabellarisch vs. graphisch). Abb. 4.8 zeigt zu Illustrationszwecken den REFA-Zeitaufnahmebogen Z1, der Abläufe ohne Wiederholungen in tabellarischer Form darstellt - auf eine Erklärung der Handhabung des Bogens sowie der Bedeutung einzelner Indizes wurde aus Platzgründen verzichtet. Ein Beispiel für eine graphische Repräsentation der Zeitaufnahme ist in Abb. 4.9 für die Verteilzeiten abgedruckt (vgl. Abschnitt 4.3.6 zur Verteilzeitermittlung).

4.3.5.2 Selbstaufschreibung

Die Selbstaufschreibung durch den *Menschen* macht es erforderlich, die Ausführung seiner Tätigkeit und das Notieren der Beobachtungsergebnisse voneinander zu trennen und sequentiell abzuhandeln. Daher eignet sich die Selbstaufschreibung im allgemeinen weniger gut für die Erfassung von Mikro-Ablaufschnitten, da es hier zu einem ständigen Hin- und Herspringen zwischen der Arbeitsausführung und dem Festhalten der Beobachtungsergebnisse kommt. Als Entlohnungsgrundlage ist die Selbstbeschreibung nur bedingt anwendbar, weil sich subjektive, interessegeleitete Verzerrungen kaum kontrollieren lassen (s. STUDIENKREIS MELLER 1972; ZANDER 1968).

Anders liegen die Dinge bei der Selbstaufschreibung durch die *Betriebsmittel*, die in diesem Fall mit Datenerfassungsgeräten gekoppelt sind (z.B. Zeit- oder Nutzungsschreiber, Zeit-Mengen-Schreiber, Leistungsschreiber, Bandschreiber; vgl. ROSCHMANN 1974). Hier läßt sich vor allem der Anteil der Hauptnutzungszeit an der Betriebsmittelzeit sehr genau ermitteln. Je höher der Grad der Mechanisierung und Automatisierung von Produktionsprozessen und je höher die Betriebsmittelkosten, desto größer ist die wirtschaftliche Bedeutung der selbsttätigen Registrierung, weil durch sie eine bestmögliche Auslastung des Maschinenparks ermöglicht wird.

Auch mit Hilfe des *Arbeitsgegenstands* lassen sich Selbstaufschreibungen vornehmen. Meßgeräte, die dazu eingesetzt werden, sind z.B. automatische Waagen, Durchlaufmesser, Thermometer usw. Für das Arbeitsstudium, und hier insb. die Vorgabezeitermittlung, sind aber im wesentlichen nur die Stückzähler von Bedeutung.

4.3.5.3 Systeme vorbestimmter Zeiten (MTM-Verfahren)

"Die Systeme vorbestimmter Zeiten sind Verfahren, mit denen Soll-Zeiten für das Ausführen solcher Vorgangselemente bestimmt werden können, die vom Menschen voll beeinflußbar sind" (REFA 2 [1992, S. 66]). Diese Verfahren lassen sich geschichtlich auf F.B. GILBRETH, den Begründer des Bewegungsstudiums, und seine Mitarbeiter am Anfang des 20. Jahrhunderts zurückführen. Auf der Basis von Zeit- und Filmaufnahmen sowie statistischer Analysen kam die Forschergruppe zu dem Schluß, daß sich alle Bewegungsabläufe, auch komplexere Bewegungsmuster, aus einfachen Bewegungselementen zusammensetzen. Dieser Logik entsprechend wird bei den SvZ die Zeitdauer größerer Arbeitsabläufe durch das Aufaddieren von Zeitbausteinen ermittelt, die jeweils für die einzelnen Bewegungselemente vorgesehen sind.

Das methodische Vorgehen der SvZ gliedert sich in die Ablaufanalyse und die Zeitzuordnung zu den Vorgangselementen (BRINK & FABRY 1974; INSTITUT FÜR ANGEWANDTE ARBEITSWISSENSCHAFT 1970; PORNSCHLEGEL 1968). Gegenstand der *Ablaufanalyse* ist die genaue und konsequente Beschreibung der Arbeitsmethode unter Verwendung definierter Bewegungselemente. Die sechs wesentlichen Bewegungselemente, von denen man annimmt, daß sie zur Beschreibung der meisten Arten von Arbeitsabläufen ausreichen, sind wie folgt definiert (vgl. REFA 2 [1992, S. 68]:

"Hinlangen	ist das Bewegen der Hand zu einem Arbeitsgegenstand;
Bringen	ist das Bewegen eines Arbeitsgegenstandes mit Hilfe der Hand;
Greifen	ist das Schließen der Finger, um einen Arbeitsgegenstand zu fassen;
Vorrichten	ist das Drehen eines Arbeitsgegenstandes, um ihn in eine einbaugerechte Lage zu bringen;
Fügen	ist das In- oder Aneinanderfügen von Arbeitsgegenständen [...];
Loslassen	ist das Öffnen der Finger, die einen Arbeitsgegenstand festhielten".

Kapitel 4

Z1	REFA-Zeitaufnahmebogen für Abläufe ohne Wiederholungen	Ablage-Nr. 26 Blatt 1 von 2 Blättern

Arbeitsaufgabe Reinigen von Büroräumen
Auftrag Nr. Dauerauftrag **Menge m des Arbeitsauftrages** 23 Räume **Abteilung** Hauptverw. **Kostenstelle** 14
Datum der Zeitaufnahme 3.8.70 **Beginn** Uhrzeit 17:10 Menge **Ende** Uhrzeit 18:16 Menge **Dauer** 66 min

Zusammenstellung der Zeit je Einheit — Zeit in — Herkunft

Grundzeit t_g
Erholungszeit t_{er} bei z_{er} = %
Verteilzeit t_v bei z_v = %
sonstige Zuschläge
Zeit je Einheit t_{e1}
t_{e1} / t_{e100} / t_{e1000} in min/h
Rüstzeit t_r in min/h

Arbeitsverfahren und Arbeitsmethode Der Gerätewagen wird von Tür zu Tür der einzelnen Räume geschoben. Aschenbecher und Papierkörbe sind zu leeren. Fußböden aus Plastik sind mit Sooger feucht und trocken zu wischen. Teppichboden wird gesaugt. Staubwischen mittels Staubtuch auf Tischen und Seitenborden.

Arbeitsgegenstand (Eingabe) — Benennung — Werkstoff — Zustand bei Eingabe — Zeichn.-Nr — Werkstoff Nr — Maße, Formen, Gewichte

ein Sachbearbeiterbüro, Raum 17, mit 4 Schreibtischen und 4 Stühlen
ein Abteilungsleiterbüro, Raum 18, mit 1 Schreibtisch, 1 Sessel, 1 Besprechungstisch, 4 Stühlen
ein Sitzungszimmer, Raum 19, mit 1 Konferenztisch, 20 Sessel und 10 Aschenbecher

Mensch — Name — Personalnummer — m — w — Alter — Dauer der Ausübung ähnlicher Aufgaben / der untersuchten Aufgabe

Fischer, Martha — 432 — x — 42 — 4 Jahre — 4 Jahre

Betriebsmittel — Benennung, Type — Anzahl — Betriebsmittel-Nr — Baujahr — technische Daten, Zustand

Industriestaubsauger — 1 — 1967 — sehr gute Saugfähigkeit
Sooger u. Wassereimer — 1
Gerätewagen m. Papiersack und Müllkübel — 1 — Schubkraft 3-5 kp mit allen Geräten

Umgebungseinflüsse keine **Entlohnung** Zeitlohn

Bemerkungen Die Zeitaufnahme dient zur Ermittlung von Planzeitwerten

Qualität des Arbeitsergebnisses
Bearbeiter Becker **geprüft** Müller **Datum** 4.8.70 gültig ab bis

Beispiel: Büro reinigen

Nr	Ablaufabschnitt und Meßpunkt	Personenzahl	Bezugsmenge	Einflußgröße Meßwert, Klasse	Zy	1	2	3	Übertrag $\Sigma L/n$ / $\Sigma t_i/n$	$\bar{t_i}$	$\tilde{t}=\frac{L}{100}\bar{t_i}$	Zeitart
1	Mit Gerätewagen nach Raum 11 gehen / Tür öffnen (Griff loslassen)	1		10 m Weg	L t_i F	105 60 60			— — —	105 60	63,0	t_{MN}
2	Papierkorb holen, ausleeren und auf den Tisch stellen / 4. Papierkorb loslassen	4		8 m Weg	L t_i F	100 65 125			— 65/4	100 16,3	16,3	t_{MH}
3	Stühle auf Tisch stellen / 4. Stuhl loslassen	4		4,5 kg/Stuhl 6 m Weg	L t_i F	105 55 180			— 55/4	105 13,8	14,5	t_{MN}
4	Fußboden mit Sooger feucht und trocken aufwischen / Sooger abstellen	1		15 m² Fußbodenfläche	L t_i F	110 402 582			— 402	110 402	442,2	t_{MH}
5	Stuhl zurückstellen / 4. Stuhl loslassen	4		4,5 kg/Stuhl 6 m Weg	L t_i F	105 44 626			— 44/4	105 11	11,6	t_{MN}
6	Papierkorb zurückstellen / 4. Papierkorb loslassen	4		6 m Weg	L t_i F	105 34 660			— 34/4	105 8,5	8,9	t_{MN}
7	Schreibtisch staubwischen (160×80cm) / Beginn des Gehens zum Schrankbord	4		1,3 m² Tischfläche 6 m Weg	L t_i F	110 31 691			— 31/4	110 7,8	8,6	t_{MH}
8	Schrankbord (100×50cm) Staub wischen / Staubtuch einstecken	2		0,5 m² Bordfläche 4 m Weg	L t_i F	110 36 727			— 36/2	110 18	19,8	t_{MH}
9	Raum verlassen, Tür schließen / Türklinke loslassen	1		4 m Weg	L t_i F	105 22 749			— 22/4	105 5,5	5,8	t_{MN}
10	Austreten / Ankunft am Gerätewagen	-			L t_i F	- 255 1004						t_{MP}
11	Mit Gerätewagen nach Raum 12 gehen / Tür öffnen (Griff loslassen)	1		4 m Weg	L t_i F	95 24 1028			— 24	95 24	22,8	t_{MN}
12	Papierkorb holen, ausleeren und auf Tisch stellen / Papierkorb loslassen	1		3 m Weg	L t_i F	100 28 1056			— 28	100 28	28,0	t_{MH}
13	Sessel auf Tisch stellen / Sessel loslassen	1		4,5 kg 3 m Weg	L t_i F	100 25 1081			— 25	100 25	25,0	t_{MN}
14	Stühle auf Tisch stellen / 4. Stuhl loslassen	4		4,5 kg/Stuhl 5 m Weg	L t_i F	105 52 1133			— 13	105 13	13,7	t_{MN}
15	Fußboden mit Sooger feucht und trocken aufwischen / Sooger loslassen	1		24 m² Bodenfläche	L t_i F	110 675 1808			— 675	110 675	742,5	t_{MH}
16	Wasser wechseln, Reinigungsmittel zugeben / Flasche auf Wagen stellen, loslassen	1		40 m Weg	L t_i F	110 310 2118			— 310	110 310	341,0	t_{MN}
17	Sessel zurückstellen / Sessel loslassen	1		4,5 kg 3 m Weg	L t_i F	110 16 2134			— 16	110 16	17,6	t_{MN}

Abb. 4.8 REFA-Zeitaufnahmebogen Z1 (nach REFA 2 [1992, S. 188f])

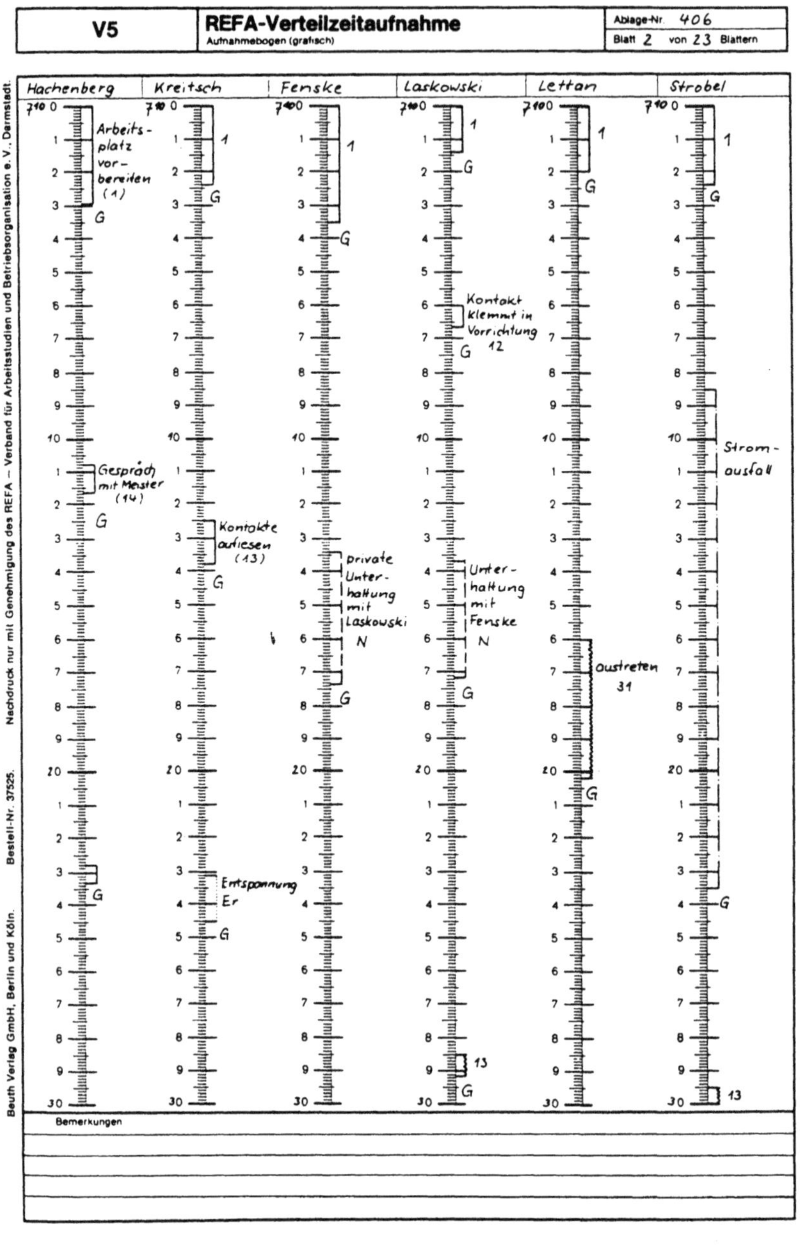

Kapitel 4

Abb. 4.9 REFA-Verteilzeitaufnahme V5 (nach REFA 2 [1992, S. 225])

Im Rahmen der *Zeitzuordnung* werden die Einflußgrößen berücksichtigt, von denen die Zeit für die Ausführung der einzelnen Bewegungselemente abhängt. Zahl und Art der Einflußgrößen können dabei für die einzelnen Bewegungselemente beträchtlich variieren. Die Zeiten für das Ausführen der Bewegungselemente als Funktion der jeweiligen Einflußgrößen lassen sich umfangreichen Tabellenwerken entnehmen, die in den verschiedenen SvZ-Verfahren unterschiedlich aufgebaut sind. Die beiden bekanntesten SvZ sind das MTM- (Methods Time Measurement-) und das WF- (Work-Factor-) Verfahren, die in den entsprechenden Handbüchern der deutschen MTM-Vereinigung bzw. Work-Factor-Gemeinschaft umfassend beschrieben sind (DEUTSCHE MTM-VEREINIGUNG 1974, 1975; WORK-FACTOR-GEMEINSCHAFT FÜR DEUTSCHLAND 1968, 1969, 1972). Das Aufbauprinzip der SvZ wird aus Tabelle 4.1 ersichtlich, die aus dem MTM-Verfahren stammt und Zeiten für das Hinlangen in Abhängigkeit von einer quantitativen und einer qualitativen Einflußgröße enthält:

- der Bewegungslänge (gemessen in cm) und
- der Zielgenauigkeit (Fallbeschreibung nach Klassen).

Beispiel: Es soll bestimmt werden, wie lange das Hinlangen zu einem Hammer dauert, der 50 cm entfernt auf der Werkbank liegt. Dieser Arbeitsvorgang entspricht zunächst dem Fall B: "Hinlangen zu einem alleinstehenden Gegenstand, der sich an einem von Arbeitsgang zu Arbeitsgang veränderten Ort befindet". Das Bewegungsziel weist damit den Wert "2" auf, während die Bewegungslänge mit "50 cm" angegeben ist. Der zugehörige Tabellenwert lautet "18,4" und steht für die Soll-Zeit in der Maßeinheit "TMU". Ein TMU (Time Measurement Unit) beträgt 0,036 Sekunden; als Zeit für das Hinlangen zum Hammer ergibt sich damit 18,4 x 0,036s = 0,6624s.

Es liegt auf der Hand, daß sich derart akribische Ablaufanalysen, wie sie die SvZ vorsehen, vor allem dort lohnen, wo sich einfache Arbeitsvorgänge in gleichförmiger Weise sehr häufig wiederholen, d.h. hauptsächlich in der Serien- und Massenfertigung. Die Planungs- und Rationalisierungsvorteile, die durch die SvZ insbesondere im Rahmen der projektiven Arbeitsgestaltung eröffnet werden, sind nicht zu unterschätzen und werfen - neben dem Aspekt der Entlohnung von Tätigkeiten - ein weiteres Licht auf die Kontrolle, die durch Verfahren der primären Leistungsanalyse ausgeübt werden kann. Die Anwendung der SvZ läßt sich mit BRAVERMAN 1977 als "Enteignung von Erfahrungswissen" rekonstruieren (vgl. Kap. 1, insb. Abschnitt 1.5.1.1): Über Beobachtungsmethoden wird zunächst genauestens untersucht, welche einzelnen Grundbewegungen die ArbeitnehmerInnen ausführen, um ihren Arbeitsauftrag zu erledigen, und wieviel Zeit sie dafür jeweils benötigen; anschließend werden die einzelnen Grundbewegungen zu einem optimalen Bewegungsablauf zusammengesetzt und gemeinsam mit der dafür benötigten Gesamtzeit vorgegeben (s. a. HELLER 1994, S. 114ff). Damit wird es möglich, die Arbeitsmethode bis ins Detail zu diktieren, so daß nicht - wie in der Humanisierungsdiskussion gefordert -

Kapitel 4

Hinlangen - R - (Reach)

Beweg.-Länge in cm	R.A	R.B	R.C. R.D	R.E	mR-A R-Am	mR-B R-Bm	m-Wert für B	Beschreibung der Fälle	
bis 2	2,0	2,0	2,0	2,0	1,6	1,6	0,4	A	Hinlangen zu einem alleinstehenden Gegenstand, der sich immer an einem genau bestimmten Ort befindet, in der anderen Hand liegt oder auf dem die andere Hand ruht.
4	3,4	3,4	5,1	3,2	3,0	2,4	1,0		
6	4,5	4,5	4,4	4,4	3,9	3,1	1,4		
8	5,5	5,5	5,5	5,5	4,6	3,7	1,8		
10	6,1	6,4	6,8	6,8	4,9	4,3	2,0		
12	6,4	7,4	9,1	7,3	5,2	4,8	2,6	B	Hinlangen zu einem alleinstehenden Gegenstand, der sich an einem von Arbeitsgang zu Arbeitsgang veränderten Ort befindet.
14	6,8	8,2	9,7	7,8	5,5	5,4	2,8		
16	7,1	8,8	10,3	8,2	5,8	5,9	2,9		
18	7,5	9,4	10,8	8,7	6,1	6,5	2,9		
20	7,8	10,0	11,4	9,2	6,5	7,1	2,9		
22	8,1	10,5	11,9	9,7	6,8	7,7	2,8	C	Hinlangen zu einem Gegenstand, der mit gleichen oder ähnlichen Gegenständen so vermischt ist, daß er ausgewählt werden muß
24	8,5	11,1	12,5	10,2	7,1	8,2	2,9		
26	8,8	11,7	13,0	10,7	7,4	8,8	2,9		
28	9,2	12,2	13,6	11,2	7,7	9,4	2,8		
30	9,5	12,8	14,1	11,7	8,0	9,9	2,9		
35	10,4	14,2	15,5	12,9	8,8	11,4	2,8	D	Hinlangen zu einem Gegenstand, der klein ist oder sehr genau oder mit Vorsicht gegriffen werden muß.
40	11,3	15,6	16,8	14,1	9,6	12,8	2,8		
45	12,1	17,0	18,2	15,3	10,4	14,2	2,8		
50	13,0	18,4	19,6	16,5	11,2	15,7	2,7		
55	13,9	19,8	20,9	17,8	12,0	17,1	2,7	E	Verlegen der Hand in eine nicht bestimmte Lage, sei es zur Erlangung des Gleichgewichtes, zur Vorbereitung der folgenden Bewegung oder um die Hand aus der Arbeitszone zu entfernen.
60	14,7	21,2	22,3	19,0	12,8	18,5	2,7		
65	15,6	22,6	23,6	20,2	13,5	19,9	2,7		
70	16,5	24,1	25,0	21,4	14,3	21,4	2,7		
75	17,3	25,5	26,4	22,6	15,1	22,8	2,7		
80	18,2	26,9	27,7	23,9	15,9	24,2	2,7		

Tab. 4.1   Auszug aus der Bewegungszeittabelle des MTM-Grundverfahrens (nach REFA 2 [1992, S. 73])

eine wechselseitige Anpassung von Mensch und Maschine - sondern eine einseitige Anpassung des Menschen an die vorgegebenen äußeren Bedingungen stattfindet (vgl. MAIER 1988, S. 97). Die latente Kontrollabsicht der SvZ läßt sich beispielhaft anhand der jüngeren Entwicklungen des MTM-Verfahrens demonstrieren: So wird einmal eine weitere Optimierung der Planungssystematik für die Serienfertigung durch den Einsatz der EDV und eine Reduzierung nicht-wertschöpfender (d.h. planmäßiger, aber nur mittelbar der Erfüllung der Arbeitsaufgabe dienender) Montagetätigkeiten angestrebt (BECKS 1993). Rechnerunterstützte Anwendungen von MTM sollen es zudem ermöglichen, auf der Basis zuverlässig ermittelter Bearbeitungszeiten für die anstehenden Aufgaben eine Personalbedarfsermittlung in allen Bereichen eines Betriebs und einer Verwaltung durchzuführen (HELMS 1993), um die Ergebnisse für die Planung, Steuerung und Kontrolle des Personaleinsatzes zu nutzen. Mit dem sog. "MTM-Sichtprüfen" (FECHNER 1993) schließlich steht ein neues Verfahren zur Verfügung, das die Planung und zeitliche Bewertung von Tätigkeiten auf mentale Vorgänge erweitert, wie sie im Zusammenhang mit visuellen Prüf- und Kontrollaufgaben (z.B. in der Qualitätssicherung) auftreten.

Die SvZ-Tabellenzeiten können innerhalb der Zeitermittlung jedoch nicht ohne weiteres als verbindliche Bezugszeit verwendet werden, weil

- die Bezugsleistung zur Ausführung der Bewegungen in der angegebenen Zeit unbekannt ist; erst nach längerem Gebrauch lassen sich betriebliche Erfahrungswerte gewinnen, die Aufschluß über den zugrundeliegenden Leistungsgrad geben (JÄGER 1962 z.B. gibt an, daß die Normalleistung bei MTM höher liegt als beim REFA-Zeitaufnahme-Verfahren, so daß - falls Vergleichbarkeit erwünscht wird - entsprechende Zuschläge verteilt werden müßten);
- mit ihnen bisher nur ein kleiner Teil menschlicher Tätigkeiten (vornehmlich manuelle Tätigkeiten) erfaßt werden;
- die Tabellen im allgemeinen nur die Grundzeiten enthalten, so daß noch Zuschläge für Erholungs- und Verteilzeiten vergeben werden müssen.

4.3.5.4 Planzeiten

"Planzeiten sind Soll-Zeiten für bestimmte Abschnitte, deren Ablauf mit Hilfe von Einflußgrößen beschrieben ist" (REFA 2 [1992, S. 348]). Schon bei der Gründung des Reichsausschusses für Arbeitszeitermittlung (REFA) im Jahre 1924 haben Planzeiten aufgrund ihrer Wiederverwendbarkeit eine zentrale Rolle gespielt und in den Jahren zwischen 1940 und 1950 zur Entwicklung der oben skizzierten SvZ geführt. Planzeiten stellen im Vergleich zu den SvZ aber eine übergeordnete Kategorie dar, weil sie auch bei Ablauffolgen ohne oder mit nur geringer Wiederholung gleicher Abschnitte, wie sie für die Einzel- und Kleinserienfertigung typisch sind, sinnvoll eingesetzt werden können. Insbesondere dann, wenn sich ähnliche, aber nicht gleiche Folgen von Ablaufabschnitten innerhalb verschiedener Aufträge in unterschiedlichen Varianten wiederholen, sind Planzeiten aufgrund ihrer Flexibilität für die Anwendung besser geeignet als die weitgehend standardisierten, "starren" SvZ[10].

---

[10] Einen detaillierteren Einblick in die Eigenschaften und Vorteile von Planzeiten gibt REFA 2 (1992, S. 348ff).

Kapitel 4

Die Schwerpunkte der Planzeitermittlung liegen auf der Erfassung der (veränderlichen und festen) Einflußgrößen, der Beschreibung der Beziehung zwischen der Zeit und den Einflußgrößen und der Darstellung dieser funktionalen Beziehung zu Anwendungszwecken (FUCHS 1971; HALLER-WEDEL 1973; SEIDEL 1974). Folgende Einzelschritte kennzeichnen das Vorgehen:

1) *Abgrenzung von Planzeitbereichen*: In einem Planzeitbereich sind alle Arbeitssysteme zusammengefaßt, "deren Arbeitsbedingungen ähnlich sind und die entweder eine ähnliche Arbeitsaufgabe erfüllen oder ähnliche Arbeitsverfahren und -methoden aufweisen" (REFA 2 [1992, S. 355]).

2) *Arbeitssysteme im Planzeitbereich ordnen und beschreiben*: Hier soll eine Art "Grundablauf" festgelegt werden, der sich nur noch in bestimmten Ablaufabschnitten von Arbeitsaufgabe zu Arbeitsaufgabe unterscheidet.

3) *Einzelne Abschnitte, Bezugsmengen und Einflußgrößen erfassen*: Zur Abgrenzung von Ablaufabschnitten innerhalb des Grundablaufs werden folgende Kriterien herangezogen. Veränderung der variablen Einflußgrößen, Änderung in der Bezugsmenge, Wechsel der Ablaufart und Wechsel in der Methode der Zeitermittlung. Die Wahl der Größe von Ablaufabschnitten stellt für die Planzeitermittlung ein wesentliches Problem dar: Einerseits sollen die Ablaufabschnitte aus Gründen der Wirtschaftlichkeit möglichst groß sein, andererseits müssen sie um so kleiner sein, je vielseitiger die Planzeiten verwendet und je genauer die zusammengesetzten Soll-Zeiten bestimmt werden sollen. Zur Genauigkeit der Planzeiten äußert sich REFA 2 (1992, S. 348): "Grundsätzlich gilt, daß sie nur so exakt wie nötig sein sollen; je häufiger sie wiederverwendet werden, um so exakter sollten sie sein". Faktisch kann die Größe von Ablaufabschnitten zwischen einzelnen Vorgangselementen (wie z.B. Greifen, Hinlangen) und Gesamtabläufen (wie z.B. dem Bau eines Einfamilienhauses) variieren; die Wahl der Größe orientiert sich letztlich am jeweiligen Verwendungszweck. Damit die Planzeiten später ebenso vielseitig wie präzise eingesetzt werden können, ist die möglichst vollständige Erfassung aller Einflußgrößen und deren Meßwerte von größter Wichtigkeit.

4) *Zeiten ermitteln*: Die Auswahl einer geeigneten Methode der Zeitermittlung hängt hauptsächlich von der angestrebten Genauigkeit, der Größe des Ablaufabschnitts und der Ablaufart (Grad der Beeinflußbarkeit) ab. Handelt es sich um Makroabschnitte, dann können die Zeiten durch Vergleichen und Schätzen, Selbstaufschreibung und Befragen ermittelt werden. Liegen Mikroabschnitte vor, spielt zusätzlich der Grad der Beeinflußbarkeit eine wichtige Rolle: Bei beeinflußbaren Abläufen sollten - vor allem aus ökonomischen Gründen - die SvZ verwendet werden. Sind die Abläufe nur bedingt beeinflußbar, sind die Zeiten durch Zeitaufnahmen zu erfassen. Bei unbeeinflußbaren Abläufen kommen Berechnung oder Selbstaufschreibung durch das Betriebsmittel zum Tragen.

5) *Abhängigkeit der Zeit von den Einflußgrößen ermitteln*: Die Abhängigkeit der Zeit von den quantitativen Einflußgrößen wird in einer mathematischen Regressionsgleichung bzw. Zeitformel dargestellt. Bei qualitativen Einflußgrößen werden Typenbildungen und Kreuztabellierungen vorgenommen.

6) *Planzeiten darstellen*: Die optische Repräsentation der Planzeiten läßt sich in Form von graphischen Abbildungen (Nomogramme, Doppel- und Mehrfachleitern), Tabellen, Zeitformeln, Katalogen, Kalkulationsblättern oder Zeitklassen gestalten. Tabellen werden den graphischen Abbildungen in der Handhabung im allgemeinen vorgezogen. Zeitformeln wird man um so eher für die Darstellung wählen, je zahlreicher die Ausprägungen einer Einflußgröße sind. Planzeit-Kataloge können jeweils nach Planzeitbereichen, Ar-

beitsgegenständen und Arbeitsverfahren zusammengestellt werden. Wenn für einen Arbeitsplatz häufig Planzeiten für ähnliche Abläufe ermittelt werden müssen, die aus mehreren Ablaufabschnitten bestehen (typischerweise Großserien- und Massenfertigung), benutzt man Kalkulationsblätter, d.h. Vordrucke, in denen die Soll-Zeiten für sämtliche Ablaufabschnitte innerhalb eines gegebenen Planzeitbereichs in Abhängigkeit von ihren Einflußgrößen aufgeführt sind.

7) *Planzeiten verwenden*: Die Verwendung der Planzeiten gliedert sich in einzelne, aufeinanderfolgende Schritte: Soll-Ablauf festlegen und in Ablaufabschnitte einteilen; Ausprägungen der Einflußgrößen bestimmen und Planzeiten abrufen; Planzeiten zur Grundzeit addieren und sachlich beurteilen; Zuschläge für Erholungs- und Verteilzeiten addieren und Zeit je Mengeneinheit ermitteln; Prüfen und Verwenden der Vorgabezeiten.

4.3.6   Verteilzeitermittlung (Verteilzeit- und Multimomentaufnahme)

Zur Ermittlung der Verteilzeitprozentsätze bedarf es besonderer Aufnahme- und Auswertungstechniken. Man unterscheidet im wesentlichen zwischen *Verteilzeitaufnahmen* (als langdauernde Zeitaufnahme oder als geteilte Zeitaufnahme nach einem Zufallsplan) und der sog. *"Multimomentaufnahme"*. Eine Beurteilung des Leistungsgrades ist bei Verteilzeitaufnahmen nicht nötig, weil hier nicht die Soll-Zeiten für einzelne Ablaufabschnitte interessieren, sondern lediglich das prozentuale Verhältnis der Verteilzeit zur Grundzeit erfaßt werden soll. Ein Problem stellt aber die Berücksichtigung persönlich bedingter Verteilzeiten dar, weil ihre Ermittlung als ein Eindringen in die Intimsphäre erlebt werden kann. REFA 2 (1992, S. 215) empfiehlt daher, die Zeitaufnahme rechtzeitig mit den ArbeitnehmerInnen zu vereinbaren. Bei *langdauernden* Verteilzeitaufnahmen müssen stets die Arbeitszeit ganzer Schichten und alle Schichten der Werktage einer Arbeitswoche beobachtet werden, um eine statistische Grundlage für die Schätzung der Verteilzeiten zu schaffen. Der Grundgedanke der *geteilten* Verteilzeitaufnahme besteht hingegen darin, die Datenerhebungen in mehrere Abschnitte zu zergliedern, die zufällig über mehrere Wochentage und Arbeitssysteme verteilt werden. Mit der Einführung von Zufallsplänen ist der Übergang zur Multimomentaufnahme gegeben, die völlig ohne die Messung der Dauer einzelner Zeitabschnitte auskommt und stattdessen nur die Häufigkeiten untersucht, mit der sich einzelne Zeitpunkte bestimmten Ablaufarten zuordnen lassen (vgl. BIRKWALD, PORNSCHLEGEL & SCHIFFER 1974).

"Die Multimomentaufnahme besteht in dem Erfassen der Häufigkeit zuvor festgelegter Ablaufarten an einem oder mehreren gleichartigen Arbeitssystemen mit Hilfe stichprobenmäßig durchgeführter Kurzzeitbeobachtungen" (REFA 2 [1992, S. 232]). Mit Hilfe der Multimomentaufnahme wird also versucht, aus vielen punktuellen Einzelbeobachtungen ein aussagefähiges Abbild von Ist-Abläufen zu gewinnen. Die Durchführung der Multimomentaufnahme erstreckt sich in der Regel über mehrere Wochen, damit ein für die Schätzung brauchbarer Stichprobenumfang erzielt werden kann. Die einzelnen Durchführungsschritte lassen sich wie folgt systematisieren:

Kapitel 4

1) Festlegung der zu beobachtenden *Arbeitssysteme* und *Systemelemente*;

2) Festlegung und Beschreibung der zu unterscheidenden *Ablaufarten*. Dabei ist insbesondere darauf zu achten, daß a) die Ablaufarten innerhalb der Kurzzeitbeobachtungen sofort und eindeutig erkannt werden können und b) sich die Arbeitsperson im Beobachtungsbereich befindet, da ansonsten die Ablaufart "nicht erkennbar" vergeben werden muß.

3) Festlegung eines *Rundgangsplans*, der Beobachtungsstandpunkte und -folgen für den Arbeitsstudienmann enthält. Aus mehreren möglichen Beobachtungsfolgen wird vor Beginn des Rundgangs eine Beobachtungsfolge zufallsmäßig ausgewählt.

4) Festlegung des erforderlichen *Beobachtungsumfangs*: Hier versucht man zunächst, für diejenige Ablaufart, die im Mittelpunkt des Interesses steht, den relativen Anteil an der Schichtzeit noch vor Beginn der Rundgänge grob abzuschätzen. Ein weiterer wichtiger Parameter ist der Vertrauensbereich, mit dem man den Anteil der Ablaufart an der Schichtzeit aufgrund der Beobachtungen ermitteln will. Je höher das angestrebte Genauigkeitsniveau der empirischen Ermittlung, desto kleiner ist der gewählte Vertrauensbereich und desto mehr Rundgänge sind entsprechend durchzuführen. REFA 2 (1992, S. 241) empfiehlt für vorab geschätzte Anteilswerte einer Ablaufart um 25% einen (absoluten) Vertrauensbereich von 2,5%, räumt aber ein[11]: "Soweit die Ergebnisse von Multimomentaufnahmen für die Entlohnung herangezogen werden, ist es Sache der Vertragsparteien, über f [d.h. den Vertrauensbereich; P.S.] eine Vereinbarung zu treffen". Aus Tabellenwerken des REFA (sog. "Nomogrammen") läßt sich unter Setzung des vermuteten Anteils einer Ablaufart und des gewünschten Vertrauensbereichs die erforderliche Zahl von Beobachtungen ablesen.

5) Festlegung der *Rundgangszeitpunkte*: Auch sie muß, wie schon die Festlegung der Beobachtungsfolge während des Rundgangs, per Zufall erfolgen. Zur Bestimmung der Rundgangszeitpunkte bedient man sich sog. "Stunden-Minuten-Zufallstafeln".

6) *Durchführung der Rundgänge*: Sie orientiert sich zeitlich an den Rundgangszeitpunkten und räumlich am Rundgangsplan. Dabei wird jeweils diejenige Ablaufart notiert, die der Arbeitsstudienmann am zu beobachtenden Arbeitssystem bzw. Systemelement feststellt. Alle Beobachtungsergebnisse werden in sog. "Multimomentaufnahmebögen" eingetragen, die - ähnlich den REFA-Zeitaufnahmebögen - je nach Verwendungszweck in ihrem Aufbau variieren können und von denen sich manche als Ablochbeleg unmittelbar für die EDV-Auswertung eignen.

7) *Zwischenauswertung*: Nach etwa 500 Beobachtungen wird eine Zwischenauswertung durchgeführt, um zu überprüfen, ob der ursprünglich anvisierte Stichprobenumfang angemessen ist oder aufgrund von Schätzfehlern Korrekturen bzw. Anpassungen vorgenommen werden müssen.

8) *Endauswertung*: Aus ihr wird - neben einer Reihe weiterer Teilangaben (z.B. über die "Güte" der Multimomentaufnahme) - der prozentuale Anteil einer Ablaufart (innerhalb des gewählten Vertrauensbereichs) ersichtlich. Dabei sind insb. diejenigen Ablaufarten von Interesse, die für die Bestimmung der Verteilzeit relevant sind.

---

[11] Statistisch formuliert: Nach Abschluß der Multimomentaufnahme ist mit 95%-iger Wahrscheinlichkeit sicher, daß der wahre (jedoch unbekannte) Anteil der Ablaufart weniger als 2,5 % von dem empirischen Multimomentergebnis abweicht.

Obwohl die Verteilzeitaufnahme mit ihren langen Beobachtungsepisoden bessere Chancen bietet, die Ursachen von Unterbrechungen oder zusätzlichen Ablaufabschnitten zu erkennen, und daher präzisere Diagnosen erstellt, ist die Multimomentaufnahme aufgrund ihres geringeren Durchführungsaufwands das praktisch bedeutsamere Verfahren (HALLER-WEDEL 1969). Offenbar geht es in der Praxis nicht darum, um jeden Preis (im Doppelsinn des Wortes!) ein Höchstmaß an Genauigkeit zu erzielen, sondern zu akzeptablen bzw. befriedigenden Ergebnissen zu kommen. Wenn aber nicht nur der Anteil bestimmter Ablaufarten bezogen auf die Schicht festgestellt werden soll, sondern auch die zeitliche Lage im Verlauf der Schicht oder die einzelne bzw. mittlere Dauer von Ablaufabschnitten interessieren, ist die Verteilzeitaufnahme vorzuziehen (zu weiteren Vor- und Nachteilen der Multimomentaufnahme vgl. REFA 2 [1992, S. 263f]).

4.3.7 Erholungszeitermittlung (analytisches Verfahren)

Für die Ermittlung der Erholungszeit ist zunächst die Unterscheidung von *Belastung* und *Beanspruchung* von fundamentaler Bedeutung: "Die Belastung durch die Arbeit ergibt sich aus der objektiven Schwere und Dauer der Arbeit, die auf den Menschen einwirkt. Je nach seiner Leistungsfähigkeit wird er durch die Belastung unterschiedlich beansprucht. Die Erholungszeit muß so bemessen sein, daß sie diese Beanspruchung ausgleicht, falls diese eine bestimmte Höhe, die Dauerleistungsgrenze, überschreitet" (REFA 2 [1992, S. 310]). Wichtige Einflußgrößen auf die Belastung sind Arbeitsschwere, Körperhaltung, Dauer der ununterbrochenen Tätigkeit sowie Arbeitswechsel: "Die *Arbeitsschwere* ergibt sich aus der Arbeitsaufgabe ... und den Umgebungseinflüssen. Die *Körperhaltung* ergibt sich aus der Arbeitsmethode, in der die Arbeit zu verrichten ist ... Unter *Arbeitswechsel* wird ein Wechsel in Form und Schwere der Arbeit verstanden ... Die *Dauer der ununterbrochenen Tätigkeit* ist die Zeit, während der eine bestimmte Arbeitsschwere bei einer bestimmten Körperhaltung unverändert und ohne jede auch geringste Unterbrechung anhält" (REFA 2 [1992, S. 311]). Während sich Arbeitsschwere und Dauer der ununterbrochenen Tätigkeit relativ leicht quantifizieren lassen, bereitet die zahlenmäßige Erfassung von Körperhaltung und Arbeitswechsel häufig Schwierigkeiten (vgl. KAMINSKY 1971).

Zur Ermittlung der Belastung und Beanspruchung des Menschen sowie der davon abhängigen Erholungszeit gibt es bisher kein einheitliches Verfahren (s. PORNSCHLEGEL & BIRKWALD 1973). REFA 2 [1992, S. 312ff] unterscheidet fünf verschiedene Verfahrenstypen:

1) analytisches Verfahren zur Erholungszeitermittlung;

2) Tafeln für den Kalorienumsatz bei körperlicher Arbeit;

3) physiologische Meßverfahren (z.B. Pulsfrequenz, Hirnströme);

4) langdauernde Zeitaufnahmen (erholungsbedingte Unterbrechungen) und

5) Befragen der Arbeitsperson hinsichtlich der erlebten Beanspruchung durch die Tätigkeit.

Kapitel 4

Die ersten beiden Verfahren sind einfacher und wirtschaftlicher in der Anwendung als die beiden folgenden. Dafür sind die Meßergebnisse der Verfahren (3) und (4) allerdings exakter als die der beiden ersten. Das fünfte Verfahren sollte ausschließlich als Ergänzungsverfahren benutzt werden. Aus Platzgründen wird im folgenden nur das analytische Verfahren skizziert, das man parallel zur REFA-Zeitaufnahme als Entscheidungshilfe für die Erholungszeitbestimmung einsetzen kann.

Das analytische Verfahren differenziert verschiedene *Beanspruchungsarten*, für die jeweils Teilerholungszeiten bestimmt werden können, die man zu einer Gesamterholungszeit zusammensetzt; im einzelnen handelt es sich bei den Beanspruchungsarten um Beanspruchung durch

- dynamische Muskelarbeit;
- dynamische Muskelarbeit bei zusätzlicher Klimabelastung;
- statische Muskelarbeit;
- einseitige Muskelarbeit;
- Aufmerksamkeit und Konzentration;
- sonstige Umgebungseinflüsse.

Nach dem analytischen Verfahren sind die Erholungszeiten für die einzelnen Beanspruchungsarten eine Funktion der

- Belastungshöhe, die durch Beurteilen, Schätzen und Vergleichen mit vorgegebenen Belastungsstufen ermittelt wird, und
- der Dauer der ununterbrochenen Tätigkeit, während der die Belastung wirkt.

Die Erholungswerte, die mit dem analytischen Verfahren ausgewiesen werden, sind Erholungszuschlagsprozentsätze bezogen auf die Grundzeit bei REFA-Normalleistung (BÖHRS 1959). Kennt man die Grundzeit (t_g) und den *Erholungszuschlag* (z_{er}), kann man die in die Vorgabezeit eingehende *Erholungszeit* (t_{er}) wie folgt berechnen:

$$t_{er} = \frac{z_{er}}{100} \times t_g$$

Der auf die Grundzeit bezogene Erholungszuschlag z_{er} wird auch als *Resterholungszuschlag* bezeichnet, weil er eine resultierende Größe darstellt, nachdem Zeiten für ablaufbedingtes (und ggf. auch störungsbedingtes) Unterbrechen sowie Arbeitswechsel auf die Erholung angerechnet wurden. Der Resterholungszuschlag ist klar zu unterscheiden von den Erholungszuschlägen z_{ME}, die für *einzelne Ablaufabschnitte* ermittelt werden. Die Berechnung der z_{ME} wird immer dann erforderlich, wenn sich einzelne Ablaufabschnitte in ihrer Belastungshöhe deutlich voneinander unterscheiden, so daß z_{er} nicht unmittelbar für den gesamten Arbeitsablauf festgelegt werden kann.

Das REFA-Standardprogramm der analytischen Erholungszeitermittlung ist wie folgt aufgebaut:

1) *Daten der Belastung und Beanspruchungsstufe ermitteln und in Erholungszeitermittlungsbogen eintragen*: Zu diesem Zweck können alle Ablaufabschnitte, die eine planmäßige Tätigkeit und damit eine ununterbrochene Belastung für den arbeitenden Menschen beinhalten, aus der REFA-Zeitaufnahme übernommen werden. Für diese Ablaufabschnitte werden dann weitere Daten erhoben, die Auskunft über die Belastung geben. In Abhängigkeit von der ermittelten Belastung können die Beanspruchungsstufen je Beanspruchungsart und die zugehörigen Teilerholungszuschläge (z'_{ME}) umfangreichen Tabellenwerken und Diagrammen entnommen werden.

2) *Gesamtzuschlag z_{ME} und Erholungszeit je Ablaufabschnitt t_{ME} ermitteln*: Den Gesamtzuschlag z_{ME} je Ablaufabschnitt erhält man durch das Aufsummieren der Teilerholungszuschläge z'_{ME} für die einzelnen Beanspruchungsarten; die Erholungszeit je Abschnitt t_{ME} erhält man durch Ausmultiplizieren mit der Normalzeit des betreffenden Ablaufabschnittes:

$$t_{ME} = \frac{\text{Summe über alle } z'_{ME}}{100} \times \text{Normalzeit}$$

3) *Vorläufige Erholungszeit $t_{(er)}$, Resterholungszeit t_{er} und Erholungszuschlag z_{er} ermitteln*: Die vorläufige Erholungszeit besteht aus der Summe der Erholungszeiten aller Ablaufabschnitte der Mengeneinheit 1 ohne Abzüge für ablaufbedingtes oder störungsbedingtes Unterbrechen sowie für ermüdungsmindernden Arbeitswechsel; Unterbrechungszeiten können angerechnet werden, wenn sie planmäßig nach dem beanspruchenden Ablaufabschnitt auftreten und erholungswirksam (z.B. von genügender Dauer, außerhalb von schädigenden Umgebungseinflüssen) sind.

4) *Erholungszuschlag z_{er} überprüfen und vorgeben*: Hinweise auf die Stimmigkeit des Erholungszuschlags erhält man durch den Vergleich mit den Zuschlägen früherer Ermittlungen, durch die Berücksichtigung besonderer Umgebungseinflüsse oder betrieblicher Pausenregelungen, die Beobachtung der organisatorischen und technischen Folgen nach Einführung des neu ermittelten z_{er} usw.

Trotz der vermeintlichen Präzision, die in der für REFA typischen, manchmal fast kleinlich wirkenden Systematik des Vorgehens und in der ausgiebigen Verwendung von mathematischen Gleichungen und Formeln zum Ausdruck kommt, hat die Ermittlung der Erholungszeiten bei näherem Hinsehen erhebliche Schwächen aufzuweisen. Für die körperlichen Tätigkeiten lassen sich die meisten Einflußfaktoren (z.B. Arbeitsschwere, Haltedauer, Wärmestrahlung) oder aus ihnen zusammengesetzte Indikatoren (z.B. Effektivtemperaturen[12]) in ihrer Ausprägung zwar noch nach naturwissenschaftlich-physikalischen Maßstäben bestimmen, obwohl auch hier

---

[12] Effektivtemperaturen stellen das subjektive Empfinden eines Klimazustandes als abhängige Variable einer Kombination von Lufttemperatur, Luftfeuchte und Windgeschwindigkeit dar.

Kapitel 4

bereits die Zuordnung einer gemessenen *Belastungs*intensität oder -dauer zu einer (subjektiven) *Beanspruchungs*stufe auf reinen Plausibilitätsüberlegungen beruht. Kritisch wird die Erholungszeitermittlung aber erst recht bei Vorliegen von Aufmerksamkeits- und Konzentrationsarbeit, der Bestimmung von Umgebungseinflüssen, der Anwendung von Anrechungsgrundsätzen, der Berücksichtigung von Arbeitswechsel und Pausenregime[13]. Dazu einige Beispiele, die illustrieren sollen, daß sich REFA 2 dieser Tatsache durchaus bewußt ist:

1) *Aufmerksamkeits- und Konzentrationsarbeit*: Die in den maßgeblichen Tabellen aufgeführten Werte "sind nur zum Teil durch wissenschaftliche Untersuchungsergebnisse belegt [die Belege werden außerdem nicht beigebracht; P.S.]. Bei dieser Arbeitsform machen sich die meßtechnischen Schwierigkeiten in der Bestimmung der psychischen Ermüdung besonders bemerkbar" (REFA 2 [1992, S. 336]);

2) *Umgebungseinflüsse*: "Die Bestimmung der Pausen, die infolge der Einwirkung sonstiger Umgebungseinflüsse erforderlich werden, entziehen sich bisher der wissenschaftlichen Ermittlung und der Anwendung allgemein verwendbarer Schätztafeln. Die notwendigen Pausen müssen vorläufig noch aufgrund betrieblicher Erfahrung angesetzt werden" (REFA 2 [1992, s. 336]);

3) *Anrechnungsgrundsätze*: Es ist nicht immer einfach zu entscheiden, unter welchen Bedingungen ablauf- und/oder störungsbedingte Unterbrechungszeiten mit welchem Gewicht auf die Erholungszeit angerechnet werden können (z.B. kann ein beanspruchender Tätigkeitsabschnitt durch sehr viele kleine Unterbrechungen so zerstückelt sein, daß die Wirksamkeit der damit verbundenen Erholung nur schwierig einzuschätzen ist; vgl. REFA 2 [1992, S. 338f]);

4) *Arbeitswechsel*: Obwohl ein Wechsel der Arbeit und damit der Beanspruchungsart ermüdungsmindernd wirken kann, sind auch hier die genauen Voraussetzungen unbekannt. "Zuverlässige allgemeine Richtwerte für die Einbeziehung dieser Einflüsse in die Ermittlung der Erholungszeit sind bisher noch nicht bekannt" (REFA 2 [1992, S. 340]);

5) *Pausenregime*: Hier läßt sich der ganze Erkenntnisstand in dem Motto zusammenfassen: "Mehrere kurze Pausen sind für die Erholung vorteilhafter als wenige längere von insgesamt gleicher Dauer" (REFA 2 [1992, S. 341]).

4.4 Sekundäre Leistungsanalyse ("Personalbeurteilung")

4.4.1 Die Personalbeurteilung (PB) als Kontrollinstrument

Die systematische Personalbeurteilung kann "als Versuch verstanden werden, die alltäglichen Beurteilungsprozesse im Kontext der sozialen Handlungskoordination in Organisationen offenzulegen, zu standardisieren, zu formalisieren und u.U. auch zu zentralisieren (z.B. in der Personalabteilung)" (SCHETTGEN 1992b, S. 109). Je höher das Ausmaß der Komplexität und der Unüberschaubarkeit von Organisationen, desto größer sind im allgemeinen die Bemühungen des Managements, die stets bestehende Beurteilungsunsicherheit durch standardisierte Verfahren zu reduzieren (s. BEHR et al. 1976, S. 37). Durch die Exaktheit, Objektivität und Rationalität, die

---

[13] Mit Pausenregime ist das Verhältnis von Tätigkeitszeiten zu Erholungspausen gemeint.

mit den Verfahren suggeriert wird, läßt sich die Personalbeurteilung in Organisationen als ein legitimes Kontrollinstrument installieren, das den zugrundeliegenden, strukturellen Interessenkonflikt zwischen ArbeitnehmerInnen und ArbeitgeberInnen durch Versachlichung regulierbar machen soll (s. a. SCHETTGEN 1993): ArbeitnehmerInnen wollen im allgemeinen gut beurteilt werden, um mehr Lohn oder geldäquivalente Gratifikationen (Freiraum, Aufstieg, Ansehen etc.) zu erhalten; ArbeitgeberInnen können durch schlechte Beurteilungen die Lohnsumme bzw. immaterielle Belohnungen manipulieren und dadurch disziplinarisch einwirken. Im Rahmen der Konflikthandhabung wird sich die vom Management beabsichtigte Kontrolle jedoch nie lückenlos durchsetzen lassen, da jede Organisation Spielräume zur Entwicklung von Widerstandsformen auf Seiten der ArbeitnehmerInnen enthält. Im konfliktgeladenen Spannungsfeld zwischen ArbeitgeberInnen- und ArbeitnehmerInnen-Interessen zeichnet sich als organisatorische Reaktion auf verschiedene Widerstandsformen der Belegschaft der Verfahrenstyp des Mitarbeitergesprächs als einer speziellen Variante der PB ab, die stärker auf zweiseitiger Kommunikation basiert. Durch das Mitarbeitergespräch wird in jüngster Zeit in einer zunehmenden Anzahl von Organisationen ein Forum institutionalisiert, auf dem die Kontrolle des Managements zumindest partiell durch eine legitimierte Gegenkontrolle der ArbeitnehmerInnen austariert werden kann (s. dazu Abschnitt 4.4.6).

NEUBERGER (1980, S. 27) bezeichnet die PB als "eierlegendes Wollmilchschwein", um die Vielfalt personalwirtschaftlicher Funktionen hervorzuheben, die von der PB in adaptiver und flexibler Weise wahrgenommen werden sollen; andere Autoren - wie z.B. BREISIG 1993, HARITZ 1974 oder BARTÖLKE 1972a - sprechen in diesem Zusammenhang auch von einer "Zwecküberfrachtung" der PB. Aus der Perspektive der sozialen Kontrolle des Arbeitsprozesses und des damit verbundenen Transformationsproblems lassen sich die Zielsetzungen der PB wie folgt zusammenfassen (vgl. KOMPA 1991):

1) *Selektion*: Aufweisen von Eignungsschwerpunkten; Bereitstellen von Informationen über die gewünschten (Schlüssel-)Qualifikationen und Arbeitstugenden; Trennung von Stamm- und Randbelegschaft...

2) *Integration*: Festlegen von Erwartungen und Zielen; Betonung der Vorgesetzten-Mitarbeiter-Beziehung; Anerkennung erbrachter Leistungen...

3) *Qualifizierung*: Analyse des Ausbildungsbedarfs; Beratung und Förderung der MitarbeiterInnen; Feedback-Daten zur Karriereplanung; Anregung von Lernprozessen...

4) *Arbeitsorganisation*: Definition von Stellenanforderungen zur Erfassung individueller Leistungsabweichungen; Ursachenanalyse von Leistungsbeeinträchtigungen; periodische Durchsetzung oder Vereinbarung von Leistungszielen (management by objectives, standards of performance etc.)...

5) *Arbeitseinsatz*: Prüfung des Personalbestands und -potentials; Beschaffungs-, Nachwuchs-, Karriere-, Freisetzungsplanung; aktuelle Personaleinsatzentscheidungen (Versetzung, Beförderung, Kündigung, Probezeit etc.)...

Kapitel 4

6) *Gratifizierung*: Entscheidungsgrundlage zur Entgelt-Differenzierung (Zulagen, Prämien, Gehaltsbandbreiten etc.); Legitimation sozialer Ungleichheit (hinsichtlich Bezahlung, Status, Prestige)...

Darüber hinaus kann die PB natürlich auch zum Zuge kommen, wenn die *Erfüllung* der hier skizzierten Funktionen zur Debatte steht. Bei der Evaluierung personalpolitischer Maßnahmen im Sinne einer Bewährungsprobe ist dann der Kontrollbegriff im engeren Sinne gemeint: das Setzen von Standards, die Objektivierung der Beiträge, das Sichtbarmachen von Soll-Ist-Diskrepanzen und das Aufzeigen von Eingriffs- und Änderungsmöglichkeiten.

4.4.2 Leistungskriterien der Personalbeurteilung

Aus Gründen der Demonstration von Exaktheit und Objektivität ist es für die Leistungsanalyse von enormer Bedeutung, ihre Ergebnisse und Schlußfolgerungen so weit wie möglich auf quantitative Merkmale stützen zu können (vgl. die Ausführungen in Abschnitt 4.2 und die Stellungnahme des REFA). "Zähl- oder meßbare Arbeitsergebnisse kommen bei den 'direkten Linientätigkeiten' in Produktion und Verwaltung vor, aber auch in weiten Bereichen routinemäßiger Verwaltungstätigkeiten. Sie sind z.B. anhand von Umsätzen, Kosten, Fehlerhäufigkeiten (Toleranzüberschreitungen), Reklamationsquoten, Anzahl gefertigter oder reparierter Stücke, erstellter Lochkarten, ausgefüllter Formulare, durchgeführter Abrechnungen, Buchungen usw. pro Zeiteinheit meßbar" (HELM, FROITZHEIM & RIESENKÖNIG 1977, S. 40). Auch dort, wo sich keine unmittelbaren Quantifizierungsmöglichkeiten anbieten, werden sich die Organisationen - der Logik des "impression management" folgend - tunlichst um eine operationale Formulierung von Arbeitsanforderungen und Erfüllungsgraden bemühen (z.B. die Einhaltung vorgegebener Arbeitsschritte bzw. Verfahrensvorschriften überprüfen). Bei vielen Tätigkeiten stoßen diese Bemühungen jedoch an Grenzen, weil weder die Art der Aufgabenerledigung klar strukturierbar noch die Arbeitsergebnisse selbst präzisierbar sind: z.B. bei Forschungs- und Entwicklungsaufgaben; typischen Managementaufgaben, die u.a. Anforderungen an Führungs- und Sozialverhalten stellen; komplizierten Ausführungstätigkeiten (z.B. schwierige technische Installationen unter hohen Qualitätsansprüchen). Auch in solchen Tätigkeitsbereichen sind interindividuelle Leistungsunterschiede auszumachen, aber sie sind kaum quantitativ zu fassen, weil die erforderlichen Leistungen selbst "fuzzy" bleiben (vgl. die Diskussion zum Leistungskonzept in Abschnitt 4.1.1). Um es an einem Beispiel zu demonstrieren: In einer Produktionsabteilung läßt sich die Qualität einer Arbeit relativ leicht durch die Anzahl zu verwerfender Werkstücke pro Zeiteinheit messen; mit einem solchen Indikator kann die Leistung von ArbeitnehmerInnen nach dem Leistungskriterium "Qualität" quantitativ erfaßt werden. Wie aber will man die Qualität der Arbeit von ManagerInnen messen? Es liegt auf der Hand, daß quantitative Indizes (z.B. die Anzahl der Entscheidungen, die Menge abgeschlossener Verträge, die Summe der Kundengespräche pro Zeiteinheit) hier nur wenig über die Qualität verraten, die mehrdeutig und interpretationsbedürftig bleibt, weil sie sich über Arbeitsprodukte oder schriftliche Unterlagen kaum nachweisen läßt. In diesem Falle ist man also auf "Beurteilungen" angewiesen, indem ausgewählten Beurteilungsmerkmalen (z.B. Arbeitsqualität, -tempo, -sorgfalt) auf der Basis von (mehr oder weniger) naiven Eindrucksurteilen Zahlen zugeordnet werden (auch dies kann nach strengen methodologischen Erwägungen noch als "Messen" bezeichnet werden; vgl. die klassische Definition von STEVENS [1951, S. 22], der unter Messen das "Zuordnen von Zahlen zu Objekten" versteht). Ein Leistungskriterium kann demnach per se nicht als "qualitativ" oder "quantitativ" eingestuft werden, wohl aber die jeweils zugrundeliegenden Daten: Ein Kriterium wie Mengenleistung kann man z.B. messen (65,31 kg), zählen (21 Stück), schätzen (ca. 65kg), beurteilen (viel = Stufe 5) und vergleichen ("heute mehr als gestern").

4.4.2.1 Die Gewinnung von Leistungskriterien

Zur Erhebung von Leistungsmerkmalen schlägt SCHULER (1972, S. 123ff) eine mehrstufige Vorgehensweise auf der Basis der "Critical Incident"-Methode (deutsch: "Methode der kritischen Ereignisse") von FLANAGAN 1954 vor, um auf diesem Wege Informationen über effektives und ineffektives Arbeitsverhalten zu gewinnen (s.a. CAMPBELL u.a. 1973):

1) *Sammlung von kritischen Ereignissen*: Auf vorstrukturierten Erhebungsbögen halten die BeurteilerInnen (Vorgesetzte, KollegInnen, MitarbeiterInnen) solche Verhaltensepisoden fest, die in der Vergangenheit zu Erfolg oder Mißerfolg am Arbeitsplatz geführt haben; "kritisch" sind demnach solche Ereignisse, die einen "Unterschied" machen, d.h. in auffälliger Weise mit positiven oder negativen Abweichungen von der Leistungsroutine in Zusammenhang stehen.

2) *Kategorisierung*: ExpertInnen teilen die schriftlich fixierten Aussagen (miß-)erfolgversprechender Verhaltensweisen in Kategorien ein, die nach einer entsprechenden verbalen Beschreibung als provisorische Merkmale zur Beurteilung herangezogen werden können. Für die Fachleute stellt sich hier insb. das Problem, ein geeignetes Analyse- bzw. Abstraktionsniveau zur Klassifizierung zu finden, da die Beschreibungen kritischer Ereignisse von der Gesamtaufgabe über einzelne Handlungen bis hin zu Mini-Operationen reichen können.

3) *Skalierung*: Wenn das Erhebungsmaterial umfangreich und differenziert genug ist, dann können prototypische Verhaltensbeispiele zur verbalen Verankerung einer Urteilsskala verwendet werden; andernfalls müssen solche verbalen Umschreibungen in abstrakter Form "am grünen Tisch" formuliert werden, um die destillierten Merkmale später einstufen zu können.

4) *Pre-Test*: Die mit einer Skala versehenen Merkmale werden einer neuen Gruppe von BeurteilerInnen übergeben. In einer ersten statistischen Überprüfung wird die Zuordnung der gesammelten Verhaltensepisoden zu den Merkmalen und Skaleneinstufungen untersucht, um die Objektivität (Inter-Rater-Reliabilität) des Verfahrens zu bestimmen.

5) *Faktorenanalyse*: Falls sich eine zufriedenstellende Objektivität des Verfahrens feststellen läßt, dann wird die (korrigierte) provisorische Fassung an einer größeren Anzahl von BeurteilerInnen getestet, um die zunächst nur qualitativ vorgenommene Einteilung der

Beurteilungsmerkmale auch quantitativ abzusichern. Verhaltensaussagen, die sehr häufig oder sehr selten angegeben werden, diskriminieren nicht genügend zwischen den beurteilten MitarbeiterInnen und sind daher zu eliminieren. Übrig bleiben sollen nur solche erfolgskritischen Verhaltensaussagen, die nicht allzu häufig (aber von vielen MitarbeiterInnen) gezeigt werden, in etwa gleichgewichtig sind und damit trennscharfe Beurteilungen ergeben.

6) *Endversion*: Die Faktorenanalyse liefert Informationen darüber, wieviele Beurteilungsmerkmale von den BeurteilerInnen unterschieden werden können, so daß die endgültige Anzahl von Kriterien (und manchmal auch ihr Anwendungsbereich in bezug auf Arbeitsplatz-Gruppen) festgelegt werden kann.

Das von SCHULER beschriebene, mehrstufige Vorgehen mithilfe der Critical-Incident-Methode kann ein eigenständiges Beurteilungsverfahren darstellen, wenn man sich als SystemanwenderIn mit einfachen, weitgehend unstandardisierten Aussagen begnügen will; es kann aber auch nur eine erste Phase bei der Konstruktion von Kennzeichnungs- und verhaltensorientierten Einstufungsverfahren sein, die Aussagen auf höherem Aggregationsniveau in stärker formalisierter Weise anstreben (vgl. dazu Abschnitt 4.4.3). In jedem Fall aber ist die skizzierte Vorgehensweise als idealtypisch zu bezeichnen, weil sie sich vornehmlich an wissenschaftlichen Standards orientiert. In der Praxis dürfte sich dieses Verfahren nur in rudimentärer bzw. fraktionierter Form umsetzen lassen, da in der Regel der Aufwand für größere Erhebungsstichproben (=Mitarbeiterbefragungen!) und für statistische Kontrollen aus Kostengründen gemieden wird. Es ist daher wahrscheinlich, daß im Sinne einer "vermittelnden Evaluation" (NORK 1989, S. 99) die Datensammlung sowie andere zeitaufwendige Aspekte der praktischen Konstruktion von PB-Systemen auf ein Maß reduziert werden, welches nach Ansicht der Betroffenen zur sachlichen Fundierung der anstehenden operativen Entscheidungen ausreicht.

Ein Beispiel für die praktische Anwendung der Critical-Incident-Methode zur Erhebung von Beurteilungsmerkmalen ist in BOX 4.3 wiedergegeben. Hier kann in vergleichender Betrachtung überprüft werden, wo sich jeweils Gemeinsamkeiten und Unterschiede zu der von SCHULER vorgeschlagenen rationalen Vorgehensweise ergeben. Weitere praxisbezogene Erfahrungsberichte finden sich bei FLANAGAN & BURNS 1955 sowie KIRCHNER & DUNETTE 1967. Beispiele für Erhebungsbögen zur Gewinnung kritischer Ereignisse sind in BOX 4.3 sowie bei FRIELING (1974, S. 61), NEUBERGER (1974, S. 60ff) und KOMPA (1984, S. 46) abgedruckt. Mit den psychometrischen Qualitäten des Verfahrens, insbesondere seiner Reliabilität und Validität, haben sich ANDERSSON & NILSSON 1964 kritisch auseinandergesetzt.

Box 4.3: Konstruktion eines Beurteilungssystems in der Praxis

Vorgeschichte

Ende 1991 liegt in der Sparkasse einer bayerischen Kleinstadt eine hohe *Unzufriedenheit* der MitarbeiterInnen mit dem bestehenden System der Personalbeurteilung (PB) vor: es handelt sich dabei um ein standardisiertes, eigenschaftsorientiertes Einstufungsverfahren der Beurteilung, das vom Landesgiroverband unverändert übernommen wurde. Eine im gleichen Jahr durchgeführte Mitarbeiterbefragung zeigt, daß die MitarbeiterInnen die verwendeten Beurteilungskriterien als zu abstrakt, irrelevant und unzutreffend für den jeweils eigenen Arbeitsbereich empfinden. Vom Sparkassenvorstand ergeht daher ein Votum zur Gründung eines Projektteams, das den Auftrag erhält, ein hausspezifisches, maßgeschneidertes System der PB zu entwickeln, um die Defizite in den Bereichen der Relevanz und der Akzeptanz des alten Beurteilungsverfahrens aufzuheben.

Definition von Arbeitszielen und -schritten

In seiner ersten Sitzung im Juli 1992 legt das Projektteam nicht nur allgemeine Zielsetzungen der Zusammenarbeit fest, sondern plant auch die weitere Vorgehensweise, mit der die Relevanz und Akzeptanz des projektierten neuen Verfahrens der PB gewährleistet werden sollen:

- *Relevanz*: Durch die "Critical-Incident"-Methode sollen arbeitsplatzspezifische Verhaltensweisen erfaßt werden, die den Erfolg bzw. Mißerfolg der konkreten Arbeitsdurchführung beeinflussen.
- *Akzeptanz*: Die Perspektive der MitarbeiterInnen wird zur Grundlage der Verfahrenskonstruktion gemacht; es wird eine Mitarbeiterbefragung durchgeführt; die Konstruktion des neuen Verfahrens der PB wird im Projektteam selbst als Personalentwicklungs-Maßnahme angesehen; das Projektteam informiert alle MitarbeiterInnen der Sparkasse regelmäßig über seine Arbeitsschritte und sucht den aktiven Informationsaustausch mit ihnen (z.B. Aufruf zur Mitarbeit, Bekanntmachung von AnsprechpartnerInnen des Projektteams).

Erste Erhebungswelle (Juli 1992)

60 ausgewählte MitarbeiterInnen der Sparkasse werden mit Anschreiben und vorgedrucktem Formular gebeten, über je 10 kritische (5 positive, 5 negative) Ereignisse am Arbeitsplatz zu berichten. Im Begleitschreiben wird als kritisches Ereignis jede Handlung bezeichnet, die zum Tätigkeitsbereich eines Mitarbeiters gehört und das Arbeitsergebnis in positiver oder negativer Weise beeinflußt hat, m.a.W.: eine Handlung, für die man von Vorgesetzten im allgemeinen gelobt oder getadelt wird. Das Erhebungsschema ist wie folgt aufgebaut:

Bitte unterstreichen Sie zunächst die zutreffenden Aussagen:
Position:
a) Markt/Stab/Azubi/Ausbilder[14]
b) Beurteiler/Beurteilter

Kritisches Ereignis: positiv/negativ
Berücksichtigen Sie bei der Schilderung des kritischen Ereignisses bitte die folgenden Fragen:

---

[14] Auf Wunsch der Mitglieder des Projektteams wurde auf die explizite Anführung der weiblichen Form verzichtet.

Kapitel 4

1. Wann geschah das Ereignis?
2. Womit war ihr Mitarbeiter zu dieser Zeit beschäftigt?
3. Welches Verhalten des Mitarbeiters hat zur Effektivität bzw. Ineffektivität der Arbeitsgruppe beigetragen?
4. Welche Ursachen haben nach Ihrer Meinung dazu geführt, daß der Mitarbeiter dieses Verhalten gezeigt hat?
5. Was waren die Folgen des kritischen Ereignisses?

Darstellung des kritischen Ereignisses: (Raum für Notizen)

Eine erste Auswertung führt zu einer groben Kategorisierung von Tätigkeiten, die jedoch unbefriedigend bleibt, weil - gemessen an der Anzahl der BefragungsteilnehmerInnen - trotz der hohen Rücklaufquote von 73% als Basis nur 151 kritische Ereignisse zur Verfügung stehen; das hängt damit zusammen, daß die TeilnehmerInnen im Durchschnitt nur etwa 3 bis 4 anstelle der gewünschten 10 kritischen Ereignisse geschildert haben. Recherchen des Projektteams ergeben, daß sich viele MitarbeiterInnen aufgrund einer zuvor durchgeführten Untersuchung zum Sparkassenleitbild und der gerade vorgenommenen, teilweise tiefgreifenden Veränderungen in der Organisationsstruktur überfordert gefühlt hatten.

Zweite Erhebungswelle (August 1992)

In einem zweiten Durchgang wird daher versucht, nochmals zusätzliche MitarbeiterInnen durch "Nachfassen" für die Befragung zu gewinnen. Diese Aktion ist erfolgreich, da insgesamt weitere 31 kritische Ereignisse für die Analyse von Tätigkeiten und Anforderungsmerkmalen gewonnen werden können.

Die Auswertung der kritischen Ereignisse erfolgt in mehreren aufeinanderfolgenden Schritten durch Bündelung und Kategorisierung der konkreten Angaben auf den Erhebungsbögen zu abstrakteren Oberkategorien. Zunächst wird versucht, die geschilderten Ereignisse jeweils auf ihre Kernaussage zu reduzieren. Bei der Einordnung der Kernaussagen in Kategorien dient der Tätigkeitskatalog, der auf der Basis der ersten Befragung erstellt worden war (Teilfrage 2 des "Critical-Incident"-Formulars), als Orientierungshilfe. Beim sukzessiven Zusammenfassen der Einzelaussagen müssen immer wieder Unstimmigkeiten beseitigt, Überschneidungen aufgehoben, Zuordnungen neu getroffen werden. Im Verlauf der Arbeit entstehen drei aufeinander aufbauende Kategoriensysteme, die sich im Abstraktions- bzw. Differenzierungsgrad voneinander unterscheiden, aber ineinander überführbar bleiben, wobei das dritte Kategoriensystem die höchste Abstraktionsstufe einnimmt. (Beispiel: Zur Oberkategorie "Kundenkontakt" gehören z.B. die Unterkategorien "Allgemeiner Umgang mit Kunden" und "Umgang mit Kundenbeschwerden", zu "Allgemeiner Umgang mit Kunden" gehören z.B. die Kernaussagen "Kunde wird aktiv über Möglichkeiten der Geldanlage informiert" oder "Bei Umschichtung von Festgeld wird die Zielplanung beachtet"; zu "Umgang mit Kundenbeschwerden" gehören z.B. "Lehnt Kundenwunsch nach Krediterhöhung ohne Hinweis auf Alternativen ab" oder "Leitet schwierigen Kunden in freundlicher Form an Anlageberater weiter").

Wichtige Ergebnisse der Zusammenfassung der Einzelaussagen zu Oberkategorien bestehen darin, daß
- die Trennung von Markt- und Stabsabteilungen obsolet wird, da es nicht genügend trennscharfe Tätigkeitsbeschreibungen gibt;
- für Azubis keine besonderen Tätigkeitsmerkmale identifiziert werden können (Azubis werden hinsichtlich der gleichen Tätigkeiten nur behutsamer beurteilt als die anderen MitarbeiterInnen der Sparkasse);
- keine Tätigkeitsmerkmale auszumachen sind, die man insbesondere zur Beschreibung von Führungsaufgaben verwenden könnte;

- die Basis der Einzelaussagen nicht hinreichend groß und zu heterogen ist, um sie zur Definition von einheilichen Bewertungsmaßstäben, d.h. zur verbalen Verankerung einer Urteilsskala, heranziehen zu können.

Im Abgleich mit den Aufgabenverteilungsplänen (AVP) der Sparkasse ergeben sich nach Diskussion im Projektteam folgende bereichsübergreifende Kategorien (Oktober 1992):

- *Kundenkontakt*: alle Tätigkeiten, bei denen der direkte Umgang mit KundInnen im Vordergrund steht;
- *Sachbearbeitung*: gleiche oder ähnliche Tätigkeiten, die sich auf die routinemäßige Erledigung von Sachaufgaben beziehen;
- *Teamverhalten*: alle Tätigkeiten, die auf die Gestaltung kooperativer Arbeitsbeziehungen zwischen MitarbeiterInnen gerichtet sind;
- *Führungsverhalten*: alle Tätigkeiten, mit denen Vorgesetzte das Verhalten der MitarbeiterInnen im Sinne der Organisationsziele beeinflussen;
- *Mitunternehmerisches Verhalten*: alle Tätigkeiten, in denen MitarbeiterInnen in selbständiger und engagierter Weise für die Realisierung der Sparkassenziele eintreten ("Unternehmer im Unternehmen");
- *Sonstige Tätigkeiten*: Restkategorie für Tätigkeiten, die sich keiner der oben genannten Kategorien zuordnen lassen.

Das Projektteam kommt zu der Auffassung, daß die extrahierten Kategorien für die spätere Anwendung des Beurteilungssystems noch zu vage und zu abstrakt sind. Die Handhabung der Kategorien könnte durch jeweils typische Beispiele wesentlich erleichtert werden; da die über die beiden Mitarbeiterbefragungen gewonnenen Basis- bzw. Kernaussagen für diesen Zweck jedoch zu konkretistisch und detailverhaftet sind, wird eine dritte und letzte Befragung geplant.

Dritte Erhebungswelle (November 1992)

In der dritten Erhebungswelle werden ausgewählte MitarbeiterInnen der Kreissparkasse über die gewonnenen Oberkategorien informiert und gebeten, Beipiele aus ihrem Arbeitsbereich zu nennen und auf Metaplan-Kärtchen zu schreiben, durch die sich die Kategorien mit Inhalt füllen lassen. Im Arbeitskreis werden die eingegangenen Vorschläge der MitarbeiterInnen nach der Metaplan-Methode sortiert und gruppiert, so daß im Ergebnis eine Festlegung der noch fehlenden Unterkategorien erfolgen kann. Aufgrund der Befragungsergebnisse ergibt sich zudem eine neue Aufteilung der Kategorien:

- *Vorbildfunktion*: alle Tätigkeiten, die beispielhaftes Verhalten beinhalten, das von anderen MitarbeiterInnen nachgeahmt werden soll;
- *Arbeitsmethoden und -techniken*: alle Tätigkeiten, die dazu beitragen, die vorhandene Arbeit organisatorisch zu ordnen und fristgerecht zu erledigen;
- *Weitere wichtige Tätigkeiten (lt. Stellenbeschreibung)*: ersetzt die Kategorie "Sachbearbeitung" (s.o). Der Punkt "Sachbearbeitung" weist eine enorme Heterogenität in den Unterkategorien auf, so daß vom Projektteam beschlossen wird, daß die Tätigkeitsmerkmale während der Beurteilung von Vorgesetzten und MitarbeiterInnen gemeinsam definiert und periodisch neu angepaßt werden sollen (z.B. in Anlehnung an die - teilweise noch zu verfassenden - Stellenbeschreibungen);
- *Sonstige Anmerkungen*: ersetzt die Kategorie "Sonstige Tätigkeiten". Hier können sowohl sonstige Tätigkeiten (s.o.) eingetragen als auch Anmerkungen gemacht werden, die sich auf das Zustandekommen der beurteilten Leistungen beziehen.

Weitere Arbeitsschritte im Jahr 1993:

In den folgenden Sitzungen des Projektteams werden erarbeitet:
- Modalitäten der Beurteilungsdurchführung (z.B.: Wer mit wem? Aus welchem Anlaß? Ablauf?);
- die Beurteilungsskala;

Kapitel 4

- Beurteilungskriterien für Auszubildende (in Anlehnung an wissenschaftliche Literatur und Praxisbeispiele);
- Beurteilungskriterien für Führungskräfte (in Anlehnung an wissenschaftliche Literatur und Praxisbeispiele);
- der Gesamtaufbau des Beurteilungsbogens;
- die Evaluation des neuen Beurteilungsverfahrens.

Nach den "ermutigenden" Ergebnissen der Evaluation des neuen Verfahrens durch eine kleine Stichprobe von MitarbeiterInnen (n = 6) erfolgt gegen Ende des Jahres die Präsentation des Beurteilungssystems beim Vorstand. Dieser nimmt - für das Projektteam unerwartet - eine Zielkorrektur vor und wünscht eine Verschiebung der Akzentsetzung vom "Mitarbeitergespräch" zur standardisierten "Leistungsbeurteilung". Damit werden folgende Änderungen am PB-System erforderlich:

- eine klarer operationalisierte, formalisierte *Leistungsbeurteilung* zu personalpolitischen Zwecken;
- eine umfassender ausgearbeitete, strukturierte Unterlage für das *Fördergespräch* als Instrument der Personalentwicklung;
- die Erhaltung der *Handhabbarkeit* des Verfahrens trotz der genannten Erweiterungen, was eine Reduzierung des Umfangs der Führungskräfte-Beurteilung und den Verzicht auf eine gesonderte Azubi-Beurteilung erforderlich macht.

Weitere Arbeitsschritte im Jahr 1994:

In den folgenden Sitzungen ist das Projektteam damit beschäftigt, die vom Vorstand ergangenen Auflagen zu erfüllen:

- die Leistungsbeurteilung wird auf eine sechsstufige Skala mit Extremtyp-Beschreibungen gestützt, wobei die "weiteren wichtigen Tätigkeiten" nicht mehr separat aufgeführt, sondern zusammenfassend mit dem Kriterium *Arbeitsergebnis* beurteilt werden sollen; aufgenommen wird zusätzlich das Kriterium *Lernverhalten und Interesse*, das bis dahin nur für die Beurteilung der Azubis in Erwägung gezogen wurde; damit ergibt sich in der Anordnung des Beurteilungsbogens abschließend folgende Liste von Beurteilungskriterien: Arbeitsergebnis, Kundenkontakt, Arbeitsmethoden, Teamverhalten, Mitunternehmerisches Verhalten, Vorbildfunktion, Lernverhalten und Interesse;
- der Teil "Fördermaßnahmen" (ursprünglich eine halbe Seite im Beurteilungsbogen) wird auf zwei Seiten erweitert, die sich in "Rückschau", "Zukunftsplanung" und "Konkrete Maßnahmen" untergliedern;
- der vierseitige Beurteilungsbogen für Führungskräfte wird auf zwei Seiten (Einlegeblatt) gekürzt.

Mit der überarbeiteten Version des Beurteilungssystems ist der Vorstand - abgesehen von kleinen "redaktionellen" Änderungsvorschlägen - einverstanden. Mitte 1994 liegt damit nach zweijähriger Zusammenarbeit und insgesamt 14 Sitzungen des Projektteams das Endergebnis vor. Mit der Fertigstellung eines Bedienerhandbuchs durch zwei Teilnehmer des Projektteams ist das neue Beurteilungssystems reif für die Anwendungsphase, die mit Schulungsmaßnahmen der BeurteilerInnen beginnen soll.

4.4.2.2 Typen von Leistungskriterien

GAUGLER u.a. 1978 haben in ihrer empirischen Untersuchung 102 Beurteilungsverfahren untersucht und dabei 1232 Beurteilungsmerkmale identifiziert, die sie 6 großen Gruppen zuordnen:

1) Leistungsergebnismerkmale (Quantität, Qualität);
2) Qualifikationsmerkmale (Fähigkeiten, Fertigkeiten);
3) Verhaltensmerkmale (bezogen auf die Arbeitstätigkeit);
4) Persönlichkeitsmerkmale (körperlich, geistig, andere);
5) Führungsmerkmale (Vorgesetztenverhalten);
6) Potentialmerkmale (mögliche Qualifikationen).

Die AutorInnen empfehlen, nur die Kriterien vom Typ (1)-(3) zur Beurteilung heranzuziehen, da bei ihnen der Bezug zu beobachtbaren Leistungen noch am deutlichsten erkenntlich sei. So lassen sich *Leistungsergebnisse* nach Menge und Güte relativ genau beurteilen, und auch für *Qualifikationen* im Sinne eines Leistungsinputs können akzeptable Indikatoren definiert werden. Bei den *Verhaltensmerkmalen* ist die Nähe zur unmittelbaren Beobachtung besonders evident, doch dürfen keine Kriterien verwendet werden, die bereits in der Arbeitsbewertung enthalten sind, da ansonsten die Unabhängigkeit der Leistungsbeurteilung nicht mehr gewährleistet ist und sich Bewertungsfehler multiplizieren können. *Potentialmerkmale*, mit denen Aussagen über die Entwicklungsfähigkeit und - damit verbunden - über mögliche spätere Verwendungen des Arbeitsvermögens gemacht werden sollen, sind sehr schwer zu beurteilen. Wenn schon vorhandene Qualifikationen nicht direkt beobachtbar sind, sondern aus dem Umweg über beobachtbares Verhalten erschlossen werden müssen, dann ist die Stringenz der Schlußfolgerung im Hinblick auf Potentiale, d.h. Qualifikationen, die sich erst in der Zukunft realisieren können, erst recht in Frage zu stellen. Ein weiterer Einwand besteht darin, daß die Brauchbarkeit der Potentialbeurteilung stark von den zukünftigen Anforderungen einer Stelle abhängig ist, die kaum vorhergesehen werden können (vgl. Abschnitt 4.4.7). Auch *Persönlichkeitsmerkmale* sind Konstrukte, die kaum überprüfbar und nur mit mangelhafter Objektivität "meßbar" sind; darüber hinaus ist die Anwendung von Persönlichkeitstests auch ethisch bedenklich, weil sie als Eingriff in die Privatsphäre der Beurteilten interpretiert werden können, wenn die Persönlichkeitsmerkmale den klaren Bezug zur Leistungsthematik vermissen lassen (vgl. dazu die Argumentation des "Testknackers"; VON PACZENSKY 1974). Auch das sog. *"Führungsverhalten"* ist schlecht definiert, so daß seine Beschreibung und Bewertung zwischen verschiedenen BeurteilerInnen enorm variiert; im Durchschnitt kann man nur etwa 30% der Beobachtungsvarianz den Merkmalen der beobachteten Führungskraft selbst zuschreiben, während der Rest als Fehlervarianz anzusehen ist (ein Überblick über die verschiedenen empirischen Befunde zur Messung des Führungsverhaltens ist enthalten in SCHETTGEN 1991, S. 54ff; zur Interpretation der hohen Fehlervarianz s.

Kapitel 4

NEUBERGER 1990, S. 135ff). Die Durchführung sog. "Aufwärtsbeurteilungen" ist daher aus methodischen Gründen prinzipiell fragwürdig, weil die gewonnenen und an die Vorgesetzten meist anonym zurückgemeldeten Mittelwerte hinsichtlich ausgewählter Führungsmerkmale noch nichts über die zugrundeliegende hohe Streuung der Urteile verraten; Objektivität und Stabilität von Führungsmerkmalen sind empirisch nicht abgesichert.

4.4.2.3 Anforderungen an Leistungskriterien

LATTMANN (1975, S. 56f) hat eine Reihe von Anforderungen formuliert, die nach seiner Auffassung von Beurteilungskriterien erfüllt werden müssen:

- *Erheblichkeit* (für die Leistung wesentlich);
- *Vollständigkeit* (bezogen auf den gesamten Leistungsbereich);
- *Unabhängigkeit* (keine Überlappungen/Überschneidungen);
- *Unterscheidbarkeit* (klare Konturen und Differenzen);
- *Allgemeingültigkeit* (auf alle Beurteilten anwendbar);
- *Beobachtbarkeit* (konkretes Verhalten und Ergebnisse);
- *Anwendbarkeit* (erkennbare und bestimmbare Leistung);
- *Verstehbarkeit* (erfaßbar und für sinnvoll erachtet);
- *Eindeutigkeit* (präzise Beschreibung).

Der formale Charakter der hier aufgestellten Ansprüche läßt leicht übersehen, daß mit ihrer Einlösung zahlreiche Interpretationsprobleme verbunden sind (z.B.: Was ist eine wesentliche Leistung? Wodurch kann sie bestimmt werden? Wie kann man den gesamten Leistungsbereich oder einzelne, wesentliche Leistungen abgrenzen?). Außerdem stehen die einzelnen Anforderungen in widersprüchlichem und konfliktvollem Verhältnis zueinander. Das wird besonders deutlich bei den Anforderungen an Vollständigkeit *und* Unabhängigkeit der Beurteilungskriterien: Der Vollständigkeit halber müßte man möglichst viele Kriterien in die Beurteilung einbeziehen; damit wird es jedoch immer schwieriger, die Unabhängigkeit der Beurteilungsmerkmale aufrechtzuerhalten. Eine weitere Schranke der Rationalität des Vorgehens ist daran ersichtlich, daß BeurteilerInnen im allgemeinen nur 3-5, mit Training etwa bis zu 10 Merkmale voneinander unterscheiden können (vgl. NEUBERGER 1980). Bei den in der Praxis tatsächlich eingesetzten Beurteilungsverfahren streut die Anzahl der Merkmale zwischen 3 und 40 (NEUBERGER 1980; ZANDER & KNEBEL 1980, S. 19ff; BECKER 1992, S. 262), der Mittelwert liegt etwa bei 12 (BATZ & SCHINDLER 1983).

4.4.3 Verfahren der Personalbeurteilung

Die folgenden Ausführungen orientieren sich an der sehr informativen Beschreibung von Beurteilungsverfahren in BECKER (1992, S. 252ff) und der didaktisch geschickt aufgebauten Klassifikation von Beurteilungssystemen nach HELM, FROITZHEIM & RIESENKÖNIG (1977, S. 22); ergänzende Angaben wurden einem Sammelreferat von SCHULER 1989 entnommen. Die gewählte Klassifikation der Verfahren verwendet als Gruppierungskriterium die unterschiedliche Darstellungsform der Leistungsurteile; in der Praxis ist allerdings davon auszugehen, daß Mischformen der Darstellung häufiger auftreten als die hier beschriebenen "reinen" Typen. Die jeweiligen Vor- und Nachteile der Verfahren werden im folgenden vergleichsweise knapp skizziert, da sich eine Kritik der Verfahren hier nicht auf willkürlich ausgewählte Aspekte der Brauchbarkeit, sondern hauptsächlich auf systematische, theoretische Erwägungen stützen soll. Wer den detaillierten Anwendungsmöglichkeiten und -grenzen der Verfahren genauer auf den Grund gehen möchte, sei einmal mehr auf BECKER (1992, S. 274ff) verwiesen. Eine systematische Auseinandersetzung mit den Verfahren der Personalbeurteilung findet aus kontrolltheoretischer Perspektive weiter unten in diesem Kapitel statt (Abschnitt 4.4.5).

4.4.3.1 Freie Verfahren

Die freien Verfahren ("freie Eindrucksschilderungen", "freie Beurteilungen") beinhalten sprachlich und formal ungebundene Schilderungen beurteilungsrelevanter Aspekte, die durch vorgegebene Merkmale mehr oder weniger stark vorstrukturiert sein können. Den Vorteilen eines geringen Konstruktionsaufwands und der Möglichkeit zu differenzierten, spezifisch auf die jeweiligen MitarbeiterInnen abgestimmten Urteilen stehen gravierende Nachteile gegenüber: Art und Länge der Beurteilung werden nur durch die Formulierungsfreude und -fähigkeit der BeurteilerInnen limitiert, deren Beurteilungsabsichten und -voreingenommenheiten ungehindert in den Text einfließen können. Außerdem ist nicht gewährleistet, daß die verfaßten Texte von allen InteressentInnen in gleicher Weise gelesen werden. Was bedeuten z.B. Aussagen wie "er war immer bemüht, seine Aufgaben ordnungsgemäß zu erledigen" oder "sie hat häufig ungewöhnliche Ideen"?

4.4.3.2 Gebundene Verfahren

Bei den gebundenen Verfahren ist die Urteilsdarstellung nicht dem freien Ermessen der BeurteilerInnen überlassen, sondern bewegt sich in einem durch Regeln bzw. Systematiken mehr oder weniger streng abgefaßten Rahmen.

Kapitel 4

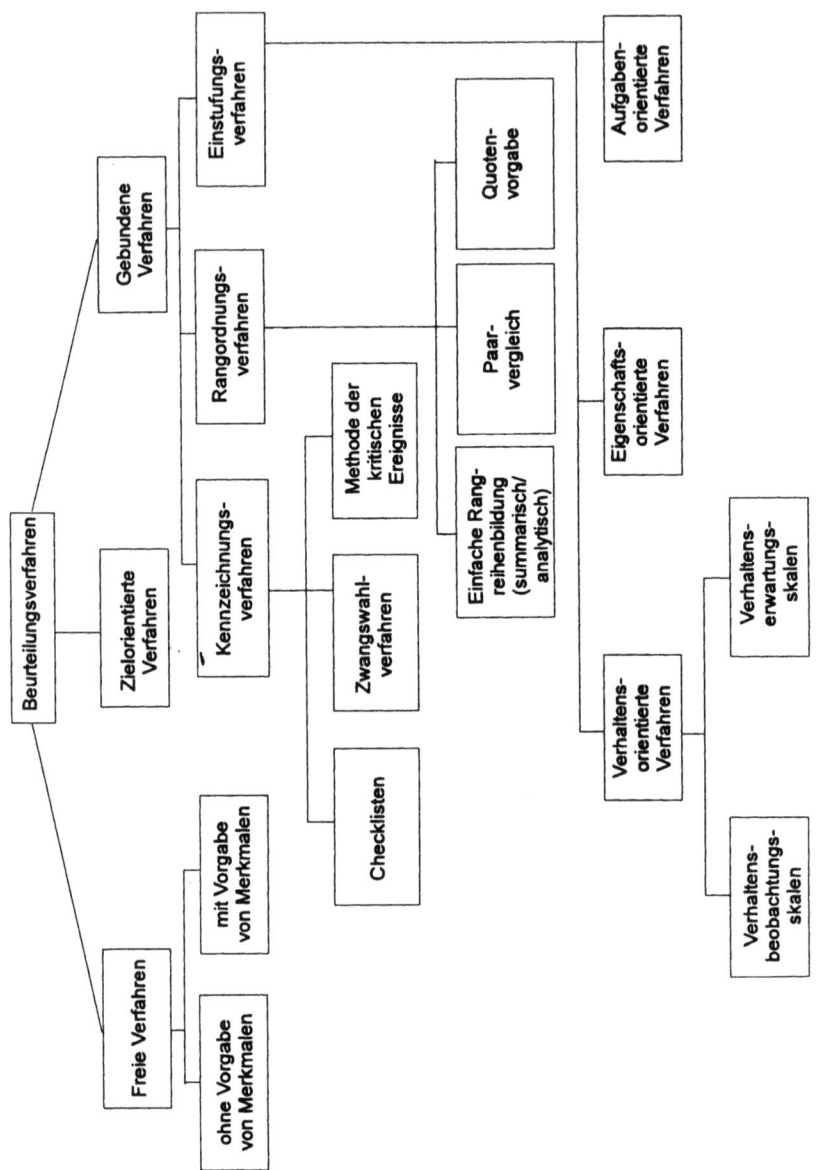

Abb. 4.10 Übersicht über Verfahren der Personalbeurteilung
(modifiziert nach HELM, FROITZHEIM & RIESENKÖNIG 1977)

4.4.3.2.1 Kennzeichnungsverfahren

Bei diesem Verfahren müssen die BeurteilerInnen nur angeben, ob bestimmte Merkmale auf die Beurteilten zutreffen: "ja" oder "nein"? Aufgrund der dichotomen Fragestellung erlaubt das Verfahren zwar eine unmittelbare Auswertung und Skalierung der einzelnen Aussagen, läßt aber keine Rückschlüsse über Rangordnungen oder Differenzen zwischen verschiedenen MitarbeiterInnen hinsichtlich eines Merkmals (d.h. genauer: einer Position der Checkliste) zu. Man unterscheidet drei Verfahrenstypen (vgl. dazu Abb. 4.11):

(1) *Checklisten* ("Freiwahl-Verfahren", "Gemischte Aussagenlisten mit freier Wahl") stellen Kataloge aus Eigenschaftswörtern oder kurzen Verhaltensbeschreibungen dar, von denen angenommen wird, daß sie für die Leistung am Arbeitsplatz mehr oder weniger erheblich sind (die Merkmale werden im allgemeinen mit der Methode der kritischen Ereignisse gewonnen; vgl. Abschnitt 4.4.2.1). Die Listen sind deshalb gemischt, weil BeurteilerInnen und Beurteilte über die Gewichtung der einzelnen Aussagen im Rahmen der Leistungsbewertung im unklaren gelassen werden sollen. Die Aufgabe der BeurteilerInnen besteht nur in der Auswahl passender Beschreibungen; die Bewertung wird später an anderer Stelle zentral vorgenommen (z.B. in der Personalabteilung). Nachteile des Verfahrens bestehen im großen Interpretationsspielraum für die vorgegebenen Aussagen, der bei Beschreibungen in Termini von *Verhalten* allerdings geringer ausfällt als bei der Verwendung von *Eigenschafts*begriffen (dasselbe Verhalten einer Mitarbeiterin kann auf der Eigenschaftsebene z.B. als "offenherzig", "übermütig" oder gar "frech" bezeichnet werden). Da Beurteilte und BeurteilerInnen nicht erfahren, wie die einzelnen Aussagen zu übergeordneten Leistungsmerkmalen zusammengefaßt werden, bleibt bei ihnen ein Unbehagen aufgrund der mangelnden Durchschaubarkeit des Verfahrens bestehen. Ein weiteres Problem des Verfahrens liegt darin, daß die durchdringende Tendenz zur Beschönigung von Urteilen nicht kontrolliert werden kann: Man kreuzt im allgemeinen lieber diejenigen Aussagen an, die sozial erwünschte Verhaltensweisen bzw. Eigenschaften enthalten.

(2)*Zwangswahlverfahren* ("forced-choice method", "Wahlzwang"-Verfahren, "Gruppierte Aussagenliste mit Wahlzwang") stellen verschiedene Aussagen nach dem Grad ihrer sozialen Erwünschtheit in separaten Blöcken zusammen, um die "Schönfärberei" zu kontrollieren. Die BeurteilerInnen werden angehalten, sich unter zwei oder mehreren Alternativen, die alle den gleichen oder zumindest ähnlichen Grad sozialer Erwünschtheit bzw. Unerwünschtheit aufweisen, für die am besten zutreffende Alternative zu entscheiden. Aufgrund der besonderen Verfahrenskonstruktion ist der Entwicklungsaufwand größer als bei den einfachen Checklisten; die Bedenken bleiben aber auch hier wegen der mangelnden Transparenz der Verfahren bestehen, weil nach wie vor nur den Verfahrenskonstrukteuren bekannt ist, welche von sozial gleichermaßen erwünschten Aussagen in einem gegebenen Fall für eine gute Aufgabenerfüllung jeweils bedeutsamer anzusehen ist. Der Widerstand gegen die

Beispiel aus einer Liste mit Eigenschaftswörtern

Der Mitarbeiter ist	
☐ hilfsbereit	☐ übermütig
☐ zerstreut	☐ bescheiden
☐ frech	☐ distanziert
☐ reif	☐ kollegial
☐ unstet	☐ aufgeweckt
☐ höflich	☐ eifrig
☐ zurückhaltend	☐ ruhig

Beispiel aus einer Liste mit Verhaltensbeschreibungen

Der Mitarbeiter
☐ hält jeden Termin ein
☐ hat Schwierigkeiten, verschiedene Aufgaben zu koordinieren
☐ reagiert empfindlich auf Kritik
☐ arbeitet mehr als verlangt
☐ findet in fremder Umgebung nicht leicht Kontakt
☐ kommt zu Sitzungen manchmal zu spät
☐ arbeitet auch unter Zeitdruck fehlerfrei
☐ hat wichtige Unterlagen griffbereit
☐ gerät leicht in Aufregung
☐ hält auch sehr detaillierte Richtlinien ein
☐ schreibt übersichtlich gegliederte Berichte

Beispiel aus einer Liste mit Wahlzwang

Der Mitarbeiter	
☐ arbeitet sehr konzentriert	☐ arbeitet mehr als verlangt
☐ macht Verbesserungsvorschläge	☐ hält Termine ein
☐ hat manchmal Ärger mit Vorgesetzten	☐ arbeitet lieber allein
☐ schließt sich schnell einer Meinungsbildung an	☐ handelt gern nach Richtlinien
☐ zögert Entscheidungen hinaus	☐ äußert Diskussionsbeiträge, die am Thema vorbeigehen
☐ ist hilfsbereit zu Kollegen	☐ nimmt auch unangenehme Arbeiten bereitwillig auf sich
☐ verrechnet sich oft	☐ trägt häufig unordentliche Kleidung

Abb. 4.11 Typen von Kennzeichnungsverfahren
(nach HELM, FROITZHEIM & RIESENKÖNIG [1977, S. 23f])

Verfahrensweise dürfte sogar noch wachsen, weil es vorkommen kann, daß keine der angebotenen Alternativen zutrifft, man sich aber trotzdem für eine entscheiden muß.

(3) *Methode der kritischen Ereignisse* ("Critical Incident"-Methode, "CIT"): Diesem Verfahren liegt die Annahme zugrunde, daß bestimmte ("kritische") Verhaltensweisen über den Erfolg oder Mißerfolg der Aufgabenerfüllung entscheiden (vgl. Abschnitt 4.4.2.1). Über Mitarbeiterbefragungen und nachfolgende Bewertungen der erhobenen kritischen Ereignisse durch ArbeitsplatzexpertInnen lassen sich Klassifikationsschemata erstellen, die mit den in ihnen enthaltenen Informationen entweder zur Konstruktion ausgefeilterer Verfahren dienen (z.B. der oben erwähnten Checklisten und Zwangswahlverfahren) oder aber bereits in der bestehenden Form zur Beurteilung herangezogen werden. Im letztgenannten Fall sollen die BeurteilerInnen in einer definierten Leistungsperiode durch regelmäßige Beobachtungen des Aufgabenvollzugs die wahrgenommenen Verhaltensweisen in ein Raster leistungsrelevanter Verhaltensbeschreibungen einordnen, das über die Aufnahme kritischer Ereignisse erstellt wurde. Durch die sich im Zeitablauf bildenden Häufigkeitsverteilungen über bestimmte Ereignisse hinweg kann man zusammenfassende Beurteilungen erhalten, indem die Summe der negativen von der Summe der positiven Eintragungen subtrahiert wird (nachdem evtl. Gewichtungen berücksichtigt wurden). Vorteile des Verfahrens liegen im klaren Anforderungs- und Verhaltensbezug, der gewährleistet, daß die Urteile stärker auf berufswichtige Tatsachen und weniger auf vorgefaßte Meinungen abheben. Nachteile bestehen in der Zufallsabhängigkeit der laufenden Beobachtungen und Eintragungen, die bei den Beurteilten zudem das Gefühl ständiger Überwachung hervorrufen ("schwarze Listen", "Kontrollakten") und damit das Betriebsklima beeinträchtigen können. Aus der Unterschiedlichkeit der zufällig registrierten Sachverhalte ergeben sich Standardisierungs- und Vergleichsprobleme, so daß die Beobachtungsergebnisse im allgemeinen nicht als einheitliche Bezugsbasis für die Entgeltdifferenzierung taugen.

4.4.3.2.2 Rangordnungsverfahren

Beim Rangordnungsverfahren werden die Beurteilten hinsichtlich ihrer Leistung in eine Rangfolge eingegliedert. Mit diesem Verfahren kann zwar nicht garantiert werden, daß jede Person den "richtigen" Rangplatz erhält, aber man kann durch die relativen Positionierungen verhindern, daß die Gesamtgruppe besser bewertet wird (aufgrund einer durchgängigen Tendenz zu milden Urteilen) als es der persönlichen Einschätzung der BeurteilerInnen entspricht. Drei verschiedene Verfahrenstypen sind zu unterscheiden:

(1) *Einfache Rangreihenbildung* ("method of rank order"): Bei der Aufstellung einer *summarischen* Rangordnung werden die zu beurteilenden Personen nach dem globalen Kriterium der "Leistung" in ihrer Gesamtheit bewertet und auf einer Ordinalskala gereiht. Praktisch geht man dabei häufig so vor, daß zunächst die leistungsbesten

und die -schlechtesten MitarbeiterInnen die Enden der Rangskala besetzen, es folgen die zweitbesten und -schlechtesten usw., bis alle Rangplätze zur Mitte hin vergeben sind. Bei der Aufstellung einer *analytischen* Rangordnung werden zunächst verschiedene Leistungskriterien differenziert und für jedes Kriterium separate Rangordnungen ermittelt. Die endgültige Rangreihe der Beurteilten ergibt sich durch die Addition der verschiedenen Rangplatzzuteilungen (evtl. nach einer entsprechenden Gewichtung) über die einzelnen Kriterien hinweg.

(2) *Paarvergleich*: Die Methode des Paarvergleichs wurde bereits bei der Behandlung arbeitsanalytischer Rangfolgeverfahren en detail beschrieben (vgl. Abschnitt 3.4.4.2.1 und Abb. 3.7) und braucht daher hier nicht weiter vertieft zu werden. Der Paarvergleich ist geeignet, den Vorgang der Rangreihenbildung zu systematisieren und auf diese Weise die innere Konsistenz der Rangordnung gründlicher abzusichern. Nachteilig wirkt sich allerdings aus, daß das Verfahren aufgrund des hohen Durchführungsaufwands nur bei kleinen, überschaubaren Beurteilungsgruppen angewandt werden kann (bei 20 MitarbeiterInnen z.B. werden schon bei einem Beurteilungsmerkmal 190 Paarvergleiche erforderlich!).

(3) *Quotenvorgabe*: Bei der Quotenvorgabe ("Verfahren der erzwungenen Verteilung") erfolgt die Einstufung in eine Rangordnung durch die verbindliche Setzung einer Verteilung (z.B. sollen jeweils 10%, 20%, 40%, 20%, 10% der MitarbeiterInnen insgesamt 5 Skalenstufen zugeordnet werden). Durch die Quotenvorgabe sollen typische Beurteilungsfehler, wie z.B. Mittelwerts- und Streuungstendenzen, kontrolliert werden. Problematisch ist allerdings die a-priori-Klassifikation in wenige gute, wenige schlechte und viele mittelmäßige MitarbeiterInnen, die im Grunde ein Vor-Urteil darstellt und mit den tatsächlichen Verhältnissen in der Beurteilungsgruppe nichts zu tun haben muß (wie will man z.B. homogene Einzelleistungen in einer Arbeitsgruppe mit diesem Verfahrenstyp beurteilen?). Es kommt hinzu, daß die gruppenspezifische Etablierung von Rangordnungen keine Vergleichbarkeit der Urteilsergebnisse über verschiedene Gruppen hinweg ermöglicht: Wenn jemand z.B. in einer leistungsschwachen Gruppe in der Rangordnung ganz oben steht, könnte er in einer leistungsstarken Gruppe in die Mitte oder sogar ans Ende der Rangskala abrutschen.

Die Rangordnungsverfahren stoßen bei BeurteilerInnen und Beurteilten im allgemeinen nur auf geringe Akzeptanz, weil die Leistungsurteile für ein spezifisches, motivations- und lernförderndes Feedback zu grob sortiert sind und in ihrer Anordnung zum "Nullsummenspiel" ("eine Person kann nur auf Kosten der anderen 'gewinnen'") Rivalitäten und Konkurrenzverhalten provozieren.

4.4.3.2.3 Einstufungsverfahren

Das Prinzip der Einstufungsverfahren besteht in der Zuordnung von Merkmalen der Arbeitsleistung und des Sozialverhaltens zu einer mehrstufigen Rangskala; der Protoyp eines solchen Einstufungsverfahrens ist - in einer humorvollen Variante - in

Abb. 4.12 abgedruckt. Die verschiedenen Ausprägungen der Merkmale sind meistens numerisch und/oder verbal verankert (Ausnahmen: grafische Schätzskala, die mit einer verdeckten Stufenfolge arbeitet, die erst bei der Auswertung mithilfe einer Schablone offengelegt wird; Kunin-Gesichterskala, die durch die bildhafte Wiedergabe mehr oder weniger freundlicher bzw. unfreundlicher Gesichtsausdrücke das Ausmaß der Zustimmung zu bzw. der Ablehnung einer Aussage signalisiert). Das häufigste Grundmuster der Stufenfolge ist eine numerisch ungerade Skala mit fünf Stufen, mit der man einen Kompromiß zwischen Überdifferenzierung und zu großem subjektiven Ermessensspielraum der Beurteilung anstrebt (da die Varianz der zu skalierenden Merkmale im allgemeinen unbekannt ist, kann über die Korrektheit der Stufenanzahl im Grunde keine Aussage getroffen werden). Will man Streuungstendenzen, hier insb. die Tendenz zur unreflektierten Verwendung der Skalenmitte, reduzieren, wählt man häufig eine gerade Stufenzahl. Die Aufgabe der BeurteilerInnen besteht darin, denjenigen Skalenpunkt zu wählen, der die leistungsrelevante Ausprägung der beurteilten Person am zutreffendsten wiedergibt. Die verschiedenen Merkmale können (scheinbar) ihrer Bedeutung entsprechend gewichtet und am Ende (wiederum scheinbar) zu einer Gesamtleistungskennziffer verrechnet werden (z.B. durch Summation, Mittelwertbildung). Je nach Art der verbalen Vorgabe lassen sich folgende Verfahrenstypen unterscheiden:

(1) *Eigenschaftsorientierte* Einstufungsverfahren: Bei diesen Verfahren werden als leistungsrelevant angesehene persönliche Eigenschaften der MitarbeiterInnen zum Gegenstand der Beurteilung erhoben, wobei ein kausaler Zusammenhang zwischen (einer Konfiguraton von) Eigenschaften und Leistung unterstellt wird (zur Problematik dieser Grundannahme vgl. NEUBERGER, CONRADI & MAIER 1985, S. 169ff). Da das offene Bekenntnis zur Eigenschaftsorientierung aufgrund der vehementen wissenschaftlichen Kritik auch in der Praxis mittlerweile verpönt ist, verwendet man - zumindest auf den ersten Blick - weitgehend unverfängliche verbale Ausdrücke, wie z.B. Hilfsbereitschaft, Pünktlichkeit, Arbeitsqualität und -einsatz (vgl. den Prototypen in Abb. 4.12). Dennoch ist hier grundsätzlich die gleiche Kritik wie bei den freien Verfahren anzubringen: Pauschale Eigenschaftsbegriffe sind immer mehrdeutig und können von den BeurteilerInnen unterschiedlich aufgefaßt werden; das betrifft insbesondere die Festlegung der Extremwerte einer Skala, die bei nicht-zählbaren Merkmalen nie ganz eindeutig vorgenommen werden kann, so daß die für die Beurteilung vorgesehene Bandbreite eines Merkmals möglicherweise verzerrt ist: Ist z.B. "sicher, selbstbewußt" als Gegenpol zu "unsicher, verängstigt" anzusehen - oder liegt es in der Mitte einer Skala, die auf der anderen Extremseite durch "überheblich, hochmütig" markiert wird? Darüber hinaus ist es mehr als fraglich, ob die BeurteilerInnen in der Lage sind, die Vielzahl ihrer konkreten Einzelbeobachtungen über einen längeren Beobachtungszeitraum hinweg (in der Regel mindestens ein Jahr) den wenigen übergreifend-abstrakten Merkmalen korrekt zuzuordnen. Diese Schwierigkeit zeigt sich noch dezidierter bei der Skalierung der Merkmale, weil hier die außerordentliche Vielfalt und Unterschiedlichkeit konkreter Arbeitsergebnisse und Handlungsweisen im Betrieb psychisch so zusammengefaßt, ge-

Kapitel 4

Prädikat: Merkmal:	überragend	tritt hervor	befriedigend	entspricht im wesentlichen den Anforderungen	entspricht nicht den Anforderungen
Arbeitsleistung	reißt Bäume aus	reißt sich ein Bein aus	reißt sich zusammen	reißt Kalenderblätter ab	reißt vor der Arbeit aus
Schnelligkeit	erreicht Lichtgeschwindigkeit	schnell wie ein Kugelblitz	schneller als Kegelkugel	schneller als Rumkugeln	schiebt eine ruhige Kugel
Durchsetzungsvermögen	durchbricht Stahlbeton	durchbricht Mauerwerk	durchbricht die Arbeit	bricht Bleistifte ab	bricht leicht zusammen
Belastbarkeit	erledigt alles gleichzeitig	erledigt jeden Widersacher	erledigt seine Arbeit sofort	ist sofort erledigt	erledigt sein Geschäft
Kommunikationsfähigkeit	spricht mit Gott und Ebenbürtigen	spricht mit sich selbst und Vorgesetzten	verspricht viel	verspricht sich oft	spricht guten Getränken zu
Geistige Fähigkeit	löst auf der Stelle jedes Problem	muß nachdenken, um Probleme zu lösen	hat mit Lösungen Probleme	löst Kreuzworträtsel	löst sich nur selten vom Fleck
Allg. u. dienstliches Wissen	weiß alles am besten	weiß über alles bescheid	weiß, was er falsch macht	weiß, wann Feierabend ist	weiß, wo gerade gefeiert wird
Führungsqualitäten	ist in allem führend	führt ein strenges Regiment	verführt zum Feiern	führt ein angenehmes Leben	braucht häufig Abführmittel
Verhalten gegenüber Vorgesetzten	macht Vorgesetzte überflüssig	öffnet Vorgesetzten die Tür	grüßt Vorgesetzte stets fröhlich	fragt Vorgesetzte nach der Uhrzeit	parkt auf reserviertem Chef-Parkplatz
Verhalten gegenüber Kollegen	hat keine Kollegen	läßt Kollegen ins Messer laufen	grüßt Kollegen korrekt mit „Mahlzeit"	unterhält sich mit Kollegen im Dienst	hält Kollegen von der Arbeit ab

Abb. 4.12 Beurteilungsraster für Personalleiter, die das Lachen (noch) nicht verlernt haben (aus PERSONALFÜHRUNG 1987, 11-12, S. 814)

wichtet und verarbeitet werden muß, daß die konsistente Integration in ein einheitliches globales Stufenschema möglich wird. Es liegt auf der Hand, daß bei allen Bemühungen, den Beurteilungsvorgang durch präzise Definitionen und repräsentative Leistungsbeispiele zu erleichtern, den BeurteilerInnen stets ein mehr oder weniger großer subjektiver Ermessensspielraum zugestanden werden muß.

(2) *Verhaltensorientierte Einstufungsverfahren*: Dieser Terminus wird für alle Einstufungsverfahren reserviert, die empirisch-systematisch ermittelte Verhaltensbeschreibungen zur Ableitung von Leistungskriterien und ihrer ausprägungsbezogenen Skalierung benutzen. Die *Verhaltensbeobachtungsskalen* ("Behavioral Observation Scales" bzw. "BOS"; vgl. LATHAM & WEXLEY 1977) basieren auf tatsächlich beobachteten Verhaltensweisen am Arbeitsplatz, die den BeurteilerInnen möglichst konkret präsentiert werden (vgl. das Vorgehen der "Critical Incident"-Methode), um die Darlegung des Eindrucksurteils in allgemeinen Eigenschaftsbegriffen zu verhindern. Wenn damit auch das Interpretationsproblem zunächst abgemildert wird, so bleibt das Maßstabsproblem der Einstufung nach wie vor erhalten: Auf welchen Standard sollen die Leistungen und Verhaltensäußerungen bezogen werden? Ähnlich der Festsetzung der REFA-Normalleistung als Bezugsgröße (vgl. Abschnitt 4.3.1) unterstellen auch die Verhaltensbeobachtungsskalen eine statistische Normalverteilung der Ausprägungsgrade von MitarbeiterInnen-Leistungen; falls sich diese Verteilung empirisch nicht zeigt, wird sie - ähnlich der Quotenvorgabe bei den Rangordnungsverfahren - durch vorgegebene Prozentsätze für die einzelnen Skalenstufen erzwungen (durch eine entsprechende Verteilung der Prozentsätze bzw. Differenzierung der Skalenstufen läßt sich zudem auch die Beschönigungstendenz kontrollieren). Die Annahme einer Normalverteilung ist für betriebliche Beurteilungen aber in mehrfacher Hinsicht in Frage zu stellen. Erstens sind nicht alle Leistungen der MitarbeiterInnen quantifizierbar. Zweitens sind Leistungen keine Zufallsvariablen, sondern systematisch von sozialen Einflüssen und Entscheidungen abhängig (vgl. dazu insb. den Abschnitt zur "formativen Evaluation" 4.4.4.2). Und drittens ist unklar, wodurch sich die Normalleistung konkret und nachprüfbar kennzeichnen läßt, wenn die individuellen Arbeitsanforderungen nicht gleichzeitig bei der Beurteilung mitberücksichtigt werden. Ohne Kenntnis der individuellen Arbeitsanforderungen müssen alle Verhaltensmerkmale nach einem für alle MitarbeiterInnen einheitlichen System gewichtet werden, das den spezifischen Bedingungen unterschiedlicher Arbeitsplätze nicht in jedem Fall gerecht werden kann: Was an einem Arbeitsplatz als "Normalleistung" gilt, stellt an einem anderen womöglich eine Über- oder Unterforderung dar, weil die Anforderungen hinsichtlich bestimmter Leistungsmerkmale variieren.

Das Problem der Verankerung von Normalleistungen versuchen die AutorInnen der *Verhaltenserwartungsskalen* ("Behavior-Anchored Rating Scales" bzw. "BARS"; "Behavior Expectation Scales" bzw. "BES" - vgl. SMITH & KENDALL 1963; "Skalen von zu Erwartendem, Beobachtbarem Arbeitsverhalten" bzw. "SEBAV", vgl. WEINERT 1981, S. 307ff) dadurch zu umgehen, daß sie das Leistungsrichtmaß durch die Bezugsgruppe der BeurteilerInnen (teilweise auch der beurteilten PositionsinhaberInnen oder anderer ArbeitsplatzexpertInnen) selbst bestimmen und durch Verhaltensbeispiele konkretisieren lassen. In der klassischen Vorgehensweise von SMITH & KENDALL 1963, die später vielfach modifiziert wurde, einigen sich verschiedene ArbeitsplatzexpertInnen auf die Definition jeweils positionstypischer, unterscheidbarer Leistungsdimensionen, die später als Beurteilungskriterien fungieren sollen (Generierung von Leistungsdimensionen). Anschließend dient die Methode der kritischen Ereignisse dazu, für die einzelnen Beurteilungsmerkmale Verhaltensbeispiele für jeweils hohe, mittlere und niedrige Leistungen zu sammeln (sog. "Anker"). Um das Repertoire an Verhaltensbeschreibungen auf ein handhabbares Maß zu beschränken, sollen für die verschiedenen Leistungsniveaus jeweils typische Erwartungen an das Arbeitsverhalten formuliert werden: z.B. "Von MitarbeiterInnen mit hohen (mittleren, niedrigen) Leistungen könnte man an diesem Arbeitsplatz erwarten, daß ..." (Aussagengenerierung). ArbeitsplatzexpertInnen, die bis dahin noch nicht an der Entwicklung des Verfahrens beteiligt waren, nehmen in Unkenntnis der getroffenen Zuordnungen eine Rücksortierung der Verhaltensbeschreibungen zu den Beurteilungskriterien vor (Reallokationsphase). In das spätere Beurteilungssystem gehen zunächst nur die eindeutig zuordbaren Aussagen ein. Mit den verbleibenden Aussagen werden fiktive Beurteilungen extrem positiver oder negativer Leistungen durchgeführt, um deren Trennschärfe für die Leistungsgüte zu ermitteln (Feststellen der Aussagenbedeutung). Ihrem Diskriminierungswert entsprechend werden die Aussagen auf einer vertikalen Skala hierarchisch zwischen den Verhaltensankern angeordnet und nochmals im Hinblick auf ihre Eindeutigkeit überprüft (Skalierungskontrolle). Das Konstruktionsverfahren führt also im Ergebnis zu einer Liste von Leistungsbeurteilungskriterien, die von den Beteiligten als relevant empfunden werden und deren Skalenwerte anhand konkreter Verhaltensbeispiele normativ definiert sind. Durch die Partizipation der betroffenen ArbeitsplatzinhaberInnen und BeurteilerInnen an der Verfahrenskonstruktion, insb. im Hinblick auf die erwartungsbezogene Festlegung der "Normalleistung", möchte man offensichtlich die Akzeptanz für die spätere Anwendung des Verfahrens steigern, die dann darin besteht, Beobachtungen des Arbeitsverhaltens mit den selbst erzeugten Skalen zu vergleichen und Einstufungen vorzunehmen (zur Kritik an den Verhaltenserwartungsskalen vgl. BORMAN 1986; WEINERT 1992).

(3) *Aufgabenorientierte Einstufungsverfahren*: Dieser Verfahrenstyp reagiert auf die Kritik an der Verwendung globaler Persönlichkeits- und Verhaltensmerkmale, indem er die jeweiligen Hauptaufgaben der MitarbeiterInnen zum Gegenstand der Beurteilung macht. Mit anderen Worten: Der Leistungsanalyse geht eine explizite Arbeitsanalyse voraus; zunächst werden die entscheidenden Aufgaben im Tätigkeitsfeld definiert, anschließend das Ausmaß der individuellen Erfüllung der Arbeitsanforderungen ermittelt. Da die Hauptaufgaben der MitarbeiterInnen stellenbezogen variieren, sind bei dieser Vorgehensweise Urteilsvergleiche problematisch, wenn MitarbeiterInnen mit unterschiedlichen Arbeitsanforderungen einander gegenübergestellt werden sollen. Wie HELM, FROITZHEIM & RIESENKÖNIG (1977, S. 39)

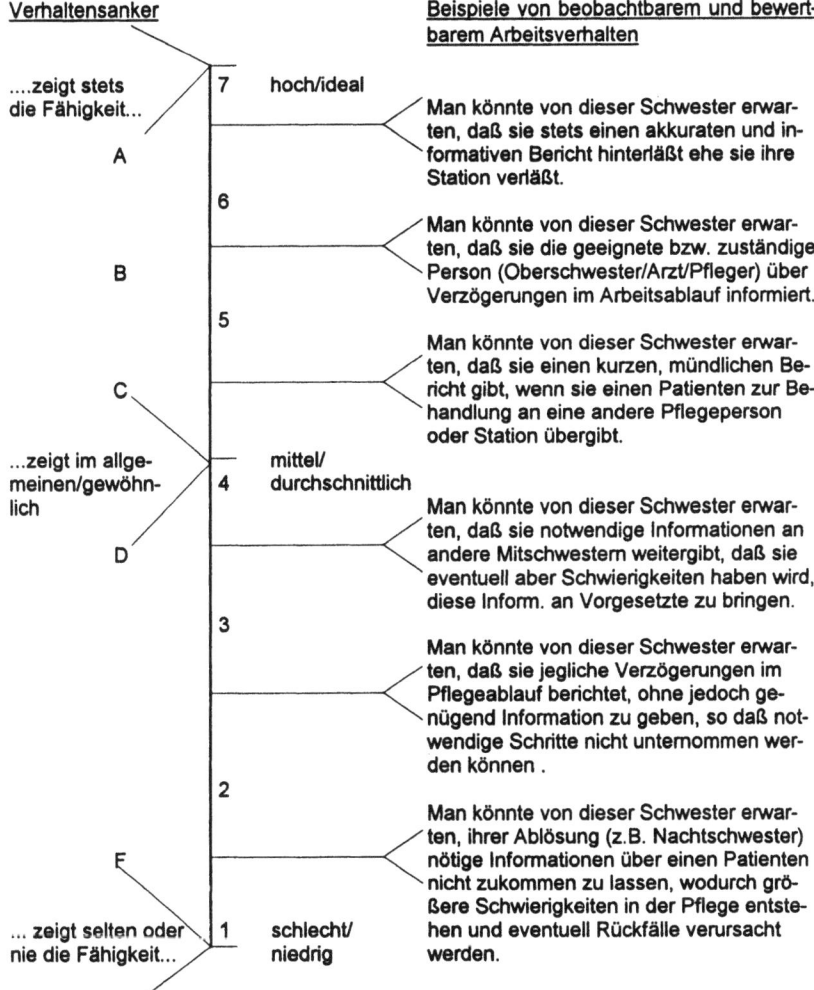

Abb. 13 Beispiel einer Verhaltenserwartungsskala (leicht abgeändert nach WEINERT [1992, S. 192])

zeigen, ist die im Leistungsprinzip enthaltene Forderung nach Chancengleichheit bei Vergütungs- und anderen personalpolitischen Entscheidungen formal dennoch aufrechtzuerhalten, wenn man für alle MitarbeiterInnen das gleiche Budget von Gewichtungsfaktoren vorgibt (vgl. Abb. 4.14): Im Schema-Beispiel beträgt dieses Budget 100 Punkte, das bei anderen Arbeitsplätzen mit abweichender Anzahl und/oder Gewichtung von Hauptaufgaben entsprechend anders aufgeteilt werden müßte. Bei Anwendung einer fünfstufigen Beurteilungsskala ist so z.B. für alle MitarbeiterInnen die Chance gegeben, die Höchstzahl von 5 x 100 = 500 Punkten zu erreichen. Die individuellen Leistungspunktzahlen kann man durch Ausmultiplizieren der tatsächlich erhaltenen Bewertungsstufen mit den Gewichtungsfaktoren für die jeweiligen Hauptaufgaben gewinnen, indem man die Teilprodukte über alle Hauptaufgaben aufsummiert. Probleme der aufgabenorientierten Einstufungsverfahren liegen in der Gewichtung der Aufgaben, die im allgemeinen nach der wahrgenommenen Bedeutung und Schwierigkeit, d.h. auf der Basis von Plausibilitätsüberlegungen, erfolgt. Problematisch erweist sich auch die Entwicklung einer geeigneten Bewertungsskala, die den Grad der individuellen Anforderungserfüllung mißt. Damit rückt erneut die Maßstabsproblematik in den Mittelpunkt der Betrachtung, die sich befriedigend nur durch die Angabe operationaler Arbeitsziele bzw. meß- und zählbarer Arbeitsergebnisse lösen läßt. Für viele Arbeitsbereiche ist diese Operationalisierbarkeit jedoch - wie bereits erwähnt wurde - nicht gewährleistet. Auch dort, wo ein akzeptabler Maßstab angelegt werden könnte, bleibt die Streitfrage der "richtigen" Stufenzuordnung und -abgrenzung weiterhin bestehen.

Hauptaufgaben	Gewichtungsfaktor	Bewertungsstufen					Gewichtungsfaktor x Bewertungsstufe
		1	2	3	4	5	
1.	25						
2.	20						
3.	15						
4.	15						
5.	10						
6.	10						
7.	5						
Summe	100	—	—	—	—	—	

Abb. 4.14 Schema-Beispiel eines aufgabenorientierten Einstufungsverfahrens (nach HELM, FROITZHEIM & RIESENKÖNIG [1977, S. 39])

Das in der wissenschaftlichen Fachliteratur am häufigsten zitierte und in der Praxis (zumindest in der Schweiz) wohl geläufigste aufgabenorientierte Einstufungsverfahren stammt von CAPOL (1965, 1974). Mit seiner Methode der "ganzheitlichen Qualifikation" verfolgt CAPOL hauptsächlich die Ziele,

- Beurteilungen als Instrument der Personalführung und -förderung einzusetzen, was den verstehenden Zugang zu den Leistungspotentialen des Individuums (intraindividuelles Stärken-/Schwächen-Profil) und den Verzicht auf interpersonelle Leistungsvergleiche (Gesamtpunktwerte) erforderlich macht;
- ein Fundament für aufgaben- und leistungsbezogene Beurteilungsgespräche zu schaffen, die sich an den Stellenbeschreibungen und spezifischen Arbeitsbereichen der MitarbeiterInnen orientieren;
- gemeinsame Überprüfungen von Leistungsabweichungen vorzunehmen, um die aufgedeckten Ursachen, die auch aus dem Arbeitsumfeld der beurteilten Personen stammen können, als Lernchance und Grundlage der Maßnahmenvereinbarung zu nutzen.

Die Verwendung der ganzheitlichen Qualifikationsmethode als Führungsinstrument bedeutet, "...neben dem *statischen Sinngehalt* des Begriffs 'Qualifikation' (einen Menschen so darstellen, wie er ist) auch dessen *dynamische Bedeutung* (einen Menschen befähigen, bestimmten Umweltsforderungen adäquat zu begegnen) direkt und gleichzeitig zu erfassen" (CAPOL 1965, S. 90). Der Aufbau des Verfahrens ist in Abb. 4.15 wiedergegeben und in folgende Teilschritte gegliedert:

- BeurteilerInnen und Beurteilte erstellen gemeinsam eine Arbeitsbeschreibung bzw. einen Tätigkeitskatalog;
- die Arbeitsausführung wird von den BeurteilerInnen in die Klassen "unbefriedigend", "befriedigend", "gut" und "ausgezeichnet" eingestuft, mit denen die Beurteilung allerdings nur strukturiert und nicht für statistische Auswertungen vorbereitet werden soll;
- mit einer "tatbeständlichen" und ursächlichen Begründung wird das Zustandekommen der beobachteten Leistungen analysiert;
- Maßnahmen zur Leistungsverbesserung werden vorgesehen und geplant;
- aus der Beurteilung werden Folgerungen (z.B. zur Beförderung, Versetzung, Veränderung des Arbeitsplatzes, Aus- und Weiterbildung, zur Vergabe von Leistungszulagen) abgeleitet;
- den Abschluß bildet eine Qualifikation nach formalen Aspekten (z.B. Personaldaten, Gesamtbild, Datum der letzten und nächsten Beurteilung).

Wie die Vielfalt der Verwendungsvorschläge unter der Rubrik "Folgerungen" deutlich macht, kann das Verfahren von CAPOL trotz seiner eindeutigen Akzentsetzung auf Führungsaufgaben dennoch für eine ganze Bandbreite personalpolitischer Zwecke eingesetzt werden. Soll das Verfahren zur Berechnung von Leistungslöhnen herangezogen werden, bestimmt sich die Leistungszulage nach Maßgabe der Einstufung in eine der vier Urteilsklassen, der zu berücksichtigenden Situationsbedingungen (Ursachenanalyse: erleichternde vs. hemmende Umgebungsfaktoren) und dem abschließend erreichten Gesprächskonsens. Wie CAPOL (1965, S. 146ff) betont, liegt das Kriterium für die Tauglichkeit des Verfahrens für die leistungsabhängige Entgeltdifferenzierung in der Ermessensübereinkunft der Beteiligten. Gerade, wenn es um Entgeltfragen geht, ist die Brauchbarkeit eines dialogischen Verfahrens, das

Kapitel 4

Frage 1
«Was tut die zu beurteilende Mitarbeiterin?» (Arbeitsumschreibung; Tätigkeitskatalog)

Frage 2
«Wie wird die Arbeit ausgeführt?» (Beurteilung)

	U	B	G	A
a) Planen und organisieren von chronischen Toxizitätsversuchen		x		
b) Durchführen und überwachen der Versuche		x		
c) Zusammenstellen und verrechnen der Versuchsergebnisse				x
d) Anlernen der Lehrlinge und überwachen ihrer Arbeiten in der Histologie	x			
e) Einteilen und überwachen der Laborarbeiten; z. B. Anfertigen von histologischen Präparaten			x	
f) Durchführen von speziellen histologischen Arbeiten, wie besondere Einbettungsverfahren, Färbemethoden usw.			x	
g) Beurteilen von mikroskopischen Schnittpräparaten				x

Frage 3
«Wie ist die Leistung zustandegekommen?» Tatbeständliche und ursächliche Begründung.

Teilfunktion a) Beurteilung B
Fachlich anerkennswert. Die persönliche Arbeitstechnik ist noch zu verbessern. Unerfahrenheit am neuen Arbeitsplatz.

Teilfunktion b) Beurteilung G
Selbständig mit großer Berufserfahrung.

Teilfunktion c) Beurteilung A
Tadellos, äußerst zuverlässig. Beherrscht neue Auswertungsmethoden.

Teilfunktion d) Beurteilung U
Völlig unerfahren, verliert die Geduld, fühlt sich unsicher.

Teilfunktion e) Beurteilung G
Fachlich einwandfrei. Noch etwas langsam.

Teilfunktion f) Beurteilung G
Große Erfahrung, hervorragende Arbeitsergebnisse, zeitlich noch verzögert.

Teilfunktion g) Beurteilung A
Ungewöhnlich sicher und zuverlässig in der Beurteilung. Hat sich viele Zusatzkenntnisse durch Selbststudium angeeignet.

Frage 4
Welche Maßnahmen können vorgesehen und durchgeführt werden zur Leistungsverbesserung?

Periodische Fehlerbesprechungen mit dem Vorgesetzten. Klarere Auftragserteilung durch den Vorgesetzten anläßlich dieser Besprechungen.

Heranziehen zur Einführung dieser neuen Methoden in anderen Laboratorien der Forschungs- und Betriebslaboratorien.

Besuch des nächsten Anlernkurses für Vorgesetzte. Vermehrte Hilfen durch den Vorgesetzten. Bessere Einführung in die neue Teilfunktion.

Vermehrter Einsatz bei solchen Spezialaufgaben.

Folgerungen

Seit dem letzten Mitarbeiter-Gespräch hat sich der Mitarbeiter in seiner Arbeitsleistung:
erheblich verbessert ☐   eher verschlechtert ☐
leicht verbessert ☐   auffallend verschlechtert ☐
nicht verändert ☐

Besitzt der Mitarbeiter besondere Kenntnisse oder Fähigkeiten, die am jetzigen Arbeitsplatz gar nicht oder zu wenig zum Einsatz kommen? JA ☐ NEIN ☐
Wenn ja, welche:

Wäre eine Versetzung des Mitarbeiters wünschbar?
Wenn ja, JA ☐ NEIN ☐ sofort ☐ später ☐
An einen weniger anspruchsvollen Arbeitsplatz ☐
An einen Arbeitsplatz mit gleichen oder ähnlichen Anforderungen ☐
An einen Arbeitsplatz mit höheren Anforderungen ☐
Welchen Arbeitsplatz würden Sie vorschlagen:

Wäre der Mitarbeiter fähig, auch Führungsaufgaben zu übernehmen?
Nein ☐   Bemerkungen:
Nur nach entsprechender Ausbildung ☐
Ja, sofort ☐
Er hat bereits Führungsaufgaben ☐

Sehen Sie im gegenwärtigen Arbeitsbereich Aufstiegsmöglichkeiten für den Mitarbeiter?
Nein ☐
Bedingte ☐
Ja ☐   Welche?

Hat der Mitarbeiter persönliche Aufstiegs-, Versetzungs- oder Ausbildungswünsche geäußert?
Nein ☐
Unbestimmte ☐
Bestimmte ☐   Welche?

Kennen Sie Gründe allfälliger Unzufriedenheit des Mitarbeiters? JA ☐ NEIN ☐
Wenn ja, welche?

Haben Sie im Zusammenhang mit der weiteren Beschäftigung des Mitarbeiters zusätzliche Vorschläge und Anträge zur Förderung des Mitarbeiters zu stellen? JA ☐ NEIN ☐
Wenn ja, welche (evtl. auf welchen Zeitpunkt?)

Qualifikation

Name:
Vorname:
Geburtsdatum: Abteilung:
Eintrittsdatum: Dienst / Sektor:
Funktionsbezeichnung: Name des direkten Vorgesetzten:

Gesamtbild des Mitarbeiters:
Unter Berücksichtigung der Erfüllung der einzelnen Aufgaben bzw. Tätigkeiten sowie deren Begründungen waren die Arbeitsleistungen des Mitarbeiters während der vergangenen Periode betrachtet:
ausgezeichnet ☐   befriedigend ☐
gut ☐   unbefriedigend ☐

Wollen Sie bitte in einem knappen Überblick die Arbeitsleistungen des Mitarbeiters verbal zusammenfassen:
a) positive Aspekte:

b) negative Aspekte:

Datum der letzten Qualifikation:

Datum der nächsten Qualifikation:

Mitarbeitergespräch:
Datum der Besprechung: Bemerkungen:
Reaktion des Mitarbeiters:
positiv ☐
keine Reaktion ☐
negativ ☐

Unterschrift des direkten Vorgesetzten: Datum:

Visum des nächsthöheren Vorgesetzten: Datum:

Abb. 4.15   Die ganzheitliche Qualifikationsmethode (nach CAPOL 1974; dort die Abb. 1 bis 4)

jeweils individuelle bzw. dyadische Verhandlungslösungen anstrebt, aufgrund zugrundeliegender Interessengegensätze jedoch anzuzweifeln. Dies um so mehr, als auch das Verfahren von CAPOL keine klare Operationalisierung der Urteilsklassen enthält und das Gespräch bei der Begründung von "Noten" höchstwahrscheinlich zum Fluchtkorridor für die Generierung aller möglichen Behauptungen, Argumente, Anschuldigungen, Rechtfertigungen usw. gerät. Das Gespräch ist als ultima ratio zur Lösung von Interessenkonflikten, die eigentlich strukturell angelegt sind (vgl. Kap. 1), offensichtlich überfordert. Der entstehende Verhandlungsaufwand zur Erzielung gemeinsam getragener Urteile dürfte demnach beträchtlich sein, so daß das Verfahren in dieser Hinsicht nur für einen begrenzten Personenkreis (z.B. höhere Führungskräfte) in Frage kommt oder von vornherein auf die eingangs formulierte Funktion des Führungsmittels beschränkt werden sollte (vgl. NEUBERGER 1980, S. 42; SCHETTGEN 1992b, S. 136ff).

4.4.3.3 Zielorientierte Verfahren

Eine Zwischenstellung zwischen den freien und gebundenen Verfahren der Personalbeurteilung nehmen die zielorientierten Verfahren ("Zielsetzungsverfahren", "Verfahren der Zielvereinbarung", "Management by Objectives") ein. Sie sind einerseits in ihrem Aufbau nicht völlig frei, weil die Leistungsbeurteilung im Abgleich mit expliziten Zielsetzungen bzw. -vereinbarungen zu erfolgen hat; sie sind in der Regel aber weniger stark strukturiert und reglementiert als die gebundenen Verfahren, weil die Zielinhalte vor Beginn des Beurteilungsgesprächs häufig noch nicht feststehen (sondern erst "verhandelt" werden müssen) und die Wege zur Zielerreichung meistens offenbleiben - außerdem finden periodisch neue Zielanpassungen und -veränderungen statt.

Die Vorgehensweise der zielorientierten Verfahren besteht im wesentlichen darin, das Zielsystem von Organisationen für die Ableitung von Aufgaben bzw. Verantwortungsbereichen und Zieldefinitionen als Grundlage der aufgaben- bzw. bereichsabhängigen Leistungsbeurteilung heranzuziehen. Dazu ist es erforderlich, den übergeordneten Zielrahmen der Organisation kaskadenförmig auf kleinere Organisationseinheiten (Sparten bzw. Geschäftsbereiche, Hauptabteilungen, Abteilungen, Gruppen etc.) herunterzubrechen, bis schließlich für die einzelnen Organisationsmitglieder spezifische Leistungsziele durch autoritäre Vorgabe oder (scheinbar) kooperative Vereinbarung festzulegen sind. Leistungen können in Form von Zielerreichungsgraden bewertet werden, wenn man operationale Kriterien als Erfüllungsmaße zugrundelegt. Die meisten AutorInnen (z.B. SCHULER 1989, S. 418; BECKER 1992, S. 272; MUNGENAST 1990) empfehlen in diesem Zusammenhang, nur individuell beeinflußbare, verständliche, klar befristete und realistischerweise erreichbare Zielgrößen in Form von konkreten Ergebnis- bzw. Projektzielen und/oder operationalen Verhaltens- bzw. Aktionszielen in einem partizipativen Verfahren festzulegen[15]. Ein Verhaltensziel ist dann operational, "wenn der Zielinhalt so formuliert ist, daß die Zielerreichung quantitativ, qualitativ und zeitlich überprüft werden kann" (HENZTE & METZNER 1986, S. 31). Beispiele für die genannten Zieltypen können sein:

- Akquisition und Betreuung eines neuen Kundenstamms;
- Erzielung bestimmter Deckungsbeiträge oder Umsätze;
- Installierung einer anwendungsreifen Software;
- Betreuung von Kundenbeschwerden und -reklamationen;
- Absolvieren von Fremdsprachenkursen;
- flexibler Arbeitseinsatz in verschiedenen Filialen; usw.

Der folgende Beleg für die Zielvereinbarung zwischen einer Sekretärin und "ihrem" Abteilungsleiter entstammt der Arbeit von KAISER (1992, S. 36), die in ihrer empirischen Untersuchung die praktische Umsetzung des "Targeted Performance Management (TPM)"-Systems von AT & T in einer deutschen Niederlassung analysiert hat:"

1) Steuerung des Einsatzes von Bedarfsarbeitsverhältnissen und Fachhochschul-Praktikanten sowie Einarbeitung der Azubis zur Vertretung von Frau K.;

2) Planung/Organisation von Produkt-Workshops, Führungskräfte-Tagungen etc.;

3) Unterstützung bei der Ermittlung des Kostenschlüssels 93;

4) Erledigung der Sachbearbeiter- und Sekretariatsaufgaben - noch stärkere Vorbereitung/- Entscheidung;

5) Reorganisation der Abläufe im Stab in Kooperation mit Herrn S. und Frau M. (bessere Kontrolle der Reinigungsrechnungen/-verträge, Erstellung Abteilungs-Organisations-Chart, Telefonnebenstellen-Übersichten, etc.);

6) Weiterbildung: Produkt-Workshop, Englisch-Kurs;

7) Erstellung von Auswertungen/Statistiken (Nutzung Demo-Equipment, Veranstaltungsstatistik, etc.)."

Leistungsbeurteilungen lassen sich durch den Vergleich von Soll- und Ist-Werten am Ende des Zielsetzungszeitraums (in der Regel etwa ein Jahr) vornehmen und finden meistens in Form eines Beurteilungsgesprächs statt, in dem die Zielüberprüfung für den vergangenen Zeitraum durch Ursachenanalysen für Zielabweichungen und neue Zielsetzungen ergänzt wird (vgl. dazu Abb. 4.16). Die Beurteilungsgespräche gewährleisten damit ein periodisches Feedback, das u.a. realistische Zielanpassungen ermöglichen soll. SCHULER (1989, S. 418) äußert die Auffassung, daß zielorientierte Verfahren ausschließlich partizipativ durchgeführt werden sollten, weil sich dadurch nicht nur die Zielakzeptanz, sondern auch die Leistungsmotivation und das Niveau der Zielvereinbarungen erhöht (s.a. KAISER 1992, S. 33). Ähnlich argumentiert MUNGENAST (1990, S. 263), der in der Anwendung zielorien-

---

[15] Der Terminus "Zielvereinbarung" kann u.U. verschleiern, daß die erwarteten Ergebnisse im Grunde längst feststehen.

tierter Verfahren sogar "einen wichtigen Beitrag zur Mitbestimmung der Arbeitnehmer am Arbeitsplatz" sieht. Nachteile sind vermutlich hauptsächlich dann zu erwarten, wenn gegen die oben genannten Bedingungen für die Formulierung von Zielgrößen verstoßen wird (vgl. das "demotivierende" Beispiel von General Motors: die etwa 200 obersten Führungskräfte der Opel-Tochter hatten im Jahr 1990 trotz Zulassungszuwächsen in allen Modellreihen und positiver Entwicklung der Umsätze in Deutschland drastische Einbußen ihrer Leistungszulagen hinzunehmen, weil diese an den weltweit rückläufigen Konzerngewinn gebunden waren; s. SCHERER 1991, S. 17). Die Vergleichbarkeit der Ergebnisse von Leistungsbeurteilungen dürfte in dem Maße abnehmen, in dem Zielsetzungen bzw. -vereinbarungen jeweils die individuellen, situationsspezifischen Arbeitsbedingungen reflektieren. Ein Problem der zielorientierten Verfahren liegt zudem darin, daß sich nicht für alle Aufgabenbereiche klare, widerspruchsfreie und operationale Ziele formulieren lassen.

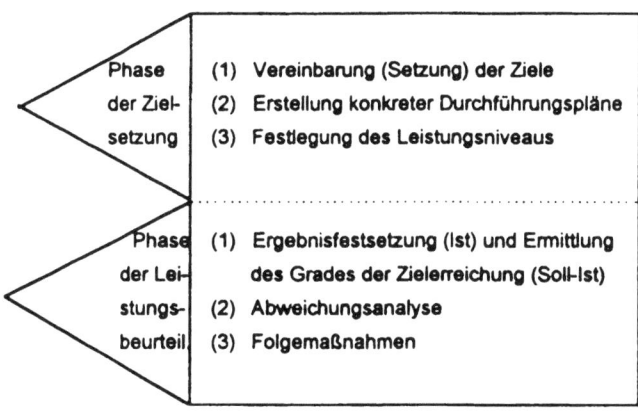

Abb. 4.16 Struktur einer zielorientierten Leistungsbeurteilung
(in Anlehnung an MUNGENAST [1990, S. 189])

Zwischenresümee: Welches der verschiedenen Verfahren der Personalbeurteilung in der Anwendung vorzuziehen ist, läßt sich nicht generell, sondern nur von Fall zu Fall jeweils zweckbezogen entscheiden. Sehr beliebt und am weitesten verbreitet sind - vor allem in Europa - die eigenschafts- und verhaltensorientierten Einstufungsverfahren (vgl. MUNGENAST 1990), die im Verhältnis zu den dargestellten Alternativen vielleicht deswegen auf höhere Akzeptanz stoßen, weil mit ihnen die Suggestion präziser Messungen und die Illusion der Vergleichbarkeit individueller Leistungen erzeugt werden kann. Es ist aber auch - vor allem in den USA - ein kontinuierlicher Anstieg der zielorientierten Verfahren zu beobachten, die ein stärkeres, individuelles Eingehen auf die verschiedenen Aufgaben von StelleninhaberInnen ermöglichen. Zielorientierte Verfahren können nach Auffassung von MUNGENAST 1990 insbesondere auf höheren Hierarchiestufen in Organisationen wirkungsvoll eingesetzt werden, weil hier weniger gleichartig wiederkehrende Aufgaben zu erfüllen sind und das Postulat interindividueller Vergleichbarkeit folglich an Relevanz verliert. In der Betonung der Zielorientierung spiegelt sich aber auch der bei den Verfahren der Personalbeurteilung generell beobachtbare "Trend vom Lohninstrument zum Führungsinstrument" (so KAPPEL 1983, S. 99): Ziele und Handlungsspielräume sollen als "fernsteuernde" Anreize wirken; die Bezahlung als Motivationsmittel wird dadurch relativiert.

4.4.3.4 Weitere Verfahrensmodalitäten

Weitere Optionen der Konstruktion des Beurteilungsvorgangs liegen in der Auswahl von Beurteilungspersonen und -situationen sowie deren Kombination miteinander. Zunächst zu den *Personen*: Der Vorgang der Personalbeurteilung ist üblicherweise nach dem Schema aufgebaut, daß MitarbeiterInnen von ihren jeweiligen Vorgesetzten beurteilt werden, während sowohl Beurteilungen durch KollegInnen als auch die sog. "Aufwärtsbeurteilungen" im betrieblichen Alltag immer noch die Ausnahme von der Regel darstellen (BATZ & SCHINDLER 1983; JOCHUM 1987; MAIER 1988a; DOMSCH 1992; GERPOTT 1992; vgl. auch die 360-Grad-Leistungsbeurteilung von HILB o.J., die in den Beurteilungsvorgang die Sicht aller relevanten Bezugspersonen der beurteilten MitarbeiterInnen - einschließlich interner/externer KundInnen - einbezieht). SCHULER (1989, S. 409) behauptet, daß KollegInnen im Vergleich zu Vorgesetzten zwar über eine bessere Informations- und Urteilsbasis verfügen (vielleicht, weil sie mit dem/der Beurteilten häufiger in Kontakt stehen), aber aufgrund freundschaftlicher Beziehungen tendenziell mildere Urteile abgeben (da diese letzte Aussage empirisch fundiert ist, sind Rivalitätsbeziehungen offenbar weniger häufig anzutreffen oder schlagen nicht mit gleicher Intensität auf die Urteilsebene durch). Mit Beurteilungs*situation* ist gemeint, daß Urteile auf Fremdeinschätzungen - wie oben dargestellt - oder auf Selbsteinschätzungen beruhen können. Die aktive Einbeziehung der MitarbeiterInnen in den Beurteilungsvorgang kann Prozesse der Selbsteinsicht auslösen, von der nach Ansicht von LATTMANN (1982, S. 305) folgende Wirkungen ausgehen: "a) Eine größere Geöffnetheit der Beurteilung gegenüber. Insbesondere braucht der Vorgesetzte den Mitarbeiter von Mängeln, die dieser selber feststellt, nicht noch einmal zu überzeugen. b) Sein Streben nach Aneignung erforderlicher Verhaltensänderungen, die um so mehr in seinen Besitz übergehen, je mehr er an ihrer Erarbeitung selber beteiligt war". Nach Auffassung von SCHULER (1989, S. 410) sind Selbstbeurteilungen auch valide Quellen von Leistungsinformationen, insbesondere bei Personen mit hohem Fähigkeits- und Leistungsniveau; dennoch hält er Selbstbeurteilungen weniger geeignet für personelle Entscheidungen (Versetzung, Beförderung, Entlassung etc.), sondern schlägt sie - ähnlich wie LATTMANN - als Feedback für Zwecke der Personalentwicklung vor.

In SCHULERs spürbarem Unbehagen, die Selbstbeurteilung als Basis für die Verteilung von Sanktionen zu nutzen, deutet sich ein Stück weit die politische Brisanz an, die eine selbsterteilte Notenvergabe für die Karriere in Organisationen mit sich bringen kann.

4.4.4 Evaluation der Personalbeurteilung

In Anlehnung an eine Unterteilung von SCRIVEN (1972, S. 62) lassen sich Beurteilungssysteme aus zwei verschiedenen Perspektiven im Hinblick auf ihre "Tauglichkeit" bewerten[16]. Eine Evaluation aus *summativer* Perspektive orientiert sich in Form einer überblicksartigen Einschätzung an denjenigen Anspruchshaltungen bzw. Standards, die für die betriebliche Praxis charakteristisch sind (Gewährleistung psychometrischer Qualität, Anwendungsökonomie und soziale Akzeptanz). Demgegenüber steht aus einer *formativen* Perspektive der Beurteilungsprozeß im Vordergrund der Betrachtung (vgl. SCHULER 1978), der in einem komplizierten Kräftespiel miteinander verwobener Einflußvariablen (z.B. die verschiedenen Interessen der "stakeholder" der Beurteilung: MitarbeiterInnen, Vorgesetzte, Personalfachleute, Betriebsratsvertreterinnen, Management) ständigen Irritationen ausgesetzt ist und der gerade wegen dieser Störanfälligkeit immer wieder stabilisiert werden muß.

4.4.4.1 Summative Evaluation: Zur empirischen Bewährung der PB

Erschwerend für eine zusammenfassende, summative Bewertung der PB wirkt sich der Umstand aus, daß empirische Überprüfungen der Qualität von Beurteilungssystemen unterschiedliche methodische Vorgehensweisen, Operationalisierungen und Kennzahlen verwenden, so daß viele Untersuchungsergebnisse aufgrund ihrer Stichproben- und Methodenabhängigkeit kaum generalisierbar sind. Da jede Hin-Sicht eine Weg-Sicht bedeutet, muß eine Analyse aus summativer Perspektive auf eine Darstellung der vielfältigen Diversifikationen und Zugangsweisen im genannten Gegenstandsbereich zugunsten einer Behandlung des *Typischen* verzichten. Nach den Ergebnissen von BATZ & SCHINDLER 1983, die in ihrer empirischen Studie 96 Personalbeurteilungsbogen von 70 Organisationen auswerteten, kann der Prototyp eines Beurteilungssystems anhand der Modal- bzw. Durchschnittswerte ausgewählter Merkmale beschrieben werden; bei einem typischen Beurteilungssystem handelt es sich demnach um

- ein schriftliches Verfahren,
- das von dem/der Vorgesetzten verwendet wird,
- um "seine/ihre" MitarbeiterInnen
- auf verbal verankerten, ordinalen/numerischen Skalen

---

[16] Zur Thematik der "Evaluation" vgl. den in der gleichen Reihe erschienenen Basistext "Personalentwicklung" von NEUBERGER 1994.

- mit ungerader Stufenzahl
- im Hinblick auf (insgesamt etwa zwölf) Leistungs- und Verhaltensmerkmale
- einzustufen.

In der einschlägigen Literatur wird die Untersuchung der empirischen Bewährung von Beurteilungssystemen auf drei zentrale Kriterien gestützt. Die Einhaltung der in der "scientific community" (KUHN 1970) geltenden Mindestwerte für die *psychometrische Qualität* ist zunächst erforderlich, damit die Objektivität, Reliabilität und Validität der Beurteilungssysteme demonstriert werden kann. Ein Beurteilungssystem, das diesen testtheoretischen Erfordernissen genügt, aber in seiner Konstruktion, Durchführung und Auswertung extrem aufwendig ist und keinen (zumindest) kostendeckenden Nutzen verspricht, wird unter marktwirtschaftlichen Rahmenbedingungen kaum zur Anwendung gelangen. Folglich ist davon auszugehen, daß Beurteilungssysteme außerdem das Merkmal der *Anwendungsökonomie* erfüllen müssen. Und schließlich sollten Beurteilungssysteme von der Belegschaft eines Unternehmens akzeptiert werden. Mangelnde *soziale Akzeptanz*, die sich z.B. in einer Störung des Betriebsfriedens oder im "stillen Boykott" der eingesetzten Verfahren ausdrücken kann, beeinträchtigt sowohl die psychometrische Qualität der Beurteilungsergebnisse als auch die ökonomische Anwendung von Beurteilungssystemen (BARTÖLKE 1972b). In den beiden folgenden Abschnitten werde ich auf die psychometrische Qualität und die Anwendungsökonomie von Beurteilungssystemen eingehen. Die soziale Akzeptanz der Beurteilungssysteme wird später im Zusammenhang mit dem politischen Widerstand gegen die PB erörtert.

4.4.4.1.1 Psychometrische Qualität

Zur Überprüfung der psychometrischen Güte von Leistungsbeurteilungssystemen bietet SCHULER (1982, S.88f) ein Konzept von hierarchisch gegliederten testtheoretischen Anforderungen an:

1) *Intraindividuelle Urteilskonkordanz* (Retest-Reliabilität): In welchem Ausmaß trifft ein(e) BeurteilerIn bei der Einschätzung eines Leistungsmerkmals zu verschiedenen Zeitpunkten übereinstimmende Urteile?

2) *Interindividuelle Urteilskonkordanz* (Objektivität): In welchem Ausmaß treffen mehrere BeurteilerInnen bei der Einschätzung eines Leistungsmerkmals übereinstimmende Urteile?

3) *Inhaltliche Validität*: In welchem Ausmaß ist das ausgewählte Spektrum von Beurteilungskriterien repräsentativ für die Gesamtheit der zu verrichtenden Tätigkeiten? In welchem Ausmaß sind die beobachteten Verhaltensstichproben repräsentativ für das gesamte Leistungsverhalten?

4) *Konstruktvalidität*: In welchem Ausmaß sind die Beurteilungsaussagen Indikatoren der "tatsächlichen" Leistung (bezogen auf einzelne Leistungsdimensionen bzw. den gesamten Beitrag einer Person zu den Zielen der Organisation)?

5) *Prognostische Validität*: Wie hoch ist der Zusammenhang zwischen den Ergebnissen der Leistungsbeurteilung und dem Leistungsverhalten in ähnlichen oder andersartigen zukünftigen Situationen?

6) *Relevanz*: Welche Bedeutung hat die gemessene, erschlossene und/oder prognostizierte Leistung für eine Abteilung, Organisation, Gesellschaft?

Für die inhaltliche Validität und die Relevanz von Leistungsbeurteilungssystemen lassen sich bisher keine durch Kennzahlen abgesicherten, quantitativen Angaben machen. Einen Hinweis auf die mangelhafte inhaltliche Validität gewinnt man aus der hohen Methodenabhängigkeit der Beurteilungsergebnisse (SCHULER 1989, S. 424; vgl. auch Tab. 4.2 unter der Rubrik "Konstruktvalidierung"), jedoch nur unter der Prämisse, daß die Grundgesamtheit der "Leistungen" oder "Tätigkeiten" klar definiert ist. Genau dies dürfte unter den komplexen, ambigen, instabilen und widersprüchlichen Verhältnissen in Organisationen jedoch kaum der Fall sein. Vor jeder auf quantitative Daten gestützten Schlußfolgerung sollte daher eine qualitative Leistungs- und Relevanzbestimmung stehen, die beispielsweise durch die Einordnung in einen ausgewählten Sinnzusammenhang bzw. auf dem Wege konsensueller Klärung erreicht werden kann. Für die übrigen testtheoretischen Kriterien zeigt Tab. 4.2 zusammenfassend neuere Ergebnisse, die einem Sammelreferat von SCHULER 1989 entnommen wurden.

Testtheoretisches Kriterium	Psychometrischer Index (Pearson-r)	Aufgeklärte Varianz (in %)	Fehlervarianz (in %)
Intraindividuelle Urteilskonkordanz	.70-.80	49-64	36-51
Interindividuelle Urteilskonkordanz	.46-.73	21-53	47-79
Konstruktvalidität[1]			
- Konvergente Val.	.36	-	-
- Diskriminante Val.	.13	-	-
- Methodeneinfluß	.22	-	-
Prognostische Validität	.30-.40	9-16	84-91
[1] Die jeweiligen Werte beziffern Effektstärken auf der Basis von 31 Multitrait- Multirater-Matrizen einer Untersuchung von Dickinson/Hassett/Tannenbaum (1986); es ist jedoch unklar, wie die Autoren die Werte der Konvergenzdiagonalen verwendet und die Unreliabilität des Leistungskriteriums berücksichtigt haben.			

Tab. 4.2 Psychometrische Qualität von Leistungsbeurteilungssystemen (Angaben von SCHULER 1989)

Bewertet man die bisherigen Leistungsbeurteilungssysteme nach Maßgabe ihrer *praktischen* Signifikanz (HENNING & MUTHIG 1979), dann müssen die mit ihnen gewonnenen Ergebnisse aufgrund ihrer hohen Fehlervarianz (vgl. Tab. 4.2) als nicht hinreichend objektiv, reliabel und valide bezeichnet werden. Wenn man bedenkt, daß Leistungen - zumindest auf den ersten Blick - einen relativ eindeutig abgrenzbaren Ausschnitt aus dem menschlichen Aktivitätskontinuum repräsentieren und von daher einer Beurteilung leichter zugänglich sein sollten als z.B. Persönlichkeitseigenschaften oder (potentielle) Qualifikationen, dann ist gegenüber der psychometrischen Güte der Beurteilungssysteme erst recht Skepsis angebracht. Auffällig ist vor allem die hohe *intra*individuelle im Vergleich zur *inter*individuellen Urteilskonkordanz. Nach einer kritischen Sichtung der Literatur zur Mitarbeiterbeurteilung zieht MERZ bereits im Jahre 1963 die Schlußfolgerung: "Eindrucksurteile scheinen eher zur Diagnose des Beurteilers, als zur Diagnose des Beurteilten verwendet werden zu können" (S.44f). Auch nach mehreren Jahrzehnten systematischer Beurteilungspraxis läßt sich diese Feststellung in unveränderter Form aufrechterhalten. Zwar sind die mit systematischen Verfahren gewonnenen "Beurteilungen nicht von schlechterer Qualität ... als vergleichbare andere menschliche Urteilsleistungen" (SCHULER 1990, S.604), doch wird der mit der Anwendung der Verfahren erhobene Rationalitätsanspruch und der für ihn betriebene Aufwand fragwürdig.

4.4.4.1.2 Anwendungsökonomie

Die quantitative Einschätzung der Anwendungsökonomie eines Beurteilungssystems in Geldeinheiten ist eine Aufgabe des Personalcontrolling, das per definitionem die erfolgswirtschaftlich orientierte Analyse, Planung und Kontrolle aller personalbezogenen Programme einer Organisation umfaßt (vgl. WUNDERER & SAILER 1987, 1988; HOSS 1988). Ob die Anwendung eines Beurteilungssystems aus ökonomischer Perspektive zu vertreten ist, ergibt sich folglich aus einer Bilanzierung der monetär bewerteten Kosten und Nutzen der Verfahren.

In Anlehnung an SPECK (1988, S.284f) lassen sich die entstehenden *Kosten* in drei Kategorien rubrizieren:

1) *Sach*kosten: Materialkosten für Broschüren, Schulungsunterlagen, Informationsveranstaltungen, Aufwendungen für externe Seminare, Hardware-Kosten der EDV-unterstützten Auswertung usw.;

2) *Personal*kosten: Aufgewendete Arbeitszeit der Projektmitglieder, der BeurteilerInnen und Beurteilten; Schulungskosten für die BeurteilerInnen; und als Spezialfall der Personalkosten:

3) *Betreuungs*kosten: Anteilige Gehälter und Personalnebenkosten der mit der Abwicklung und Auswertung der Beurteilung befaßten MitarbeiterInnen der Personalabteilung; Personalkosten für die Bearbeitung von Beschwerden und Anfragen bezüglich des Personalbeurteilungssystems.

Die Kostenaufstellung von SPECK legt die Vermutung nahe, daß der Aufwand für eine systematische Mitarbeiterbeurteilung nicht unerheblich ist, auch wenn die Einschätzung der Kostenfaktoren von Fall zu Fall variiert und daher nur in Bandbreiten festgelegt werden kann. So wird z.B. der für die Durchführung und Auswertung einer Mitarbeiterbeurteilung erforderliche zeitliche Umfang von SCHWÖRER (1989, S.99) mit sieben Stunden, von SPECK (1988, S.286) hingegen mit nur zweieinhalb Stunden veranschlagt.

Der *Nutzen* eines Beurteilungssystems kann zwar im Prinzip daran gemessen werden, bis zu welchem Grade die mit der Personalbeurteilung anvisierten Ziele erreicht wurden (vgl. SCHULER 1989, S.429). Doch sind diese Ziele meistens abstrakt, vage, mehrdeutig, instabil, widersprüchlich und vermutlich mehrfach determiniert (BARTÖLKE 1972a; NEUBERGER 1984), so daß Zielerreichungen und erst recht der Nutzen dieser Zielerreichungen kaum bestimmt werden können. So hat z.B. SCHULER (1989, S. 399) in seiner Klassifikation von PB-Zielen die Hauptfunktionen der Leistungsbeurteilung in "individuelle Leistungsverbesserung" und "personelle Entscheidungen" differenziert; das Widersprüchliche daran ist, daß über individuelle Leistungsverbesserungen genau die Leistungsunterschiede zwischen MitarbeiterInnen ausgeglichen werden sollen, die als Grundlage für personelle Entscheidungen (Beförderung, Versetzung etc.) dienen könnten. Aufgrund der skizzierten Schwierigkeiten mit dem Zielkonzept wird versucht, den Nutzen der Mitarbeiterbeurteilung einfach über Leistungs- und Produktivitätskennziffern zu bewerten, ohne den theoretischen Zusammenhang zwischen Leistungsbeurteilung und produzierter Leistung auf systematische Weise zu reflektieren. In einer Metaanalyse über 98 Einzelstudien schätzen GUZZO, JETTE & KATZELL (1985) die durch Leistungsbeurteilungen bewirkten Leistungsverbesserungen auf etwa 7% und eine damit verbundene Erhöhung des Nutzens, gemessen am Gehalt, auf etwa 14%. Diese beeindruckenden Werte stehen im Einklang mit den Ergebnissen der betrieblichen Eignungsdiagnostik, die zeigen, daß sich der Einsatz von Beurteilungsverfahren aus einer verengten ökonomischen Perspektive in der Regel lohnen dürfte, d.h. aus einer Sichtweise, die ausschließlich meß- und quantifizierbare Kosten/Nutzen-Größen zur Grundlage ihrer Empfehlung macht (vgl. CASCIO & SILBEY 1979). Der aus der Kosten-Nutzen-Analyse erwachsende Optimismus wird jedoch rasch gedämpft, wenn man einen Blick hinter die Kulissen der rechnerischen Kalkulation wirft.

Zunächst ist prinzipiell die Vorgehensweise der sog. "Metastudien" (vgl. GUZZO et al. 1985) zu kritisieren, da ihre Datenanalysen auf eine Vielzahl gewagter, methodisch kaum zu rechtfertigender Prämissen gestützt sind, die eine schlüssige Interpretation der gewonnenen Ergebnisse nahezu unmöglich machen (wie z.B. die Annahme einer repräsentativen Datengrundlage oder die voraussetzungsvolle Übernahme der klassischen Testtheorie; s. dazu ausführlicher KOMPA 1989, 1990).

Ein weiterer Einwand richtet sich gegen die Faustregeln, mit denen der monetäre Gesamtwert der von einem Mitarbeiter erbrachten Arbeitsleistung in einer definierten Periode geschätzt wird. So schlägt z.B. GERPOTT (1990, S.41) vor: "Die Standardabweichung der in Geldeinheiten bewerteten jährlichen Leistungen von Mitarbeitern einer Zielpositionsfamilie entspricht etwa einem Drittel des mittleren individuellen Jahresgehalts der Zielpositionsfamilie". Die Anwendung derartig grober, wissenschaftlich nicht begründbarer Regeln wird auf unhinterfragte und hochgradig ideologische Selbstverständlichkeiten gestützt, wie z.B. die "Beobachtung" (!), "... daß auf höherrangigen Positionsebenen die personale Wertschöpfung zumeist größer ist als auf niedrigeren Ebenen" (GERPOTT 1990, S.41). Bei Beurteilungen im Führungskräftebereich wird das hier skizzierte Einschätzungsproblem noch gravierender, weil ein Arbeitsoutput im allgemeinen nicht einfach beobachtet, gemessen, personal zugeschrieben oder mit Hilfe erkennbarer Marktpreise bewertet werden kann.

Dem quantitativen Kalkül entziehen sich aber auch die sog. Opportunitätskosten ("entgangene Gewinne", z.B. in Form alternativer Investitionen; s. WUNDERER & SAILER 1987), die sich aus den nicht-intendierten Nebenwirkungen systematischer Mitarbeiterbeurteilung ergeben können, wie z.B.

- die Störung des Betriebsfriedens durch die Hervorrufung interpersoneller Konflikte;
- die abschreckende Wirkung verschärfter Kontrolle, insb. auf kreative MitarbeiterInnen oder StellenbewerberInnen;
- die Beeinträchtigung kooperativer Arbeitsverhältnisse durch die Herstellung von Wettbewerbssituationen;
- führungsklimatische Verschlechterungen;
- lähmende Bürokratisierungs-Effekte.

Schließlich liegt den meisten Studien, in denen die Effizienz von Beurteilungssystemen untersucht wird, eine kurzfristige Analyseperspektive zugrunde. Ob sich die vielfach attestierten positiven Effekte auf das Leistungsverhalten und die Produktivität auch langfristig aufrechterhalten lassen, ist eine ganz andere Frage, deren Beantwortung bisher noch aussteht. Was kurzfristig Erfolg bringt, kann jedenfalls mittel- oder langfristig durchaus abträglich für die Produktivität der MitarbeiterInnen sein.

4.4.4.2 Formative Evaluation: Zum Konzept des Beurteilungs-"Fehlers"

Die PB kann ihre Funktionen nur solange ungehindert erfüllen, wie keine Zweifel an ihrer "wissenschaftlichen" Integrität aufkommen. Nur wenn die am Beurteilungsvorgang beteiligten Akteure von der Haltbarkeit ihrer Ergebnisse überzeugt sind, ist eine Rechtfertigung der auf dieser Basis getroffenen Entscheidungen, z.B. durch den Rückbezug auf geltende Normen der Leistungsgerechtigkeit, möglich. Wenn wir unter einem Mythos eine logisch nicht beweisbare Behauptung verstehen, dann geht es im vorliegenden Zusammenhang nicht nur darum, die beanspruchte Rationalität als eine "im Gewand der Wahrheit auftretende Lüge" (NEUBERGER u. KOMPA

1987, S. 281) zu entlarven. Der Mythos "Rationalität" ist vielmehr dadurch gekennzeichnet, daß er - Lüge hin oder her - *geglaubt* werden muß; es sind daher von denjenigen, die ein Interesse an der Aufrechterhaltung dieses Mythos haben, geeignete Bedingungen dafür herzustellen, daß die *Zuschreibung (Attribution)* rationaler Qualitäten an ein Verfahren der PB erfolgen kann (vgl. Abschnitt 1.1.2.4 zur "Formalen Rationalität"). Derartige Attributionen oder Basisannahmen können sein:

- Wir haben die relevanten Beurteilungskriterien für das Personal gefunden.
- Die Beurteilungskriterien beziehen sich auf jeweils unterschiedliche Sachverhalte und sind unabhängig voneinander.
- Die Beurteilungskriterien stellen ein repräsentatives Abbild des Gesamtspektrums der erforderlichen Arbeitsleistung dar.
- Jede(r) Mitarbeiter(in) besitzt genau einen wahren Wert, der dem persönlichen Ausprägungsgrad auf einem Beurteilungskontinuum entspricht.
- Unsere Indikatoren (Skalen, Tests, Meßverfahren...) sind in der Lage, die wahren Werte objektiv, zuverlässig und gültig zu erfassen.
- Unsere Skalen sind "richtig" konstruiert: die Anzahl der festgelegten Abstufungen sowie die Art und Anordnung der numerischen/verbalen Beschreibungen "stimmen", so daß man letztlich Äquidistanz der Skalenstufen annehmen darf, Mittelwerts- und Streuungsberechnungen sind damit erlaubt.
- Alle BeurteilerInnen verstehen und verwenden die Skalen auf gleiche Weise.
- In jeder Organisationseinheit (z.B. Bereich, Abteilung, Gruppe) sind die Ausprägungsgrade über alle MitarbeiterInnen hinweg normalverteilt: es gibt immer ein paar "Gute", ein paar "Schlechte" und viele "Mittelmäßige".

Diese (und verwandte) Festlegungen sind eigentlich Vor-Urteile, denen nur unschwer anzusehen ist, daß "der Wunsch der Vater der Gedanken" war: Wenn wir die Wirklichkeit so wahr-nehmen, wie sie uns in den Basisannahmen vor-gestellt wird, dann ist auch die PB für-wahr ein geeignetes Instrument der Leistungskontrolle. Das Raffinierte dieser Inszenierung liegt darin, die eingeführten Basisannahmen nicht als normative Prämissen oder Voraussetzungen kenntlich zu machen, sondern quasi als naturgegebene Tatbestände und Gesetzmäßigkeiten erscheinen zu lassen.

In diesem Sinne ist die Rede von Beurteilungs-"*Fehlern*" besonders aufschlußreich, weil sie die Regel zur Ausnahme (v)erklärt: Die mit empirischer Regelmäßigkeit auftretenden Abweichungen von theoretisch erwarteten Urteilsverteilungen müssen auf "zufällige Störgrößen" zurückgeführt werden, weil das Beurteilungsproblem als ein naturwissenschaftliches (technisches, wertneutrales, asoziales) konstruiert wurde. Die Hypothese vom "Fehler" täuscht vor, daß es ein objektives, zuverlässiges und gültiges Letztkriterium gibt, einen universalen Maßstab, der es erlaubt, "gute" von "schlechten" MitarbeiterInnen zu trennen. Aber selbst mit besten Schulungen und noch so differenzierten verbalen Erläuterungen zur Handhabung der Beurteilungssysteme dürften sich die hier beschriebenen Fehler nicht eliminieren lassen, da das zugrundeliegende Problem kein technisches ist, sondern in der politischen Natur sozialer Organisationen liegt. Um einige Beispiele zu nennen: Durch milde Urteile kann eine Führungskraft ihre Arbeitsgruppe beschwichtigen, besänftigen, beruhigen; die MitarbeiterInnen sollen nicht enttäuscht oder demotiviert werden; bessere Leistungen kann man "herauskitzeln"; einem mittelmäßigen Mitarbeiter möchte man für das berufliche Fortkommen "keinen Stein in den Weg legen"; man will eine unbequeme Mitarbeiterin "wegloben"... Durch schlechte Beurteilungen können MitarbeiterInnen am "Vorwärtskommen" behindert werden, weil Vorgesetzte (insb. solche mit geringem Selbstwertgefühl) voller Neid ihre Leistungen disqualifizieren; es ist aber auch denkbar, daß die Leistungen in Wirklichkeit sehr geschätzt werden und Vorgesetzte ihre MitarbeiterInnen daher nicht an andere (Gruppen, Abteilungen, Organisationen...) verlieren wollen; "zu gute Leute" könnten irgendwann aufbegehren oder dem Vorgesetzten die Führungsposition streitig machen; lästiger MitarbeiterInnen kann man sich über schlechte Beurteilungen entledigen... Erst eine sozialwissenschaftliche Problemkonstruktion wirft Licht auf die Einflußgrößen, denen die PB im organisatorischen Handlungszusammenhang unterworfen ist, und kann damit erklären, daß Beurteilungs-"Fehler" systematisch produziert werden, weil sie funktional für die Durchsetzung bestimmter Interessen sind.

Unter einem Beurteilungsfehler versteht man in einem statistisch-technischen Sinn die systematische Abweichung eines Urteils von einem definierten Beurteilungsstandard. Obwohl man in der Literatur sehr viele Bezeichnungen und Einteilungen von Urteilsfehlern vorfindet[17], können im wesentlichen vier Fehlertypen unterschieden werden. Die *Mittelwertstendenz* zeigt sich darin, daß die Urteile vom erwarteten Mittelwert der Urteilsskala in positiver (Mildefehler) oder negativer Richtung (Strengefehler) abweichen. Die *Streuungstendenz* kommt darin zum Ausdruck, daß die Urteile nicht die gesamte Bandbreite der Urteilsskala beanspruchen, sondern in der Nähe des (empirischen) Mittelwerts liegen. Mit *Korrelationstendenz* ist gemeint, daß einzelne Merkmale eines Beurteilungssystems nicht unabhängig voneinander sind, sondern mehr oder weniger stark miteinander zusammenhängen. Die Kenntnis, wie BeurteilerInnen die Ausprägung eines bestimmten Merkmals einschätzen, erlaubt mithin Vorhersagen, wie sie andere Merkmale bewerten. *Gruppentendenzen* werden in zwei unterschiedlichen Formen sichtbar. Personen in hierarchisch höheren Positionen erhalten im allgemeinen bessere Beurteilungen als hierarchisch niedrig stehende Personen (Hierarchieeffekt). Zudem lassen sich systematische Beurteilungsunterschiede feststellen, die auf die Zugehörigkeit zu verschiedenen Abteilungen einer Organisation zurückzuführen sind (Abteilungseffekt).

Anhand der in der alltäglichen Beurteilungspraxis am häufigsten vorkommenden "Fehler" - Mittelwertstendenz, Streuungstendenz, Korrelationstendenz und Gruppentendenz - zeigt Tab. 4.3, daß derartige Urteilsverzerrungen keine ungewollten Abweichungen darstellen, sondern durchaus ihren Sinn haben, wenn man die *sozialen* Voraussetzungen und Wirkungen der PB im Kontext der Organisation betrachtet. Das Ziel der Darstellung besteht nicht darin, eine konsistente und systematische

---

[17] LUEGER (1992, S. 56ff) z.B. unterscheidet 22 Urteilsverzerrungen, die sich jedoch teilweise überlappen.

Theorie der sozialen Einflußprozesse zu entwickeln, die im Rahmen der PB eine Rolle spielen. Vielmehr soll in einem kaleidoskopartigen Überblick für die Vielfalt der sozialen Bezüge sensibilisiert werden, denen die PB im organisatorischen Handlungsfeld ausgesetzt ist. Zur näheren Bestimmung des Sozialen greift Tab. 4.3 die interpersonalen und strukturellen Einflußfaktoren auf, da organisatorisches Handeln sowohl durch die Handlungsweisen der konkreten Anderen (interpersonale Ebene) als auch der verallgemeinerten Anderen bzw. der überdauernden Systembedingungen (strukturelle Ebene) affiziert wird[18].

4.4.4.3 Fazit

Insgesamt entsteht der Eindruck, daß die gebräuchlichen Beurteilungssysteme eine teure sozialtechnische Investition mit fragwürdigem Nutzen darstellen. In ihrer Eignung als Testverfahren zur Leistungsmessung ist die PB grundsätzlich in Frage zu stellen, da ihre Meßqualitäten unzureichend sind (vgl. SCHULER 1989; SCHETTGEN 1992b, S. 112). Bereits die Objektivität, die ihrerseits eine wichtige Voraussetzung für zuverlässige und gültige Messungen darstellt, ist nicht in wünschenswertem Umfang gegeben. Mit anderen Worten: Beurteilungen (Beobachtungen) sind abhängig vom Standpunkt der jeweiligen BeurteilerInnen (BeobachterInnen). Daß die PB-Verfahren dennoch in der Personalpraxis häufig zum Einsatz kommen (vgl. BRANDSTÄTTER 1970, S. 722; BEHR u.a. 1976, S. 37), kann mit den latenten Funktionen erklärt werden, die sie für die Kontrolle des Arbeitsprozesses in Organisationen und die Steuerung des damit verknüpften Transformationsproblems übernehmen (vgl. TÜRK 1993a; STOLZ & TÜRK 1992a). Zu diesen Funktionen gehören hauptsächlich die Reduktion sozialer Unsicherheit, die Bahnung mikropolitischer Einflußversuche und die Aufrechterhaltung der herrschenden Ordnung (SCHETTGEN 1992b, S. 129ff):

- *Unsicherheitsreduktion*: Da die standardisierten Verfahren systematischer Personalbeurteilung - wie gezeigt - kaum rationale Problemlösungen auf der Ebene realökonomischer Prozesse der Leistungsregulation gestatten (vgl. dazu Abschnitt 4.1.1), gründet sich ihre Praktikabilität auf die Herstellung eines "vorgergründigen Konsens" (GRUNOW 1976, S. 76) für den sozialen Umgang mit Beurteilungsunsicherheit. Auf diese Weise wird die Mehrdeutigkeit im Bereich realökonomischer Leistungsprozesse durch symbolisch-kognitive Mechanismen beherrscht, die auf verbindlich gemachten Beurteilungskriterien und -maßstäben basieren. Durch die "soziale Verabschiedung" von Beurteilungsrichtlinien und -standards werden auf individueller Ebene Orientierungshilfen für die Wahrnehmung der zentralen Leistungsanforderungen geboten, der Erwartungshorizont der Beurteilten (hinsichtlich Beförderung, Versetzung, Bezahlungsumfang etc.) auf "realistische" Dimensionen reduziert und die "totale personale Konkurrenz in Teilbereiche aufgebrochen, die noch eine positive Selbsteinschätzung zulassen", indem "nur vermeintlich 'Vergleichbares' ... vergleichbar gemacht wird" (GRUNOW 1976, S. 78).

---

[18] Zwar wird der Beurteilungsprozeß auch durch personale Wirkfaktoren der beteiligten Akteure mitgesteuert: Konfliktscheue, negatives Selbstbild, Selbstunsicherheit, Angst, Mut, Vorerfahrungen, prinzipielle Einstellung zur Mitarbeiterführung etc., doch verleitet das Denken in solchen Eigenschaftskategorien leicht dazu, die soziale Problematik der PB erneut zu individualisieren.

Kapitel 4

1. Mittelwertstendenz	
1.1 Interpersonelle Ursachen	**1.2 Strukturelle Ursachen**
"Anchoring": Je nach der eigenen Stellung eines Vorgesetzten auf dem Merkmalskontinuum wird er die MitarbeiterInnen relativ zu sich selbst unterschiedlich einstufen ("self-based consensus", vgl. GREEN & MITCHELL 1979, S. 438): Bei hohen Ansprüchen an das eigene Leistungsverhalten sinken dementsprechend die Bewertungen für die MitarbeiterInnen, bei niedriger Anspruchshaltung steigen sie.	*Aufgabenstruktur:* Es ist denkbar, daß die Arbeitsanforderungen insgesamt zu niedrig sind; es fällt dann den MitarbeiterInnen leicht, ständig mehr zu leisten, als "eigentlich" erforderlich ist. Sie liegen damit im Gros über der erwarteten "Normalleistung" (REFA 2, 1977) und schneiden dementsprechend auch in den Beurteilungen besser ab.
Psychologische Nähe/Distanz: Eine weitere wichtige Einflußvariable ist im psychologischen Verhältnis der beurteilenden Führungskraft zu ihren Mitarbeiterinnen zu sehen: Je höher das Ausmaß der Sympathie, desto positiver die Beurteilung und umgekehrt (GREEN & MITCHELL 1979, S. 440f.)	*Betriebsklima:* In einer Abteilung existieren starke Harmonienormen, die auf die Herstellung einer positiven Arbeitsatmosphäre und die Vermeidung bzw. Tabuisierung von Konflikten drängen: Wird eine Gruppenkultur vom Mythos der "glücklichen Familie" geprägt, wird sich diese Grundhaltung vermutlich auch in den Beurteilungen niederschlagen.
Wechselseitige Abhängigkeit: Um sich die Loyalität der MitarbeiterInnen zu sichern und eine vertrauensvolle Zusammenarbeit nicht zu gefärden, ist die Vorgesetzte daran interessiert, "gute Beziehungen" zu ihren MitarbeiterInnen zu unterhalten und Konflikte - so weit es möglich ist - zu vermeiden. Positive Beurteilungen vermitteln die Botschaft: "Wir wollen uns gegenseitig nicht weh tun".	*Lohnpolitik:* Steigen die Arbeitsanforderungen, dann wird - um die Lohnsumme in etwa konstant zu halten - der anforderungsabhängige Lohnzuwachs durch die geringere Leistungsprämie ausgeglichen, die durch schlechtere Beurteilungen begründet werden kann.
Selbstdarstellung: Eine Führungskraft wird ihre Arbeitsgruppe (Abteilung, Bereich...) positiv darstellen, um so deren Bedeutung in der Organisation hervorzuheben. Schlechte Beurteilungen fallen also letztlich immer auf die Führungskraft selbst zurück, der im Rückschluß mangelnde Führungsqualitäten zugeschrieben werden.	*Leistungsnormen:* In einer Abteilung sind die Leistungsnormen generell zu hoch angesetzt, d.h. die Normalleistung stellt eine Überschätzung dar. In diesem Falle werden nur wenige MitarbeiterInnen in der Lage sein, die an sie gestellten Erwartungen zu erfüllen, und es resultieren schlechte Beurteilungen.
Tauschgeschäft: Die PB ist eine Tauschwährung für erwiesene oder erwartete Dienste. Gute Beurteilungen sind "Leistungen" des Vorgesetzten, mit denen "Gegen-Leistungen" der MitarbeiterInnen eingefordert werden können. Im Fluchtpunkt des Gedankens steht das Mäzenatentum des wohlwollend-autoritären Patriarchen, der sich durch gute Beurteilungen die Gunst seiner MitarbeiterInnen erkauft.	
Sozialisation: Durch tendenziell harte Urteile kann ein Vorgesetzter auf seine Arbeitsgruppe "erzieherisch" einwirken:	

Leistungsanalyse

die Gruppe gefügig machen, die Peitsche (und manchmal auch Zuckerbrot) geben, lückenlos überwachen ("big brother is watching you") ...	

2. Streuungstendenz

2.1 Interpersonelle Ursachen	2.2 Strukturelle Ursachen
Akzeptanz: Wenn eine Vorgesetzte in ihrer Arbeitsgruppe nicht akzeptiert wird, verfolgt sie aus Gründen der Selbstunsicherheit die Strategie der "Gleichbehandlung": Um einen Disput schon im Vorfeld zu vermeiden, werden ähnliche Urteile abgegeben.	*Arbeitsorganisation:* Wenn aufgrund der Arbeitsorganisation enge Zusammenarbeit erforderlich ist, dann sind die Leistungsbeiträge einzelner MitarbeiterInnen nicht eindeutig zurechenbar, so daß sich quasi als Kompromißbildung eine geringere Streuung um den Gruppenmittelwert ergibt. Darüber hinaus kann es sein, daß eine Vorgesetzte ihre MitarbeiterInnen aufgrund mangelnden sozialen Kontakts nicht gut genug kennt, um genügend zwischen ihnen differenzieren zu können.
Rechtfertigung: Sehr gute Beurteilungen können das Gerücht des "Sponsoring" entstehen lassen, sehr schlechte Beurteilungen den Eindruck der willkürlichen Bestrafung erwecken. Darüber hinaus würde ein Vorgesetzter bei Extremurteilen bei Dritten als "Außenseiter" auffallen und müßte auf Nachfragen ggf. sein eigenes mangelndes Urteilsvermögen zugestehen.	*Anwendungsprobleme:* Die PB erzwingt in vielen Fällen durch ihre standardisierte Vorgehensweise, auch in solchen Dimensionen Urteile abzugeben, in denen überhaupt keine oder zumindest nicht ausreichend viele Beobachtungsdaten vorliegen. Infolgedessen drängt die Führungskraft in ihrer Verunsicherung die Einschätzungen um den Skalenmittelwert zusammen.
	Corporate identity: In der Verdichtung der abgegebenen Urteile um einen gemeinsamen Mittelwert herum kommt ein Konformitätseffekt zum Ausdruck, der strategisch für die Etablierung einer Gruppenkultur genutzt werden kann. Bei negativem Mittelwert entsteht das Bild einer Sündenbock-Kultur, bei der die Gruppe quasi als Ganzes für schlechte Arbeitsergebnisse "haftet". Bei positivem Mittelwert hingegen kann ein Wir-Gefühl verbunden mit einem attraktiven Gruppenimage erzeugt werden.

3. Korrelationstendenz

3.1 Interpersonelle Ursachen	3.2 Strukturelle Ursachen
Beziehungsqualität: Die emotionale Nähe/Distanz zu einem Mitarbeiter ist manchmal so groß, daß der Vorgesetzte nicht mehr hinreichend zwischen verschiedenen Beurteilungsmerkmalen differenzieren kann; die Sympathie/Antipathie überlagert andere Informationen und "überstrahlt" sozusagen alle Beurteilungsaspekte ("Halo-Effekt").	*Sprachverständnis:* Analog zu den impliziten Persönlichkeitstheorien gilt hier: wer fleißig ist, ist auch exakt, pünktlich, sorgfältig, zuverlässig usw. Das bedeutet, daß die für eine ausreichende Differenzierungsfähigkeit notwendige Unabhängigkeit der Beurteilungsmerkmale in der Wahrnehmungsperspektive der beurteilenden Vorgesetzten kaum gegeben ist.

Kapitel 4

	Selektion: Wenn eine Vorgesetzte weiß, daß die Personalabteilung nur Wert auf ganz bestimmte Beurteilungsmerkmale legt, dann konzentriert sie sich wahrscheinlich auch auf die Beobachtung der damit korrespondierenden Verhaltensanspekte und gleicht die Bewertung anderer Merkmale, die mit weniger Aufmerksamkeit bedacht wurden, an die dort gewonnenen Urteilsergebnisse an.
	Informationsdefizite: Aufgrund ihrer strukturell bedingten häufigen Abwesenheit vom Arbeitsplatz innerhalb der Firma kann eine Führungskraft nur noch wenige, aber dafür besonders auffällige und prägnante Ereignisse für ihr Urteil über die MitarbeiterInnen heranziehen; dadurch werden stets auf mehreren Beurteilungsmerkmalen gleichzeitig die Ausprägungsgrade in eine bestimmte Richtung gelenkt.

| 4. Gruppentendenz ||
| Da sich die Gruppentendenz per definitionem auf strukturelle Phänomene (hierarchische Ordnung, soziale Einheiten) bezieht, erübrigt sich hier die Suche nach interpersonellen Einflußgrößen. ||
4.1 Hierarchieeffekt	4.2 Abteilungseffekt
Soziale Distanz: Über Leistungsbeurteilungen soll auch das Herrschaftsgefüge in der Organisation stabilisiert werden; daher ist es wichtig, daß höhere Hierarchieebenen über bessere Beurteilungen eine größere soziale Distanz zu den unteren Ebenen aufbauen. Führungskräfte stellen gewissermaßen eine elitäre "Kaste" in der Organisation dar und werden sich gegenseitig über Beurteilungen nicht "am Zeug flicken": man hält zusammen oder befindet sich in einer Sponsor-Protegé-Beziehung.	Abteilungsspezifische Voraussetzungen: Bei einem günstigen Abteilungsklima oder bei abteilungsspezifisch niedrigen Leistungsnormen wird vermutlich besser beurteilt. Zudem dürfte der jeweilige Führungsstil der AbteilungsleiterInnen auf den Beurteilungsstil innerhalb der Abteilung einen erheblichen Einfluß ausüben: Aufgabenorientierung wird vermutlich tendenziell zu strengen, Mitarbeiterorientierung zu milden Urteilstendenzen führen.
Self-fulfilling prophecies: Im Fehlschluß vom hierarchischen Rang auf die Leistungsfähigkeit bestätigt die PB den altbekannten Mythos, daß man durch Leistung "nach oben" kommt, und konsolidiert damit bestehende Leistungsideologien. Wenn man dementsprechend Höhergestellte beurteilt, fließt der "Leistungsbonus" via sich selbst erfüllender Prophezeiung in die Urteilsbildung ein, obwohl die zu beurteilenden Qualitäten eigentlich der Position zugeschrieben werden müßten (vgl. ROSS 1977, S. 193ff).	Abteilungsimage: Manche Abteilungen genießen innerhalb der Organisation ein höheres Ansehen und weisen deshalb bessere Beurteilungen auf, ohne daß rational begründbar ist, worin die Imagevorteile eigentlich liegen. Das Bild einer Abteilung steht darüber hinaus in engem Zusammenhang mit der betrieblichen Lohnpolitik: So wird die Legitimation z.B. für die Aufwertung des "Außendienstes" gegenüber dem "Innendienst" durch die PB beschafft: MitarbeiterInnen in Vertriebsabteilungen verdienen dann deshalb mehr, weil sie mehr "geleistet" haben.

Tab. 4.3   Beurteilungs-"Fehler"

- *Mikropolitik*: Die Personalbeurteilung läßt sich für eine unüberschaubare Vielfalt mikropolitischer Zwecke einsetzen, und zwar deshalb, weil ihre Verfahren durch den Aufbau einer Rationalitätsfassade zur Konstruktion einer "keimfreien Wirklichkeit" beitragen, in der bestehende Konfliktpotentiale verschleiert und/oder beschönigt werden. Wie in Kafkas "Schloß" bleiben die eigentlichen "Drahtzieher" mit ihren manipulativen Absichten unerkannt und unangreifbar: Vorgesetzte können sich z.B. unliebsamer MitarbeiterInnen durch schlechte Beurteilungen entledigen, ohne sich selbst der Kritik aussetzen zu müssen: schließlich hat das Verfahren ja "gezeigt", daß die "Leistungen" zu wünschen übrig lassen, und das Verfahren kann "nicht irren". Die Personalbeurteilung kann aber auch als Mittel zur Profilierung und zur Wahrung bzw. zum Ausbau betrieblicher Machtpositionen genutzt werden. Insbesondere im Kräftefeld der Verteilung von Personalverantwortung zwischen Linienvorgesetzten und Personalfachleuten ist die Personalbeurteilung ein "geeigneter Anlaß", um auf die Unverzichtbarkeit und Überlegenheit der Personalabteilung hinzuweisen; denn es wird der Eindruck erweckt, daß nur ein professionell arbeitendes Personalwesen in der Lage ist, die Personalbeurteilung nach den Grundsätzen einer modernen Sozialtechnologie zu gestalten und handzuhaben (vgl. KOMPA 1990, S. 606).

- *Herrschaftssicherung*: Bereits durch die Form des dominierenden Verfahrenstyps - Vorgesetzte beurteilen "ihre" MitarbeiterInnen - wird die Bedeutung der Hierarchie hervorgehoben und die Macht- bzw. Autoritätsposition der Vorgesetzten unterstrichen. Offenbar existieren Widerstände gegen die Verwirklichung horizontaler und aufwärtsgerichteter Beurteilungen, weil es nicht nur um die Beurteilung "an sich" geht, sondern auch um die Kontrolle, die mit Beurteilungsverfahren als Disziplinierungsinstrumenten "von oben nach unten" durchorganisiert werden soll (vgl. TÜRKs 1993a Ausführungen zur Herrschaftsdimension). Diese Kontrolle läßt sich um so wirkungsvoller gestalten, je mehr es gelingt, die Sachlichkeit und Neutralität der Verfahren in überzeugender Weise zu demonstrieren. Damit ist Macht auch in die Verfahren selbst "eingegossen", hat sich in ihnen verdinglicht und leistet als "strukturelle Gewalt" (GALTUNG 1981) vermutlich sogar noch hilfreichere Dienste für die Herrschaftssicherung als die plakative Demonstration persönlicher Autorität. Denn durch die Festlegung verbindlicher Beurteilungsnormen werden bestehende Herrschaftsinteressen *anonymisiert* (Versteigung der Kontrolle durch die Entlastung der Vorgesetzten von persönlicher Überwachung), *universalisiert* (jeder überwacht die Einhaltung der Verfahrensvorschriften, um gerecht behandelt zu werden) und *internalisiert* (durch Sozialisationsprozesse in die Selbststeuerung der Beurteilten hineinverlagert; vgl. NEUBERGER, CONRADI & MAIER 1985, S. 121f).

Die Diskussion der systematisch produzierten Beurteilungs-"Fehler" und der damit einhergehenden geringen Meßqualität von Beurteilungssystemen hat gezeigt, daß die latente Kontrolle durch die PB nur dann ausgeübt werden kann, wenn es gelingt, bei den Beschäftigten den festen Glauben an die Mythen der "Exaktheit" und "Objektivität" des Vorgehens zu verankern. An diese Mythen sind ganz bestimmte Deutungsmuster geknüpft, von deren Verbreitung die Wirksamkeit der PB in erheblichem Maße abhängt, wie z.B. (BREISIG 1990, S. 348):"

- nur mit einem PB-System gibt es Leistungsgerechtigkeit,
- ..wird Willkür und willkürliche Herrschaftsausübung verhindert,
- ..wird Transparenz geschaffen, weiß jeder, woran er ist."

Durch Mathematisierung, Quantifizierung und "Zahlenspiele" wird der an sich qualitative, subjektive Vorgang der Beurteilung von Menschen durch Menschen zumindest vordergründig von seiner Vagheit befreit. "Man verfügt über glasklare, harte, auswertbare Fakten mit dem Anschein der Unbestechbarkeit, Unfehlbarkeit und Nicht-Hinterfragbarkeit" (BREISIG 1990, S. 350).

In den letzten Jahren wird allerdings die wissenschaftliche Kritik an der systematischen Personalbeurteilung immer lauter, die sich gegen ihre vermeintliche Rationalität richtet (vgl. etwa GRUNOW 1976; NEUBERGER 1980; REICHARD 1983; RÜBLING 1988; BREISIG 1989, 1990, 1993; WALTON 1991, S. 219ff; SCHETTGEN 1992b, 1993; STEINORT 1995; vgl. dazu auch die Debatte in der Zeitschrift "Personalführung", Hefte 12/88 und 6/89). Die Ergebnisse dieser beständigen Aufklärungsarbeit haben allmählich auch Eingang in die Diskussionen der PraktikerInnen gefunden und stehen inhaltlich vielfach im Einklang mit ihren in der Anwendung der PB gewonnenen Erfahrungen. So wurde beispielsweise auf der Tagung "Analytik '93", an der über 800 personalwirtschaftliche ExpertInnen aus Theorie und Praxis teilnahmen, öffentlich konstatiert, daß "standardisierte Beurteilungssysteme mit ihren traditionellen Bewertungsskalen zunehmend wegen ihrer Scheinobjektivität ins Hintertreffen" geraten (SZ vom 27./28.3.93, Nr. 72, S. 77). In der Folge schwindet die Hoffnung, den Mythos der Rationalität trotz widersprechender Fakten aufrechterhalten zu können. Angesichts dieser mißlichen Lage ist nicht zu erwarten, daß das Procedere der PB von den am Beurteilungsprozeß beteiligten Akteuren bereitwillig angenommen wird. Es zeigt sich vielmehr, daß BeurteilerInnen wie Beurteilte verschiedene Formen des Widerstands entwickeln, in denen sie ihr Unbehagen an der PB zum Ausdruck bringen.

4.4.5 Widerstand gegen Beurteilungssysteme

Wird das Vertrauen in die Rationalität der PB erschüttert, kann sie ihre Aufgabe als Kontrollinstrument nur noch unzureichend wahrnehmen, so daß die Kontrolle selbst an Durchsetzungskraft verliert. Glaube, Vertrauen, Überzeugung usw. sind offensichtlich Phänomene, die die subjektive Einstellung des arbeitenden Menschen zur Organisation und der in ihr erzeugten kulturellen Basisannahmen spiegeln (vgl. TÜRK 1993a). Mit dem subjektiven Potential des Menschen verbinden sich Eigen-Sinn und Eigen-Art, so daß die durch die PB anvisierte Kontrolle der Leistungserstellung nicht bruchlos zum Erfolg führt, sondern zu einer Veränderung der Einflußstrategien Anlaß gibt.

4.4.5.1 Vorgesetztenperspektive

Nach SCHULER 1989 berichten Vorgesetzte häufig über ihre Angst, durch negative Beurteilungen und daraus resultierende Konflikte die Beziehungsqualität zu ihren Unterstellten zu beeinträchtigen, mit denen sie auch nach der Beurteilung weiter zusammenarbeiten müssen. NEUBERGER 1984 weist auf verschiedene Führungsdilemmata hin, die sich für Vorgesetzte aus der Überkreuzung von Richter- und Helferfunktionen während des Beurteilungsaktes ergeben. Die widersprüchlichen Anforderungen, die sich mit der Personalbeurteilung verbinden, z.b. einerseits eine vertrauensvolle Beziehung zu den MitarbeiterInnen aufzubauen und andererseits die anvertrauten Informationen an Dritte weitergeben zu müssen, wird von vielen Führungskräften als Stress empfunden. Zur Beurteilungsunlust der Vorgesetzten trägt ferner bei (vgl. SCHWÖRER 1989), daß sie

- sich erheblichen zeitlichen Belastungen aussetzen müssen;
- sich häufig inkompetent zur Beurteilung von Personen fühlen;
- ihre Urteile als unzureichend fundiert ansehen;
- durch komplizierte Beurteilungsfibeln überfordert sind und
- oftmals mit ihren Beurteilungsproblemen allein gelassen werden.

Viele Führungskräfte haben im Umgang mit der PB ihre eigenen Abwehrmechanismen oder Ausweichtaktiken entwickelt. Eine beliebte Strategie ist z.B. die der "Verharmlosung" oder "Versachlichung", bei der die betriebliche Beurteilung den MitarbeiterInnen gegenüber als "Papierkram", "Pflichtübung" oder "Routineakt" präsentiert wird (NEUBERGER 1984, S. 291f). Es ist aber auch zu beobachten, daß Beurteilungen immer wieder auf die "lange Bank" geschoben werden, um das lästige Ereignis in schwejkistischer Manier zu sabotieren.

4.4.5.2 Perspektive der MitarbeiterInnen

Die PB wälzt die gesamte Verantwortung für die erzielten Leistungsergebnisse (einschließlich ihres Zustandekommens) auf die Person des Mitarbeiters/der Mitarbeiterin ab und unterliegt damit bereits in der Verfahrensanlage dem "fundamentalen Attributionsfehler" (ROSS 1977): Situative Aspekte der Aufgabenbearbeitung, zu denen auch das Führungsverhalten der beurteilenden Vorgesetzten gehört, werden durch die PB übersehen. Aufgrund der an die PB geknüpften einseitigen Kritik, die ihren Fokus ausschließlich auf die Person der Mitarbeiterin/des Mitarbeiters richtet, sind Kollisionen zwischen Fremdeinschätzung und Selbsteinschätzung zu erwarten. Diese dürften um so heftiger wiegen, je mehr sich in den Leistungsergebnissen der MitarbeiterInnen klare (Miß-)Erfolge abzeichnen und je mehr die beurteilende Führungskraft von den MitarbeiterInnen als zentrale Vermittlungsinstanz der eigenen Karriere in der Organisation erlebt wird. Im Falle des Erfolgs ist anzunehmen, daß Vorgesetzte ihre Zuschreibung an die Qualifikation der MitarbeiterInnen abschwächen, weil sie ihr Führungsverhalten zusätzlich zur Erklärung heranziehen können. Eine solche selbstwertdienliche Zuschreibung wird aber auch erzeugt, wenn ein Mißerfolg vorliegt: In diesem Falle sind - "natürlich" ! - die MitarbeiterInnen schuld und jeglicher Einfluß des eigenen Führungsverhaltens wird ausgeschlossen (vgl. HERNER 1990; SCHETTGEN 1991). Gleich, wie man die PB auch dreht: Die selbstwertdienlichen Vorstellungen der beurteilten MitarbeiterInnen hinsichtlich der eigenen Qualifikationen, Leistungen, Leistungsergebnisse etc. werden nicht berücksichtigt, sondern stattdessen permanent bedroht. Die Folge ist, daß nicht nur die Vorgesetzten, sondern auch die MitarbeiterInnen die PB als Belastung erleben, da die Beurteilungssituation Prüfungsangst und Frustrationen hervorruft. Da MitarbeiterInnen im Vergleich zu ihren Vorgesetzten über weniger formale Macht verfügen, um sich gegen die unangenehmen Wirkungen der PB zu schützen, sind sie vorwiegend auf Strategien des "impression management" angewiesen: Durch eine positive Selbstdarstellung kann den voraussichtlichen Beschädigungen des eigenen Selbstbildes und anderen negativen Konsequenzen der Beurteilung (z.B. Lohneinbußen) vorgebeugt werden. Der "Nikolauseffekt" ("Kurz vor dem Ereignis sind die Kinder besonders brav"), das Bauen "Potemkinscher Dörfer" (Schönfärberei) oder das "window dressing" ("Aufstylen" von Zahlen und Dokumenten) sind besonders plastische Beispiele derartiger Selbstdarstellungs-Techniken (vgl. NEUBERGER 1984, S. 292f; s.a. LUEGER 1992, S. 56ff).

Zusammenfassend kann man sagen, daß durch die Anwendung der PB sowohl bei Vorgesetzten als auch bei MitarbeiterInnen eine Reihe von Ängsten ausgelöst wird, die im allgemeinen zu Mißtrauen, Vermeidungsverhalten, "Türklinkenpraktiken" sowie verdeckter ("Tarnen und "Täuschen"; "stiller Boykott") und offener Opposition (expliziten Verweigerungen) gegenüber den Verfahren führen (vgl. auch BREISIG 1989). Diese Verhaltensweisen können aus der Kontrollperspektive als subjektive Reaktionen auf die mit Hilfe der PB strukturell verankerte Leistungskontrolle in Organisationen gedeutet werden. Es handelt sich um kreative Versuche, sich der Fremdbestimmung zu entziehen und Freiräume zu suchen, aus denen heraus ein Stück "Gegen-Kontrolle" aufgebaut werden kann. Der Zyklus aus "Kontrolle" und "Gegen-Kontrolle" wird vermutlich in dem Maße beschleunigt, in dem der Glaube an die Rationalität der Beurteilungsverfahren zusammenbricht.

4.4.5.3 Reaktionen der Organisation auf subjektiven Widerstand

4.4.5.3.1 Kontrollspiralen

Die Arbeitsleistungen, die für die effiziente Organisation des Produktionsprozesses benötigt werden, sind (noch) nicht ohne den ganzen Menschen zu haben. Mit dem Einbezug des Menschen aber ergeben sich Chancen und Risiken bei der Steuerung des Arbeitsprozesses, die im Phänomen der "Subjektivität" begründet liegen. Risiko bedeutet: ArbeitnehmerInnen können mit der ihnen anhaftenden Widerborstigkeit in Form von Leistungszurückhaltung, Querulantentum, Arbeitsverweigerung, Krankfeiern, Streik etc. den betrieblichen Produktionsprozeß stören. Andererseits liegen im subjektiven Potential aber auch Chancen, weil Elastizität, Flexibilität, Plastizität, Lernfähigkeit, Kreativität, Initiative, Selbständigkeit, Innovationsfähigkeit, Engagement etc. wichtige menschliche Zu-Taten sind, ohne die praktisch kein Betrieb funktionieren kann.

Überall dort, wo der menschliche Faktor für die Organisation des Produktionsprozesses unverzichtbar ist, wird es also darum gehen, die Chancen zu nutzen und die

Risiken zu minimieren, die aus dem subjektiven Potential des Menschen resultieren. Mit anderen Worten: Die Transformation von Arbeitsvermögen in Arbeitsleistung ist kein Automatismus, sondern ein hoch sensibler, störanfälliger sozialer Prozeß, der seine Ausgestaltung im wechselseitigen Kräftespiel von objektiv notwendiger Kontrolle und widerständiger Subjektivität erfährt (vgl. TÜRK 1993a; STOLZ & TÜRK 1992a). Kontrolle im Sinne von Fremdbestimmung ist notwendig, weil die menschliche Subjektivität in Bahnen gelenkt werden muß, die den kollektiven Arbeitsprozeß aufrechterhalten und fördern. Eben durch die Kontrolle aber werden gleichzeitig die subjektiven Potentiale des Menschen herausgefordert, Freiräume zu erkämpfen und zu verteidigen, um sich der Vereinnahmung für fremde Zwecke zu entziehen. Diese Freiräume werden erneut zum Gegenstand der Kontrolle: sie müssen beherrscht werden, wenn man nicht Gefahr laufen will, daß in den entstehenden Lücken, Nischen oder Leerstellen der Organisation subversive, anarchische Kräfte ihr Eigen-Leben entwickeln. In fortlaufenden Schleifen aus Kontrolle und Widerstand werden in schöpferischer Weise ständig neue, verfeinerte Kontrolltypen und Widerstandsformen geschaffen, die jeweils Antworten auf die Einflußversuche der anderen Seite darstellen.

EDWARDS 1981 beschreibt die skizzierte Kontrollspirale aus einer historischen Perspektive (vgl. Abschnitt 1.5.1.2): Die willkürliche und teilweise *despotische* Herrschaft von Eigentümern und Meistern, die bis zu Beginn des 20. Jahrhunderts dominierte, rief militante Reaktionen der Arbeiter und hohe Fluktuationsraten hervor. Daraufhin wurde die persönliche Kontrollform ergänzt bzw. abgelöst durch die *technische* Kontrolle, in der Arbeitsinhalt und -tempo zunehmend durch Maschinen gesteuert wurden (klassisches Beispiel: Fließband). In der Folge kamen veränderte Widerstandsmuster zustande, deren Akzent stärker auf verdeckter Aggression lag: Entstehung von informellen Normen der Leistungszurückhaltung in Arbeitsgruppen; bewußte Schädigung der Maschinen, um Stillstandszeiten zu provozieren; extreme Ausdehnung der Toilettenpausen etc. Um derartige Auswüchse beherrschen zu können, wurde die *bürokratische* Kontrolle eingeführt, die sich auf formale Strukturen und standardisierte Routinen stützt und damit Verhaltensansprüche in quasi anonymer Weise geltend macht: Arbeitszeitordnungen, Pausenregelungen, Beförderungsrichtlinien, Führungsgrundsätze, Lohnsysteme, Stellenbeschreibungen und nicht zuletzt die Personalbeurteilung (!) sind nur einige Beispiele für Instrumente bürokratischer Kontrolle.

4.4.5.3.2 Bürokratische Kontrolle vs. Verständigung

Als ein bürokratisches Instrument der Leistungskontrolle stößt die PB zunehmend auf Widerstand. Das schwindende Vertrauen in die "wissenschaftliche Haltbarkeit" des Vorgehens, die Penetranz des Auftretens von Beurteilungs-"Fehlern" und die zahlreichen Akzeptanzprobleme lassen den Nutzen der PB im Vergleich zu den investierten Kosten gering erscheinen. Spätestens an dieser Stelle aber müssen die erwähnten Diskrepanzen für die Organisation zur Information werden, da sie nach den Regeln der Kapitalverwertung operiert und demnach "in Geldeinheiten denkt": Die PB muß sich rechnen! Widerstand gegen die PB bedeutet Kosten, weil die anvisierten Beurteilungsziele nicht bzw. nicht in wünschenswertem Umfang erreicht werden können. Aber auch die Beherrschung des Widerstands verursacht Kosten, weil sie neuen Kontrollaufwand nötig macht. Angesichts dieser dilemmatischen Situation ist das Management in jüngster Zeit dazu übergegangen, "sanftere" Formen der Kontrolle zu entwickeln, die einen zu erwartenden Widerstand bereits im Vorfeld auftauen und Fremdherrschaft durch die Selbststeuerung der arbeitenden Menschen ersetzen. Diese Kontrollvariante zeichnet sich also dadurch aus, daß man auf Vertrauen und Verständigung setzt, indem man den arbeitenden Menschen Handlungsfreiheiten und Partizipationsmöglichkeiten eröffnet, im Gegenzug aber produktives, an den Organisationszielen orientiertes Arbeitsverhalten in den entstehenden Freiräumen erwartet (vgl. auch das Konzept des "manufacturing consent" von BURAWOY 1979). Wenn die ArbeitnehmerInnen freiwillig wollen, was sie sollen, wird der Kontrollaufwand für das Management auf ein Minimum reduziert. Umgekehrt bleibt den ArbeitnehmerInnen das Gefühl, selbst Einfluß auszuüben und bei wichtigen, die Arbeitssituation betreffenden Entscheidungen mitbestimmen zu können. Ob die den ArbeitnehmerInnen explizit zugestandene (Gegen-)Kontrolle auf der Illusion einer "schönen neuen Welt" (HUXLEY) basiert, die letztlich der noch subtileren Manipulation menschlicher Subjektivität durch die Aufhebung potentiellen Widerstands dient, oder für die arbeitenden Menschen einen "echten Gewinn" darstellt, der in der (partiellen) Umwandlung von Herrschaft in Partnerschaft besteht, ist eine heikle Frage, die ohne Rückbezug auf weltanschauliche Grundüberzeugungen wohl kaum beantwortet werden kann.

4.4.6 Das Mitarbeitergespräch (MA-G) als "sanfte" Kontrolle

4.4.6.1 Typisierung des Mitarbeitergesprächs

In den letzten Jahren ist in vielen Wirtschaftszweigen und Branchen zu beobachten, daß das, was im Rahmen der traditionellen PB nur ein kleiner Baustein neben vielen anderen ist: das Beurteilungsgespräch, zunehmend an Bedeutung und Umfang gewinnt. Im Beurteilungsgespräch legt der Vorgesetzte den MitarbeiterInnen gegenüber seine Bewertungen offen, begründet sie, äußert Anerkennung und Kritik und holt sich - in Abhängigkeit vom praktizierten Führungsstil - ein bestimmtes Ausmaß an Feedback, bevor die MitarbeiterInnen ihre Kenntnisnahme durch Unterschrift unter den Beurteilungsbogen dokumentieren bzw. eine eigene schriftliche Stellungnahme abgeben. Im Zuge der Ausübung "sanfter Kontrolle" hat sich das Beurteilungsgespräch jedoch allmählich zu einem unabhängigen Instrument etabliert, das unter dem Terminus "Mitarbeitergespräch" für eine ganze Bandbreite unterschiedlicher Aufgaben, hauptsächlich jedoch für die Zwecke der Personalführung und -entwicklung genutzt wird (vgl. WASZKEWITZ 1974; NEUBERGER 1980; KORFF 1983; PAPENFUß u. PFEUFFER 1989; NEUMANN 1991).

4.4.6.2 Funktionen des Mitarbeitergesprächs

Anders als die klassische PB strebt das Mitarbeitergespräch unter weitgehendem Verzicht auf formalisierte Prozeduren von vornherein einen aktiven Dialog zwischen Vorgesetzten und MitarbeiterInnen an, innerhalb dessen nicht der *interpersonelle Leistungsvergleich*, sondern die Diagnose *intraindividueller Stärken und Schwächen* im Vordergrund steht (vgl. CAPOL 1974). Damit entfällt für die Vorgesetzten ein Stück weit der Legitimationsdruck für personalpolitische Entscheidungen, der es erforderlich macht, die eigenen Beurteilungen als "objektive Wahrheiten" präsentieren zu müssen. Vielmehr können die Vorgesetzten ihre Auffassung als persönliche Sichtweise darlegen, die - eben um der genannten "Wahrheit" willen - der Ergänzung und ggf. Korrektur durch die MitarbeiterInnen-Perspektive bedarf. Beurteilungskriterien sind in der Variante des Mitarbeitergesprächs keine fixen Meßlatten mehr, sondern fungieren als Gesprächsgrundlage und -leitfaden, durch die eine bestimmte Selektion von Themen gewährleistet werden soll. Das Themenarrangement ist - je nach Gesprächstyp - mehr oder weniger stark vorstrukturiert, ermöglicht den MitarbeiterInnen aber in flexibler Weise, der Kritik der Vorgesetzten zu entgegnen, die eigene Einschätzung der individuellen Leistungen, Qualifikationen, Potentiale etc. darzustellen, auf Fehler und Schwachstellen im Arbeitssystem hinzuweisen und nicht zuletzt auch aus ihrem Blickwinkel Kritik am Führungsverhalten der Vorgesetzten zu üben. Durch die im Gesprächsverfahren vorgesehene *zweiseitige Kommunikation* ist also in einem weitaus größeren Maße als bei der traditionellen PB gewährleistet, daß sich die MitarbeiterInnen als "Subjekte" einbringen können, um die Ursachen bzw. Hintergründe des Zustandekommens ihrer Leistungen anzusprechen.

Das Mitarbeitergespräch erfüllt demnach verschiedene Funktionen gleichzeitig:

- es dient der Klärung der Vorgesetzten-MitarbeiterInnen-Beziehung durch die wechselseitige Annäherung von Fremdbild und Selbstbild;
- es fördert die gemeinsame Analyse von Arbeitssituationen und vermindert damit "Reibungsverluste" im Arbeitsalltag;
- es motiviert die MitarbeiterInnen, weil sie ihre Bedürfnisse äußern können und ständige Rückmeldungen über ihren aktuellen Leistungs- und Entwicklungsstand erhalten;
- es gibt den Führungskräften Aufschlüsse zur Bewältigung von systembedingten Arbeitsproblemen und Anregungen zur angemessenen Einleitung von Qualifizierungsmaßnahmen;
- es reduziert aufgrund des geringeren Formalisierungs- und Standardisierungsgrades im Vergleich zur klassischen PB die Beurteilungskosten.

Schließlich dürfte die Einführung und Anwendung des Mitarbeitergesprächs für Organisationen auch insofern attraktiv sein, als es den Widerstandsformen, die in Verbindung mit der klassischen PB zu erwarten sind, durch die Eröffnung von Partizipationschancen und Verständigungsangeboten den Boden entzieht.

4.4.6.3 Kontrollchancen und -risiken des Mitarbeitergesprächs

4.4.6.3.1 Kontrollchancen

Der Verlauf und das Ergebnis von Mitarbeitergesprächen sind auf den ersten Blick nur schwer kalkulierbar, da die sich entfaltende Beziehungsdynamik je spezifisch und kaum vorherzusagen ist. Paradoxerweise bedeutet diese mangelnde Berechenbarkeit für das Management jedoch nicht automatisch einen Kontrollverlust. Die Erwartungstreue des Handelns wird vielmehr dadurch gesichert, daß durch Verhandlung, Vereinbarung, Einverständnis, Vertrauen, gegenseitige Verpflichtung usw. die Weichen für Ko-operation gestellt werden. Mitarbeitergespräche reduzieren in diesem Sinne den Kontrollaufwand, der für organisatorische Reglementierung und/oder persönliche Überwachung betrieben werden muß, indem sie Loyalität produzieren. Mitarbeitergespräche nehmen Widerstand strategisch vorweg, bevor er überhaupt aufkommen und seine "schädlichen" Wirkungen entfalten kann. Widerstand wird auf diese Weise rechtzeitig kanalisiert und in Bahnen gelenkt, die für die Aufrechterhaltung des Arbeitsprozesses funktional sind.

Im Vergleich zur schwerfälligen PB sind Mitarbeitergespräche zudem weniger träge und leichter handhabbar, so daß für das Management Flexibilitätsgewinne entstehen. Diese dürften um so wichtiger werden, je mehr durch die Flexibilisierung des Arbeitsprozesses selbst, d.h. durch die Veränderung von Arbeits- und Leitungsstrukturen - insb. bedingt durch den Einsatz moderner Technologien -, auch elastische Steuerungsinstrumente benötigt werden. Die Konzeption des Mitarbeitergesprächs symbolisiert damit durch ihre spezifische Verfahrensanlage, welchen Typus von MitarbeiterInnen man in Zukunft braucht, um den Produktionsprozeß beherrschbar zu halten; gewünschte Arbeitstugenden und Schlüsselqualifikationen sind z.B. Selbständigkeit, Kooperationsbereitschaft, mitverantwortliches Denken und Entscheiden etc.

Das Mitarbeitergespräch stellt für das Management auch deswegen eine interessante Kontrollvariante dar, weil das personalpolitisch-strategische Moment der individualisierten Betreuung und Beratung Entsolidarisierungseffekte unter den Mitarbeiter-/Innen hervorrufen kann. Denn der aktive Einbezug der MitarbeiterInnen in die Konstruktion der Beurteilungsergebnisse bedeutet für diese nicht nur neue Freiheiten, sondern auch neue Verpflichtungen! Die Kritik der MitarbeiterInnen wird während des Gesprächs genau in den Grenzen zugelassen, in denen die Spielregeln wirtschaftlichen Organisierens grundsätzlich unangetastet bleiben. Jedwede Form von organisierter Mitverantwortung ist daher - mit Blick auf die Systemfunktionen - erhaltender bzw. affirmativer Natur. Eine Besonderheit der dialogischen Steuerungsvariante liegt darin, daß es für die MitarbeiterInnen immer ein Stück weit intransparent bleibt, was mit ihnen und den anderen während der Gespräche geschieht. Manche sind in der Lage, ihre Chancen der Mitbeteiligung im Gespräch zu nutzen und durch "konstruktive Kritik" positive Beurteilungen zu erwirken, den eigenen Einflußbereich zu erweitern, aufzusteigen, die Karriere voranzutreiben. Andere wiederum verfügen nicht über das notwendige Geschick, den Gesprächsverlauf mitzugestalten, werden entsprechend ungünstig beurteilt, lassen sich stärker beeinflussen und in der Folge für Aufgaben bzw. Ziele einspannen, die aufgrund mangelnder Anreizwirkung nur selten zum persönlichen Erfolg führen. Auf diese Weise wird unmerklich und einschleichend eine Separierung der Belegschaft in "winner" und "looser" erzeugt, die ein Bewußtsein für gemeinsame Interessen und ein solidarisches Handeln untergräbt. Den Verlierern kann zudem vorgehalten werden, daß sie selbst schuld an ihrem Schicksal sind, da Mitsprache und Widerspruch jederzeit möglich waren: So bekommt am Ende jeder, was er verdient, denn die Welt der Organisation ist (scheinbar) gerecht.

4.4.6.3.2 Kontrollrisiken des Mitarbeitergesprächs

Die Vorteile, die das Mitarbeitergespräch für den eleganten Umgang mit Beurteilungswiderstand bietet, sollten nicht darüber hinwegtäuschen, daß man mit der Durchführung des Gesprächsverfahrens auch neue Probleme produziert, für die bisher nur ansatzweise Lösungen erarbeitet werden konnten (vgl. dazu auch die Problemzonen des Vorstellungsgesprächs; RASTETTER, in Vorb.).

Aus der *Vorgesetztenperspektive* stellt das Mitarbeitergespräch andere und teilweise auch höhere Anforderungen an die Führungskompetenz der BeurteilerInnen als die traditionelle PB. In dem Maße, in dem sich die PB als System "auflöst", gehen auch die "objektiven" Grundlagen verloren, auf die eine Führungskraft ihre Urteilsbildung stützen kann. Entscheidungen können nicht mehr an die PB als quasiwissenschaftliches Verfahren delegiert werden, sondern sind im Zuge von Re-Symbolisierungsprozessen von den Führungskräften jeweils sachlich zu begründen und persönlich gegenüber den MitarbeiterInnen zu verantworten. Die Subjektivität der Beurteilung wird daher wohl implizit oder explizit immer auch Gegenstand des Mitarbeitergesprächs sein und kann in endlose Diskussionen einmünden, die für die GesprächspartnerInnen eine starke emotionale Belastung bedeuten. Der "Druck", der sich hier andeutet, kann zusätzlich dadurch verstärkt werden, daß bisher verschwiegene oder tabuisierte Beziehungsprobleme - wie z.B. vorhandene Antipathien, Rivalitäten oder Neidgefühle - im Gespräch offen zutage treten und den Vorgesetzten einen hohen Grad an Stresstoleranz, sozialer Sensibilität, Konfliktfähigkeit und kommunikativem Geschick abverlangen. Es wird daher in hohem Ausmaß von der Führungsqualifikation der beurteilenden Vorgesetzten abhängen, ob Mitarbeitergespräche mit dem gewünschten Erfolg und zur Zufriedenheit aller Beteiligten verlaufen - dies um so mehr, je weniger die äußeren Rahmenbedingungen für die Durchführung des Gespräches (Leitfaden, Protokoll etc.) festgelegt sind. Höhere Investitionen in Schulungsmaßnahmen (Gesprächsführung, Sensitivity, Konfliktmanagement etc.) sind daher abzusehen; eine klare Strukturierung des Gesprächsverlaufs sowie kontinuierliche Beobachtungsdaten über das Arbeitsverhalten der Mitarbeiter/ Innen können den Vorgesetzten weitere Argumentationshilfen bieten.

Die Subjektivität des Beurteilungsaktes kommt auch dort zum Tragen, wo Führungskräfte vor dem Problem stehen, die Glaubwürdigkeit bzw. den "Wahrheitsgehalt" der Aussagen ihrer MitarbeiterInnen einschätzen zu müssen. Vermutlich ist in diesem Zusammenhang der bereits erreichte Zustand der Vorgesetzten-MitarbeiterInnen-Beziehung eine entscheidende Variable: Je höher das Ausmaß an Vertrauen, desto größer die Wahrscheinlichkeit, daß Vorgesetzte den Mitteilungen ihrer MitarbeiterInnen Glauben schenken und sich von ihren Stellungnahmen beeinflussen lassen (vgl. NEUBAUER 1990, 1991). Dennoch bleibt die Schwierigkeit bestehen, daß Vorgesetzte im Grunde nie genau wissen, inwiefern sie in der Gesprächssituation auf das "impression management" der MitarbeiterInnen "hereinfallen", mit dem erbrachte Leistungen beschönigt oder Mißerfolge verschleiert werden können. Bei der Einschätzung, bis zu welchem Grade ein Verhalten durch Selbstdarstellungsmotive gesteuert ist, dürften Führungskräfte daher weitgehend auf ihre "Intuition" bzw. "Menschenkenntnis" angewiesen sein. Eine Problemlösung könnte darin liegen, weitere Informationen durch eigene Beobachtungsdaten oder die Aussagen Dritter in die Beurteilung einzubeziehen.

Letztlich führt die (doppelte) Subjektivität der Gesprächssituation zu einer erschwerten Vergleichbarkeit der ausgehandelten Urteile, an der sich Gerechtigkeitskonflikte bei der Verteilung knapper Ressourcen in der Organisation entzünden können. Mit anderen Worten: Das Problem der Legitimation personalpolitischer Entscheidungen (z.B. der Entgeltdifferenzierung, Versetzung, Beförderung, Entlassung) auf der Grundlage klarer, transparenter und für alle MitarbeiterInnen gleichermaßen geltender und nachvollziehbarer Beurteilungsprozesse wird durch das Mitarbeitergespräch nicht einmal berührt. Daher empfiehlt z.B. BREISIG (1989, S. 165ff.) ein "duales Beurteilungsverfahren": Personalpolitische Entscheidungen sollen auf besondere, maßgeschneiderte Systeme der traditionellen Personalbeurteilung gestützt werden, in denen die Leistungskriterien auf der Basis von Kennziffern oder Zielgrößen möglichst operational definiert sind; parallel und unabhängig davon soll das Mitarbeitergespräch zur Beratung und für das "Coaching" der MitarbeiterInnen eingesetzt werden.

Aus der *MitarbeiterInnen-Perspektive* entsteht durch den größeren Spielraum, den das Mitarbeitergespräch für Aushandlungsvorgänge vorsieht, die Möglichkeit, eigene Standpunkte, Interessen und Neigungen zum Gegenstand der Diskussion zu machen und damit selbst Einfluß auszuüben. Das Gesprächsverfahren bietet folglich denjenigen MitarbeiterInnen vermehrte Chancen, die z.B. über ein hohes verbales Ausdrucksvermögen und ein umfangreiches Repertoire an Selbstdarstellungstechniken verfügen. Anders formuliert: Da, wo solche und ähnliche Qualifikationen nicht vorliegen, müßten sie - analog zur Schulung der Führungskräfte - über entsprechende Aus- und Weiterbildungsmaßnahmen erst hergestellt werden. Werden MitarbeiterInnen nicht dazu befähigt, sich in Gesprächssituationen gut "zu verkaufen", sich zu rechtfertigen, sich gegenüber Vorwürfen der Vorgesetzten zu behaupten oder sogar selbst "zum Angriff" überzugehen, gerät der Gedanke der Partizipation unter

Ideologieverdacht. Werden nur die Führungskräfte einseitig in sozial-kommunikativen Kompetenzen "hochgerüstet", entsteht die Situation einer Pseudo-Partnerschaft, in der die MitarbeiterInnen zwangsläufig den "besseren Argumenten" ihrer Vorgesetzten unterliegen müssen.

Auf der Seite der beurteilten MitarbeiterInnen zeichnen sich unter dem Kontrollaspekt insgesamt ambivalente Wirkungen des Mitarbeitergesprächs ab. Da die Analyse individueller Stärken und Schwächen im Vordergrund steht und das Mitarbeitergespräch schwerpunktmäßig zur Personalführung und -entwicklung eingesetzt wird, scheint es den Interessen der MitarbeiterInnen an Laufbahnplanung, Karriereförderung, Aus- und Weiterbildung etc. zunächst von der Zielsetzung her entgegenzukommen. Diese vordergründige Hin-Sicht verstellt aber den Blick dafür, daß es der organisatorischen Kontrolle nicht um die Förderung des "ganzen Menschen", sondern nur seiner jeweils *relevanten Aspekte* geht. Was als Stärke bzw. Schwäche gilt, bestimmt sich nach Maßgabe der für den Produktionsprozeß erforderlichen Leistungen bzw. der für ihre Erstellung notwendigen Qualifikationen. Auch ein noch so "lockeres" und in freundlicher Atmosphäre stattfindendes Mitarbeitergespräch ist daher nicht ohne Rekurs auf die Bewertung leistungsbezogener Daten denkbar, die damit zum eigentlichen Dreh- und Angelpunkt der Empfehlung von Interventionen werden. Die MitarbeiterInnen dürfen sich vor dem Hintergrund ihres individuellen Stärken-/Schwächen-Profils zwar auf Kosten der Organisation weiterqualifizieren, werden dafür aber im Gegenzug auch stärker in den Leistungserstellungsprozeß integriert, damit sich die Investitionen in Personalentwicklung auszahlen.

4.4.7 Resümee: Kontrolle durch PB und Mitarbeitergespräch

Zwar wird von seiten der Organisationen immer wieder behauptet, daß die PB letztlich im Interesse aller Beschäftigten liege: Förderung der Leistungsgerechtigkeit, Weiterbildung, Anerkennung guter Leistungen, Motivation, Klärung von Arbeitsanforderungen, eigene Standortbestimmung im Spiegel der Vorgesetztenwahrnehmung, Hilfestellung bei Arbeitsproblemen, Verbesserung des Vorgesetzten-MitarbeiterInnen-Verhältnisses und individuelle Laufbahnberatung sind häufig genannte Themen einer sozialtechnischen Nutzenargumentation, die im Grunde die Akzeptanz für die eingeführten Verfahren verbessern soll. Daß die PB auch in massiver Weise die Interessen der herrschenden Koalitionäre bedient, wird demgegenüber im allgemeinen tabuisiert oder verschwiegen, obwohl die erzieherischen und disziplinarischen Funktionen der PB hervorragend geeignet sind, um die reibungslose Umsetzung der Organisationslogiken zu gewährleisten (vgl. TÜRK 1989). Personalführung und -entwicklung, Motivation, "gerechte" Entgeltpolitik usw. sollen im Kooperationszusammenhang der Organisation vor allem Leistungssteigerungen bewirken. Und daß die PB auch ein Herrschaftsinstrument ist, zeigt sich nicht zuletzt darin, daß von den Beurteilungsergebnissen weitreichende, teilweise sogar existenzielle Wirkungen auf die Beschäftigten ausgehen: die Höhe des Lohnniveaus, Aufstiegsentscheidungen, Auswahlkriterien bei Personalabbau und die Erstellung von Arbeitszeugnissen werden im allgemeinen auf Beurteilungen gestützt.

Die Aufweichung der klassischen, standardisierten Personalbeurteilung zum zweiseitigen Gesprächsverfahren bedeutet keinesfalls, daß der Beurteilungsprozeß jetzt in einem politischen Vakuum stattfinden kann. Auch das Mitarbeitergespräch kann zum Zwecke der (vielleicht nur weniger auffälligen) Leistungsbeurteilung verwendet werden und in personalpolitische Entscheidungen (z.B. der "Bestenauslese") einmünden. Hinter der Maske des freundlichen Entgegenkommens können sich demnach ganz andere Absichten verbergen, denen vornehmlich die effiziente Nutzung der Arbeitskraft am Herzen liegt. Wenn die Illusion einer Teilnahme an Entscheidungsprozessen glaubwürdig vermittelt werden kann, läßt sich z.B. der Sachverstand der MitarbeiterInnen kostenlos für die Lösung betrieblicher Probleme ausbeuten: Kreativität zum Nulltarif! Schein-Partizipation ist aber auch dort zu vermuten, wo Mitarbeitergespräche zwar als Ventil für Kritik "von unten" fungieren, aber keine Maßnahmen ergriffen werden, um die Ursachen der Unzufriedenheit abzubauen: so werden allenfalls Frustrationen kanalisiert, die eigentlichen Probleme kaschiert.

Die Chancen des Mitarbeitergesprächs liegen für das *Management* - neben den bereits angesprochenen, offiziell proklamierten Zielsetzungen - vor allem in den latenten Nebenwirkungen: Reduktion des Kontrollaufwands, der für die Installierung von aufwendigen Beurteilungssystemen oder die Fremdsteuerung des Personals durch persönliche Führung betrieben werden muß; Flexibilitätsgewinne, die aus dem elastischen Einsatz der Gesprächsvariante gezogen werden können; die Aufwertung der hierarchischen (Schlüssel-)Position der Vorgesetzten, die gewissermaßen die Weichen für die Karriere ihrer "Schützlinge" stellen können etc. Da im Mitarbeitergespräch die generellen Regelungen der traditionellen PB quasi durch dialogische ad-hoc-Vereinbarungen ersetzt werden, entstehen für die Führungskräfte höhere Anforderungen hinsichtlich ihrer sozialen Sensibilität, Konfliktfähigkeit, kommunikativen Kompetenz etc. Hier liegen zugleich die Risiken, die mit dem Gesprächsmodus einhergehen: Manche Führungskräfte sind mit dem neuen Instrument möglicherweise überfordert, weil sie mit dem "Einfluß von unten" noch nicht umgehen können; in vielen Fällen müssen die genannten Führungsqualifikationen überhaupt erst hergestellt werden, damit das Mitarbeitergespräch seine (expliziten und impliziten) Zielsetzungen erreichen kann. Die erwähnten Kosteneinsparungen gegenüber den traditionellen Beurteilungssystemen werden an dieser Stelle also zumindest teilweise wieder durch Investitionen in Schulung und Gesprächsführung kompensiert.

Für die *MitarbeiterInnen* sind die Chancen, die ein Gesprächsverfahren bietet, zweifellos darin zu sehen, eigene Standpunkte und Interessen legitim zur Geltung bringen zu können. Die organisatorische Institution (!) "Mitarbeitergespräch" räumt der Zielsetzung der Personalförderung und -entwicklung einen vorrangigen Stellenwert ein; darüber hinaus haben die MitarbeiterInnen die Möglichkeit, sich regelmäßig Gehör zu verschaffen, aktiv Einfluß auszuüben und den eigenen Werdegang in der

Organisation mitzubestimmen und mitzugestalten. Das "Mitreden-Können" stellt demnach nicht nur an die Führungskräfte, sondern auch an die MitarbeiterInnen neue Anforderungen, die erfüllt werden müssen, wenn das Gespräch erfolgversprechend verlaufen soll. Werden Investitionen für die zur Gesprächsführung notwendigen Qualifikationen einseitig nur für die Gruppe der Vorgesetzten getätigt, besteht das Risiko, daß sich der Schauplatz der elitären Durchsetzung von Herrschaftsinteressen lediglich verlagert. Die nicht begründungspflichtige Markierung auf einer Beurteilungsskala wird dann durch das "bessere Argument" der Vorgesetzten abgelöst: Daß man jemanden mit Worten erschlagen kann, weiß schon der Volksmund zu berichten! Damit die prinzipiell vorhandenen Einflußchancen, die das Mitarbeitergespräch bietet, nicht zur Oberflächenkosmetik verkommen, sondern auch tatsächlich zugunsten der MitarbeiterInnen genutzt werden können, müssen für diese Gruppe gleichfalls die erforderlichen Qualifikationen bzw. Qualifizierungsmaßnahmen bereitgestellt werden.

Aus mikropolitischer Perspektive gleicht das im Mitarbeitergespräch geschaffene Szenario einem Tauschhandel[19]. Das Bild des Tauschgeschäfts macht deutlich, daß sich Sinn und Zweck des Mitarbeitergesprächs weder in der subtilen Durchsetzung von Herrschaftsinteressen noch im sozialromantischen Einsatz für die Belange der MitarbeiterInnen erschöpfen. Realistischer erscheint die Annahme, daß das Mitarbeitergespräch einen internen Markt eröffnet, der seine Funktionen in den Poren der Organisation wahrnimmt. In der Interaktionssphäre zwischen Vorgesetzten und MitarbeiterInnen treffen die divergierenden Interessen und Sichtweisen beider Seiten unmittelbar aufeinander und können sich aneinander reiben. Das gemeinsame Interesse beider Seiten muß darin bestehen, Lösungen zu finden, die den koordinierten Fortgang der kooperativen Arbeitsleistungen sicherstellen. Darum bedarf es der Absprache, die dann, wenn unterschiedliche Interessen im Spiel sind, auf Verhandlungen beruhen. Vieles, was ursprünglich selbstverständlich schien, wird durch Verhandlungen der Kritik wieder zugänglich gemacht und kann - prinzipiell - verändert werden: Selbstbild, Fremdbild, Verantwortlichkeiten, Arbeitsbedingungen, Erfolgsmaßstäbe usw. Verhandeln bedeutet aber auch, einen Ausgleich zwischen individuellen Interessen und den objektiven Interessen der Organisation herzustellen, die durch das Management repräsentiert sind. Austausch, Verständigung und Vereinbarung sind die durch das Mitarbeitergespräch favorisierten Prozesse, die dazu beitragen, die stets gefährdete Balance von Leistungen und Gegen-Leistungen der VerhandlungspartnerInnen periodisch neu zu justieren und zu stabilisieren. Nur in dem Maße, in dem die Regeln für zweiseitige, offene Kommunikation gewürdigt und von beiden Seiten getragene, akzeptable und als gerecht empfundene Kompromisse er-

---

[19] Diese Metapher ist nur für die mikropolitischen Prozesse des interaktiven Handelns innerhalb der Kooperationsdimension von Organisationen tauglich; strukturell eingebettet sind die Interaktionen der ArbeitnehmerInnen in eine organisatorische Ordnung, die nicht auf dem Tausch von Leistung und Gegenleistung, sondern der einseitigen Aneignung des produzierten Mehrwerts durch die herrschenden Koalitionäre basiert (vgl. TÜRK 1993a; STOLZ & TÜRK 1992a).

zielt werden, kann das Mitarbeitergespräch seine Funktion als Steuerungsinstrument wirkungsvoll erfüllen.

4.4.8 Kontrolle zukünftiger Leistungen: Potentialanalyse

4.4.8.1 Definition und Einordnung

Unter einer Potentialanalyse[20] versteht man im allgemeinen den planmäßigen Versuch,"

1) die einzelnen realisierten und
2) die aktuell vorhandenen, aber (noch) nicht realisierten Qualifikationsmerkmale sowie
3) die Entwickelbarkeit und zukünftige Entwicklung von Qualifikationsmerkmalen von Mitarbeitern zu erfassen" (BECKER 1991, S. 66).

Eine bekannte Klassifikation nach SCHMILINSKY 1986 gliedert Potentiale zunächst auf einer sehr abstrakten Ebene in *seitliches Potential* (Kriterium: Versetzbarkeit), in *Fachpotential* (die "Spezialistenleiter") und *Führungspotential* (die "Generalistenleiter"). Innerhalb dieser Potentialtypen kann nochmals in *Qualifikations-* und *Verhaltenspotentiale* differenziert werden, je nachdem, ob sich ein Potential mehr auf das offene Verhalten oder die ihm zugrundeliegenden Dispositionen bezieht (s. BECKER 1991, LESSMANN 1980). Gemäß der bereits in BECKERs Definition angelegten Einteilung sind Qualifikations- und Verhaltenspotentiale jeweils danach zu unterscheiden, ob sie in *manifester* (d.h. aktuell eingesetzter) oder *latenter* (d.h. aktuell nicht verwerteter) Form vorliegen. Aktuell eingesetzte Potentiale beziehen sich auf Verhaltensweisen und Merkmale, die MitarbeiterInnen in ihrer aktuellen Position realisieren (realisiertes Arbeitsvermögen). Latente Potentiale hingegen sind derzeit noch nicht realisiert und können wiederum nach dem Grad ihrer zeitlichen Umsetzbarkeit klassifiziert werden. *Aktuell latente* Potentiale stehen für vorhandene Verhaltensweisen und Merkmale, die aktivierbar sind, aktuell aber in der Position nicht verwendet werden (latentes, sofort realisierbares Arbeitsvermögen). Das *latente zukünftige* Potential verweist auf Verhaltensweisen und Merkmale, die zwar von einer Person nicht unmittelbar realisierbar sind, von denen man aber annimmt, "daß sie im Zeitablauf, nach entsprechender Selbst- und/oder Personalentwicklung, aktualisiert werden können (latentes, später realisierbares Arbeitsvermögen)" (BECKER 1991, S. 65f). Das latente zukünftige Potential wird von manchen Autoren auch als *Entwicklungspotential* bezeichnet, d.h. als "das auf der Basis der bisherigen Entwicklung mögliche zukünftige Verhalten" (so NOLTE 1992, S. 8). "Entwicklungspotential ist vorhanden, wenn die Mitarbeiter Qualifikationen aufweisen, die eine Eignung für geänderte, zusätzliche oder anspruchsvollere Auf-

---

[20] Synonyme dafür sind: Potentialbeurteilung, -erkennung, -ermittlung, -erfassung, -einschätzung, Qualifikationsprognose, Entwicklungs-, Eignungs-, Karriere-, Fähigkeits-, Förderungs- und Einsatzbeurteilung; im angloamerikanischen Sprachgebrauch: appraising potential, assessment of employee potential, evaluation of performance potential etc. (s. a. BECKER 1991, S. 65).

Leistungsanalyse

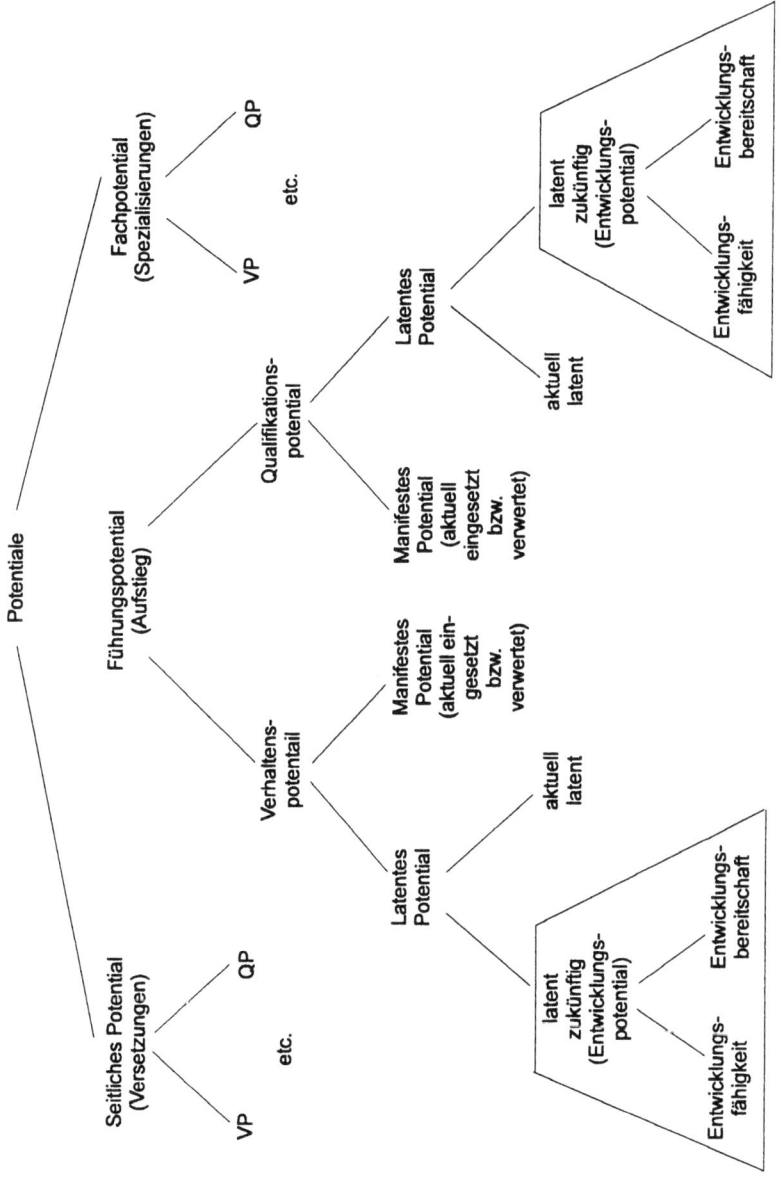

Abb. 4.17   Typen von Potentialen

gabenstellungen vermuten lassen" (MENTZEL 1980; zit. in ISLEBE 1984, S. 41).
Das Entwicklungspotential wird häufig nochmals in *Entwicklungsfähigkeit* (sog.
"Eignungsprofil") und *Entwicklungsbereitschaft* (bzw. -bedürfnis) unterteilt (vgl.
OLESCH 1989).

Das Hauptaugenmerk von Potentialanalysen ist auf das *latente, zukünftig entwickelbare Führungspotential* gerichtet. Mit anderen Worten: Die Ergebnisse von Potentialanalysen sollen hauptsächlich eine systematische Führungskräfteentwicklung begründen und Fördermaßnahmen in Gang setzen, deren Ziel in der Beseitigung von persönlichen Defiziten ("Schwächen") und der rechtzeitigen Vorbereitung auf höhere Positionen liegt. Mit Hilfe von Potentialanalysen versuchen Organisationen, eine "stille Reserve" an qualifizierten Führungsnachwuchskräften heranzubilden, die sie vom externen Arbeitsmarkt unabhängig macht. Durch eine kontinuierliche Erschließung von Potentialen soll die Deckung des Führungskräftebedarfs langfristig gesichert und damit ein strategischer Wettbewerbsvorteil gegenüber KonkurentInnen am Markt gewonnen bzw. ausgebaut werden.

4.4.8.2 Verfahren der Potentialanalyse

Bei der Anwendung der Potentialanalyse kommen verschiedene Verfahren zum Einsatz (vgl. BECKER 1991, S. 72ff):

- *diagnoseorientierte* Verfahren (Personalbeurteilung, Mitarbeitergespräch [s. Abb. 4.18], Vorgesetztenbefragung; vgl. JOCHUM & PÖSSNECKER 1992, TOEMMLER-STOLZE 1993, ZIMMER & BRAKE 1993; auch das HAY-Verfahren [s. Abschnitt 3.5] läßt sich zur Potentialbeurteilung verwenden, indem seine Anforderungsdimensionen und -arten für einen quantitativen Vergleich zwischen Stellen- und Personprofilen genutzt und im Hinblick auf die Über- und Untererfüllung von Arbeitsanforderungen geprüft werden; vgl. STROMBACH 1992);

- *biographische* Verfahren (insb. "biographischer Fragebogen"; vgl. STEHLE 1986), die Vergangenheits- und Hintergrundsdaten der MitarbeiterInnen auf standardisierte Weise erheben, statistisch auswerten und systematisch zur Erfolgsprognose einsetzen;

- *verhaltensorientierte* Verfahren[21] (hauptsächlich Assessment-Center und Einzel-Assessment; vgl. JOCHMANN 1991). Unter einem Assessment-Center versteht man eine Klasse eignungsdiagnostischer Verfahren, die dadurch gekennzeichnet ist, daß gleichzeitig mehrere KandidatInnen mit mehreren Verfahren untersucht und dabei von mehreren BeurteilerInnen (vorwiegend Linienvorgesetzten) im Raster mehrerer Dimensionen beobachtet und bewertet werden (NEUBERGER 1989, S. 291f); bei einem Einzel-Assessment wird nur ein(e) KandidatIn nach ansonsten unverändertem Modus beurteilt;

- *Planspiele* stellen Weiterentwicklungen der Assessment Center dar, bei denen verschiedene Arbeitsproben in sachlogischer Weise auseinander hervorgehen und dadurch einen dynamischen Testverlauf erzeugen (wie z.B. beim "POTEPS" [Potentialerkennungs-

---

[21] Zu den biographischen Verfahren und zur Vorgehensweise des Assessment Center vgl. den in der gleichen Reihe erscheinenden Band 4 "Personalbeschaffung und Personalauswahl" von RASTETTER (in Vorbereitung); zum Assessment Center siehe auch die kritische Bestandsaufnahme in Band 3 "Führen und geführt werden" von NEUBERGER 1990.

Planspiel] von ROHN 1986 oder dem Verhaltensplanspiel von BERTHEL & LANGOSCH 1989).

Während Personalbeurteilung, Mitarbeitergespräch und Planspiel in der wissenschaftlichen Fachliteratur als weniger gut geeignet zur Potentialanalyse angesehen werden (vgl. KLEINMAIER 1993, insb. S. 63ff), schneiden biographische und vor allem verhaltensorientierte Methoden in der Gesamteinschätzung vergleichsweise gut ab. "Assessment Center gelten in der Literatur als das methodisch am besten abgesicherte und zuverlässigste Verfahren zur Beurteilung des individuellen Entwicklungspotentials von Führungskräften" (KÄSTNER 1986).

4.4.8.3 Kritische Stellungnahme

Trotz der Existenz anscheinend "brauchbarer" Verfahren mit ihren je spezifischen Stärken und Schwächen liegt ein ungelöstes Problem der Potentialanalyse nach wie vor in der Prognose der Eignung von Führungskräften für einen künftigen Arbeitsplatz; denn durch den fortwährenden technologischen, ökonomischen und sozialen Wandel lassen sich Ist- und Soll-Profile eines zukünftigen Führungsverhaltens kaum vorhersagen. "Die Prognoseproblematik ist hier insbesondere darin zu sehen, daß auf der einen Seite die Entwicklung dynamischer, komplexer Systeme, nämlich das System Umwelt, das System Unternehmung sowie das System Mensch zunächst isoliert erfaßt werden muß, und zum anderen die Resultante aus dem Zusammenwirken dieser drei Systeme in bestimmten Situationen abzuleiten ist. Um hinreichend bestätigte Eignungsdiagnosen einer Führungskraft zu erhalten, ist idealerweise eine Fundierung der Eignungsprognose auf Entwicklungsgesetzen (-hypothesen) der drei Systeme sowie eine situationsabhängige gesetzmäßige Formulierung über das Zusammenwirken dieser drei Systeme notwendig" (SCHMIDT 1974; zit. in LESSMANN 1980, S. 140). Genau diese Gesetze sind aber nicht bekannt; denkt man an die Aussagen der modernen Systemtheorie ("Autopoiesis"; "Selbstorganisation"; "Chaos"), dann ist nicht einmal zu erwarten, daß aus der Kenntnis solcher Gesetze unbedingt ein höherer Grad an Vorausschaubarkeit abzuleiten ist, da von diskontinuierlichen, überraschenden Entwicklungsverläufen auszugehen ist! Diese theoretische Problematik spiegelt sich auf methodologischer Ebene in der Vagheit und dem Facettenreichtum des Potentialbegriffs und der Schwierigkeit, geeignete Beurteilungskriterien für Entwicklungspotentiale zu finden. Die Suche nach einem geeigneten Letztkriterium, mit dem die spätere Führungsqualifikation bzw. ein zukünftiges Führungsverhalten vorausgesagt werden kann, gestaltet sich zur Suche nach dem "Stein der Weisen"; die tatsächlich eingesetzten, aktuellen Prädiktoren bleiben unzuverlässig, weil sie das Letztkriterium in seiner sich wandelnden Bedeutungsfülle nicht adäquat repräsentieren können. Diese und andere Einwände führen BECKER (1991, S. 72) zu der Schlußfolgerung, daß im Grunde kein adäquates Verfahren zur Potentialanalyse existiert. Bei allen Bemühungen um operationales Vorgehen und methodische Sauberkeit kann man von den Verfahren der Potentialanalyse nicht mehr als eine Hilfestellung und Hinweise auf die individuelle Entwicklungsfähigkeit, -richtung, -dauer, -bereitschaft etc. erwarten.

Wenn demnach der tatsächliche Prognosewert der Potentialanalyse vernachlässigenswert gering ist, die Durchführung der Potentialbeurteilung mithin als "kafkaeske Komödie" (BECKER 1991) erscheint, muß man sich fragen, warum die Anwendung der Verfahren so beliebt und in der Praxis weit verbreitet ist. Aus der Kontrollperspektive bieten sich verschiedene Interpretationsmöglichkeiten an, von denen ich hier nur einige wenige aufgreifen möchte, weil zahlreiche Kritikpunkte schon von anderen AutorInnen bei der Diskussion der Assessment Center formuliert wurden (vgl. KOMPA 1990; NEUBERGER 1989). Da ist zunächst an das Konzept der *"Kontrollillusion"* (illusion of control; LANGER 1975) zu denken, das sich auf die zutiefst menschliche Vorliebe bezieht, angesichts faktisch nicht beherrschbarer Situationen dennoch anzunehmen, daß der eigene Einfluß geltend gemacht werden kann und zu den gewünschten Resultaten führen wird. Anscheinend ist die illusionäre Verkennung der objektiven Lage der Dinge (Eigendynamik, Komplexität, Intransparenz etc.) ein wirksamer Abwehrmechanismus gegen die Angst, den Wechselfällen des Schicksals hilflos ausgeliefert zu sein. Die Potentialbeurteilung und ihre Verfahren können angesichts dieser buchstäblich aussichtslosen Situation wie magische Werkzeuge eingesetzt werden, um Angst und Unsicherheit in einem kollektiven Ritual abzubauen und das Eingeständnis der eigenen Machtlosigkeit zu verdrängen. Zweitens können sich die Beurteilungsergebnisse unabhängig davon, ob sie wirklich (!?) "richtig" sind, später als angemessen erweisen, weil die Zuschreibung von Führungspotentialen an die betroffenen MitarbeiterInnen aufgrund *sich selbst-erfüllender Prophezeiungen* zu erwartungsgemäßen Verhaltens- und/oder Wahrnehmungsänderungen führt. Nicht zu unterschätzen ist also die Motivationswirkung, die davon ausgeht, daß alle Beteiligten an die Objektivität einer Methode glauben, die Entwicklungsfähigkeiten unterstellt: Führungspotentiale werden womöglich durch die Anwendung der Verfahren überhaupt erst geschaffen! Mit der Motivationswirkung einhergehende Leistungssteigerungen lassen sich von den Organisationen problemlos abschöpfen; außerdem können die erwünschte Loyalität des Handelns hergestellt und disziplinierende Effekte durch die Trennung (!) von "High"- und "Low-Potentials" erzielt werden. Ein dritter Aspekt richtet sich auf die bereits genannte Mehrdeutigkeit des Potentialbegriffs. Gerade weil das Konzept unscharf ist, läßt es verschiedene Ausdeutungen zu, die von den Organisationen strategisch genutzt werden können. Die Definition des Führungspotentials ist in hohem Maße abhängig von *ideologischen Vorannahmen und Setzungen*, die je nach vorherrschender Interessenlage sehr unterschiedlich ausfallen können. Folgt man beispielsweise GRUNWALDs 1989 geozentrisch-humanistischem Weltbild, dann ist "der Mensch nicht Herr, sondern Teil der Natur". Für die Führungskraft kann man daraus ein ganz bestimmtes Profil von Schlüsselqualifikationen ableiten, in dem insbesondere methodische, konzeptionelle und sozial-ethische Kompetenzen dominieren, mit denen sich die Herausforderungen der Zukunft ("Rascher Wandel", "Neue Unübersichtlichkeit") vermeintlich meistern lassen. Mit anderen Worten: Unabhängig davon, ob Ellbogen-Mentalität, kruder Materialismus oder die von GRUNWALD beschworenen sozial-ethischen Handlungsmaximen zum Gegenstand der Zukunftsprognose gemacht werden, fließen in die Bestandsaufnahme dessen, wie die Zukunft beschaffen sein wird, immer auch Vorstellungen darüber ein, wie sie beschaffen sein soll! Insofern gehen von Potentialanalysen immer auch aktuelle Signalwirkungen an die MitarbeiterInnen in Organisationen aus, die der Orientierung ihrer Verhaltensweisen und Entwicklungsprozesse an einem "versteckten" Führungsleitbild dienen. Die sog. "Potentialkomitees", die häufig unternehmensintern gebildet werden, um den Führungsnachwuchskräfte-"Pool" festzulegen und Auswahlentscheidungen vorzunehmen, sind damit auch als Institutionen der Selbstverständigung über organisationskulturelle Basiswerte, Normen und Richtlinien anzusehen, vor deren Hintergrund die jeweils "passenden" bzw. "erfolgversprechenden" MitarbeiterInnen als neue Kulturträger identifizierbar werden (vgl. zum Bewertungsritual und den mit ihm verknüpften Mythen das HAY-Verfahren im 3. Kapitel, insb. Abschnitt 3.5.2).

Kapitel 4

MITARBEITERGESPRÄCH: POTENTIALEINSCHÄTZUNG

Entwicklungspotential:

langfristig: Leiter (PVK) C-Filiale

mittelfristig: Geschäftsstellenleiter PK

(Funktionsbezogene Aussagen)

Nächstes angestrebtes Entwicklungsziel:

Finanzberater mit Kompetenz

(Funktionsbezogene Aussagen)

Entwicklungsmaßnahmen:

Vertiefung der Kreditkenntnisse
Intensive Teilnahme an Kreditgesprächen

Eigene Vorstellungen der/des Mitarbeiterin/s
(sofern vom o.g. abweichend):

Der aufgezeigte Entwicklungsweg entspricht auch meinen Vorstellungen.

Potentialgespräch geführt am: möglichst bald nach der Planungs-Gesprächsrunde	Kenntnisnahme
Unterschrift Mitarbeiter/in Unterschrift Vorgesetzter	Datum Unterschrift nächsthöherer Vorgesetzte/r

MITARBEITERGESPRÄCH: POTENTIALEINSCHÄTZUNG

Zur Person

Name: Mustermann

Vorname: Jörg   Pers. Nr. 08 471 100

Geb.Dat.: 11.05.1967   Eintritt: 08/88

Abteilung: Geschäftsstelle Opernplatz   Funktion: Finanzberater

Name/Funktion der/des Vorgesetzten: Siebert/Geschäftsstellenleiter

letzte Beurteilung: Datum

☐ Ersteinschätzung   ☐ Veränderung gegenüber letzter Potentialeinschätzung

---

Mobilitätsbereitschaft

Hat sich gegenüber der o.g. aktuellen Beurteilung etwas geändert?

☐ nein
☐ ja
    ☐ ich möchte derzeit an meinem jetzigen Arbeitsort bleiben
    ☐ der Arbeitsplatz soll von meinem jetzigen Wohnort erreichbar sein
    ☐ ich bin eingeschränkt mobil
    Wünsche (so konkret wie möglich):
    ☐ ich bin uneingeschränkt mobil

Grundsätzliche Überlegungen

Nachfolgend sind inhaltliche Aspekte aufgeführt, anhand derer Sie überlegen sollten, ob Ihre Mitarbeiterin bzw. Ihr Mitarbeiter grundsätzlich für eine weiterführende Aufgabe geeignet ist:

- Berufserfahrung in qualifizierter Aufgabe
- überdurchschnittliche Leistungen
- Identifikation mit der beruflichen Tätigkeit und der Bank
- Belastbarkeit
- persönliche Integrität und Loyalität
- positive Einstellung zum Lernen
- hohe Flexibilität gegenüber unternehmerischen Anforderungen

Abb. 4.18 Formular der Potentialeinschätzung einer deutschen Bank
(aus dem Anhang der Arbeit von PELCHRZIM 1994)

Kapitel 4

- Vertiefungsfragen zum 4. Kapitel -

1) Illustrieren Sie die verschiedenen Merkmalsdimensionen im Leistungsdifferential von LENK 1976 jeweils anhand typischer Beispiele! Erläutern Sie drei Merkmalsdimensionen Ihrer Wahl im Hinblick auf die betriebliche Leistungserstellung! Welche Implikationen ergeben sich daraus für das Leistungskonstrukt?

2) Welche Gründe lassen sich aus der Kontrollperspektive für die zunehmende Bedeutung der sekundären Leistungsanalyse anführen? Warum muß die Klassifizierung in primäre und sekundäre Verfahren in diesem Zusammenhang als idealtypisch bezeichnet werden?

3) Analysieren Sie die soziale Beziehung, die während der Zeitaufnahme zwischen Arbeitsstudienmann und Arbeitsperson entsteht, in Anlehnung an das Spielfeldschema von MAIER 1991 (vgl. Kap. 1)! Welche Spielregeln und -taktiken sind denkbar? Wer ist der eigentliche Nutznießer des Spiels? Begründen Sie Ihre Meinung!

4) Nehmen Sie sowohl aus ArbeitgeberInnen- wie ArbeitnehmerInnen-Sicht kritisch zu den Kontrollchancen und -problemen Stellung, die sich bei der Anwendung der SvZ (z.B. MTM-Verfahren) ergeben!

5) Nehmen Sie zum analytischen REFA-Verfahren der Erholungszeitermittlung kritisch Stellung! Erläutern Sie die Rolle der Formalisierung und Mathematisierung des Vorgehens aus der Perspektive des sozio-ökonomischen Ansatzes von TÜRK!

6) Zeigen Sie anhand eines selbstgewählten Beispiels, welche manifesten vs. latenten Probleme durch den Einsatz der Personalbeurteilung beseitigt bzw. geschaffen werden!

7) Fassen Sie die Ergebnisse der summativen und formativen Evaluation der PB in einem Fazit zusammen! Begründen Sie aus einer Perspektive *sozialen* Handelns in Organisationen, warum die Rede vom Beurteilungs-"Fehler" obsolet ist! Skizzieren Sie die Gründe, die Organisationen zur Aufrechterhaltung der PB trotz der an ihr geäußerten, massiven Kritik bewegen!

8) Nennen Sie die wichtigsten Argumente, die eine Organisation veranlassen könnte, ein eigenschaftsorientiertes Einstufungsverfahren der PB durch ein freies, teilstrukturiertes, dialogisches Verfahren (Mitarbeitergespräch) zu ersetzen! Welche neuen Probleme tauchen dabei auf und wie kann man ihnen begegnen?

9) Rekonstruieren Sie die Einführung eines neuen Personalbeurteilungssystems (vgl. BOX 4.3) aus einer mikropolitischen Perspektive:
   - Benennen Sie die verschiedenen Akteure und charakterisieren Sie diese durch ihre jeweiligen Interessen und Machtpotentiale!
   - Stellen Sie mögliche Konfliktzonen zwischen den Akteuren dar!
   - Schlüpfen Sie nacheinander in die Rolle der einzelnen Stakeholder: Mit welchen Argumenten würden Sie für ihren eigenen Konstruktionsvorschlag plädieren, mit welchen Gegenargumenten müßten Sie rechnen?
   - Was könnte den Vorstand bewegen, a) das Fördergespräch als Instrument der Personalführung und -entwicklung einzusetzen, b) dennoch auf der Durchführung einer standardisierten Leistungsbeurteilung zu bestehen?
   - Stellen Sie sich vor, zwischen Personalchef und Personalratsvertreter sei ein Streit darüber entbrannt, wo die Urteilsergebnisse aufbewahrt werden sollen. Der Personalchef möchte, daß alle Unterlagen in die Personalakte kommen. Der Personalratsvertreter ist der Ansicht, daß die Dokumente in den Händen der beurteilenden Vorgesetzten verbleiben sollen. Beschreiben Sie einen fiktiven Dialog zwischen den beiden Kontrahenten, in dem Sie deren unterschiedliche Argumente skizzieren! Schlüpfen Sie in die Rolle des externen Moderators und überlegen Sie, wie Sie den Streit schlichten könnten, um die Weiterarbeit im Projektteam zu gewährleisten!

5. Lohngestaltung - Schematische Kapitelübersicht -

5.0 Einführung

Lohn im Bezugssystem teilweise widersprüchlicher Organisationslogiken (TÜRK)

Verwertungslogik: Lohn als Kosten vs. Einkommen; "Vergütungsspiele" im Spannungsfeld zwischen Produktions- u. Reproduktionsinteressen

Symbolisierung formaler Rationalität der Lohngestaltung

5.1 Begriffliche und methodische Grundlagen

Definition: Lohnaufbau, Lohndifferenzierung, Lohnlinien, Entlohnungsgrundsatz und -methode

Kooperationslogik: Demonstration relativer Lohngerechtigkeit durch Erzeugung von Fiktionen der

- A: Anforderungsgerechtigkeit
- L: Leistungsgerechtigkeit
- S: Sozialen Gerechtigkeit
- M: Marktgerechtigkeit

5.2 Primäre Sekundäre Lohngestaltung

Ziel: Optimale Kontrolle und Nutzung der Arbeitskraft getrennt nach **Beschäftigtengruppen**

5.3 Lohn als Abfindung für erbrachte Arbeitsleistung ("Schmerzensgeld")

ArbeiterInnen
- Zeitlohn (A)
- Akkordlohn (A+L)
- Prämienlohn (A+L)
- Sonstige Lohnformen: z.B. Sonderentgelt, Provision (L)

T-Angestellte (privat + öffentlich)
- Tarifliche, kollektivrechtliche Bindung von Einzelverträgen
- Gehalt als Funktion von Tätigkeitsmerkmalen (A) und Lebens- bzw. Dienstalter (A+S)
- Verschiedene Leistungszulagen (L)
- Ortszuschlag und Bewährungsaufstieg als feste soziale Lohnkomponenten (nur öffentl. Dienst) (S)

BeamtInnen
- Sold als "Rente" für die Ausübung staatlicher Ämter (A)
- Einstufung in Besoldungsgruppe (L)
- Ruhegeld, Beihilfe, Unkündbarkeit (S)

5.4 Lohn als Ausdruck betrieblichen Entgegenkommens/Vertrauens ("Weichmacher")

ArbeiterInnen
- Measured Day Work (A+L)
- Programmlohn (A+L)
- Systeme der Zielsetzung (A+L)
- Qualifikations-/Polyvalenzlohn (A+L)
- Vertragslohn (A+L)

AT-Angestellte (Führungskräfte)
Freie, ungebundene Vertragsgestaltung
Herrschaftslogik: Aufgabe der Führungskräfte ist es, den Arbeitsprozeß zu kontrollieren. Geheimhaltung und Intransparenz spiegeln die Irrationalität einer Entlohnungspraxis, der es um die Herstellung von Loyalität geht
- Grundgehalt (A+L)
- Variabler Anteil (L+M)
- Zusatzleistungen (S+M)

Weitere Formen sekundärer Entlohnung
- Betriebliche Zusatzleistungen (S+M)
- Cafeteria-Systeme (S+M)
- Beteiligungssysteme (S+M)

5.5 Ausblick: Aktuelle Entlohnungstrends und Kontrolle

- Vereinheitlichung der gesetzlichen und tariflichen Rahmenbedingungen
- Individualisierung/Flexibilisierung der betrieblichen Entlohnungsmethoden
- Fazit: Das Ausmaß sekundärer Entlohnungspraxis variiert je nach Beschäftigtengruppe und Hierarchieniveau. Entlohnungsunterschiede markieren soziale Grenzen und dienen damit der Aufrechterhaltung von Herrschaft

5 Lohngestaltung

5.0 Einführung

In der geldvermittelten, kapitalistischen Tauschgesellschaft moderner Prägung besitzt der Lohn ein "Doppelgesicht": Er ist sowohl Preis für die Nutzung der Ware "Arbeitskraft" als auch Grundvoraussetzung für die individuelle Reproduktion der arbeitenden Menschen. Aus der Sicht der Organisationen ist der Lohn insofern von Bedeutung, als sich die Investition in das Arbeitsvermögen rentabel erweisen muß: Die gekaufte Arbeitskraft muß in Arbeitsleistung umgeformt werden, die auf dem Markt absetzbar ist und Erträge bringt. Mit anderen Worten: Die Lösung des Transformationsproblems ist eine zentrale Bedingung für die Reproduktion der Organisationen.

Im Rahmen der *Verwertungslogik* zeigt sich das Transformationsproblem in einer Variante, die für den Vorgang der Entlohnung von besonderer Bedeutung ist: Es geht um die Umwandlung von Arbeitsvermögen in *abstrakte* Arbeit, die auf dem Markt getauscht werden kann. Wichtiger als der Gebrauchswert produzierter Güter ist in dieser Logik der Tauschwert oder die Warenform, über die ein Einkommen realisiert werden kann. Die Warenform ist der Modus, der Arbeit im kapitalistischen System überhaupt erst "prozessierbar", d.h. tauschbar und verwertbar, macht (vgl. TÜRK 1993a, S. 316). Von der Besonderheit konkreter Tätigkeiten wird abgesehen, weil Arbeit erst in dem Moment, wo sie zur "Ware" vergleichgültigt worden ist, flexibel zur Erwirtschaftung, Aneignung und Reinvestition von Mehrwert verwendet werden kann. "Die Logik marktwirtschaftlicher Organisationen beruht auf tauschorientierter Verwertung (exakter: Vergeldung) aller Produktionsfaktoren" (NEUBERGER 1995, S. 2). "Nicht der inhaltliche Leistungsprozeß interessiert, sondern seine Abbildung in Geldäquivalenten" (NEUBERGER 1993, S. 28). Durch das Medium des Geldes ist die Warenform an eine Preisform gebunden; beide sind nach TÜRK (1987, S. 189) hochgradig abstrahierend, da spezifische Produktions- und Verwendungsbedingungen aus der Betrachtung ausgeklammert werden. So kann man z.B. einem Paket Kaffee bzw. dessen Preis nicht ansehen, welche Bedingungen der Herstellung sich dahinter verbergen: Geld- und Warenform repräsentieren Formen selektiver Symbolisierung bzw. De-Symbolisierung (vgl. STOLZ & TÜRK 1992a, S. 169). Nach TÜRK (1987, S. 190ff) ermöglicht es die Preisform, Objekte nach dem Prinzip "Geld gegen Ware gegen Geld" zu tauschen. Der Lohn für die menschliche Arbeit stellt den Preis dieser Ware dar. Geld reguliert als symbolisch generalisiertes Kommunikationsmedium die Tauschbeziehung zwischen den AnbieterInnen und NachfragerInnen von Arbeitskraft durch die Wahrnehmung von Informations- und Steuerungsfunktionen (TÜRK 1987, S. 194f):

- Informationen, die über Geld transportiert werden, sind z.B. Leistungserwartungen, Verkaufsabsichten, Statuszuschreibungen; die Lohnhöhe "... gilt als Gradmesser für den beruflichen Erfolg, die Wertschätzung durch die Vorgesetzten, Anerkennung der Leistungen, die für die Firma erbracht wurden, und auch für den eigenen Stellenwert im Unternehmen" (SCHERER 1990, S. 17);

- Verhaltensbeeinflussungen, die durch Geld erzielt werden können, sind z.B. Leistungssteigerungen/-verminderungen, Mobilisierung von Ressourcen, Kapitalbildungs- sowie Allokations- und Distributionsprozesse (TÜRK 1987, S. 195).

Aus der interessengebundenen Position von Arbeitnehmer- und ArbeitgeberInnen resultiert eine unterschiedliche Betrachtung des Lohnes: Während er für die ArbeitgeberInnen einen Kostenblock darstellt, den es zu minimieren gilt, bedeutet er für die ArbeitnehmerInnen ein Einkommen, das zu maximieren ist (vgl. TÜRK 1989, S. 145f; REFA 5 [1991, S. 10]). Aus dem Spielfeld-Schema von MAIER 1991 (s. Kap. 1) kann man ableiten, daß die Handlungen der antagonistischen Akteure aufeinander bezogen bleiben müssen, um das "Vergütungsspiel" aufrechtzuerhalten. Das bedeutet z.B., daß die ArbeitgeberInnen die Verwertungsinteressen der ArbeitnehmerInnen bei Lohnverhandlungen und -vereinbarungen mitberücksichtigen müssen, so daß der Lohngestaltung von daher Grenzen gesetzt sind. Gründe für die (nicht der Mitmenschlichkeit geschuldete) Rücksichtnahme sind:

- Konkurrenz auf dem externen Arbeitsmarkt (es sollen jeweils "die Besten" rekrutiert werden);
- Stabilisierung des internen Arbeitsmarktes durch den Verbleib bereits vorhandener, qualifizierter Arbeitskräfte;
- Aufrechterhaltung einer optimalen Leistungsmotivation der Belegschaft, die durch Geld angereizt wird;
- Vermeidung mikropolitischer Gegenstrategien der ArbeitnehmerInnen (z.B.: verminderte Leistungsabgabe, Dienst nach Vorschrift, Schweijkismus etc.; vgl. TÜRK 1989, S. 146).

Die Tatsache, daß zur Reproduktion der organisatorischen Ordnung nicht nur die Verwertungslogik, sondern simultan immer auch die Herrschafts- und Kooperationslogik erfüllt werden müssen, kann zu widersprüchlichen Entlohnungspraktiken führen. Im Sinne der Verwertungslogik kann z.B. die Zahlung einer Marktzulage durchaus funktional sein, um ArbeitnehmerInnen zum Verlassen ihres alten Arbeitsplatzes in einer anderen Organisation zu bewegen oder begehrte Spezialisten anzuwerben; andererseits kann dieses Vorgehen mit der Kooperationslogik kollidieren, wenn die Streuung der Löhne auf einer Hierarchieebene so groß wird, daß Neid und Mißgunst die produktive Zusammenarbeit gefährden. Hier wird deutlich, daß innerhalb der *Kooperationslogik* die Aufrechterhaltung bzw. Symbolisierung der relativen Lohngerechtigkeit eine zentrale Rolle spielt: der Vergleich des eigenen Lohns mit dem der KollegInnen oder den MitarbeiterInnen anderer Organisationen muß zu dem Gefühl führen, gerecht behandelt worden zu sein. Wenn es bekannt würde, daß Gehaltsvereinbarungen und Entlohnungsunterschiede auf Sympathien, mikropolitischen Strategien der Vorteilssicherung, Sachzwängen etc. beruhen, dann würde damit ein hohes Ausmaß an sozialer Unzufriedenheit erzeugt, das den Arbeitsprozeß beeinträchtigen könnte. Daher müssen Irrationalitäten, Widersprüchlichkeiten und nicht zu rechtfertigende Praktiken der Lohngestaltung verborgen werden, um den Anschein einer objektiven, sachlichen Vorgehensweise zu wahren.

Kapitel 5

"Die Mitarbeiter möchten eben wissen, daß die Vergütungsunterschiede von Position zu Position nicht irgendwie zustandegekommen sind, sondern Ergebnisse eines systematischen, nachvollziehbaren und nachprüfbaren Bewertungs- und Entscheidungsprozesses sind" (DOBROSCHKE 1984, S. 58).

Gemäß ihrer "kontextuellen Doppelstruktur" (vgl. Kap. 1) lösen Organisationen die Entlohnungsproblematik damit, daß sie im materiellen Kontext ihren kapitalistischen Systemimperativen (insb. Effizienzstreben) folgen, während sie im symbolischen Kontext eine rationale Fassade errichten, mit der das organisationale ("ausbeuterische") Handeln nach innen und außen legitimiert werden soll. Aus dem Rationalitätsparadigma ableitbare Anforderungen, wie z.B. Systematik, Methodik, Konsistenz, Logik und Transparenz, müssen demnach auch auf den Vergütungsbereich übertragbar sein. Zur Erfüllung derartiger Anforderungen verwenden Organisationen im allgemeinen Verfahren der Lohndifferenzierung, mit denen die Vergütungsentscheidungen objektiviert werden können. Die Instrumente müssen den Eindruck erwecken, daß die mit ihnen getroffenen Entscheidungen frei von Manipulation und Willkür sind, so daß Lohnvergleiche auf der Basis einheitlicher Kriterien erfolgen können. Auf diese Weise wird für die geschaffene Lohndifferenzierung eine formal-rationale Legitimation hergestellt; *formal*-rational nicht zuletzt auch deshalb, weil Rationalität inhaltlich nicht gegeben ist und aufgrund der genannten, widersprüchlichen Systembedingungen auch nicht hergestellt werden kann.

Formale Rationalität wird im Rahmen der Lohngestaltung vor allem durch die Kriterien der *Anforderungsbezogenheit* und *Leistungsbezogenheit* gewährleistet. Innerhalb der Anforderungsabhängigkeit sorgen summarische und analytische Verfahren für den Anschein eines ordentlichen und wohl durchdachten Vorgehens (vgl. Kap. 3) und lenken damit von der Tatsache ab, daß die reale Komplexität von Stellenanforderungen so hoch ist, daß sie immer nur selektiv, d.h. als Ergebnis interessegeleiteter Auswahlentscheidungen, repräsentiert werden kann. Auch die verschiedenen Verfahren der Leistungsermittlung und Personalbeurteilung (vgl. Kap. 4) errichten eine Fassade der Scheingenauigkeit, die verhindert, daß die Auftrennung der Beurteilten in Leistungsstarke und -schwache kritisch hinterfragt wird: "Wenn die Einkommenssicherung an die Erfüllung fremdgesetzter Leistungsnormen gekoppelt ist, die zu objektiven Verfahren, Systemen und Strukturen versachlicht wurden, dann ist kein blutsaugerischer Klassenfeind mehr auszumachen, der in persönlicher Willkür despotisch herrscht. Alles ist objektiv(iert), neutral(isiert) und rational(isiert)" (NEUBERGER 1995, S. 37). Erneut will man vergessen machen, daß die Verfahren der Leistungsbewertung von der komplexen Leistungswirklichkeit abstrahieren und Leistung auf Zurechnungskonstrukte reduzieren, mit denen gesamtgesellschaftliche Produktionszusammenhänge zerschnitten werden: besonders deutlich ist dies bei ökonomischen Kennziffern wie Umsatz, Kosten, Gewinn und Deckungsbeitrag zu sehen, die willkürliche Ein- und Ausgrenzungen von Aufwendungen bzw. Leistungen vornehmen. Die demonstrative Symbolisierung des Leistungswertes, die mit den leistungsanalytischen Verfahren vollzogen wird, kann zudem zur Rechtfertigung der

Strategie eingesetzt werden, Lohnbestandteile stärker an individuelle Leistungen zu binden. Damit sollen sowohl persönliche Leistungssteigerungen angeregt als auch die Lohnkosten (durch die relative Absenkung des Grundlohnanteils) reduziert werden. Angesichts hoher Personalkosten und dauerhafter Massenarbeitslosigkeit des Wirtschaftsstandorts Deutschland wird das Argument einer leistungsorientierten Entlohnung vermutlich kaum auf Widerstand seitens der Gewerkschaften oder Betriebsräte stoßen (vgl. LIEBAU 1994; HEMMER 1988).

Wie bereits im ersten Kapitel dargelegt wurde, führen Ordnungs- und Gebildeeigenschaften der Organisation im Arrangement arbeitsrechtlicher Normen zur Differenzierung verschiedener Typen von ArbeitnehmerInnen (ArbeiterInnen, tarifliche und außertarifliche Angestellte, BeamtInnen) und damit zu einer Auftrennung des Personals in isolierte Segmente (s. Abschnitte 1.1.1.2 u. 1.3). Auf dem Wege der gesetzlichen Festschreibung werden Grenzen zwischen sozialen Gruppen etabliert und institutionalisiert. "Eine der Funktionen des Rechts ist es bekanntlich, einen bestimmten Grad des Klassenkampfs zu fixieren und zu verewigen, indem es explizit die Grenzen zwischen sozialen Gruppen absteckt und Kriterien der Einbeziehung und des Ausschlusses erfindet, mit denen die Akteure zuverlässig Klassen zugeordnet werden können" (BOLTANSKI 1990, S. 177). Durch die Differenzierung des Personals in verschiedene Typen von Beschäftigten sollen der Zusammenschluß der Arbeitnehmerschaft "aufgeweicht" und Solidarisierungen verhindert werden, die sich für die Durchsetzung von Herrschaft und die einseitige Abschöpfung des Mehrwerts abträglich erweisen könnten. Daher kommt auch die folgende Darstellung nicht umhin, sich an den historisch gewachsenen Grenzziehungen zu orientieren, die für einzelne Segmente der Arbeitnehmerschaft jeweils ganz bestimmte Entlohnungsverfahren vorsehen bzw. ausblenden (vgl. KERRIOU & ROHR 1991, S. 139). Entsprechend werden die - erneut in "primär" und "sekundär" eingeteilten - Verfahren der Lohngestaltung jeweils für die sozialen Gruppen der ArbeiterInnen, Angestellten (T und AT) und BeamtInnen gesondert dargestellt. Bevor darauf näher eingegangen wird, sind jedoch die begrifflichen und methodischen Grundlagen der Lohngestaltung zu klären. Da die methodologischen Aspekte bereits ausführlich im 2. Kapitel behandelt wurden, soll an dieser Stelle ein kurzer Abriß genügen.

5.1 Begriffliche und methodische Grundlagen der Lohngestaltung

Unter *Lohn* versteht man alle aus nicht-selbständiger Arbeit erzielten Einkünfte (Oberbegriff für Entgelt, Vergütung, Salär, Gehalt, Sold, Heuer etc.). Der *Lohnaufbau* repräsentiert die innere Struktur des Lohns und gibt an, welche Anteile in den Lohn eingehen (im allgemeinen: anforderungsabhängige, leistungsabhängige und sonstige Lohnanteile, bestehend aus sozialen und Marktzulagen). Die *Lohndifferenzierung* bezieht sich auf die Ermittlung und Darstellung der relativen Lohnhöhe, mit denen Arbeitsanforderungen, Leistungsergebnisse und sonstige Anteile im Gesamtlohn berücksichtigt werden (wobei die ersten beiden Komponenten durch Kennzahlen ausgedrückt werden). *Lohnlinien* stellen in Form graphischer Abbildungen die Abhängigkeiten der Lohnhöhe von (anforderungsbezogenen und/oder leistungsbezogenen) Kennzahlen dar; mit der tarifvertraglichen Festlegung von Lohnlinien sollen Art und Umfang der Leistungserbringung in spezifischer Weise gesteuert werden (s. dazu Abb. 5.1 und BOX 5.1): Lineare (proportionale) Lohnlinien sind für die ArbeitnehmerInnen leicht nachvollziehbar und in der betrieblichen Praxis einfach anzuwenden, so daß vorwiegend Rationalisierungs- und Motivationseffekte intendiert sind (wie z.b. beim Akkordlohn dem eine direkt proportionale, nach oben unbegrenzte Lohnlinie zugrunde liegt). Andere Lohnlinienverläufe treffen auf die Prämienlöhne zu (vgl. HETTINGER & WOBBE 1993, S. 637): Bei progressiven Lohnlinien liegt der optimale Leistungsbereich bei hohen Kennzahlen (z.b. bei einem hohen Ersparnisgrad von Hilfsstoffen). Über die Gestaltung degressiver Lohnlinien läßt sich das Erreichen hoher Leistungskennzahlen dämpfen (z.b., wenn eine hohe Mengenleistung zwar erwünscht ist, aber nicht zu großen Qualitätseinbußen führen darf, vgl. REFA 5 [1991, S. 30]). Eine progressiv-degressiv veränderliche Lohnlinie (S-Form) weist im mittleren Leistungsbereich die größten Prämienunterschiede bei Leistungsveränderungen auf, während man mit unstetigen (gestuften, gebrochenen) Lohnlinien zusätzliche Möglichkeiten der Prämienlohngestaltung erschließt, die mit Hilfe durchgängiger Linien nicht zu erreichen sind. Der *Entlohnungsgrundsatz* impliziert das allgemeine, übergeordnete Prinzip, nach dem die Entlohnung insgesamt oder in wesentlichen Teilen geordnet ist (z.B. Zeit-, Akkord- und Prämienlohn; zu den Grundanforderungen an die Gestaltung von Entlohnungsgrundsätzen vgl. BOKRANZ 1991a). Davon zu unterscheiden ist die *Entlohnungsmethode* als der konkrete Modus, in dem ein Entlohnungsgrundsatz im Betrieb operationalisiert und vor Ort realisiert wird (vgl. REFA 5 [1991, S. 10]; zur kriteriengeleiteten Auswahl und Gestaltung von Entlohnungsgrundsätzen vgl. BOKRANZ 1991b).

Wie die einführenden Überlegungen zur Kooperationslogik gezeigt haben, besteht ein wichtiges Anliegen der organisatorischen Lohngestaltung darin, relative Lohngerechtigkeit zu demonstrieren. Die Grundannahme der sozialpsychologischen Gerechtigkeitstheorie (vgl. ADAMS 1965; WALSTER, BERSCHEID & WALSTER 1976) lautet, daß die Relation von zwei Personen zueinander dann als ausgeglichen wahrgenommenen wird, wenn deren Verhältnisse von Aufwendungen zu Erträgen gleich sind. Übertragen auf den Gedanken der relativen Lohngerechtigkeit bedeutet das, daß gleiche Arbeitsleistungen (als Aufwand) einen vergleichbaren Lohn (als Ertrag) bringen müssen und höhere (niedrigere) Löhne nur mit höheren (geringeren) Arbeitsleistungen zu rechtfertigen sind (vgl. die "Comparable Worth"-Debatte in Abschnitt 3.6.3). Da die sozialpsychologische Gerechtigkeitstheorie eine formale Struktur aufweist und die inhaltliche Ausfüllung der Aufwands- und Ertragskategorien offenläßt, werden zur näheren Bestimmung der relativen Lohngerechtigkeit in der Praxis vier verschiedene Teilprinzipien verwandt:

1) *Anforderungsgerechtigkeit*: der Lohn muß den Anforderungen an einem gegebenen Arbeitsplatz (Stelle, Position etc.) entsprechen und den jeweiligen Arbeitswert exakt wiedergeben;

2) *Leistungsgerechtigkeit*: der Lohn muß die persönlichen Leistungen, die auf einer Stelle erbracht werden, d.h. den individuellen Grad der Erfüllung von Arbeitsanforderungen, angemessen berücksichtigen. "Eine Verneinung des Leistungslohnes bedeutet die Ausbeutung der Fleißigen durch die Faulen" (PAASCHE 1981, S. 116);

3) *Soziale Gerechtigkeit*: in das Entlohnungskalkül sollen auch Aspekte wie Alter, Konstitution, Krankheit, Familienstand, Erholungsurlaub usw. eingehen, um den unterschiedlichen Bedürfnissen von Menschen adäquat zu begegnen;

4) *Marktgerechtigkeit*: der aktuelle Wert einer Arbeitskraft muß sich den jeweiligen Marktbedingungen[1] anpassen; daher ist bei der Lohnfestsetzung der momentane Marktwert zu berücksichtigen, der sich durch den Vergleich mit den Lohnangeboten konkurrierender Organisationen auf der Basis regelmäßig durchgeführter und publizierter Marktanalysen einschätzen läßt.

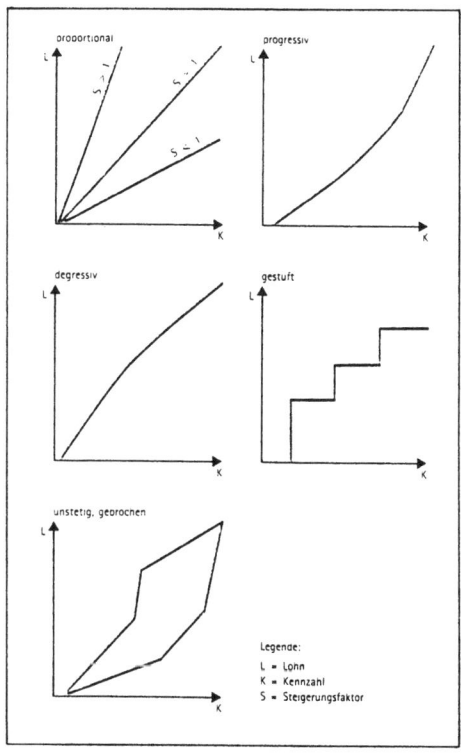

Abb. 5.1   Beispiele für Lohnlinienverläufe (aus REFA 5 [1991, S. 31])

---

[1] So können bestimmte Qualifikationen durch den technischen Fortschritt beispielsweise entwertet, andere hingegen aufgewertet werden (vgl. HELLER [1994, S. 257ff]; s. auch das Konzept der Rationalisierungsgewinner bzw. -verlierer bei KERN & SCHUMANN [1984]).

Kapitel 5

BOX 5.1: Bestimmung einer anforderungsabhängigen Lohnlinie
(in Anlehnung an MAIER 1988, S. 68, und REFA 5 [1991, S. 21ff])

Zur Ermittlung des anforderungsabhängigen Grundlohns werden bei einem analytischen Verfahren der *Arbeitswert*, der *Tariflohn* (in DM/h), ein *Steigerungsbetrag* (in DM/h) je Arbeitswert und ein *Steigerungsfaktor* verwendet. Das folgende Beispiel wurde fiktiv den Bestimmungen des Lohnrahmenabkommens der Eisen-, Metall- und Elektroindustrie Nordrhein-Westfalens vom 5.5.1987 nachgebildet:

Beispiel: Der Arbeitswert sei zwanzig, der Tariflohn betrage 10 DM/h, der Steigerungsbetrag habe die Höhe von 0,14 DM/h und der Steigerungsfaktor nehme für Arbeitswerte zwischen 0 und 8 den Wert 0, zwischen 9 und 15 den Wert 1, zwischen 16 und 30 den Wert 1,1 und für Arbeitswerte oberhalb von 30 den Wert 1,2 an. Die Lohnberechnung kann in folgenden Schritten vorgenommen werden:

- Für die Arbeitswerte 0 bis 8 ist der Steigerungsfaktor gleich Null, d.h. es gilt der Tariflohn der untersten Lohngruppe: **10,00 DM/h**;
- für die Arbeitswerte 9 bis 15, d.h. 15 - 8 = 7 Arbeitswerte in diesem Intervall, gilt der Steigerungsfaktor 1,0; mit diesem Steigerungsfaktor wird der Steigerungsbetrag (0,14 DM/h) je Arbeitswert multipliziert: 7 x 0,14 DM/h x 1,0 = **0,98 DM/h**;
- der Arbeitswert 20 fällt in das Intervall 16 bis 30, d.h. 20 - 15 = 5 Arbeitswerte sind diesem Intervall zuzurechnen; bei einem Steigerungsfaktor von 1,1 ergibt sich: 5 x 0,14 DM/h x 1,1 = **0,77 DM/h**;
- im letzten Schritt werden die Ergebnisse aus den einzelnen Intervallen addiert, um den gesamten Grundlohn zu bestimmen: 10,00 DM/h + 0,98 DM/h + 0,77 DM/h = **11,75 DM/h**.

Trägt man die so berechneten Lohnhöhen (Ordinate) und Arbeitswerte (Abszisse) in ein Koordinatensystem ein, dann ergibt sich im vorliegenden Beispiel eine *unstetige, progressive Lohnlinie* (s. Abb. 5.2). Das hier demonstrierte mathematisch-exakte Vorgehen darf nicht darüber hinwegtäuschen, daß die Ermittlung des anforderungsabhängigen Lohnanteils vor dem Hintergrund politischer Entscheidungsprozesse erfolgt: Der sog. "Arbeitswertlohn" wird im Lohnrahmenabkommen vereinbart, das Bestandteil tarifpolitischer Regelungen ist. Tariflohn, Steigerungsbetrag und Steigerungsfaktoren (daraus resultierend: Lohnlinien), die Definition von Arbeitswertgruppen sowie die Zuordnung von Arbeitswertgruppen zu Lohnstufen sind Gegenstand von Aushandlungsprozessen. Erst *nachdem* diese Parameter von ArbeitgeberInnen- und ArbeitnehmerInnen-Seite gemeinsam verabschiedet worden sind, kann mit ihnen "präzise" kalkuliert werden (s. HETTINGER & WOBBE 1993, S. 638).

Lohngestaltung

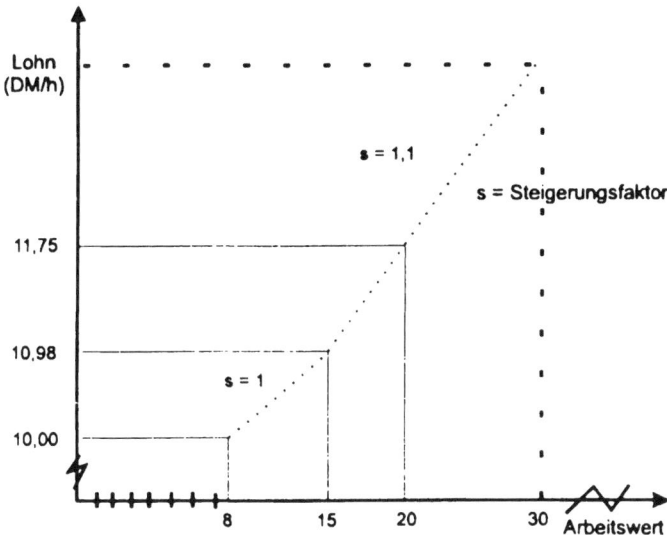

Abb. 5.2 Lohnlinie in Abhängigkeit von Arbeitswert und Lohnhöhe
(S = Steigerungsfaktor)

Ein als gerecht empfundener Lohn muß alle vier Aufbaukomponenten enthalten und setzt sich aus diesem Grunde aus einem anforderungsabhängigen, einem leistungsabhängigen und einem sonstigen Lohnanteil zusammen, in den soziale Zulagen (meistens tariflich vereinbart) und/oder Marktzulagen (übertarifliche, einzelvertraglich geregelte Leistungen der ArbeitgeberInnen) einfließen. Der sonstige Lohnanteil muß nicht konstant, sondern kann durchaus variabel sein (z.B. Erfolgsbeteiligungen, die sich in Abhängigkeit von der Ertragslage der Organisationen verändern). Für die Entrichtung übertariflicher Entgelte, die im allgemeinen auf den Bedarf zur betrieblichen bzw. konjunkturellen Entgeltanpassung zurückzuführen ist, gibt z.B. die Effizienzlohntheorie (vgl. GREIFE 1990, S. 60ff) folgende Begründungsmuster an:

- Vermeidung von Leistungszurückhaltung und Bummelei ("Shirking-Ansatz");
- Senkung der Fluktuation und der mit ihr verbundenen Kosten ("Labor-Turnover-Ansatz").
- Anwerbung hochqualifizierter MitarbeiterInnen ("Adverse-Selection-Ansätze") und
- Steigerung der Arbeitsmoral und Leistung ("Loyalitäts- und Normenansätze").

Kapitel 5

Nach Auffassung von REFA 5 [1991, S. 9, 12] kann die Bestimmung der *absoluten* Lohngerechtigkeit nicht Gegenstand einer Methodenlehre sein, weil

- keine wissenschaftlichen Annahmen oder Verfahren für die Festlegung der absoluten Lohnhöhe als Geldbetrag existieren;
- der Lohn nicht nur von den Arbeitsanforderungen und den persönlichen Leistungen, sondern auch von den oben genannten "sonstigen", d.h. sozioökonomischen Faktoren abhängt, deren Einfluß kaum vorhersagbar ist;
- die Entlohnung durch die Tarifvertrags- und Arbeitsvertragsparteien nach freier Vereinbarung geregelt wird, wobei den vorhandenen Verhandlungsspielräumen lediglich durch die Rechtsordnung (Gesetz und Rechtsprechung) Grenzen gesetzt sind.

Daher muß eine methodische Betrachtungsweise der Lohnfindung ihr Augenmerk auf die Differenzierung der anforderungs- und leistungsabhängigen Lohnanteile richten, mit denen nach dem Kriterium der formalen Rationalität (vgl. TÜRK 1993a; STOLZ & TÜRK 1992a) die Einhaltung *relativer* Lohngerechtigkeit symbolisiert werden soll. Die anforderungsabhängige Lohnbestimmung bildet dabei die Bezugsgrundlage für die leistungsabhängige Lohnfestsetzung. Im Rahmen der anforderungsabhängigen Lohndifferenzierung werden zunächst durch die summarischen Verfahren Lohngruppen oder durch die analytischen Verfahren Arbeitswertgruppen geschaffen, denen man im Tarifvertrag jeweils ein bestimmtes Entgelt zuordnet (s. Kap. 3). Mit dieser Vorgehensweise wird ein Grundlohn festgelegt, der für die "normale" Erfüllung der gestellten Arbeitsanforderungen, d.h. bei einem Leistungsgrad von 100%, gilt (vgl. BOX 5.1). Eine über den Grundlohn hinausgehende Vergütung liegt immer dann im strategischen Erfolgskalkül der Organisationen, wenn Leistungsergebnisse vom Menschen individuell beeinflußbar sind und die Arbeitskräfte zu einer Steigerung ihrer Leistungsverausgabung veranlaßt werden sollen[2]. In diesem Falle sorgt die leistungsabhängige Lohndifferenzierung mit den Verfahren der Leistungsermittlung und Personalbeurteilung (s. Kap. 4) für Leistungskennzahlen bzw. -punkte, mit deren Hilfe eine prozentual auf den Grundlohn bezogene Leistungszulage verteilt werden kann.

---

[2] Im Prinzip könnte man auch Absenkungen von Grundlohn - im Sinne einer negativen Sanktion - vornehmen; dies ist in der Praxis jedoch weniger üblich (s. Abschnitt 5.4.1).

5.2 Primäre vs. sekundäre Lohngestaltung

Analog zur Argumentation in den Kapiteln 3 (Arbeitsanalyse) und 4 (Leistungsanalyse) kann auch im Hinblick auf die Lohngestaltung zwischen primären und sekundären Verfahren unterschieden werden, so daß dieser Gedankengang hier nicht nochmals neu entfaltet werden muß. Primäre Verfahren sind an der Durchsetzung direkter Kontrolle interessiert, indem sie anforderungs- und leistungsabhängige Lohnanteile nach Maßgabe einer möglichst operationalen Erfassung von (für eine Stelle konstantem) Arbeitswert und (individuell variablem) Leistungsgrad bestimmen: Der Zusammenhang zwischen erbrachter Arbeitsleistung und dadurch erreichbarem Verdienst soll so - dem SKINNERschen Verstärkungsparadigma entsprechend - auf eine möglichst klare, einfache und leicht nachvollziehbare Grundlage gestellt werden. Sekundäre Verfahren der Lohngestaltung hingegen üben Kontrolle nicht hauptsächlich durch die Verdeutlichung der unmittelbaren Verknüpfung von Arbeitsleistung und Lohn aus, sondern berücksichtigen die Wünsche der Arbeitnehmerschaft nach flexiblen Entlohnungsmustern, mit denen stärker auf individuelle Bedürfnisse eingegangen werden kann (vgl. z.B. die sog. "Cafeteria-Systeme"). Das gezeigte Entgegenkommen ist sozialtechnisch zu interpretieren und zielt auf die soziale Einbindung des Personals ab: Die Organisationen sind entweder aus Gründen der Marktkonkurrenz zur Verfeinerung ihrer Lohnangebotsstruktur gezwungen oder bauen durch sekundäre Verfahren antizipativ ein Potential an weitgehend unbestimmten Gegenleistungen der ArbeitnehmerInnen auf, das jederzeit - bei Bedarf - abgerufen werden kann (man denke z.B. an Lohnzahlungen nach erwarteter, und nicht: erbrachter, Leistung oder an das vergleichsweise hohe Entgelt der Führungskräfte, das für deren prinzipielle Fungibilität entrichtet wird).

5.3 Primäre Lohngestaltung

5.3.1 Primäre Lohngestaltung bei ArbeiterInnen

In diesen Bereich fallen alle klassischen Entlohnungsgrundsätze, deren Prinzip darin besteht, den Lohn *nach erbrachter Arbeitsleistung* zu zahlen; dazu gehören Zeitlohn (mit und ohne Leistungsbewertung), Akkordlohn, Prämienlohn und andere Lohnformen (z.B. Sonderentgelt, Provision, Bedienungsgeld). In einer Prognose, die maßgeblich auf den Entwicklungen der Metall- und Elektroindustrie fußt, stellt BOKRANZ (1991b, S. 352) für die 90-er Jahre folgendes Verhältnis der Entlohnungsgrundsätze zueinander her: die Hälfte der gewerblichen ArbeitnehmerInnen arbeitet im Zeitlohn, etwa ein Drittel im Akkordlohn und ca. ein Sechstel im Prämienlohn - der Rest verteilt sich auf sonstige Lohnformen; der Akkordlohn wird zunehmend durch den Prämienlohn ersetzt (vgl. EYER 1995, S. 9; s.a. Abb. 5.3).

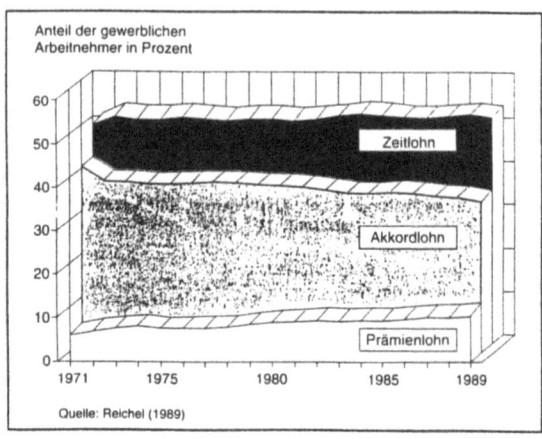

Abb. 5.3   Verbreitung der Entlohnungsgrundsätze in der deutschen Metall- und Elektroindustrie (aus: BOKRANZ 1991b, S. 352)

5.3.1.1   Zeitlohn

"Der Zeitlohn ist ein Entlohnungsgrundsatz mit einer festen Vergütung für eine bestimmte Zeiteinheit. Ist diese Zeiteinheit eine Stunde, so wird von Stundenlohn und entsprechend von Zeitlohn oder Gehalt gesprochen" (REFA 5 [1991, S. 63]). Die Lohnhöhe ist beim Zeitlohn unabhängig von der erbrachten Arbeitsleistung. Die allgemeine Verpflichtung zur Leistung wird bei diesem Entlohnungsgrundsatz lediglich durch den Arbeitsvertrag zwischen Arbeitnehmer- und ArbeitgeberInnen begründet. Da der Lohn immer konstant bleibt, motiviert der Zeitlohn nicht unbedingt zu einer höheren Leistung; mit fallender Leistung der Beschäftigten steigen die Fertigungslohnkosten.

Grundlage der Lohnbestimmung ist beim reinen Zeitlohn (z.B. Stunden-, Wochen-, Monatslohn) ausschließlich die anforderungsabhängige Lohndifferenzierung. Die verschiedenen Modalitäten der Umsetzung eines ermittelten Arbeitswertes in Geld zeigt ZANDER (1990, S. 101 ff) am Beispiel der analytischen Arbeitsbewertung:

- die Punktergebnisse einzelner Anforderungsdimensionen werden in Geldeinheiten umgerechnet, so daß jede(r) Beschäftigte unmittelbar sehen kann, wieviel man für Verantwortung, geistige Belastung usw. bekommt;
- dem zwischen den SozialpartnerInnen vereinbarten Bewertungssystem wird ein einheitlicher Geldfaktor pro Punktwert zugeordnet, so daß sich das Gehalt aus der Punktsumme des Arbeitsplatzes multipliziert mit dem Geldfaktor ergibt;

- es wird für alle Tarifgruppen ein einheitliches Basisgehalt festgelegt; das Tarifgehalt besteht dann aus diesem Basisgehalt (als Sockel) und dem der jeweiligen Tarifgruppe entsprechenden Arbeitswertgehalt, die üblicherweise beide Gegenstand von Gehaltstarifverhandlungen sind. Da dieses Verfahren in der Praxis die größte Bedeutung erlangt hat, weil das Einkommen der Beschäftigten in den unteren Gruppen durch den Sockelbetrag angehoben und gleichzeitig geschützt wird, ist es in Abb. 5.4 nochmals ausführlicher beschrieben.

"Beim Zeitlohn mit Leistungszulage wird der Lohn anforderungs- und leistungsabhängig differenziert. Mit Hilfe verschiedener Leistungsmerkmale (auch Beurteilungsmerkmale genannt) wird die Leistung des Menschen beurteilt und bewertet" (REFA 5 [1991, S. 64]). Während "Beurteilen" das Beschreiben der Ausprägung eines qualitativen Merkmals (z.B. Arbeitssorgfalt, Arbeitseinsatz) mit Hilfe von Stufen oder Klassen meint, bedeutet "Bewerten" das Quantifizieren dieser Stufen oder Klassen in Form von Zahlenwerten, die einer zuvor definierten Skala angehören; es ist auch durchaus möglich, beide Methoden miteinander zu kombinieren. Die zunehmende Verbreitung der sekundären Leistungsanalyse ("Personalbeurteilung") kann damit erklärt werden, daß ihre Verfahren auch in denjenigen Bereichen von Wirtschaft und Verwaltung, in denen Messungen und Zählungen nicht oder nur mit großem Aufwand möglich sind, eine leistungsbezogene Entlohnung erlauben (vgl. Kap. 4). Gewichtungen und Punktwerte in den Bewertungsschemata werden meistens in Betriebsvereinbarungen festgelegt. Die Zuordnung des leistungsabhängigen Lohnanteils zu den periodisch (im Regelfall mindestens einmal jährlich; vgl. EYER 1995, S. 9) beurteilten Leistungswerten ist im allgemeinen tarifvertraglich geregelt.

Da die in Abhängigkeit von der Höhe des Leistungswertes entrichtete Leistungszulage in der *Erwartung* gezahlt wird, daß die MitarbeiterInnen auch künftig die bewertete Leistung erbringen, steht dieser Entlohnungsgrundsatz an der Schwelle zu den Formen sekundärer Lohngestaltung.

5.3.1.2 Akkordlohn

"Akkordlohn ist ein Entlohnungsgrundsatz, bei dem der Lohn in der Regel anforderungs- und leistungsabhängig differenziert wird. Als Leistungskennzahl wird die vom Menschen beeinflußbare Mengenleistung beziehungsweise der daraus abgeleitete Zeitgrad benutzt" (REFA 5 [1991, S. 32]). Die Untergrenze des Akkordlohns ist in der Regel der Tariflohn (ARJIILGER 1983, zit in ZANDER 1990, S. 248). Die Lohnlinie verläuft üblicherweise proportional und nach oben offen mit dem Steigungsmaß $S = 1$, d.h. es besteht eine direkte Abhängigkeit des Lohns von der erzielten Mengenleistung (20 % mehr Stück je Stunde z.B. ergeben 20% mehr Stundenlohn).

Kapitel 5

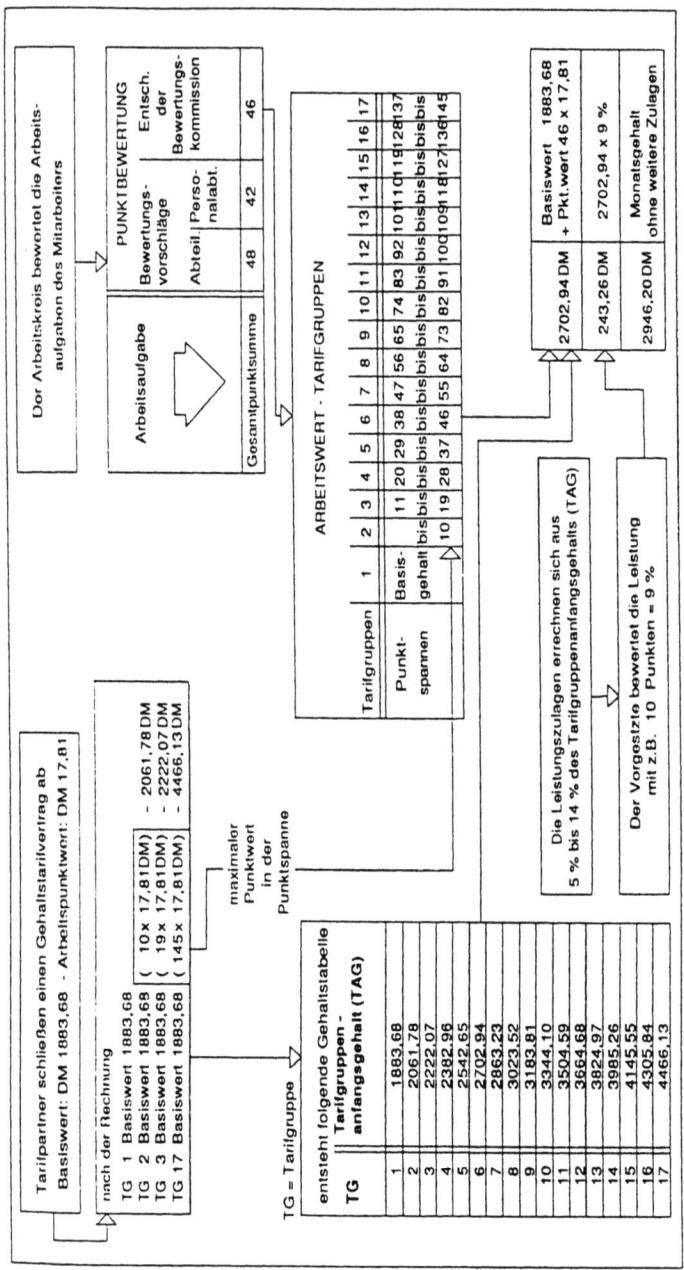

Abb. 5.4 Beispiel für die Berechnung des Monatsgehaltes unter Einschluß einer Leistungszulage (aus ZANDER 1990, S. 103)

Lohngestaltung

Man unterscheidet zwischen Stückakkord (auch "Geldakkord" genannt) und Zeitakkord. Mit beiden Akkordformen wird das Ziel verfolgt, die Ausbringungsmenge (pro Zeiteinheit) zu steigern. Der Stückakkord wählt als Bezugsbasis für den Lohn die Stückzahl, während der Zeitakkord die Stückzeit (d.h. die Fertigungszeit pro Stück) als Maßstab verwendet. Beim Stückakkord, der hauptsächlich im Handwerk, in der Bauindustrie, in Gießereien und in der Heimarbeit vorkommt, wird der Lohn je erbrachter Mengeneinheit unmittelbar festgelegt oder vereinbart, so daß man z.B. für die doppelte Menge das doppelte Geld unabhängig von der benötigten Zeit erhält. Die Leistungskennzahl des Stückakkords ist demnach die absolute Menge in Mengeneinheiten. Im Unterschied zum Zeitakkord ist es beim Stückakkord notwendig, bei tariflichen Lohnänderungen auch die Geldbeträge (pro Stück) neu anzupassen.

Im Vergleich zum Stückakkord ist der Zeitakkord weiter verbreitet und praktisch relevanter, weil

- mit der Bezugsbasis der Zeit eine flexible Handhabung des Lohnsystems in verschiedenen Produktionszusammenhängen ermöglicht wird;
- mithilfe der Zeit der Zusammenhang zwischen Leistung und Lohn auf einfache und übersichtliche Weise versinnbildlicht werden kann, so daß eine wichtige Voraussetzung zur Leistungsmotivation gegeben ist;
- die Ermittlung von Vorgabezeiten eine Gestaltung des Arbeitssystems nach rational-ökonomischen ("tayloristischen") Kriterien mit sich bringt;
- die Vorgabezeiten ökonomisch zur Planung, Steuerung und Kostenkalkulation verwendet werden können.

Die Leistungskennzahl des Zeitakkords ist der Zeitgrad, dessen Ermittlung Vorgabezeiten voraussetzt (vgl. Kap. 4). Wie leicht einzusehen ist, besteht zwischen der Vorgabezeit (Soll-Zeit/Mengeneinheit) und der Vorgabe einer zu bearbeitenden Menge (Soll-Menge/Zeiteinheit) nur ein rechnerischer Unterschied. Auf der Basis der Vorgabezeit kann der Zeitakkord auftragsweise oder periodenweise abgerechnet werden, wobei der Zeitgrad gewissermaßen den individuellen Leistungsgrad repräsentiert. Bei auftragsweiser Abrechnung z.B. ergibt sich der Zeitgrad (in %) als Funktion des Quotienten aus vorgegebener Auftragszeit und Ist-Auftragszeit multipliziert mit dem Faktor 100:

$$\text{Zeitgrad (in \%)} = \frac{\text{Soll-Auftragszeit}}{\text{Ist-Auftragszeit}} \times 100$$

Ein Zeitgrad von 115,7% bedeutet z.B., daß die Mehrleistung um 15,7% über der vorgegebenen Mengenleistung liegt, woraus ein um 15,7% höherer Lohn pro Stunde resultiert. Nach dem gleichen Prinzip kann auch periodenweise abgerechnet werden, wobei die einzelnen Vorgabezeiten und Ist-Zeiten innerhalb der Periode, während der im Akkord gearbeitet wurde, jeweils aufzuaddieren sind, bevor sie ins Verhältnis zueinander gesetzt werden.

Kapitel 5

Damit der Akkord als Entlohnungsmethode eingesetzt werden kann, muß vorher garantiert sein, daß eine Mehrleistung ausschließlich vom Leistungsgrad des arbeitenden Menschen und nicht von Veränderungen des Arbeitssystems abhängt. Insbesondere ist zu prüfen, ob die folgenden drei Bedingungen vorliegen:

1) *Beeinflußbarkeit* der Mengenleistung durch den Menschen: Die Anwendung des Akkordlohns setzt Arbeitsabläufe voraus, die vom Menschen voll oder zumindest in großen Teilen beeinflußbar sind; je höher der Grad an Mechanisierung in einem Arbeitssystem, desto geringer ist der Anteil von Zeiten beeinflußbarer Ablaufabschnitte, so daß der Spielraum zur Akkordentlohnung enger wird;

2) *Vorherbestimmbarkeit* des Arbeitsablaufs und der Arbeitsbedingungen: Arbeitsmethoden und -verfahren müssen planbar und die Arbeitsbedingungen weitgehend konstant sein;

3) *Reproduzierbarkeit* der Vorgabezeiten: der Arbeitsablauf muß beschrieben, die Arbeitssituation bekannt und die statistische Qualität der Zeitermittlungsdaten befriedigend sein (vgl. Kap. 4).

Während beim Zeitlohn der Stundenlohn konstant ist und die Fertigungslohnkosten pro Stück (in Abhängigkeit von der Zahl der in einer Stunde gefertigten Stücke) variieren, verhält es sich beim Akkordlohn genau umgekehrt: die Fertigungslohnkosten (z.B. DM/Stück) sind konstant, während sich der Stundenlohn in Abhängigkeit von der erbrachten Leistungsmenge ändert.

Box 5.2: Rechenbeispiel zur Bestimmung von Stück- und Zeitakkord

Allgemein:

Stücklohn (d.h. Lohn pro Stück) (G_e) = Grundlohn[3] / Normalleistung in Stück

Stückzeit (d.h. Zeit pro Stück) (t_e) = 60 Minuten / Normalleistung in Stück

Geldfaktor je Vorgabeminute (G_m) = Grundlohn / 60 Minuten

Stückakkord (L_s) = Menge (m) x G_e

Zeitakkord (L_z) = m x t_e x G_m.

Beispiel: Gegeben sei ein Grundlohn von 15,00 DM/h, eine Normalleistung von 20 Stück/h und eine Ist-Leistung von 23 Stück/h. Unter Angabe von Stücklohn, Stückzeit und Geldfaktor je Vorgabeminute können Stück- und Zeitakkord wie folgt berechnet werden:

Stücklohn (G_e) = 15,00 DM/h / 20 Stück/h = 0,75 DM/Stück

Stückakkord (L_s) = 23 Stück/h x 0,75 DM/h = 17,25 DM/h

Stückzeit (t_e) = 60 Minuten / 20 Stück/h = 3 Min./Stück

Geldfaktor je Vorgabeminute (G_m) = 15,00 DM/h / 60 Minuten = 0,25 DM/Min.

Zeitakkord (L_z) = 23 Stück/h x 3 Min./Stück x 0,25 DM/Min. = 17,25 DM/h.

Weitere Berechnungsbeispiele sind REFA 5 (1991, S. 34ff) zu entnehmen.

---

[3] Der Grundlohn setzt sich unter Akkordbedingungen aus einem Mindestlohn und einem prozentualen Akkordzuschlag zusammen und wird daher auch als Akkordrichtsatz bezeichnet. Durch den Akkordzuschlag wird dem Umstand Rechnung getragen, daß die Arbeitsbedingungen unter Akkord belastender sind als beim reinen Zeitlohn.

5.3.1.3 Prämienlohn

"Prämienlohn ist ein Entlohnungsgrundsatz, bei dem das Entgelt anforderungs- und leistungsabhängig differenziert wird" (REFA 5 [1991, S. 43]). Die Untergrenze des Prämienlohns bildet der tarifvertraglich festgelegte (anforderungsabhängige) Grundlohn. Auf der Basis von einfachen (z.b. Menge) oder kombinierten Leistungskennzahlen (z.B. Menge und Qualität) wird ein Zusatzlohn bestimmt, den man im allgemeinen als Prämie bezeichnet.

Die Höhe des Prämienlohns wird in einem dreistufigen Verfahren festgelegt (vgl. Abb. 5.5):

1) Mit der Bestimmung von Prämienanfangs- und -endpunkt wird in Abhängigkeit von minimal und maximal zu erreichender Leistungskennzahl zunächst der sog. *prämienpflichtige Einflußbereich* festgelegt - die minimale Leistungskennzahl gibt in diesem Zusammenhang an, ab welchem konkreten Leistungskennwert der Grundlohn durch die Prämie ergänzt bzw. erweitert wird;

2) anschließend wird die *Prämienspannweite* als prozentuales Verhältnis der höchstmöglichen Prämie zum Grundlohn definiert;

3) als letztes erfolgt die Gestaltung der *Prämienlohnlinie* (z.B. lineare oder gestaffelte Lohnlinie bei Mengenprämien; degressive Lohnlinie bei Qualitätsprämien).

Prämienpflichtiger Einflußbereich, Prämienspannweite und Prämienlohnlinie sind betrieblich zu vereinbaren, falls keine tariflichen Regelungen vorliegen; "zur materiellen Seite der Gestaltung von Prämienentlohnungen macht die Methodenlehre des Arbeitsstudiums keine Aussagen" (REFA 5 [1991, S. 44]). Die Ermittlung des Prämienanfangspunkts stützt sich in der Regel auf Daten, die über einen längeren Beobachtungszeitraum in der Organisation gewonnen wurden, um eine Einschätzung des individuellen Leistungsgrads zu ermöglichen. Der Prämienendpunkt muß praktisch erreichbar sein, damit von ihm ein Leistungsanreiz ausgehen kann. Die Lohnabrechnungsperiode ist so zu wählen, daß der Zusammenhang zwischen Leistung und Lohn für den arbeitenden Menschen transparent bleibt (REFA 5 [1991, S. 46]; vgl. auch BOKRANZ 1991c, S. 450; ONDRACK 1995, S. 325). "Wenn der Mitarbeiter keine Leistungsdifferenzen erkennen kann oder ihm keine Differenzen zur Normalleistung plausibel gemacht werden (können), wird eine Leistungsbezahlung schnell unglaubwürdig und verliert ihren Sinn" (ZANDER 1990, S. 249).

Man unterscheidet im allgemeinen zwischen Quantitäts-, Qualitäts-, Ersparnis- und Nutzungsprämien, deren jeweilige Bezugsbasen durch Leistungskennzahlen operationalisiert sind (s. Abb. 5.6):

(1) *Quantitätsprämie*: ihre Bezugsbasis ist in der Regel die Mengenleistung, die ihrerseits durch Leistungskennzahlen wie z.B. "Anzahl verpackter Positionen je Stunde" oder "Zeiteinsparungsgrad" ermittelt wird; üblich sind lineare oder gestufte Lohnlinien, die nach oben und unten begrenzt sind;

Kapitel 5

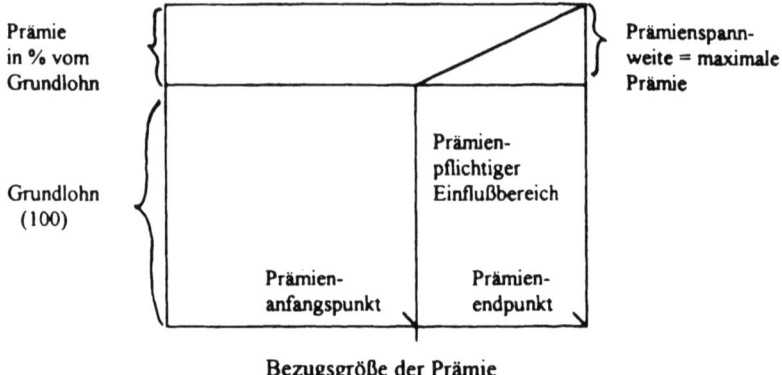

Abb. 5.5 Prinzipieller Aufbau einer Prämienentlohnung (nach BÖHRS 1980, S.164)

(2) *Nutzungsprämie*: ihre Bezugsbasis ist meistens die Nutzung von Betriebsmitteln, die z.b. in der Leistungskennzahl des Hauptnutzungsgrads (Verhältnis von Hauptnutzungszeit zur Ist-Einsatzzeit des Betriebsmittels) zum Ausdruck kommt. Die Betriebsmittel-Zeiten können durch registrierende Meßgeräte, wie z.B. Zeit- und Nutzungsschreiber oder Betriebsdatenerfassungssysteme, aufgezeichnet werden. Ein progressiver Verlauf der Lohnlinie soll im allgemeinen zu einer intensiven Betriebsmittelnutzung beitragen. Auf diese Weise lassen sich die Ziele maximaler Anlagenauslastung und minimaler Stillstandszeiten, insbesondere bei kapitalintensiver Produktion, lohntechnisch unterstützen. "Nutzungsprämienlöhne treten häufig an die Stelle des Akkordlohnes, wenn Abläufe mit einem hohen Anteil unbeeinflußbarer Ablaufabschnitte auftreten" (REFA 5 [1991, S. 51]);

(3) *Qualitätsprämie*: ihre Bezugsbasis ist im allgemeinen die produzierte Güte, die durch die Leistungskennzahl des Ausschußgrads (Verhältnis von mangelhafter Menge zur Gesamtmenge bzw. Menge der Stichprobe) erfaßt wird. Das vorrangige Ziel der Entlohnung mit Qualitätsprämien besteht darin, Nachbesserungen, den Anteil der Ware zweiter Wahl, Ausschuß usw. zu vermeiden oder zu verringern. Im Rahmen eines "Total Quality Management" wird es zunehmend wichtiger, neben den unmittelbaren Kosten des Fehlers (Personal, Material, Nachbearbeitung) auch die mittelbaren Folgekosten für die Vertriebspolitik und das damit verbundene Organisationsimage zu kalkulieren, die durch den unbefriedigenden Gebrauch, die Funktionsunfähigkeit oder die verminderte Lebensdauer von Produkten entstehen (zur Wirtschaftlichkeitsbewertung von Qualitätsprämien vgl. BOKRANZ 1991c, S. 450). Qualitätsprämien weisen in der Regel progressive Lohnlinien auf (je weniger Fehler, desto höher die Prämie) und werden häufig mit Quantitätsprämien kombiniert;

Lohngestaltung

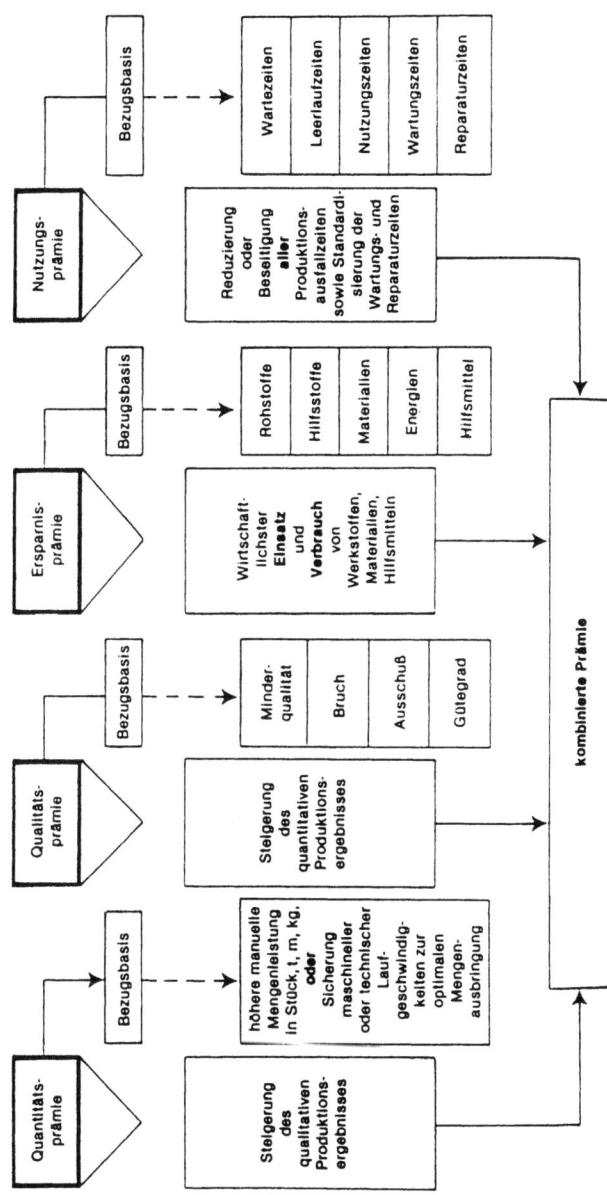

Abb. 5.6 Beispiele für Prämienarten, ihre Bezugsbasen und Leistungskennzahlen (aus ZANDER 1990, S. 250)

Kapitel 5

(4) *Ersparnisprämie*: ihre Bezugsbasis sind alle Inputfaktoren in ein Arbeitssystem, deren Verbrauch gedrosselt werden soll; Leistungskennzahlen bringen den Grad der Ersparnis zum Ausdruck, indem sie die in einer Periode produzierte Menge an Output ins Verhältnis zum Verbrauch an Inputfaktoren (z.B. Energieverbrauch in Kilowattstunden) setzen. Damit Ersparnisprämien nicht zu einer Minderung der Qualität führen, stellt man sie in degressiven Lohnlinien dar oder kombiniert sie mit Qualitätsprämien.

Bei einer *kombinierten Prämienentlohnung* sind die Prämienlöhne eine Funktion von mehreren Leistungskennzahlen, wobei aus Gründen der Überschaubarkeit und Handhabbarkeit nicht mehr als drei Kennzahlen zusammengeführt werden sollen. Durch die Kombination verschiedener Prämienarten und/oder Bezugsbasen kann die Prämienentlohnung flexibel auf die betrieblichen Erfordernisse abgestimmt und für die MitarbeiterInnen zudem ein Anreiz geschaffen werden, sich insgesamt für eine ausgewogene Gesamtleistung des Arbeitssystems einzusetzen. Kombinierte Prämienlöhne (auch "Verbund"- oder "Mehrfaktorenprämienlöhne" genannt) werden also hauptsächlich deswegen verwendet, weil man eine Überbetonung singulärer Leistungskomponenten, z.B. eine hohe Mengenleistung bei sinkender Qualität oder Überlastung von Betriebsmitteln, vermeiden möchte. Kombinierte Prämienlöhne werden entweder mittels Prämienformeln oder - zur Erleichterung der Rechenarbeit - anhand von Hilfsmitteln, wie z.B. Nomogrammen oder Tabellen, bestimmt (vgl. Abb. 5.7).

Besondere Formen von Prämien stellen Termin-, Anwesenheits- und Gruppenprämien dar. Mit *Terminprämien* soll für die Einhaltung bestimmter Termine oder deren Unterschreitung gesorgt werden (vgl. HETTINGER & WOBBE 1993, S. 636). Die sog. *Anwesenheitsprämie* wird gezahlt, um den Krankenstand bzw. die Absentismusrate zu verringern. Die Einführung von Anwesenheitsprämien ist in der Literatur sehr umstritten: Während die ArbeitgeberInnen-Seite betont, daß mit der Anwesenheitsprämie keine besondere Leistung, sondern etwas Selbstverständliches entlohnt werde, befürchtet die ArbeitnehmerInnen-Seite, daß die Beschäftigten trotz Krankheit zur Arbeit gehen und damit sich und evtl. auch andere schädigen (vgl. zusammenfassend DANGERS 1990). Die *Gruppenprämie* kommt häufig im Zusammenhang mit der Gruppenentlohnung zur Anwendung, die in jüngerer Zeit im Zuge umfassender organisatorischer Restrukturierungsprogramme im Produktionsbereich (Teilautonome Arbeitsgruppen, Lean Production, Teamorientierung) einen neuen Aufschwung erfahren hat (vgl. BOMMEL 1995, S. 106). Nach Angaben von EYER (1993, S. 12) bestehen hauptsächlich drei Möglichkeiten, eine Gruppenprämie auf die Mitglieder einer Arbeitsgruppe zu verteilen:

- absolut gleich, d.h. nur mit der Arbeitsstundenzahl korreliert;
- relativ gleich, d.h. mit der Arbeitsstundenzahl und mit der relativen Lohnhöhe gemäß Lohngruppe korreliert;
- nach vereinbartem Verteilungsschlüssel, d.h. auf der Basis von Konsensbildung und/oder von Beurteilung.

Lohngestaltung

Aufgabe: Technische Kunststoffe herstellen	
Mengenprämienlohn P_M in %	Ersparnisprämienlohn P_E in %
Leistungskennzahl K_M: Zeiteinsparungsgrad in % = $\frac{\text{Vorgabezeit} - \text{gebrauchte Zeit}}{\text{Vorgabezeit}} \cdot 100$ Verknüpfung der Prämienleistung mit der Prämienlohnhöhe: $K_{M\,min}$ = 0 %; $P_{M\,min}$ = 0 % $K_{M\,max}$ = 30 %; $P_{M\,max}$ = 15 % Lohnlinie: Über dem Zeiteinsparungsgrad linear, nach oben begrenzt.	Leistungskennzahl K_E: Ersparnisgrad (Ausbeute) in % = $\frac{\text{produzierte Menge je Periode}}{\text{eingesetzte Vorproduktmenge je Periode}} \cdot 100$ Verknüpfung der Prämienleistung mit der Prämienlohnhöhe: $K_{E\,min}$ = 94 %; $P_{E\,min}$ = 0 % $K_{E\,max}$ = 98,5 %; $P_{E\,max}$ = 5 % Lohnlinie: Über dem Ersparnisgrad linear, nach unten und oben begrenzt.

Gesamtprämienlohn durch additive Koppelung der Mengen- und der Ersparnisprämienlöhne:

$$P = P_M + P_E = 0{,}5 \cdot K_M + \frac{K_E - 94}{0{,}9}$$

Maximaler Prämienlohn 20 % des Prämienausgangslohns bei K_M = 30 % und K_E = 98,5 %.

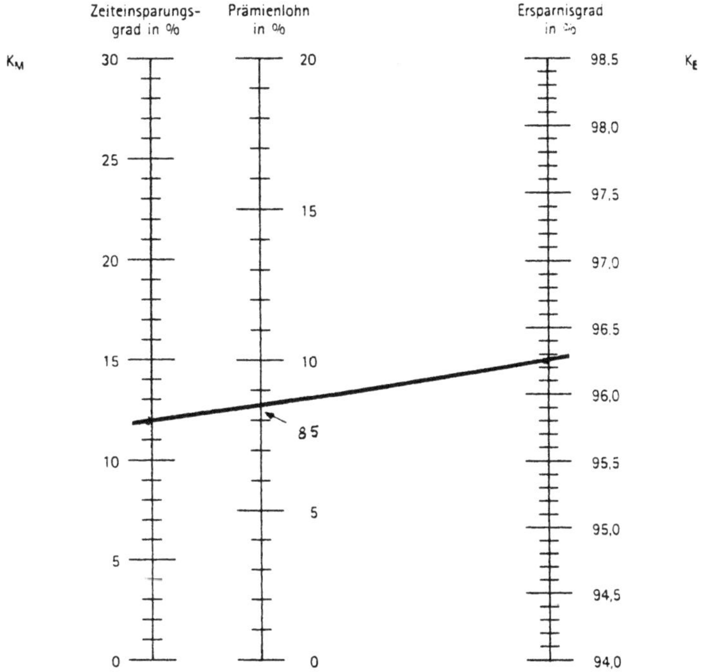

Ablesebeispiel:
Erzielter Zeiteinsparungsgrad (K_M) = 12,00 %
Erzielter Ersparnisgrad (K_E) = 96,25 %
Ermittelter Prämienverdienst = 8,50 % des Grundlohnes

Abb. 5.7   Kombinierte Prämienentlohnung (aus REFA 5 [1991, S. 58])

EYER (1993, S. 19) gibt zu Bedenken, daß die ausschließliche Anwendung der Gruppenprämie nicht nur das individuelle Leistungsprinzip in Frage stellt, sondern erfahrungsgemäß auch die Gruppensolidarität untergräbt. Er empfiehlt daher, das Prinzip der relativ gleichen Verteilung, das die stark unterschiedlichen Grundlöhne der ArbeiterInnen berücksichtigt, mit einer gesondert vergüteten individuellen Leistungsbewertung zu verknüpfen.

Im Unterschied zum Zeitlohn mit Leistungsbewertung, die man gleichfalls nach Quantität, Qualität, Nutzung, Ersparnis usw. differenzieren kann, stützt sich die Prämienentlohnung im allgemeinen auf meß- und zählbare Fakten (vgl. DANGERS 1990, S. 30). Außerdem verändert sich die Prämienlohnhöhe in kürzeren Zyklen (z.B. nach monatlichen Bemessungszeiträumen), während die Zahlung der Leistungszulage beim Zeitlohn für eine längere Periode konstant bleibt (z.B. Kopplung an die alljährliche Personalbeurteilung). Praxisbeispiele der Einführung von Prämienlohnsystemen finden sich in ANTONI & EYER 1993, BREUCKER & HEDRICH 1992, GLUTH 1991, HERHOLZ 1992 und JASKER 1994.

5.3.1.4 Andere Lohnformen

Besondere Lohnformen, die dennoch in klassischer Weise operieren, weil sie den Lohn *nach* erbrachter Arbeitsleistung zahlen, sind

- *einmalige Sonderentgelte* (für den Fall, daß ein außerordentlicher Einsatz oder eine ganz ungewöhnliche Leistung umgehend honoriert werden sollen: z.B. kreative Innovationen, Patente, Beiträge zum betrieblichen Vorschlagswesen);
- *Provisionen* (z.B. Umsatzbeteiligungen beim Verkauf im Außendienst) und das
- *Bedienungsgeld* (als fester Prozentsatz vom Umsatz - das freiwillig "gespendete" Trinkgeld der KundInnen ist damit nicht gemeint).

5.3.2 Primäre Lohngestaltung bei Angestellten

5.3.2.1 Gehaltsfestsetzung bei Angestellten der privaten Wirtschaft

Im Laufe der letzten Jahrzehnte ist die Zahl der Angestellten aufgrund der Expansion des "tertiären Sektors" (Dienstleistungsbetriebe, Unterrichtswesen, freie Berufe und Verwaltung) so stark angestiegen, daß manche Fachleute mittlerweile von einem "Zeitalter der Angestellten" sprechen (vgl. dazu die WZB-Mitteilungen Nr. 67, März 1995; s. auch Tab. 3.2). Mit der wachsenden Zahl der Angestellten ist aber auch ein Bedeutungswandel in der Wahrnehmung ihrer gesellschaftlichen Funktion einhergegangen: Wurden die Angestellten früher noch als verlängerter Arm der UnternehmerInnen angesehen, so ist infolge der zunehmenden Verwaltungsarbeit heute die ehemals unternehmerische und schöpferische Tätigkeit vielfach einem rein mechanischen Tätigkeitsvollzug gewichen. Möglicherweise stellt die Zunahme vieler schematischer Verwaltungsarbeiten sogar nur ein Durchgangsstadium zur teil- oder vollautomatisierten Aufgabenerledigung dar (s. HELLER 1994). Diese veränderte Situation wird spätestens seit den Siebziger Jahren auch in der tariflichen Entwicklung reflektiert, die durch eine starke Tendenz zur Vereinheitlichung der Vergütungsstrukturen für ArbeiterInnen und Angestellte gekennzeichnet ist (vgl. HOPPE 1994, S. 377f). Das sozialpolitische Erfordernis einer Statusangleichung zwischen ArbeiterInnen und Angestellten wird von ZANDER (1990, S. 20) wie folgt kommentiert: "Es gibt viele Elektriker, Meß- und Regelmechaniker, Kundendienstmonteure und Schaltwärter, die eine qualifiziertere Funktion ausüben als manche Angestellten. Warum sollten daher die Löhne und Gehälter nicht nach den gleichen Maßstäben festzulegen sein?"

Bei den Angestellten der privaten Wirtschaft erfolgt die Entlohnung - ähnlich dem Lohngruppenverfahren bei den ArbeiterInnen - durch eine Einstufung ihrer Tätigkeit nach *Tätigkeitsmerkmalen* bzw. der zur Ausübung ihrer Tätigkeit erforderlichen *Qualifikationen*. Neben der summarischen Anforderungsbewertung kommt die analytische Methode (z.B. das HAY-Verfahren; vgl. Abschnitt 3.5) aufgrund ihres vergleichsweise höheren Verfahrensaufwands nur selten zur Anwendung. Das *Gehalt* stellt die Vergütung für einen Kalendermonat dar, wobei die wöchentliche Arbeitszeit tarifvertraglich festgelegt wird. Die Gehaltshöhe richtet sich nach den mit den jeweiligen Tätigkeitsmerkmalen korrespondierenden *Gehaltsgruppen*, die aus den *Gehaltstafeln* der geltenden Tarifverträge zu entnehmen sind (es handelt sich meist um 5-10 Gruppen, nur in Ausnahmefällen sind feinere Differenzierungen zweckmäßig; s. ZANDER 1990, S. 30). Die Gehaltstafeln enthalten neben den Gehaltsgruppen (und ggf. ihrer verbalen Umschreibung) eine weitere Differenzierung nach *Lebens-* und *Dienstalter*, da mit diesen Faktoren das Einkommen ansteigt. Ausserdem können in Abhängigkeit von besonderen Stellenanforderungen oder den Ergebnissen von Regelbeurteilungen noch *Leistungszulagen* gezahlt werden (so kann das Anforderungsprofil einer Sekretärin z.B. die Ausführung einfacher Schreibtätigkeiten, aber auch die Beherrschung von Fremdsprachen, die Betreuung von Auszubildenden, die Bedienung komplexer Computerprogramme, die Erstellung von Graphiken usw. einschließen; besonderer Arbeitseinsatz, Zuverlässigkeit und Sorgfalt z.B. können durch die Leistungsbeurteilung berücksichtigt werden). Kurz: Das Gehalt der Angestellten setzt sich aus dem Grundgehalt der jeweiligen Gehaltsgruppe sowie Zuschlägen für Lebens- und/oder Dienstalter sowie einer Leistungszulage zusammen; das 13. Monatsgehalt und ein Urlaubsgeld treten im allgemeinen hinzu. Ein konkretes Beispiel der Gehaltsstruktur von Angestellten wird im nächsten Abschnitt vorgestellt.

5.3.2.2 Gehaltsfestsetzung bei Angestellten des öffentlichen Dienstes

Das Arbeitsverhältnis der Angestellten im öffentlichen Dienst wird durch den *Bundes-Angestellten-Tarifvertrag (BAT)* geregelt, der zwischen den öffentlichen Arbeitgebern und den gewerkschaftlichen Vertretungsorganisationen (ÖTV, DAG und GEW) periodisch neu ausgehandelt und abgeschlossen wird (für die ArbeiterInnen im öffentlichen Dienst gelten entsprechend verschiedene Manteltarifverträge für die

Tabelle der Grundvergütungen für die Angestellten des Bundes und der Länder
Gültig ab 1. Mai 1995

Grundvergütung der Lebensaltersstufe nach vollendetem ... Lebensjahr (mtl. in DM)

Verg.-gruppe	21	23	25	27	29	31	33	35	37	39	41	43	45	47	49
I		5092,87	5368,94	5645,09	5921,20	6197,34	6473,49	6749,56	7025,70	7301,80	7577,95	7854,08	8130,19	8406,28	
Ia		4694,26	4908,86	5123,37	5337,94	5552,50	5767,08	5981,70	6196,20	6410,77	6625,34	6839,95	7054,47	7260,20	
Ib		4173,25	4379,53	4585,80	4792,06	4998,33	5204,62	5410,88	5617,16	5823,44	6029,69	6235,95	6442,23	6648,02	
IIa		3699,14	3888,60	4078,12	4267,54	4457,01	4646,50	4835,93	5025,42	5214,87	5404,39	5593,84	5783,21		
IIb		3449,10	3621,78	3794,74	3967,21	4139,94	4312,66	4485,37	4658,09	4830,80	5003,55	5176,23	5251,70		
III	3287,58	3449,10	3610,58	3772,09	3933,62	4095,13	4256,66	4418,15	4579,65	4741,18	4902,73	5064,24	5217,87		
IVa	2980,14	3127,85	3275,73	3423,49	3571,28	3719,07	3866,85	4014,65	4162,46	4310,25	4458,03	4605,84	4751,58		
IVb	2724,87	2842,13	2959,33	3076,58	3193,76	3311,02	3428,25	3545,50	3662,72	3779,94	3897,20	4014,41	4030,01		
Va	2409,41	2502,28	2595,13	2695,47	2798,51	2901,59	3004,68	3107,74	3210,84	3313,90	3416,99	3520,05	3615,81		
Vb	2409,41	2502,28	2595,13	2695,47	2798,51	2901,59	3004,68	3107,74	3210,84	3313,90	3416,99	3520,05	3527,20		
Vc	2277,56	2361,27	2445,08	2532,97	2662,89	2712,50	2810,00	2907,61	3005,12	3102,67	3198,95				
VIa	2165,81	2221,51	2286,16	2350,88	2415,51	2482,11	2550,04	2617,96	2687,07	2762,47	2837,82	2913,23	2988,58	3064,01	3128,64
VIb	2156,81	2221,51	2286,16	2350,88	2415,51	2482,11	2550,04	2617,96	2687,07	2762,47	2837,82	2896,81			
VII	1998,13	2050,65	2103,20	2155,72	2208,27	2260,79	2313,31	2365,88	2418,39	2472,35	2527,54	2567,36			
VIII	1848,46	1896,47	1944,56	1992,85	2040,64	2088,68	2136,76	2184,79	2232,84	2268,54					
IXa	1787,97	1835,17	1883,53	1931,30	1979,06	2026,82	2074,57	2122,34	2169,97						
IXb	1720,96	1764,58	1808,14	1851,72	1895,31	1938,92	1982,52	2026,08	2062,95						
X	1598,02	1641,62	1685,23	1728,81	1772,41	1815,98	1859,57	1903,19	1946,74						

Ortszuschlagstabelle für die Angestellten (Monatsbeträge in DM)
Gültig ab 1. Mai 1995

Tarif-klasse	Zu der Tarifklasse gehörende Vergütungsgruppen	Stufe 1 ledig	Stufe 2 verheiratet	Stufe 3 1 Kind	Stufe 4 2 Kinder	Stufe 5 3 Kinder	Stufe 6 4 Kinder	Stufe 7 5 Kinder	Stufe 8 6 Kinder
Ib	II bis I, Kr. XIII	955,88	1136,64	1289,81	1442,98	1596,15	1749,32	1902,49	2055,66
Ic	Va/b bis III, Kr. VII bis Kr. XII	849,53	1030,29	1183,46	1336,63	1489,80	1642,97	1796,14	1949,31
II	X bis Vc, Kr. I bis Kr. VI	800,21	972,41	1125,58	1278,75	1431,92	1585,09	1738,26	1891,43

Bei mehr als sechs Kindern erhöht sich der Ortszuschlag für jedes weitere zu berücksichtigende Kind um 153,17 DM.

Tab. 5.1 Auszug aus den Gehaltstafeln der Angestellten im öffentlichen Dienst (aus: o.V. 1995, S. 6)

Beamtinnen und Beamte
Grundgehaltssätze - West ab 1. Mai 1995

(Monatsbeträge in DM)

Bundesbesoldungsordnung A

Besol-dungs-gruppe	Ortszu-schlag Tarifklasse	1	2	3	4	5	6	7	8	9	10	11	12	13	14	15
A 1		1512,38	1564,72	1617,05	1669,38	1721,71	1774,04	1826,37	1878,70							
A 2		1642,91	1694,85	1746,79	1798,73	1850,67	1902,61	1954,55	2006,49							
A 3		1747,57	1802,83	1858,09	1913,35	1968,61	2023,87	2079,13	2134,39							
A 4	II	1806,98	1872,03	1937,08	2002,13	2067,18	2132,23	2197,28	2262,33							
A 5		1828,58	1897,35	1966,12	2034,89	2103,66	2172,43	2241,20	2309,97	2378,74						
A 6		1892,34	1966,03	2039,72	2113,41	2187,10	2260,79	2334,48	2408,17	2481,86	2555,55					
A 7		2013,53	2088,04	2162,55	2237,06	2311,57	2386,08	2460,59	2535,10	2609,61	2684,12	2758,63	2833,14			
A 8		2104,78	2193,90	2283,02	2372,14	2461,26	2550,38	2639,50	2728,62	2817,74	2906,86	2995,98	3085,10	3174,22		
A 9		2261,12	2345,24	2432,91	2521,26	2611,27	2709,35	2807,43	2905,51	3003,59	3101,67	3199,75	3297,83	3395,91		
A 10	Ic	2475,98	2597,84	2719,70	2841,56	2963,42	3085,28	3207,14	3329,00	3450,86	3572,72	3694,58	3816,44	3938,30		
A 11		2884,47	3009,34	3134,21	3259,08	3383,95	3508,82	3633,69	3758,56	3883,43	4008,30	4133,17	4258,04	4382,91	4507,78	
A 12		3143,96	3290,83	3439,70	3588,57	3737,44	3886,31	4035,18	4184,05	4332,92	4481,79	4630,66	4779,53	4928,40	5077,27	
A 13		3559,58	3720,34	3881,10	4041,86	4202,62	4363,38	4524,14	4684,90	4845,66	5006,42	5167,18	5327,94	5488,70	5649,46	
A 14	Ib	3663,82	3872,39	4080,86	4289,33	4497,80	4706,27	4914,74	5123,21	5331,68	5540,15	5748,62	5957,09	6165,56	6374,03	
A 15		4131,07	4360,27	4589,47	4818,67	5047,87	5277,07	5506,27	5735,47	5964,67	6193,87	6423,07	6652,27	6881,47	7110,67	7339,87
A 16		4591,56	4856,64	5121,72	5386,80	5651,88	5916,96	6182,04	6447,12	6712,20	6977,28	7242,36	7507,44	7772,52	8037,60	8302,68

Ortszuschlag

Tarifklasse	Zu der Tarifklasse gehörende Besoldungsgruppen	Stufe 1 (ledig)	Stufe 2 (verh.)	Stufe 3 (1 Kind)
Ia	B3 bis B11 C4	1122,16	1301,18	1454,35
Ib	R3 bis R10 B1 und B2 A13 bis A16 C1 bis C3 R1 und R2	946,64	1125,66	1278,83
Ic	A9 bis A12	841,29	1020,31	1173,48
II	A1 bis A8	792,51	962,97	1116,14

Tab. 5.2 Auszug aus den Besoldungstabellen der BeamtInnen im öffentlichen Dienst (aus: o.V. 1995, S. 7)

Beschäftigten bei Bund, Ländern und Gemeinden). Analog zur tarifvertraglichen Situation in der privaten Wirtschaft beruht damit auch das Arbeitsverhältnis der öffentlich Angestellten auf einer privatrechtlichen Konstruktion. Die Gehälter bestimmen sich nach Maßgabe der tätigkeits- bzw. qualifikationsbezogenen Einstufung in eine von insgesamt zehn Gehaltsgruppen (BAT I-X), steigen im Zwei-Jahres-Rhythmus mit dem Lebensalter an (das Dienstalter spielt hier keine Rolle) und können - neben 13. Monatsgehalt und Urlaubsgeld - verschiedene Zulagen (Amts-, Stellen-, Erschwernis- und Ausgleichszulagen) enthalten. Anders als in der privaten Wirtschaft erhalten die öffentlich Angestellten noch einen Ortszuschlag, der nach Tarifklasse, Familienstand und Kinderzahl differenziert ist (vgl. zusammenfassend Tab. 5.1).

Beförderungen in eine höhere Gehaltsgruppe sind nur mit der Übernahme qualifizierterer Funktionen oder über den sog. "*Bewährungsaufstieg*" möglich, mit dem die Angestellten den BeamtInnen in finanzieller Hinsicht und vom Ansehen her gleichgestellt werden sollen. Der Bewährungsaufstieg bedeutet, daß die Angestellten nach einer bestimmten Bewährungszeit automatisch in die nächsthöhere Vergütungsgruppe aufsteigen, sofern sie sich den an sie gestellten Anforderungen gewachsen gezeigt haben. In der Praxis erweist sich der Bewährungsaufstieg jedoch als problematisch, weil er mit dem Hinweis auf bereits vollzogene Höherstufungen, die der Interpretationskunst und der wohlwollenden Phantasie der Vorgesetzten bei der Beurteilung von Tätigkeitsmerkmalen zu verdanken waren, faktisch jederzeit beschränkt werden kann; auch der umgekehrte Fall ist denkbar: die tatsächliche Ausübung höherwertiger Tätigkeiten wird von den DienststellenleiterInnen mit dem Argument abgewiegelt, daß ja ohnehin bald der Routineaufstieg komme.

Eine Folge der privatrechtlichen Anstellung besteht darin, daß das Arbeitsverhältnis zwischen dem öffentlichen Arbeitgeber und "seinen" ArbeitnehmerInnen unter Beachtung des Kündigungsgesetzes und unter Einhaltung bestimmter Fristen jederzeit aufgelöst werden kann. Tariflich unkündbar sind die ArbeitnehmerInnen erst nach Vollendung des 40. Lebensjahres, unter der Voraussetzung, daß sie bis dahin mindestens 15 Dienstjahre absolviert haben. Fristlose Kündigungen sind in dem Fall gestattet, daß bestimmte Gründe eine Fortsetzung des Arbeitsverhältnisses unmöglich machen (z.B. Arbeitsverweigerung, schwerwiegende Dienstvergehen). Neben der tariflichen Unkündbarkeit ist ein weiterer Aspekt der Versorgung im öffentlichen Dienst die finanzielle Absicherung bei Erwerbsunfähigkeit, die Altersversorgung und die Gewährleistung des Familienunterhalts im Todesfall (vgl. GUTMANN 1987, S. 31). Die Angestellten sind Mitglied der gesetzlichen Rentenversicherung und teilen sich die fälligen Beiträge jeweils zur Hälfte mit ihrem Arbeitgeber (die zu erwartende Rente liegt zwischen 50% und 75% des letzten Nettoeinkommens). Das Prinzip der paritätischen Beteiligung gilt auch für die gesetzliche Krankenversicherung, in der die Angestellten bei einem Monatseinkommen bis zur Beitragsbemessungsgrenze pflichtversichert sind, und die Arbeitslosenversicherung: die eine Hälfte wird jeweils den Angestellten vom Gehalt abgezogen, die andere Hälfte zahlt der Arbeitgeber.

5.3.3 Primäre Lohngestaltung bei BeamtInnen

Das Dienstverhältnis der BeamtInnen wird nicht durch Tarifverträge, sondern durch das Besoldungsrecht geregelt. Zwar finden Lohngespräche zwischen dem Deutschen Beamtenbund als Vertretungsorganisation der BeamtInnen und dem öffentlichen Arbeitgeber statt, die sich weitgehend an den Tarifverträgen der Angestellten orientieren, doch kann die "Zustimmung" letztlich per Gesetz erwirkt werden: die BeamtInnen haben keine politischen Mitbestimmungs- oder Streikrechte.

5.3.3.1 Geschichtliche Entwicklung des Berufsbeamtentums

Die Sonderstellung der BeamtInnen im öffentlichen Dienst wird aus der Geschichte des Beamtentums verständlich, in der den BeamtInnen zur Wahrnehmung hoheitsrechtlicher Aufgaben, die der Wahrung staatlicher Interessen galten, zunächst ehrenamtliche oder nebenamtliche Dienstposten übertragen wurden. Zwar wurden diese Ehren- und Nebenämter nicht offiziell besoldet, doch konnte man durch die Amtsausübung finanzielle Vorteile erringen oder nach Ablauf einer Amtsperiode mit einträglichen Funktionen belohnt werden. "So erhielten die höchsten Beamten im alten Rom z.B. eine derartige nachträgliche 'Besoldung' als Stadthalter. Die Belehnung mit Grundstücken war die erste Form der Besoldung. Der Ertrag dieser Lehnsgüter bildete das Einkommen der Beamten. Je mehr die Beamten herausholen konnten, desto größer waren ihre Einnahmen" (ZANDER 1972, S. 297). Die Geldbesoldung ist eine relativ späte Entwicklung, die mit finanziellen Abgaben bzw. Gebühren (sog. "Sporteln") für Amtshandlungen begann und in Deutschland gegen Ende des 16. Jahrhunderts erstmals zu Systemen fester Gehälter führte. Mit Beginn des 19. Jahrhunderts war man bemüht, die Besoldung der BeamtInnen im Rahmen eines "Gehaltsregulativs" auf eine einheitliche, verbindliche Grundlage zu stellen. Die folgenden Entwicklungsschritte bis zum Bundesbesoldungsgesetz von 1957 entsprechen einer zunehmenden Verfeinerung und Ausdifferenzierung dieses Gehaltsregulativs: Staffelung der Gehälter nach der Rangordung der Staatsämter, gesetzliche Regelungen für Gehaltserhöhungen, Erlaß von Beförderungsrichtlinien, Aufstellung von Ortsklassen und Ortstarifen, Einführung von Dienstalterszulagen usw. Dabei zeigt sich aufgrund der föderalistischen Verfassung der Bundesrepublik, daß die Bestrebungen nach bundeseinheitlicher Regelung des Besoldungswesens - allen Reformen zum Trotz - bis heute immer wieder mit länderspezifischen Auslegungen und Abweichungen konkurrieren. Dies führte teilweise zu skurrilen Situationen, wenn z.B. "Bundes- und Landesbeamte mit gleichem Rang nebeinander arbeiteten, aber bei sonst gleichen Bedingungen unterschiedlich besoldet wurden" (ZANDER 1972, S. 304). Mit Besoldungsneuregelungsgesetzen kämpft der Bund seit jeher gegen den Besoldungswirrwarr an, der durch Alleingänge der Länder, Beförderungsinflation oder -stau, Bevorzugung bestimmter BeamtInnengruppen, uneinheitliche Ämterbewertungen usw. entsteht. Immer wieder kommt es vor, daß die Stellenbewertung Rücksicht auf das politische Gewicht einer Behörde oder Körperschaft nimmt und damit zum institutionellen Statussymbol wird. Vorläufig kann in diesem Zusammenhang nur festgehalten werden, daß dem Bund eine Rahmenkompetenz bei der Verabschiedung besoldungsrechtlicher Bestimmungen zukommt. Die Besoldung der BundesbeamtInnen folgt dem Bundesrecht, während die Besoldung der LandesbeamtInnen landesrechtlich geordnet ist.

5.3.3.2 Alimentations- und Leistungsprinzip

Wie die geschichtliche Analyse zeigt, stellen die BeamtInnen strenggenommen keine ArbeitnehmerInnen dar, die einen Lohn erhalten. Lohnwirtschaftliche Grundsätze sind der BeamtInnenbesoldung insofern fremd, als die Dienstbezüge keine Gegenleistung für eine erbrachte Dienstleistung sind. "Sie sind vielmehr als eine für die Dauer des Amtes gewährte Rente anzusehen, die dem Beamten einen der Bedeutung seines Amtes entsprechenden Unterhalt sichern soll" (ZANDER 1972, S. 300). Dieses Unterhalts- bzw. *Alimentationsprinzip* ergibt sich aus einem grundgesetzlich verankerten Berufsbeamtentum, mit dem ein Dienst- und Treueverhältnis konstituiert wird, das die BeamtInnen zumeist zeitlebens mit dem Staat verbindet. Artikel 33, Abs. 4 des Grundgesetzes bestimmt, die Ausübung von hoheitlichen Aufgaben "in der Regel solchen Angehörigen des öffentlichen Dienstes zu übertragen, die in einem öffentlich-rechtlichen Dienst- und Treueverhältnis stehen", und Abs. 5 fügt ergänzend hinzu, daß das Recht des öffentlichen Dienstes vom Gesetzgeber nach den "hergebrachten Grundsätzen des Berufsbeamtentums" zu regeln sei. Der politischen Treuepflicht der BeamtInnen steht die Fürsorgepflicht des Dienstherrn gegenüber, der für das Wohl der BeamtInnen und ihrer Familien - auch für die Zeit nach der Beendigung des Dienstverhältnisses - zu sorgen hat. Das Alimentationsprinzip findet seinen Ausdruck in *sozialen* Gehaltsbestandteilen (z.B. im Ortszuschlag, der nach Tarifklasse, Familienstand und Kinderzahl gestaffelt ist) und in der *angemessenen* Höhe der Grundgehälter der jeweiligen Besoldungsgruppen, die dem Lohn für vergleichbare Tätigkeiten in der freien Wirtschaft entsprechen soll (vgl. Tab. 5.2). In diesem Zusammenhang wird gefordert, daß zur Aufrechterhaltung eines mittleren Lebensstandards eine kontinuierliche Anpassung der Dienstbezüge an die allgemeine Preisentwicklung und an die privatwirtschaftlichen Lohn- und Gehaltssteigerungen vorzunehmen ist. Das Alimentationsprinzip wird durch das *Leistungsprinzip* ergänzt, das sich hauptsächlich in der Zuordnung von Ämtern zu Besoldungsgruppen zeigt. Damit will man gewährleisten, daß die Erfüllung der dienstlichen Aufgaben und der mit ihnen verbundenen Anforderungen "standesgemäß" erfolgen kann (eine Ingenieurin mit Studienabschluß also z.B. höher eingestuft werden kann als ein Mechaniker mit abgeschlossener Lehre). Durch das Bundesbesoldungsgesetz von 1957 und die folgenden Besoldungsneuregelungsgesetze hat das Leistungs- gegenüber dem Alimentationsprinzip ständig an Bedeutung gewonnen. Mit der stärkeren Berücksichtigung des Leistungsprinzips will man den gewachsenen Ansprüchen der BürgerInnen an die Qualität und Flexibilität des öffentlichen Dienstes gerecht werden. Das Besoldungssystem soll mit veränderten Aufbauorganisationen harmonisiert werden, die nicht mehr durch einen starren "Stellenkegel", sondern durch "schlanke" und für den Karriereaufstieg durchlässigere Strukturen gekennzeichnet sind. Zu diesem Zweck versucht man - neben der Herstellung eines ausgewogeneren Verhältnisses von Eingangs- zu Beförderungsstellen - analytische Dienstpostenbewertungen durchzuführen, mit denen die tatsächlichen Anforderungen von Sachaufgaben und weniger die hierarchischen Verhältnisse abgebildet werden. Daß man dem Erfolg solcher Maßnahmen skeptisch gegenüberstehen muß, weil eine wichtige Funktion der Stellenbewertung gerade in der Rechtfertigung und Stabilisierung der vorherrschenden Ordnung liegt, wurde bereits in Abschnitt 3.5.2 (HAY-System) ausgeführt.

5.3.3.3 Unterschiede zu den Angestellten

Bestimmte Dienstposten sind aus Gründen der "Sicherung des Staates oder des öffentlichen Lebens" (GUTMANN 1987, S. 28) den BeamtInnen vorbehalten. In einer Art "Abgleich" mit den für die Angestellten getroffenen Regelungen sollen hier nochmals zusammenfassend die Besonderheiten des Beamtentums beschrieben werden (vgl. GUTMANN 1987):

- *Dienstverhältnis*: das Beamtenverhältnis wird nicht durch einen privatrechtlichen Vertrag, sondern durch *Ernennung* begründet;
- *Vergütung*: die Bezüge der BeamtInnen werden nicht durch Tarifverträge, sondern durch Gesetz geregelt. Die Besoldung richtet sich nicht nach Lebensalter und Tätigkeitsmerkmalen, sondern nach der *Besoldungsgruppe*, die an ein übertragenes Amt gebunden ist, und nach dem *Besoldungsdienstalter* (einem Kompositum aus Dienst- und Lebensalter; s. Tab. 5.2);
- *Kündbarkeit*: die BeamtInnen sind aufgrund ihrer Anstellung auf Lebenszeit unkündbar, wenn sie diesen Status nach einem Vorbereitungsdienst ("Beamter/Beamtin auf Widerruf") und einem hauptberuflichen Bewährungsdienst ("Beamter/Beamtin auf Probe") erst einmal erreicht haben;
- *Disziplinarrecht*: die BeamtInnen unterliegen im Gegensatz zu den Angestellten einem Disziplinarrecht, das wirksam wird, wenn BeamtInnen ihre Dienstpflicht schuldhaft verletzen (z.B. Amtsunterschlagung, Bestechlichkeit, Verletzung des Postgeheimnisses) oder durch ein schwerwiegendes außerdienstliches Fehlverhalten auffallen (z.B. Trunkenheit im Straßenverkehr, Warenhausdiebstahl, Steuerbetrug);
- *Altersversorgung*: die BeamtInnen sind nicht Mitglied der gesetzlichen Rentenversicherung, sondern beziehen ein staatliches *Ruhegeld*, das sich aus dem Alimentationsprinzip herleitet. Mit anderen Worten: der Dienstherr trägt die gesamte Altersvorsorge. Die Ruhestandsbezüge richten sich immer nach dem letzten Amt, das allerdings mindestens zwei Jahre bekleidet worden sein muß - der höchstmögliche Versorgungsgrad wird nach 40 Dienstjahren erreicht und beträgt 75% der letzten, ruhegehaltsfähigen Bezüge. Obwohl das Ruhegeld im Gegensatz zur Rente besteuert wird, erhalten die BeamtInnen im Vergleich zu den Angestellten bei gleichem Bruttoeinkommen eine höhere Pension. Außerdem kommen die BeamtInnen noch in den Genuß einer "unsichtbaren Subvention" (WÖRL 1992, S. 33), da sie - anders als die Angestellten - ihren Pensionsanspruch nicht mit Eigenbeiträgen finanzieren müssen;

Kapitel 5

- *Arbeitslosigkeit*: die BeamtInnen zahlen, da der Fall der Arbeitslosigkeit durch die Anstellung auf Lebenszeit praktisch kaum eintritt, keine Beiträge zur Arbeitslosenversicherung und beziehen folglich auch kein Arbeitslosengeld; stattdessen treten *Übergangsgeld- oder Nachversicherungsregelungen* in Kraft: pro absolviertem Dienstjahr z.B. gibt es einen Monat Übergangsgeld in Höhe der letzten Bruttobezüge;

- *Krankenversicherung*: die BeamtInnen sind nicht krankenversicherungspflichtig, sondern empfangen im Krankheitsfall eine staatliche *Beihilfe*, die für die BeamtInnen selbst 50%, für ihre EhepartnerInnen 70% und für jedes Kind 80% der Krankheitskosten deckt (s. WÖRL 1992, S. 33), es handelt sich dabei um einen Zuschuß, der im Krankheitsfall gewährt wird, und nicht um einen Pauschalbetrag, den man den BeamtInnen monatlich vom Einkommen abzieht. Die Restkosten sind von den BeamtInnen selbst zu bestreiten, die zu diesem Zweck im allgemeinen eine private Krankenversicherung abschließen. Bei jungen, ledigen BeamtInnen liegen die Beiträge zur privaten Krankenversicherung deutlich niedriger als zur gesetzlichen, zumal nur die Hälfte der anfallenden Krankheitskosten erstattet werden muß. Mit zunehmendem Lebensalter steigen jedoch aufgrund des höheren Erkrankungsrisikos auch die Beiträge an die privaten Versicherer, so daß der Versicherungsvorteil allmählich verloren geht. Bei verheirateten BeamtInnen liegen die Verhältnisse noch ungünstiger, weil die private Krankenversicherung - im Gegensatz zur gesetzlichen - keine Mitversicherung der Familienangehörigen vorsieht, so daß mit jedem Familienmitglied gesonderte Verträge abgeschlossen werden müssen;

- *Laufbahnprinzip*: die BeamtInnen werden nicht für eine bestimmte Tätigkeit oder für einen bestimmten Arbeitsplatz eingestellt, sondern für die Verwendung innerhalb einer *Laufbahn*, die - in Abhängigkeit von Mindestvoraussetzungen der Vorbildung - in *Laufbahngruppen* geordnet ist. Nur das unterste Amt einer Laufbahn wird durch Einstellung, alle anderen durch Beförderungen besetzt, so daß jede Laufbahngruppe intern nochmals in verschiedene Besoldungsstufen differenziert ist (s. GUTMANN 1987, S. 28f; vgl. Tab. 5.2): a) *einfacher* Dienst (Voraussetzung: Hauptschulabschluß; Besoldungsgruppen A1-A5); b) *mittlerer* Dienst (Voraussetzung: mittlerer Bildungsabschluß; Besoldungsgruppen A5-A9); c) *gehobener* Dienst (Voraussetzung: Fachhochschulreife; Besoldungsgruppen A9-A13); d) *höherer* Dienst (Voraussetzung: abgeschlossenes Hochschulstudium; Besoldungsgruppen A13-A16, B1-B11 für BeamtInnen in herausragenden Positionen, C1-C4 für HochschullehrerInnen, R1-R10 für RichterInnen und StaatsanwältInnen);

- *Beförderung*: sie ist nicht einfach durch die Übernahme höherwertiger Tätigkeiten möglich, sondern wird durch formale Richtlinien und den vorhandenen "Stellenkegel" streng reglementiert: die BeamtInnen müssen zur Übernahme höherwertiger Ämter den Nachweis der *Befähigung* und *Bewährung* erbringen (dazu dienen u.a. dienstliche Beurteilungen; vgl. KOLLE 1985); als nächste Hürde muß eine zwölfmonatige *Erprobungszeit* absolviert werden; bei Beförderung in bestimmte Ämter des gehobenen oder höheren Dienstes gelten zudem *Wartezeiten*;

- *Aufstieg*: vom Aufstieg spricht man im Gegensatz zur Beförderung dann, wenn der "Sprung" in eine höhere Laufbahngruppe gemeint ist. Die Bundeslaufbahnverordnung unterscheidet hier zwischen *Regelaufstieg* und dem *Aufstieg für besondere Verwendungen*. Beide Aufstiegsarten sind an restriktive Auflagen gebunden, so daß im formalisierten Laufbahnprinzip von vielen KritikerInnen ein Hemmschuh für den Aufstieg und die Realisierung des Leistungsprinzips im öffentlichen Dienst gesehen wird.

Lohngestaltung

BOX 5.3:	Die wichtigsten Unterschiede zwischen Angestellten und BeamtInnen des öffentlichen Dienstes im Überblick	
	Angestellte	**BeamtInnen**
Dienstverhältnis:	Kündbarer privatrechtlicher Vertrag	Anstellung auf Lebenszeit; Dienst- und Treuepflicht der BeamtInnen; Fürsorgepflicht des Dienstherrn (Alimentationsprinzip)
Lohn:	Gehalt (als Funktion von Lebensalter und Tätigkeitsmerkmalen); Tarifvertrag	Sold (als Funktion von Besoldungsgruppe und Besoldungsdienstalter); Besoldungsgesetz
Lohnbestandteile:	(1) Grundgehalt (anforderungsabhängig) (2) Ortszuschlag (sozialer Lohnanteil) (3) Zulagen (teilweise leistungsabhängig) (4) Beitrag zur Rentenversicherung (50% AN/50% AG) (5) Gesetzliche Krankenversicherung (50% AN/50% AG) (6) Arbeitslosenversicherung (50% AN/50% AG)	(1) Grundgehalt (anforderungsabhängig) (2) Ortszuschlag (sozialer Lohnanteil) (3) Zulagen (teilweise leistungsabhängig) (4) Ruhegeld (100% AG) (5) Beihilfe im Krankheitsfall (50% AG); private Krankenversicherung (50% AN) (6) Unkündbarkeit (Übergangsgeld)
Beförderung und Aufstieg:	Übernahme höherwertiger Tätigkeiten durch Weiterbildung (on/off the job) Bewährungsaufstieg	Beförderungslaufbahnen (Beförderung als Funktion von Bewährung, Erprobungs- und Wartezeit) Aufstieg durch Weiterqualifizierung oder besondere Verwendung

5.3.4 Kritische Stellungnahme zur Entlohnung der Angestellten und BeamtInnen

Die Vergütung der (privaten und öffentlichen) Angestellten und der BeamtInnen ist den primären Entlohnungsformen zugeordnet worden, weil das Grundgehalt bzw. der Sold als die mit Abstand größten Lohnanteile der Gesamtvergütung anforderungsabhängig bestimmt werden und nicht vorwiegend im Dienste der sozialtechnischen Beeinflussung der MitarbeiterInnen stehen. Auch die Zulagen sind hauptsächlich als finanzielle Kompensation für besondere Anforderungen und/oder Leistungen gedacht. Andererseits zeigt das Beispiel der BeamtInnen sehr deutlich, daß

Kapitel 5

es bei der Entlohnung um mehr geht als nur den monetären Ausgleich für den geleisteten Arbeitsaufwand: Will man lebenslange Treue erwirken, muß man sich in besonderer Weise um die Beschäftigten kümmern. Die Wahrnehmung hoheitsrechtlicher Aufgaben setzt geradezu voraus, daß sich die mit solchen Aufgaben betrauten Personen der staatlichen Organisation innerlich verpflichtet fühlen. Um die Fernsteuerung des Personals im Sinne der staatlichen Interessen sicherzustellen, sind daher Maßnahmen zu treffen, die eine organisationskulturelle Einbindung der MitarbeiterInnen ermöglichen. Die "benefits", die den BeamtInnen (und nur ihnen!) nach dem Alimentationsprinzip gewährt werden, legen Zeugnis ab von diesem organisatorischen Bestreben, die Beschäftigten mit "weichen" Methoden im Sinne der Organisationsziele zu lenken: angemessene Besoldung, soziale Rücksichtnahme (die Höhe des Ortszuschlags richtet sich nach Familienstand und Kinderzahl), Ruhegeld, Beihilfe, Unkündbarkeit, Übergangsgeld sind Beispiele einer bevorzugten Behandlung, die der Staat nicht zuletzt im wohldurchdachten Eigeninteresse vornimmt. Loyalität bekommt man schließlich nicht einfach geschenkt. Ähnlich sind die sozialen Gehaltskomponenten bei den Angestellten (13. Monatsgehalt, Urlaubsgeld) und insbesondere den öffentlich Angestellten (Ortszuschlag) zu bewerten: Da auf diese "betrieblichen Zusatzleistungen" allerdings im Abschnitt über sekundäre Formen der Entlohnung (5.4.3) ausführlich eingegangen wird, soll hier der Hinweis genügen. Betrachtet man die Vergütung der Angestellten und BeamtInnen in ihrer komplexen Zusammensetzung, fällt eine abschließende Würdigung aus kontrolltheoretischer Perspektive schwer. Einerseits findet sich eine relativ transparente Struktur von Grundgehältern bzw. Besoldungsgruppen vor, die man vielleicht noch am ehesten mit den Lohngruppen der ArbeiterInnen vergleichen könnte: es wird im Grunde ein anforderungsabhängig differenzierter Zeitlohn (bei tarifvertraglich festgelegter bzw. im Besoldungsgesetz geregelter Arbeitszeit) gezahlt, der ggf. durch Leistungszulagen ergänzt wird. Andererseits zeigt sich ein buntes, teilweise sogar verwirrendes Bild von Sozialleistungen, die eindeutig darauf abzielen, Angestellte und BeamtInnen als besondere Gruppen von Beschäftigten hervorzuheben und von den ArbeiterInnen abzuheben. Möglicherweise ist darin auch eine Ursache zu sehen, warum die Trennung von ArbeiterInnen und Angestellten (in der privaten Wirtschaft wie im öffentlichen Dienst) bei allen Bemühungen um Vereinheitlichung der Lohngestaltung nach wie vor sozialpolitische Geltung hat. Was die Gesamtvergütung angeht, scheinen Angestellte und BeamtInnen im Rahmen der Kontrolltypologie von primären und sekundären Entlohnungsformen daher so etwas wie eine "Zwitterstellung" einzunehmen.

Eine zentrale Maxime, die sich der öffentliche Dienst verfolgt hat, besteht darin, daß die gezahlten Vergütungen in ihrer Höhe mit vergleichbaren Tätigkeiten in der Privatwirtschaft (annähernd) übereinstimmen sollen. Bei den BeamtInnen beispielsweise ist der Grundsatz der angemessenen Besoldung ein fester Bestandteil des Alimentationsprinzips. Bei der Umsetzung dieses Anspruchs ergeben sich aber sowohl konzeptionelle als auch praktische Schwierigkeiten. Konzeptionell ist häufig unklar, mit welchen Tätigkeiten in der Privatwirtschaft die Aufgaben von z.B. AmtsinspektorInnen, PolizeibeamtInnen oder LehrerInnen eigentlich verglichen werden sollen (s. WÖRL 1992, S. 33). Praktisch zeigt sich, daß die Bezüge im öffentlichen Dienst den allfälligen Lohnsteigerungsraten der privaten Wirtschaft sowohl zeitlich als auch niveaumäßig ständig hinterherhinken. Das "time-lag" kann zwar teilweise damit erklärt werden, daß die private Wirtschaft bei der Lohnfestsetzung eine Vorreiterrolle spielt und sich der öffentliche Dienst an den Abschlüssen der Tarifverträge nachträglich orientieren muß. Spätestens bei den Unterschieden im Gehaltsniveau wird aber erkennbar, daß hinter der Benachteiligung Methode steckt, die der öffentliche Arbeitgeber offensichtlich aus politischen Motiven der Kosteneinsparung einsetzt. Der Widerstand auf Seiten der Beschäftigten wird dadurch gebremst, daß die Anstellung im öffentlichen Dienst - insbesondere in Zeiten der Massenarbeitslosigkeit und des radikalen Personalabbaus - aufgrund der gebotenen Sicherheiten weiterhin attraktiv bleibt.

"Oftmals werden von Beamten und Angestellten die gleichen Tätigkeiten ausgeübt. Die Verstimmung der Angestellten war daher verständlich, wenn der 'Kollege/Beamte' neben seinem Titel und einer besseren Bezahlung noch besondere Gehaltschancen hatte" (ZANDER 1972, S. 316). Die Trennung von Angestellten und BeamtInnen sorgt bei der internen Differenzierung des öffentlichen Dienstes offenbar nicht nur für klare Zuständigkeiten, sondern schafft auch soziale Konflikte. Der Schwerpunkt des Konfliktmanagements lag in den letzten Jahren auf der Angleichung der zwei verschiedenen Dienstrechtssysteme, wobei sich Arbeitsrecht und Beamtenrecht gegenseitig beeinflußt haben. So sind beispielsweise die Begrenzung der regelmäßigen Arbeitszeit, die Mehrarbeitsvergütung, die Teilzeitbeschäftigung, die Regelungen über vermögenswirksame Leistungen, über Weihnachts- und Urlaubsgeld, die Zuwendungen bei Dienstjubiläen und zahlreiche Erschwerniszulagen zu festen Bestandteilen des Beamtenverhältnisses geworden. Umgekehrt ist der Status der Angestellten durch die Vergabe von Sozialleistungen (Ortszuschlag), die Möglichkeit zum Bewährungsaufstieg und den weitgehenden Kündigungsschutz erheblich aufgewertet worden (GUTMANN 1987, S. 28). Dieses Beispiel zeigt, daß Trennungen zwar durchaus gewollt sind, aber bei allen Bemühungen um Rechtfertigung und Legitimation in der organisatorischen Praxis nicht immer und schon gar nicht durchgängig auf Akzeptanz stoßen. Wird der Arbeitsprozeß durch soziale Konflikte gestört, müssen neue (z.B. rechtliche) Maßnahmen ergriffen werden, die entweder die Deutungsmuster für die bestehenden Verhältnisse oder aber die Verhältnisse selbst ändern.

5.4 Sekundäre Lohngestaltung

5.4.1 Sekundäre Lohngestaltung bei ArbeiterInnen ("Pensumlöhne")

In diese Rubrik fallen alle modernen, neueren Lohnformen, bei denen der Lohn *in der Erwartung* gezahlt wird, daß ein vorher festgelegtes Arbeitspensum in der kommenden Periode erreicht wird (vgl. PAASCHE 1981, S. 94ff; MAIER 1988, S.

139ff). Diese Lohnformen, die auch als "Pensumlöhne" bezeichnet werden, haben in der Praxis der gewerblichen Wirtschaft im Vergleich zu den klassischen Entlohnungsgrundsätzen bisher nur eine untergeordnete Bedeutung (vgl. BOKRANZ 1991b, 1991c). Sie beruhen stärker auf dem Kontrollprinzip des Vertrauens und intendieren einen Motivationseffekt, der aus der Selbstverpflichtung der ArbeitnehmerInnen zur Vertragserfüllung herrührt. Konsequenzen bei Nichterreichung des Arbeitsziels beziehen sich erst auf die nachfolgenden Abrechnungsperioden, so daß im Falle von Versäumnissen der Bestrafungscharakter des Lohnsystems mit einer gewissen zeitlichen Verzögerung wirksam wird ("Lohnabzüge"). Als Leistungskennzahl wird aufgrund der leichten Berechenbarkeit meistens die Mengenleistung verwandt, es können aber auch alle anderen, quantitativ erfaßbaren Leistungskennzahlen zum Einsatz kommen. Die Anwendung der modernen Entlohnungsgrundsätze folgt im allgemeinen einem dreistufigen Schema:

1) Festlegung einer erwarteten Soll-Mengenleistung ("Pensum");

2) Leistungsüberwachung durch periodische Gegenüberstellung von Soll- und Ist-Mengenleistung;

3) bei signifikanten Abweichungen vom festgelegten Streuungsintervall (um die erwartete Leistungskennzahl herum) müssen die Ursachen identifiziert und Maßnahmen für die folgende Periode getroffen werden.

Die nach diesem Muster gestalteten Lohnformen, für die noch keine einheitliche Bezeichnung existiert (der Begriff "Pensumlohn" scheint sich allerdings allmählich durchzusetzen, vgl. PAASCHE 1981, BOKRANZ 1991b), treten in drei verschiedenen Varianten auf (vgl. REFA 5 [1991, S. 60]; vgl. Abb. 5. 8):

1) als Festlohn für eine einmal festgelegte Leistung (z.B. Measured Day Work, Programmlohn);

2) als Zeitlohn mit Leistungszulage für eine bestimmte Leistung, die für eine Periode festgelegt wurde (z.B. Systeme der Zielsetzung, Polyvalenz-Lohn);

3) als Leistungslohn mit mehreren Leistungsstufen (z.B Vertragslohn).

5.4.1.1 Measured Day Work (MDW)

Beim Measured Day Work (MDW; andere Bezeichnungen: normiertes Entgelt, a fair days work) handelt es sich um einen Zeitlohn auf der Basis geplanter Tagesleistung. Diese Lohnform läßt sich demnach nur in Arbeitsbereichen realisieren, wo fundierte Annahmen darüber getroffen werden können, welche Arbeitsleistung jeweils an einem Tag zu schaffen ist. Ausgangsbasis des MDW ist ein engmaschiges System von Fertigungsregelungen mit echten Grundzeiten (z.B. auf der Grundlage der SvZ oder Planzeiten), die als Normalleistung angesetzt werden. Eine Soll-Leistung von 100% bildet damit die sog. "MDW-Basis". Abweichungen (Störungen, Unzulänglichkeiten) werden ständig überwacht und als Abzüge von der MDW-Basis ausgewiesen. Eine permanente Überwachung von Abweichungen ist z.B. bei der Serienabfertigung von Maschinen und Großgeräten, der Massenabfertigung von

Lohngestaltung

	Vertragslohn	MDW / Festlohn mit geplanter Tagesleistung	Programmlohn
Merkmale	• Lohn für bestimmten Zeitraum • individuell vereinbart • Mitarbeiter verpflichtet sich zu bestimmter Leistung • Vertrauensverhältnis • Bereitschaft der Mitarbeiter zu Methodenverbesserungen • arbeitsintensive Ermittlung und Pflege der Sollzeiten • regelmäßige Leistungsüberprüfung • Abweichungen von vereinbarter Leistung führen zu Ab- oder Höherstufung	• in USA/Japan in Reinform • für (in-)direkte Fertigungs- und Hilfslöhner-Arbeiten • klassischer Pensumlohn • „kontrollierter Zeitlohn" i. V. m. Leistungsbewertung • Vss.: reichliches Mitarbeiterangebot • fester Lohn für best. Zeit • Motivation durch Werkstattvorgesetzten • Führungshilfe durch DV-gestützte Fertigungsregelung mit schneller Rückmeldung von Soll-Ist-Daten • tägl./wöchentl. Beurteilung • Schulung/Entlassung bei Minderleistung • Ziel ist Verbesserung der Arbeitsmethoden, „PE"	• Prämienlohn mit „rücklaufender Prämie" • fester Lohn für bestimmten Zeitraum / Programmerfüllung • Mehrleistung nicht erwünscht/nicht vergütet • Lohnminderung bei verschuldeter Nichterfüllung nach Besprechung zwischen Betriebsleitung, Mitarbeitern und Betriebsrat
Vorteile für Mitarbeiter	• Lohngarantie für noch zu erbringende Leistung	• garantierter Lohn	• garantierter Lohn bei Programmerfüllung
Vorteile für Betrieb	• vereinfachte Lohnabrechnung gegenüber Akkordlohn • datengestützte Leistungsdokumentation • bedarfsweise Leistungsgespräch	• vereinfachte Lohnabrechnung • lohngebundene Richtzeiten ohne tarifpolitische Zugeständnisse leichter ermittelbar • zwanglose Anpassung an Methoden	• Methoden- / Verfahrensänderungen leicht durchführbar • Engpässe durch wöchentl. Programmerstellung schnell erkennbar • Leistungsmotivierung durch Selbstbindung an Programm
Nachteile für Mitarbeiter	• keine unmittelbares Leistung-Verdienst-Erlebnis	---	• Verdienstrisiko bei Nichterfüllung
Nachteile für Betrieb	• zusätzliche Leistungsüberwachung • Verdienstkürzung erschwert • zusätzliche Ausbildung der Vorgesetzten erforderlich	• kein direkter Leistungsanreiz, Produktivität hängt von Führungs-Personal ab • Aufwand für Vorgesetzten-Schulung • Aufwand für Bildung von Echt-Zeiten und EDV-Fertigungsregeln	• Aufwand für Ermittlung der Sollzeiten und Kontrolle • bei Nichterfüllung Gespräche mit Mitarbeitern und Betriebsrat

Abb. 5.8 Merkmale moderner Entlohnungsgrundsätze (aus: BUßJÄGER 1995, S. 34)

Kapitel 5

Reisegepäck (Fluggesellschaften) oder bei Lagerarbeiten möglich, die eine EDV-Kontrolle aller Ein- und Ausgänge vorsehen - allerdings darf es hier nicht zu großen auftragsabhängigen Auslastungsschwankungen kommen, da dadurch die MDW-Basis ständigen Irritationen ausgesetzt wäre. Neben der kontinuierlichen Überwachung des Arbeitsprozesses liegt eine weitere wichtige Kontrollfunktion des MDW darin, die MitarbeiterInnen zu einer optimalen (i.S. von: betrieblich rationalen) Arbeitsmethode zu erziehen, die eine zuverlässige Erfüllung des Tagessolls auf die Dauer gewährleistet. MitarbeiterInnen, die der vertraglich festgelegten Tagesnorm nicht nachkommen, müssen evtl. in der Arbeitsmethode geschult oder in andere Arbeitsbereiche versetzt werden.

5.4.1.2 Programmlohn

Der Programmlohn ist ein ergebnisbezogener Lohn, der auftragsweise - im Umfang je nach Kalkulierbarkeit - festgelegt und im allgemeinen höher als ein Akkord- oder Prämienlohn angesetzt wird. Die maximale Höhe hängt von der Einhaltung eines bestimmten Fertigungsprogramms ab (z.B. Montage einer Heizungsanlage in einer Neubausiedlung, Verfliesen aller Naßzellen in einer Wohnanlage, Streichen sämtlicher Wände und Decken in einem Haus, Putzen der Fenster und sonstiger Glasflächen in einem Bürogebäude). Bei Einhaltung des Programms wird der vereinbarte Lohn zu 100% ausgezahlt, bei Nichteinhaltung sind Abzüge bis zu 20% möglich. Der höhere Ausgangsverdienst des Programmlohns hängt damit zusammen, daß die Lohnfestsetzung für Leistungsgrade erfolgt, die 100% überschreiten. Die Kontrolle der Arbeitsleistung wird auf diese Weise über den impliziten Ansporn zur Selbstausbeutung gesichert: Man leistet freiwillig mehr als "normal", weil auch der zu erreichende Verdienst überdurchschnittlich hoch ist. Im Gegensatz zu MDW und Vertragslohn werden Leistungsabweichungen weder vergütet noch in Folgeperioden korrigiert, weil man einen möglichst konstanten Programmablauf wünscht (HETTINGER & WOBBE 1993, S. 636).

5.4.1.3 Systeme der Zielsetzung

Unter den Systemen der Zielsetzung versteht man alle Lohnformen, bei denen eine Zielsetzung festgelegt oder mit den MitarbeiterInnen vereinbart wird (vgl. die Beschreibung der zielorientierten Verfahren der Personalbeurteilung in Abschnitt 4.4.3.3). Es handelt sich strenggenommen um keinen eigenständigen Entlohnungsgrundsatz, da Zielsetzungen bzw. -vereinbarungen im allgemeinen in Kombination mit Zeit- oder Prämienlöhnen eingesetzt werden und sich auf die unterschiedlichsten Leistungsdimensionen beziehen können (BOMMEL 1995, S. 106). Dennoch - oder gerade wegen der damit gewährleisteten Flexibilität - finden die Systeme der Zielsetzung in der neueren Diskussion die größte Beachtung (vgl. EBERHARDT 1995). Bei der Entlohnung geht man zunächst nach dem Prinzip des "Vertrauensvorschuß" davon aus, daß die MitarbeiterInnen alle Ziele erreichen werden: "Das in sie gesetzte Vertrauen hebt ihr Selbstbewußtsein und spornt sie zugleich an, die ... versprochene Leistung zu erbringen (PAASCHE 1981, S. 117). Durch periodische Soll-Ist-Vergleiche können Abweichungen registriert und entsprechende Lohnzuschläge oder -abzüge erteilt werden. Das Risiko, bei Zielverfehlung einen Teil des Entgelts zu verlieren, erzeugt einen zusätzlichen Leistungsanreiz (EBERHARDT 1995, S. 29).

5.4.1.4 Qualifikations- und Polyvalenzlohn

Mit der Durchführung organisatorischer Restrukturierungsmaßnahmen (Kontinuierlicher Verbesserungsprozeß, Kaizen etc.) im Produktionsbereich - insb. in Betrieben der Großserienfertigung - geht die Nachfrage nach einer "Flexibilisierung der Arbeitskraft durch Breitenqualifizierung auf Angelerntenniveau" (HOWALDT & KOPP 1992, S. 241) einher, die aus dem durch Zeitdruck entstandenen Aufgabenzuwachs herrührt (z.B. Prüf- und Abgleichtätigkeiten, Produktreparaturen, Einrichttätigkeiten, Instandhaltung, Wartung; vgl. DÜLL & BECHTLE 1991, S. 212). Dadurch hat die altehrwürdige Forderung der Gewerkschaften nach qualifikationsorientierter Entlohnung neuen Auftrieb gewonnen, da die neuen Anforderungen nicht mit den "Jedermannsqualifikationen" der MassenarbeiterInnen zu bewältigen sind: "Was von den Beschäftigten an Qualifikationen eingesetzt wird, soll auch bezahlt werden" (WAGNER 1995, S. 113). Das in der gewerkschaftlichen Forderung enthaltene Konzept des Qualifikationslohns wird von Seiten der ArbeitgeberInnen mit der pointierten Formel zurückgewiesen, daß dann auch ein "Professor am Fließband" seine Professorenvergütung erhalten müßte. Die am häufigsten genannten Argumente gegen den Qualifikationslohn sind (s. EYER 1995):

- Verletzung des Grundsatzes "Gleicher Lohn für gleiche Arbeit";
- durch den Qualifikationsnachweis allein entsteht für den Betrieb noch kein Zusatznutzen;
- Qualifikationsentlohnung führt zum Beschäftigungsausschluß von MitarbeiterInnen, die nicht über die gewünschten Qualifikationen verfügen.

Nicht zu unterschätzen ist auch die Tatsache, "daß durch die allgemeine Qualifikations-Akkomodation der Berufsausbildung an die Praxis die Forderungen nach erhöhtem Entgelt auf Grundlage zusätzlicher Qualifikationen überrollt werden" (BUBJÄGER 1995, S. 19). Wenn bereits die Berufsausbildung die späteren FacharbeiterInnen mit einem breiten "Fundus von Grundqualifikationen für wechselnde Funktionsbereiche mit unterschiedlichen fachlichen Anforderungen einerseits sowie schneller Verfügbarkeit hochspezialisierter Einzelqualifikationen andererseits" ausstattet (so die Lehrpläne für die Berufsschule, BAYERISCHES STAATSMINISTERIUM 1990), dann ist nicht zu erwarten, daß der reine Qualifikationslohn in Zukunft eine bedeutende Rolle spielen kann; sein Einsatz bleibt vermutlich genau auf diejenigen Bereiche beschränkt, in denen Arbeitsabläufe auf Angelerntenniveau flexibilisiert werden sollen (GREIFE 1990, S. 24ff). Denn die Schaffung höherer Anlernqualifikationen läßt sich im allgemeinen nicht über externe Aus- und Weiterbildungsmaßnahmen sicherstellen, sondern ist empirisch an das "learning by doing" und damit an interne Arbeitsmärkte gebunden (s. DÜLL & BECHTLE 1991, S. 193). Der beschränkte Einsatzbereich des Qualifikationslohns schließt aber nicht aus, daß qualifikationsorientierte Elemente vermehrt Eingang in die Festsetzung des Grundlohns finden können. Der eigentliche Streitpunkt zwischen ArbeitgeberInnen- und ArbeitnehmerInnen ist nämlich eigentlich nicht die Frage, ob der Grundlohn prinzipiell anforderungs- oder qualifikationsabhängig bestimmt werden sollte, sondern vielmehr, ob die von den ArbeiterInnen eingebrachten Qualifikationen durch den Arbeitsprozeß auch in verwertbarer Weise abrufbar sind. Im Falle der nutzbringenden Verwendung von Qualifikationen muß eine Organisation sogar ein Interesse daran haben, verschiedene Qualifikationen herzustellen und zu entlohnen, da sich dadurch Flexibilitätsgewinne erwirtschaften lassen. Denn bei "optimaler Flexibilität" (EYER 1993, S. 8) entstehen weder überhöhte Lohnkosten durch zu hohe, ungenutzte Flexibilität noch eine hohe Störanfälligkeit durch Ausfälle bei zu geringer Flexibilität. Dieses Optimum ist dann erreicht, wenn "jeder Mitarbeiter die von ihm regelmäßig ausgeführten Teiltätigkeiten (Stammtätigkeiten) und darüber hinaus einige ihm zusätzlich übertragene und zeitweise ausgeführte Tätigkeiten beherrscht" (EYER 1993, S. 9). Die Qualifikation von MitarbeiterInnen, mehrere verschiedenartige Tätigkeiten bzw. Aufgaben ausführen zu können, wird als "Polyvalenz" bezeichnet. Beim sog. "Polyvalenzlohn" erfolgt die Entlohnung ausschließlich auf Qualifikationsbasis, d.h. auf der Grundlage dessen, welche Arbeiten von den MitarbeiterInnen innerhalb eines konkret gegebenen Arbeitsprozesses grundsätzlich erledigt werden können. In der Praxis schlägt sich der Polyvalenzlohn in einer mehrstufigen Qualifikationszulage nieder (vgl. BREUCKER & HEDRICH 1992).

5.4.1.5 Vertragslohn (Kontraktlohn)

Der Vertragslohn (Kontraktlohn) ist ein leistungsbezogener Lohn, der hauptsächlich in der Einzel- und Kleinserienfertigung, aber auch im Schiffsbau Anwendung findet. Seine Höhe wird durch Vereinbarung zwischen dem/der einzelnen ArbeitnehmerIn und dem Betrieb für eine bestimmte Dauer (1,2,3... n Monate) festgelegt wird. Mit anderen Worten: ArbeitnehmerIn und Betrieb treffen gemeinsam eine individuelle Abmachung über die Handhabung der Lohngestaltung für einen vorab definierten Zeitraum. Geringe Abweichungen von der vertraglich vorgesehenen Leistungsnorm in einer Abrechnungsperiode haben keine Auswirkungen auf die Lohnhöhe. Bei größeren Abweichungen erhalten die MitarbeiterInnen im neuen Vertragszeitraum eine Übergangszeit, um die Leistungsdefizite nachträglich auszugleichen. Wenn die Leistung innerhalb der Übergangszeit nicht nachgeholt werden kann, werden die MitarbeiterInnen in einen niedrigeren Vertragszeitgrad zurückgestuft, dem eine reduzierte Leistungserwartung und ein entsprechend geringerer Lohn zugrundeliegt. Das umgekehrte Vorgehen erfolgt bei dauerhafter Mehrleistung: Einstufung in einen höheren Vertragszeitgrad und damit einhergehend: Höherstufung des Lohnes. Im Unterschied zum Vertragslohn gibt es beim MDW nur Abzüge beim Unterschreiten des Sollwerts, jedoch keine Leistungszuschläge, woraus man folgern kann, daß die Soll-Leistung des MDW höher angesetzt ist als beim Vertragslohn. Dennoch liegt beim Vertragslohn die Soll-Leistung über der Normalleistung, so daß man auch vom "festgeschriebenen Akkord" (HETTINGER & WOBBE 1993, S. 636) spricht, mit dem der Betrieb im Vergleich zum klassischen Akkord besser kalkulieren kann.

5.4.2 Sekundäre Lohngestaltung bei AT-Angestellten (Führungskräfte-Vergütung)

5.4.2.1 Zum Lohnstatus der AT-Angestellten

Das besondere Moment der Lohngestaltung für die außertariflichen Angestellten liegt darin, daß das Arbeitsverhältnis zwischen ArbeitnehmerInnen und ArbeitgeberInnen einzelvertraglich und privatrechtlich reguliert wird. Vereinbarungen zwischen Gewerkschaften und Arbeitgeberverbänden, wie sie für den Bereich der tariflichen Angestellten zutreffen, sind für die AT-Angestellten ohne rechtliche Bedeutung und haben allenfalls einen Orientierungswert für die Vertragsgestaltung. Drei häufig auftretende Mißverständnisse müssen in diesem Zusammenhang geklärt werden (vgl. ZANDER 1990, S. 293):

- Außertariflich heißt nicht automatisch übertariflich: auch tarifliche Angestellte können übertarifliche Marktzulagen erhalten und außertarifliche Angestellte können prinzipiell nach Maßgabe tariflicher Normen entlohnt werden - auch wenn letzteres praktisch kaum vorkommt;
- außertariflich ist keine Bezeichnung für ArbeitnehmerInnen, die nicht Mitglied der Tarifvertragsparteien sind: wenn die ArbeitgeberInnen einer Tarifvertragspartei angehören, sind nach dem Gleichbehandlungsgrundsatz alle MitarbeiterInnen von den Bestimmungen betroffen, die von den TarifvertragspartnerInnen vereinbart werden;
- AT-Angestellte sind nicht zwangsläufig Führungskräfte (es handelt sich hier zunehmend auch um ExpertInnen, hochqualifizierte SpezialistInnen oder Angestellte mit Sonderaufgaben[4]), aber viele Führungskräfte dürften umgekehrt als (leitende) Angestellte außertariflich entlohnt werden.

Kurzum: "AT-Angestellte sind Angestellte, für die die Bestimmungen der Tarifverträge für Angestellte keine Gültigkeit haben" (ZANDER 1990, S. 293). Da die AT-Situation - wie beschrieben - zwar nicht prinzipiell, aber dennoch aufgrund *empirischer* Regelmäßigkeiten auf die meisten, insb. die höheren, Führungskräfte zutrifft, wird das Konzept der AT-Entlohnung im folgenden synonym zum Begriff der Führungskräfte-Vergütung verwendet. Diese Schwerpunktsetzung ist auch damit zu begründen, daß im gewählten theoretischen Rahmen die Entlohnung von Kontroll- und Herrschaftsfunktionen eine eminent wichtige Rolle spielt, so daß die Führungskräfte-Vergütung besondere Aufmerksamkeit verdient und im folgenden ausführlicher behandelt werden soll.

---

[4] KERRIOU & ROHR (1991, S. 142) sprechen in diesem Zusammenhang von einer zunehmenden "Parallelisierung der Vergütung von Fach- und Führungskräften".

5.4.2.2 Definition der "Führungskraft"

Führungskräfte (bzw. ManagerInnen) sind nach Auffassung von BECKER (1990, S. 14) all diejenigen MitarbeiterInnen, die Personal- und Sachverantwortung tragen und durch ihren hohen Rang in der innerbetrieblichen Hierarchie erheblichen Einfluß auf die Entscheidungsprozesse innerhalb einer Organisation nehmen können. Die Bundesvereinigung der Deutschen Arbeitgeberverbände gab 1978 folgende Definition heraus (zit. n. LESSMANN 1980, S. 16): "Führungskräfte sind die Gruppe der Angestellten, die

1) im weitesten Sinne unternehmerische bzw. dispositive Aufgaben wahrnimmt,
2) in den meisten Fällen - jedoch nicht zwingend - Weisungsbefugnis gegenüber anderen Mitarbeitern hat und schließlich:
3) auf deren aktive und gestaltende Mitarbeit das Unternehmen in besonderer Weise angewiesen ist".

Eine noch pragmatischere Akzentsetzung wurde 1990 in einer Stellungnahme der Bundesanstalt für Arbeit gewählt; dort heißt es u.a. (zit. n. NOLTE 1992, S. 11): "Führungskräfte ... sind Angestellte, die in einer für den Bestand und die Entwicklung des Unternehmens oder von Unternehmensteilen bedeutenden Position tätig sind. Zu diesem Personenkreis zählen: Vorstandsmitglieder, Geschäftsführer, ..., Leiter wichtiger Unternehmensteile sowie andere Personen, die bedeutende Vorgesetztenfunktionen ausüben oder entscheidenden Einfluß auf die Erreichung der Unternehmensziele haben [...] sind auch Personen, die mit der Zielsetzung der unmittelbaren Nachfolge in eine derartige Position eingestellt werden".

Auffallend an allen Definitionen ist, daß sie eine Abgrenzung der Führungsaufgabe von anderen betrieblichen Funktionen mithilfe des gesunden Menschenverstands oder anhand willkürlich herausgegriffener Beispiele vornehmen, deren Eindeutigkeit in Frage zu stellen ist. Um einige Gegenbeispiele zu nennen: Ein Schrankenwärter der Deutschen Bundesbahn übernimmt eine enorme "Verantwortung für Menschen und Dinge"; eine Krankenschwester im Intensivbereich hat neben dieser hohen Verantwortung zudem einen Großteil der Stationsangelegenheiten "unternehmerisch bzw. dispositiv" zu regeln, so daß das Krankenhaus auf ihre "aktive und gestaltende Mitarbeit" wohl kaum verzichten kann; eine Chefsekretärin hat womöglich "Weisungsbefugnisse" gegenüber Trainees oder PraktikantInnen... und doch käme niemand auf die Idee, den genannten Personenkreis mit Führungskräften oder "leitenden Angestellten" zu identifizieren. Umgekehrt impliziert ein "hoher Rang" in einer Organisation und die damit verbundene Amtsautorität nicht unmittelbar auch Führungsqualifikationen - vielleicht verbirgt sich hinter Rang und Namen nur Titelschwindel oder Protektionismus? Wie soll man außerdem Betriebsratsvorsitzende oder die LeiterInnen von Jugendheimen einordnen, die zweifellos Führungsaufgaben wahrzunehmen haben, ohne daß ihnen das bekannte "Manager-Image" zuteil wird?

Aufgrund der genannten Vagheiten und Widersprüchlichkeiten ist es notwendig, vor dem Hintergrund systematischer Überlegungen zu bestimmen, worin die besondere Aufgabe der Führungskräfte eigentlich liegt, die offensichtlich eine ganz andere, nämlich tariflich ungebundene Art der Entlohnung erforderlich macht. Zieht man die Organisationstheorie von TÜRK 1993a als Bezugsrahmen heran, liegt die Schlußfolgerung nahe, daß Führungskräfte für die Umsetzung von Herrschaftsinteressen und die Kontrolle der Transformation von Arbeitsvermögen in (produktive) Arbeitsleistung bezahlt werden. Sie selbst sind gemäß der analytischen Trennung von Herrschaft und Kooperation als "unproduktiv" zu bezeichnen[5], weil sie nicht bei der kooperativen Leistungserstellung mitwirken, die Mehrwert erzeugt, sondern lediglich den Arbeitsprozeß überwachen, um die Aneignung des produzierten Mehrwerts durch die herrschenden Koalitionäre zu sichern (vgl. KOMPA 1995, S. 913f; CARCHEDI 1987; HILL 1981; WITT 1975, S. 22ff). Daß für die Wahrnehmung dieser "unproduktiven" Steuerungsfunktion dennoch ein Lohn entrichtet wird, der den der produktiv Beschäftigten bei weitem übersteigt (s. Abschnitt 5.4.2.5), ist erklärungsbedürftig. Eine derartige Lohnpolitik zeugt von der hohen Sensibilität der Organisationen für das Ausmaß, in dem sich Herrschaftsinteressen realisieren lassen. Es macht außerdem verständlich, warum die stets nach Autonomie strebenden Organisationen sich am "wunden Punkt" der Herrschaft nicht gerne durch gesellschaftlich übergreifende Lohnregelungen in ihrer Entscheidungsfreiheit einschränken lassen (vgl. den "Betriebsstrategischen Ansatz" in Kap. 3).

5.4.2.3 Aufbau der AT-Entlohnung

Die Gehälter der Führungskräfte setzen sich im allgemeinen aus drei Komponenten zusammen (vgl. CISEK 1994):

1) dem Grundgehalt,
2) dem variablen Entgeltanteil,
3) den Zusatzleistungen.

Auf die Bemessung und Entwicklung dieser Gehaltsbestandteile soll im folgenden näher eingegangen werden.

---

[5] Die Behauptung, daß Führungskräfte unproduktive Arbeit leisten, widerspricht zunächst dem Alltagsverständnis und dürfte bei vielen ManagerInnen Betroffenheit erregen. Natürlich "leisten" auch Führungskräfte "etwas"; ihre (überwiegend) dispositive Arbeit fließt zusammen mit der (überwiegend) operativen Arbeit der anderen Lohnabhängigen in die betriebliche Leistungserstellung ein, in deren Verlauf ein undurchschaubares Konglomerat von Einzelleistungen entsteht, deren Herkunft und relative Gewichtung im nachhinein kaum mehr identifiziert werden kann. Daher ist auch die These nicht völlig von der Hand zu weisen, daß die betriebliche Produktivität auf den dispositiven Faktor angewiesen ist, weil angesichts der industriellen Arbeitsteilung funktionale Koordinationsaufgaben erfüllt werden müssen. Die Trennung produktiver von unproduktiver Arbeit ist letztlich aus dem (durchaus diskussionswürdigen) Mehrwertkonzept abgeleitet und damit rein analytischer Natur. Diese Akzentsetzung wurde gewählt, um die Herrschaftsfunktion der Führungskräfte hervorzuheben.

Kapitel 5

5.4.2.3.1 Das Grundgehalt

Unter dem Grundgehalt ("Fixum") versteht man den vertraglich fest vereinbarten und monatlich in Geld ausgezahlten Einkommensanteil. Er ist als finanzielle Absicherung bzw. als Sicherheitsbaustein für die Führungskräfte zu verstehen, über den beispielsweise die freien UnternehmerInnen nicht verfügen können. "Deshalb kann das Einkommen eines angestellten 'Unternehmers' normalerweise auch nicht den Gewinn eines erfolgreichen selbständigen Unternehmers erreichen" (WILLERS 1990, S. 330). Als Bemessungsgrundlage des festen Gehalts dienen hauptsächlich die Stellenanforderungen, die mit arbeitsanalytischen Verfahren bewertet werden (wie z.B. dem HAY-Bewertungssystem; vgl. Abschnitt 3.5.1) und die persönliche Leistung der StelleninhaberInnen, die via Leistungsanalyse (insb. Personalbeurteilung) erfaßt werden kann. Nach EVERS 1985 rückt jedoch bei der Gehaltsbestimmung neben der Anforderungs- und Leistungsorientierung zunehmend mehr der Aspekt der Marktgerechtigkeit in den Vordergrund. Durch einen systematischen Informationsaustausch zwischen den VergütungsexpertInnen der Unternehmen einer Branche oder auf der Basis spezieller Vergütungsstudien wird versucht, "Marktwerte" für typische Führungspositionen zu ermitteln. Gehaltsstudien werden als Marktüberblick häufig von den großen Personal- und Unternehmensberatungen oder auch Dachverbänden veröffentlicht, die durch das von ihnen betreute Klientel über eine umfangreiche Informations- und Datenbasis verfügen; maßgeblich beteiligt sind hier (vgl. auch ZANDER 1990, S. 314; BRORS 1993, 1994):

- die Kienbaum Personalberatung in Gummersbach,
- die Deutsche Gesellschaft für Personalführung (DGFP),
- die Frankfurter Unternehmensberatung Towers, Perrin, Forster und Crosby (TPF & C)
- das Geva-Institut in München (vgl. WAADT, BRUNS & GINDLE 1994),
- einschlägige Wirtschafts- und Management-Zeitschriften (z.B. "Capital", "Manager Magazin", "Wirtschaftswoche") als Auftraggeber und/oder Publikationsmedien.

Die Marktwerte dienen als Richtlinien bei der Gehaltsfindung und fließen teilweise auch in systematische Verfahren der Stellenbewertung ein (wie z.B. in die markt- und funktionsstufenorientierte Entgeltbestimmung von Kienbaum; vgl. EVERS 1985). Bei der Umsetzung der Marktgerechtigkeit bewegt sich die Vergütungspolitik der Unternehmen zwischen Scylla und Charybdis: Liegen die Führungskräfte-Vergütungen deutlich unter dem Marktniveau, verliert ein Unternehmen für potentielle BewerberInnen an Attraktivität und läuft Gefahr, durch die Beschaffung geringer qualifizierten Personals sein Humankapital nur suboptimal nutzen zu können - strategisch formuliert: das Management büßt seine Schlagkraft ein. Andererseits stellen die ManagerInnen-Gehälter einen nicht unerheblichen Kostenblock dar, so daß bei zu hohen Investitionen in die Humanressourcen der Gewinn geschmälert und die Wettbewerbsfähigkeit der Unternehmen beeinträchtigt werden können. Aus diesem Grunde streben viele, insb. deutsche Unternehmen, eine Vergütungspolitik an, die das Gehalt in der Mitte des Marktes positioniert. Eine weitere Orientierungshilfe für die Gehaltsfestsetzung wird außerdem durch die Tarifabschlüsse geboten. Die Grundgehälter entwickeln sich häufig parallel zu den Tarifabschlüssen und sind ähnlich wie diese in Gehaltsklassen bzw. Einkommensbänder aufgeschlüsselt (s. ZANDER 1990, S. 300 u. 336ff; SCHERER 1991b, S. 25; Praxisbeispiel: KADEL, KÖSTERMANN & WEITBRECHT 1993); sie liegen aber niveaumäßig höher und sind in erster Linie von der Ertragslage des Unternehmens abhängig. NÄSER 1984 zeigt auf der Basis empirischer Untersuchungen, daß kurzfristige Ertragseinbußen eine Stagnation der Grundgehälter, kurzfristige Ertragszuwächse hingegen eine überproportionale Erhöhung bewirken. Als Grund dafür wird das bei guter Ertragslage vorherrschende günstige Verhandlungsklima angesehen. Die Höhe des Grundgehalts ist in den letzten Jahren zwar absolut gestiegen, jedoch hat sich dabei keine Verschiebung der Verteilung zwischen den einzelnen Hierarchieebenen ergeben (vgl. NÄSER 1985, 1990). Gehaltsanpassungen werden im allgemeinen jährlich vorgenommen.

5.4.2.3.2 Der variable Entgeltanteil

Der variable Entgeltanteil umfaßt "materielle, variable Leistungszuwendungen, die die Mitarbeiter aufgrund freiwilliger, vorab getroffener - individueller - vertraglicher Vereinbarungen zusätzlich zu ihrem obligatorischen Entgelt erhalten" (BECKER 1990, S. 12). Dieser Anteil stellt das "kapitalistische" Moment im Vergütungssystem für ManagerInnen dar, mit dem versucht wird, die soziale Kluft zwischen Führungskräften und EigentümerInnen des Unternehmens zu verringern: "Die Führungsmannschaft soll die Freuden des Unternehmenserfolges 'genießen' dürfen und muß unter dem Mißerfolg des Unternehmens leiden" (WILLERS 1990, S. 33) - der variable Entgeltanteil soll mit dem Unternehmenserfolg "atmen". Häufig wird statt der Bezeichnung "variabler Entgeltanteil" auch der Begriff der "leistungsbezogenen" bzw. "leistungsabhängigen Vergütung" verwendet (so z.B. bei MÜLLER-VOGG 1986, S. 182; SINN 1990, S. 74; ESSER in SCHERER 1991b, S. 20). Dieser Sprachgebrauch ist jedoch insofern irreführend, als es bei der Zuweisung des variablen Entgeltanteils nicht unbedingt auf die individuelle Leistung der Führungskräfte ankommt, sondern vielmehr auf das Ergebnis dieser Leistung bzw. den wirtschaftlichen Erfolg (WILLERS 1990, S. 332). Außerdem kann ein Teil des variablen Einkommens in den Großunternehmen (Aktiengesellschaften) als garantierte Vergütung angesehen werden, weil er an die Dividende geknüpft ist, die aus Gründen der Kontinuität stabil gehalten wird (FISCHER & WILHELM 1995, S. 226). Da der variable Entgeltanteil im allgemeinen an organisatorische Erfolgsgrößen gekoppelt ist, bezeichnet man ihn auch als *Erfolgsbeteiligung* oder *Tantieme* (synonym verwandte Begriffe sind: Bonus, Prämie, Jahresabschlußvergütung - vgl. WILLERS 1990, S. 330); die Ausschüttung findet meist am Ende eines Geschäftsjahres statt und ist für die Organisationen insofern von Vorteil, als damit ein großer Teil der Personalaufwendungen flexibel an die jeweilige Ertragslage angepaßt werden kann (vgl. SCHERER 1990). Nach NÄSER 1989 lassen sich drei Hauptformen variabler Vergütung unterscheiden (s. dazu ausführlicher WILLERS 1990, S. 332f):

1) Die vertraglich zwingende Regelung, die Vergütungsanspruch und Bemessungsgrundlage genau festlegt;
2) die Ermessenstantieme, die nur eine vertragliche Fixierung des Vergütungsanspruchs vorsieht, nicht jedoch der Bemessungsgrundlage und -weise;
3) die "Good-Will"-Prämie, die nach Gutdünken ohne vertragliche Basis bemessen und gezahlt wird.

Innerhalb der variablen Vergütung wird eine Verbindung zwischen betrieblichen Erfolgsgrößen und der individuellen Belohnung hergestellt, um auf diese Weise die Identifikation der Führungskräfte mit den Organisationszielen und der an sie geknüpften eigenen Aufgabenstellung zu erhöhen. Da der variable Entgeltanteil je nach Art und Ausgestaltung des Erfolgsbeteiligungssystems einen beträchtlichen Teil des Gesamtverdienstes ausmachen kann - im Marketing- und Verkaufsbereich z.B. können die Grundgehälter durch die Vergabe von Boni leicht verdoppelt und verdreifacht werden (vgl. SCHERER 1991b, S. 18) - stellt er ein wichtiges Motivationsinstrument zur Leistungssteigerung dar. Damit der finanzielle Anreiz auch die beabsichtigte Wirkung erzielt, muß eine direkte Beziehung zwischen Belohnung und Leistung sowohl in zeitlicher als auch sachlicher Hinsicht erkennbar sein (vgl. HAGEN 1985; WAGNER & GRAWERT 1991; CISEK 1994; ONDRACK 1995). "Zeitlich" bedeutet, daß der Zeitraum zwischen Leistungserbringung und Belohnung nicht so groß werden darf, daß der Zusammenhang zwischen beiden Variablen in der subjektiven Wahrnehmung verloren geht. Mit "sachlich" ist gemeint, daß klar sein muß, für welche Leistung die Belohnung vergeben wird, daß die Belohnung einen "spürbaren" Betrag (relativ zum Grundgehalt) ausmacht und daß die Führungskraft sich den Leistungserfolg auch selbst zuschreiben können muß (s.a. PRITCHARD, ROTH, ROTH, WATSON & JONES 1989, S. 65). Insbesondere die letzte Forderung dürfte nicht leicht zu erfüllen sein, wenn man bedenkt, daß die meisten betrieblichen Erfolgsgrößen durch den Konjunkturverlauf mitbeeinflußt werden: Wenn in einer Rezession die Belohnung trotz Anstrengung ausbleibt und zu Zeiten einer Hochkonjunktur Erfolge belohnt werden, die von den Führungskräften nicht ursächlich zu verantworten sind, wird die erwünschte Motivationswirkung verfehlt. Angesichts dieser Randbedingungen sind auch die Effekte der oben genannten Tantiemeformen unterschiedlich zu bewerten. Wenn man davon ausgeht, daß nur ein transparentes Tantiemesystem, das Berechnungsbasis und -prozedur in nachvollziehbarer Weise offenlegt, motivationsfördernd wirkt (so HOCHMEISTER 1985, S. 12), dann sind von Ermessens- und erst recht von Good-Will-Prämien kaum durchschlagende Anreizwirkungen zu erwarten.

Die Bezugsgrundlage für die Berechnung der Erfolgsbeteiligung wird auch als *Tantiemebasis* bezeichnet. Für die Tantiemebasen werden - ähnlich der Vorgehensweise bei der Prämienentlohnung - Höchsttantiemen und Mindestgrenzen festgelegt, ab deren Erreichung man finanzielle Boni auszahlt. Die folgenden Tantiemebasen werden am häufigsten verwendet:

- Der *Gewinn* (als Unternehmens-, Bereichs- oder Abteilungsgewinn) ergibt sich als Residualgröße aus der Gegenüberstellung von Erträgen und Aufwendungen in der Gewinn- und Verlustrechnung; hierbei sind auch der Gewinn- bzw. Verlustvortrag aus dem Vorjahr sowie Entnahmen und Einstellungen in die offenen Rücklagen zu berücksichtigen (vgl. WOLL 1990); da man in Handels- und Steuerbilanzen aufgrund abweichender Zielsetzungen unterschiedliche Bewertungsgrundsätze verwendet, kann die Berechnung des Gewinns nicht einheitlich geregelt werden;
- der *Umsatz* (als Unternehmens-, Bereichs- oder Abteilungsumsatz) stellt das Produkt aus Absatzmenge und Absatzpreisen dar; problematisch an dieser Bezugsbasis ist die Vernachlässigung des Kostenaspekts, d.h. eine zu starke Umsatzorientierung kann zu Lasten des Gewinns gehen;
- das *Betriebsergebnis* (lt. Betriebsabrechnung) ist die Differenz zwischen Betriebsertrag und Gesamtkosten und wird über die betriebliche Kostenrechnung (Gesamt- oder Umsatzkostenverfahren) ermittelt; im Unterschied zum Gewinn fließen in das Betriebsergebnis nur betriebsbezogene Kosten und Leistungen ein;
- der *Rohgewinn* (lt. Betriebsabrechnung) resultiert aus dem Abzug der Herstellkosten vom Nettoumsatz; der Nachteil dieser Bezugsbasis besteht darin, daß der in ihr enthaltene Kostenblock die Höhe des erzielten Unternehmensgewinns nicht erkennen läßt (vgl. HEINZE 1985);
- der *Deckungsbeitrag* eines Kostenträgers wird ermittelt, indem man die Differenz zwischen Absatzpreis und variablen Stückkosten bildet; diese Bezugsbasis gibt damit an, welchen Beitrag ein Kostenträger (z.B. Bereich, Abteilung) zur Deckung der fixen Kosten leistet; die Deckungsbeitragsrechnung stellt eine wichtige Entscheidungshilfe für die Absatzpolitik dar und dient außerdem zu Kontrollzwecken, z.B. bei Überprüfungen der Wirtschaftlichkeit oder der Einhaltung von Plänen (vgl. WOLL 1990).

Aufgrund der genannten Vorteile kommt der Deckungsbeitrag in der Praxis immer häufiger zur Anwendung, während die anderen Bezugsbasen wegen der genannten Schwierigkeiten zunehmend an Bedeutung verlieren. Ein gemeinsames Manko aller aufgeführten Bezugsbasen besteht in der ausgeprägten Vergangenheitsorientierung und der Belohnung kurzfristiger, operativer Erfolge. Nach Meinung BECKERs (1990, S. 17) fördert die Ausrichtung von Entgeltsystemen auf kurzfristige, monetäre Erfolgsgrößen innovationsfeindliches Handeln, weil langfristige Investitionen in Forschung und Entwicklung unterbleiben. Insbesondere im Zuge der Ausweitung strategischer Managementkonzepte wird von vielen Autoren gefordert, die Entgeltsysteme dahingehend anzupassen, daß Anreize zum langfristigen, zukunftsorientierten, strategischen Handeln geboten werden[6] (BECKER 1987a, 1987b; BLEICHER 1992; EVERS 1987; FECHTNER 1987; HAGEN 1985, S. 45; HOCHMEISTER 1985, S. 137; KERRIOU & ROHR 1991, S. 142; KIPPES 1991; KRULL 1992; NÄSER 1991; WILLERS 1990; kritisch dazu: CISEK 1994, S. 412). Diesem An-

---

[6] Diese Entwicklung betrifft in erster Linie die Geschäftsführungs- und BereichsleiterInnenebene, die stärker in die strategische Planung eingebunden sind als die Abteilungs- und Gruppenleiterinnen.

spruch versucht man vor allem durch *Zielerreichungstantiemen* und *Erfolgsbeteiligungen auf Aktienbasis* gerecht zu werden. Zielerreichungstantiemen erweitern bzw. ergänzen die klassischen Tantiemebasen seit etwa Mitte der Achtziger Jahre (vgl. NÄSER 1985); bei ihnen wird die Tantieme nicht mehr an globale Erfolgsgrößen, sondern an von der Führungskraft selbst beeinflußbare, langfristige (z.B. in etwa fünf Jahren erreichbare) Ziele gekoppelt; dabei sollte es sich um positionsspezifische, an die zentralen Stellenanforderungen geknüpfte Zielvorgaben oder einmalige Projekt- und Aktionsziele handeln (EVERS 1987; vgl. auch Abschnitt 4.3.3 im vorliegenden Band). "Neben der Honorierung positionsspezifischer Zielerreichung bietet es sich insbesondere für die oberen Führungskräfte an, einen Teil ihrer variablen Bezüge mit übergeordneten Firmenzielen zu verknüpfen. Diese Verklammerung beugt einem zu starken Ressortegoismus vor und erhöht die Identifikation der Manager mit dem Gesamtunternehmen" (NÄSER 1991, S. 152). Durch die Formulierung sog. "Meilensteine" wird es möglich, die Zielerreichung in kürzeren zeitlichen Abständen (z.B. in Jahresfristen) zu honorieren (vgl. BLEICHER 1992; KIPPES 1991, S. 431; SCHERER 1991b, S. 17). Bei den Erfolgsbeteiligungen auf Aktienbasis, wie sie beispielsweise die GM Opel AG praktiziert, wird die variable Vergütung nicht in Bar entrichtet, sondern in Form von Aktien und/oder Aktienoptionen (vgl. STAUDER 1990). "Von diesen Aktien wird der Steueranteil vor der Auszahlung abgezogen. Der Rest wird in bis zu drei Jahresraten vergütet" (STAUDER 1991a, S. 20). Bei den noch ausstehenden Raten kommen die Führungskräfte aber bereits in den Genuß der Dividende, während sie umgekehrt beim Verlassen des Unternehmens ihre Ansprüche verlieren. Gleiches gilt für den Erwerb von Aktienoptionen: "Die Option gilt für 10 Jahre und kann in voller Höhe erst nach frühestens zwei Jahren ausgeübt werden. Auch hier: Langfristige Wirkung, da die Option bei Austritt verfällt ..." (STAUDER 1991b, S. 157). Auf diese Weise wird versucht, die Führungskräfte stärker an das Unternehmen zu binden und ihr unternehmerisches Gesamtinteresse zu fördern. Da der Wert der jeweils ausstehenden Raten mit dem Börsenkurs schwankt, "ist für die Führungskraft ein kräftiger Anreiz geschaffen, alles ihr Mögliche für eine positive Entwicklung der Aktien des Unternehmens zu tun" (STAUDER 1990, S. VIII). Das Aktienmodell ist ein Beispiel dafür, wie unternehmensstrategische Ziele der Kunden- bzw. Marktorientierung gehaltspolitisch unterstützt werden können.

Der Anteil der variablen Vergütung an den Gesamteinkünften ist von 1963 bis 1983 aufgrund rezessiver Wirtschaftsentwicklung stetig gesunken, während er sich ab 1983 bei ca. 14 bis 15% im Durchschnitt eingependelt hat (vgl. ALEWELD 1990, NÄSER 1984, SINN 1990, TÄNZER 1985) - die Streubreite liegt zwischen 1 und etwa 30%, wenn man die enorm hohen variablen Bezüge im Marketing- und Verkaufsbereich und die moderierenden Effekte der Hierarchieebene aus der Betrachtung ausklammert (TÄNZER 1986, SCHERER 1991b, S. 19; STAUDER 1991a, S. 20; STAUDER 1991b, S. 155; vgl. Abb. 5.9). Auch wenn der Anteil am Gesamtverdienst seit 1983 in etwa konstant geblieben ist, kann man die wachsende Bedeutung der variablen Vergütung daraus ablesen, daß in der gleichen Zeit die Anzahl

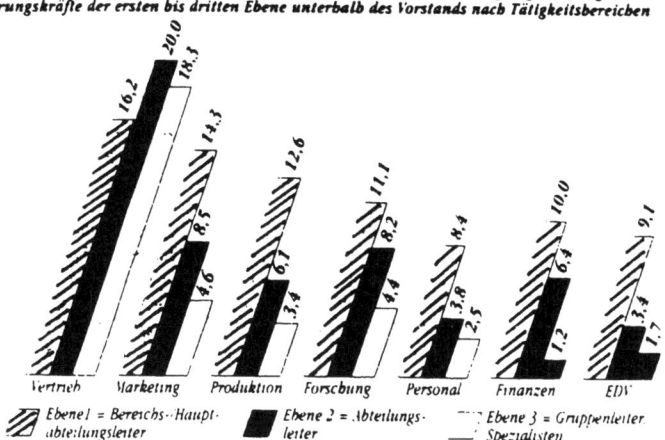

Abb. 5.9 Durchschnittliche Anteile des variablen Gehalts in Abhängigkeit von Hierarchie und Funktion (MANAGEMENT WISSEN 1991, 9, S. 19)

der Führungskräfte, die variabel vergütet wurde, kontinuierlich gestiegen ist: 1990 wurden im Durchschnitt 70% der Führungskräfte der ersten und 56% der zweiten Ebene auf diese Weise entlohnt[7] (ALEWELD 1990, SINN 1990). Die Höhe des variablen Anteils am Gesamtentgelt hängt hauptsächlich von der Hierarchieebene und dem Unternehmensbereich ab, denen eine Führungskraft angehört. Auf der Geschäftsführungsebene ist ein größerer Teil der Gesamtvergütung variabel als auf den nachgeordneten Bereichs- und Abteilungsebenen: nach Angaben von ETTEN & NÄSER (1989, S. 334) fällt der Anteil von 30% (Top-Management) über 20% (Ebene 1) auf 15% (Ebene 2). In den kundennahen Unternehmensbereichen (Marketing, Verkauf, Vertrieb) werden die höchsten variablen Bezüge gezahlt, während mit steigender Distanz zum Kunden die Anteile sinken (SCHERER 1991b).

---

[7] Die Begriffe "erste" und "zweite" Ebene beziehen sich auf die beiden Führungskräfte-Ebenen, die der Geschäftsführung bzw. dem Vorstand nachgeordnet sind; klassischerweise handelt es sich dabei um Bereichs- bzw. HauptabteilungsleiterInnen (erste Ebene) und AbteilungsleiterInnen (zweite Ebene).

5.4.2.3.3 Die Zusatzleistungen

Die dritte Gehaltskomponente der betrieblichen Zusatzleistungen bezieht sich auf "sämtliche sonstigen Geld- und Sachleistungen sowie Vorteile, die neben dem Grundgehalt und den variablen Bezügen der Führungskraft zur Sicherung bzw. Verbesserung der Lebensqualität einmalig oder wiederholt gewährt werden" (HENTZE 1991, S. 119). Das Angebot an Zusatzleistungen ist vielfältig, die Palette breit gefächert: Auf der Basis einer Führungskräfte-Befragung ermittelte z.B. die Zeitschrift CAPITAL (1989, S. 245) im Zuge eines Gehaltsvergleichs über hundert verschiedene Zusatzleistungen, die den ManagerInnen gewährt werden. Einen knappen Überblick über die wichtigsten Formen betrieblicher Zusatzleistungen gibt BOX 5.4 (s.a. HÖRNER & SCHMAHL 1987, S. 79; BÖHM 1990, S. 226; WOLF 1993a, S. 931; WOLF 1993b, S. 205f; WAGNER & LANGEMEYER 1993).

Art und Umfang der gewährten Zusatzleistungen hängen hauptsächlich von der jeweiligen Hierarchieebene ab. Nach Angaben von NÄSER 1985 besaßen im gleichen Jahr z.B. über 90% der Führungskräfte der Geschäftsleitungsebene, 50% der BereichsleiterInnen und 25% der AbteilungsleiterInnen einen eigenen Firmenwagen. Inflation und Steuerprogression[8] haben in den letzten Jahren dazu geführt, daß monetäre Gehaltserhöhungen beim Übertreten einer bestimmten Einkommensschwelle ihre Attraktivität einbüßen. Da die meisten Zusatzleistungen steuerfrei oder zumindest steuerbegünstigt sind, ist der durch sie gewonnene Nutzenzuwachs im Vergleich zu einer reinen Anhebung der Bruttobezüge größer. Insbesondere die betrieblichen Sozialleistungen werden in dem Maße für die Führungskräfte interessant, in dem die Sozialabgaben und die Unsicherheiten in der gesetzlichen Sozialversicherung anwachsen (vgl. EVERS 1987; KERRIOU & ROHR 1991, S. 142; TÄNZER 1985).

Die begehrtesten Zusatzleistungen sind nach wie vor der privat zu nutzende PKW und die betriebliche Altersversorgung (so NÄSER 1989). Während der *Firmenwagen* auf Geschäftsführungsebene mittlerweile eine unternehmenskulturelle Selbstverständlichkeit darstellt (NÄSER 1991, S. 149), sind in den letzten Jahren zunehmend auch Bereichs- und AbteilungsleiterInnen in den Genuß dieses Extras gekommen (vgl. NÄSER 1985). In Abhängigkeit von der Unternehmensgröße führen im Jahre 1990 40% bis über 70% aller Führungskräfte ein Firmenfahrzeug; Privatfahrten waren dabei zu ca. 80% erlaubt (ALEWELD 1990; vgl. auch Abb. 5.10). Auffällig ist, daß meistens Autos der Firmen Mercedes-Benz oder BMW (seltener auch: Porsche) verwendet werden, so daß die Vermutung naheliegt, daß es bei Dienstfahrzeugen nicht nur um deren materielle Nutzung, sondern vor allem um ihre Eigenschaft als Statussymbol geht (vgl. SINN 1990, S. 85). Die *Altersversorgung*

---

[8] Als einfache Faustregel kann hier gelten, daß jedes Einkommen, das 100 000.-DM im Jahr überschreitet, zu ca. 50% versteuert werden muß. In den höheren Einkommensbereichen führt jede Barvergütung zu Grenzsteuersätzen von rund 60%, so daß sich Einkommenserhöhungen nur noch zu 40% in der Nettobetrachtung auswirken (vgl. ALEWELD 1990, S 18).

BOX 5.4: Formen betrieblicher Zusatzleistungen (nach WÖRLE 1993, S. 7)

Barauszahlung

Sachleistungen
- Firmenwagen zur Privatnutzung
- Betriebswohnung
- Sporteinrichtungen
- Club-/Verbandsmitgliedschaften
- Entlohnung "in natura" (z.B. Firmenprodukte)
- Weiterbildungsangebote
- Betriebsärztliche Versorgung
- Gesundheitliche Vorsorgeuntersuchungen
- Kuren
- Haushaltshilfe
- Betriebskindergarten
- Hort mit Hausaufgabenhilfe

Versicherungsleistungen
- Zusätzliche Krankenversicherung
- Lebensversicherung (z.B. Direktversicherung)
- Betriebliche Rentenversicherung
- Haftpflicht- und Hausratsversicherung
- Gruppenunfallversicherung
- Invaliditätsvorsorge

Leistungen mit monetärem Charakter
- Zinsgünstiges ArbeitgeberInnen-Darlehen
- Zinsgünstige Hypotheken
- Vermögenswirksame Leistungen
- Kapitalbeteiligungen (z.B. Belegschaftsaktien)

Beratungsleistungen
- Gesundheitsberatung
- Steuer- und Rechtsberatung
- Finanzberatung

Verrechnung mit Zeitäquivalenten
- Kürzere Tages-, Wochen- und Jahresarbeitszeit
- Gleitender Übergang in den Ruhestand bzw. Vorruhestand
- Geld statt Urlaub bzw. freier Zeit
- Längere Urlaubszeit
- Langzeiturlaub (Sabbatical)

Spätere Erstattung von Leistungen ("deferred compensation")

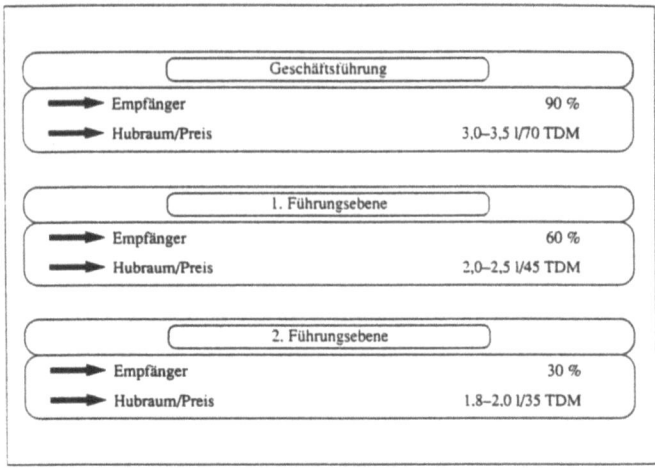

Abb. 5.10   Firmenwagen zur privaten Nutzung (nach NÄSER 1991, S. 148)

teuerste Zusatzleistung der Betriebe (vgl. Tab. 5.3) - ist für die Führungskräfte insofern von Bedeutung, als das Ruhegeld aus der gesetzlichen Rentenversicherung den Lebensstandard im Alter allein nicht aufrechterhalten kann. Endgehaltbezogene Versorgungssysteme, bei denen die Bemessungsgrundlage das letzte Grundgehalt ist, sind heute am weitesten verbreitet (SCHERER 1991a). Die Führungskräfte erhalten dabei in Abhängigkeit von der erreichten Hierarchieebene und der Anzahl der absolvierten Dienstjahre einen bestimmten Prozentanteil des letzten Grundgehalts als Rente. Die betriebliche Altersversorgung betrug 1990 durchschnittlich 12% bis 15% des Grundgehaltes bis zur Beitragsbemessungsgrenze der gesetzlichen Rentenversicherung und zusätzlich 45% bis 50% der Grundbezüge, die oberhalb der Beitragsbemessungsgrenze liegen (vgl. SCHERER 1991a). Durch die Möglichkeit zur "*deferred compensation*" (aufgeschobene Entlohnung) läßt sich die betriebliche Altersversorgung noch attraktiver gestalten. Bei dieser Entlohnungsmethode werden die Tantiemen nicht sofort ausgeschüttet, sondern für die Führungskräfte angespart und im Ruhestand ausgezahlt. Der Vorteil dieser Vorgehensweise liegt in der gestundeten Steuerschuld, da die Ausschüttungen im Ruhestand zu einem in der Regel niedrigeren Steuersatz erfolgen können.

Die Möglichkeit zur Erstattung zusätzlichen *Urlaubsanspruchs* wird von den Führungskräften offenbar nur selten genutzt (so DÜSING 1989, S. 742). Dies ist einerseits erstaunlich, da nach einer Erhebung des Verbands angestellter Führungskräfte im Jahre 1990 die durchschnittliche wöchentliche Arbeitszeit im AT-Bereich 50

Vergütungselement	Ausgestaltung	Jährlicher Wert
Jahresgehalt	12 Monatszahlungen à 25.000 Mark	300.000 Mark
Variable Vergütung	Leistungsbonus aufgrund der Erreichung qualitativer und quantitativer Ziele	60.000 Mark
Langfristige Vergütung	Stock-Options-Plan (100 Optionen)	18.000 Mark
Summe der baren Vergütungen		**378.000 Mark**
Betriebliche Alterversorgung	Individuelle Pensionszusage, Höhe: 50 Prozent des Jahresgehalts für Alters- und Invalidenrente, 60 Prozent der Altersrente für die Witwe	90.000 Mark
Dienstwagen	Freie Wahl zwischen den Fahrzeugmodellen, Regelausstattung, volle Kostenübernahme	18.000 Mark
Gehaltsfortzahlung im Krankheitsfall	Fortzahlung des Jahresgehalts über den 43. Tag hinaus bis zu 12 Monaten	2.800 Mark
Unfallversicherung	Unfallschutz für Invalidität/Tod bei privaten/beruflichen Risiken; 24-Stunden-Schutz; Gesamtversicherungssumme entspricht dem dreifachen Jahresgehalt	1.200 Mark
Freizeit	Fünf zusätzliche Urlaubstage über den branchenüblichen Tarifurlaub hinaus	8.200 Mark
Wohnungsbaudarlehen	Maximal in Höhe des 0,5 fachen Jahresgehalts, Tilgung innerhalb von 10 Jahren; Zins: 2 % über Diskontsatz	4.800 Mark
Weiterbildung	Seminare, Tagungen	3.000 Mark
Wellnessprogramm	Jährlicher Gesundheitscheck auf Kosten des Unternehmens	1.800 Mark
Steuerberatung	Im Rahmen der üblichen jährlichen Einkommensteuererklärung auf Kosten des Unternehmens	5.500 Mark
Summe der unbaren Vergütungen		**135.300 Mark**

Tab. 5.3 Das zweite Gehalt - Was die Zusatzleistungen im einzelnen wert sind (aus MANAGER MAGAZIN 1995, 9, S. 234)

Kapitel 5

Stunden betrug, wobei 95% der befragten Führungskräfte für die erhebliche zeitliche Mehrbelastung keinen finanziellen Ausgleich erhielt[9] (FISCHER 1991, S. 2). Andererseits ist der durchgängige Verzicht auf Gratifikation durch Freizeit vor dem Hintergrund der bekannten Führungsmythen verständlich, nach deren impliziten Erwartungen die ManagerInnen ihr Arbeitsverhalten ausrichten; diese Mythen "beziehen sich vorzugsweise auf die unermüdliche Schaffenskraft und den extrem langen Arbeitstag (bis zu 15 Stunden) und eine Arbeitswoche von sieben Tagen: sie sind immer im Dienst" (NEUBERGER & KOMPA 1987, S. 85).

Ähnlich wie bei den variablen Entgeltanteilen sollen auch mit den betrieblichen Zusatzleistungen Motivationseffekte erzielt werden. Nach Auffassung von HAGEN (1985, S. 144) besteht ein Anreiz jedoch nur dann, wenn die Zusatzleistungen das, was gesetzlich vorgeschrieben oder tariflich vereinbart ist, so weit übertreffen, daß sie als Belohnung sichtbar wahrgenommen (!) werden können. Bestimmte Zusatzleistungen - wie z.B. der Firmenwagen - befriedigen vornehmlich Prestige- und Statusbedürfnisse und besitzen dadurch mitunter eine stärkere Anreizwirkung als Geld (HAGEN 1985, S. 146). Damit Zusatzleistungen als Statussymbole fungieren können, müssen sie verknappt werden (vgl. NEUBERGER, CONRADI & MAIER 1985, S. 175), indem man ihren Erhalt z.B. an bestimmte Leistungsvoraussetzungen oder die Erreichung höherer Hierarchieebenen bindet. Da der resultierende Anreizwert einer betrieblichen Zusatzleistung immer auch von der individuellen Motivlage einer Führungskraft abhängt (vgl. McCLELLAND 1961, ATKINSON 1975, HECKHAUSEN 1980), können allerdings keine pauschalen Aussagen über die Motivationswirkung gemacht werden: Ältere ManagerInnen mit Familie z.B. werden eher die betriebliche Altersversorgung präferieren, während jüngere Führungskräfte den Firmenwagen bevorzugen. Aus diesem Grund ist in letzter Zeit häufiger der Anspruch formuliert worden, daß die Zusatzleistungspolitik speziell auf die individuelle Lebenssituation einzelner Führungskräfte abgestimmt sein muß, um die erwünschten Motivationseffekte zu erzielen (vgl. EVERS 1987). Diesem Anspruch versuchen insbesondere die sog. "*Cafeteria*"-Systeme gerecht zu werden, die in Abschnitt 5.4.4 näher beschrieben sind.

5.4.2.4 Einflußfaktoren auf die Führungskräfte-Vergütung

Wie die Entwicklung der unterschiedlichen Lohnkomponenten gezeigt hat, wird die Führungskräfte-Vergütung durch einige generelle Faktoren beeinflußt, die im folgenden systematischer behandelt werden sollen. Diese Faktoren bestimmen gemeinsam, wo innerhalb der enormen Spannbreite zwischen Werten unter 100 000.- DM bis weit über 1 Million DM ein konkretes Führungskräfte-Gehalt einzuordnen ist. Am stärksten wirkt sich in diesem Zusammenhang der Einfluß von Unternehmensgröße, Hierarchie und Funktion aus (NÄSER 1991, S. 143).

---

[9] ZANDER (1990, S. 300) hingegen geht davon aus, daß die zeitliche Mehrbelastung bereits im höheren Grundgehalt der AT-Angestellten berücksichtigt wird.

Mit steigender *Unternehmensgröße* (gemessen an Umsatz, Beschäftigtenzahl und Bilanzsumme) wächst auch das Gehalt - nach Angaben von NÄSER (1985, 1990) liegen die Bezüge in einem Großunternehmen (über 5000 MitarbeiterInnen) fast doppelt so hoch wie die in einem Kleinunternehmen (unter 50 MitarbeiterInnen). Diese Unterschiede werden mit Umfang und Komplexität der Stellenanforderungen sowie der Personal- und Sachverantwortung begründet, die bei leitenden Positionen in Großbetrieben größer seien als in Klein- und Mittelbetrieben (vgl. NÄSER 1984, 1987). Zwar werden bei kleineren Betrieben umgekehrt höhere Flexibilitätsanforderungen gestellt, doch läßt die schwierigere Wettbewerbssituation und die Erwirtschaftung eines vergleichsweise geringeren Gewinns die Zahlung höherer Gehälter im allgemeinen nicht zu (NÄSER 1984, S. 55).

Die erreichte *Hierarchieebene* ist insofern von Bedeutung, als Hauptabteilungs- bzw. BereichsleiterInnen im allgemeinen etwa 30% mehr verdienen als die ihnen unterstellten AbteilungsleiterInnen (ETTEN & NÄSER 1989). Mitglieder der Geschäftsleitung können wiederum im Durchschnitt doppelt so viel auf ihrem Gehaltskonto verbuchen wie die Hauptabteilungs- bzw. BereichsleiterInnen (NÄSER 1985; vgl. auch Abb. 5.11). Die Gehaltssprünge werden meistens mit der höheren Verantwortung und dem größeren Einfluß der oberen Leitungsebenen auf den Unternehmenserfolg erklärt (NÄSER 1984, S. 55).

Je mehr die *Funktion* einer Führungskraft in der Wahrnehmung der Beschäftigten zum Organisationserfolg beiträgt, desto höher fällt auch die Bezahlung aus. Vergleiche zeigen immer wieder, daß insbesondere in kundennahen Funktionsbereichen (Marketing, Verkauf, Vertrieb) sehr hohe Vergütungen entrichtet werden (SINN 1990). "Hände weg vom Personalwesen" (SCHERER 1991b, S. 29) - das Personalwesen bildet nach Einkauf und EDV/Organisation im allgemeinen das Schlußlicht in der Gehaltsskala (SCHERER 1991b, S. 28; ETTEN & NÄSER 1989, S. 332; vgl. auch Abb. 5.9). ZANDER (1990, S. 311) ist allerdings der Ansicht, das Personalwesen sei zwischenzeitlich ins Mittelfeld der Gehaltsskala aufgestiegen. Die Bedeutung einzelner Funktionen ändert sich offenbar in Abhängigkeit von sich wandelnden Unternehmens- und Marktsituationen: In der Pionierphase eines Unternehmens z.B. spielt der Forschungs- und Entwicklungsbereich eine dominierende Rolle, während nach der Etablierung des Unternehmens auf dem Markt der Vertrieb und das Finanzwesen wichtiger werden (vgl. ZANDER 1990, S. 310); auf ähnliche Weise könnte man die gehaltsmäßige Aufwertung des Personalwesens mit der zunehmenden Betonung des Humankapitals als kritischen Produktions- und Wettbewerbsfaktor erklären. Schließlich führen auch Vollmachten zur Höherstufung der Bezüge: Handlungsvollmacht bringt ca. 7%, Prokura 35% und Generalvollmacht 80% mehr Einkommen (TÄNZER 1985). Wenn eine Führungskraft den Status des "Leitenden Angestellten" (i.S. des Betriebsverfassungsgesetzes [BetrVG]) erlangt, können allein daraus Gehaltszuwächse von 10% (zweite Ebene) bis zu 20% resultieren (erste Ebene; NÄSER 1987). Nach Auffassung des Bundesarbeitsgerichts müssen drei Bedingungen erfüllt sein, um als "Leitender Angestellter" im Sinne des BetrVG gelten zu können: Ausübung einer unternehmerischen Teilfunktion, erheblicher eigener Entscheidungsspielraum und sachnotwendiger Interessengegensatz zur Seite der ArbeitnehmerInnen (ZANDER 1990, S. 296).

Die *Ertragslage* der Vergangenheit beeinfluß das Gehalt in der Gegenwart. Unternehmen, die überdurchschnittliche Gewinne erwirtschafteten, sind auch bereit, überdurchschnittliche Gehälter zu zahlen (s. NÄSER 1987): Die Gesamtbezüge von Top-ManagerInnen liegen in sehr profitablen Unternehmen immerhin um ca. ein Drittel höher als in besonders ertragsschwachen Firmen (vgl. TÄNZER 1986, EVERS 1988, NÄSER 1988b). Neben der absoluten Höhe der Vergütung ist auch der Anteil derjenigen Führungskräfte, die eine variable Vergütung erhalten, in ertragsstarken Unternehmen größer (NÄSER 1984). Ertragseinbußen bringen umgekehrt eine Kürzung der variablen Bezüge mit sich. In langfristig ertragsschwachen Unternehmen kann sich dieser Effekt drastisch auswirken, weil nur noch das Fixum gezahlt oder sogar dieses gekürzt wird (wie bei den Thyssen-Werken 1993; vgl. SZ vom 6.8.1993, S. 23), wobei man zur Vermeidung von Demotivationswirkungen auf diese Maßnahmen im allgemeinen so lange wie möglich verzichten möchte.

Der Einfluß der *Branche* ist in der Literatur weitgehend umstritten. Während die Kienbaum Gehaltsstudien von einem nur bedingten und vergleichsweise unerheblichen Einfluß ausgehen (NÄSER 1985, 1986, 1987), der sich bei näherer Betrachtung auf andere Faktoren (Ausbildung der MitarbeiterInnen, Unternehmensgröße, Ertragslage) zurückführen läßt, wird in manchen Untersuchungen - wie z.B. denen der Deutschen Gesellschaft für Personalführung (DGFP) - ein eindeutiger und direkter Zusammenhang zwischen Branche und Gehaltshöhe festgestellt (vgl. auch PLÜSKOW 1988, S. 145; CONRAD 1990). "Daß manche Branchen bessere Gehälter zahlen als andere, ist hinlänglich bekannt..." (SINN 1990, S. 80). Demnach liegt die chemische Industrie mit ihren Gehältern über dem Durchschnitt aller Branchen, was mit dem schlechten Branchenimage und der damit verbundenen Notwendigkeit, finanzielle Anreize bieten zu müssen, erklärt werden kann (SINN 1990). Hohe Gehälter bezahlt auch die Elektro- und Elektronikindustrie, was in diesem Fall wohl weniger mit dem schlechten Ruf der Branche, als vielmehr mit der Tatsache zusammenhängt, daß es sich - insb. im Bereich der elektronischen Datenverarbeitung - um einen stark expandierenden Wirtschaftszweig handelt (vgl. Abb. 5.12). Deutlich niedriger fallen im Vergleich dazu die Vergütungen im Stahl-, Maschinen- und Fahrzeugbau sowie in der Pharmaindustrie aus - am schlechtesten wurde laut DGFP im Handelsbereich entlohnt.

Der *Standort* eines Unternehmens wird sich immer dann auf die Entgelthöhe auswirken, wenn Unternehmen, die in ländlichen, strukturschwachen Regionen angesiedelt sind, mit einem schlechten Standortimage zu kämpfen haben. Um qualifizierte Führungskräfte zu finden, werden aus diesem Grunde häufig sog. "Wüstenzuschläge" gezahlt, mit denen ManagerInnen dazu "verführt" werden sollen, sich in weniger attraktiven Regionen niederzulassen (NÄSER 1989).

Lohngestaltung

Jahresdurchschnittsgehälter (gesamte Barvergütung) von Führungskräften der ersten bis dritten Ebene unterhalb des Vorstands nach Tätigkeitsbereichen (in tausend Mark)

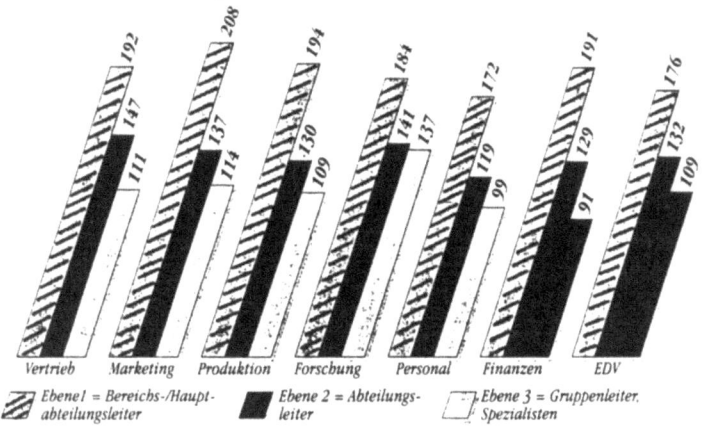

Die dicksten Jahressaläre streichen Bereichs- und Hauptabteilungsleiter im Marketing ein, gefolgt von Produktion, Vertrieb und Finanzen. Am schlechtesten kommen die Personalchefs weg, die – zähneknirschend – ihren Kollegen höhere Vergütungen überweisen müssen als sich selbst.

Abb. 5.11 Jahresdurchschnittsgehälter der ersten bis dritten Ebene in Abhängigkeit von der Funktion (aus MANAGEMENT WISSEN 1991, 9, S. 24)

Jahresdurchschnittsgehälter (gesamte Barvergütung) von Bereichs-/Hauptabteilungsleiter (erste Ebene unterhalb des Vorstands) verschiedener Tätigkeitsbereiche und Branchen (in Mark)

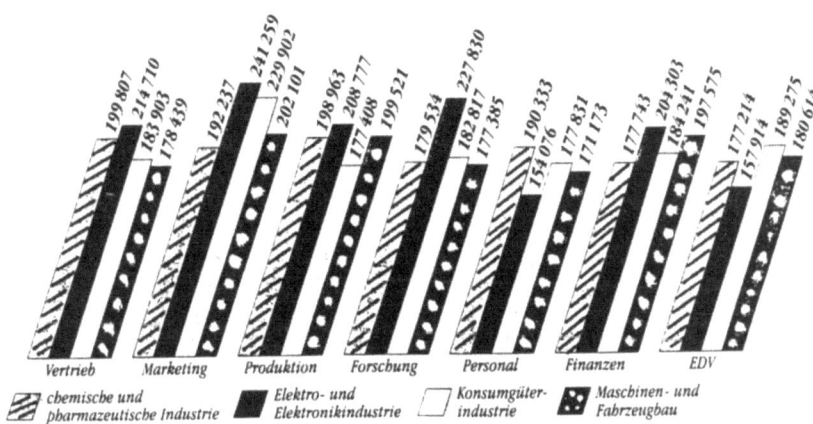

Für Chefaufgaben in Marketing, Forschung und Entwicklung, Vertrieb, Produktion sowie im Finanz- und Rechnungswesen zahlen die Unternehmen der Elektro- und Elektronikindustrie die besten Saläre. Mit Ausnahme der Marketingleiter behandelt die Konsumgüterindustrie ihre Bereichsleiter überraschend gleichwertig.

Abb. 5.12 Jahresdurchschnittsgehälter verschiedener Branchen in Abhängigkeit von Hierarchie und Funktion (MANAGEMENT WISSEN 1991, 9, S. 25)

Kapitel 5

Abschluß / Fachrichtung	Jahreseinkommen in DM		
	1987	1988	1995
Diplomwirtschaftsingenieur	56.600	59.400	83.600
Diplomingenieur	54.000	57.000	80.200
Diplomkaufmann	53.800	56.200	79.100
Diplomvolkswirt	49.600	52.400	73.700
Jurist (2. Examen)	59.900	61.400	86.400
Diplomchemiker	61.000	64.900	91.300
Diplominformatiker	60.000	62.700	88.200
Diplomphysiker	56.500	59.900	84.300
Diplommathematiker	-	57.800	81.300
Diplompsychologe	47.000	49.400	73.000
Betriebswirt (FH)	43.400	46.200	68.300
Ingenieur (FH)	45.500	48.700	72.000
Informatiker (FH)	53.000	55.700	82.300
Promovierte Absolventen können durchaus Zuschläge zum Entgelt zwischen DM 5.000,- und 15.000,- realisieren.			

Tab. 5.4: Anfangsgehälter von Hochschul- und FachhochschulabsolventInnen (Gehaltsstrukturuntersuchung der Kienbaum Vergütungsberatung 1987, zit. in EVERS 1988, S. 37; 1988, zit. in ZANDER 1990, S. 295; die jeweils aktuellen Anfangsgehälter lassen sich nach einer Untersuchung der Hewitt Associates grob abschätzen, indem man pro ablaufendem Kalenderjahr eine 5%ige Erhöhung veranschlagt [PERSONAL 1995, 6, S. 274-278])

Schließlich spielen auch *Ausbildung* und *Alter* eine wichtige Rolle bei der Vergütung[10]. Während paradoxerweise gerade auf höheren Hierarchieebenen keine signifikanten Einkommensunterschiede hinsichtlich der Ausbildung festzustellen sind, so kann man dies für die AbteilungsleiterInnen-Ebene durchaus nachweisen. Demnach verdient eine Abteilungsleiterin mit Hochschulabschluß z.B. durchschnittlich

---

[10] Da auf die unterschiedliche Behandlung von Männern und Frauen bereits in Abschnitt 3.6.3 ("Comparable Worth"-Debatte) ausführlich eingegangen wurde, sei hier nur am Rande bemerkt, daß auch das Geschlecht immer noch die Höhe des Gehalts beeinflußt. Nach Angaben von NÄSER (1989, S. 37) beträgt der Anteil von Frauen in leitenden Positionen nur 2 bis 3%; dabei erhalten sie fast 20% weniger Lohn als die Männer bei gleicher Leistung in gleichen Positionen (vgl. auch HILL 1981, S. 196ff).

110.000.- DM, während ein Hauptschüler nur 90 000.- DM erhält (NÄSER 1986, S. 60). Dieser Befund wird damit erklärt, daß AkademikerInnen vorzugsweise in den besser bezahlten Funktionsbereichen, wie z.B. Vertrieb oder Marketing, beschäftigt sind. Eine andere Erklärung besteht darin, den moderierenden Einfluß des Alters zu berücksichtigen: Während sich Ausbildungsunterschiede beim Einstieg in ein Unternehmen durchaus drastisch niederschlagen können - so verdienen z.b. Fachhochschulabsolventen im Durchschnitt 10 000 DM weniger als Hochschulabsolventen (vgl. BARTH 1992, S. 20) - gleichen sich die Saläre später wieder in Abhängigkeit von der Karriereentwicklung im Unternehmen aus (STREBEL 1992, S. 22). Nicht zu unterschätzen ist demnach das Ausmaß, in dem Art und Güte von Qualifikationen, Fähigkeiten, Kenntnissen und Erfahrungen den "Marktwert" und damit das Entgelt einer Führungskraft bestimmen (SINN 1990). Da Erfahrungen und Kenntnisse nicht nur von der Ausbildung, sondern - wie gesehen - auch vom Lebens- und Dienstalter abhängen, liegen die Einstiegsgehälter der JungmanagerInnen zunächst niedriger und nähern sich erst mit längerer Betriebszugehörigkeit den Gehältern der "Alteingesessenen" an. Das durchschnittliche Einkommen von Einsteigern lag 1992 bei etwa 60 000 DM und streute - je nach Fachrichtung, eingebrachten Zusatzqualifikationen, Branchenzugehörigkeit usw. - zwischen etwa 50 000 und 70 000 DM; eine Promotion konnte sich beim Einstiegsgehalt mit bis zu 20 000 DM mehr im Portemonnaie bemerkbar machen (BARTH 1992, S. 19f). Nach Angaben von GRÄTZ & KRAUSS 1987 haben Leitende Angestellte mit Promotion auch später im Durchschnitt 26% mehr Einkommen als ihre KollegInnen, die eine mittlere Reife aufweisen.

5.4.2.5 Kritische Stellungnahme zur AT-Vergütung

5.4.2.5.1 Symbolisierung sozialer Distanz

Die diffuse, zuweilen konfuse Verwendung des Begriffs der "Führungskraft" und die auslegungsfähige Rechtsprechung des Bundesarbeitsgerichts von 1974 haben zu einer Aufgliederung der AT-Angestellten in eine tarifnahe Gruppe und die Gruppe der "Leitenden Angestellten" geführt. Die sich hier abzeichnende sozioökonomische Trennung ist auf den grundlegenden Interessengegensatz zwischen KapitaleignerInnen und Lohnabhängigen zurückzuführen: Während die tarifnahe Gruppe zum Kandidaten tarifpolitischer Ausdehnungsbemühungen der Gewerkschaften wird, gehört der Kreis der Leitenden Angestellten im allgemeinen den beiden oberen Führungsebenen an und nimmt unternehmerische Aufgaben wahr (ZANDER 1990, S. 297; FISCHER & WILHELM 1995, S. 241; WILTZ 1995, S. 8ff). Zumindest für diesen letztgenannten Führungskreis ist es demnach erforderlich, die besondere Stellung, die er unter den Lohnabhängigen einnimmt, durch eine entsprechende Lohnpolitik zu symbolisieren.

Die Heraushebung der AT-MitarbeiterInnen aus der übrigen Arbeitnehmerschaft wird vor allem über die Höhe und Staffelung der Gehaltshöhe bewerkstelligt (vgl.

KADEL, KÖSTERMANN & WEITBRECHT 1993, S. 264f). So empfiehlt beispielsweise ZANDER (1990, S. 300), den Mindestabstand zum höchsten tariflichen Monatsgehalt mit 500.- bis 700.- DM zu bemessen, wobei in diese Kalkulation ein "zumutbares Maß" von Überstunden bereits eingeschlossen sein soll. "Die Dotierung des AT-Mitarbeiters muß immer einen klaren Abstand zu derjenigen des Tarifangestellten wahren..." (ZANDER 1990, S. 305). Geld trennt, nicht zuletzt auch dadurch, daß es die Art und Weise der Lebensführung in einer Gesellschaft (Status, Lebensstandard, Lebenslage usw.) nach Einkommenshöhen differenziert und somit Ein- und Ausschlußkriterien sozialer Integration definiert (man denke z.B. an das stereotype Beispiel des "Golfclubs"). Waren es in einer feudalen Adelsgesellschaft vielleicht noch Land, Titel und Ehrungen, mit denen soziale Grenzen gezogen wurden, so wird diese Funktion in unserer modernen Industriegesellschaft vornehmlich durch "Geld" wahrgenommen - gefolgt von anderen Insignien gesellschaftlichen Ansehens, wie sie in den Zusatzleistungen (z.B. repräsentative Büroausstattung, eigene FahrerInnen und Bodyguards, Chance zur Medienpräsenz) zum Ausdruck kommen. Wichtiger als die absolute Höhe des Einkommes ist demnach die relative Positionierung im Verhältnis zu KonkurrentInnen: Man muß wissen, mit wem man sich zu vergleichen hat!

Genau so wichtig wie die Demonstration der privilegierten Position der AT-Führungskräfte innerhalb einer Gesellschaft ist für die Herrschaftsdimension von Organisationen aber auch die interne Differenzierung der Gehälter: die Abstände zwischen den einzelnen Hierarchieebenen müssen ebenso deutlich wie verläßlich markiert werden, um Orientierung zu geben und die Karrieremotivation anzustacheln. Daher ist es vermutlich kein Zufall, wenn sich in diesem Zusammenhang organisationsübergreifende, gesellschaftliche Muster der Führungskräfte-Entlohnung abzeichnen: "Hochrechnungen gehen davon aus, daß der Vorstandsvorsitzende ungefähr 50 Prozent und der stellvertretende Vorstandsvorsitzende ungefähr 20 Prozent höhere Saläre erhalten als normale Vorstandsmitglieder. Stellvertretende Vorstandsmitglieder müssen dagegen bis zu ihrer Berufung als vollwertige Vorstände ungefähr mit 70 Prozent eines durchschnittlichen Vorstandsgehalts zufrieden sein" (SINN 1991, S. 22). Die erste Ebene der Hauptabteilungs- bzw. BereichsleiterInnen erhält ungefähr die Hälfte der Geschäftsführungsebene, die zweite Ebene - je nach Unternehmensgröße - etwa zwei Drittel der ersten Ebene usw. (NÄSER 1991, S. 144). Durch die Staffelung der Gehälter und die klaren Abstände zwischen den Hierarchieebenen werden in regelhafter Weise soziale Distanzen zum Ausdruck gebracht: "Generell sollte man von dem Grundsatz ausgehen, daß der Vorgesetzte fühlbar mehr verdienen sollte als die ihm unterstellten Mitarbeiter. Als fühlbar sind dabei Abstufungen von wenigstens 20-25% anzusehen" (ZANDER 1990, S. 308). Mit den Gehaltsabstufungen sollen Unterschiede in fachlichen Kompetenzen suggeriert werden, die womöglich gar nicht vorhanden sind, die aber die Akzeptanz von Führungsentscheidungen durch die Untergebenen verstärken. Neben diesen finanziellen Grenzziehungen, mit denen zugleich soziale Relationen definiert werden, artikuliert sich die Wahrnehmung von Herrschaftsaufgaben aber auch in der "herr-

Lohngestaltung

Unternehmen	Anzahl der Vorstände am Jahresende	Bezüge je Vorstand oder Geschäftsführungsmitglied 1990*	Veränderung der Bezüge 1990 in Prozent gegenüber 1989	Veränderung des Unternehmensumsatzes 1990 in Prozent zu 1989
ABB	9	666.735	+19,9	+9,0
AEG	7	1.113.553	+81,5	+7,0
Audi	4	897.895	+7,8	-0,7
BASF	10	986.617	-8,5	-2,1
Bayerische Hypotheken- und WechselBank	11	763.119	-2,5	+14,0
Bayerische Vereinsbank	10	966.713	+16,3	18,6
Bertelsmann	10	2.265.683	-14,5	+6,6
BfG-Bank	7	541.029	+4,7	-6,3
BMW	7	1.806.897	+7,4	+2,5
BP	4	527.750	-22,8	+8,3
Commerzbank	12	933.219	+6,8	+12,7
Degussa	9	833.111	+3,0	-3,0
DG-Bank	11	1.054.432	+50,2	+4,6
Digital Equipment	3	1.039.667	+59,3	+23,0
Dräger	5	671.045	+6,8	+12,4
Dresdner Bank	12	1.191.497	+1,9	+13,0
Esso	4	603.248	-1,2	+22,4
Ford	9	655.556	-27,2	+4,8
Haniel	6	1.595.167	+3,6	+9,8
Hapag Lloyd	7	837.523	+2,4	-2,1
Hewlett Packard	11	392.818	-18,1	+7,0
Hoechst	12	1.161.113	+9,9	+2,3
Hutschenreuther	5	409.007	+1,0	+6,2
IBM	7	775.143	+26,6	+7,5
Iveco Magirus	6	546.315	+58,5	-2,1
Klöckner-Werke	5	854.182	+21,0	+4,0
Krupp Stahl	6	856.494	+2,1	-8,0

* Vorstände und Geschäftsführer, die kein ganzes Jahr tätig waren, wurden anteilig berücksichtigt.

Tab. 5.5 Durchschnittliche Vorstandsbezüge 1990 verschiedener Unternehmen (aus MANAGEMENT WISSEN 1991, 9, S. 23)

schaftlichen" Höhe des Gehalts: Ein Jahreseinkommen[11] auf der Geschäftsführungsebene von durchschnittlich 300 000.- bis über 3 Millionen Mark (vgl. BOX 5.5; s.a. Tab. 5.5) spricht seine eigene Sprache! Es ist kaum anzunehmen, daß es eines solchen Einkommens allein zur Befriedigung menschlicher Grundbedürfnisse und auch nicht zur Sicherung eines sozialen Existenzminimums bedarf, das einen gesellschaftlich anerkannten Standard an "normaler" Lebensqualität berücksichtigt (vgl. KUPSCH & MARR 1990). "Vergütung dient eben nicht allein zur Abdeckung menschlicher Grundbedürfnisse. Die Höhe der Bezüge signalisiert den Führungskräften gleichermaßen die Wertschätzung, die das Unternehmen ihnen und ihrer Arbeitsleistung entgegenbringt [...] Insofern ist die Vergütung, wenn sie leistungsorientiert gestaltet ist, ein Mittel zur Selbstwertschätzung. Sie macht den Führungskräften ihren eigenen Erfolg für sich selbst transparent und verdeutlicht ihnen ihren Standort innerhalb des betrieblichen Leistungsgefüges" (NÄSER 1991, S. 150). Ein hohes Einkommen vermittelt das Gefühl, etwas geleistet zu haben, das für andere von hohem Wert ist, "ein Gefühl der Bedeutsamkeit, der Macht gegenüber dem gesellschaftlichen Ganzen" (SCHNABEL 1974, S. 210). Der Mythos "Führung" gerät jedoch ins Wanken, wenn man bedenkt, daß die oberen Leitungsebenen überhaupt erst richtig tätig werden können, wenn ganze Abteilungen und Stäbe damit beschäftigt sind, zu kalkulieren, Marktstrategien auszuarbeiten, neue Produkte zu entwickeln usw.; mit anderen Worten: die Leistung der Führungskräfte setzt in hohem Maße die aktive Mitarbeit der Beschäftigten voraus! Zwar wird der große Einkommensunterschied zwischen den AT-Angestellten und den übrigen Angestellten und ArbeiterInnen immer wieder mit dem größeren Ausmaß an Verantwortung, zeitlicher Belastung, fachlicher Qualifikation usw. gerechtfertigt. Auch ist diese Argumentation nicht gänzlich von der Hand zu weisen, weil natürlich auch die geistige, dispositive Arbeit der Führungskräfte - insofern, als sie einen organischen Kraftaufwand bedeutet und die mühevolle Aneignung des "Wissens der Vorväter" durch Ausbildung voraussetzt - eine gesellschaftliche Wertschätzung verdient (vgl. FRÖHLICH 1992, S. 55ff). Eine verblüffend einfache Erklärung für die Spitzengehälter auf Top-Managerebene ist allerdings hingegen, "daß sich z.B. Vorstands- und Aufsichtsratsmitglieder z.T. ihre Tantiemen selbst genehmigen und dies eben bis zum gerade noch vertretbaren Rahmen auch ausschöpfen, wohingegen Arbeiter und Angestellte an die Vereinbarungen der Tarifverträge gebunden sind" (SCHNEIDER 1991, S. 36).

---

[11] Wenn hier von Jahreseinkommen die Rede ist, so wird die Definition der Kienbaum-Vergütungsberatung für Jahresgesamtbezüge zugrundegelegt: "Bruttomonatsgehalt multipliziert mit der Anzahl der Gehaltszahlungen pro Jahr plus Weihnachts-/Urlaubsgelder, variable Extras wie Prämien, Tantiemen, Boni oder sonstige Abschlußvergütungen. Nicht enthalten sind jedoch geldwerte Vorteile" (ALEWELD 1990). Allerdings ist darauf hinzuweisen, daß die Ausweisung der ManagerInnen-Gesamtbezüge in der Literatur nicht auf einheitlichen Kriterien beruht.

Lohngestaltung

BOX 5.5: ManagerInnen-Spitzenverdienste im Spiegel der Presse

"Wenn die Gewinne der Unternehmen schrumpfen und gespart werden soll, denken Topmanager meist an Personalkosten und Stellenabbau. Opfer bringen und den Gürtel enger schnallen bedeutet aber keineswegs, daß auch in den Chefetagen der Rotstift angesetzt wird. 1992 hatten Geschäftsführer deutscher Unternehmen nach Angaben des renommierten Personal- und Unternehmensberaters Kienbaum durchschnittlich 330 000.- DM im Portemonnaie. Ein Vorstand in einem Großkonzern verdient dagegen gut und gerne das Fünf- bis Zehnfache eines Geschäftsführers einer kleinen Gesellschaft [...] Angesichts der Höhe der Managergehälter 'kann man natürlich die Frage stellen, ob die Bezüge noch angemessen sind', meint auch Christian Näser von der Vergütungsberatung bei Kienbaum. In Konzernen mit über zehn Milliarden DM Umsatz trägt heute praktisch kein Vorstandschef weniger als eine Million DM im Jahr nach Hause. Absoluter Spitzenverdiener ist dabei die Führungscrew des Gütersloher Medienriesen Bertelsmann. Eine Summe von satten 27,3 Millionen DM, knapp 5 Prozent des Jahresüberschusses, blätterte das Unternehmen im Geschäftsjahr 1991/92 für seine zehn Topmanager auf den Tisch, fast doppelt so viel wie beim Chemie- und Pharmakonzern Bayer. Vorstandschef Mark Wössner gilt dabei mit einem Salär von vier bis fünf Millionen DM als bestbezahlter deutscher Manager" (Süddeutsche Zeitung vom 6.9.1993, S. 23).

"Gewinn oder Verlust, nach marktwirtschaftlicher Lehre der Ausweis unternehmerischer Tüchtigkeit, beeinflussen die Entwicklung der Manager-Vergütung fast gar nicht [...] 'Hanebüchen und antiquiert', so der Berliner Workshop-Organisator Joachim Schwalbach, sind etwa die Bestimmungen des Deutschen Aktiengesetzes über die Vorstandsvergütungen. Gehaltskürzungen sind in der oberen Etage laut Paragraph 87 nur erlaubt, wenn die Fortzahlung des hohen Gehalts 'eine schwere Unbilligkeit für die Gesellschaft sein würde' [...] Bei über einem Viertel von 879 westdeutschen Großunternehmen, die der Berliner Gehalts-Professor untersuchte, stiegen die Vorstandsbezüge sogar noch, als die Firmenergebnisse absackten, etwa beim Filmhersteller Kodak, der Quandt-Holding Ceag oder der Hamburger Elbschloss-Brauerei [...] Bei VW stiegen die Gesamtausgaben für die obersten Manager, obwohl Vorstandschef Ferdinand Piech eine Gehaltskürzung von 20 Prozent verkündet hatte. Doch das mit José Ignacio López geholte Team hatte der Konzern einen kostbaren Manager mehr zu bezahlen. Das stolze Gehalt des Spaniers von weit über zwei Millionen Mark schlägt als López-Effekt bei den Vorstandsbezügen zu Buche. [...] Die deutschen Manager wettern zwar gern gegen das starre deutsche Tarifsystem für ihre Untergebenen. Doch das Lohnsystem der Chefs ist so unflexibel und konservativ wie kaum ein anderes auf der Welt. 'Da herrscht die alte Denke', sagt Näser, 'der Vorstand ist per se arbeitswillig und gut' [...] Die stärkere Erfolgsabhängigkeit der amerikanischen Manager-Gehälter ist allerdings auch nicht ohne schädliche Nebenwirkungen. Die verbreitete Methode, die Firmenchefs über Aktien-Optionen an einer Wertsteigerung des Unternehmens teilhaben zu lassen, führt zu mitunter gigantischen Einkünften. So kam der Walt-Disney-Sanierer Michael D. Eisner vergangenes Jahr auf das höchste Manager-Gehalt aller Zeiten: 203 Millionen Dollar" (Der Spiegel 1994, 30, S. 68-69).

"Am hohen Gehaltspodest der Vorstände wird bestenfalls gekratzt, nicht gerüttelt; die Vergütung an der Spitze wird oft genug allein zwischen dem Vorstand und dem Vorsitzenden des Aufsichtsrats ausgehandelt und spielt sich weiterhin in einer Tabuzone ab. So bleibt das System, wie es war: ausbeutbar und kaum zu durchschauen [...] Empfindliche Einbußen blieben den Topmanagern bisher erspart. Selbst in den Zeiten der Rezession mußten nur die Vorstände von Thyssen und Bosch regelrechte Einkommenskürzungen hinnehmen. Die Herz-Brüder haben es bei ihrer Beteiligung Beiersdorf zumindest versucht, kamen aber gegen den massiven Widerstand von Ex-Vorstandschef Hans-Otto Wöbcke nicht an: Zwar seien die Ergebnisse schlechter, argumentierte er, aber gerade deshalb müßten die Vorstände härter arbeiten als je zuvor. Die durchschnittlichen Vorstandsvergütungen stiegen deshalb auch im Krisenjahr 1992/93 um 4,2 Prozent" (Manager Magazin 1995, 9, S. 225f).

Kapitel 5

> "Ob Siemens oder irgendein anderes Großunternehmen, die Vorstände in Deutschland wollen nicht verzichten, sondern langen in diesem Jahr wieder kräftig zu. Ihre Bezüge werden im Durchschnitt um sechs bis acht Prozent steigen - und damit weitaus schneller als die Tariflöhne [...] Das Wirtschaftsmagazin Forbes errechnete etwa Ende vergangenen Jahres, daß die Vorstandsvorsitzenden Mark Wössner von Bertelsmann und Gerd Schulte-Hillen von Gruner + Jahr jeweils 3,5 Millionen Mark im Jahr kassieren - und damit bundesdeutsche Spitzenverdiener sind. BMW-Vorstandschef Eberhard von Kuenheim soll 2,3 Millionen Mark jährlich bekommen. Edzard Reuter bei Daimler-Benz gibt sich angeblich mit hunderttausend Mark weniger zufrieden [...] Trotz dieser Summen stehen die deutschen Chefs im Vergleich zu ihren amerikanischen Kollegen armselig da: Bezogen auf die Lebenshaltungskosten verdienen sie in großen Produktionsunternehmen nur halb so viel wie die Amerikaner" (Die Zeit, Nr. 20, 8.5.1992, S. 27).

> "Turi Josefsen, Vizepräsidentin der amerikanischen Firma U.S. Surgical, streift ein Jahresgehalt von 23,636 Mio. Dollar ein. Das US-Wirtschaftsmagazin 'Business Week' feierte sie damit als Amerikas bestverdienende Frau. Vergleicht man ihr Einkommen mit jenem ihrer männlichen Kollegen, nimmt sich diese Summe dennoch bescheiden aus. Mit einem Jahresgehalt von 75,085 Mio. Dollar kauft sie Anthony O'Reilly, Boß der Ketchupfirma Heinz, jederzeit auf. O'Reilly führt die Liste an, die 'Business Week' über das Einkommen amerikanischer Führungskräfte aufstellte. Danach ist heute in der Beletage das durchschnittliche Lohnsackerl 104mal besser gepolstert als das eines Arbeiters im Souterrain" (Kurier, 10.5.1992, S. 6).

Führungskräfte verfügen, um einen Ausdruck des Geldphilosophen Georg SIMMEL 1958 zu bemühen, über das "Wertplus des Geldes". In einer Geldwirtschaft, in der das Geld als universelles Werkzeug mit seinen unbegrenzten Möglichkeiten der Wahl und Verwendung allen anderen Tauschmitteln bzw. Waren überlegen ist, wird das Wertgefühl den Dingen (und: Menschen!) gegenüber an ihrem jeweiligen Geldwert gemessen. Die Bezahlung von Gehältern, die weit über das hinausgehen, was selbst zur Befriedigung exklusiver Bedürfnisse nötig wäre, versieht die Führungskräfte mit dem Superadditum des Reichtums, weil die überlegenen Eigenschaften des Geldes auf die Personen übertragen werden: "Der Reiche genießt Vorteile, noch über den Genuß desjenigen hinaus, was er sich für sein Geld konkret beschaffen kann [...] jedermann, auch der gar nichts von seinem Reichtum profitiert, begegnet ihm zuvorkommender als dem Armen, es schwebt eine ideale Sphäre fragloser Bevorzugtheit um ihn" (SIMMEL 1958, S. 214). Wenn die Gehaltssumme die Schwelle von Bedürfnissen überschreitet, ist ihre Verwendung nicht mehr an bestimmte Zwecke gebunden und bleibt prinzipiell mehrdeutig. Mit dieser Mehrdeutigkeit korrespondiert auf der betrieblichen Seite die Ambiguität und Unschärfe der Arbeitsleistungen, die zum Erwerb der Gehaltssumme erbracht werden müssen. Auf diese Weise werden die Führungskräfte für eigentlich beliebige Funktionen verfügbar gehalten. Die Führungstätigkeit verlangt den "Einsatz der ganzen Person"; Beruf und Privatleben sind nicht mehr eindeutig voneinander zu trennen. Letztlich wird so Loyalität produziert: Bei den Führungskräften entsteht das Gefühl, dem Unternehmen für die Bezahlung derartig hoher Summen ständig verpflichtet zu sein: Wer jedoch "Geld über ein bestimmtes Ausmaß hinaus besitzt, gewinnt damit noch den zusätzlichen Vorteil, es verachten zu können" (SIMMEL 1958, S. 9). Genau hier setzen die von den Unternehmen gewährten Zusatzleistungen an, die auch unter der

Bedingung, daß Geld ab einem bestimmten Schwellenwert wieder an Attraktivität verliert, die soziale Status- und Schichtungsbildung unterstützen (vgl. die Staffelung der Firmenwagengröße in Abb. 5.10).

5.4.2.5.2 Geheimhaltung und Intransparenz

Wie oben beschrieben, räumt unsere Gesetzgebung den außertariflichen und hier insbesondere den leitenden Angestellten einen gesellschaftlichen Platz ein, der sie in die Nähe der ArbeitgeberInnen rückt - bei gleichzeitiger Aufrechterhaltung des Status der Lohnabhängigkeit. Die Sonderstellung der AT-Angestellten kommt u.a. in dem Privileg zum Ausdruck, ihre Vergütung im interpersonellen Beziehungsfeld mit ihren Vorgesetzten (und evtl. auch den Mitgliedern der Geschäftsführung, den VertreterInnen der Anteilseigner, der Personalabteilung) jeweils aushandeln zu können. Da keinerlei Bindung an tarifliche Normen existiert, ist ein Freiraum für mikropolitische Vergütungsspiele vorhanden, in denen Intransparenz sowohl erzeugt als auch genutzt werden kann. Zwar gelingt es auf höherem Abstraktionsniveau, einzelne Einflußfaktoren auf die Führungskräfte-Vergütung auszumachen (Hierarchie, Branche, Standort usw.; s. Abschnitt 5.4.2.4), doch ist deren Auswirkung im einzelnen und erst recht im Ensemble nicht konkret vorherzusagen. Das Moment der (innerund zwischenbetrieblichen) Intransparenz zieht sich daher wie ein Roter Faden durch die Diskussion der Vergütungspraxis im Führungskräftebereich: "Das bestgehütete Geheimnis in einem Unternehmen sind die Gehälter seiner Manager und Spezialisten" (SCHERER 1990, S. 17). "Insgesamt gilt immer noch, daß Gehaltsfragen im außertariflichen Bereich in der Bundesrepublik als Geheimwissenschaft behandelt werden" (ZANDER 1990, S. 306). "Gehälter für Führungskräfte - häufig noch ein Tabuthema" (HOPPE 1994, S. 383). Lediglich die juristische Person der Aktiengesellschaft ist durch die Gesetzgebung dazu verpflichtet, die Vorstandsbezüge in der Bilanz bzw. im Geschäftsbericht auszuweisen, aber sie tut dies summarisch für die Gesamteinkünfte der Vorstandsetage, so daß keinerlei Rückschlüsse auf Differenzen zwischen den verschiedenen Gehältern oder deren anteiliger Zusammensetzung gezogen werden können - zudem werden die Nebenleistungen, deren Geldwert das Jahresgehalt manchmal übersteigt, nicht offengelegt (SINN 1991, S. 22; FISCHER & WILHELM 1995, S. 222). In die Arbeitsverträge können außerdem sog. "Geheimhaltungsklauseln" eingebaut sein, durch die eine Führungskraft dazu verpflichtet wird, Stillschweigen bzgl. ihres Verdienstes zu wahren - eine Vorgehensweise, die durchaus üblich und rechtens ist (vgl. EVERS 1987; BUCKSTEEG 1994; HOPPE 1994, S. 384). Die Geheimhaltung ist demnach nicht nur eine zufällige oder beiläufige Erscheinung lohnpolitischer Vorgänge, sondern geschieht mit Methode, so daß man davon ausgehen kann, daß sich ein organisatorisches Interesse dahinter verbirgt. In Form der Geheimhaltung von Gehaltsbudgets oder des Verschweigens individueller Gehälter, Gehaltserhöhungen und Gehaltsbandbreiten stellt die Gehaltstabuisierung[12] eine offiziell anerkannte Unternehmenspraxis dar und wird dadurch zum legitimen (!) Bestandteil des Lohnsystems (vgl. BUCKSTEEG 1994, S. 183; SIEVERS 1974, S. 61). Augenfällig an dieser Geheimhaltung ist ihr formaler Charakter; d.h., daß ihre "Einhaltung innerhalb einer sozialen Organisation insofern generalisiert erwartet werden kann, als sie durch die Mitgliedschaftsregeln des sozialen Systems gedeckt ist und Konsens darüber besteht, daß im Falle des Geheimnisverrats, d.h. der Nichtanerkennung oder der Nichterfüllung von Geheimhaltungserwartungen, die weitere Mitgliedschaft im System riskiert beziehungsweise gekündigt wird" (SIEVERS 1974, S. 60f). Formalität, die nach Auffassung von TÜRK 1993a auf Ordnungs- und Gebildeeigenschaften von Organisationen beruht (vgl. Kap. 1), kommt darin zum Ausdruck, daß die Kommunikation innerhalb der Kooperationsdimension nicht mehr frei und naturwüchsig erfolgt, sondern systeminternen Schematisierungen unterworfen ist. Formalität konditioniert die Kommunikationsformen z.B. durch den Dienstweg, der regelt, wer mit wem bei welchen Anlässen usw. reden darf oder reden muß. Da man aber nicht nicht kommunizieren kann (vgl. WATZLAWICK, BEAVIN & JACKSON 1969), mit anderen Worten: auch die Mitteilungsnegation eine Form der Kommunikation repräsentiert, ist die Formalität der Geheimhaltung als Verständigungsmodus aufzufassen. Formale Geheimhaltung führt durch die Vorselektion und partielle Steuerung von Informationsflüssen zu einer Auftrennung des Personals in Eingeweihte und Nicht-Eingeweihte. Diese Auftrennung - und damit einhergehend: die Einschränkung möglicher GesprächspartnerInnen und -themen - wird durch Formalität gleichzeitig desymbolisiert und damit der Möglichkeit des legalen Dissens seitens der Nicht-Eingeweihten beraubt (vgl. SIEVERS 1974, S. 59). Via Desymbolisierung wird die Ex-Kommunikation zum "Normalfall" erklärt, so daß die Thematisierung änderungsbedürftiger Tatbestände oder widersprüchlicher Praktiken der Entlohnung vor Kritik geschützt ist. Die formale Geheimhaltung ist ein Instrument "struktureller Gewalt" (GALTUNG 1981), mit dessen Hilfe es gelingt, Informationen über Vergütungsentscheidungen zu filtern und damit Interventionen anderer Stellen, die auf die Entscheidungsfindung Einfluß nehmen wollen, auszuschließen. Die Mittäterschaft der Eingeweihten kann dadurch sichergestellt werden, daß die Attraktivität der Organisationsmitgliedschaft durch die Vergabe von Boni oder betrieblichen Zusatzleistungen erhöht wird (vgl. SIEVERS 1974, S. 61). Eine Überbetonung formaler Geheimhaltung kann sich für die Aufrechterhaltung der Herrschaftsstruktur aber auch als dysfunktional erweisen. Da der Geheimnisinhalt für die Nicht-Eingeweihten stets kontingent ist, wird die daraus resultierende Unsicherheit durch Mißtrauen oder Gerüchte als Ersatzsicherheiten abgebaut (vgl. SIEVERS 1974, S. 75). Mißtrauen kann dazu führen, "daß Kommunikation auf ein gerade noch zulässiges Minimum des Informationsaustausches beschränkt wird und Mittei-

---

[12] Ein Tabu ist ein Verbot (oder auch ein Meidungsgebot), das sich bei Naturvölkern z.B. auf bestimmte Tiere, Orte, Speisen, Handlungen oder Menschen bezieht (vgl. NEUBERGER & KOMPA 1987) - generell kann man darunter Objekte verstehen, die sich dem (sprachlichen) Zugriff aus Gründen moralischer, religiöser oder konventioneller Scheu entziehen.

lungen, deren Informationsgehalt für die Lösung von Systemproblemen durchaus funktional ist, zurückgehalten werden" (SIEVERS 1974, S. 76). Die Folge von Gerüchten ist, daß sich "weitreichende informale Handlungsketten innerhalb einer Organisation entwickeln, deren Unsinnigkeit und Inadäquatheit in bezug auf den vermuteten Geheimnisinhalt entweder nicht erkannt wird oder aber sich erst bei einer späteren Preisgabe des Geheimnisses erweist" (SIEVERS 1974, S. 77). Intransparenz bewegt sich, was die Verwirklichung der organisatorischen Basisinteressen angeht, offenbar in einem Spannungsfeld zwischen funktionalen und dysfunktionalen Systemwirkungen.

Die Ambivalenz, die sich hier beim Management der Intransparenz von Vergütungsentscheidungen andeutet, hat USTER 1995 nicht nur für die Herrschaftslogik, sondern auch für die Verwertungs- und Kooperationslogik von Organisationen nachgewiesen. USTERs 1995 Analyse der Führungskräfte-Vergütung macht deutlich, daß das für die Durchführung organisatorischer Interessen zweckmäßige Ausmaß von Intransparenz in ein empfindliches Gleichgewicht zwischen "Zuviel" und "Zuwenig" gebracht werden muß:

(1) *Herrschaftslogik*: Ein wichtiger Grund für die hohen Bezüge der ManagerInnen kann darin gesehen werden, daß ihre Subsumtion "unter das kapitalistische Programm, das die beständige Reproduktion der Kapitalverhältnisse ermöglicht" (TÜRK 1993c, S. 84), gewährleistet werden muß. Es läßt sich feststellen, daß "insbesondere Gruppen, die in verschiedenen Hinsichten privilegiert sind, Interessen an Organisationsstrukturen haben, die soziale Verhältnisse nur reproduzieren" (TÜRK 1989, S. 138). Durch die völlige Abtrennung der Kopf- von der Handarbeit wird zudem ein hohes Ausmaß an Distanz und Gleichgültigkeit gegenüber den Bedingungen und Folgen der Produktion erzeugt (vgl. TÜRK 1993b, S. 116; TÜRK 1993c, S. 82). Genau diese Tatsache aber, daß die Führungskräfte nicht für ihren besonderen Beitrag zur Erwirtschaftung des Mehrprodukts, sondern für ihre Fügsamkeit, Systemloyalität und "compliance" entlohnt werden, muß durch entsprechende Rationalitätsfiktionen verschleiert werden. Die an die Vergütungsverfahren gekoppelten Argumentationsfiguren der Anforderungs- und Leistungsabhängigkeit helfen insofern, den Gehaltsstatus und die Begünstigungen des Managements zu rechtfertigen. Intransparenz ist darüber hinaus geeignet, Widersprüche und Ungereimtheiten in den Vergütungsstrukturen, rational nicht begründbare Ausnahmeregelungen, Marktzulagen, extreme Streuungen in den Gehältern usw. zu verbergen, um auf diese Weise etwaigen Zweifeln oder unbequemen Diskussionen vorzubeugen. Die Führungskräfte haben - in dieser Hinsicht - selbst kein Interesse an der Preisgabe ihrer Gehälter, da sie ihre besondere Position und ihre Vorrechte sichern wollen. Andererseits kann bei zu hoher Transparenz der Vergütungsstrukturen das Motiv in den Vordergrund treten, mit der Höhe der individuellen Saläre imponieren und Macht demonstrieren zu wollen. Vielleicht sind auch aus diesem Grunde Statussymbole entwickelt worden, "um trotz Geheimhaltung individueller Bezüge dennoch das Bedürfnis nach Anerkennung und Wertschätzung befriedigen zu können" (USTER

1995, S. 45). Intransparenz kann sich darüber hinaus auch insofern dysfunktional für die Herrschaftslogik erweisen, als zu komplexe, nicht durchschaubare Entgeltsysteme "den Rationalitätsmythos gefährden, wenn Vergütungsentscheidungen nicht mehr nachvollziehbar sind und der Eindruck von Willkür entsteht" (USTER 1995, S. 45; vgl. auch WILTZ 1995, S. 185).

(2) *Verwertungslogik*: Der in der Regel wichtigste Kostenblock bei der Führungskräfte-Entlohnung, das Grundgehalt, kann in den Gehaltsverhandlungen dadurch reduziert werden, daß man die Führungskräfte über das gesamte innerbetriebliche Gehaltsgefüge im Unklaren läßt und sie gleichzeitig zur Geheimhaltung ihres Salärs verpflichtet (vgl. SCHERER 1990, S. 30f). Auf diese Weise ist es möglich, die Lohnkosten zu minimieren und den GehaltsempfängerInnen zugleich das Gefühl zu vermitteln, sich teuer verkauft zu haben. "Dieser Glaube kann erzeugt werden, indem beispielsweise die Geheimhaltung des eigenen Gehaltes mit seiner 'außergewöhnlichen' Höhe begründet wird" (USTER 1995, S. 47; vgl. auch BUCKSTEEG 1994, S. 187). Die Pflege des Mythos, daß allein Leistung sich lohne, lenkt zudem davon ab, daß die Gehälter in Wirklichkeit häufig von innerbetrieblichen "Beziehungen" (Koalitionen, Seilschaften, Netzwerken usw.) sowie vom gerade verfügbaren Gehaltsbudget abhängen. Wenn der Zusammenhang zwischen Leistung und Lohn aufgrund zunehmender Intransparenz der Vergütungsverfahren und -strukturen hingegen nicht mehr symbolisiert und/oder erkannt werden kann, sind dysfunktionale Effekte wahrscheinlich. Intransparenz kann dem Verwertungsinteresse der Organisationen auch dadurch schaden, daß bei den Entlohnten aufgrund mangelnder Orientierung der Verdacht aufkommt, im Vergleich zu den KollegInnen benachteiligt (seltener wohl: übervorteilt) worden zu sein. Da solche Vermutungen nicht geäußert und die Hintergrundinformationen nicht öffentlich genutzt werden können - dies käme einer Verletzung der Geheimhaltungspflicht gleich - ist zu erwarten, daß sich der entstehende Unmut in mikropolitischen Strategien und Taktiken (z.B. "Dienst nach Vorschrift") Ausdruck verschafft.

(3) *Kooperationslogik*: Vergütungssysteme können die kooperative Leistungserstellung insofern steuern, als Vergütungsbestandteile an das Teamergebnis oder globale Größen geknüpft werden, die quasi als Seismograph der Zusammenarbeit im gesamten Unternehmen fungieren (z.B. Marktanteil, Zufriedenheit der AnteilseignerInnen, KundInnen- und MitarbeiterInnen-Begeisterung). Zur Aufrechterhaltung der Gehaltszufriedenheit, von der positive Effekte auf die Zusammenarbeit in arbeitsteiligen Produktionsprozessen ausgehen, trägt auch die Anwendung formal-rationaler Verfahren der Lohnfindung bei, die Vergütungsunterschiede zu KollegInnen begründet erscheinen lassen. Intransparenz kann sich für die Kooperationslogik funktional erweisen, weil die Praxis von Sonderregelungen oder Sympathiezulagen in Schweigen gehüllt und stattdessen die Werte der "Gleichheit" oder "Gerechtigkeit" propagiert werden. Solange die tatsächlich existierenden Vergütungsunterschiede nicht offen zu Tage treten, werden Mythen wie "Wir sitzen alle in einem Boot" oder "...ziehen alle an einem Strang" gestärkt und verbreitet. Um relative Lohngerechtig-

keit demonstrieren zu können, ist andererseits die Offenlegung von Gehältern und Gehaltsbandbreiten erforderlich, da ansonsten ein wichtiger Orientierungsrahmen zur Einschätzung der eigenen Bezüge fehlt. Statussymbole können hier zwar eine Hilfestellung bieten, aber kein Ersatz für mangelnde Gehaltstransparenz sein. Vor diesem Hintergrund wird die aktuelle Entwicklung in den USA und einigen nordeuropäischen Ländern verständlich[13], die teilweise recht beachtlichen Gehaltssummen in den Führungsetagen zu publizieren und das subjektive Moment der Bemessung der ManagerInnen-Gehälter zur Diskussion zu stellen (vgl. FISCHER & WILHELM 1995, S. 236).

5.4.3 Betriebliche Zusatzleistungen

5.4.3.1 Definition und Einordnung

Die strategische Erzeugung und Nutzung von Intransparenz läßt sich auch mit der Vergabe betrieblicher Zusatzleistungen erreichen, die sehr vielfältig und - vor allem in bestimmten Mischungsverhältnissen - in ihrem Geldwert kaum einzuschätzen sind. Es ist im allgemeinen nicht einmal klar, was genau unter diesen Zusatzleistungen, die in der Literatur uneinheitlich auch als Sozial-, Neben- oder Sonderleistungen bezeichnet werden (vgl. GRÄTZ & KRAUSS 1987), zu verstehen ist. In einer ersten groben Annäherung kann man sagen: Die betrieblichen Zusatzleistungen konstituieren einen sonstigen Lohnanteil, der als scheinbar "irrationaler Rest" nicht mit den formalen Argumentationsfiguren der Anforderungs- und Leistungsabhängigkeit erklärt werden kann. ZANDER (1990, S. 350f) klassifiziert die betrieblichen Zusatzleistungen nach der Verpflichtungsquelle und dem Grad der unternehmensseitigen Beeinflußbarkeit in drei Gruppen:

1) *Gesetzlich bedingte Leistungsverpflichtungen*, die ein Unternehmen zwingend erfüllen muß und jedwede Beeinflußbarkeit durch das Unternehmen ausschließen (z.B. Teilbeiträge zur Renten-, Arbeitslosen- und Krankenversicherung; Gesamtbeiträge zur Arbeitsunfallversicherung);

2) *tarifvertraglich vereinbarte Leistungsverpflichtungen*, die ein Unternehmen ebenfalls - solange der Vertrag besteht - einhalten muß. Allerdings sind hier durch die Möglichkeit zur Vertragskündigung und die Einbeziehung von Öffnungsklauseln mehr Spielräume zur Gestaltung als im ersten Fall gegeben (Beispiele: Lohnzuschläge für Mehr-, Nacht-, Sonn- und Feiertagsarbeit);

3) *freiwillige Zusatzleistungen*, die entweder personengebunden einzelvertraglich oder aber für Kollektive von ArbeitnehmerInnen per Betriebsvereinbarung festgelegt werden (z.B. Sonderzuwendungen, Berücksichtigung der Dauer der Betriebszugehörigkeit).

---

[13] Zur "Gehaltsfindung über die Grenzen hinweg" vgl. DIELMANN 1992 und den Beitrag "Internationale Gehaltserhöhungen und Bonuszahlungen 1994/95" in der Zeitschrift PERSONAL 1995, 6, S. 274-278.

Kapitel 5

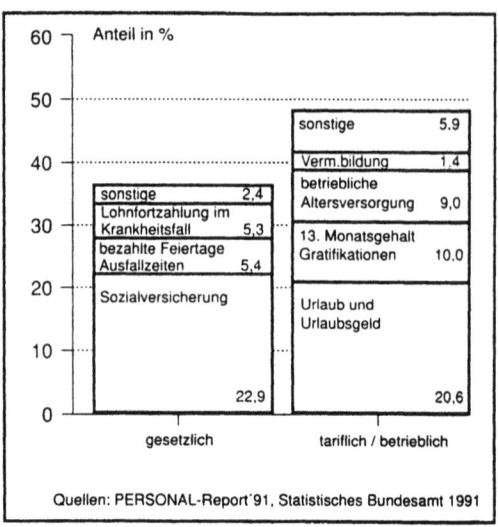

Abb. 5.13 Zusammensetzung der Entgeltnebenkosten im produzierenden Gewerbe der Bundesrepublik 1990 (aus: BOKRANZ 1991a, S. 300)

5.4.3.2 Typen betrieblicher Zusatzleistungen

GRÄTZ & MENNEKE 1979 haben ein Register von 149 betrieblichen Zusatzleistungen erstellt, die bundesdeutsche Unternehmen ihren Beschäftigten gewähren, von A wie Abschlußgratifikation bis Z wie Zwischenverpflegung. Im folgenden möchte ich in Anlehnung an ZANDER (1990, S. 354ff) nur die wichtigsten Formen herausgreifen und skizzieren, da sich manche Zusatzleistungen mittlerweile überlebt haben (wie z.B. Kartoffel-, Mai- und Kohlengeld, Eheschließungs- und Schwangerschaftsbeihilfen), während bei anderen wiederum die Aktualität noch im Wachsen begriffen scheint (vgl. Abb. 5.13):

- *Weihnachtsgratifikation und 13. Gehalt*: sie sind insofern voneinander zu unterscheiden, als die Weihnachtsgratifikation eine Sonderzuwendung darstellt, während das 13. Gehalt ein fester Bestandteil des Lohnvertrags ist, auf den auch anteilige Ansprüche erhoben werden können;

- *Beihilfen und Zuschüsse*: Krankengeldzuschuß, Kostenbeteiligung bei ärztlichen Leistungen, Zuschuß zu Ferienmaßnahmen für Kinder von Betriebsangehörigen, Fahrtkostenzuschüsse, Zuschüsse für die Beschaffung von Arbeits- und Berufskleidung, Mietkostenzuschuß, Sterbegeld (Bestattungskostenzuschuß), Ausgabe verbilligter Essensmarken, Übernahme von Umzugskosten und Maklergebühren;

- *Deputate*: Vergabe von Produkten bzw. Dienstleistungen des Unternehmens, Gewährung von Preisnachlässen;

- *ArbeitgeberInnen-Darlehen*: Überlassung eines bestimmten Geldbetrags zu einem meist deutlich unter dem Bankzins liegenden Zinssatz (zur Finanzierung von Wohneigentum, Autokauf und sonstiger größerer Anschaffungen);
- *Firmen- oder Dienstwagen*: Hier lassen sich drei Formen der Zusatzleistung unterscheiden: a) MitarbeiterInnen erhalten aus dienstlichen Gründen einen fest zugeteilten Firmenwagen und außerdem die Erlaubnis, das Fahrzeug gegen Benzinkostenerstattung und Übernahme der Steuer auch für Privatzwecke nutzen zu können; b) das Fahrzeug wird vorwiegend aus Statusgründen zur Verfügung gestellt, ohne daß dies aus dienstlichen Gründen unmittelbar erforderlich wäre (s. AT-Entlohnung); c) MitarbeiterInnen können Firmenwagen für bestimmte Nutzungszeiten mieten und zahlen dafür günstige Kilometerpauschalen;
- *Unfallversicherung*: die Unternehmen sind, insb. bei Führungskräften und hochdotierten SpezialistInnen, zunehmend bereit, den Abschluß von Unfallversicherungen vom beruflichen auf den privaten Bereich auszudehnen;
- *Freizeitgestaltung*: Betriebssport, verbilligte Theaterkarten, Mitwirkung bei Laienspielgruppe oder firmeneigenem Chor, Hobby- und Bastelkurse, Firmenbücherei, Segellehrgänge usw.;
- *Vorbereitung auf die Dritte Lebensphase*: Gesprächsreihen und Wochenendseminare;
- *Betriebliche Altersversorgung*: aufgrund zahlreicher arbeitsrechtlicher Vorschriften hat die betriebliche Altersversorgung mittlerweile den Status einer eigenständigen Säule (neben gesetzlicher Rentenversicherung und privaten Lebensversicherungen) im Alterssicherungssystem erlangt. Die Ansprüche aus der gesetzlichen Rentenversicherung werden durch Altersruhegelder, Berufs- oder Erwerbsunfähigkeitsrenten sowie Hinterbliebenenrenten sinnvoll ergänzt. Vier Gestaltungsformen der betrieblichen Altersversorgung lassen sich im wesentlichen unterscheiden: a) Direktzusagen (das Unternehmen gewährt den Beschäftigten oder deren Hinterbliebenen für das Alter oder für den Fall des Todes bzw. der Invalidität aus betrieblichen Mitteln eine Versorgung); b) Unterstützungskassen (sie sind mit eigenem Vermögen ausgestattete, rechtlich selbständige Einrichtungen, die von einem oder mehreren Unternehmen getragen werden, um deren Zugehörigen laufende und/oder einmalige Zahlungen ohne Rechtsanspruch zu erstatten); c) Direktversicherung (eine Lebensversicherung, die von den ArbeitgeberInnen auf das Leben eines Beschäftigten abgeschlossen wird, wobei die versicherte Person oder ihre Hinterbliebenen im Hinblick auf die Versicherungsleistungen ganz oder teilweise bezugsberechtigt sind); d) Pensionskassen (Lebensversicherungsunternehmen in der Rechtsform des Versicherungsvereins auf Gegenseitigkeit, jedoch mit der Eigenart, daß sie nicht gewerbemäßig betrieben werden, sondern betriebsbezogen sind). Zu den aktuellen Varianten betrieblicher Altersversorgung vgl. RÖßLER 1992; ein Modell der erfolgsabhängigen betrieblichen Altersversorgung durch Vermögensbeteiligung stellt BÖHMER 1994 dar;
- *weitere Zusatzleistungen*, die kaum einer näheren Erläuterung bedürfen, sind Werks- und Dienstwohnungen, Sachzuwendungen und andere geldwerte Vorteile, Gemeinschaftsverpflegung, bezahlter Urlaub und Urlaubsgeld, Jubiläumsgaben, vermögenswirksame Leistungen und Abfindungszahlungen.

Die regelmäßig durchgeführten Untersuchungen des Instituts der deutschen Wirtschaft zeigen, daß zwischen 1988 und 1992 der betriebliche Sozialaufwand für die Altersversorgung mit etwa 60% im Vergleich zu anderen Zusatzleistungen am deutlichsten zugenommen hat (vgl. HEMMER 1994). Dies kann damit erklärt werden, daß sich aus den Regelungen des Betriebsrentengesetzes kostenverursachende, ar-

Kapitel 5

beitsrechtliche Schutzbestimmungen für die Beschäftigten ergeben (Unverfallbarkeit, Insolvenzsicherung, Anrechnungs- und Auszehrungsverbote, flexible Altersgrenze, Anpassungspflicht unter Berücksichtigung der wirtschaftlichen Lage; vgl. ZANDER 1990, S. 372) und sich gleichzeitig der Kreis der MitarbeiterInnen, die in Rente gehen, ständig vergrößert. Demgegenüber sind im gleichen Zeitraum die Investitionen in Aus- und Weiterbildung nahezu unverändert geblieben, die - legt man das finanzielle Volumen zugrunde - nach der Altersversorgung die zweitstärkste Fraktion im Rahmen des betrieblichen Sozialaufwandes bilden. Damit wird belegt, daß die Investitionen in das Humankapital trotz der angespannten Wirtschaftslage nach wie vor im unternehmerischen Interesse liegen. Deutlich an Bedeutung verloren haben hingegen Zuschüsse zur Werksverpflegung, Wohnungshilfe, Umzugskosten, innerbetriebliche Information und die Förderung von Sport, Bildung und Freizeit (s. HEMMER 1994, S.122). Da die Art und der Umfang der betrieblichen Zusatzleistungen durch Struktur, Tradition, Standort, Personalaufbau, Markt- und Kostenlage der Unternehmen und vieles andere mehr bestimmt wird, läßt sich ihre changierende Bedeutung im Zeitverlauf nicht immer eindeutig erklären. Im allgemeinen gewinnen diejenigen Leistungen an Zentralität, "die für den Bestand und die Weiterentwicklung der Betriebe unbedingt erforderlich sind. Zurückgegangen sind die Leistungen, die aufgrund verbesserter Gesamteinkommen bei den Beschäftigten auf nachlassendes Interesse stoßen. Auch die Übernahme einiger Leistungsarten durch den Staat und die Sozialversicherung haben Einfluß auf die Rangplätze" (HEMMER 1994, S. 124).

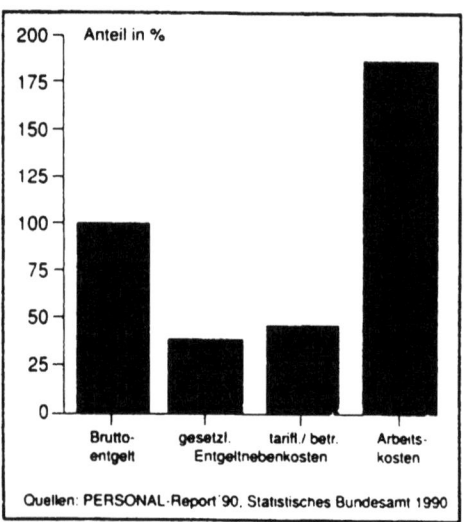

Abb. 5.14 Zusammensetzung der Arbeitskosten im produzierenden Gewerbe der Bundesrepublik 1989 (aus: BOKRANZ 1991a, S. 300)

5.4.3.3 Bedeutung der Zusatzleistungen aus sozioökonomischer Sicht

Die enorme Bedeutung der Zusatzleistungen für die betriebliche Lohngestaltung läßt sich daraus ablesen, daß in der Bundesrepublik Deutschland die Höhe der dafür entrichteten Aufwendungen mittlerweile fast die des direkten Lohns erreicht hat, so daß manche Fachleute seit Anfang der Achtziger Jahre auch vom "zweiten Lohn" reden (vgl. HEMMER 1988, BOKRANZ 1991a, RÖßLER 1992, vgl. Tab. 5.14). Diese Entwicklung ist für die internationale Wettbewerbsfähigkeit der Unternehmen insofern bedenklich, als der "zweite Lohn" in Form kontinuierlich steigender Personalzusatzkosten die Arbeitskosten erhöht und der Gestaltungsspielraum zur Veränderung dieses Kostenblocks aufgrund gesetzlicher und tariflicher Bindungen gleichzeitig immer enger wird (vgl. HEMMER 1994; PEREN 1994). Sicherlich haben die gewerkschaftlichen Aktivitäten den ArbeitgeberInnen hier so manche Leistung abgetrotzt (wie z.B. das Weihnachtsgeld, das inzwischen tariflich abgesichert ist), anderes ist aufgrund "betrieblicher Übung" zur Selbstverständlichkeit geronnen. Zumindest im Hinblick auf die freiwilligen Leistungen muß man sich aber fragen, warum die Unternehmen - entgegen aller ökonomischen Rationalität - dennoch bereit sind, außer- bzw. übertarifliche Leistungen für einen Soziallohn aufzubringen, der hauptsächlich den ArbeitnehmerInnen nützt. Stecken dahinter nur die Fürsorgeethik oder die selbstlose Mitarbeiterorientierung der Unternehmen? Aus kontrolltheoretischer Perspektive ist zu argumentieren, daß die hohen Investitionen deswegen getätigt werden, weil man durch die Signalisierung von Entgegenkommen und Partnerschaftlichkeit die Beschäftigten stärker an das Unternehmen binden möchte. Die Teilnahme an der Gemeinschaftsverpflegung in der Kantine soll beispielsweise dazu beitragen, daß die MitarbeiterInnen ihre Mahlzeit in einer angenehmen und erholsamen Atmosphäre einnehmen können, in der sie sich wohlfühlen. Freizeitangebote stellen nicht nur eine Hilfe und Annehmlichkeit dar, sondern sind auch eine gute Gelegenheit für das Unternehmen, die interne Kommunikation zwischen den Beschäftigten und damit die Identifikation mit dem Unternehmen zu fördern. Kontrolltheoretisch belegen die hohen Investitionen der Unternehmen in Zusatzleistungen einmal mehr, daß diese Investitionen den Unternehmen sehr viel wert sind. Darauf wird im nächsten Abschnitt noch näher eingegangen.

FÜRSTENBERG 1994 weist darauf hin, daß sich die betriebliche Sozialpolitik nicht in der Verwaltung eines traditionellen, weitgehend durch materielle Zusatzleistungen bestimmten Sozialaufwands erschöpfen darf, sondern die Aufgabe hat, die sozialen Beziehungen im Unternehmen im Sinne einer "Solidargemeinschaft auf Zeit" langfristig, partizipativ und zukunftsorientiert zu gestalten. Aus der Verwertungs- und Leistungsorientierung der Unternehmen entstehen für die ArbeitnehmerInnen soziale Risiken der Reproduktion ("Ausbeutung der Arbeitskraft"), so daß betriebliche Angebote zur Bewältigung dieser Risiken als Motivatoren wirksam werden, von denen auch wieder die Unternehmen profitieren. Allerdings ist fraglich, ob sich der Gedanke der "Solidargemeinschaft" wirklich bruchlos umsetzen läßt, da davon auszugehen ist, daß bei einem langfristigen Planungshorizont den Betrieben

Verpflichtungen erwachsen, die vermutlich nur im Falle der Stammbelegschaft eingegangen werden. Eine derartige Trennung der Belegschaft in Nutznießer betrieblicher Sozialleistungen, die ihre Besitzstände wahren und verteidigen, und solche ArbeitnehmerInnen, die als Randbelegschaft von der Verteilung der Ressourcen ausgeschlossen sind, käme letztlich dem Herrschaftsinteresse der Organisationen entgegen (vgl. TÜRK 1993a).

5.4.4 Cafeteria-Systeme

Analog der Auswahl und Komposition verschiedener Speisen zu einem "Essensmenü" können sich die ArbeitnehmerInnen bei einem Cafeteria-System ihr Entgelt aus einer gegebenen Bandbreite von Sozialleistungen und/oder übertariflichen Leistungen des Unternehmens nach ihren persönlichen Präferenzen a la carte zusammenstellen. Die Leistungsangebote umfassen in der Regel Geld (z.B. Gewinnbeteiligung), Zeit (z.B. zusätzlicher Urlaub), Versicherungen (z.B. höhere Altersversicherung) oder Sachgüter (z.B. Dienstwagen; zu weiteren möglichen Wahlalternativen vgl. BOX 5.4 und Abschnitt 5.4.4.2).

5.4.4.1 Herkunft und Verbreitung von Cafeteria-Systemen

Obwohl Cafeteria-Systeme aufgrund gesetzlicher und vertraglicher Restriktionen bei den tariflichen ArbeitnehmerInnen in der BRD kaum angewandt werden und hauptsächlich den Kreis der AT-Beschäftigten betreffen (vgl. STOLZENBURG 1994), mit denen man jeweils individuelle Lohnregelungen vereinbart, sehen sie in ihrer Verfahrensanlage prinzipiell und generell für alle MitarbeiterInnen ein Angebot unterschiedlicher Entgeltoptionen in einer Kombination geldlicher und geldwerter Leistungen des Unternehmens vor (s. BOX 5.4 und Abschnitt 5.4.3.2). Die Hauptursache für die geringe Verbreitung des Cafeteria-Systems in der Bundesrepublik liegt in der gesetzlichen, tariflichen und einzelvertraglichen Bindung zahlreicher Sozialleistungen, so daß im Prinzip nur die freiwilligen betrieblichen Zusatzleistungen zur Disposition stehen. Außerdem scheuen viele Organisationen den Implementierungs- und Verwaltungsaufwand (DER VOLKS- UND BETRIEBSWIRT 1995, 3, S. 21; s.a. WAGNER 1986). Auf der Basis einer Befragung von PersonalleiterInnen von 147 deutschen Großunternehmen verschiedener Branchen kommen WAGNER & LANGEMEYER 1992 allerdings zu dem Ergebnis, daß die Zukunftschancen zur weiteren Verbreitung von Cafeteria-Systemen dennoch positiv beurteilt werden. Ein Drittel der praktizierenden Unternehmen wollen ihren Cafeteria-Plan beibehalten, die übrigen zwei Drittel sogar ausbauen (mehr Optionen, erweiterter Personenkreis; vgl. WOLF 1993a, S. 936). Die insgesamt positive Bewertung der Cafeteria-Systeme sowohl durch PersonalleiterInnen (WAGNER & LANGEMEYER 1992) als auch durch die betroffenen MitarbeiterInnen (WAGNER & LANGEMEYER 1993) läßt absehen, daß die Anwendung dieses Verfahrens in der Bundesrepublik weiter zunehmen wird (vgl. zusammenfassend STOLZENBURG 1994, S. 423f).

Ganz anders stellt sich die Situation in den USA dar, in denen die Idee des Cafeteria-Ansatzes ursprünglich aufgekommen ist und bereits seit 1960 ein breites Diskussionsforum gefunden hat (vgl. THOMSEN 1977). Dies kann damit erklärt werden, daß das Arbeits- und Lohnverhältnis in den USA weniger durch rechtliche Vorgaben limitiert und das Niveau der staatlichen Sozialleistungen insgesamt niedriger ist als in Deutschland, so daß eine größere Nachfrage nach betrieblichen Nebenleistungen entsteht (WAGNER 1982). Daher hat das Cafeteria-Verfahren seit Ende der Siebziger Jahre in den USA zunehmend an Bedeutung gewonnen und ist dort auch zum Gegenstand gesetzlicher Bestimmungen geworden. Das amerikanische Einkommensteuergesetz nennt drei Voraussetzungen für die Aufstellung eines Cafeteria-Plans (GRAWERT & WAGNER 1990, SCHUSTER 1991):

- ein periodisch wiederkehrender *Wahlturnus*;
- ein *Wahlbudget* für die MitarbeiterInnen;
- ein *Wahlangebot* von mindestens zwei Alternativen, bestehend aus monetären oder anderen, geldäquivalenten Zusatzleistungen.

5.4.4.2 Gestaltungsparameter eines Cafeteria-Systems

Die Gestaltungsmöglichkeiten von Cafeteria-Systemen lassen sich im wesentlichen in Auswahlpläne, Kernpläne und Paketpläne gliedern (vgl. SCHULTE & DYCKE 1986, SCHUSTER 1991a). *Auswahlpläne* räumen den MitarbeiterInnen die umfassendste Wahlmöglichkeit ein, weil sie innerhalb des gegebenen Wahlangebots und -budgets die Art der Leistungen, deren jeweilige Höhe und ihre Zusammensetzung zu einem kombinierten "Entgeltpaket" frei bestimmen können. *Kernpläne* beschränken die Wahlfreiheit insofern, als die wichtigsten Sozialleistungen zu einem Kernblock zusammengefaßt und als Pflichtbaustein verordnet werden. Neben dem Kernblock, der entweder für alle Beschäftigten einheitlich oder aber gruppenspezifisch aufgebaut ist, gibt es bei Kernplänen noch einen Wahlblock, über dessen Vergütungskomponenten die MitarbeiterInnen frei verfügen können. Bei *Paketplänen* schließlich ist das geringste Ausmaß an Wahlfreiheit vorhanden. Bei diesem Modelltyp wird die Wahlmöglichkeit der ArbeitnehmerInnen auf die Selektion eines Standardpakets eingeengt, das aus fixen, auf unterschiedliche Zielgruppen des Unternehmens zugeschnittenen Sozialleistungen besteht.

Hinsichtlich des *Wahlturnus* schwanken die Zeiträume, die in der Literatur empfohlen werden, zwischen einem und fünf Jahren (s. SCHUSTER 1991a). Die Festlegung einer bestimmten Periodenlänge richtet sich dabei hauptsächlich nach der Art der gewählten Entgeltoption sowie unternehmensspezifischen Gegebenheiten und Zielsetzungen. Außerdem müssen kontinuierlich Anpassungen des Wahlturnus aufgrund sich verändernder Kosten der Entgeltleistungen und sich wandelnder lohnpolitischer Verhältnisse vorgenommen werden. Zwar soll der Zeitraum, nach dem die MitarbeiterInnen ihre Wahlmöglichkeiten revidieren können, nicht allzu groß sein, doch erfordern manche Engeltoptionen - wie z.B. Versicherungsverträge oder

Vorruhestandsregelungen - schon aus sachlichen Gründen eine langfristige Entscheidung.

Das *Wahlbudget* gibt an, welches finanzielle Volumen den Beschäftigten bei ihrem Cafeteria-Plan zur Verfügung gestellt wird. Eine zentrale Prämisse des Cafeteria-Ansatzes besteht darin, daß dem Unternehmen keine zusätzlichen Kosten für die Entlohnung entstehen dürfen (vgl. STOLZENBURG & DIEMER 1992, STOLZENBURG 1994). Die Voraussetzung der Kostenneutralität bezieht sich aber nur auf die unmittelbaren Lohnkosten und ist nicht an Aufwendungen für Implementierung und Verwaltung oder an Opportunitätskosten gebunden, die aus aufgeschobenen Auszahlungen im Falle der Betriebsrente resultieren können. Die Tatsache, daß gesetzliche und tarifliche Bestimmungen, Betriebsvereinbarungen und "betriebliche Übungen" die faktische Gestaltungsmöglichkeit von Cafeteria-Systemen in Deutschland erheblich reduzieren, führt WAGNER 1986 zu dem Schluß, daß eigentlich nur die jährlichen Entgeltsteigerungen, Prämien, Jahressonderzahlungen (Weihnachtsgratifikation, 13. Monatsgehalt) und Tantiemen für die Aufnahme in das Budget geeignet sind. Vergrößerungen des Budgetvolumens sind allenfalls über den Abbau arbeitsrechtlicher Hindernisse zu erzielen, der die Mitwirkung der Gewerkschaften und des Betriebsrats erforderlich macht.

Die *Periodenfixierung* des Budgets kann grundsätzlich nach zwei verschiedenen Modi gehandhabt werden:

- Ausschöpfung des Budgets in der gleichen Periode;
- Ansparung von Restsummen und Übertragung auf spätere Perioden.

Diese Unterscheidung ist insbesondere für die flexible Gestaltung der Arbeitszeit bedeutsam. So können z.B. Zeitguthaben für einen gleitenden Übergang in den Ruhestand oder Vorruhestand angesammelt werden; als weitere Variante bietet es sich an, Urlaubstage über mehrere Perioden hinweg anzuhäufen, um auf diese Weise einen Langzeiturlaub ("sabbatical") zu erhalten oder den Urlaub gegen eine verkürzte Arbeitszeit ohne Entgelteinbußen zu tauschen.

Ob Ausschöpfung oder Ansparung: Bei jedem Cafeteria-System muß ein Modus zur *Verrechnung* einzelner Entgeltkomponenten gefunden werden, wenn Leistungen gegeneinander getauscht werden sollen. Die gegenseitige Anrechnung kann über Preise auf Kostenbasis, Austauschrelationen und Äquivalenzkennziffern (Prozente oder Punkte) erfolgen (vgl. GRAWERT 1989). Aufgrund ihrer Geldnähe haben Verrechungspreise den Vorteil, leicht verständlich und flexibel handhabbar zu sein; dadurch können sowohl die Wahlentscheidung erleichtert als auch die Eindeutigkeit vertraglicher Ansprüche gewährleistet werden.

5.4.4.3 Einführung von Cafeteria-Systemen: Die ROBI-Methode

Zur Beantwortung der Frage, welche Leistungsangebote im einzelnen in ein Cafeteria-System aufgenommen werden sollen, können die regelmäßig veröffentlichten

Ergebnisse von MitarbeiterInnen-Befragungen herangezogen werden (z.B. WAGNER & LANGEMEYER 1993). Da auf diese Weise nur ein allgemeiner Überblick gewonnen werden kann, hat die HAY-Unternehmensberatung die sog. *"ROBI"* (return on benefits investment) - Methode als eine Entscheidungshilfe entwickelt, mit der die jeweiligen Nutzeffekte von Zusatzleistungen betriebsspezifisch ermittelt werden können (vgl. dazu ausführlich: CISEK 1986). Nach dem ROBI-Konzept legt nicht der objektive Preis von Entgeltoptionen den Anreizwert einer Alternative fest, sondern der subjektive Nutzen, den einzelne ArbeitnehmerInnen dieser Alternative zuschreiben. "Entscheidend ist in jedem Fall, wie die Dinge vom Mitarbeiter gesehen werden" (BORG & BERGERMAIER 1992, S. 649). Das ROBI-Verfahren sieht daher zunächst eine MitarbeiterInnen-Befragung vor (s. GRAWERT & WAGNER 1990), in der neben der relativen Beliebtheit einzelner Sozialleistungen auch deren subjektive Wertigkeit anhand von Opportunitätskosten ermittelt wird. Es macht nämlich einen Unterschied, ob man die betrieblichen Leistungen von den Beschäftigten nur in eine einfache Präferenzordnung bringen läßt oder außerdem berücksichtigt, welche Bedeutung eine Leistung für den Fall erhält, daß man auf sie verzichten müßte. Mit anderen Worten: Für gleichermaßen beliebte Sozialleistungen können sich unterschiedliche subjektive Werte ergeben. Mit differenzierten und sich gegenseitig überprüfenden Fragebatterien, die teilweise auch Paarvergleiche einschließen, wird die relative Beliebtheit der verschiedenen "benefits" zueinander nach einem nicht veröffentlichten Verfahren erfaßt und in sog. "BENNIE"-Werten ausgedrückt (vgl. Abb. 5.15). Die Opportunitätskosten werden bestimmt, indem man den entgangenen Gewinn bei Verzicht auf eine Alternative in Geldwerten ausdrücken läßt. Durch die Gegenüberstellung von BENNIES und geschätzten Opportunitätskosten, die den subjektiv empfundenen, monetären Ersatzwert von Leistungen repräsentieren, erhält man ein differenziertes Bild des subjektiven Nutzenkalküls (vgl. Abb. 5.16). Da es der ROBI-Methode um den "return on benefits investment" geht, muß ihr Ziel letztlich darin bestehen, die Effizienz einer Sozialleistung in einer Kosten-Nutzen-Rechnung zu erfassen: "Nur wenn das Verhältnis von subjektivem Wert und Kosten mindestens 1 beträgt, ist von einer höheren Wirtschaftlichkeit auszugehen, als durch die Auszahlung dieser Leistungen als Direktentgelt erzielt würde" (GRAWERT 1989, S. 150). Vor jeder Investition ist daher die Relation zwischen den subjektiven Kostenschätzungen der Beschäftigten und den Kostenbetrachtungen aus Sicht der Unternehmung zu prüfen, um zu einem optimalen Ergebnis zu kommen. Mit anderen Worten: Die beliebtesten Sozialleistungen sind nicht automatisch auch die effizientesten - vielmehr ist das günstigste Verhältnis aus objektiven Kosten und subjektiven Nutzen in Betracht zu ziehen. Zur Kritik an der ROBI-Methode vgl. GRAWERT (1989, S. 154f); zu den generellen Problemen der Implementierung von Cafeteria-Systemen s. SCHUSTER 1991b.

Kapitel 5

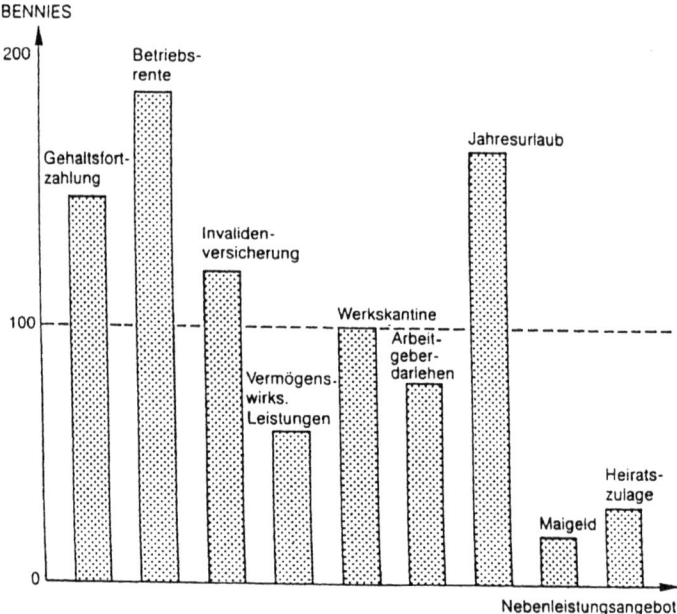

Abb. 5.15　Relative Präferenzen für betriebliche Nebenleistungen (aus: CISEK 1986, S. 46)

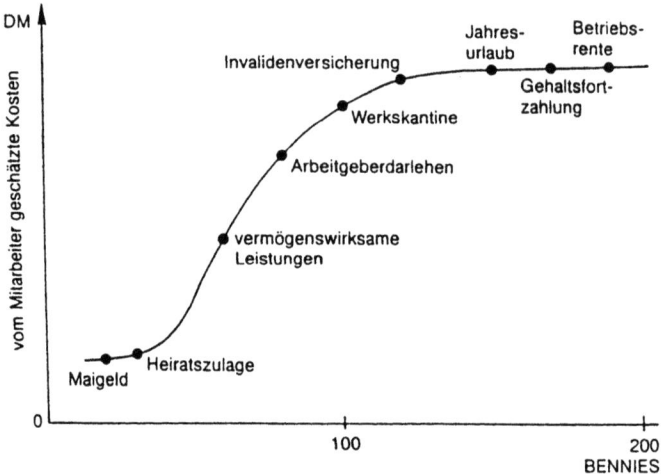

Abb. 5.16　Die kombinierte Wertigkeit von betrieblichen Nebenleistungen (aus: CISEK 1986, S. 48)

5.4.4.4 Kritische Stellungnahme aus kontrolltheoretischer Perspektive

Um ein erwünschtes Arbeitsverhalten herbeizuführen, kann das Management sowohl die äußeren Bedingungen der Leistungserstellung als auch die innere Bereitschaft der ArbeitnehmerInnen beeinflussen. Cafeteria-Systeme ändern die äußeren Bedingungen der Entlohnung, um damit die innere Bereitschaft der Beschäftigten zur Leistungsverausgabung zu steigern. Wirkungen, die den Cafeteria-Systemen in diesem Zusammenhang mit geradezu monotoner Regelmäßigkeit unterstellt werden, sind z.B.: Zunahme der Lohn- und Arbeitszufriedenheit, Verbesserung des Betriebsklimas, Rückgang von Absentismus und Krankenstand und Anhebung der Attraktivität des Unternehmens für potentielle BewerberInnen. Nach Auffassung von WÖRLE 1993 sind die weitreichenden motivationalen Effekte, die dem Cafeteria-System zugeschrieben werden, allerdings reine Spekulation. Der Autor zeigt vor dem Hintergrund einer motivationspsychologischen Analyse, daß eine ganze Reihe von Voraussetzungen erfüllt sein muß, damit das Cafeteria-System seine Anreizwirkung entfalten kann (vgl. auch WAGNER & GRAWERT 1991):

1) die MitarbeiterInnen müssen eine *Instrumentalität* zwischen ihrem Leistungsverhalten bzw. ihren Leistungsergebnissen und der Entlohnung wahrnehmen können (s. a. KOSSBIEL 1994, S. 84); wenn MitarbeiterInnen in den Genuß von attraktiven Entgeltpaketen kommen, ohne daß dieser Anreiz an das Erreichen bestimmter Leistungsstandards gekoppelt ist, besitzt die Handlungsalternative "weitermachen wie bisher" die höchste Valenz;

2) die geforderten Leistungsergebnisse müssen *bekannt*, *transparent* und *persönlich beeinflußbar* sein, damit die MitarbeiterInnen ihr Arbeitsverhalten danach ausrichten können;

3) das anvisierte Leistungsniveau muß für die MitarbeiterInnen *realistisch* angesetzt werden, da ansonsten Frustration und Resignation die Folge sein dürften,

4) Leistungssteigerungen müssen *meßbar* bzw. *überprüfbar* und eindeutig dem Cafeteria-System *zurechenbar* sein, damit die Behauptung von Motivationseffekten empirisch belegt werden kann - genau dieser Beweis ist in komplexen Organisationen jedoch kaum zu erbringen

Nach Ansicht von WÖRLE 1993 sind die tatsächlichen Auswirkungen von Cafeteria-Systemen nur schwer vorhersehbar, geschweige denn kalkulierbar. Diese Auffassung wird auch von anderen AutorInnen bestätigt: "Die Beziehung von Entlohnung und Leistung ist durch so viele Faktoren korrumpiert, daß es aus Management-Sicht ratsam erscheint, sie nicht übermäßig zu propagieren, weil man sie im Zweifelsfall überhaupt nicht belegen kann" (BORG & BERGERMAIER 1992, S. 648f). Wenn überhaupt Motivationseffekte erzielt werden können, dann vermutlich nur durch die Integration des Cafeteria-Systems in eine umfassende personalpolitische Konzeption, die explizite Leistungskriterien und -bezüge aufweist. Wenn es demnach schwierig ist, die vorteilhaften Folgen des Cafeteria-Systems für die Leistungserbringung der Beschäftigten unmittelbar und objektiv nachzuweisen, taucht die Frage auf, welche Gründe die Organisationen dennoch zur Einführung und Unterhaltung derartiger Anreizsysteme veranlassen.

Kapitel 5

Nach den Grundannahmen des TÜRKschen Organisationskonzepts (vgl. Kap. 1) und des Betriebsstrategischen Ansatzes (s. Abschnitt 3.3) müssen die Unternehmen ein objektives Interesse an der Erhaltung des Arbeitsvermögens haben, da seine Reproduktion eine wichtige Voraussetzung für die Aufrechterhaltung des Transformationsprozesses darstellt. Grobe Verletzungen des objektiven Interesses der ArbeitnehmerInnen an der Reproduktion ihrer Arbeitskraft, mit der die individuelle Teilhabe an den materiellen Existenzbedingungen gesichert werden kann, würden mit Einbußen im betrieblichen Leistungserstellungsprozeß erkauft und schwerwiegende Probleme für die Gesellschaft zur Folge haben. Daher sind die Betriebe gezwungen, Konzessionen zu machen und gewisse Beiträge an die Gesellschaft zu entrichten, um deren Funktionsfähigkeit und damit letztlich: deren Nachfrage nach produzierten Gütern und Dienstleistungen zu stabilisieren. Als Ergebnis der erzwungenen Rücksichtnahme lesen sich die Entgeltoptionen des Cafeteria-Ansatzes teilweise wie ein Reflex auf den vielfach attestierten gesellschaftlichen Wertewandel (STENGEL 1991; VON ROSENSTIEL, NERDINGER & SPIEß 1991):

- *Lebensgenuß und Selbstentfaltung*: die ArbeitnehmerInnen werden an der Gestaltung des Cafeteria-Systems beteiligt (Partizipation) und können die Zusammensetzung ihres Entgelts selbst bestimmen (Entscheidungsfreiheit); über entsprechende Angebote können zudem die persönliche Entfaltung und Entwicklung unterstützt werden (z.B. Fortbildungsangebote, Sprachkurse im Ausland, Clubmitgliedschaften usw.); Fort- und Weiterbildungsmaßnahmen sichern über den Ausbau des individuellen Qualifikationsniveaus langfristig die Erhaltung der Arbeitsmarkttauglichkeit;

- *Freizeit*: die Aufnahme von Zeitkomponenten in das Cafeteria-System ermöglicht den MitarbeiterInnen eine flexiblere Arbeitszeitgestaltung; durch Geld-Zeit-Verrechnungen können kürzere Arbeitszeiten oder mehr Urlaubstage gewonnen werden, mit denen die Chance zur Regeneration in der Privatsphäre anwächst;

- *Gesundheit*: mit dem Angebot von Sportmöglichkeiten, Kururlauben, werksärztlichen Vorsorgeuntersuchungen, Seminaren für gesunde Ernährung, Streßbewältigung, Gewichtskontrolle, Raucherentwöhnung usw. kann im Cafeteria-Modell dem gewachsenen Gesundheitsbewußtsein in der Arbeitnehmerschaft Rechnung getragen werden;

- *Emanzipation der Frau*: die Mehrfachbelastungen von Frauen können in Cafeteria-Systemen dadurch abgemildert werden, daß man Optionen wie einen Betriebskindergarten oder Betriebshort mit Schulaufgabenüberwachung sowie das Angebot von Haushaltshilfen vorsieht.

Aus einer kontrolltheoretischen Perspektive ist auffällig, daß das Management mit der Anwendung von Cafeteria-Systemen einen Teil seines Steuerungspotentials an die ArbeitnehmerInnen delegiert. Teilweise deshalb, weil die Entscheidung über die Aufnahme bestimmter Entgeltoptionen - auch bei partizipativen Vorgehensweisen wie der ROBI-Methode - letztlich beim Management verbleibt und die Wahl der ArbeitnehmerInnen durch die Setzung von Verrechnungspreisen erheblich manipuliert werden kann. Zudem kann das Management die Forderungen der Belegschaft nach quantitativen Lohnerhöhungen unter Zuhilfenahme des Cafeteria-Systems mit dem Hinweis auf die gewachsene Qualität der Entgelte abdämpfen. Dennoch: Es werden Spielräume zur Gestaltung individueller, bedürfnisgerechter Entgeltstrukturen eröffnet, die zwar keinen Kontrollverlust, aber doch zumindest einen Wandel der Kontrollformen bedeuten. Cafeteria-Systeme ermöglichen die Abstimmung des Entgeltsystems auf die jeweiligen Bedürfnisprofile der ArbeitnehmerInnen, die Anpassung an sich wandelnde Bedürfnisse durch die periodisch wiederkehrende Wahl, die Maximierung des subjektiven Nutzens durch die individuelle Zusammenstellung eines Menüs usw. und symbolisieren damit unternehmensseitiges Entgegenkommen. Mit dem Einsatz des Cafeteria-Systems demonstriert das Management, daß es sich wohlwollend um die Beschäftigten kümmert und auf deren Interessen, Ängste und Sorgen eingeht. Es wird "Zeugnis von der Mitarbeiter- orientierung des Unternehmens" (FREIMUTH 1988, S. 604) abgelegt, den MitarbeiterInnen mithin das Gefühl vermittelt, "... daß das Unternehmen nicht nur den Produktions- und Kostenfaktor 'Mensch' sieht, sondern auch Anlaufstelle in sozialen Notfällen ist und Beratungsdienste erbringt" (DIBBERN 1988, S. 593). Der Betrieb wird so "... entgegen dem Vorwurf frühkapitalistischer blutsaugerischer Ausbeutung ein Hort der Fürsorge und sozialen Verantwortung" (NEUBERGER & KOMPA 1987, S. 111). Die ideologischen Funktionen, die das Cafeteria-System auf diese Weise bedient, prägen es zu einem sozialtechnischen Steuerungsinstrument: "Oberflächlich gesehen berücksichtigt das Anreizsystem natürlich die Bedürfnisse und Wünsche der Individuen und zielt darauf ab, Zufriedenheit bei den MitarbeiterInnen zu schaffen. Dies jedoch nicht um der Individuen selbst willen, sondern von der Intention her als Transmissionskraft zur Zielerreichung des Unternehmens" (HAGEN 1985, S. 67). Der sozialtechnischen Argumentation folgend sind für das Unternehmen insbesondere solche Entgeltoptionen attraktiv, die den MitarbeiterInnen durch die Einräumung monetärer Steuervorteile "goldene Fesseln" anlegen und sie durch emotionale Selbstverpflichtung an das Unternehmen binden. Neben der Nutzung von Firmenwagen (JÄGER 1988) und Direktversicherungen (EVERS 1988) gehören dazu vor allem:

- *die betriebliche Altersversorgung*: Betriebsrente und "deferred compensation" haben für die Unternehmung außerdem den strategischen Vorteil, daß sie sich liquiditätsfördernd auswirken, weil die finanziellen Mittel über längere Zeit im Betrieb bleiben;
- *zinsgünstige ArbeitgeberInnen-Darlehen*: sie bringen gegenüber den MitarbeiterInnen ein besonders hohes Ausmaß an Vertrauen zum Ausdruck, da das Rückzahlungsrisiko bei den ArbeitgeberInnen liegt (WAGNER & GRAWERT 1988);
- *Kapitalbeteiligungen*: "Wenn die Mitarbeiter die Unternehmensverfassung akzeptieren und die Interessen von Mitarbeitern und Aktionären sich treffen, verbessert sich auch das Klima der Zusammenarbeit im Unternehmen deutlich. [...] Sie [die Belegschaftsaktie; P.S.] soll Mitarbeiter motivieren, sich für das Unternehmen zu engagieren" (SCHUSTER 1988, S. 608).

5.4.5 Beteiligungssysteme

5.4.5.1 Definition und Einordnung von Beteiligungssystemen

In den Sechziger Jahren befanden sich 70% des Eigentums an den gewerblichen Unternehmen in nur 1,7% der privaten Haushalte (ZANDER 1990, S. 380). Angesichts dieser offenkundigen Schieflage wurde in jener Zeit im Rahmen der betrieblichen und staatlichen Sozialpolitik erstmals das Thema der Vermögensbildung in ArbeitnehmerInnen-Hand diskutiert. Erste Ansätze strebten nach der Bildung von Geldvermögen sowie von Haus- und Grundbesitz, während sich das Interesse mit Beginn der Siebziger Jahre immer mehr auf die Beteiligung der ArbeitnehmerInnen am Produktivkapital verlagerte[14].

"Beteiligungssystem" ist heute ein Oberbegriff für verschiedene Verfahren, "die den MitarbeiterInnen auf einer im voraus festgelegten Bemessungsgrundlage über die normal gewährten Entgelte hinaus Anteile an einer gesamtbetrieblichen Erfolgsgröße zusichern" (PFEIFFER, DÖRRIE & STOLL 1977, S. 275). Ein Beteiligungssystem setzt sich aus *Eigenleistungen* der ArbeitnehmerInnen, *staatlichen Leistungen* sowie *betrieblichen Leistungen* zusammen. Staatliche Anreize werden durch die im Vermögensbildungs- und Einkommensteuergesetz vorgesehene Vermögensbildung in Form von Steuerbegünstigungen und Arbeitnehmer-Sparzulagen geboten. Daß dieser Anreiz nicht zu unterschätzen ist, zeigt die Untersuchung von GUSKI & SCHNEIDER 1994: Während vom 1984 in Kraft getretenen § 19a EStG ein erheblicher Impuls auf die Absicht zur und den Umfang der betrieblichen Vermögensbeteiligung ausging, ist mit der Einschränkung des Förderumfangs seit 1. Januar 1994 (Absenkung der steuerfreien Zuwendung von 500,-- auf 300,-- DM) ein spürbarer Rückgang des Interesses an betrieblichen Beteiligungen zu verzeichnen.

5.4.5.2 Beteiligungsformen

Die *Beteiligungsformen* an der betrieblichen Leistung können freiwillig vs. vertraglich gebunden, direkt vs. indirekt sowie erfolgsabhängig vs. -unabhängig sein. Von *freiwilligen* vs. *vertraglichen* Leistungen zur Vermögensbildung spricht man je nachdem, ob ein Unternehmen solche Leistungen aus freien Stücken erbringt oder sich vertraglich dazu verpflichtet hat. Mit *direkter* Beteiligung ist gemeint, daß zwischen den einzelnen ArbeitnehmerInnen und dem arbeitgebenden Unternehmen separate (wenn auch gleichlautende) Verträge geschlossen werden (z.B. zum Erwerb von Gesellschaftsanteilen oder von schuldrechtlichen Forderungen gegenüber dem Unternehmen). *Indirekt* ist die Beteiligung hingegen dann, wenn zwischen die MitarbeiterInnen und dem arbeitgebenden Unternehmen eine Institution, ein Pool bzw. ein Sammelbecken für das MitarbeiterInnen-Kapital eingeschoben wird. In diesem Fall bestehen Einzelverträge nur zwischen den MitarbeiterInnen und der Institution,

---

[14] Zum Umfang und zur Verbreitung der Vermögensbeteiligung in der BR Deutschland vgl. GUSKI & SCHNEIDER 1987.

welche die Einlagen der MitarbeiterInnen im Sinne einer "Treuhand" verwaltet und an das arbeitgebende Unternehmen in *einem* Vertrag weiterleitet. Die ArbeitnehmerInnen-Gesellschaft, in der die einzelnen Beteiligungen gebündelt werden, hält dann bestimmte Anteile am arbeitgebenden Unternehmen, während die Beschäftigten nur noch als GesellschafterInnen der Beteiligungsgesellschaft auftreten. Bei einer *erfolgsunabhängigen* betrieblichen Leistung wird den Beschäftigten pro Ausschüttungsperiode (z.B. jährlich) ein gleicher und in der Höhe festgelegter Betrag pro Kopf gewährt (Beispiel: die tarifvertraglich vereinbarte vermögenswirksame Leistung nach dem Vermögensbildungsgesetz). Die *erfolgsabhängige* Beteiligung hingegen führt bestimmte Bemessungsgrundlagen ein, mit denen die Teilhabe am betrieblichen Erfolg reguliert werden soll.

5.4.5.3 Bemessungsgrundlagen, Beteiligungs- und Verteilungsquote

Die wichtigsten *Bemessungsgrundlagen* sind Leistung, Ertrag und Gewinn, mit deren Anwendung verschiedene Vor- und Nachteile einhergehen, die teilweise schon in Abschnitt 5.4.2.3.2 (Tantiemebasen) andiskutiert wurden. Für die *Leistungsbeteiligung* ist nicht - wie bei der Leistungsbeurteilung - die individuelle Leistung einzelner ArbeitnehmerInnen ausschlaggebend, sondern die Gesamtleistung aller MitarbeiterInnen, die in die Beteiligung einbezogen werden (Belegschaft, Abteilung, Arbeitsgruppe etc.). Da die Leistungsbeteiligung (z.B. auf der Basis von Kosteneinsparungen, Produktivitätskennziffern) völlig unabhängig von Markteinflüssen erfolgt, wird die Vergabe von Erfolgsanteilen auch dann fällig, wenn die Gewinn- und Verlustrechnung zu "roten Zahlen" führt. Außerdem ist die Konzeption und Verwaltung von Leistungsbeteiligungssystemen in der Praxis sehr aufwendig, weil detaillierte Ausführungsbestimmungen und permanente Anpassungsänderungen erforderlich sind. Bei einer *Ertragsbeteiligung*, die im allgemeinen in Form einer Umsatzbeteiligung realisiert wird, ist eine positive Umsatzentwicklung nicht zwangsläufig mit einem wachsenden Gewinn verbunden. Neben der Tatsache, daß ein höherer Umsatz mit überproportional hohen Kosten erwirtschaftet werden kann, liegt ein weiteres Problem der Ertragsbeteiligung in der mangelhaften Rückführbarkeit von Umsatzsteigerungen auf die Leistung der Beschäftigten (alternative Erklärung z.B.: Nachfrageschwankungen). Aus den genannten Gründen hat sich in der Praxis die Gewinnbeteiligung weitgehend durchgesetzt, deren Vorzüge ZANDER (1990, S. 389) wie folgt zusammenfaßt:"

- Ein Gewinnanteil für die Mitarbeiter wird erst fällig, wenn 'schwarze Zahlen' geschrieben werden
- Im Gewinn schlagen sich Leistung und Markterfolg gleichermaßen nieder.
- Gewinnbeteiligungssysteme sind im Vergleich zu Verfahren der Leistungs- und Ertragsbeteiligung einfach, überschaubar und benötigen nahezu keinen Änderungsdienst.
- Die bei Gewinnbeteiligungssystemen zu lösenden Verteilungsprobleme sind letztlich Verhandlungs- und Kompromißlösungen, deren Konfliktpotential nicht allzu hoch einzustufen ist."

Kapitel 5

Was zur Verhandlung bzw. Vereinbarung ansteht, sind Beteiligungs- und Verteilungsquoten. Über die *Beteiligungsquote* wird das Ausmaß bestimmt, in dem die Beschäftigten am Erfolg des Unternehmens partizipieren sollen, wobei im allgemeinen paritätische Lösungen angestrebt werden. Die *Verteilungsquote* macht Aussagen darüber, auf welche Art und Weise der in der Beteiligungsquote festgelegte Prozentsatz (z.B. 50% des Gewinns) an die MitarbeiterInnen vergeben wird. Die Zuweisung kann *kollektiv* für alle Beschäftigten des Unternehmens, z.B. durch Rückstellungen in die Pensionskasse, oder auch *individuell* erfolgen. Bei individueller Zuweisung können wiederum Leistungs- und/oder Sozialprinzipien die konkrete Umsetzung anleiten. Eine leistungsorientierte Zuweisung basiert aus Gründen der einfachen Handhabbarkeit meistens auf der aktuellen Lohn- bzw. Gehaltshöhe (als Kriterium der "Leistung") oder - seltener - auf den Ergebnissen der Leistungsermittlung bzw. -beurteilung. Individuelle Zuweisungen, die sich am Sozialprinzip orientieren, beruhen entweder auf dem egalitären Modus (Aufteilung nach "Köpfen" unabhängig von hierarchischer Stellung bzw. Einkommen) oder berücksichtigen die unterschiedlichen "Investitionen", die von den ArbeitnehmerInnen in der Vergangenheit für den Betrieb getätigt wurden (z.B. Dauer der Betriebszugehörigkeit, Anwesenheitsdauer in der Abrechnungsperiode).

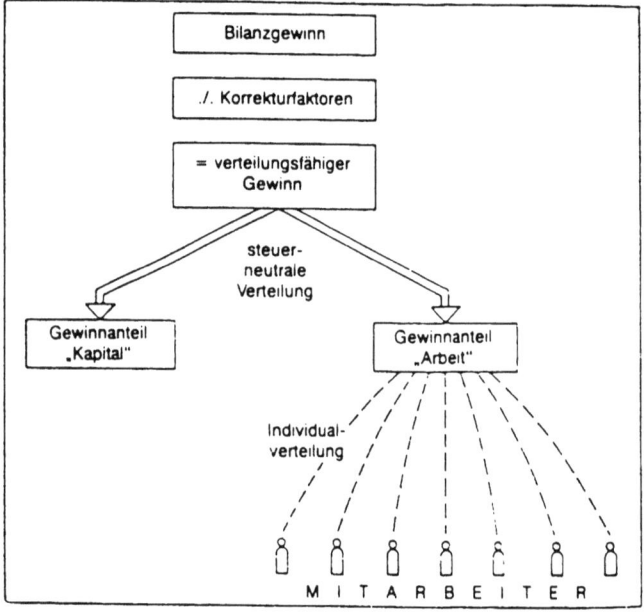

Abb. 5.17 Schematische Darstellung der Gewinnbeteiligung (nach ZANDER 1990, S. 390)

In Abb. 5.17 sind die Grundzüge eines Gewinnbeteiligungsverfahrens skizziert. Für die Berechnung des Gewinns ist in aller Regel die Steuerbilanz maßgeblich. Der sog. "verteilungsfähige" Gewinn ergibt sich durch ein Korrekturverfahren, bei dem vom Bilanzgewinn noch vor der Verteilung bestimmte Positionen abgezogen werden: Eigenkapitalverzinsung, Verzinsung stiller Reserven, Risikoprämien, Unternehmerlohn usw. Welche Korrekturfaktoren zum Gegenstand einer Vereinbarung mit den ArbeitnehmerInnen gemacht werden, hängt von den strategischen Zielsetzungen des Unternehmens sowie den jeweiligen betrieblichen Verhältnissen ab. Erst danach wird in zwei aufeinanderfolgenden Schritten die Frage der Gewinnaufteilung geklärt: Zunächst werden die jeweiligen Gewinnanteile von "Kapital" und "Arbeit" ermittelt (Beteiligungsquote), dann wird bestimmt, wie der Gewinnanteil "Arbeit" auf die einzelnen MitarbeiterInnen verteilt werden kann (Verteilungsquote). Ein Fallbeispiel der praktischen Umsetzung eines Gewinnbeteiligungssystems ist dem Beitrag von KIRSTGES 1993 zu entnehmen. KAISER 1995 stellt ein sozialintegratives Modell der Erfolgsbeteiligung vor, das die budgetierten Kostenziele der Deckungsbeitragsrechnung als Bemessungsgrundlage heranzieht und die während des Beteiligungsvorgangs ablaufenden kommunikativen Verständigungsprozesse betont.

5.4.5.4 Beteiligungsarten

Die wichtigsten *Beteiligungsarten* sind (vgl. STEINMANN, MÜLLER & KLAUS 1982, S. 122; ZANDER 1990, S. 391; s. Abb. 5.18):

- *Darlehen*: sie sind zwar frei und relativ einfach gestaltbar, allerdings mit dem Nachteil behaftet, daß sie dem Unternehmen keine Erhöhung der Eigenkapitalbasis ermöglichen - langfristiges Fremdkapital wird stattdessen im Tausch gegen Zinsleistungen erworben (CORSTEN 1995, S. 179);

- *Schuldverschreibungen (Obligationen)*: sie erlauben die Beschaffung langfristigen Fremdkapitals durch die Ausgabe von Wertpapieren, die verzinst, prämiert und/oder auf dem Kapitalmarkt gehandelt werden können (vgl. CORSTEN 1995, S. 677) - aufgrund ihrer schwerfälligeren Handhabung spielen sie im Vergleich zu Darlehen in der Praxis nur eine untergeordnete Rolle;

- *Genußscheine*: sie begründen Vermögens- bzw. Gläubigerrechte, allerdings keine der für Aktien typischen Mitgliedsrechte (LANG 1995, S. 38) und kommen damit im Ergebnis einer stimmrechtslosen Vorzugsaktie gleich - das bedeutet, daß die InhaberInnen von Genußscheinen neben der Chance zur Gewinnbeteiligung auch das Risiko des Kapitalverlustes tragen müssen, ohne Einfluß auf die Geschäftspolitik nehmen zu können;

- *stille Beteiligungen*: bei ihnen geht die Einlage der Beschäftigten in das Vermögen des Unternehmens über (vgl. HAGER 1995, S. 917), die Beschäftigten werden umgekehrt am Gewinn und, je nach vertraglicher Regelung, auch am Verlust beteiligt - neben den Darlehen eine weitere häufig angewandte Art der ArbeitnehmerInnen-Kapitalbeteiligung;

- *Belegschaftsaktien*, die zu einem Vorzugskurs an die Belegschaftsmitglieder ausgegeben werden, stellen - insb. für Großunternehmen - unter betriebswirtschaftlichen, gesellschafts- und steuerrechtlichen Aspekten das Optimum der Kapitalbeteiligung dar. Die

EigentümerInnen der Belegschaftsaktie erwerben ein Teilhaberrecht an der Gesellschaft und in der Höhe des Nennwertes einen Anteil am Grundkapital (vgl. LANG 1995, S. 35).

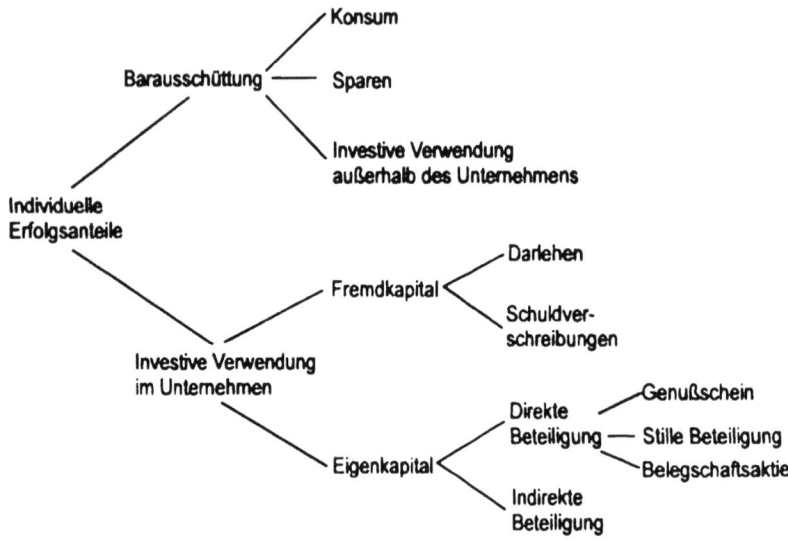

Abb. 5.18 Gestaltungsoptionen der Verwendung individueller Erfolgsanteile (in Anlehnung an STEINMANN, MÜLLER & KLAUS 1982, S. 122)

Andere Beteiligungsarten, z.B. in der Form des Gesellschafters/der Gesellschafterin einer OHG oder KG, scheiden schon allein deswegen aus, weil die Beschäftigten ihr gesamtes Einkommen als Einkünfte aus Gewerbebetrieb versteuern müßten. Die Beteiligung als GmbH-GesellschafterIn scheitert im allgemeinen daran, daß die GmbH in ihrer unternehmerischen Verfassung auf einen beschränkten, konstanten Kreis von GesellschafterInnen ausgerichtet ist. Allerdings beginnt man im Falle der Führungskräfte zunehmend, über weitreichendere Beteiligungsarten nachzudenken (vgl. ZANDER 1990, S. 395ff). Bei Führungskräften kann man davon ausgehen, daß sie eine Beteiligung am Unternehmenskapital aus eigenen Mitteln bestreiten werden, weil für sie eine wichtige Motivationsquelle der Kapitalbeteiligung in der Erhöhung des Sozialprestiges liegt. Für diesen Personenkreis wird daher in Erwägung gezogen, auch größere Geschäftsanteile (z.B. Aktienpakete, Anteile an einer GmbH, Kommanditistenstellung) als Beteiligung zu vergeben - Darlehen kommen weniger in Frage, weil sich die Unternehmung damit zu sehr vom Goodwill der Führungskräfte abhängig machen würde.

5.4.5.5 Kritische Stellungnahme aus kontrolltheoretischer Perspektive

Bei einer Vermögensbeteiligung werden die betrieblichen Zusatzleistungen im allgemeinen nicht in Form finanzieller Mittel an die MitarbeiterInnen ausgeschüttet (obwohl dies in Abb. 5.18 prinzipiell - aus analytischen Gründen - vorgesehen ist), sondern zweckgebunden zur (Re-)Investition in das Unternehmen zur Verfügung gestellt. Durch die Implementierung von Beteiligungssystemen sollen die Beschäftigten offensichtlich dazu veranlaßt werden, den gesamten betrieblichen Leistungserstellungsprozeß mit größerer Anteilnahme zu beobachten, stets das Interesse des Gesamtunternehmens im Auge zu behalten und das eigene Kosten- und Ertragsbewußtsein zu schärfen. Mit anderen Worten: Die Beschäftigten werden zum sog. "mitunternehmerischen" Handeln erzogen, was die Beteiligungssysteme deutlich als sekundäre Verfahren der Lohngestaltung hervortreten läßt. Die vordergründig sozial motivierte, von der Idee der Partnerschaft inspirierte Beteiligung der Beschäftigten am Unternehmenskapital dient hintergründig dazu, weitere Motivations- und Leistungsanreize im Betrieb zu verankern (man denke hier nur an die genannten Bemessungsgrundlagen: Leistung, Ertrag, Gewinn). Diese Tatsache kann von den Gewerkschaften natürlich nicht widerspruchslos hingenommen werden. Sie stehen der betrieblichen Vermögensbeteiligung seit jeher skeptisch gegenüber, weil aus ihrer Sicht den ArbeitnehmerInnen kein zusätzliches Einkommen, sondern lediglich Leistungen gewährt werden, die ansonsten als Ausgleich anderweitig erbracht worden wären (z.B. als eine der oben referierten Nebenleistungen). Außerdem monieren die Gewerkschaften das mit der Vermögensbeteiligung verbundene doppelte Risiko für die ArbeitnehmerInnen, im Konkursfall nicht nur den Arbeitsplatz, sondern auch die Kapitalanlage zu verlieren. Die Gewerkschaften vermissen einen tatsächlichen Zuwachs an politischem Einfluß im Betrieb und werfen den Unternehmen vor, daß sie lediglich ihre Liquidität auf Kosten der ArbeitnehmerInnen und des Staates erhöhen wollen. Damit würden die Mobilität, wichtige Schutzrechte und die Mitbestimmung der ArbeitnehmerInnen untergraben. Daher plädieren die Gewerkschaften für die Einrichtung einer überbetrieblichen Vermögensbeteiligung, "um der zunehmenden Konzentration des Produktivvermögens und der damit verbundenen Zusammenballung wirtschaftlicher Macht entgegenzuwirken" (ZANDER 1990, S. 385). In diesem Zusammenhang darf man allerdings nicht vergessen, daß auch die Gewerkschaften einen Interessenstandpunkt zu vertreten haben, der mit dem der ArbeitnehmerInnen nicht automatisch oder ausschließlich deckungsgleich sein muß. Wenn die ArbeitgeberInnen wirklich uneigennützige Beteiligungsformen entwickeln und zur Zufriedenheit aller anwenden würden: Den Gewerkschaften würde der Boden für ihr politisches Mandat und damit letztlich die Existenzberechtigung entzogen! So betrachtet leben die Gewerkschaften vom permanenten institutionalisierten Konflikt zwischen Arbeitnehmer- und Arbeitgeberschaft. Der mit den Beteiligungssystemen zur Schau gestellte Schulterschluß zwischen Arbeitgeber- und ArbeitnehmerInnen muß die Gewerkschaften betroffen machen, weil es nicht zuletzt um den Fortbestand ihrer eigenen Organisationsform geht.

5.5 Ausblick: Aktuelle Entlohnungstrends und Kontrolle

Abschließend sollen die in diesem Kapitel an verschiedenen Stellen angesprochenen, wichtigsten Trends der Entlohnung nochmals über alle Beschäftigtengruppen (ArbeiterInnen, T- und AT-Angestellte, BeamtInnen) hinweg zusammengefaßt und in einem Ausblick für die '90-er Jahre - auch aus kontrolltheoretischer Perspektive - resümiert werden (s.a. HROMADKA 1995; STAEHLE 1994; WEBER 1993; HETTINGER & WOBBE 1993; ZANDER 1990):

- Die *"Leistung"* gewinnt innerhalb des Entlohnungskalküls - sowohl was den propagierten Leistungswert als auch die konkrete Gestaltung von Entlohnungssystemen angeht - in der privaten Wirtschaft und im öffentlichen Dienst zunehmend an Bedeutung. Es wird vermehrt nach sachlichen Kriterien der Leistungserstellung (Tätigkeitsbeschreibungen, Funktionen, Anforderungen, Qualifikationen, Beurteilungsmaßstäben usw.) gesucht, so daß überkommene Hierarchien in verstärktem Ausmaß Konkurrenz durch personalbezogene Verwertungs- und Rentabilitätsüberlegungen erhalten. Mittlerweile erscheint es durchaus akzeptabel, wenn hierarchisch niedriger stehende MitarbeiterInnen mehr verdienen als ihre Vorgesetzten, solange diese Unterschiede durch Leistung zu rechtfertigen sind. Für die Leistungsbewertung werden künftig mehr und neuartige Leistungsmerkmale und -kennzahlen zur Verfügung stehen (Einschluß von Qualifikations- und Verhaltensmerkmalen; differenzierte Systeme der Zielsetzung; weitere betriebswirtschaftliche Kennziffern, z.B. Deckungsbeitrag);

- es zeigt sich ein deutlicher Trend zur *Flexibilisierung* und *Individualisierung* der Einkommen, insb. bei den AT-Angestellten: mit einem breiten, variablen Kompensationsspektrum, das auch nicht-monetäre und teilweise ideelle Anreize einschließt, versucht man die Leistungsmotivation der Beschäftigten anzustacheln. Aber auch bei den ArbeiterInnen wird deutlich, daß die Tarifpolitik in den Tarifverträgen zukünftig nur noch eine Mindestabsicherung durch Entgeltgruppenbeschreibungen und Tätigkeitsbeispiele vorsieht, während paritätische Kommissionen in den Betrieben die konkrete Einstufung der MitarbeiterInnen vornehmen sollen. Mit vereinfachten Entlohnungssystemen, weniger Lohngruppen und der Verwendung abstrakter Funktions- bzw. Qualifikationsbilder möchte man erreichen, daß für die konkrete Ausgestaltung und zur Anpassung an die betrieblichen Gegebenheiten mehr Spielraum bleibt. Moderne Flächentarifverträge werden daher nach einstimmiger Meinung der Tarifvertragsparteien nur noch einen Gestaltungsrahmen anbieten, während die Ausarbeitung von Entlohnungsmethoden betriebsspezifisch erfolgt und in Betriebsvereinbarungen festgelegt wird;

- mit dem Trend zu vereinfachten Entlohnungsformen geht auch die Aufhebung der traditionellen Unterscheidung von *"ArbeiterInnen"* und *"Angestellten"* einher. Die Entwicklung einheitlicher Systeme der Entgeltfindung für ArbeiterInnen und Angestellte, deren Aufbau sich an den geltenden Bestimmungen des Angestelltenverhältnisses orientiert, wird wohl nicht mehr lange auf sich warten lassen: auch die ArbeiterInnen werden dann für eine tariflich festgelegte Zeit ein Gehalt beziehen und darüber hinaus entsprechende Leistungs-, Markt- und Sozialzulagen erhalten;

- die *analytischen* Arbeitsbewertungssysteme erweisen sich - zumindest im Bereich der gewerblichen Produktion - zunehmend als überholt und veraltet, zumal sich in den letzten Jahren keine "Kultur" zur Aktualisierung und Anpassung der Bewertungsschemata an die veränderten Bedingungen des Arbeitsprozesses entwickelt hat; demgegenüber gewinnen die *summarischen* Verfahren an Bedeutung, weil sie auf die Dynamik moderner Arbeits-

systeme toleranter und flexibler reagieren können. Diese Aussage kann zwar auf den Angestelltenbereich nicht uneingeschränkt übertragen werden, aber auch hier deuten sich erste Tendenzen an;
- aufgrund der gewandelten Arbeitsstrukturen und des Rückgangs der vom arbeitenden Menschen beeinflußbaren Zeiten innerhalb hochmechanisierter Fertigungsprozesse verliert der *Akkordlohn* immer mehr an Bedeutung und wird zunehmend durch den *Prämienlohn* ersetzt;
- die Entlohnung wird mehr und mehr zum Gegenstand eines *strategischen Managements*: Kompensationssysteme sollen auf strategische Zielsetzungen der Organisationen zugeschnitten werden und diese lohnpolitisch unterstützen. Durch die Ausrichtung auf die Belange strategischer Geschäftseinheiten büßt das Entlohnungssystem zwar seine innere Homogenität ein; andererseits sind im hauptsächlich betroffenen AT-Bereich und durch die Eröffnung von Freiheitsgraden im T-Bereich ("Flächentarifverträge") zunehmend Spielräume gegeben, die zur Umsetzung strategischer Ziele genutzt werden können. In diesem Zusammenhang ist abzusehen, daß dem Linienmanagement wieder mehr gehaltspolitische Verantwortung übertragen wird;
- *Vermögens-, Kapital- und Erfolgsbeteiligungen*, die in den letzten Jahren im Kommen waren und sich als Motivationsinstrumente auch zu bewähren schienen, haben durch die Gesetzesnovelle vom 1. Januar 1994 einen starken "Dämpfer" erhalten; man wird wohl abwarten müssen, wie die Organisationen und ihre Beschäftigten diesen Rückschlag verarbeiten.

Aus kontrolltheoretischer Perspektive wird deutlich, daß tarifpolitische Vereinheitlichungstendenzen einerseits und betriebliche Flexibilisierungs- und Individualisierungstrends andererseits den gesamten Bereich der Lohngestaltung durchdringen und in einer Weise zusammenwirken, die zweifellos Gestaltungsspielräume für sekundäre Formen der Entlohnung eröffnet. Allerdings werden diese Spielräume zur Anwendung indirekter, sozialtechnischer Einflußnahme bei den verschiedenen Beschäftigtengruppen unterschiedlich stark genutzt. Je höher man in der Hierarchie und im Ansehen der Berufe nach oben steigt, desto größer scheint auch das Entgegenkommen der Organisationen zu sein, die strikte Kontrolle zu lockern und die Beschäftigten stattdessen "an der langen Gehaltsleine" zur Verausgabung ihrer Arbeitskraft zu führen. Während man bei den ArbeiterInnen beispielsweise noch kaum auf die Verbreitung der Pensumlöhne stößt, die einen Vertrauensvorschuß seitens der Organisationen erfordern, gilt es bei den Angestellten und BeamtInnen schon seit langem als selbstverständlich, das Gehalt im Voraus zu entrichten. Die Vergabe betrieblicher Zusatzleistungen, ein deutliches Indiz sekundärer Entlohnungspraxis, wird bei den ArbeiterInnen mit dem Hinweis auf die hohen Arbeitskosten stets vom Damoklesschwert der Kürzung überschattet, darüber hinaus die längst gesichert geglaubte Errungenschaft des Verzichts auf Sonntags- und Feiertagsarbeit wieder zur Disposition gestellt. Gleichzeitig können sich die AT-Angestellten im Rahmen von Cafeteria-Systemen wie in einem Supermarkt der Zusatzleistungen selbst bedienen, weil sich die Organisationen die Befriedigung von Status- und Prestigebedürfnissen gerne etwas kosten lassen. Einerseits bemühen sich die REFA-Leute mit quasi-wissenschaftlichen Methoden, im Produktionsbereich ein engmaschiges Netz von Leistungskontrollen zu installieren, mit dem auch subtilste Leistungsquäntchen objektiv gemessen und gegeneinander verrechnet werden können, um relative Leistungsunterschiede "gerecht" zu entlohnen. Andererseits herrscht bei der Vergütung des "dispositiven Faktors" ein Ausmaß an Großzügigkeit und Indifferenz vor, das seinesgleichen sucht: Wenn es aus taktischen oder strategischen Gründen notwendig erscheint, eine renommierte Führungskraft anzuwerben oder "bei der Stange zu halten", muß man sich - Rationalität hin oder her - durch die Zahlung entsprechender Marktzulagen spendabel erweisen. Geheimhaltung hilft notfalls da, wo Ungerechtigkeiten nicht anders zu verbergen sind. Und schließlich das Thema der Erfolgsbeteiligung: Während es bei den ArbeiterInnen offenbar der Unterstützung des Gesetzgebers bedarf, um Kapital- und Vermögensbildungsprozesse (z.B. auf dem Wege der bescheidenen Sammlung von Belegschaftsaktien) anzuregen, ist die Erfolgskomponente bei den AT-Angestellten längst ein fester Bestandteil des Gehaltssystems, der das Ausmaß des Grundgehalts nicht selten übersteigt. In einer Untersuchung der Hewitt Associates aus dem Jahre 1994 liest sich die Verteilung der erfolgsabhängigen Bezüge in Deutschland daher wie eine soziologische Bestandsaufnahme gesellschaftlicher Ungleichheit: "Bei den begünstigten Arbeitnehmergruppen lagen hier die Mitglieder der Geschäftsführung an der Spitze (83%), gefolgt von den Führungskräften der anderen Ebenen (76%), den außertariflich angestellten Arbeitnehmern (51%) und den tariflich angestellten Mitarbeitern (10%). Bei den gewerblichen Arbeitnehmern sind Bonuszahlungen selten anzutreffen" (PERSONAL 1995, 6, S. 275). Für das Jahr 1995 wird sogar eine Polarisierung der Verteilung vorausgesagt: "Für den Bereich der Geschäftsführung und der Führungskräfte der darunter liegenden Führungsebenen wird eine Erhöhung des Anteils der Bonuszahlungen erwartet. Für den Bereich der anderen Arbeitnehmer erwarten die befragten Unternehmen dagegen einen Rückgang des Anteils der Bonuszahlungen am Grundgehalt" (PERSONAL 1995, 6, S. 276). Die alljährlichen Erhöhungen der Grundbezüge, die im allgemeinen mit Leistungssteigerungen erklärt werden, runden das entstehende Bild ab: "Am häufigsten erhalten die außertariflich angestellten Arbeitnehmer leistungsbedingte Erhöhungen. Ihr Anteil liegt bei 93%. Danach folgen die Führungskräfte der höheren Führungsebenen mit 74% [...] Der Anteil der tariflich angestellten Arbeitnehmer fällt mit 36% deutlich ab, und gewerbliche Arbeitnehmer erhalten nur zu einem geringen Teil leistungsbedingte Entgelterhöhungen" (PERSONAL 1995, 6, S. 275). Derartig gravierende Entlohnungsunterschiede ausschließlich auf Leistung zurückführen zu wollen, erscheint geradezu absurd. Solange die Arbeitnehmer "ganz oben" allerdings etwa einhundert Mal mehr verdienen als die ArbeitnehmerInnen "ganz unten", darf man sich über solche Absurditäten nicht wundern. Sie zeigen vielmehr, um in TÜRKs Diktion zu bleiben, daß nicht nur die Leistungsdimension und damit die Verwertungslogik bestimmen, wer wieviel bekommt. Auch wenn der Gedanke der Leistungsgerechtigkeit immer mehr in den Vordergrund der lohnpolitischen Diskussion rückt, darf man darüber nicht vergessen, daß mit der Vergütung immer auch Interessen der Herrschaftssicherung verfolgt werden. Da die Kooperation der Beschäftigten nicht urwüchsig-anarchisch erfolgen darf, sondern in organisierter und das heißt letztlich: konditionierter und kontrollierter Weise vonstatten gehen muß, ist Herrschaft zur Steuerung des Arbeitsprozesses unabdingbar. Daher drückt sich in einem existierenden Lohngefüge immer auch aus, wie wichtig Herrschaft für den Bestand von Organisationen und der durch sie vermittelten Produktionsprozesse ist. "Divide et impera!" scheint nach wie vor das Motto einer Organisationspraxis zu sein, die einzelne Beschäftigtengruppen ungleich entlohnt und sie um einmal erreichte Besitzstände konkurrieren läßt. An der lohnpolitischen Erzeugung von Trennungsmustern und ihrer Funktionalität für die Stabilisierung des Herrschaftsgefüges wird auch die Angleichung des Status von ArbeiterInnen und Angestellten grundsätzlich nichts ändern können. Diese Angleichung dient vielmehr der Vermeidung von sozialen Konflikten, die aus der Tatsache resultieren, daß sich eine Ungleichbehandlung in der Entlohnung angesichts einer offensichtlichen Konvergenz der Arbeitsprozesse selbst nicht mehr länger aufrechterhalten läßt (vgl. HILL 1981, S. 191 u. S. 212ff). Das Phänomen der Separation, Segmentation und Segregation von Beschäftigtengruppen, die sich sowohl in der absoluten Höhe als auch in der relativen Zusammensetzung des Lohns nach primären und sekundären Komponenten voneinander unterscheiden, wird dadurch aber im Kern nicht erschüttert. Denn nur solange die Klasse der Lohnabhängigen in verschiedene Gruppen zerfällt, die jeweils ihr eigenes Terrain sichern wollen bzw. miteinander um den gesellschaftlichen Aufstieg ringen, kann die Entstehung eines einheitlichen Klassenbewußtseins und das Aufbrechen des fundamentalen Interessengegensatzes zwischen Kapital und Arbeit verhindert werden.

Kapitel 5

Vertiefungsfragen

1) Diskutieren Sie die Rolle der Lohngestaltung im Spannungsfeld der teilweise widersprüchlichen Organisationslogiken von TÜRK!

2) Welche Teilprinzipien werden in der Praxis zur näheren Bestimmung der relativen Lohngerechtigkeit verwandt? Erörtern Sie diese Prinzipien vor dem Hintergrund der Begriffe "Leistung", "Leistungsprinzip" und "Leistungsgesellschaft" (vgl. Kap. 4.1)!

3) Die Lohngestaltung hat u.a. die Aufgabe, den in der Einkommensverteilung liegenden sozialen Zündstoff zu entschärfen. Welche Rolle spielen dabei - aus kontrolltheoretischer Sicht - die Verfahren der Arbeits- und der Leistungsanalyse?

4) Stellen Sie die Vor- und Nachteile der drei klassischen Entlohnungsgrundsätze primärer Lohngestaltung aus ArbeitgeberInnen- und ArbeitnehmerInnen-Sicht dar!

5) Ordnen Sie die verschiedenen Formen der Pensumlöhne in ein einfaches Schema ein und arbeiten Sie für diese Lohnformen heraus, in welchen Bestandteilen der Lohngestaltung jeweils Vertrauen als ein Medium der Kontrolle wirksam wird!

6) Beschreiben Sie die verschiedenen Einflußfaktoren auf das AT-Gehalt und schätzen Sie deren relative Bedeutung zueinander ein!

7) "Verdienen ManagerInnen, was sie verdienen?" Begründen Sie Ihre Meinung!

8) "Das bestgehütete Geheimnis in einem Unternehmen sind die Gehälter seiner ManagerInnen und SpezialistInnen". Gehen Sie auf die funktionalen und dysfunktionalen Effekte dieser Intransparenz im Rahmen der Organisationslogiken von TÜRK ein! Warum ist es wichtig, daß sich Organisationen gegenüber der in ihnen erzeugten Intransparenz der Vergütung ambivalent verhalten?

9) Stellen Sie aus einer "Vogelperspektive" die Gemeinsamkeiten und Unterschiede der Lohngestaltungsformen dar (primäre Lohngestaltung bei ArbeiterInnen, T-Angestellten, BeamtInnen; sekundäre Lohngestaltung bei ArbeiterInnen, AT-Angestellten - weitere Formen sekundärer Lohngestaltung)! Berücksichtigen Sie in Ihrer Argumentation in dezidierter Weise die verschiedenen Aspekte der Lohngerechtigkeit!

10) Betrachten Sie die Lohnkomponenten der verschiedenen Beschäftigtengruppen aus kontrolltheoretischer Sicht! Welches Bild zeichnet sich ab? Wie kann man die unterschiedlichen Mischungsverhältnisse von primären und sekundären Lohnkomponenten bei den Beschäftigtengruppen erklären?

6 Glossar

Begriffe	Bedeutungen
affektiv (lat.)	gefühlsbetont, durch heftige Gefühlsäußerungen gekennzeichnet; auf einen Affekt bezogen.
Affinität (lat.)	Wesensverwandtschaft von Begriffen und Vorstellungen.
affirmativ (lat.)	bejahend, bestätigend.
affiziert (lat.)	betroffen, erregt; hier: beeinflußt, bestimmt.
Akquirierung (lat.)	Anwerbung, Anschaffung.
Algorithmus (gr.)	Rechenverfahren; systematisches, schrittweises Verfahren der Problemlösung.
ambig (lat.)	mehrdeutig, doppelsinnig.
ambivalent (lat.)	doppelwertig, zwiespältig.
anarchisch (gr.)	herrschaftslos, gesetzlos, ohne feste Ordnung, chaotisch.
anomisch (gr.-lat.)	gesetzlos, gesetzwidrig, unmoralisch.
antagonistisch (gr.-lat.)	gegensätzlich; in einem nicht auszugleichenden Widerspruch stehend; widerstreitend, gegnerisch.
Anthropologie (gr.)	Lehre vom Menschen bzw. der menschlichen Natur.
Äquidistanz (lat.)	gleich großer Abstand.
Artefakt (lat.)	vom Menschen (künstlich) hergestelltes Produkt; hier künstlicher Effekt, der auf die Methode zurückgeführt werden kann.
artifiziell (lat.-fr.)	künstlich, gekünstelt.
authentisch (gr.)	echt, unverfälscht, glaubwürdig, original, zuverlässig.
Aversion (lat.-fr.)	Abneigung, Widerwille.
Deduktion (lat.)	Ableitung des Besonderen und Einzelnen vom Allgemeinen; Erkenntnis des Einzelfalls durch ein allgemeines Gesetz; logische Ableitung von Aussagen aus anderen Aussagen mit Hilfe logischer Schlußfolgerungen.
despotisch (gr.)	rücksichtslos, herrisch, willkürlich, tyrannisch.
destillieren (lat.)	urspr.: Reinigung u. Trennung meist flüssiger Stoffe durch Verdampfung u. anschließende Wiederverflüssigung; hier gewinnen, herausfiltern.
Dialektik (gr.)	urspr..: 'Redekunst', durch Rede und Widerspruch das Wesen der Dinge erhellen; bei HEGEL das Hervortreiben der Anti-These (Gegensatz) aus der These (Setzung); beide werden in der Synthese aufgehoben.
dialektische Synthese	siehe Einzelbegriffe
diametral (gr.-lat.)	völlig entgegengesetzt.
Diktion (lat.)	mündliche oder schriftliche Ausdrucksweise; Stil.
Dilettant (lat.-it.)	Nichtfachmann; jemand, der sich ohne fachmännische Schulung in Kunst oder Wissenschaft betätigt; Laie mit fachmännischem Ehrgeiz.
Diskurs (lat.)	Denken, das logisch fortschreitet; begriffliches Denken (im Gegensatz zum intuitiven); thematischer Bereich, der durch öffentliche Argumentation begründet wird.
disponibel (lat.)	verfügbar.
Dissens (lat.)	Meinungsverschiedenheit, Abweichung, Ablehnung.
divergierend (lat.)	auseinandergehend, in entgegengesetzter Richtung verlaufend.

Glossar

Diversifikation (lat.)	Veränderung, Abwechslung, Vielfalt.
divide et impera (lat.)	"Teile und herrsche!", "Spalte und walte!"
Dogma (gr.)	unbezweifelbare Lehre, wissenschaftliche Lehrmeinung.
dysfunktional (gr.-lat.)	störend, hemmend, abträglich.
elaborieren (lat.)	sorgfältig oder kunstvoll ausarbeiten, verfeinern, detaillieren.
Emergenz (lat.)	Entstehen höherer Entwicklungsstufen, die aus den Gesetzmäßigkeiten der vorhergehenden nicht abgeleitet werden können.
Entität (lat.)	Seiendes, der Bestand des Gegebenen, Dasein; hier: eine (gegebene) Einheit.
Entropie (gr.-lat.)	universelles Prinzip wachsender Unordnung und Ungewißheit.
evolvierend (lat.)	entwickelnd, entfaltend.
explizit (lat.)	ausdrücklich, deutlich.
Explorationsphase	erste Erkundung, Auskundschaften des Forschungsfeldes.
externalisieren (lat.)	etwas nach außen verlegen, entäußern.
extrinsisch (lat.-fr.-engl.)	von außen her (angeregt); nicht aus eigenem inneren Antrieb erfolgend, sondern auf Grund äußerer Antriebe.
firmieren (lat.-it.)	unter einem bestimmten Namen bestehen, geführt bzw. gehandelt werden.
Friktion (lat.)	Reibung, Reibungsverlust, Widerstand.
Fungibilität (lat)	die beliebige Einsetzbarkeit, Verwendbarkeit.
generieren (gr.-lat.)	erzeugen, bilden, produzieren.
Genese (gr.)	Entstehung, Werden, Bildung.
Heuristik (gr.)	Lehre von den Methoden zur Auffindung neuer Erkenntnisse, Leitfaden erfolgreicher Forschung, Suchanweisung, Suchprogramm.
heuristisch (gr.)	erkenntnisleitend, die Suche anregend.
Hybride (lat.)	Bastard; aus Kreuzung bzw. Mischung hervorgegangen.
idiosynkratisch	charakteristische Einmaligkeit des Menschen; Besonderheit.
imaginieren (lat.)	sich vorstellen; bildlich, anschaulich machen, ersinnen.
immanent (lat.)	innewohnend, in etwas enthalten.
Implementierung (lat.-engl.)	Einführung, Einsetzung, Einbau.
implizit (lat.)	nicht ausdrücklich, mitgemeint, unausgesprochen enthalten.
indizieren (lat.)	anzeigen, auf etwas hinweisen.
inferior (lat.)	untergeordnet, jemanden unterlegen, minderwertig, gering.
Initiationsriten (lat.)	bestimmte Bräuche bei der Aufnahme eines Neulings in eine Standes- oder Altersgemeinschaft, einen Geheimbund o.ä., bes. die Einführung der Jugendlichen in den Kreis der Männer oder Frauen bei Naturvölkern.
Inter-Rater-Reliabilität	Beurteilerübereinstimmung; drückt das Ausmaß der Unabhängigkeit der Beurteilung von der Person des Beurteilers aus, und ist genau genommen ein Maß für Objektivität und nicht für Reliabilität.
interpunktieren (lat.)	Deuten bzw. Zuschreiben einer Ordnung.
Intrapeneurship (lat.-fr.)	Diese Wortneuschöpfung (Entrepeneur = Unternehmer; intra = innerhalb) will verdeutlichen, daß eine Person im Unternehmen wie ein Unternehmer handeln soll, um eine bürokratische Verkrustung der Organisation zu vermeiden.

Glossar

intrinsisch (lat.-franz.-engl.)	von innen her, aus eigenem Antrieb, durch Interesse an der Sache erfolgend, durch in der Sache liegende Anreize bedingt.
involvieren (lat.)	einschließen, einbegreifen, enthalten, an etwas beteiligen, in etwas verwickeln.
Item (lat.-engl.)	Bestandteil, Element, Einheit; hier: Aufgabe innerhalb eines Testes oder Meßinstruments.
kaleidoskopartig (gr.-lat.)	in bunter Folge, ständig wechselnd (z.B. von Bildern, Eindrücken, Perspektiven).
kognitiv (lat.)	die Erkenntnisfunktionen (z.B. Denken, Wahrnehmen, Erinnern) betreffend.
Kohäsion (lat.)	Zusammenhalt, Bindungskraft.
kolportieren (lat.-fr.)	Gerüchte verbreiten.
Konfigurierung (lat.)	Gestaltung, Anordnung.
kongenial (lat.)	geistesverwandt, geistig ebenbürtig.
kongruent (lat.)	übereinstimmend, stimmig, deckungsgleich.
Konnotation (lat.)	die Grundbedeutung eines Wortes begleitende, zusätzliche (emotionale, stilistische, expressive) Tönung.
konnotiert (lat.)	Konnotationen aufweisend.
konsensuell (lat.)	übereinstimmend.
kontingent (lat.)	zufällig, frei entstanden; abhängig von anderen Bedingungen; möglich (aber nicht notwendig); unter Umständen.
Korporation (lat.-engl.)	Körperschaft, juristische Person.
kumulativ (lat.)	[an]häufend.
kursorisch (lat.)	fortlaufend, hintereinander, rasch.
Lean Production (engl.)	wörtl.: 'schlanke Produktion'; ist gekennzeichnet durch einen unternehmerischen Ansatz, bei dem effiziente interdisziplinäre Zusammenarbeit mit der konsequenten Vermeidung jeglicher Art von Verschwendung verbunden wird.
Letztkriterium	theoretisches Konstrukt, das alles umfaßt, was in erschöpfender Weise einen Gegenstand, wie z.B. 'Leistungserfolg', definiert; entzieht sich im Prinzip jeglichen Meßbemühungen.
Logizität (gr.-lat.)	das Logische an einem Sachverhalt bzw. sein logischer Charakter.
Median (lat.)	Zentralwert, mittlerer Wert einer sortierten Liste. Statistisch mind. 50% aller Merkmalswerte sind kleiner oder gleich und mind. 50% aller Merkmalswerte sind größer oder gleich als der Medianwert.
Metamorphose (gr.-lat.)	Umgestaltung, Verwandlung.
monolithisch (gr.)	eine feste (und starke) Einheit bildend, aus einem Guß.
nolens volens (lat.)	ob man will oder nicht, halb wider Willen, wohl oder übel.
Nomenklatur (lat.)	Zusammenstellung von Sach- oder Fachbezeichnungen eines Wissensgebietes.
normativ (gr.-etrusk.-lat.)	maßgebend, als Norm geltend.
obskur (lat.)	dunkel, verdächtig, zweifelhafter Herkunft.
obsolet (lat.)	ungebräuchlich, überholt, veraltet.

Glossar

Ontologie, ontologisch (gr.)	Lehre vom Sein; Seiendes (Ontisches) wird nicht unter einer bestimmten Hinsicht (z.B. moralisch, ökonomisch, technisch) gesehen, sondern 'als solches' und auf die alle Unterteilungen übersteigende (transzendierende) Seinsbestimmung hin betrachtet; als seiend, unabhängig vom Bewußtsein verstanden.
Ordinalskala (lat.)	numerische Aussagen, die eine Rangfolge ermöglichen, z.B. Schulnoten, Erdbebenskala.
orthodox (gr.-lat.)	der strengen Lehrmeinung gemäß, der herkömmlichen Anschauung entsprechend; starr, unnachgiebig.
Paradigma (gr.)	Beispiel, Muster; Leitbild oder Denkmuster, das ein wissenschaftliches Forschungsprogramm oder eine Welt-Anschauung prägt.
paritätisch (lat.)	gleichgestellt, gleichberechtigt.
partialisierend (lat.)	[auf-] teilend, zerstückelnd.
pathologisierend (gr.-lat.)	krankmachend, Krankheiten erzeugend.
perpetuieren (fr.-lat.)	ständig (in gleicher Weise) fortfahren, weitermachen, fortdauern.
pluralistisch (lat.)	vielgestaltig.
Polyvalenz, polyvalent (gr.-lat.)	Mehrfache Wirksamkeit, Mehrwertigkeit; in mehrfacher Beziehung wirksam, mehrwertig.
pragmatisch (gr.)	anwendungs-, handlungs-, sachbezogen; sachlich, auf Tatsachen beruhend.
präskriptiv (lat.)	vorschreibend, festgelegten Normen folgend.
Pretest (lat.-engl.)	Erprobung eines Mittels (z.B. eines Fragebogens) für Untersuchungen vor der Durchführung der eigentlichen Erhebung; Vortest.
Protagonist (gr.)	Vorkämpfer, Bahnbrecher.
Provenienz (lat.)	Herkunft, Ursprung.
Psychometrie	Messung psychischer Funktionen, Fähigkeiten o.ä. mit Hilfe von quantitativen Methoden.
reagibel (lat.)	sensibel auf kleinste Anlässe reagierend.
Reflexion (lat.-fr.)	prüfendes Nachdenken, vertiefte Überlegung bzw. Betrachtung.
Reflexivität (lat.)	Rückbezüglichkeit (des Denkens).
rekurrieren (lat.)	Bezug nehmen, auf etwas zurückgreifen.
Rekurs (lat.)	Rückgriff auf etwas, Bezugnahme.
rekursiv (lat.)	zurückgehend, rückbezüglich.
Reliabilität (lat.-frz.-engl.)	Zuverlässigkeit eines wissenschaftlichen Versuchs; gibt an, bis zu welchem Grade das, was gemessen werden soll, auch *präzise* erfaßt wird.
repitiv (lat.)	sich in gleichmäßiger bzw. unveränderlicher Weise wiederholend.
restriktiv (lat.)	einschränkend, einengend.
restringieren (lat.)	einschränken.
rubrizieren (lat.)	in eine [bestimmte] Rubrik einordnen.
Rubrum (lat.)	Überschrift, Schlagwort, übergeordneter Begriff.
rudimentär (lat.)	rückgebildet, verkümmert.
schweijkistisch	Adjektivbildung in Anlehnung an den 'braven Soldaten Schweijk', der die Ausführung von Befehlen gerade durch ihr buchstabengetreues Befolgen unterlief.

Glossar

Scylla und Charybdis (gr.)	In Homers 'Odyssee' ist Scylla ein hündisches verschlingendes Seeungeheuer; Charybdis ein Felsschlund, der Wasser einsaugt und ausspeit. Bildlicher Ausdruck für das Bedrängtwerden von zwei Übeln, denen man nicht entrinnen kann; in einer ausweglosen Lage sein.
Segregation (lat.)	Absonderung, Aufspaltung; hier: die Trennung von Beschäftigtengruppen aus gesellschaftlichen bzw. eigentumsrechtlichen Gründen.
selbstreferentiell (dt.-lat.)	selbstbezüglich.
Selbstreferenz	Beziehung zu sich selbst: "Es gibt Systeme mit der Fähigkeit, Beziehungen zu sich selbst herzustellen und diese Beziehungen zu differenzieren gegen Beziehungen zu ihrer Umwelt" (LUHMANN 1984, S. 31).
Signifikanz (lat.)	Bedeutsamkeit, Wesentlichkeit.
Simultaneous Engineering (engl.)	Prinzip der zeitsparenden ('gleichzeitigen', parallelen) Konstruktion eines neuen Produkts, nach dem die zur Herstellung benötigten Funktionen (Einkauf, Absatz, Produktion etc.) bereits in der Planungsphase der Teilefertigung, evtl. auch unternehmensübergreifend, zusammengefaßt und koordiniert werden.
Sozialcharakter	Der Kern der Charakterstruktur, den die meisten Menschen einer Kultur gemeinsam haben (FROMM), im Gegensatz zum individuellen Charakter einzelner Menschen (vgl. 'idiosynkratisch').
Stringenz (lat)	Bündigkeit, strenge Beweiskraft.
Subalterne (lat.)	Untergeordnete, Untertänige.
sublimieren (lat.)	ins Erhabene steigern; verfeinern, läutern.
subsumieren (lat.)	ein- bzw. unterordnen.
subtil (lat.)	zart, fein, scharfsinnig, spitzfindig, schwierig.
subversiv (lat.)	umstürzlerisch, zerstörend.
sukzessiv (lat.)	allmählich, nach und nach, aufeinanderfolgend, nacheinander.
Synopse (lat.-gr.)	knappe Zusammenfassung, vergleichende Übersicht.
Synthese (gr.)	Zusammenfügung, Verknüpfung (einzelner Teile zu einem höheren Ganzen).
task force (engl.)	Planungs-, Projekt-, Arbeitsgruppe; Gruppe von MitarbeiterInnen, die zeitlich begrenzt an einem Problem gemeinsam arbeiten, ohne jedoch aus der angestammten organisatorischen Umgebung herausgelöst zu werden.
terms of trade (engl.)	reales Austauschverhältnis, Handelsbedingungen.
Topoi (gr.)	Plural von Topos: allgemein anerkannter Gegenstandsbereich, traditionelles Denkschema.
Total Quality Management (engl.)	integriertes Qualitätsmanagement. Parallel zur umfassenden ('totalen') Einbeziehung aller MitarbeiterInnen beinhaltet dieser Ansatz das integrative Zusammenwirken der einzelnen Managementfunktionen auf der Grundlage einer interdisziplinären Know-how-Basis aus Engineering-, Marketing-, Controlling- und Führungswissen.
valent (lat.)	wertvoll, wertgeladen, anreizend.
valide (lat.)	gültig.
Validität (lat.)	Gültigkeit eines wissenschaftlichen Versuchs; gibt an, bis zu welchem Grade das gemessen wird, was gemessen werden *soll*.
via regia (lat)	Königsweg, beste Lösung.
Vigilanz (lat.)	Wachsamkeit, stete Aufmerksamkeit, Achtsamkeit.

7 Literaturverzeichnis

ADAMS, J.S. 1965. Inequity in social exchange. In L. Berkowitz (Hrsg.), Advances in Experimental Social Psychology, Bd. 2. New York: Academic Press

ADAMS, M. 1992. Gleicher Lohn für gleichwertige Arbeit. Universität Augsburg: Unveröffentl. Diplomarbeit

AICHNER, R., KANNHEISER, W. & HORMEL, R. 1993 (Hrsg.). Planung im Projektteam. Band 2: Checkliste und Verfahren des P-TAI. München: Hampp

ALEWELD, Th. 1990. Einkommen von Führungskräften 1990. Personalwirtschaft, 12, 40-41

ALTMANN, N. & BECHTLE, G. 1971. Betriebliche Herrschaftsstrukturen und industrielle Gesellschaft. München: Hanser

ALTMANN, N., BINKELMANN, P., DÜLL, K. & STÜCK, H. 1982. Grenzen neuer Arbeitsformen - Betriebliche Arbeitsstrukturierung, Einschätzung durch Industriearbeiter, Beteiligung durch Betriebsräte. Frankfurt a.M.: Campus

AMERY, C. 1978. Leistung - das Gütezeichen mit dem Wurm drin. Süddeutsche Zeitung, Nr. 70 v. 25./26./27.3., S. 125

ANDERSSON, B.-E. & NILSSON, S.-G. 1964. Studies in the reliability and validity of the critical incident technique. Journal of Applied Psychology, 48, 398-403

ANTONI, C. & EYER, E. 1993. Fertigungsinseln und Entgelt - Gestaltung, Erfahrungen, Perspektiven. Personal, 3, 108-114

ARMSTRONG, M. & MURLIS, H. 1988. Reward Management - A Handbook of Salary Administration. London: Kogan Page, (2. Aufl.)

ASSLÄNDER, F. 1982. Verhältnis des soziologischen und des wirtschaftswissenschaftlichen zum anthropologischen Leistungsbegriff. Universität Würzburg: Dissertation

ATKINSON, J.W. 1975. Einführung in die Motivationsforschung. Stuttgart: Klett

ATTESLANDER, P. 1991. Methoden der empirischen Sozialforschung. Berlin: de Gruyter, (6. Aufl.)

BAARSS, A., GAMPERT, S., HACKER, W., RICHTER, P. & WENDRICH, P. 1980. Verfahren und Ansätze zur Bestimmung anforderungsrelevanter Kriterien der Arbeitstätigkeit. In W. Hacker & H. Raum: Optimierung von kognitiven Arbeitsanforderungen, S. 128-133. Bern: Huber

BAARSS, A., HACKER, W., HARTMANN, W., IWANOWA, A., RICHTER, P. & WOLFF, S. 1981. Psychologische Arbeitsanalysen zur Erfassung der Persönlichkeitsförderlichkeit von Arbeitsinhalten. In F. Frei & E. Ulich (Hrsg.), Beiträge zur psychologischen Arbeitsanalyse, S. 127-164. Bern: Huber

BACHMANN, W. 1990. Zugangswege zur Bewertung psychischer Belastungen und Beanspruchungen im Arbeitsprozeß. Zeitschrift für Arbeitswissenschaft, 44, 1-5

BALES, R.F. & COHEN, St.P. 1982. SYMLOG - Ein System für die mehrstufige Beobachtung von Gruppen. Stuttgart: Klett-Cotta

BALES, R.F. 1950. A set of categories for the analysis of small group interaction. American Sociological Review, 15, 146-159 (deutsch: BALES, R.F. 1968. Die Interaktionsanalyse: Ein Beobachtungsverfahren zur Beobachtung kleiner Gruppen. In R. König (Hrsg.), Beobachtung und Experiment in der Sozialforschung, S. 148-170. Köln: Kiepenheuer & Witsch

BAMBERG, G. & BAUR, F. 1993. Statistik. München: Oldenbourg, (8. Aufl.)

BARLEY, D. 1970. Menschlichkeit und Leistungsgesellschaft. Die Mitarbeit, 19, 15-24

BARTH, P.J. 1992. Der Traum vom Top-Gehalt. Forum, 6, 19-20

BARTÖLKE, K. 1972a. Anmerkungen zu den Methoden und Zwecken der Leistungsbeurteilung. Schmalenbachs Zeitschrift für betriebswirtschaftliche Forschung, 24, 650-665

BARTÖLKE, K. 1972b. Probleme und offene Fragen der Leistungsbeurteilung. Zeitschrift für Betriebswirtschaft, 42, 629-648

BATZ, M. & SCHINDLER, U. 1983. Personalbeurteilungssysteme auf dem Prüfstand. Zeitschrift für Führung und Organisation, 52, 424-432

BAYERISCHES STAATSMINISTERIUM FÜR UNTERRICHT, KULTUS, WISSENSCHAFT UND KUNST 1990. Lehrpläne für die Berufsschule. Berufsgrundbildungsjahr in kooperativer Form (BGJ/k), Berufsfeld Metalltechnik - Schwerpunkt Fertigungs- und Feinwerktechnik. Jahrgangsstufe 10. München

BECHTLE, G. 1980. Betrieb als Strategie: Theoretische Vorarbeiten zu einem industriesoziologischen Konzept. Frankfurt a.M.: Campus

BECK, U. 1986. Risikogesellschaft - Auf dem Weg in eine andere Moderne. Frankfurt a.M.: Suhrkamp

BECKER, F. 1987a. Zur Ausgestaltung eines strategisch-orientierten Anreizsystems. Anforderungen und Gestaltungsmerkmale zur Beeinflussung des Strategischen Leistungsverhaltens. Zeitschrift für Organisation, 3, 141-146

BECKER, F. 1987b. Entgeltsysteme für die strategische Unternehmensführung. Personalwirtschaft, 4, 141-146

BECKER, F. 1990. Anreizsysteme für Führungskräfte. Stuttgart: Poeschel

BECKER, F. 1991. Potentialbeurteilung - eine kafkaeske Komödie!? Zeitschrift für Personalforschung, 5, 63-78

BECKER, F. 1992. Grundlagen betrieblicher Leistungsbeurteilungen - Leistungsverständnis und -prinzip, Beurteilungsproblematik und Verfahrensprobleme. Stuttgart: Schäffer-Poeschel

BECKS, C. 1993. Investitionsarme Gestaltung zukunftsorientierter Arbeitsstrukturen - MTM-Planungssystematik für die Serienfertigung. Personal (Sonderheft "MTM-Report"), 400-403

BEHR, M.V. et al. 1976. Zur Verbreitung und Institutionalisierung betrieblicher Personalplanung in der BRD. München: Institut für sozialwissenschaftliche Forschung

BENEDIX, J. 1987. Ermittlung von Qualifikations-Anforderungen mit dem Tätigkeits-Analyse-Inventar (TAI). Universität Göttingen: Unveröffentl. Diplomarbeit

BENSMAN, J. & GERVER, I. 1973. Vergehen und Bestrafung in der Fabrik: Die Funktion abweichenden Verhaltens für die Aufrechterhaltung des Sozialsystems. In H. Steinert (Hrsg.), Symbolische Interaktion - Arbeiten zu einer reflexiven Soziologie. Stuttgart: Klett

BENSON, P. G. & HORNSBY, J. S. 1988. The politics of pay. The use of influence tactics in job evaluation committees. Group & Organization Studies 13, 2, 208-224

BERGLER, R. 1982. Psychologie in Wirtschaft und Gesellschaft - Defizite, Diagnosen, Orientierungshilfen. Köln: Deutscher Instituts-Verlag

BERNSTEIN, B. 1967. Elaborated and restricted codes: An outline. International Journal of American Linguistics, 33, 126-133

BERTHEL, J. & LANGOSCH, I. 1989. Noten für Führungskräfte? Kriteriumsorientierte Potentialbeurteilung. Zeitschrift für Führung und Organisation, 5, 319-325

BIRKWALD, R., PORNSCHLEGEL, H. & SCHIFFER, K.-H. 1974. Das Messen der Dauer von Vorgängen. Köln: Bund

BITZER, B. 1991. Die Arbeitssituationserfassung. Ergebnisse einer Betriebsklima-Analyse im Wuppertaler Softwarehaus ZEDA. Personal, 2, 6-9

BLEICHER, K. 1992. Strategische Anreizsysteme - Flexible Vergütungssysteme für Führungskräfte. Entwicklungstendenzen im Management, Bd. 8. Stuttgart: Schäffer-Poeschel

BLUM, M. L. & NAYLOR, J. C. 1968. Industrial Psychology: Its Theoretical and Social Foundations. New York: Harper u. Row

Literatur

BMFT 1981 (Hrsg.). Programm Forschung zur Humanisierung des Arbeitslebens. Bonn: Bundesministerium für Forschung und Technologie, Referat Öffentlichkeitsarbeit, (5. Aufl.)

BMFT u.a. 1989 (Hrsg.). Forschungs- und Entwicklungsprogramm "Arbeit und Technik". Bonn: Bundesminister für Forschung und Technologie, Bundesminister für Arbeit und Sozialordnung, Bundesminister für Bildung und Wissenschaft, Referate Öffentlichkeitsarbeit

BOGUMIL, J. & IMMERFALL, S. 1985. Wahrnehmungsweisen empirischer Sozialforschung. Zum Selbstverständnis des sozialwissenschaftlichen Forschungsprozesses. Frankfurt a.M.: Suhrkamp

BOHLE, M. 1977. Leistung, Erfolg und Leistungskonflikt in bürokratischen Organisationen. Ein empirischer Vergleich zwischen Beamten und Angestellten der Privatwirtschaft in der BRD. Meisenheim: Hain

BÖHM, H. 1990. ... nicht vom Brot allein. Personalführung, 4, 223-226

BÖHMER, W.E. 1994. Betriebliche Altersversorgung durch Vermögensbeteiligung der Mitarbeiter. Personal, 3, 137-141

BOHNSACK, R. 1991. Rekonstruktive Sozialforschung. Einführung in die Methodologie und Praxis qualitativer Sozialforschung. Opladen: Leske & Budrich

BÖHRS, H. 1959. Normalleistung und Erholungszuschlag in der Vorgabezeit. München: Hanser

BÖHRS, H. 1980. Leistungslohngestaltung. Wiesbaden: Gabler

BOKRANZ, R. 1991a. Entlohnungsgrundsätze in Industriebetrieben. Teil 1: Arbeitskosten, Produktivität und grundsätzliche Anforderungen an ergebnisbezogene Entlohnungsgrundsätze. Personal, 9, 300-303

BOKRANZ, R. 1991b. Entlohnungsgrundsätze in Industriebetrieben. Teil 2: Auswahl von Entlohnungsgrundsätzen. Personal, 10, 352-356

BOKRANZ, R. 1991c. Entlohnungsgrundsätze in Industriebetrieben. Teil 3: Rechtliche Möglichkeiten und praktische Umsetzung. Personal, 12, 448-451

BOLTANSKI, L. 1990. Die Führungskräfte. Die Entstehung einer sozialen Gruppe. Frankfurt a.M.: De Gruyter

BOLTE, K. M. 1979. Leistung und Leistungsprinzip. Opladen: Leske

BOMMEL, O. 1995. Beitrag zur Podiumsdiskussion "Entgelt 2000: Vergütungssysteme der Zukunft". In W. Hromadka (Hrsg.), Die Mitarbeitervergütung - Entgeltsysteme der Zukunft, S. 99-107. Stuttgart: Schäffer-Poeschel

BORG, I. & BERGERMAIER, R. 1992. Über die zweifelhafte Strategie, Leistung durch monetäre Anreize erhöhen zu wollen. Personalführung, 8, 642-649

BORGATTA, E. F. 1963. A New Systematic Interaction Observation System: Behavior Scores System (BS-System). Journal of Psychological Studies, 14, 24-44

BORMAN, W.C. 1986. Behavior-based rating scales. In R.A. Berk (Hrsg.), Performance Assessment: Methods and Applications, S. 100-120. Baltimore

BORTZ, J. 1989. Statistik für Sozialwissenschaftler. Berlin: Springer

BOS, W. & TARNAI, Ch. 1989 (Hrsg.). Angewandte Inhaltsanalyse in Empirischer Pädagogik und Psychologie. Münster: Waxmann

BRANDSTÄTTER, H. 1970. Die Beurteilung von Mitarbeitern. In A. Mayer & B. Herwig (Hrsg.), Betriebspsychologie, Handbuch der Psychologie, Bd. 9, S 668-734 Göttingen: Hogrefe

BRAUN, H. 1977. Leistung und Leistungsprinzip in der Industriegesellschaft - Soziale Normen im Wandel. Freiburg: Alber

BRAVERMAN, H. 1974. Labor and Monopoly Capital. New York: Monthly Review Press

BRAVERMAN, H. 1977. Die Arbeit im modernen Produktionsprozeß. Frankfurt a.M: Campus

BREISIG, Th. 1989. Personalbeurteilung als Führungsinstrument. Berlin: Edition Sigma
BREISIG, Th. 1990. Betriebliche Sozialtechniken - Handbuch für Betriebsrat und Personalwesen. Neuwied: Luchterhand
BREISIG, Th. 1993. Der Mensch im Mittelpunkt? Personalbeurteilung und Interessen. Broschüre des DGB. Düsseldorf: Thomas
BREUCKER, N. & HEDRICH, G. 1992. Einführung des Prämienlohns - Anreiz- und Vergütungssystem in einer schlanken Produktion. Personalführung, 11, 926-932
BRINK, H.J. & FABRY, P. 1974. Die Planung von Arbeitszeiten unter besonderer Berücksichtigung der Systeme vorbestimmter Zeiten. Wiesbaden: Gabler
BRÖDNER, P. 1986. Fabrik 2000. Alternative Entwicklungspfade in die Zukunft der Fabrik. Berlin: Edition Sigma, (2. Aufl.)
BRORS, P. 1993. Auf die Waage. Wirtschaftswoche Nr. 25 v. 18.6.1993, 60-62
BRORS, P. 1994. Haudegen gefragt. Wirtschaftswoche Nr. 40 v. 30.4.1994, 94-100
BRUMLOP, E. 1986. Arbeitsbewertung bei flexiblem Personaleinsatz. Das Beispiel Volkswagen AG. Frankfurt a.M.: Campus
BRUNN, B. & POSENENSKE, Ch. 1979. Vorgabezeit und Arbeitswert. Frankfurt a.M.: Campus
BUCKSTEEG, Th. 1994. Vergütungspolitik in Banken - Eine empirische Untersuchung im Kundenbetreuungsbereich von Banken. München: Hampp
BURAWOY, M. 1979. Manufacturing Consent - Changes in the Labor Process under Monopoly Capitalism. Chicago: The University of Chicago Press
BURK, S.L.H. & BENGE, E.J. 1982. Job Evaluation. In C. Heyel (Hrsg.), The Encyclopedia of Management, S. 509-520. New York: Van Nostrand Reinhold, (3. Aufl.)
BUßJÄGER, W. 1995. Moderne Entgeltsysteme im Zusammenhang mit industriellen Arbeitsstrukturen. Universität Augsburg: Unveröffentl. Hausarbeit
CAMPBELL, J.P., DUNETTE, M.D., ARVEY, R.D. & HELLERVIK, L.V. 1973. The development and evaluation of behaviorally based rating scales. Journal of Applied Psychology, 57, 15-22
CAPOL, M. 1974. Leistungsbeurteilung als integriertes Führungsmittel. Industrielle Organisation, 43, 217-222
CARCHEDI, G. 1987. Class analysis and social research. Oxford: Basil Blackwell
CASCIO, W.F. & SILBEY, V. 1979. Utility of the assessment center as a selection device. Journal of Applied Psychology, 64, 107-118
CASCIO, W.F. 1987. Applied Psychology in Personnel Management. Englewood Cliffs, N.J.: Prentice-Hall
CISEK, G. 1986. ROBI - Eine Methode personalwirtschaftlicher Rentabilitätsberechnung für den Zweitlohn. Personalführung, 2, 44-52
CISEK, G. 1994. Gestaltungsmöglichkeiten variabler Vergütung. Personal, 9, 412-415
CLAUSS, G., FINZE, F.R. & PARTZSCH, L. 1995. Statistik für Soziologen, Pädagogen, Psychologen und Mediziner. Bd. 1: Grundlagen. Frankfurt a.M.: Harry Deutsch (2. Aufl.)
COLEMAN, J.S. 1979. Macht und Gesellschaftsstruktur. Tübingen: Mohr
CONRAD, K. 1990. Die seltsame Streuung von Monatsverdiensten. Spektrum der Wissenschaft, 5, 43-45
CORSTEN, H. 1995 (Hrsg.). Lexikon der Betriebswirtschaftslehre. München: Oldenbourg, (3. Aufl.)
CRONBACH, L. & MEEHL, P. 1955. Construct validity of psychological tests. Psychological Bulletin, 52, 281-301
CROZIER, M. & FRIEDBERG, E. 1979. Macht und Organisation. Die Zwänge kollektiven Handelns. Königstein: Athenäum

Literatur

DAHRENDORF, R. 1956. Industrielle Fertigkeiten und soziale Schichtung. Kölner Zeitschrift für Soziologie und Sozialpsychologie, 8, 540-568

DANGERS, W. Prämien für Anwesenheit und Leistung. Personal, 1, 30-34

DERISAVI-FARD, F., HILBIG, I. & FRIELING, E. 1988. Belastung und Beanspruchung beim computerunterstützten Konstruieren. In E. Frieling & H. Klein (Hrsg.), Rechnergestützte Konstruktion. Bedingungen und Auswirkungen von CAD, S. 288-306. Bern: Huber

DERISAVI-FARD, F., HILBIG, I. & FRIELING, E. 1988. Belastung und Beanspruchung beim computerunterstützten Konstruieren. In E. Frieling & H. Klein (Hrsg.), Rechnerunterstützte Konstruktion. Bedingungen und Auswirkungen von CAD, S. 288-306. Bern: Huber

DEUTSCHE MTM-VEREINIGUNG 1974 (Hrsg.). MTM-Handbuch-Grundverfahren. Hamburg

DEUTSCHE MTM-VEREINIGUNG 1975 (Hrsg.). MTM-Handbuch-Standarddaten. Hamburg

DIBBERN, D. 1988. Betriebliche Sozialpolitik als unternehmerische Herausforderung. Personalführung 8/9, 593-594

DICKINSON, T. L., HASSETT, C. E. & TANNENBAUM, S. I. 1986. Work Performance Rating: A Meta-Analysis of Multitrait-Multimethod Studies. Brooks Air Force Base, TX: Air Force Human Resources Laboratory (AFHRL-TP-86-32)

DIELMANN, K. 1992. Gehaltsfindung über die Grenzen hinweg. Personal, 6, 252-255

DOBROSCHKE, J. 1984. Auf der Suche nach dem gerechten Gehalt. Management Wissen, 12, 55-59

DOMSCH, M. 1992. Vorgesetztenbeurteilung. In R. Selbach & K.-K. Pullig (Hrsg.), Handbuch Mitarbeiterbeurteilung, S. 255-298. Wiesbaden: Gabler

DREYFUS, H. L. 1985. Die Grenzen der Künstlichen Intelligenz. Was Computer nicht können. Königstein: Athenäum

DROHSEL, P. 1986. Die Lohndiskriminierung der Frauen - Eine historische und didaktische Studie. Marburg: SP-Verlag Schüren

DUCKI, R., NIEDERMAIER, R., PLEISS, C., LÜDERS, E., LEITNER, K., GREINER, B. & VOLPERT, W. 1993. Büroalltag unter der Lupe. Schwachstellen von Arbeitsbedingungen erkennen und beheben - ein Praxisleitfaden. Göttingen: Hogrefe

DÜLL, K. & BECHTLE, G. 1991. Massenarbeiten und Personalpolitik in Deutschland und Frankreich. Frankfurt a.M.: Campus

DUNCKEL, H. & ZAPF, D. 1986. Psychischer Streß am Arbeitsplatz. Belastungen, gesundheitliche Folgen, Gegenmaßnahmen. Köln: Bund-Verlag

DUNCKEL, H. 1985. Mehrfachbelastungen am Arbeitsplatz und psychosoziale Gesundheit. Frankfurt a.M.: Lang

DÜSING, A. 1989. Caféteriasysteme. Personalführung, 7, 740-744

EBERHARDT, H. 1995. Neuere Entwicklungen: Entlohnung bei Zielvereinbarung und Gruppenarbeit. In W. Hromadka (Hrsg.), Die Mitarbeitervergütung - Entgeltsysteme der Zukunft, S. 25-38. Stuttgart: Schäffer-Poeschel

EDWARDS, R. 1981. Herrschaft im modernen Produktionsprozeß. Frankfurt a.M.: Campus

ELIAS, H.-J., GOTTSCHALK, B. & STAEHLE, W.H. 1982. Arbeitsstrukturierung auf der Grundlage der dualen Arbeitssituationsanalyse. Zeitschrift für Arbeitswissenschaft, 36, 1-8

ENDLER, N.S. & MAGNUSSON, D. 1976. Interactional Psychology and Personality. New York: Wiley

ENGELHART, R. 1990. FAA und TAI - Vergleich zweier Instrumente der Arbeitsanalyse. Universität Augsburg: Unveröffentl. Hausarbeit

ENGELHART, R. 1992. Mikropolitik und Arbeitsanalyse - Eine empirische Untersuchung. Universität Augsburg: Unveröffentl. Diplomarbeit

ETTEN, J. & NÄSER, Ch. 1989. Goldene Zeiten. Manager Magazin, 10, 330-338

EVANS, S.M. & NELSON, B.J. 1989. Wage Justice. Comparable Worth and the Paradox of Technocratic Reform. Chicago: The University of Chicago Press

EVERS, H. 1985. Neuere Tendenzen in der AT-Vergütung. Personalwirtschaft, 3, 94-98

EVERS, H. 1987. Entgeltpolitik für Führungskräfte. In A. Kieser, G. Reber & R. Wunderer (Hrsg.), Handwörterbuch der Führung, Sp. 200-210. Stuttgart: Poeschel

EVERS, H. 1988. Führungskräfte richtig vergüten. Freiburg i.B.: Haufe

EYER, E. 1993. Entlohnung in teilautonomen Arbeitsgruppen. Leistung und Lohn, Nr. 269/270/271, Dezember, 3-21

EYER, E. 1995. Entgelt und Entgeltsysteme: Aufbau, Philosophie, Tendenzen. In W. Hromadka (Hrsg.), Die Mitarbeitervergütung - Entgeltsysteme der Zukunft, 1-23. Stuttgart: Schäffer-Poeschel

FACAORU, C. & BENEDIX, J. 1988. Anforderungs- und Belastungsermittlung mit Hilfe des Tätigkeitsanalyse-Inventars (TAI). Vortrag auf dem 36. Kongreß der Deutschen Gesellschaft für Psychologie in Berlin vom 3.-6.10. Hektographiertes Manuskript

FACAORU, C. & FRIELING, E. 1985. Verfahren zur Ermittlung informatorischer Belastungen - Teil I: Theoretische und konzeptionelle Grundlagen. Zeitschrift für Arbeitswissenschaft, 39, 65-72

FACAORU, C. & FRIELING, E. 1986. Verfahren zur Ermittlung informatorischer Belastungen - Teil II: Aufbau und Darstellung eines Verfahrensentwurfs. Zeitschrift für Arbeitswissenschaft, 40, 90-96

FACAORU, C. & FRIELING, E. 1989. Physical and mental work load measurement and analysis with the "Job Analysis Inventory" - Second Part. Proceedings of the International Symposium on Job Analysis. University of Hohenheim March 14-15. Hektographiertes Manuskript

FACAORU, C. 1983. Diskussionszusammenfassung. In E. Dürholt et al. (Hrsg.), Qualitative Arbeitsanalyse. Schriftenreihe "Humanisierung des Arbeitslebens", Bd. 36, S. 134-141. Frankfurt a.M.: Campus

FECHNER, W. 1993. MTM-Sichtprüfen - eine neue Methode zur Bestimmung von Prüfzeiten. Personal (Sonderheft "MTM-Report"), 414-417

FECHTNER, H. 1987. Vergütungspolitik im Strategischen Personalmanagement. Personalführung, 10, 713-723

FERRIS, G. R. & BUCKLEY, M. R. 1990. Performance evaluation in high technology firms: Process and politics. In L. R. Gomez-Mejia & M. W. Lawless (Hrsg.), Organizational Issues in High Technology Management, S. 243-263. Greenwich: JAI Press,

FISCHBACH, D. & NULLMEIER, E. 1983. Nutzen von Arbeitsanalyseverfahren in Abhängigkeit von der theoretischen Konzeption. In E. Dürholt et al. (Hrsg.), Qualitative Arbeitsanalyse. Schriftenreihe "Humanisierung des Arbeitslebens", Bd. 36, S. 59-77. Frankfurt a.M.: Campus

FISCHER, A. 1991. Äquivalente für Arbeitszeitverkürzungen. Dokumentation zur Management Circle Fachkonferenz vom 12. März 1991 in Frankfurt

FISCHER, G. & WILHELM, W. 1995. Fauler Zauber. Manager Magazin, 9, 220-241

FISCHER, L. 1991 (Hrsg.). Arbeitszufriedenheit. Stuttgart: Verlag für Angewandte Psychologie

FLANAGAN, J. C. & BURNS, R. K. 1955. The Employee Performance Record: A New Appraisal and Development Tool. Harvard Business Review, 33, 95-102

FLANAGAN, J.C. 1954. The Critical Incident Technique. Psychological Bulletin, 51, 327-358

Literatur

FLEISHMAN, E.A. & QUAINTANCE, M.K. 1984. Taxonomies of Human Performance. Orlando: Academic Press

FLICK, U. 1991. Stationen des qualitativen Forschungsprozesses. In U. Flick u.a. (Hrsg.), Handbuch Qualitative Sozialforschung. Grundlagen, Konzepte, Methoden und Anwendungen, S. 147-173. München: Psychologie Verlags Union,

FOIT, O. 1978. Analytische Arbeitsbewertung. Der Prozeß ihrer Einführung als Methodenkritik. Berlin: Marchal und Matzenbacher

FREI, F. & UDRIS, I. (Hrsg.) 1990. Das Bild der Arbeit. Bern: Huber

FREI, F. 1981. Psychologische Arbeitsanalyse - eine Einführung zum Thema. In F. Frei & E. Ulich (Hrsg.), Beiträge zur psychologischen Arbeitsanalyse, S. 11-36. Bern: Huber

FREIMUTH, J. 1988. Caféteria-Systeme. Personalführung, 8/9, 600-604

FREIMUTH, J. 1992a. Analytische Arbeitsplatzbeschreibungen. Teil 1: Geschichtliche Entwicklung und aktuelle Kritik. Personal, 4, 165-169

FREIMUTH, J. 1992b. Analytische Arbeitsplatzbeschreibungen. Teil 2: Künftige Anforderungen. Personal, 5, 204-209

FRIEDMAN, A. 1987. Managementstrategien und Technologie: Auf dem Weg zu einer komplexen Theorie des Arbeitsprozesses. In E. Hildebrandt & R. Seltz (Hrsg.), Managementstrategien und Kontrolle, S. 99-131. Berlin: Edition Sigma

FRIEDMAN, M. & ROSEMANN, R. H. 1975. Der A-Typ und der B-Typ. Hamburg: Rowohlt

FRIEDRICHS, J. 1990. Methoden empirischer Sozialforschung. Opladen: Westdeutscher Verlag, (14. Aufl.)

FRIELING, E. 1974. Psychologische Probleme der Arbeitsanalyse. Augsburg: Blasaditsch

FRIELING, E. 1975. Psychologische Arbeitsanalyse. Stuttgart: Kohlhammer

FRIELING, E. 1981. Theoretische und methodische Probleme psychologisch orientierter Arbeits(platz)analysen. In U. Kleinbeck & G. Ernst (Hrsg.), Zur Psychologie der Arbeitsstrukturierung, S. 104-119. Frankfurt a.M.: Campus

FRIELING, E. 1987. Entwicklungsperspektiven für wissenschaftliche Arbeitsanalyseverfahren. In Kh. Sonntag (Hrsg.), Arbeitsanalyse und Technikentwicklung, S. 33-45. Köln: Bachem

FRIELING, E. 1990. Anspruch und Wirklichkeit von Humanisierungsprojekten. In F. Frei & I. Udris (Hrsg.), Das Bild der Arbeit, S. 227-243. Bern: Huber

FRIELING, E., FACAORU, C., BENEDIX, J., PFAUS, H. & SONNTAG, K. 1993. Tätigkeitsanalyseinventar. Theorie, Auswertung, Praxis. Handbuch und Verfahren. Landsberg: Ecomed

FRIELING, E. & HOYOS, C. Graf 1978. Fragebogen zur Arbeitsplatz-Analyse (FAA). Fragebogen und Handbuch. Bern: Huber

FRIELING, E., KANNHEISER, W., FACAORU, C., WÖCHERL, H. & DÜRHOLT, E. 1984. Entwicklung eines theoriegeleiteten, standardisierten, verhaltenswissenschaftlichen Verfahrens zur Tätigkeitsanalyse. Forschungsbericht des BMFT zur "Humanisierung des Arbeitslebens" Nr. 01 HA 029 ZA-TAP-0015. München

FRITSCHE, B., HACKER, W., IWANOWA, A. & RICHTER, P. 1994. Tätigkeitsbewertungssystem TBS. Schriftenreihe Mensch-Technik- Organisation, Band 7. Zürich: Verlag der Fachvereine

FRÖHLICH, M. 1992. Entlohnung von Führungskräften. Universität Augsburg: Unveröffentl. Diplomarbeit

FROSCHAUER, U. & LUEGER, M. 1992. Das qualitative Interview zur Analyse sozialer Systeme. Wien: WUV-Universitätsverlag

FUCHS, W. 1971. Methodik der Erstellung von Zeitmodellen zur Ablaufplanung in Arbeitssystemen. Berlin: Beuth

FURCK, C.-L. 1972. Das pädagogische Problem der Leistung in der Schule. Weinheim: Beltz, (4. Aufl.)

FÜRSTENBERG, F. 1974. Das Leistungsprinzip im Brennpunkt gesellschaftspolitischer Auseinandersetzungen. In REFA (Hrsg.), Das Leistungsprinzip in unserer Zeit, S. 75-87. Berlin: Beuth

FÜRSTENBERG, F. 1994. Betriebliche Sozialpolitik in der Krise der Herausforderungen und Zukunftsperspektiven. Personal, 3, 128-131

GABLENZ-KOLAKOVIC, S., KROGOLL, T., OESTERREICH, R. & VOLPERT, W. 1981. Subjektive oder objektive Arbeitsanalyse? Zeitschrift für Arbeitswissenschaft, 35, 217-220

GALTUNG, J. 1981. Strukturelle Gewalt. Beiträge zur Friedens- und Konfliktforschung. Reinbek: Rowohlt

GAUGLER, E., KOLVENBACH, H., LAY, G., RIPKE, M. & SCHILLING, W. 1978. Leistungsbeurteilung in der Wirtschaft. Baden-Baden: Nomos

GEBAUER, G. 1972. Leistung als Aktion und Präsentation. Sportwissenschaft, 2, 182-203

GERPOTT, T.J. 1990. Erfolgswirkungen von Personalauswahlverfahren - Zur Bestimmung des ökonomischen Nutzens von Auswahlverfahren als Instrument des Personalcontrolling. Zeitschrift für Organisation, 1, 37-44

GERPOTT, T.J. 1992. Gleichgestelltenbeurteilung: Eine Erweiterung traditioneller Personalbeurteilungsansätze in Unternehmen. In R. Selbach & K.-K. Pullig (Hrsg.), Handbuch Mitarbeiterbeurteilung, S. 211-254. Wiesbaden: Gabler

GERUM, E. & HERRMANN, U. 1981. Zur Leistungsfähigkeit von einheitlichen analytischen Arbeitsbewertungssystemen. Zeitschrift für Arbeitswissenschaft, 35, 87-94

GIDDENS, A. 1984. Interpretative Soziologie. Eine kritische Einführung. Frankfurt a.M.: Campus

GIKAS, M. 1985. Arbeitsbewertung - Entlohnungsverfahren oder ideologisches Instrument? Münster: Lit

GIRTLER, R. 1984. Methoden der qualitativen Sozialforschung: Anleitung zur Feldarbeit. Wien: Böhlau

GLUTH, H. 1991. Einführung einer Prämienregelung. Personalwirtschaft, 9, 42-47

GOTTSCHALCH, H., MODROW-THIEL, B., ROßMANN, G. & WÄCHTER, H. 1992. Entwicklung eines Verfahrens zur prospektiven Gestaltung von Aufgaben und Tätigkeiten bei Einführung von Informationstechniken in die Produktion - ATAA. Zeitschrift für Arbeits- und Organisationspsychologie, 36, 3-11

GRAEN, G.B. 1976. Role making processes in within complex organizations. In M.D. Dunette (Hrsg.), Handbook of Industrial and Organizational Psychology, S. 1201-1245. Chicago: Rand McNally

GRÄTZ, F. & KRAUSS, R. 1987. Wer verdient was? Ehningen: Expert-Verlag, (5. Aufl.)

GRÄTZ, F. & MENNECKE, K. 1979. Handbuch der betrieblichen Zusatz- und Sozialleistungen. Wiesbaden: Gabler

GRAWERT, A. & WAGNER, D. 1990. Erfahrungen mit Caféteria-Modellen. Personalwirtschaft, 10, 23-29

GRAWERT, A. 1989. Die Motivation der Arbeitnehmer durch betrieblich beeinflußbare Sozialleistungen (Hochschulschriften zum Personalwesen, Bd. 8). Mering: Hampp

GREEN, S.G. & MITCHELL, T.R. 1979. Attributional processes of leaders in leader-member-interactions. Organizational Behavior and Human Performance, 23, 429-458

GREIFE, W. 1990. Der Beitrag des Qualifikationslohns zur Flexibilität industrieller Arbeit: Alternativen zur anforderungsorientierten Entlohnung in modernen Produktionsprozessen. Frankfurt a.M.: Lang

Literatur

GREINER, B., LEITNER, K., WEBER, W.-G., HENNES, K. & VOLPERT, W. 1987. RHIA - Ein Verfahren zur Erfassung psychischer Belastungen. In: Kh. Sonntag (Hrsg.), Arbeitsanalyse und Technikentwicklung, S. 145-161. Köln: Wirtschaftsverlag Bachem

GRIMMINGER, R. 1986. Die Ordnung, das Chaos und die Kunst. Für eine neue Dialektik der Aufklärung. Frankfurt a.M.: Suhrkamp

GRÜMER, K.-W. 1974. Beobachtung. In E. K. Scheuch & H. Sahnder (Hrsg.), Studienskripten zur Soziologie, Bd. 2: Techniken der Datensammlung. Stuttgart: Teubner

GRUNOW, D. 1976. Personalbeurteilung. Stuttgart: Enke

GRUNWALD, W. 1989. Schlüsselqualifikation von Führungskräften. Personalwirtschaft, 8, 31-32

GUDE, R. 1991. Probleme der Vergütung in mittelständischen Unternehmen. In W. Maier & W. Fröhlich (Hrsg.), Personalmanagement in der Praxis - Konzepte für die 90er Jahre, S. 160-168. Wiesbaden: Gabler

GUSKI, H.-G. & SCHNEIDER H.-J. 1987. Betriebliche Vermögensbeteiligung. Bestandsaufnahme 1986. Personal, 1, 2-6

GUSKI, H.-G. & SCHNEIDER, H.-J. 1994. Unternehmer schränken Mitarbeiterbeteiligungen ein - Folge der Kürzung des Förderumfangs nach § 19a EStG. Personal, 9, 420-423

GUTJAHR, J. 1987. UNI-Berufswahl-Magazin, 5, 27-31

GUTMANN, J. 1987. Brötchengeber Vater Staat. Besoldung und Vergütung im öffentlichen Dienst. Uni-Berufswahl-Magazin, 5, 27-31

GUZZO, R.A., JETTE, R.D. & KATZELL, R.A. 1985. The effects of psychologically based intervention programs on worker productivity: A meta-analysis. Personnel Psychology, 38, 275-292

HABERMAS, J. 1981. Theorie des kommunikativen Handelns, 2 Bde. Frankfurt a.M.: Suhrkamp

HACK, L. 1966. Was heißt schon Leistungsgesellschaft? Neue Kritik, 7, 23-32

HACKER, W. & BÖGER, S. 1994. Arbeitspsychologische Hilfsmittel zur Gestaltung von Arbeitsaufgaben und Organisationsformen. In J. Scheel, W. Hacker & K. Henning (Hrsg.), Fabrikorganisation neu begreifen. Mit ganzheitlichen Gestaltungsprozessen zu Wettbewerbsvorteilen, S. 217-257. Köln: Verlag TÜV Rheinland 1994

HACKER, W. & RICHTER, P. 1980. Psychische Fehlbeanspruchung: Psychische Ermüdung, Monotonie, Sättigung und Streß. Spezielle Arbeits- und Ingenieurpsychologie 2. Berlin: VEB Deutscher Verlag der Wissenschaften

HACKER, W. 1980. Spezielle Arbeits- und Ingenieurpsychologie. Lehrtext 1. Psychologische Bewertung von Arbeitsgestaltungsmaßnahmen - Ziele und Bewertungsmaßstäbe. Berlin: VEB Deutscher Verlag der Wissenschaften

HACKER, W. 1984. Psychologische Bewertung von Arbeitsgestaltungsmaßnahmen. Ziele und Bewertungsmaßstäbe. Unter Mitarbeit von Richter, P. Berlin: Springer

HACKER, W. 1986. Arbeitspsychologie. Psychische Regulation von Arbeitstätigkeiten. Bern: Huber

HACKER, W. 1989. Arbeitsanalysehilfsmittel: Die Verfahrensgruppe TBS und BMS. In S. Greif, H. Holling & N. Nicholson (Hrsg.), Arbeits- und Organisationspsychologie: ein internationales Handbuch in Schlüsselbegriffen. München: Psychologische Verlagsunion

HACKER, W., IWANOWA, A. & RICHTER, P. 1983. Tätigkeitsbewertungssystem - TBS. Handanweisung. Humboldt-Universität zu Berlin: Psychodiagnostisches Zentrum

HACKER, W., RUDOLPH, E. & SCHÖNFELDER, E. 1986. TBS-GA - ein Analyse- und Bewertungsverfahren für Arbeitstätigkeiten mit überwiegend geistigen Anforderungen. Sozialistische Arbeitswissenschaft, 30, 351-354

HACKMAN, J.R. & OLDHAM, G.R. 1974. The Job Diagnostic Survey. An Instrument for the Diagnosis of Jobs and the Evaluation of Job Redesign Projects. Technical Report No. 4 (Department of Administrative Sciences)

HACKMAN, J.R. & OLDHAM, G.R. 1976. Motivation through the design of work: Test of a theory. Organizational Behavior and Human Performance, 16, 250-279

HACKMAN, J.R. & OLDHAM, G.R. 1980. Work redesign. Reading, Mass. Addison-Wesley Publishing Company.

HACKSTEIN, R. 1978. Europäische Wurzeln des Arbeitsstudiums. Zeitschrift für Arbeitswissenschaft, 32, 129-139

HAGEN, R. 1985. Anreizsysteme zur Strategiedurchsetzung. Spardorf: Wilfer

HAGER, J. 1995. Stille Gesellschaft. In H. Corsten (Hrsg.), Lexikon der Betriebswirtschaftslehre, S. 917-918. München: Oldenbourg, (3. Aufl.)

HALLER-WEDEL, E. 1969. Das Multimomentverfahren in Theorie und Praxis. München: Hanser

HALLER-WEDEL, E. 1973. Die Einflußgrößenrechnung in Theorie und Praxis. München: Hanser

HARITZ, J. 1974. Personalbeurteilung. Bemerkungen zum Problem der Funktionsüberlastung der Personalbeurteilung. Arbeit und Leistung, 204-206

HARTMANN, H.I., ROOS, P.A. & TREIMAN, D.J. 1985. An Agenda for Basic Research on Comparable Worth. In H. I. Hartmann u.a. (Hrsg.), Comparable Worth. New Directions for Research, S. 3-33. Washington, D.C.: National Academy Press

HAUG, F. & WOLLMANN, E. 1993 (Hrsg.). Hat die Leistung ein Geschlecht? Hamburg: Argument

HAY 1984. Gehaltsfindung. Management Wissen, 12, 65-66

HAY 1993a. Handbuch Stellenbewertung. Frankfurt a.M.: Hay Management Consultants

HAY 1993b. Fallstudie "Elektronik GmbH". Frankfurt a.M.: Hay Management Consultants

HAYS, W.L. 1988. Statistics. New York: Holt, Rinehart & Winston, (4. Aufl.)

HECKER, U. 1989. Wieviel ist eine Mutter wert? ADAC motorwelt, 1, 48-51

HECKHAUSEN, H. 1974. Leistung - Wertgehalt und Wirksamkeit einer Handlungsmotivation und eines Zuteilungsprinzips. In Siemens-Symposion (Hrsg.), Sinn und Unsinn des Leistungsprinzips, S. 169-195. München: dtv

HECKHAUSEN, H. 1980. Motivation und Handeln. Lehrbuch der Motivationspsychologie. Berlin: Springer

HEIDER, E. & ROHMERT, W. 1982. Dokumentation veränderter Tätigkeitsanforderungen durch neuere Technologien der Textverarbeitung. Zeitschrift für Arbeitswissenschaft, 36, 31- 40

HEIDER, F. 1958. The Psychology of Interpersonal Relations. New York: Wiley

HEIDER, F. 1977. Die Psychologie der interpersonalen Beziehungen. Stuttgart: Klett-Cotta

HEINLEIN, D. 1992. Ergebnisse der laufenden Lohnstatistik für 1991 im früheren Bundesgebiet. Wirtschaft und Statistik, 4, 256-263

HEINRICH, H. 1985. Arbeitsbewertung und Disziplinierung. Spardorf: Wilfer

HEINTEL, P. 1990. Warum ein Verein "Zur Verzögerung der Zeit"? Klagenfurt: Unveröffentl. Manuskript

HEINZE, E. 1985. Tantiemen. In Management Enzyklopädie, Bd. 9. Landsberg a.L.: Verlag Moderne Industrie

HEINZE, T. 1984. Qualitative Sozialforschung - Erfahrungen, Probleme, Perspektiven. Opladen: Westdeutscher Verlag

Literatur

HELFERT, M. 1974. Zur Kritik des Leistungsprinzips. Leistungen der abhängig Beschäftigten und Leistungen des Kapitals. WSI-Mitteilungen, 27, 2-16

HELLER, W. 1994. Arbeitsgestaltung. Stuttgart: Enke

HELM, J., FROITZHEIM, J. & RIESENKÖNIG, H. 1977. Beurteilen im Betrieb - Verfahren, Fehlerquellen, Perspektiven. Stuttgart: DVA

HELMS, W. 1993. Personalbemessung mit MTM im administrativen Bereich. Personal (Sonderheft "MTM-Report"), 426-430

HEMMER, E. 1988. Entwicklung der Personal- und Personalzusatzkosten. Personalreport '88 vom 9.6.1988, 14-17

HEMMER, E. 1994. Freiwillige Sozialleistungen - Ergebnisse einer regelmäßigen Umfrage. Personal, 3, 121-127

HENNING, H.-J. & MUTHIG, K. 1979. Grundlagen konstruktiver Versuchsplanung - Ein Lehrbuch für Psychologen. München: Kösel

HENTZE, J. & METZNER, J. 1986. Personalwirtschaftslehre 1. Grundlagen Personalbedarfsermittlung, -beschaffung, -entwicklung und -einsatz. Bern: Haupt

HENTZE, J. 1991. Personalwirtschaftslehre 2. Bern: Haupt

HERHOLZ, K. 1992. Datenermittlung und Vorgabezeitermittlung zur Einführung eines Prämienlohnsystems. REFA-Nachrichten, 3, 36-38

HERNER, M.J. 1990. Selbstwertdienliche Kausalattributionen von Führungskräften: eine Retro- und Prospektive. Zeitschrift für Arbeits- und Organisationspsychologie, 34, 85-93

HETTINGER, Th. & WOBBE, G. 1992 (Hrsg.). Kompendium der Arbeitswissenschaft - Optimierungsmöglichkeiten zur Arbeitsgestaltung und Arbeitsorganisation. Ludwigshafen a. Rh.: Kiehl

HILB, M. o.J. Ein Konzept zur Motivation und Entwicklung des Mitarbeiters: Die 360-Grad-Leistungsbeurteilung. St. Gallen: Unveröffentl. Manuskript

HILDEBRANDT, E. 1987. Unternehmensplanung und Kontrollbeziehungen im Maschinenbau. In E. Hildebrandt & R. Seltz (Hrsg.), Managementstrategien und Kontrolle, S. 77-97. Berlin: Edition Sigma

HILF, H.H. 1976. Einführung in die Arbeitswissenschaft. Berlin (2. Aufl.)

HILL, St. 1981. Competition and Control at Work - The New Industrial Sociology. London: Heinemann

HINRICHS, P. & PETER, L. 1976. Industrieller Friede? Arbeitswissenschaft und Rationalisierung in der Weimarer Republik. Köln: Pahl-Rugenstein

HINRICHS, P. 1981. Um die Seele des Arbeiters. Arbeitspsychologie, Industrie- und Betriebssoziologie in Deutschland. Köln: Pahl-Rugenstein

HOCHMEISTER, J. 1985. Erfolgsbeteiligung des Managements auf Grundlage strategischer Leistungen. Wien: Service-Fachverlag der Wirtschaftsuniversität

HOFFMANN, R.W. 1985. Wissenschaft und Arbeitskraft. Zur Geschichte der Arbeitsforschung in Deutschland. Frankfurt a.M.: Campus

HOFFMANN, R.W. 1981. Arbeitskampf im Arbeitsalltag. Formen, Perspektiven und gewerkschaftliche Probleme. Frankfurt a.M.: Campus

HÖHN, R. 1977. Führungsbrevier der Wirtschaft. Bad Harzburg: Verlag für Wissenschaft und Technik, (9. Aufl.)

HOPF, C. & WEINGARTEN, W. 1984 (Hrsg.). Qualitative Sozialforschung. Stuttgart: Klett-Cotta, (2. Aufl.)

HOPF, C. 1984. Soziologie und qualitative Sozialforschung. In C. Hopf & E. Weingarten (Hrsg.), Qualitative Sozialforschung. Stuttgart: Klett-Cotta

HOPPE, K. 1994. Entgeltfindung für Führungskräfte. In R. Dahlems (Hrsg.), Handbuch des Führungskräfte-Managements, S. 375-410. München: Beck

HORMEL, R. 1990. Entwicklung und Erprobung eines praxisorientierten Arbeitsanalyseinstruments. Ergebnisse zur Reliabilität und Validität des P-TAI-Verfahrens, Belastungsanalyse (BEA). München: Institut Psychologie, Organisations- und Wirtschaftspsychologie

HORMEL, R. 1993. Arbeitspsychologische Unterstützung betrieblicher Planungs- und Problemlöseprozesse. Entwicklung und Einsatz arbeitsanalytischer Methoden des Planungskonzepts Technik-Arbeit-Innovation (P-TAI). München: Hampp

HÖRNER, M. & SCHMAHL, D. 1987. Bargeldloser Verdienst. Management Wissen, 12, 76-85

HOSS, G. 1988. Personalcontrolling - funtionale, instrumentale und institutionale Aspekte. Personalwirtschaft, Heft 9, 409-417

HOWALDT, J. & KOPP, R. 1992. Lean production = mean production? Lean production und Arbeitsbedingungen in der Automobilindustrie. Arbeit (Zeitschrift für Arbeitsforschung, Arbeitsgestaltung und Arbeitspolitik), 3, 233-245

HROMADKA, W. 1995 (Hrsg.). Die Mitarbeitervergütung - Entgeltsysteme der Zukunft. Stuttgart: Schäffer-Poeschel

ICHHEISER, G. 1930. Kritik des Erfolges - Eine soziologische Untersuchung. Leipzig: Hirschfeld

IDASAK, J.R. & DRASGOW, F. 1987. A Revision of the Job Diagnostic Survey: Elimination of a Measurement Artifact. Journal of Applied Psychology, 72, 69-74

INSTITUT DER DEUTSCHEN WIRTSCHAFT (Hrsg.) 1994. Zahlen zur wirtschaftlichen Entwicklung der Bundesrepublik Deutschland. Köln: Deutscher Instituts-Verlag

INSTITUT FÜR ANGEWANDTE ARBEITSWISSENSCHAFT (Hrsg.) 1970. Arbeitswissenschaftliche Probleme bei der Anwendung von Systemen vorbestimmter Zeiten. Köln: Deutscher Instituts-Verlag

ISLEBE, R.A. 1984. Die Ermittlung des mitarbeiterorientierten Personalentwicklungsbedarfs als Grundlage erwachsenengemäßer Personalentwicklungsmaßnahmen. Universität Essen: Dissertation

JÄGER, O. 1962. Systeme der vorbestimmten Teilzeiten. Untersuchungen über ihre Anwendungsmöglichkeiten und ihre betriebswirtschaftliche Bedeutung für die industrielle Fertigung. Universität Hamburg: Dissertation

JÄGER, W. 1988. Das "Caféteria-Verfahren". Fortschrittliche Betriebsführung und Industrial Engineering, 32, 167-169

JAMES, W. 1984. Psychology. The Briefer Course. Cambridge, Mass.: Harvard University Press

JANKE, W. & DEBUS, G. 1978. Die Eigenschaftswörterliste (EWL). Eine mehrdimensionale Methode zur Beschreibung von Aspekten des Befindens. Göttingen: Hogrefe

JASKER, K. 1994. Prämienlohneinführung in der Austattungsmontage im Flugzeugbau. Personal-Sonderheft (MTM-Report '93/94), 409-412

JOCHMANN, W. 1991. Einzelassessment und Assessment-Center im Methodenvergleich. Personalführung, 4, 262-270

JOCHMANN-DÖLL, A. & WÄCHTER, H. 1989. Arbeitsbewertung und Lohndiskriminierung: Was kann man aus der Diskussion um "Comparable Worth" in den USA lernen? Personal, 41, 182-187

JOCHMANN-DÖLL, A. 1989. Lohndiskriminierung und Arbeitsbewertung. Die Comparable Worth - Debatte. In K. Emmerich u.a. (Hrsg.), Einzel- und gesamtwirtschaftliche Aspekte des Lohnes (Beiträge zur Arbeitsmarkt- und Berufsforschung Nr. 128), S. 21-38. Nürnberg: Institut für Arbeitsmarkt- und Berufsforschung der Bundesanstalt für Arbeit

JOCHMANN-DÖLL, A. 1990. Gleicher Lohn für gleichwertige Arbeit - Ausländische und deutsche Konzepte und Erfahrungen. Mering: Hampp

Literatur

JOCHUM, E. & PÖSSNECKER, F. 1992. Potentialbeurteilung von Führungsnachwuchskräften (Dürr GmbH) und Industrieforschern (Dr.-Ing. h.c. F. Porsche AG). In R. Selbach & K.-K. Pullig (Hrsg.), Handbuch Mitarbeiterbeurteilung, S. 515-531. Wiesbaden: Gabler

JOCHUM, E. 1987. Gleichgestelltenbeurteilung - Führungsinstrument in der industriellen Forschung und Entwicklung. Stuttgart: Poeschel

JÜRGENS, U. 1984. Die Entwicklung von Macht, Herrschaft und Kontrolle im Betrieb als politischer Prozeß - Eine Problemskizze zur Arbeitspolitik. In U. Jürgens & F. Naschold (Hrsg.), Arbeitspolitik. Leviathan, Sonderheft 5, 58-91

JÜTTEMANN, G. 1985. Qualitative Forschung in der Psychologie. Grundfragen, Verfahrensweisen, Anwendungsfelder. Weinheim: Beltz

KADEL, P., KÖSTERMANN, H. & WEITBRECHT, H. 1993. Neue Vergütung außertariflicher Angestellter bei der Boehringer Mannheim GmbH. Personal, 6, 262-267

KAISER, B. 1992. Erfahrungen mit einem System der Zielvereinbarung. Universität Augsburg: Unveröffentl. Hausarbeit

KAISER, M. 1995. Erfolgsbeteiligung der Mitarbeiter - Sozialer Kreislauf ganzheitlich-integrativen Handelns. Zeitschrift für Führung und Organisation, 1, 28-34

KAMINSKY, G. 1971. Praktikum der Arbeitswissenschaft. München: Hanser

KANNHEISER, W. 1984. Erfassung potentiell beanspruchungsrelevanter, organisatorisch-technischer Bedingungsstrukturen von Arbeitstätigkeiten. Universität-Gesamthochschule Kassel: Dissertation

KANNHEISER, W. 1983. Theorie der Tätigkeit als Grundlage eines Modells von Arbeitsstreß. Zeitschrift für Arbeits- und Organisationspsychologie, 27, 102-110

KANNHEISER, W. 1985a. Erfassung emotional beanspruchungsrelevanter Tätigkeitsbedingungen mit Hilfe des Tätigkeitsanalyseinventars (TAI). Zeitschrift für Arbeits- und Organisationspsychologie, 29, 25-35

KANNHEISER, W. 1985b. Analyse potentiell beanspruchender organisatorisch-technischer Bedingungen von Arbeitstätigkeiten mithilfe des TAI. In D. Albert (Hrsg.), Bericht über den 34. Kongreß der Deutschen Gesellschaft für Psychologie in Wien 1984, Bd. 2, S. 763-766. Göttingen: Hogrefe

KANNHEISER, W. 1987. Neue Techniken und organisatorische Bedingungen: Ergebnisse und Einsatzmöglichkeiten des Tätigkeits-Analyse-Inventars (TAI). In Kh. Sonntag (Hrsg.), Arbeitsanalyse und Technikentwicklung, S. 69-85. Köln: Bachem

KANNHEISER, W. 1988. Die Bedeutung der Arbeitsanalyse für psychologisches Handeln. In F. Ruppert & E. Frieling (Hrsg.), Psychologisches Handeln in Betrieben und Organisationen, S. 43-54. Bern: Huber

KANNHEISER, W., HORMEL, R & AICHNER, R. 1993. Planung im Projektteam. Bd. 1: Handbuch zum Planungskonzept Technik-Arbeit-Innovation (P-TAI). München: Hampp

KANNHEISER, W., HORMEL, R. & BIDMON, R.K. 1989. The P-TAI concept: An integrative approach. In K. Landau & W. Rhomert (Ed.). Recent developments in job analysis, pp. 263-274. London: Taylor & Francis

KAPPEL, H. 1983. Organisieren, Führen, Entlohnen mit modernen Instrumenten. Handbuch der Funktionsbewertung und Mitarbeiterbeurteilung. Zürich: ETH Zürich

KARG, P.W. & STAEHLE, W.H. 1982. Analyse der Arbeitssituation: Verfahren und Instrumente. Freiburg i.B.: Haufe

KARPIK, L. 1978. Organizations, institutions, and history. In L. Karpik (Hrsg.), Organizations and Environment. London: Sage

KÄSTNER, U. 1986. Planung und Kontrolle der Personalentwicklung: Dargestellt am Beispiel des Führungs-Förderungs-Programms der Audi AG, Bd. 5. München: Hampp

KERLINGER, F. N. 1978. Grundlagen der Sozialwissenschaften (2 Bde.). Weinheim, Basel: Beltz, (2. Aufl.)

KERN, H. & SCHUMANN, M. 1984. Das Ende der Arbeitsteilung? Rationalisierung in der industriellen Produktion. München: Beck

KERN, W. 1962. Die Messung industrieller Fertigungskapazitäten und ihre Ausnutzung - Grundlagen und Verfahren. Köln: Westdeutscher Verlag

KERRIOU, M & ROHR, K. 1991. Problemfelder und Entwicklungstendenzen der Vergütung. In W. Maier & W. Fröhlich (Hrsg.), Personalmanagement in der Praxis - Konzepte für die 90'er Jahre. Wiesbaden: Gabler

KILLINGSWORTH, M.R. 1990. The Economics of Comparable Worth. Kalamazoo, Michigan: W.E. Upjohn Institute for Employment Research

KIPNIS, D. & SCHMIDT, S.M. 1988. Upward-influence styles: Relationship with performance evaluation, salary, and stress. Administrative Science Quarterly 33, 4, 528-542

KIPNIS, D., SCHMIDT, S.M., PRICE, K. & STITT, C. 1981. Why do I like thee: Is it your performance or my orders? Journal of Applied Psychology 66, 3, 324-328

KIPPES, S. 1991. Strategisch orientierte Anreiz- und Beitragssysteme. Zeitschrift für Personalforschung, 6, 430-433

KIRCHNER & DUNETTE 1967. Using Critical Incidents to measure job profiency factors. In Fleishman, E.A. (Hrsg.), Studies in Personnel and Industrial Psychology. Homewood, Illinois: Dorsey Press

KIRSTGES, T.H. 1993. Mitarbeitererfolgsbeteiligung - Erfahrungen in einem mittelständischen Unternehmen. Personal, 11, 502-506

KLEBER, M. 1988. Arbeitsmarktsegmentation nach dem Geschlecht. Eine kritische Analyse ökonomischer Theorien über Frauenarbeit und Frauenlöhne. In E. v. Böventer & P. Kuhbier (Hrsg.), Volkswirtschaftliche Forschung und Entwicklung, Bd. 42. München: VVF

KLEINBECK, U., SCHMIDT, K.H. & RUTENFRANZ, J. 1982. Motivationspsychologische Untersuchungen zur Arbeitsgestaltung - ein Feldexperiment. Zeitschrift für experimentelle und angewandte Psychologie, 29, 442-471

KLEINING, G. 1982. Umriß zu einer Methodologie qualitativer Sozialforschung. Kölner Zeitschrift für Soziologie und Sozialpsychologie, 34, 224-253

KLEINMAIER, U. 1993. Potentialanalyse. Universität Augsburg: Unveröffentl. Diplomarbeit

KNEBEL, H. & ZANDER, E. 1988. Arbeitsbewertung und Eingruppierung. Ein Leitfaden für die Entgeltfestsetzung. Heidelberg: Sauer, (2. Aufl.)

KOLLE, H. 1985. Beurteilung im öffentlichen Dienst. Personal, 8, 334-338

KOMPA, A. 1984. Personalbeschaffung und Personalauswahl. Stuttgart: Enke

KOMPA, A. 1989. Assessment Center - Bestandsaufnahme und Kritik. Schriftenreihe Organisation und Personal (1. Band). München: Hampp

KOMPA, A. 1990. Demontage des Assessment Centers: Kritik an einem modernen personalwirtschaftlichen Verfahren. Die Betriebswirtschaft, 50, 569-702

KOMPA, A. 1991. Personalwesen - Theoretisches Verständnis, Aufgaben, Gestaltungsbedingungen und -instrumente. Informationsbroschüre über das Fach "Personalwesen" an der WiSo-Fakultät der Universität Augsburg, 35-47

KOMPA, A. 1995. Der gesellschaftliche und ideologische Kontext der Managementdiagnostik. In W. Sarges (Hrsg.), Managementdiagnostik (S. 904-915). Göttingen: Hogrefe, (2. Aufl.)

KÖNIG, R. 1974. Handbuch der empirischen Sozialforschung. Stuttgart: Enke, (3. Aufl.)

KOOLWIJK, J. v. & WIEKEN-MAYSER, M. 1974 (Hrsg.). Techniken der empirischen Sozialforschung. Bd. 1-8. München: Oldenbourg

KORFF, E. 1983. Menschen beurteilen und Menschen führen. Heidelberg: Sauer, (5. Aufl.)

Literatur

KOSIOL, E. 1958. Kritische Analyse der Wesensmerkmale des Kostenbegriffs. In Kosiol, E. & Schlieper, F. (Hrsg.), Betriebsökonomisierung durch Kostenanalyse, Absatzrationalisierung und Nachwuchserziehung - Festschrift für R. Seyffert, S. 7-37. Köln: Westdeutscher Verlag

KOSSBIEL, H. 1994. Überlegungen zur Effizienz betrieblicher Anreizsysteme. Die Betriebswirtschaft, 54, 75-93

KÖSTER, J. 1994. Konzeption eines Funktionsbewertungssystems. Zeitschrift für Arbeitswissenschaft, 48, 134-141

KRELL, G. 1990. Entgeltdiskriminierung durch Arbeitsbewertung und Eingruppierung. Zeitschrift für Personalforschung, 2, 197-208

KRELL, G. 1994. Vergemeinschaftende Personalpolitik. München: Hampp

KRULL, F. 1992. Anreize für Leistung und Erfolg schaffen. Personalwirtschaft, 9, 39-40

KÜCHLER, M. 1980. Qualitative Sozialforschung - Modetrend oder Neuanfang? Kölner Zeitschrift für Soziologie und Sozialpsychologie, 32, 373-386

KUHN, Th. S. 1970. The structure of scientific revolutions. Chicago: The University of Chicago Press (deutsch: KUHN, Th. S. 1973. Die Struktur wissenschaftlicher Revolutionen. Frankfurt a.M.: Suhrkamp)

KÜPPER, W. & ORTMANN, G. 1986 (Hrsg.). Mikropolitik. Rationalität, Macht und Spiele in Organisationen. Opladen: Westdeutscher Verlag

KUPSCH, P.U. & MARR, R. 1990. Personalwirtschaft. In E. Heinen (Hrsg.), Industriebetriebslehre: Entscheidungen im Industriebetrieb, S. 627-767. Wiesbaden: Gabler

LAMNEK, S. 1993a. Qualitative Sozialforschung, Bd. 1: Methodologie. München: Psychologie Verlags Union, (2. Aufl.)

LAMNEK, S. 1993b. Qualitative Sozialforschung, Bd. 2: Methoden und Techniken. München: Psychologie Verlags Union, (2. Aufl.)

LANG, L.F. 1995. Aktien. In H. Corsten (Hrsg.), Lexikon der Betriebswirtschaftslehre, S. 35-38. München: Oldenbourg, (3. Aufl.)

LANGER, E.J. 1975. The illusion of control. Journal of Personality and Social Psychology. 32, 311-328

LANGKAU, J. 1979. Lohn- und Gehaltsdiskriminierung von Arbeitnehmerinnen in der Bundesrepublik Deutschland. Bestimmung und Analyse des geschlechtsspezifischen Einkommensabstandes 1960-1976. Band 4 der Reihe "Struktur- und Entwicklungspolitik". G. Esters & J. Langkau (Hrsg.), Forschungsinstitut der Friedrich-Ebert-Stiftung. Bonn: Verlag Neue Gesellschaft

LASKE, S. 1977. Die "Anforderungsgerechtigkeit" in der Arbeitsbewertung oder die Funktion von Fiktionen. In J. Gohl (Hrsg.), Arbeit im Konflikt, S. 142-162. München: Goldmann

LATHAM, G.P. & WEXLEY, K.N. 1977. Behavioral observation scales for performance appraisal purposes. Personnel Psychology, 30, 255-268

LATTMANN, Ch. 1975. Leistungsbeurteilung als Führungsmittel. Bern: Haupt

LATTMANN, Ch. 1982. Die verhaltenswissenschaftlichen Grundlagen der Führung des Mitarbeiters. Bern: Haupt

LAZARUS, R.S. & LAUNIER, R. 1981. Streßbezogene Transaktion zwischen Person und Umwelt. In J.R. Nitsch (Hrsg.), Streß - Theorie, Untersuchungen, Maßnahmen, S. 213-260. Bern: Huber

LEITNER, K. 1994. Das Tätigkeits-Analyse-Inventar (TAI): Eine kritische Bewertung. Zeitschrift für Arbeitswissenschaft, 48, 129-133

LEITFADEN für die Lohngestaltung Eisen und Metall 1943. Gera: Thüringsche Verlags-Anstalt Karl Basch

LEITNER, K. 1994. Das Tätigkeitsanalyse-Inventar (TAI): Eine kritische Bewertung. Zeitschrift für Arbeitswissenschaft 48, 129-133

LENK, H. 1971. Notizen zur Rolle des Sportes und der Leistungsmotivation in einer künftigen Gesellschaft. Leibeserziehung, 20, 82-87

LENK, H. 1976. Sozialphilosophie des Leistungshandelns. Das humanisierte Leistungsprinzip in Produktion und Sport. Stuttgart: Kohlhammer

LEONTJEW, A.N. 1977. Tätigkeit, Bewußtsein, Persönlichkeit. Stuttgart: Klett

LESSMANN, K.G. 1980. Personalbeurteilung als Instrument der Führungskräfteentwicklung. Unversität Essen: Dissertation

LIEBAU, U. 1994. Leistung und Entgelt. Personalführung, 2, 174-175

LIENERT, G.A. 1969. Testaufbau und Testanalyse. Weinheim: Beltz, (3. Aufl.)

LITTLER, C.R. 1987. Theorie des Managements und Kontrolle. In E. Hildebrandt & R. Seltz (Hrsg.), Managementstrategien und Kontrolle, S. 27-75. Berlin: Edition Sigma

LONGENECKER, C.O. 1986. On the politics of performance appraisal: A qualitative study of executive as raters. In J.A. Pearce & R.B. Robinson (Hrsg.), Best papers proceedings. Academy of Management. Forty-sixth annual meeting of the Academy of Management, Chicago Ill., S. 260-263

LONGENECKER, C.O., SIMS, H.P. & GIOIA, D.A. 1987. Behind the mask: The politics of employee appraisal. Academy of Management Executive 1, 3, 183-193

LORENZER, A. 1977. Sprachspiel und Interaktionsformen. Vorträge und Aufsätze zu Psychoanalyse, Sprache und Praxis. Frankfurt a.M.: Suhrkamp

LÜCKE, W. 1973. Produktions- und Kostentheorie. Würzburg: Physica-Verlag (3. Aufl.)

LÜDERS, E. & PUST, C. 1992. Frauen untersuchen ihren Arbeitsalltag und verändern ihn - Bericht über ein Seminar zur Arbeitsanalyse und -gestaltung. IfHA-Berichte (Institut für Humanwissenschaft in Arbeit und Ausbildung der Technischen Universität Berlin), Nr. 31

LÜDERS, E. 1994. Die integrierte Analyse gesundheitsförderlicher und -beeinträchtigender Merkmale von Arbeitsbedingungen mit dem RHIA/VERA-Büro-Verfahren. Zeitschrift für Arbeitswissenschaft, 48, 36-43

LUDBORZS, B. 1983. Angebots- und Nachfragestrukturen im Bereich von psychologischen Arbeitsanalyseverfahren. In E. Dürholt et al. (Hrsg.), Qualitative Arbeitsanalyse. Schriftenreihe "Humanisierung des Arbeitslebens", Bd. 36, S. 31-48. Frankfurt a.M.: Campus

LUEGER, G. 1992. Die Bedeutung der Wahrnehmung bei der Personalbeurteilung: Zur psychischen Konstruktion von Urteilen über Mitarbeiter. In D. v. Eckardstein & O. Neuberger (Hrsg.), Personalwirtschaftliche Schriften, Bd. 1. München: Hampp

LUEGER, M. & SCHMITZ, Ch. 1984. Das offene Interview. Theorie - Erhebung - Rekonstruktion latenter Strukturen. Studien zur Soziologie aus Forschung-Praxis-Lehre, Bd. 23. Wien: Service-Fachverlag

LUHMANN, N. 1968. Vertrauen. Ein Mechanismus zur Reduktion von sozialer Komplexität. Stuttgart: Enke

LUHMANN, N. 1984. Soziale Systeme. Grundriß einer allgemeinen Theorie. Frankfurt a.M.: Suhrkamp

LUTHE, H.O. & MEULEMANN, H. 1988 (Hrsg.). Wertwandel - Faktum oder Fiktion? Frankfurt a.M.: Campus

MAIER, W. 1983. Kriterien humaner Arbeit. Persönlichkeitsentwicklung durch humane Arbeitssysteme. Stuttgart: Enke

MAIER, W. 1988. Arbeitsanalyse und Lohngestaltung. Stuttgart: Enke (2. Aufl.)

MAIER, W. 1991. Kontrolle und Subjektivität in Unternehmen: Eine organisationspsychologische Untersuchung. Opladen: Westdeutscher Verlag

MANNTZ, A. 1988. Die Einführung der HAY Stellenwert-Profil-Methode als Ritual am Beispiel der Messerschmitt-Bölkow-Blohm GmbH. Universität Augsburg: Unveröffentl. Hausarbeit

Literatur

MARCH, J.G. & OLSEN, J.P. 1976. Ambiguity and Choice in Organizations. Bergen: Universitetsvorlaget

MAYRING, Ph. 1989. Die qualitative Wende. Grundlagen, Techniken und Integrationsmöglichkeiten qualitativer Forschung in der Psychologie. In W. Schönpflug (Hrsg.), Bericht über den 36. Kongreß der Deutschen Gesellschaft für Psychologie in Berlin 1988, Bd. 2, S. 306-313, Göttingen: Hogrefe

MAYRING, Ph. 1990a. Qualitative Inhaltsanalyse: Grundlagen und Techniken. Weinheim: Deutscher Studien-Verlag, (2. Auflage)

MAYRING, Ph. 1990b. Einführung in die qualitative Sozialforschung. Eine Anleitung zu qualitativem Denken. München: Psychologie Verlags Union

McCLELLAND, D.C. 1961. The achieving society. Princeton, N.J: Van Nostrand

McCORMICK, E. J., JEANNERET, P.R. & MECHAM, R.C. 1969. The development and background of the Position Analysis Questionnaire (PAQ). Rep. No. 5. Lafayette, Ind.: Occupational Research Center, Purdue University

McGUIRE, W.J. 1964. Inducing resistance to persuasion. In L. Berkowitz (Hrsg.), Advances in Experimental Social Psychology, 1. New York: Academic Press

MELLEROWICZ, K. 1960. Leistung. In Seischab, H. & Schwantag, K. (Hrsg.), Handwörterbuch der Betriebswirtschaft (Sp. 3774-3776). Stuttgart: Poeschel, (3. Aufl.)

MERZ, F. 1963. Die Beurteilung unserer Mitmenschen als Leistung. In G.A. Lienert (Hrsg.), Bericht des 23. Kongreß der Deutschen Gesellschaft für Psychologie, S. 32-51. Göttingen: Hogrefe

MEYER, J.W. & ROWAN, B. 1977. Institutionalized organizations: formal structure as myth and ceremony. American Journal of Sociology, 340ff

MISCHEL, W. 1968. Personality and Assessment. New York: Wiley

MITSCHERLICH, A. 1973. Vom Protest zum Leistungsverfall. Merkur, Heft 214, 365-380

MOHR, G. 1986. Die Erfassung psychologischer Befindensbeeinträchtigungen bei Arbeitern. Frankfurt a.M.: Lang

MOSER, U. 1985. Frauenarbeit und Männerarbeit. Literaturstudie über Arbeitsbewertungen. In Bundesministerium für soziale Verwaltung (Hrsg.), Arbeitsbewertung - Frauenarbeit, Männerarbeit. Forschungsberichte aus Sozial- und Arbeitsmarktpolitik Nr. 7, S. 21-49. Wien

MOSER, K., DONAT, M., SCHULER, H. & FUNKE, U. 1989. Gütekriterien von Arbeitsanalyseverfahren. Zeitschrift für Arbeitswissenschaft, 43, 65-72

MÜLLER-HAGEDORN, L. 1993. Zur Feststellung von diskriminierenden Entgeltformen. Die Betriebswirtschaft, 53, 529-543

MÜLLER-VOGG, H. 1986. Leistungsprämien für Führungskräfte - weit verbreitet und doch umstritten. Personal, 5, 182-183

MÜNDELEIN, H. & SCHÖNPFLUG, W. 1984. Ökologische Validierung eines im Laboratorium nachgebildeten Büroarbeitsplatzes mit Hilfe des Fragebogens zur Arbeitsanalyse (FAA) - Ein Beitrag zum Verhältnis von Labor- und Feldforschung. Zeitschrift für Arbeits- und Organisationspsychologie, 28, 2-11

MUNGENAST, M. 1990. Grenzen merkmalsorientierter Einstufungsverfahren und ihre mögliche Überwindung durch zielorientierte Leistungsbeurteilungsverfahren. München: Florentz

NÄSER, Ch. 1984. AT-Vergütung: Stagnation auf hohem Niveau. Personalwirtschaft, 2, 54-57

NÄSER, Ch. 1985. Warten auf mehr Geld. Manager Magazin, 10, 210-220

NÄSER, Ch. 1987. Einkommensverteilung der Führungskräfte 1986. Personalwirtschaft, 2, 59-62

NÄSER, Ch. 1988a. Einkommen von Führungskräften 1987/88. Personalwirtschaft, 2, 88-91
NÄSER, Ch. 1988b. Erfolg macht Kasse. Manager Magazin, 10, 372-377
NÄSER, Ch. 1989. Einkommen von Führungskräften 1988/1989. Personalwirtschaft, 4, 35-39
NÄSER, Ch. 1990. Das offene Mehr. Manager Magazin, 10, 367-371
NÄSER, Ch. 1991. Vergütung von Führungskräften - aktueller Stand und Trends. In W. Maier & W. Fröhlich (Hrsg.), Personalmanagement in der Praxis - Konzepte für die 90'er Jahre. Wiesbaden: Gabler
NEUBAUER, W. 1990. Vertrauen zwischen Vorgesetzten und Mitarbeitern - eine Illusion? In S. Höfling & W. Butollo (Hrsg.), Psychologie für Menschenwürde und Lebensqualität, Bd. 2. Bonn: Deutscher Psychologen Verlag
NEUBAUER, W. 1991. Bedingungen des dyadischen Vertrauens bei der Zusammenarbeit in Industrie und Verwaltung. In E. Baumgartner, F.C. Sauter & H.-P. Trolldenier (Hrsg.), Ich und Gruppe. Göttingen: Hogrefe
NEUBERGER, O. & KOMPA, A. 1987. Wir, die Firma - Der Kult um die Unternehmenskultur. Weinheim: Beltz
NEUBERGER, O. 1974. Messung der Arbeitszufriedenheit. Stuttgart: Kohlhammer
NEUBERGER, O. 1980. Rituelle (Selbst-)Täuschung. Kritik an der irrationalen Praxis der Personalbeurteilung. Die Betriebswirtschaft, 40, 27-43
NEUBERGER, O. 1984. Organisationspsychologie: Personalbeurteilung. In H.A. Hartmann & R. Haubl (Hrsg.), Psychologische Begutachtung, S. 277-305. München: Urban & Schwarzenberg
NEUBERGER, O. 1986. ... Spiele in Organisationen als Spiele ... Universität Augsburg: Unveröffentl. Manuskript
NEUBERGER, O. 1989. Assessment Center - Ein Handel mit Illusionen? In Ch. Lattmann (Hrsg.), Das Assessment Center-Verfahren der Eignungsbeurteilung. Heidelberg: Physica
NEUBERGER, O. 1990. Führen und geführt werden. Stuttgart: Enke, (3. Aufl.)
NEUBERGER, O. 1993. Soziales Handeln in Organisationen: Mikropolitik. Universität Augsburg: Unveröffentl. Manuskript
NEUBERGER, O. 1994a. Personalentwicklung. Stuttgart: Enke, (2. Aufl.)
NEUBERGER, O. 1994b. Mobbing - Übel mitspielen in Organisationen. München: Hampp
NEUBERGER, O. 1995. Mikropolitik. Der alltägliche Aufbau und Einsatz von Macht in Organisationen. Stuttgart: Enke
NEUBERGER, O. o.J. Leistung - Leistungsprinzip - Leistungsgesellschaft. Augsburg: Unveröffentl. Manuskript
NEUMANN, P. 1991. Das Mitarbeitergespräch. In L. von Rosenstiel, E. Regnet & M. Domsch (Hrsg.), Führung von Mitarbeitern, S. 173-187. Stuttgart: Schäffer
NICKLISCH, H. 1939. Leistung. In Nicklisch, H. (Hrsg.), Handwörterbuch der Betriebswirtschaft, Sp. 867-874. Stuttgart: Poeschel (2. Aufl.)
NITSCH, J. R. 1976. Die Eigenzustandsskala (EZ-Skala) - Ein Verfahren zur hierarchisch-mehrdimensionalen Befindlichkeitsskalierung. In J.R. Nitsch & I. Udris (Hrsg.), Beanspruchungen im Sport, S. 81-102. Bad Homburg: Limpert
NOELLE-NEUMANN, R. 1975. Werden wir alle Proletarier? Die Zeit, Nr. 25 u. 26
NOHL, J. 1989. Verfahren zur Sicherheitsanalyse: eine prospektive Methode zur Analyse und Bewertung von Gefährdungen. Wiesbaden: Deutscher Universitäts-Verlag
NOLTE, H. 1992. Entwicklungspotential im Fach- und Führungskräftebereich: Untersuchung am Beispiel ausgeschiedener Zeitoffiziere. Hochschulschriften zum Personalwesen, Bd. 17. München: Hampp

Literatur

NORK, M. 1989. Management Training. Evaluation, Probleme, Lösungsansätze. München: Hampp

o.V. 1995. Aus der Arbeit des Personalrats, Nr. 132. Informationsblatt der Universität Augsburg, Juliausgabe

OESTERREICH, R. & VOLPERT, W. 1991 (Hrsg.). VERA Version 2. Arbeitsanalyseverfahren zur Ermittlung von Planungs- und Denkanforderungen im Rahmen der RHIA-Anwendung (Forschungen in Arbeit und Alltag, Bd. 3). Berlin: Institut für Humanwissenschaft in Arbeit und Ausbildung, Technische Universität

OESTERREICH, R. 1981. Handlungsregulation und Kontrolle. München: Urban & Schwarzberg

OESTERREICH, R. 1992. Die Überprüfung von Gütekriterien bedingungsbezogener Arbeitsanalyseverfahren. Zeitschrift für Arbeitswissenschaft, 46, 139-144

OFFE, C. 1977. Leistungsprinzip und industrielle Arbeit. Mechanismen der Statusverteilung in Arbeitsorganisationen der industriellen "Leistungsgesellschaft". Frankfurt, Köln: Europäische Verlagsanstalt, (5. Aufl.)

OHL, B. 1990. Keine Bezahlung von "Belastung". Personal, 3, 114-117

OLESCH, G. 1989. Schritte der Personalentwicklung - Praktische Umsetzung in Unternehmen. Zeitschrift für Führung und Organisation, 5, 301-310

ONDRACK, D.A. 1995. Entgeltsysteme als Motivationsinstrument. In A. Kieser, G. Reber & R. Wunderer (Hrsg.), Handwörterbuch der Führung, Sp. 307-328. Stuttgart: Schäffer-Poeschel, (2. Aufl.)

PAASCHE, J. 1974. Praxis der Arbeitsbewertung. Köln: Müssener

PAASCHE, J. 1981. Zeitgemäße Lohngestaltung: Voraussetzungen, Durchführung und Pflege. Essen: Giradet

PAPENFUß, K. & PFEUFFER, E. 1989. Mitarbeitergespräch. In H. Strutz (Hrsg.), Handbuch Personalmarketing, S. 397-412. Wiesbaden: Gabler

PASCALE, R.T. & ATHOS, A.G. 1982. The Art of Japanese Management. Applications for American Executives. New York: Warner

PECHOLD, E. 1974. Fünfzig Jahre REFA. Berlin: Beuth

PELTZER, U. 1983. Methodologie und Methoden. In E. Lippert & R. Wakenhut (Hrsg.), Handwörterbuch der Politischen Psychologie, S. 178-189. Opladen: Westdeutscher Verlag

PEREN, K. 1994. Betriebliche Sozialleistungen: Notwendige Anpassungen in der Krise. Personal, 3, 105

PFARR, H.M. & BERTELSMANN, K. 1989. Diskriminierung im Erwerbsleben - Ungleichbehandlungen von Frauen und Männern in der Bundesrepublik Deutschland. Baden-Baden: Nomos

PFEIFFER, W., DÖRRIE, U. & STOLL, F. 1977. Menschliche Arbeit in der industriellen Produktion. Göttingen: UTB

PFENDLER, C. 1993. Vergleich der Zwei-Ebenen-Intensitäts-Skala und des NASA Task Load Index bei der Beanspruchungsbewertung während Lernvorgängen. Zeitschrift für Arbeitswissenschaft, 47, 26-33

PLATH, H. E. & RICHTER, P. 1976. Erfassung von Beeinträchtigungen durch Belastungswirkungen, Monotonie und psychische Sättigung. Sozialistische Arbeitswissenschaft, 20, 27-37

PLATH, H.-E. & RICHTER, P. 1978. Der BMS (I)-Erfassungsbogen - Ein Verfahren zur skalierten Erfassung erlebter Beanspruchungsfolgen. Probleme und Ergebnisse der Psychologie 65, 45-85

PLÜSKOW, H.-J. 1988. Auf geht's. Capital, 1, 144-146

PÖHLER, W. 1992. Die Bedeutung situativer Analysen für die Arbeits- und Organisationsgestaltung. Arbeit, 1, 45-63

PORNSCHLEGEL, H. & BIRKWALD, R. 1973. Handbuch der Erholungszeitermittlung. Köln: Bund

PORNSCHLEGEL, H. 1968 (Hrsg.). Verfahren vorbestimmter Zeiten. Köln: Bund

PRITCHARD, R.D., ROTH, Ph.L., ROTH, P.G., WATSON, M.D. & JONES, St.D. 1989. Incentive systems: Success by design. Personnel, 5, 63-68

PROJEKTGRUPPE TÄTIGKEITSANALYSE 1983. Entwicklung eines theoriegeleiteten, standardisierten, verhaltenswissenschaftlichen Verfahrens zur Tätigkeitsanalyse. In E. Dürholt et al. (Hrsg.), Qualitative Arbeitsanalyse. Schriftenreihe "Humanisierung des Arbeitslebens", Bd. 36, S. 109-133. Frankfurt a.M.: Campus

PULLIG, K.K. 1990. Persönlichkeitsförderliche Arbeitsgestaltung. Die Entwicklung des arbeitsanalytischen Verfahrens ATAA. Management Revue, 1, 56-62

RASTETTER, D. (in Vorb.). Personalbeschaffung und Personalauswahl. Stuttgart: Enke

RASTETTER, D. 1994. Sexualität und Herrschaft in Organisationen - Eine geschlechtervergleichende Analyse. Opladen: Westdeutscher Verlag

REFA 2, 1992. Datenermittlung, Bd. 2 der Methodenlehre des Arbeitsstudiums. München: Hanser

REFA 4, 1991. Anforderungsermittlung (Arbeitsbewertung), Bd. 4 der Methodenlehre der Betriebsorganisation. München: Hanser

REFA 5 1991. Entgeltdifferenzierung. München: Hanser, (3. Aufl.)

REICHARD, C. 1983. Plädoyer für den Verzicht auf formale Personalbeurteilungen. Verwaltungsführung - Organisation - Personal, 4, 195-199

REICHERTZ, J. 1986. Probleme qualitativer Sozialforschung - Zur Entwicklungsgeschichte der objektiven Hermeneutik. Frankfurt a.M.: Campus

REMICK, H. 1984. Major issues in a priori applications. In H. Remick (Hrsg.), Comparable Worth and Wage Discrimination - Technical Possibilities and Political Realities, S. 99-117. Philadelphia: Temple University Press

REMPEL, J.K., HOLMES, J.G. & ZANNA, M.P. 1985. Trust in close relationships. Journal of Personality and Social Psychology, 49, 95-112

RESCH, M. 1988. Die Handlungsregulation geistiger Arbeit. Bestimmung und Analyse geistiger Arbeitstätigkeit in der industriellen Produktion. Schriften zur Arbeitspsychologie Nr.45. Bern: Huber

RESCH, M. 1989. Zur Analyse von geistigen Arbeitstätigkeiten in Büro und Verwaltung. Zeitschrift für Arbeitswissenschaft, 43, 197-202.

RICHTER, P. & PLATH, H.-E. 1979. Bewährungskontrolle und Entwicklungsfortführung des BMS-Erfassungsbogens zur Ermittlung erlebter Beanspruchungsfolgen. In F: Klix & K.-P. Timpe: Arbeits- und Ingenieurpsychologie und Intensivierung, S. 129-133. Berlin: DVW

RIDDER, H.-G. 1990. Analytische Arbeitsbewertung: Zur Kontinuität von Ritualen. Zeitschrift für Personalforschung, 2, 179-196

RÖBKE, R. 1989. Kennzeichen menschengerechter Arbeitsgestaltung. In Institut für angewandte Arbeitswissenschaften (Hrsg.), Arbeitsgestaltung in Produktion und Verwaltung, S 29-39. Köln: Wirtschaftsverlag Bachem

ROHMERT, W. & LANDAU, K. 1979. Das Arbeitswissenschaftliche Erhebungsverfahren zur Tätigkeitsanalyse (AET). Handbuch und Merkmalheft. Bern: Huber

ROHMERT, W. & LANDAU, K. 1983. A New Technique for Job Analysis. London: Taylor & Francis

Literatur

ROHMERT, W. & LANDAU, K. 1989. Recent Developments in Job Analysis: Proceedings of the International Symposium on Job Analysis. London: Taylor & Francis

ROHMERT, W. & RUTENFRANZ, J. 1975. Arbeitswissenschaftliche Beurteilung der Belastung und Beanspruchung an unterschiedlichen industriellen Arbeitsplätzen. Der Bundesminister für Arbeit und Sozialordnung (Hrsg.). Bonn: Referat Öffentlichkeitsarbeit

ROHN, W.E. 1986. Der Einsatz von Planspielen bei der Personalauswahl. Personalführung, 3, 117-120

ROOS, C.A. & BLANK, U. 1978. Das Ende der Taylor-Legende. REFA-Nachrichten, 31, 69-76

ROSCHMANN, K. 1974. Elektronische Fertigungsüberwachung - Betriebsdatenerfassung. Stuttgart: Forkel

ROSINUS, W. 1992. Personelle Einkommensverteilung der Lohn- und Einkommensteuerpflichtigen 1986. Wirtschaft und Statistik, 1, 35-39

ROSKE, W. A. 1993. Arbeitsanalyse und Mikropolitik. Universität Augsburg: Unveröffentl. Diplomarbeit

ROSS, L. 1977. The intuitive psychologist and his shortcomings: Distortions in the attribution process. In L. Berkowitz (Hrsg.), Advances in Experimental Social Psychology (10. Bd.), S. 173-220. New York: Academic Press

RÖßLER, N. 1992. Sozialleistungen kritisch unter die Lupe nehmen. Personalwirtschaft, 9, 27-32

ROTHE, I. 1991. VERA und RHIA als arbeitsanalytische Grundlage bei der Umgestaltung von Fertigungsinseln. In R. Oesterreich & W. Volpert (Hrsg.), VERA Version 2. Arbeitsanalyseverfahren zur Ermittlung von Planungs- und Denkanforderungen im Rahmen der RHIA-Anwendung (Forschungen in Arbeit und Alltag, Bd. 3). Berlin: Institut für Humanwissenschaft in Arbeit und Ausbildung, Technische Universität

RÜBLING, G. 1988. Verfahren und Funktionen der Leistungsbeurteilung in Unternehmen. Diss. Konstanz

RUDINGER, R. 1985. Qualitative Daten. München: Urban & Schwarzenberg

RUDOLPH, E. 1986. Erfahrungen zur Analyse, Bewertung und Gestaltung rechnergestützter geistiger Arbeit mit dem TBS-GA. Sozialistische Arbeitswissenschaft, 30, 436-441

RUST, H. 1983. Inhaltsanalyse. Die Praxis der indirekten Interaktionsforschung in Psychologie und Psychotherapie. München: Psychologie Verlags Union

RUSTEMEYER, R. 1992. Praktisch-methodische Schritte der Inhaltsanalyse. Eine Einführung am Beispiel der Analyse von Interviewtexten. Münster: Aschendorff-Verlag

SCHANNE, R. 1993. Wie differenziert der "Fragebogen zur Arbeitsanalyse (FAA)"? Zeitschrift für Arbeitswissenschaft, 47, 224-232

SCHERER, H.-P. 1990. Wie Leistung fair bezahlt werden kann. Management Wissen, 9, 16-33

SCHERER, H.-P. 1991a. Aufgeschobener Geldsegen. Management Wissen, 3, 112-117

SCHERER, H.-P. 1991b. Lohn der Angst. Management Wissen, 9, 17-29

SCHETTGEN, P. 1991. Führungspsychologie im Wandel - Neue Ansätze in der Organisations-, Interaktions- und Attributionsforschung. Wiesbaden: Deutscher Universitäts-Verlag

SCHETTGEN, P. 1992a. Motivationstheorien. In H. Corsten (Hrsg.), Lexikon der Betriebswirtschaftslehre. München: Oldenbourg

SCHETTGEN, P. 1992b. Über den Hinter-Sinn der Mitarbeiterbeurteilung: Eine Kritik aus unternehmenskultureller Perspektive. In R. Selbach & K.-K. Pullig (Hrsg.), Handbuch Mitarbeiterbeurteilung, S. 107-141. Wiesbaden: Gabler

SCHETTGEN, P. 1993. Personalbeurteilung zwischen systemischer Kontrolle und widerborstiger Subjektivität. In W. von Loewenfeld (Hrsg.), Die Beurteilung - Vom Ritual zum sozialen Management im öffentlichen Dienst. Frankfurt a.M.: Courier

SCHIMANK, U. 1986. Technik, Subjektivität und Kontrolle in formalen Organisationen - eine Theorieperspektive. In R. Seltz, U. Mill & E. Hildebrandt (Hrsg.), Organisation als soziales System, S. 71-91. Berlin: Edition Sigma

SCHLICHTING, C. 1986a. Analytische Arbeitsbewertung und Partizipation. BFuP, 38, 43-54

SCHLICHTING, C. 1986b. Kriterien für die Entgeltdifferenzierung von morgen. Personal, 38, 134-137

SCHMILINSKY, M. 1986. Instrumente zur Potentialerkennung. Personalführung, 3, 120-123

SCHMÖLDERS, G. 1975. Leistungsprinzip und "Qualität des Lebens". In Siemens-Symposion (Hrsg.), Sinn und Unsinn des Leistungsprinzips, S. 20-30. München: DTV, (3. Aufl.)

SCHNABEL, P.-E. 1974. Die soziologische Gesamtkonzeption Georg Simmels. Stuttgart: Fischer Verlag

SCHNEIDER, B. & HELEMANN, F. 1989. Strategische Personalentwicklung statt operativer Trainingshektik. Personalwirtschaft "12/89", 53-54

SCHNEIDER, Ch. 1991. Die Entlohnung von Führungskräften im AT-Bereich. Universität Augsburg: Unveröffentl. Hausarbeit

SCHNELL, R., HILL, P. B. & ESSER, E. 1989. Methoden der empirischen Sozialforschung. München: Oldenbourg, (2. Aufl.)

SCHOECK, H. 1977. Ist Leistung unanständig? In Hartfiel, G. (Hrsg.), Das Leistungsprinzip - Merkmale, Bedingungen, Probleme, S. 166-177. Opladen: Leske & Budrich

SCHULER, H. 1972. Das Bild vom Mitarbeiter. München: Goldmann

SCHULER, H. 1978. Leistungsbeurteilung in Organisationen. In A. Mayer (Hrsg.), Organisationspsychologie, S. 137-169. Stuttgart: Poeschel

SCHULER, H. 1982. Beurteilen als Messen und als Interpretieren. In H. Schuler & W. Stehle (Hrsg.), S. 83-100, Psychologie in Wirtschaft und Verwaltung. Stuttgart: Poeschel

SCHULER, H. 1989. Leistungsbeurteilung. In E. Roth (Hrsg.), Organisationspsychologie. Enzyklopädie der Psychologie, Bd. 3. Göttingen: Hogrefe

SCHULER, H. 1990. Personalbeurteilungssysteme. In W. Sarges (Hrsg.), Management-Diagnostik, S. 599-605. Göttingen: Hogrefe. 599-605

SCHULTE, Ch. & DYCKE, A. 1986. Caféteria-Systeme. Die Betriebswirtschaft, 46, 577-589

SCHUSTER, H. 1988. Betriebliche Vermögensbeteiligung durch Belegschaftsaktien bei der Hoechst AG. Personalführung, 8/9, 606-612

SCHUSTER, H. 1991a. Gestaltungsformen eines Cafeteria-Systems. WISU, 20, 363-365

SCHUSTER, L. 1991b. Implementierungsphasen eines Cafeteria-Systems - Das 7-Phasen-Schema. Zeitschrift für Führung und Organisation, 4, 250-254

SCHWARZ, R. & SCHMITZ, U. 1994. Die synthetische Beanspruchungsanalyse (SYN-BA): Methode und Anwendungsbeispiel. Zeitschrift für Arbeitswissenschaft, 48, 225-236

SCHWEITZER, F. 1989. Auswirkungen neuer Lagertechniken auf die Personalstruktur, Arbeitsorganisation und Arbeitsbedingungen. Universität-Gesamthochschule Kassel: Unveröffentl. Diplomarbeit

SCHWÖRER, H. 1989. Mitarbeiterbeurteilung und Beurteilungseffizienz. Personal, 3, 98-101

SCRIVEN, M. 1972. Die Methodologie der Evaluation. In Ch. Wulf (Hrsg.), Evaluation: Beschreibung und Bewertung von Unterricht, Curricula und Schulversuchen, S. 60-91. München: Piper

SEIBEL, H. D. 1973. Gesellschaft im Leistungskonflikt. Düsseldorf: Bertelsmann

Literatur

SEIDEL, N. 1974. Zeitenpraxis Eine Anleitung zum Aufbau und zur Verwendung von Zeitkatalogen für rationelle Zeitkalkulation. Oberursel, Ts.: Seidel

SELTZ, R. & HILDEBRANDT, E. 1985. Produktion, Politik und Kontrolle - Arbeitspolitische Varianten am Beispiel der Einführung von Produktionsplanungs- und Steuerungssystemen im Maschinenbau. In F. Naschold (Hrsg.), Arbeit und Politik, S. 91-123. Frankfurt a.M.: Campus

SEMMER, N. 1984. Streßbezogene Arbeitsanalyse. Psychologische Untersuchungen von Streß am Arbeitsplatz. Weinheim: Beltz

SHEPELA, S.T. & VIVIANO, A.T. 1984. Some psychological factors affecting job segregation and wages. In H. Remick (Hrsg.), Comparable Worth and Wage Discrimination - Technical Possibilities and Political Realities, S. 47-58. Philadelphia: Temple University Press

SIEGEL, T. 1989. Leistung und Lohn in der nationalsozialistischen "Ordnung der Arbeit". Opladen: Westdeutscher Verlag

SIEVERS, B. 1974. Geheimnis und Geheimhaltung in sozialen Systemen. Opladen: Westdeutscher Verlag

SIMMEL, G. 1958. Philosophie des Geldes. Berlin: Duncker & Humblodt, (6. Aufl.)

SINN, J. 1990. Geordnete Verhältnisse. Management Wissen, 4, 72-85

SINN, J. 1991. Zuschlag für den AEG-Vorstand. Management Wissen, 9, 22-23

SMITH, P.C. & KENDALL, L.M. 1963. Retranslation of expectations: An approach to the construction of unambiguos anchors for rating scales. Journal of Applied Psychology, 47, 149-155

SOMMER, J. 1987. Dialogische Forschungsmethoden. München: Psychologie Verlags Union

SONNTAG, Kh. 1985a. Erforderliche Qualifikationen beim Tätigkeitsvollzug in der flexiblen automatisierten Fertigung. Zeitschrift für Arbeitswissenschaft, 39, 193-200

SONNTAG, Kh. 1985b. Qualifikationsanforderungen im Werkzeugmaschinenbereich. In Kh. Sonntag (Hrsg.), Neue Produktionstechniken und qualifizierte Arbeit, S. 81-100. Köln: Bachem

SONNTAG, Kh. 1986. Arbeitspsychologie und Berufsausbildung. Historische Aufarbeitung eines vernachlässigten Gegenstandsbereichs der Arbeitspsychologie. Zeitschrift für Arbeits- und Organisationspsychologie, 30, 135-143

SONNTAG, Kh. & HEUN, D. 1986. Qualifizierung in Steuerungstechnik. Zeitschrift für Berufs- und Wirtschaftspädagogik, 82, 467-472

SONNTAG, Kh. & SCHAPER, N. 1988. Kognitives Training zur Bewältigung steuerungstechnischer Aufgabenstellungen. Zeitschrift für Arbeits- und Organisationspsychologie, 32, 128-138

SONNTAG, Kh., BENEDIX, J. & HEUN, D. 1987. Anforderungen an die Facharbeit in der flexiblen automatisierten Großserienfertigung. Ergebnisse von 23 durchgeführten Arbeitsplatzanalysen im Rahmen eines BMBW/BiBB-Forschungsprojektes (Förderkennzeichen D.0647.00 und D.1050.00). Universität-Gesamthochschule Kassel: Forschungsbericht (Fachbereich 2)

SONNTAG, Kh., HEUN, D. & BENEDIX, J. 1987. Tätigkeitsanalyse als Beitrag zur Qualifikationsforschung und Trainingsgestaltung: Das qualifikationsbezogene Teilverfahren des TAI. In Kh. Sonntag (Hrsg.), Arbeitsanalyse und Technikentwicklung, S. 89-108. Köln: Bachem

SONNTAG, Kh., BENEDIX, J. & HEUN, D. 1989. Kognitive Anforderungen bei Anlagenführer- und Instandhaltungstätigkeiten. Zur Erprobung des Tätigkeitsanalyse-Inventars (TAI) im Rahmen der Qualifikationsanforderungsermittlung. Zeitschrift für Arbeitswissenschaft, 43, 26-33

SPECK, P. 1988. Effiziente Personalbeurteilung. Personal, 7, 284-287

SPÖHRING, W. 1989. Qualitative Sozialforschung. Studienskripten zur Soziologie, Bd. 133. Stuttgart: Teubner

STAEHLE, W.H. 1994. Management. München: Vahlen, (7. Aufl.)

STARK, D. 1980. Class struggle and the transformation of the labour process. Theory and Society, 9, 89-130

STAUDER, H. 1990. Über den Motivationsschub des Bargeldes hinaus - Das Vergütungssystem für Führungskräfte der GM-Opel AG. Süddeutsche Zeitung vom 24.11.1990, Beilage S. VIII

STAUDER, H. 1991a. Ein Drittel des Entgelts ist variabel. Interview mit H. Stauder in Management Wissen, 9, 20-21

STAUDER, H. 1991b. Vergütungssystem "Obere Führungskräfte" der Adam Opel AG. In W. Maier & W. Fröhlich (Hrsg.), Personalmanagement in der Praxis - Konzepte für die 90'er Jahre. Wiesbaden: Gabler

STEHLE, W. 1986. Biographische Fragebogen. Personalführung, 3, 123-125

STEINMANN, H., MÜLLER, H. & KLAUS, H. 1982. Arbeitnehmer-Beteiligungsmodelle. Die Betriebswirtschaft, 42, 117-134

STEINORT, U. 1995. Soll die Personalbeurteilung gerecht sein? Verwaltung - Organisation - Personal, 1, 32-37

STENGEL, M. 1991. Wertewandel. In L. von Rosenstiel, E. Regnet & M. Domsch (Hrsg.), Führung von Mitarbeitern, S. 556-570. Stuttgart: Schäffer

STOLZ, H.-J. & TÜRK, K. 1992a. Organisation als Verkörperung von Herrschaft - Sozialtheoretische und makrosoziologische Aspekte der Organisationssoziologie. In F. Lehner & J. Schmid (Hrsg.), Technik - Arbeit - Betrieb - Gesellschaft: Beiträge der Industriesoziologie und Organisationsforschung, S. 125-171. Opladen: Leske & Budrich

STOLZ, H.-J. & TÜRK, K. 1992b. Individuum und Organisation. In E. Frese (Hrsg.), Handwörterbuch der Organisation. Stuttgart: Poeschel, S. 841-855, (3. Auflage)

STOLZENBURG, J.H. & DIEMER, P.W. 1992. Cafeteria-Vergütungssysteme. Personalführung, 5, 370-375

STOLZENBURG, J.H. 1994. Flexible und individuelle Vergütungssysteme für Führungskräfte (Cafeteria-System). In R. Dahlems (Hrsg.), Handbuch des Führungskräfte-Managements, S. 411-441. München: Beck

STONE, K. 1974. The origins of job structures in the steel industry. Review of Radical Political Economics, 6, 61-97

STRAUSS, A. L. 1987. Qualitative Analysis for Social Scientists. Cambridge: University Press

STREBEL, P.J. 1992. Einstiegsgehalt nur bedingt wichtig. Forum, 6, 22

STROMBACH, M. 1992. Strategisches Management Development (SMD) auf der Basis von Potentialanalysen. In A. Mitrani, M. Dalziel & M. Strombach (Hrsg.), Human Ressource Management - Neue Konzepte zur Leistungssteigerung. Landsberg a.L.: Verlag Moderne Industrie

STUDIENKREIS MELLER 1972 (Hrsg.). Grundlagen und organisatorische Möglichkeiten der Datenerfassung. Wiesbaden: Gabler

TÄNZER, A. 1985. Manager-Gehälter: Der Aufstieg macht sich bezahlt. Personal-Report '85 (Sondernummer Personal), 34-35

TÄNZER, A. 1986. Top-Gehälter bis zu einer Million Mark. Wirtschaftswoche Supplement Karriere, Nr. 43 v. 17.10.1986, 1

THOMAS, A. 1983. Zur Beziehung zwischen psychologischer Forschung und der Anwendung ihrer Ergebnisse in der arbeits- und betriebspsychologischen Praxis. Zeitschrift für Arbeits- und Organisationspsychologie, 27, 87-93

THOMPSON, P. 1987. Die "Labour Process"-Debatte in Großbritannien und den USA. In E. Hildebrandt & R. Seltz (Hrsg.), Managementstrategien und Kontrolle, S. 13-25. Berlin: Edition Sigma

Literatur

THOMSEN, D.J. 1977. Introducing caféteria-compensation in your company. Personnel Journal, March, 124-131

THÜRMER-ROHR, Ch. 1987. Vagabundinnen. Feministische Essays. Berlin: Orlanda-Frauen-Verlag

TIEMEYER, E. 1995. Software zur Funktionen- und Aufgabenanalyse. Leistungsmerkmale, Einsatzmöglichkeiten und Programmangebot. Zeitschrift für Führung und Organisation, 1, 43-49

TOEMMLER-STOLZE, K. 1993. Potentialermittlung durch systematisch geführte Vorgesetztenbefragung - Eine Alternative zum Assessment-Center. Personalführung, 1, 58-63

TOPITSCH, E. 1965 (Hrsg.). Logik der Sozialwissenschaften. Köln: Kiepenheuer & Witsch

TPF & C o.J. (Hrsg.). VALJOB - Stellenbewertung leicht(er) gemacht. Frankfurt a.M.

TREIMAN, D.J. & HARTMANN, H.I. 1981 (Hrsg.). Women, Work, and Wages: Equal Pay for Jobs of Equal Value. Washington, D.C.: National Academy Press

TÜRK, K. 1976. Grundlagen einer Pathologie der Organisation. Stuttgart: Enke

TÜRK, K. 1987. Einführung in die Soziologie der Wirtschaft. Stuttgart: Teubner

TÜRK, K. 1989. Neuere Entwicklungen in der Organisationsforschung: Ein Trend Report. Stuttgart: Enke

TÜRK, K. 1992. Organisationssoziologie. In E. Frese (Hrsg.), Handwörterbuch der Organisation. Stuttgart: C.E. Poeschel

TÜRK, K. 1993a. Politische Ökonomie der Organisation. In A. Kieser (Hrsg.), Organisationstheorien, S. 297-332. Stuttgart: Kohlhammer

TÜRK, K. 1993b. Qualifikation und Compliance. In K. Türk (Hrsg.), Diskussionspapiere zur Organisationstheorie. Gesamthochschule Wuppertal: Unveröffentl. Skriptum, S. 117-125; publiziert in mehrwert. Beiträge zur Kritik der Politischen Ökonomie, 24, S. 46-67)

TÜRK, K. 1993c. Kontrolle und reelle Subsumtion. Stichworte zu einigen Defiziten des Subsumtionsmodells in der gegenwärtigen Industrie- und Betriebssoziologie. In K. Türk (Hrsg.), Diskussionspapiere zur Organisationstheorie, S. 79-88. Gesamthochschule Wuppertal: Unveröffentl. Skriptum

TÜRK, K. 1993d. Organisation und Ko-Operation. Grundzüge eines theoretischen Programms. In K. Türk (Hrsg.), Diskussionspapiere zur Organisationstheorie, S. 29-40. Gesamthochschule Wuppertal: Unveröffentl. Skriptum

UDRIS, I. & ALIOTH, A. 1980. Fragebogen zur "subjektiven Arbeitsanalyse" (SAA). In E. Martin, I. Udris, U. Ackermann & K. Oegerli (Hrsg.), Monotonie in der Industrie. Schriften zur Arbeitspsychologie, Band 29, S. 61-68, 204-207, Bern: Huber

UDRIS, I. 1979. Fragebogen zur Einschätzung von Arbeitsbeanspruchung (FAB). Manuskript. Zürich

USTER, H. 1995. Intransparenz der Führungskräftevergütung - Sichtweisen und Hintergründe. Universität Augsburg: Unveröffentl. Diplomarbeit

VAN MAANEN, J. 1983 (Hrsg.). Qualitative Methodology. Beverly Hills: Sage

VOLPERT, W. 1990. Welche Arbeit ist gut für den Menschen? Notizen zum Thema Menschenbild und Arbeitsgestaltung. In F. Frei & I. Udris (Hrsg.), Das Bild der Arbeit, S. 23-40. Bern: Huber

VOLPERT, W. 1992. Die Kontrastive Aufgabenanalyse im Kontext der Diskussion zwischen Arbeitspsychologen und Informatikern. In T. Malsch & U. Mill (Hrsg.), ArBYTE: Modernisierung der Industriesoziologie?, S. 185-195 Berlin: Edition Sigma

VOLPERT, W., OESTERREICH, R. & WEBER, W.-G. 1986. Arbeitspsychologische Typisierung und Bewertung verschiedener Einsatzformen der CNC-Technologie unter Gesichtspunkten humaner Arbeit. Vorhabensbeschreibung. Berlin: Technische Universität, Institut für Humanwissenschaft in Arbeit und Ausbildung.

VOLPERT, W., OESTERREICH, R., WEBER, W.G., & GOHDE, H.-E. 1988. RHIA/VERA-CNC. Eine Spezifizierung der Arbeitsanalyseverfahren RHIA und VERA für die Arbeitsaufgaben in CNC- Fertigungsstrukturen. Berlin: Technische Universität, Institut für Humanwissenschaft in Arbeit und Ausbildung

VON FOERSTER, H. 1985. Sicht und Einsicht. Braunschweig: Vieweg

VON KARDORFF, E. 1991. Qualitative Sozialforschung - Versuch einer Standortbestimmung. In U. Flick u.a. (Hrsg.), Handbuch Qualitative Sozialforschung. Grundlagen, Konzepte, Methoden und Anwendungen, S. 3-8. München: Psychologie Verlags Union

VON PACZENSKY, S. 1974. Der Testknacker: Wie man Karriere-Tests erfolgreich besteht. München: Bertelsmann

VON PELCHRZIM, H. 1994. Personalbeurteilungssysteme und deren Evaluierung am Beispiel zweier deutscher Großbanken. Universität Augsburg: Unveröffentl. Diplomarbeit

VON ROSENSTIEL, L., NERDINGER, F.W. & SPIEß, E. 1991. Was morgen alles anders läuft. Die neuen Spielregeln für Manager. Düsseldorf: Econ

VONESSEN, F. 1975. Die Leistung der Danaiden. Prinzipien und Probleme der sogenannten Leistungsgesellschaft. In Siemens-Symposion (Hrsg.), Sinn und Unsinn des Leistungsprinzips, S. 54-72. München: DTV, (3. Aufl.)

WAADT, M, BRUNS, G. & GINDLE, M. 1994. Geva-Vergütungsstudie Fach- und Führungskräfte. Bd. 1: Basisdokumentation. Bd. 2: Profiltabellen. München: Geva-Institut

WÄCHTER, H., MODROW-THIEL, B. & ROBMANN, G. 1989. Persönlichkeitsförderliche Arbeitsgestaltung. Die Entwicklung des arbeitsanalytischen Verfahrens ATAA. München: Hampp

WÄCHTER, H., MODROW-THIEL, B. & ROBMANN, G. 1993. Chancen und Barrieren menschengerechter Arbeit in Klein- und Mittelbetrieben. Eine Netzwerkanalyse betrieblicher Entscheidungen. München: Hampp

WAGNER, D. & GRAWERT, A. 1988. Arbeitgeberdarlehen. Personalwirtschaft, 15, 31-34

WAGNER, D. & GRAWERT, A. 1991. Motivation und Entgelt - ein vielschichtiges Problem. Personal, 10, 346-350

WAGNER, D. & LANGEMEYER, H. 1992. Flexibilisierung und Individualisierung von Entgeltbestandteilen. Eine Befragung von Personalmanagern zu Cafeteria-Systemen in Deutschland. Hamburg

WAGNER, D. & LANGEMEYER, H. 1993. Cafeteria-Modelle in der Unternehmenspraxis. Personalwirtschaft, 3, 53-56

WAGNER, D. 1982. Cafeteria-Systeme in Deutschland. Personal, 34, 234-238

WAGNER, D. 1986. Möglichkeiten und Grenzen des Cafeteria-Ansatzes in der Bundesrepublik Deutschland. Betriebswirtschaftliche Forschung und Praxis, 38, 16-27

WAGNER, H. 1995. Beitrag zur Podiumsdiskussion "Entgelt 2000: Vergütungssysteme der Zukunft". In W. Hromadka (Hrsg.), Die Mitarbeitervergütung - Entgeltsysteme der Zukunft, S. 109-117. Stuttgart: Schäffer-Poeschel

WALSTER, E., BERSCHEID, E. & WALSTER, G.W. 1976. New directions in equity research. In L. Berkowitz & E. Walster (Hrsg.), Advances in Experimental Social Psychology, Bd. 9. New York: Academic Press

WALTON, M. 1991. Deming Management at Work. New York: Putnam

WASZKEWITZ, B. 1974. Personalführung - Methoden und Techniken. Gernsbach: Verlag Deutscher Betriebswirte

WATZLAWICK, P., BEAVIN, J.H. & JACKSON, D.D. 1969. Menschliche Kommunikation. Formen, Störungen, Paradoxien. Bern: Huber

WEBER, W. 1993 (Hrsg.). Entgeltsysteme - Lohn, Mitarbeiterbeteiligung und Zusatzleistungen. Stuttgart: Schäffer-Poeschel

WEBER, W.G. 1994. Psychologische Analyse und Bewertung computergestützter Facharbeit. München: Quintessenz

Literatur

WEICK, K. E. 1985. Der Prozeß des Organisierens. Frankfurt a.M.: Suhrkamp

WEIL, R. 1986. Prämienlohn und persönliche Zulage. Personal, 38, 138-141

WEILER, P. 1986. The Wages of Sex. The Uses and Limits of Comparable Worth. Harvard Law Review, 99, 1728-1807

WEINERT, A.B. 1992. Lehrbuch der Organisationspsychologie. Weinheim: Psychologie Verlags Union, (3. Aufl.)

WIDMANN, Th. 1992. Qualitative Arbeitsanalyse - Eine empirische Untersuchung der Arbeitsplätze von Lieferfahrern der Getränkebranche. Universität Augsburg: Unveröffentl. Diplomarbeit

WIESER, G. 1980. Zwölf Jahre Erfahrung mit der analytischen Arbeitsbewertung. Mitteilungen des IfaA, 83, 3-17

WIEDEMANN, H. 1974. Arbeiter und Meister im rationalisierten Betrieb. Opladen: Westdeutscher Verlag

WIEDEMANN, P. M. 1986. Erzählte Wirklichkeit - Zur Theorie und Auswertung narrativer Interviews. Weinheim: Psychologie Verlags Union

WILLERS, H.G. 1990. Vergütungssysteme für Führungskräfte in der Wirtschaft - Anforderungen, Rechtsgrundlagen, Bestandteile. Zeitschrift für Führung und Organisation, 5, 330-333

WILTZ, S. 1995. Gehaltspolitik für außertarifliche Angestellte im Konzern. Universität Mannheim: Unveröffentl. Dissertation

WITT, G. 1975. Leitende Angestellte und Einheitsgewerkschaft. Frankfurt a.M.: Europäische Verlagsanstalt

WITZEL, A. 1982. Verfahren der qualitativen Sozialforschung - Überblick und Alternativen. Frankfurt, New York: Campus

WOHLAND, H. 1988. Leistung - was sagt uns der Begriff heute? Vortrag anläßlich des 3. Management Forums am 26./27.9.1988 in München

WOLF, Ch. 1993a. Variable Vergütung in Form eines Cafeteria-Plans. Der Betriebsberater, 13, 928-936

WOLF, Ch. 1993b. Variable Vergütung in Form eines Cafeteria-Plans. Personal, 5, 204-210

WOLL, A. 1990 (Hrsg.). Wirtschaftslexikon. München, Wien: Oldenbourg, (4. Aufl.)

WOOD, St. 1982 (Hrsg.). The Degradation of Work? Skill, Deskilling and the Labour Process. London: Hutchinson

WORK-FACTOR-GEMEINSCHAFT FÜR DEUTSCHLAND 1968 (Hrsg.). Work-Factor Handbuch Grundverfahren. Darmstadt

WORK-FACTOR-GEMEINSCHAFT FÜR DEUTSCHLAND 1969 (Hrsg.). Work-Factor Kurzverfahren, programmierter Fernlehrgang. Darmstadt

WORK-FACTOR-GEMEINSCHAFT FÜR DEUTSCHLAND 1972 (Hrsg.). Work-Factor Schnellverfahren, programmierter Fernlehrgang. Darmstadt

WÖRL, V. 1992. Beamtenpension: Bonus im Alter. SZ Nr. 14 vom 18.1.1992, S. 33

WÖRLE, R. 1993. Das Cafeteria-System. Universität Augsburg: Unveröffentl. Hausarbeit

WUNDERER, R. & SAILER, M. 1987. Personal-Controlling - eine vernachlässigte Aufgabe des Unternehmenscontrolling. Personalwirtschaft, Heft 8, 321-327

WUNDERER, R. & SAILER, M. 1988. Personal-Controlling in der Praxis - Entwicklungsstand, Erwartungen, Aufgaben. Personalwirtschaft, Heft 4, 177-182

WURSTER, B. 1993. Die Bewertung der Führungsarbeit über Kennziffern. Personal, 11, 529-531

ZANDER, E. & KNEBEL, H. 1978. Taschenbuch für Arbeitsbewertung. Taschenbücher für die Wirtschaft, Bd. 31. Heidelberg: Sauer

ZANDER, E. & KNEBEL, H. 1980. Taschenbuch für Leistungsbeurteilung und Leistungszulagen. Heidelberg: Sauer

ZANDER, E. 1968. Taschenbuch für das betriebliche Informationswesen. Heidelberg: Sauer

ZANDER, E. 1972. Handbuch der Gehaltsfestsetzung. Heidelberg: Sauer, (3. Aufl.)
ZANDER, E. 1990. Handbuch der Gehaltsfestsetzung. München: Beck, (5. Aufl.)
ZAPF, D. 1989. Selbst- und Fremdbeobachtung in der psychologischen Arbeitsanalyse. Göttingen: Hogrefe
ZAPF, D. 1991. Streßbezogene Arbeitsanalyse bei der Arbeit mit unterschiedlichen Bürosoftwaresystemen. Zeitschrift für Arbeits- und Organisationspsychologie, 35, 2-14
ZERSSEN, D.v. 1976. Klinische Selbstbeurteilungs-Skalen. Allgemeiner Teil. Weinheim: Beltz
ZIMMER, D. & BRAKE, J. 1993. Potentialeinschätzung im Dialog. Personalführung, 5, 416-424
ZÜLCH, G. 1992. Ansätze und Defizite einer arbeitsorganisatorischen Methodenlehre - Teil 1: Bezugsrahmen der Arbeitsorganisation. Zeitschrift für Arbeitswissenschaft, 46, 133-138
ZÜNDORF, L. 1986. Macht, Einfluß, Vertrauen und Verständigung. In R. Seltz, U. Mill & E. Hildebrandt (Hrsg.), Organisation als soziales System, S. 33-56. Berlin: Edition Sigma

8 AutorInnenverzeichnis

Adam 174
Adams 99, 147, 149f, 292
Aichner 154
Aleweld 332-334, 346
Altmann 106
Amery 185
Andersson 228
Antoni 308
Arhilger 299
Armstrong 92, 100, 114, 125-129, 131, 134f, 140, 143
Assländer 174
Athos 30
Atkinson 338
Atteslander 48, 50, 56

Bachmann 152
Bales 51
Bamberg 50
Barley 190
Barth 343
Bartölke 225, 254, 257
Batz 234, 252f
Baur 50
Bayerisches Staatsministerium 323
Beavin 350
Bechtle 106, 323f
Beck 188
Becker 101, 173, 175f, 178, 181, 186, 189, 191f, 234f, 249, 278, 280-282, 326, 331
Becks 217
Bedaux 111
Behr 224, 261
Benedix 97, 154-158, 162, 164-167
Benge 110
Bensman 14
Benson 76
Bergemaier 361, 363
Bergler 35
Bernstein 189
Berscheid 292
Bertelsmann 146
Berthel 281
Binkelmann 106
Birkwald 219, 221
Bitzer 95f
Blank 109
Bleicher 331f
Blum 48, 53
Blumer 56

Bogumil 62
Böhm 334
Böhmer 355
Bohnsack 56
Böhrs 222, 304
Bokranz 292, 297f, 303f, 320, 354, 356f
Boltansky 291
Bolte 174
Bommel 306, 320
Borg 361, 363
Borgatta 51
Borman 244
Bortz 50
Bos 50
Brake 280
Brandstätter 261
Braun 174
Braverman 1, 26-29, 31, 215
Breisig 1, 22, 26, 31-37, 43, 103, 151, 172, 192f, 225, 268, 274
Breucker 308, 324, 329
Brink 211
Brödner 26, 28
Brors 328
Brumlop 142
Brunn 201
Bruns 328
Buckley 76
Bucksteeg 349f, 352
Burawoy 1, 14, 25, 29-32, 197, 202, 270
Burk 110
Burns 52, 228
Bußjäger 321, 323

Campbell 227
Capol 247-249, 271
Carchedi 327
Cascio 65, 257
Cisek 327, 330f, 362
Clauß 50
Cohen 51
Coleman 20
Conrad 340
Conradi 186, 241, 265, 338
Corsten 369
Cronbach 2
Crozier 2, 16, 21

Dahrendorf 11
Dangers 306, 308
Derisavi-Fard 97, 164-166

Deutsche MTM-Vereinigung 215
Dibbern 365
Dickinson 255
Dielmann 353
Diemer 360
Dobroschke 100, 290
Domsch 252
Donat 56
Dörrie 202, 205, 366
Drohsel 146
Düll 106, 323f
Düsing 336
Dycke 359

Eberhardt 322f
Edwards 1, 28f, 269
Elias 65
Endler 100
Engelhart 76-80, 106, 158, 167
Esser 56, 77, 329
Etten 333, 339
Evans 145
Evers 328, 331f, 334, 338, 342, 349, 365
Eyer 297, 299, 306, 305, 323f

Fabry 211
Facaoaru 97, 154, 157, 161f, 164-167
Fechner 217
Fechtner 331
Ferraro 147
Ferris 76
Fischbach 165
Fischer, A. 338
Fischer, G. 329, 343, 349, 353
Fischer, L. 153
Flanagan 52, 227f
Fleishman 55
Flick 56
Foit 140
Frei 55, 94, 167
Freimuth 99, 127, 138, 142, 144, 365
Friedberg 2, 16, 21
Friedman 32, 187
Friedrichs 48, 52, 77
Frieling 3, 52f, 75, 97, 106-108, 154-157, 159-167, 228
Fröhlich 346

AutorInnenverzeichnis

Froitzheim 194, 226, 235f, 238, 244, 246
Froschauer 50
Fuchs 218
Funke 56
Furck 174
Fürstenberg 175, 186, 357

Gablenz-Kolakovic 165
Galtung 8, 265, 350
Gaugler 233
Gebauer 186
Gerpott 252, 258
Gerum 121
Gerver 14
Giddens 15, 98
Gikas 112, 170
Gilbreth 211
Gindle 328
Gioia 76
Girtler 65
Gluth 308
Gottschalk 65
Graen 36
Grätz 343, 353f
Grawert 330, 359-361, 363, 365
Green 262
Greife 295, 323
Grimminger 9, 17
Grümer 51
Grunow 261, 266
Grunwald 282f
Gude 99, 138
Guski 366
Gutmann 312, 315f, 319
Guzzo 257

Habermas 36
Hack 187
Hacker 62-64, 155, 169
Hackman 168
Hackstein 109
Hagen 330, 331, 338, 365
Hager 369
Haller-Wedel 218, 221
Haritz 225
Hartmann 146, 148
Hasset 255
Haug 101
Hay 127-135
Hays 50
Hecker 104
Heckhausen 175f, 178, 338
Hedrich 308, 324
Heider 57, 119
Heinlein 146
Heinrich 143

Heintel 188
Heinze, E. 331
Heinze, T. 56
Helemann, 127
Helfert 183
Heller 18, 47, 99, 101, 106, 138, 168, 173, 215, 293, 308
Helm 194, 226, 235f, 238, 244, 246
Helms 217
Hemmer 291, 355-357
Henning 48, 256
Hentze 250, 334
Herholz 308
Herner 267
Herrmann 121
Hettinger 115, 292, 294, 306, 320, 325, 372
Heun 97, 154, 158, 164, 166
Hilb 252
Hilbig 97, 164f
Hildebrandt 32
Hilf 175
Hill 56, 77, 327, 342
Hinrichs 53, 109
Hochmeister 330f
Hoffmann 16, 109
Höhn 193
Holmes 35
Hopf 56, 65
Hoppe 309, 349
Hormel 154, 165
Hörner 334
Hornsby 76
Hoss 256
Howaldt 323
Hoyos 155
Hromadka 372
Huxley 270

Ichheiser 174
Immerfall 62
Institut der deutschen Wirtschaft 102f
Institut für angewandte Arbeitswissenschaft 211
Islebe 280
Iwanowa 62, 64

Jackson 350
Jäger, O. 217
Jäger, W. 365
James 16
Jasker 308
Jette 257
Jochmann 280

Jochmann-Döll 99, 145, 147-151
Jochum 252, 280
Jones 330
Jürgens 32
Jüttemann 56

Kadel 329, 343
Kaiser, B. 250
Kaiser, M. 369
Kaminsky 221
Kannheiser 97, 154-157, 160, 162, 166
Kapitel 4
Kappel 252
Karg 65, 152
Karpik 21
Kästner 281
Katzell 257
Kendall 243f
Kerlinger 48
Kern, H. 35, 293
Kern, W. 175
Kerriou 291, 325, 331, 334
Killingsworth 146
Kipnis 75f
Kippes 331f
Kirchner 228
Kirstges 369
Klaus 369f
Kleber 147
Kleining 57
Kleinmaier 281
Knebel 139, 141, 234
Kolle 316
Kompa 2, 34, 135f, 225, 228, 257f, 265, 282, 327, 338, 350, 365
König 48
Koolwijk 48
Kopp 323
Korff 270
Kosiol 175
Kossbiel 363
Köster 92, 99, 110, 127, 138, 142
Köstermann 329, 343
Krauss 343, 353f
Krell 19, 41, 146, 151
Krull 331
Küchler 57
Kuhn 254
Kupke 109
Küpper 16
Kupsch 102, 346

Lamnek 56-60, 62, 71, 73, 77
Landau 43f, 105, 168

AutorInnenverzeichnis

Lang 369f
Langemeyer 334, 358, 361
Langer 282
Langkau 146
Langosch 281
Laske 139
Latham 243
Lattmann 234, 252
Launier 168
Lazarus 100, 168
Leitner 165f, 168
Lenk 174, 176f, 186
Leontjew 155, 157, 165, 167, 169
Lessmann 278, 281, 326
Ley 110
Liebau 291
Lienert 140
Littler 9, 32, 36
Longenecker 76
Lorenzer 8, 29
Lücke 175
Ludborzs 165
Lüders 65f
Lueger 50, 77, 260, 268
Luhmann 35
Luthe 35, 188

Magnusson 100
Maier 3, 27, 31, 36-38, 43, 48, 53, 62, 65, 95, 100, 121, 172, 181, 186, 194, 197, 202, 216, 241, 252, 265, 289, 294, 319, 338
Manntz 94, 135f, 143
March 2, 36
Marcuse 185
Marr 102, 346
Marx 24, 153
Mayring 50, 56, 65
McClelland 338
McGuire 134
Meehl 2
Mellerowicz 175
Menneke 354
Mentzel 280
Merz 256
Metzner 250
Meulemann 35, 188
Meyer 9f
Mischel 100
Mitchell 262
Mitscherlich 186
Modrow-Thiel 3, 75, 168
Moser 56, 147
Müller 369f
Müller-Hagedorn 99
Müller-Vogg 329

Mungenast 249-251
Murlis 92, 100, 114, 125-129, 131, 134f, 140, 143
Muthig 48, 256

Nadolny 187
Näser 329-334, 336, 338-340, 342, 344, 346
Naylor 48, 53
Nelson 145
Nerdinger 11, 35, 364
Neubauer 274
Neuberger 2, 16, 33f, 76, 83f, 100f, 115, 135f, 153,175, 181, 184-187, 197, 225, 228, 234, 241, 249, 253, 257f, 265-268, 270, 280, 282, 288, 290, 338, 350, 365
Neumann 270
Nicklisch 175
Nilsson 228
Nohl 162
Nolte 278, 326
Nork 228
Nullmeier 165

Oesterreich 56, 95
Oevermann 56
Offe 183
Ohl 99, 138
Oldham 168
Olesch 280
Olson 2, 36
Ondrack 303, 330
Ortmann 16

Paasche 93f, 194, 292, 319f, 323
Papenfuß 270
Pascale 30
Paul 147
Pechold 108
Pelchrzim, v. 285
Peltzer 47
Peren 357
Personal 342, 353, 374
Personalführung 242
Peter 109
Pfarr 146
Pfaus 97, 154
Pfeiffer 202, 205, 366
Pfendler 152
Pfeuffer 270
Phillips 12
Plath 52, 62
Plüskow 340
Pöhler 65, 87, 202

Pornschlegel 211, 219, 221
Posenenske 201
Pössenecker 280
Price 75
Pritchard 330
Projektgruppe Tätigkeitsanalyse 155f
Pust 65f

Quaintance 55

Rastetter 145, 147, 273, 280
REFA 2; 194-224, 262
REFA 4; 93, 98, 115, 117-123, 140, 143, 149
REFA 5; 289, 292, 294, 296, 298f, 302-304, 307, 320
Reichard 266
Reichertz 56
Remick 151
Rempel 35
Richter 52, 62-64
Ridder 138f, 142-144
Riesenkönig 194, 226, 235f, 238, 244, 246
Röbke 63
Rohmert 43f, 63, 100, 115, 148, 168
Rohn 281
Rohr 291, 325, 331, 334
Roos 109, 148
Roschmann 210
Rosemann 187
Rosinus 146
Roske 76, 80-84, 86, 88
Ross 78, 264, 267
Rößler 355, 357
Roßmann 3, 75, 168
Roth, P.G. 330
Roth, Ph.L. 330
Rowan 9f
Rübling 266
Rudinger 50
Rust 50
Rustemeyer 50
Rutenfranz 100, 115, 148

Sailer 256, 258
Scherer 251, 289, 329f, 332f, 336, 339, 349, 352
Schettgen 41, 50, 179, 224f, 233, 249, 261, 266f
Schiffer 219
Schimank 33
Schindler 234, 252f
Schlaffke 174
Schlichting 136
Schmahl 334

AutorInnenverzeichnis

Schmidt 75f, 281
Schmilinsky 278
Schmitz, Ch. 152
Schmitz, U. 152
Schmölders 184
Schnabel 346
Schneider, B. 127
Schneider, Ch. 346
Schneider, H.-J. 366
Schnell 56, 77
Schoeck 174
Schuler 56, 197, 227f, 235, 249f, 252-257, 261, 266
Schulte 359
Schumann 35, 293
Schuster 359, 361, 369
Schütze 56
Schwarz 152
Schweitzer 162
Schwörer 257, 267
Scriven 253
Seibel 174, 187, 190
Seidel 218
Seltz 32
Shepela 146
Siegel 41, 92, 94, 106, 108-110, 112, 114, 146
Sievers 349-351
Silbey 257
Simmel 348
Sims 76
Sinn 329, 332-334, 339f, 343f, 349
Skinner 297
Smith, A. 184
Smith, L.M. 243f
Sommer 56
Sonntag 97, 154, 158, 164,
Speck 256f
Spieß 11, 35, 364
Spöhring 57
Staehle 65
Stark 28
Stauder 332
Staehle 152, 372
Stehle 280
Steinort 266
Steinmann 369f
Stengel 35, 364
Stevens 227
Stitt 75
Stoll 202, 205, 366
Stolz 3-8, 12f, 15, 20, 26, 41, 47, 89, 92, 143, 190, 197, 261, 269, 277, 288, 296
Stolzenburg 358, 360
Stone 18
Strauss 56

Strebel 343
Strombach 280
Stück 106
Studienkreis Meller 210

Tannenbaum 255
Tänzer 332, 334, 339f
Tarnai 50
Taylor 12, 27, 106, 109
Thomas 165
Thompson 32
Thomsen 151, 359
Thürmer-Rohr 34
Tiemeyer 138
Toemmler-Stolze 280
Topitsch 139
TPF & C 138
Treiman 146, 148
Türk 1-27, 32f, 39, 41, 47, 85, 87, 89, 92, 94, 98, 102, 106f, 143, 147, 169f, 172, 179, 182, 190, 197, 202, 261, 265f, 269, 275, 277, 287-289, 296, 327, 351, 358, 364, 374

Udris 94
Uster 351f

Van Maanen 56
Viviano 146
Volpert 62, 95, 97
Von Foerster 26
Von Kardorff 57
Von Paczensky 233
Von Rosenstiel 11, 35, 364
Vonessen 173f, 186

Waadt 328
Wächter 3, 75. 148, 151, 168
Wagner, D. 330, 358-361, 363, 365
Wagner, H. 323
Walster, E. 292
Walster, G. W. 292
Walton 266
Waszkewitz 270
Watson 330
Watzlawick 350
Weber, G.W. 95
Weber, W. 372
Weick 14, 179
Weil 144
Weiler 146
Weinert 243-245
Weingarten 56
Weitbrecht 329, 343
Wexley 243

Widmann 58, 66-75
Wiedemann, H. 201
Wiedemann, P.M. 50
Wieken-Mayser 48
Wieser 142
Wilhelm 329, 343, 349, 353
Willers 328-331
Wiltz 343, 352
Witt 327
Wittgenstein 5, 173
Witzel 56, 58
Wobbe 115, 292, 294, 306, 320, 325, 372
Wohland 175
Wolf 334, 358
Woll 331
Wollmann 101
Wood 12, 31
Work-Faktor-Gemeinschaft für Deutschland 215
Wörl 316, 319
Wörle 334f, 363
Wunderer 256, 258
Wurster 194

Zander 140f, 210, 234, 298-300, 303, 305, 309, 313f, 319, 325, 328-340, 342-344, 349, 353f, 356, 366-372
Zanna 35
Zapf 48, 56
Zimmer 280
Zülch 106, 115
Zündorf 56

9 Stichwortverzeichnis

Ablaufabschnitte 202, 207-209, 217-219, 221-223
Ablaufanalyse, s. Arbeitsablaufanalyse
Ablaufarten 171, 202f, 218-221
Abteilungseffekt 260, 264
AET 43f, 153, 165
Akkordlohn 287, 292, 297, 299-302, 321f, 325, 373
Alimentationsprinzip 314f, 318
Altersversorung, betriebliche 334-337, 355f, 365
Anforderungen 40-42, 85f, 92-94, 99-101, 118-123, 133f, 138f, 142-145, 162-164, 170-173, 192, 233, 243f, 277, 323
Anforderungen, Gewichtung von 28, 41, 121
Anforderungsanalyse 91, 114, 118-126, 128f
Anforderungsarten 111f, 119-124, 129, 131, 137, 139, 148-151
Anforderungsbewertung 91, 114, 121-126, 129-131
Anforderungsdimensionen 118, 120f, 123, 129-131, 134, 137f, 141, 170, 280, 298
Anforderungsermittlung, s. Arbeitsbewertung
Anforderungsgerechtigkeit 287, 292
Anforderungswert 121-124, 129, 131, 134
Arbeit, abstrakte 1, 16, 23-25, 27, 39, 288
Arbeit, bezahlte vs. unbezahlte 99, 101-103
Arbeit, konkrete 1, 16, 23f, 27, 39
Arbeit, lebendige 14f, 17, 35, 95
Arbeit, organisierte 15, 24, 28, 39f, 47, 75, 87, 94f
Arbeits(platz)gestaltung 62f, 75, 86, 93, 95f, 106f, 151, 164, 215
Arbeitsablaufanalyse 92, 171, 202-206, 211, 215
Arbeitsanalyse 2-4, 40-43, 46f, 53, 55f, 60-66, 71, 75-89, 91-171
Arbeitsanalyse, primäre 91, 103-151
Arbeitsanalyse, sekundäre 91, 103-108, 151-169
Arbeitsanalyse-Zyklus 91, 114-122, 170
Arbeitsbedingungen 4, 37, 89, 95, 108, 129, 157-160, 320
Arbeitsbeschreibung 28, 52, 91f, 110, 114-118, 143
Arbeitsbewertung 28, 91f, 94f, 97-100, 109, 111f, 114, 118f, 127, 136-145, 148, 150f, 170, 298
Arbeitskampf 16, 18, 22
Arbeitskraft 6, 13, 24, 26, 31f, 38, 40, 43, 93, 102, 171, 194, 287f, 364
Arbeitsleistung 1, 26f, 41, 106f, 114, 269, 287f, 292, 348
Arbeitsplatz 11, 49-54, 60, 67, 87, 92, 96, 100-102, 124f, 135, 138f, 142f, 147, 151, 157-162, 197f, 206f, 227f, 243
Arbeitsplatzbeschreibung 48, 54, 125f, 139, s. auch Arbeitsbeschreibung

Arbeitsprozeß 11, 13, 18, 21f, 27-32, 53, 95, 99f, 109, 138, 142f, 156, 167, 182, 192f, 202, 268f, 272, 287, 319, 324, 327, 372, s. auch Kontrolle des Arbeitsprozesses
Arbeitssituation 50, 62, 65, 85-87, 169
Arbeitssystem 11f, 18, 21, 28, 42, 65, 115, 121-123, 142, 164, 179, 186, 205f, 208, 218-220, 301f
Arbeitsteilung 17f, 23f, 40, 94, 327
Arbeitsvermögen 1, 10, 15f, 23-27, 31f, 39f, 47, 101, 106f, 169, 233, 269, 288
Arbeitswert 94, 98, 112, 121, 123, 139, 146-148, 292, 294f, 298
AT-Entlohnung, s. Führungskräfte-Vergütung
ATAA 153
Attributionsfehler, fundamentaler 267
Ausführungszeit 171, 205f

Basisgehalt, s. Grundgehalt
Basisinteressen, unternehmerische 22, 26f, 351
Beeinträchtigungsfreiheit 62-64
Befragung 46, 48-50, 52f, 118, 160, 207, 218, 221, 230f
Belastung 44, 52, 62, 85, 97, 106, 112, 119f, 123, 142, 149-151, 153, 158, 162, 164, 221-224, 298
Bemessungsgrundlagen 367, 369
Beobachtung 46, 48-52, 54f, 92, 201, 215, 220f
Beobachtung, teilnehmende 49, 51, 73, 83f
Beobachtungsinterview 48, 52-54, 73, 160
Besoldung 313
Besoldungstabellen 311
Beteiligungsarten 369f
Beteiligungsformen 366f
Beteiligungsquote 368f
Beteiligungssysteme 287, 366-371
Betriebsstrategischer Ansatz 91, 106f, 170, 364
Beurteilungsfehler 240, 258-266, 269
Beurteilungsgespräch, s. Mitarbeitergespräch
Beurteilungskriterien 259, 271, 281
Bewährungsaufstieg 287, 312, 317, 319
Bewertung 28, 46, 122, 130, 144f, 149, 163, 172, 180, 185, 233
Bewertungskomitee 91, 128, 131, 134f, 141
BMS 49, 52, 62, 64, 152f
Brückenbeispiele 122, 149, 151

Cafeteria-System (Gestaltungsparameter) 359f
Cafeteriasysteme 43, 338, 358-365, 373
Checklisten (PB) 236f, 239
Comparable Worth - Debatte 91, 99, 145-151, 170, 292, 342
Critical Incident Technique (CIT) 49, 52, 171, 227-234, 236f, 239, 243f

Stichwortverzeichnis

De-Symbolisierung 1, 6-9, 13, 29, 33, 40f, 86, 143, 197, 273, 288, 350
decoupling, s. Entkopplung
Denkleistung 129-131, 160
Dequalifizierung 22f, 33, 37, 47, 95
Deutungsmuster 3, 5, 319
dialectic of control 15
Dialektik von Herrschaft und Kooperation 21f, 98
Disziplinierung 7f, 13, 28, 91, 143, 182, 192
Dokumentenanalyse 46, 48-50, 54, 83

Ecklohn 113, 126
Effizienz 10, 12, 17, 41
Eigen-Sinn 8, 16f, 20, 22f, 27
Einfache Rangreihenbildung (PB) 236, 239f
Einstufungsverfahren (PB) 236, 240-249
Einstufungsverfahren 171
Entgeltanteil, variabler 287, 327, 329-333
Entgeltdifferenzierung 239, 247, 295
Entkopplung 10
Entlohnung 92, 94, 147f, 181, 184, 194, s. auch Lohngestaltung
Entlohnungsgrundsatz 287, 292, 299, 303
Entlohnungsgrundsätze, klassische 43, 297f, 320
Entlohnungsgrundsätze, moderne 320f
Entlohnungsmethode 287, 292, 372
Entsprachlichung, s. Desymbolisierung
Ereignisse, kritische s. CIT
Erfolgsbeteiligung (auf Aktienbasis) 332, 373
Erholungszeit 171, 203f, 206, 217, 219
Erholungszeitermittlung 221-224
Ermüdung 62, 64, 106, 151, 224
Ersparnisprämie 305f
Ertragsbeteiligung 367
Evaluation (der PB) 171, 253-266
Evaluation, formative 243, 253, 258-266
Evaluation, summative 253-258

FAA 49, 52, 153, 155, 165-168
Firmenwagen 334-338, 349, 355, 358, 365
Fragebogen 52, 73f, 88, 92, 164
Freie Verfahren (PB) 171, 235f, 241
Fremdaufschreibung 171, 207-210
Führungskraft 236f
Führungskräfte-Vergütung 325-352
Funktionen, latente 171, 182, 197

Ganzheitliche Qualifikationsmethode (PB) 247-249
Gebilde 1, 17-21, 23, 350
Gebundene Verfahren (PB) 235-249
Gefährdungspotential 154, 162
Gegenleistung 181f, 184, 186
Gehalt 298, 309, 372
Gehaltsgruppen 309
Gehaltshöhe 340, 342f, 346, 368
Gehaltstafeln 309f

Geheimhaltung 287, 349-352, 374
Genfer Schema 91, 112, 118-121, 170
Gerechtigkeit 43
Gesamtlohn 291
Gewalt 7, 35
Gewalt, strukturelle 8, 265, 350
Gewalt, unmittelbare 5, 9
Grundgehalt 287, 309, 317f, 327-329
Grundlohn 67, 112f, 294, 296, 302f
Grundzeit 171, 204, 206, 217, 219, 222
Gruppentendenz 260, 264

Halo-Effekt 185, 263
Handlungstheorie (HACKER) 168f
HAY-Bewertungsritual 137, 283
HAY-Verfahren 91, 126-137, 170, 280, 283, 309, 328
Herrschaft 1, 3-5, 8, 13-16, 19, 21f, 192f, 287, 291, 327, 375
Herrschaftsausübung 12-17, 27, 265
Herrschaftsdimension 15, 91, 94, 344
Herrschaftsinteressen 17, 40, 136, 144, 202, 277, 327, 358
Herrschaftslogik 1, 22f, 27, 33, 35, 287, 289, 351f
Herrschaftssicherung 6f, 26, 171, 265, 350, 374
Herrschaftsstrategien 18
Herrschaftssysteme 7
Herrschaftsverhältnisse 14, 40, 42
Hierarchie 17f, 28, 35, 143, 183, 326, 341, 372
Hierarchieebene 289, 332-334, 336, 338f, 342, 344
Hierarchieeffekt 260, 264
Hierarchisierung 1, 22f, 91, 145
Humanisierung der Arbeit 30, 85, 95, 106-108, 169, 215

Ideologien 3, 5
impression management 23, 226, 268, 274
Instrumente, s. Verfahren
Interesse(n) 1, 3, 12, 16f, 20f, 30, 32f, 35-38, 41, 46, 63, 75f, 86, 89, 95, 97-99, 103, 107f, 136-143, 169, 183, 186, 201f, 225, 249, 275-277, 343, 351, 364, 375
Interessengruppen 76f, 80, 94
Intransparenz 287, 349-353
Introspektion 46, 48-50, 53f
IPA 49, 51
ISTA 153f, 168
Item 157, 159, 161f, 165-167, 169

JDS 153

KABA 66, 97, 152f
Kapital 15, 19, 21, 24, 27, 47
Kennzeichnungsverfahren (PB) 171, 236-239
Konflikt 3, 18, 22, 25, 30f, 63, 77f, 85f, 91, 94, 97, 135, 193, 202, 225, 258, 319, 375

Stichwortverzeichnis

Konformität 1, 5, 9, 11, 16, 22f, 27, 30
Können 112, 119, 125, 138, 141, 174
Konsens 23, 32, 36, 38, 55, 75, 134, 261, 350
Konstruktivismus, radikaler 4, 26
Kontrolle 1, 3, 5-8, 13, 15-18, 23, 27-40, 42f, 103, 106, 114, 137, 142-145, 151, 168-171, 182, 193-195, 215f, 224-226, 265f, 269-278, 287, 327, 373
Kontrolle der Leistung 172, 194, 259, 268, 322, 373
Kontrolle des Arbeitsprozesses 22, 36-41, 47, 85f, 91, 169, 172, 225, 261, 322, 375
Kontrolle, bürokratische 1, 28f, 37, 171, 269f
Kontrolle, despotische 1, 29-31
Kontrolle, einfache 1, 28f
Kontrolle, hegemoniale 1, 29-31
Kontrolle, ideologische 37
Kontrolle, innere 12
Kontrolle, strukturelle 143f
Kontrolle, technische 29, 37, 269
Kontrollperspektive 91, 153, 168-171, 183, 235, 268, 282, 318, 357, 363-365, 371-373
Kontrollspiralen 268f
Kontrollstrategie(n) 31, 34, 37
Kooperation 1, 4f, 9, 13-16, 21f, 25, 28, 38, 47, 97f, 103, 106, 138, 142f, 272, 327, 374
Kooperationsdimension 5, 15, 91, 95, 169, 277, 350
Kooperationslogik 1, 21, 23-25, 27, 33, 91, 95, 287, 289, 292, 351-353
Kooperationsspiel 16, 21
Korrelationstendenz 260, 263f

Labour Process-Debatte 1, 3, 26-32
Laufbahnprinzip 316
Legitimation 4, 10, 41, 183f, 187, 226, 290, 319
Legitimationsmuster 9, 85
Leistung 1f, 6, 41f, 91, 100, 137, 170-192, 296, 298f, 303, 329f, 352, 363, 368, 372, 374, s. auch Leistungsanalyse
Leistungs(erstellungs)prozeß 175, 178-180, 261, 288, 327, 352, 364, 371
Leistungsabweichung 42
Leistungsanalyse 2-4, 42f, 93, 101, 111, 145, 171-286
Leistungsbeteiligung 367
Leistungsbeurteilung 185, 191, 232f, 249-252, 257, 276
Leistungsbewertung 28, 100, 237, 290, 372
Leistungsdimension 245, 254, 322, 368
Leistungsermittlung 85, 111, 171f, 192, 195, 197-224, 290, 296
Leistungsgerechtigkeit 10, 190, 258, 265, 287, 293, 374
Leistungsgesellschaft 171-190
Leistungsgrad 171, 195, 197-202, 207-209, 217, 219, 296, 301, 303
Leistungsgradbeurteilung 171, 201f

Leistungskennzahlen 194f, 301, 303-307, 320, 372
Leistungskriterien 171, 191, 195, 226-234, 240, 243, 274
Leistungslohn 320
Leistungsmerkmal 237, 243, 254, 299, 372
Leistungsmotivation 11f
Leistungspotentiale 198, 247
Leistungsprinzip 9, 101, 171f, 181-184, 186f, 189-192, 314, 316
Leistungswert 299
Leistungszulage 247, 251
Leistungszulage 299f, 309, 318
LKEM 111-113, 126, 170
logic of confidence, s. Vertrauensbildung
Lohn 1f, 6, 23f, 42f, 66f, 93, 102, 114, 119, 126, 142f, 145f, 181, 291, s. a. Lohngestaltung
Lohnarbeit 6, 102
Lohnaufbau 287, 291
Lohndifferenzierung 74, 91, 111, 136, 194, 287, 290f, 296
Lohnfindung 66f, 111
Lohngerechtigkeit 43, 110, 114, 136
Lohngerechtigkeit, absolute 139, 295
Lohngerechtigkeit, relative 139, 287, 289, 292, 295
Lohngestaltung 2-4, 43, 60, 67, 85, 93, 112, 151, 287-375
Lohngestaltung, primäre 287, 297-319
Lohngestaltung, sekundäre 287, 297, 319-371
Lohngestaltung bei ArbeiterInnen 297-308, 319-325
Lohngestaltung bei Angestellten (AT), s. Führungskräfte-Vergütung
Lohngestaltung bei Angestellten (T) 308-312
Lohngestaltung bei BeamtInnen 313-319
Lohngruppen 111, 113f, 125, 140, 148
Lohngruppenverfahren 91, 125f
Lohnhöhe 291, 298, 324, 368
Lohnkosten 291, 323, 360
Lohnlinien 287, 292-295, 303f, 306
Lohnpolitik 262, 264, 327, 343
Lohnstruktur 114, 141, 143, 148
Lohnsysteme 67, 72, 110
Loyalität 11, 15, 272, 282, 318, 348, 351

Macht 3, 9, 13, 15-18, 20, 26, 30, 35, 37, 63, 76, 81-85, 140, 183, 186, 265, 268, 351
making out 14, 30, 197
Management 12, 24, 28, 30-34, 36-39
Managementkontrolle, s. Kontrolle
Managementphilosophien, humanistische 9
Managementstrategien 28, 30, 38
Marktgerechtigkeit 287, 293, 328
Measured Day Work 287, 320-322, 324
Mehrprodukt 1, 6f, 14f, 17, 33, 39, 42, 351
Mehrwert 13, 21, 47, 175, 277, 288, 291, 327

Stichwortverzeichnis

Methode 1f, 30, 46-50, 54, 56-58, 60, 62f, 65, 71, 76, 86, 92
Methodenstreit 46f, 55-66
Methodologie 46f, 56-59, 62, 71, 83, 201
Mikropolitik 16f, 46, 75-85, 171, 265
(Mikro-)politische Arena 3, 7, 15, 20f, 39, 85, 141, 202
Mikropolitisches Handeln 16, 176
Mikropolitische Prozesse 48, 63, 75f, 83, 277
Mikropolitische Qualifikationsanforderungen 25
Mikropolitische Spiele 80, 349, s. auch Spiel
Mikropolitische Strategien 3, 22, 24, 289, 352
Mikropolitische Taktiken 3, 80, 84, 352
Mitarbeitergespräch (MA-G) 171f, 192f, 197, 225, 232, 270-278, 280
Mittelwertstendenz 240, 260, 262f
Monotonie 52, 62, 64
MTM-Verfahren, s. Systeme vorbestimmter Zeiten
Multimomentaufnahme, s. Verteilzeitermittlung
Mythos 3, 5, 83f, 91, 136f, 171, 202, 258f, 265f, 338, 346, 352

Normalleistung 171, 197-199, 217, 222, 243f, 283, 320, 325
Normalzeit 202, 205f, 223
Normen 5, 9, 11, 17, 143, 178
Nutzungsprämie 304f

Objektivität 41, 46, 48, 85-87, 91, 135, 137, 139f, 143, 166-168, 191, 201f, 224, 226f, 233f, 254, 261, 265, 282
Ordnung 1, 5, 12, 17-20, 23, 144, 350
Organisation 1-6, 9-28, 30, 40f
Organisationskultur 2, 15, 21, 30, 41
Organisationslogiken 1, 21-25, 43, 91, 95, 170, 275, 287
Organisierung 12f

P-TAI 97, 153f
Paarvergleich (PB) 236, 240, 361
Paarvergleich, Methode des 124f
Pensumlohn 319-325, 373
Personal 19-21, 25, 33, 39-41
Personal(zusatz)kosten 291, 357
Personalbeurteilung (PB) 56, 85, 171, 172, 193f, 197, 224-286, 290, 296, 299, 328
Persönlichkeitsförderlichkeit 62-64, 97, 108
Planzeiten 171, 207f, 217-219, 320
Politische Ökonomie 1, 4-12, 16
Potentialanalyse 171f, 192, 278-283
Potentialanalyse, Verfahren der 280f
Potentialbeurteilung 233
Potentiale 233
Potentialmerkmale 233
Potentialtypen 278f
Prämienentlohnung, kombinierte 306f

Prämienlohn 67, 71, 287, 292, 297, 303-308, 321f, 373
Produktionsbedingungen, unmittelbare 7, 13
Produktionsverhältnisse 9, 21, 37
Produktionswissen 23, 27, 37
Professionalisierung 12, 23, 25
Programmlohn 287, 320-322
Prozeß, realökonomischer 7, 179

Qualifikation 1, 6, 10-12, 21, 23-25, 40, 43, 101, 107, 136, 142, 147, 197, 225, 233, 247, 267, 274, 277, 295, 323f
Qualifikationen, soziale 193
Qualifikations-/Polyvalenzlohn 287, 320, 323f
Qualifikationsanforderungen 22-25, 78, 154, 164
Qualifikationsanforderungen, extrafunktionale 11, 40, 138, 170
Qualifikationsanforderungen, funktionale 11
Qualifikationsanforderungen, Generalisierung von 11
Qualifikationsanforderungen, Internalisierung von 11f
Qualifikationsmerkmale 233, 278
Qualifizierung 40, 94, 102, 110, 164, 225
Qualitätsprämie 304f
Quantitätsprämie 303, 305
Quotenvergabe (PB) 236, 240

Rangfolgeverfahren 91, 124f
Rangordnungsverfahren (PB) 236, 239f, 243
Rangordnungsverfahren 171
Rangreihenverfahren 91, 122f, 149
Rationalität 1, 6, 9f, 12, 40-42, 86, 168, 224, 234, 258f, 266, 287, 290, 295
REFA 91, 108-123
REFA-Anforderungsermittlung 43, 114-117
Regel 16f, 21, 35, 39, 201
Regulation, symbolische 5, 7-9, 15, 42
Reliabilität 135, 166-168, 228
RHIA 66, 153
RHIA/VERA-Büro-Verfahren 95, 153
ROBI-Methode 360-362, 364
Rüstzeit 171, 205f

Sachleistungen 334f
Sanktionen 9, 181-183, 190f, 296
Sättigung 52, 62, 64, 106, 151
Segmentation 12, 17, 22f, 40, 375
Selbstaufschreibung 171, 207, 210f, 218
Selbstbeurteilung 252f, 267
self-fulfilling prophecies 134, 264, 282
Solidarität 18, 291
Soziale Gerechtigkeit 287, 293
Sozialforschung, quantitative vs.qualitative, s. Methodenstreit
Sozialleistungen 319, 334, 358f, 361
Sozialtechniken 1, 33-37, 192, 365
Spiel 2, 14, 16, 30f, 83, 171, 201f

Stichwortverzeichnis

Spielfeld(-Schema) 1, 21, 36-39, 43, 98, 103, 202, 289
Spielregeln, s. Regel
Spielzüge, ambivalente 1, 32-39
Steigerungsbetrag 294
Steigerungsfaktor 294f
Stelle 17, 100, 114, 128, 130-133, 135, 160, 171, 233
Stellenbeschreibung 49, 54, 91, 127f, 137
Stellenwert-Profil-Methode, s. HAY-Verfahren
Strategie 31f, 37, 46
Strategie, betriebliche 107
Streß 62, 64, 106, 151, 153, 165, 168
Streuungstendenz 240f, 260, 263
Stückakkord 301f
Stufenverfahren 91, 123f
Subjekt (im Arbeitsprozeß) 1, 4, 6-8, 14-16, 18, 21, 25, 38, 87, 95
Subjekt (im Forschungsprozeß) 55, 58
Subjektivität 33f, 44, 55, 58, 268-270
Subsumtion 10, 351
Subsumtion, formelle 7, 12
Subsumtion, ideelle 12
Subsumtion, reelle 7, 12f, 15, 24
Symbolisierung 8, 13, 46, 86, 168, 287-290, 343-349
Symbolische Vermittlungsprozesse 5
Symbolproduktion 4, 8
Symbolsysteme 8
SYMLOG-Verfahren 49, 51
Systeme der Zielsetzung 287, 320, 322f
Systeme vorbestimmter Zeiten (SvZ) 171, 198, 207, 211-218, 320

TAI 49, 52, 91, 97, 153-170
Tantieme 329f, 346, 360
Tantiemebasis 329-332, 367
Tarifgehalt 299
Tariflohn 294, 299
Tarifvertrag 296, 325
Tätigkeitsbeschreibung 28
Taylorisierung/Taylorismus 1, 23, 25, 27, 29f, 47, 109
TBS 52, 152f
TBS-GA 153f
Technisierung 16, 18, 95
Transformationsproblem 1, 13, 16, 22-24, 26-32, 225, 261, 288
Transformationsprozeß 28, 327, 364
Trennung 1, 6-9, 17, 33, 41f, 91, 98-103, 143, 148, 170, 225, 319, 343, 358, 375

Umgebungseinflüsse 119f, 126, 138, 142, 149f, 222-224
Unsicherheitsreduktion 171

Validität 135, 166-168, 228, 254f
VERA-B 66

VERA-G 153, 169
Verantwortung 119-121
Verantwortungswert 128-131
Verfahren 1f, 39, 44, 46-49, 51-57, 76, 78, 84, 86
Verfahren, analytische 122-124, 136, 148, 290, 296
Verfahren, summarische 124-126, 136, 148, 290, 296, 372
Verfügungsgewalt, s. Gewalt
Vergemeinschaftung 1, 17, 19-23
Verhaltensbeobachtungsskala 243
Verhaltenserwartungsskala 243, 245
Verhaltenssteuerung, primäre 1, 32-39, 43, 103, 107
Verhaltenssteuerung, sekundäre 1, 32-39, 43, 103
Versprachlichung, s. Symbolisierung
Verteilungsprinzip 182
Verteilungsquote 368f
Verteilzeit 171, 203f, 206, 214, 217
Verteilzeitermittlung 219-221
Vertragslohn 287, 320f, 324f
Vertrauen 1, 22, 35f, 38, 144, 270, 274, 320, 322f
Vertrauensbildung 10
Verwertungslogik 1, 21, 23f, 27, 33, 35, 94, 287-289, 351f, 374
Vorgabezeit 171, 204-206, 211, 219

Wettbewerbsfähigkeit 10, 12
Widerspruch 3, 22, 31, 63
Widerspruch, doppelter 36
Widerspruch, zentraler 23
Widerstand 1, 3, 5, 37-39, 85, 98, 106, 169, 171, 175, 225, 266-272, 319
Wissen 112, 128-133, 174
working consent 22

Zeitakkord 301f
Zeitarten 171, 202f, 206
Zeitaufnahmebogen 210, 212f, 220
Zeitermittlung 93, 108, 111, 202f
Zeitermittlung, Methoden der 206-219
Zeitlohn 67, 71, 287, 297, 299, 308, 318, 320, 322
Zeitmessung 110
Zielerreichungstantieme 332
Zielorientierte Verfahren (PB) 171, 236, 249-252
Zusatzleistungen, betriebliche 287, 318, 327, 327, 334-338, 342, 350, 353, 358, 361, 371, 373
Zusatzleistungen, Typen von 354-356
Zwangswahlverfahren (PB) 236f, 239
Zweckrationalität 2, 9

Anhang

Kurzbeschreibung sekundärer Verfahren der Arbeitsanalyse nach folgenden Kriterien:

- AutorInnen
- Allgemeine Zielsetzung
- Theoretische Basis
- Aufbau
- Durchführung und Auswertung
- Anwendung
- Varianten
- Verwandte Verfahren
- Literaturhinweise

Beschrieben werden der Reihe nach die folgenden Verfahren:

- FAA
- TAI
- TBS-GA
- VERA-G
- AET
- RHIA
- ISTA
- BMS
- TBS
- JDS
- ATAA
- RHIA/VERA-Büro-Verfahren
- P-TAI
- KABA

Anhang

Bezeichnung	FAA (Fragebogen zur Arbeitsanalyse)
AutorInnen	FRIELING, E. & HOYOS, C. Graf 1978. Fragebogen zur Arbeitsanalyse (FAA). Fragebogen und Handbuch. Bern: Huber
Allgemeine Zielsetzung	Ermittlung von Arbeitselementen zur verhaltensorientierten Beschreibung von Arbeitsplätzen.
Theoretische Basis	S-R-Modell; Informationstheorie; Konzept des Mensch-Maschine-Systems.
Aufbau	221 Items (Arbeitselemente), die sich in vier Hauptdimensionen gliedern: a) Informationsaufnahme und -verarbeitung; b) Arbeitsausführung; c) Arbeitsrelevante Beziehungen; d) Umwelteinflüsse und zusätzliche Arbeitsbedingungen.
Durchführung und Auswertung	Beobachtungsinterview (mit StelleninhaberIn, Vorgesetzten und KollegInnen); Dauer: ca. 1-4 Stunden. Auswertung: Sechsstufige Ordinalskalen (z.T. auch Nominalskalen), fünf Einstufungsschlüssel.
Anwendung	- Systematische (Ein-) Ordnung von Arbeitsplätzen über einen Ähnlichkeitsvergleich der Arbeitselemente (Cluster- und Faktorenanalysen); - Bereitstellung von Informationen für die Berufsanalyse; - Informationsbasis für die Entwicklung von Aus- und Weiterbildungsplänen; - Analyse von Arbeitsplatzproblemen (z.B. bei der Gestaltung von Behindertenarbeitsplätzen); - Erstellung von Eignungs- bzw. Qualifikationsprofilen für Personalauswahl und -beschaffung.
Varianten	Keine bekannt.
Verwandte Verfahren	- PAQ (Position Analysis Questionnaire; McCORMICK, E. J., JEANNERET, P. R. & MECHAM, R. C. 1969) als Vorläufer des FAA; - AET; - TAI I (FRIELING, E., KANNHEISER, W., FACAOARU, C., WÖCHERL, H. & DÜRHOLT, E. 1984); - TAI.
Literaturhinweise	- MÜNDELEIN, H. & SCHÖNPFLUG, G. 1984; - SCHANNE, R. 1993.

Bezeichnung	TAI (Tätigkeitsanalyse-Inventar)
AutorInnen	FRIELING, E., FACAOARU, C., BENEDIX, J., PFAUS, H. & SONNTAG, Kh. 1993. Das Tätigkeitsanalyseeinventar. Theorie, Auswertung, Praxis. Handbuch und Verfahren. Landsberg: Ecomed
Allgemeine Zielsetzung	Ermittlung von Qualifikationserfordernissen und informatorischen Belastungen.
Theoretische Basis	Hierarchische Makro- und Ringstruktur der Tätigkeit nach LEONTJEW.
Aufbau	2055 Items, die sich in drei große Hauptteile gliedern: a) Betriebliche Rahmenbedingungen (Gesamtgesellschaft, Standort, Betriebsbereich); b) Technisch-organisatorische Arbeitsbedingungen und Umgebungsbedingungen am Arbeitsplatz; c) Arbeitsinhalte (sensumotorische und kognitive Arbeitsausführung, erforderliche Kenntnisse und Eingangsqualifikationen).
Durchführung und Auswertung	Beobachtungsinterview mit StelleninhaberIn; Dauer: ca. 1-5 Stunden; Daten werden in Erhebungsbögen eingetragen und danach durch EDV - Einsatz aufbereitet; Gesamtdauer: ca. 10-15 Stunden.
Anwendung	Nach Auffassung der AutorInnen universell anwendbar. Beispiele: - Qualifikationsanforderungsanalyse, v.a. bei geänderten Anforderungen; Hauptziel: Entwicklung von Konzepten für Qualifizierungsmaßnahmen; - Belastungsermittlung (z.B. beim computerunterstützten Konstruieren); - Untersuchung von Gefährdungspotentialen.
Varianten	TAI I (FRIELING, E. et. al. 1984); P-TAI.
Verwandte Verfahren	FAA; AET.
Literaturhinweise	- FRIELING, E., KANNHEISER, W., FACAOARU, C., WÖCHERL, H. & DÜRHOLT, E. 1984; - DERISAVI-FARD, F., HILBIG, I. & FRIELING, E. 1988; - SONNTAG, Kh., BENEDIX, J. & HEUN, D. 1989; - LEITNER, K. 1994.

Anhang

Bezeichnung	TBS-GA (Tätigkeitsbewertungssystem für geistige Arbeit)
AutorInnen	RUDOLPH, E., SCHÖNFELDER, E. & HACKER, W. 1987. Tätigkeitsbewertungssystem - Geistige Arbeit TBS-GA. Handanweisung. Berlin: Psychodiagnostisches Zentrum der Humboldt-Universität
Allgemeine Zielsetzung	Gesundheitsfördernde und -stabilisierende Arbeitsgestaltung.
Theoretische Basis	Psychologische Handlungsregulationstheorie (HACKER 1986): VVR-Einheiten, hierarchisch-sequentielle Struktur, je drei Ebenen der Handlungsvorbereitung und -ausführung.
Aufbau	- Einleitungsteil; - Auswertungsteil zur Bewertung und Gestaltung von geistigen Arbeitstätigkeiten (fünf Hauptgruppen mit Unterabschnitten und insgesamt 60 Skalen): 1) Organisatorische und techn. Bedingungen; 2) Kooperation und Kommunikation; 3) Verantwortung, die aus dem Arbeitsauftrag folgt; 4) Erforderliche kognitive Leistungen; 5) Qualifikations- und Lernerfordernisse.
Durchführung und Auswertung	Hypothesengeleitetes, dreistufiges Vorgehen: 1) Analyse der Arbeitsaufträge und -bedingungen durch Dokumentenanalyse und ExpertInneninterviews (z.B. mit Abteilungsleiterlnnen); 2) Arbeitstagaufnahmen (Beobachtungsinterview zur Erfassung und Präzisierung von Teiltätigkeiten); 3) Differenzierte Arbeitstätigkeitsstudien für anforderungsbestimmende Teilaufgaben zur Ableitung v.a. von kognitiven Anforderungen. Auswertung: Profilvergleich.
Anwendung	Analyse, Bewertung und Gestaltung geistiger Arbeit mit oder ohne Rechnerunterstützung. Zwei Bereiche: - Geistige Routinetätigkeiten (informationell-technische Tätigkeiten); - Tätigkeiten mit dominantem schöpferischen Anteil (analytisch-konstruktive Aufgaben).
Variante	TBS als Stammform des TBS-GA.
Verwandte Verfahren	VERA; VERA-G; VERA-B; RHIA; RHIA-B; KABA; ATAA.
Literaturhinweise	- HACKER, W., RUDOLPH, E. & SCHÖNFELDER, E. 1986; - RUDOLPH, E. 1986; - HACKER, W. 1989.

Bezeichnung	VERA-G (Verfahren zur Ermittlung von Regulationserfordernissen in der geistigen Arbeit)
AutorInnen	RESCH, M. 1988. Die Handlungsregulation geistiger Arbeit. Bestimmung und Analyse geistiger Arbeitstätigkeiten in der industriellen Produktion. Bern: Huber
Allgemeine Zielsetzung	Ermittlung von Regulationserfordernissen in der Arbeitstätigkeit.
Theoretische Basis	Das handlungstheoretische Modell der fünf Regulationsebenen von OESTERREICH 1981 wird von RESCH 1988 erweitert (faktisches Handlungsfeld mit fünf Stufen, Referenz-Handlungsfeld mit sieben Stufen).
Aufbau	Vier Hauptteile, die sich in 15 Unterabschnitte gliedern: 1) Allgemeine Orientierung; 2) Kennzeichnung der Aufgabe; 3) Einstufung der Regulationserfordernisse im faktischen Handlungsfeld; 4) Einstufung der Regulationserfordernisse im Referenz-Handlungsfeld.
Durchführung und Auswertung	Beobachtungsinterview mit StelleninhaberIn; spezieller Fragenalgorithmus für das faktische Handlungsfeld und das Referenz-Handlungsfeld.
Anwendung	- Erfassung der Planungs- und Denkanforderungen bei arbeitsvorbereitenden, planenden und konstruierenden Tätigkeiten (v.a. für den Einsatz im technischen Büro geeignet); - Beurteilung einzelner Arbeitstätigkeiten, um Vorschläge zur präventiven und prospektiven Arbeitsgestaltung zu erarbeiten.
Varianten	VERA (als Stammform); VERA-B (Büroversion für den administrativen Bereich).
Verwandte Verfahren	RHIA; RHIA-B; KABA.
Literaturhinweise	RESCH, M. 1988, 1989.

Anhang

Bezeichnung	AET (Arbeitswissenschaftliches Erhebungsverfahren zur Tätigkeitsanalyse)
AutorInnen	ROHMERT, W. & LANDAU, K. 1979. Das Arbeitswissenschaftliche Erhebungsverfahren zur Tätigkeitsanalyse (AET). Handbuch und Merkmalheft. Bern: Huber
Allgemeine Zielsetzung	Erfassung von Belastungen, insb. emotionaler Beanspruchung, bei der Tätigkeitsausführung (explizit für den Produktionsbereich).
Theoretische Basis	Modell des Arbeitssystems; Belastungs-Beanspruchungs-Konzept.
Aufbau	Drei Hauptteile: a) Arbeitssystemanalyse (143 Merkmale); b) Aufgabenanalyse (31 Merkmale); c) Anforderungsanalyse (42 Merkmale).
Durchführung und Auswertung	Beobachtungsinterview, Dauer ca. 1-3 Std.; Dauer insgesamt (Vor- und Nachbereitung, Auswertung und Diskussion): ca. 10 Std.; statistische Auswertungsverfahren: Häufigkeitsauszählungen, Profilanalysen, Clusteranalyse, Faktorenanalysen.
Anwendung	- Ermittlung von geschlechts-, branchen- oder ausbildungsspezifischen Anforderungen; - Bestimmung der Ähnlichkeit von Arbeitssystemen; - Anforderungsbewertung; - Sicherheitsbewertung.
Variante	DTV-AET (für den Bereich der Daten- und Textverarbeitung, HAIDER, E. & ROHMERT, W. 1982).
Verwandte Verfahren	Das AET beruht zu großen Teilen auf umformulierten Items des FAA; TAI I; TAI; P-TAI; KABA.
Literaturhinweise	- HAIDER, E. & ROHMERT, W. 1982; - ROHMERT, W. & LANDAU, K. 1983, 1989.

Bezeichnung	RHIA (Regulationshindernisse in der Arbeitstätigkeit)
AutorInnen	LEITNER, K., VOLPERT, W., GREINER, B., WEBER, W.G. & HENNES, K. 1987. Analyse psychischer Belastungen in der Arbeit. Das RHIA-Verfahren. Köln: TÜV Rheinland
Allgemeine Zielsetzung	Analyse psychischer Belastungen (bei gewerblichen Arbeitsplätzen).
Theoretische Basis	Psychologische Handlungsregulationstheorie (HACKER 1986); Belastungskonzept (GREINER et al. 1987).

Aufbau	Regulationsbehinderungen gliedern sich in zwei Hauptformen auf:
	1) Regulationshindernisse
	   - Erschwerungen (informatorisch, motorisch);
	   - Unterbrechungen (durch Personen, Funktionsstörung, Blockierung).
	2) Regulationsüberforderungen
	   - aufgabenimmanent (Zeitdruck, monotone Bedingungen);
	   - aufgabenunspezifisch.

Durchführung und Auswertung	Beobachtungsinterview; Dauer: ca. 1-5 Std. Auswertung: RHIA-Belastungsindex (multiplikative Verknüpfung von Zusatzaufwand und Zeitbindung) für Regulationshindernisse, zeitliche Dauer und Dringlichkeit (3-Punkte-Skala) für Regulationsüberforderungen.
Anwendung	- Bewertung technisch-organisatorischer Umstellungen; - Hinweise für den Belastungsabbau; - Hinweise für präventive Arbeitsgestaltung; - Sinnvoll: Paralleler Einsatz von VERA.
Variante	RHIA-B (Büroversion).
Verwandte Verfahren	VERA; VERA-B; VERA-G; KABA; TBS; TBS-GA; ATAA.
Literaturhinweise	- GREINER, B., LEITNER, K., WEBER, W.-G., HENNES, K. & VOLPERT, W. 1987; - MOHR, G. 1986.

Anhang

Bezeichnung	ISTA (Instrument zur streßbezogenen Arbeitsanalyse)
AutorInnen	DUNCKEL, H. & SEMMER, N. 1987. Streßbezogene Arbeitsanalyse: Ein Instrument zur Abschätzung von Belastungsschwerpunkten in Industriebetrieben. In Kh. Sonntag (Hrsg.), Arbeitsanalyse und Technikentwicklung, S. 163-177. Köln: Bachem.
Allgemeine Zielsetzung	Erfassung von Belastungsstrukturen an gewerblichen Arbeitsplätzen.
Theoretische Basis	Das Streß-Modell von LAZARUS 1981 (Inkongruenz zwischen Herausforderung und Fähigkeit; Personenabhängigkeit) wird in die Handlungsregulationstheorie von HACKER 1986 integriert.
Aufbau	11 Skalen bzw. Summenindices: Arbeitskomplexität, Variabilität, Kommunikation, Konzentration und Zeitdruck, Unsicherheit und Verantwortung, Unfallgefährdung, arbeitsorganisatorische Probleme, Umweltbelastungen, einseitige körperliche Belastung, Kooperationserfordernisse, Handlungsspielraum, soziale Stressoren (zusätzliche Skala).
Durchführung und Auswertung	Zwei Versionen mit weitgehend identischer Frageformulierung: - Schriftliche Befragung (67 Fragen; Dauer ca. 1 Std.); - Beobachtungsinterview (63 Fragen; Dauer ca. 1,5 Std.). Die Antworten werden, bezogen auf die Dimensionen Häufigkeit und Intensität, ordinal, auf fünf Stufen skaliert.
Anwendung	- Erhebung allgemeiner Belastungsdimensionen, v.a. bei technisch-organisatorischen Veränderungen; - Differenzierte Analyse von Belastungsfolgen.
Varianten	Keine bekannt.
Version	Für Büro- und Verwaltungsbereich (ZAPF 1991).
Verwandtes Verfahren	KABA.
Literaturhinweise	- DUNCKEL, H. 1985; - DUNCKEL, H. & ZAPF, D. 1986; - SEMMER, N. 1984; - ZAPF, D. 1991.

Bezeichnung	BMS (Belastungswirkung, Monotonie, Sättigung)
AutorInnen	PLATH, H.-E. & RICHTER, P. 1976. Erfassung von Beeinträchtigungen durch Belastungswirkungen, Monotonie und psychischer Sättigung. Sozialistische Arbeitswissenschaft 1, 27-37.
Allgemeine Zielsetzung	Quantifizierung der erlebten negativen Beanspruchungsfolgen.
Theoretische Basis	Psychologische Handlungsregulationstheorie (HACKER 1986).
Aufbau	Der BMS I (v.a. bei Bedien- und Montagetätigkeiten) enthält drei Dimensionen (Ermüdung, Monotonie, Sättigung) und besteht aus jeweils zwei äquivalenten Parallelskalen mit jeweils 31 Items (Nominalskalen).
Durchführung und Auswertung	Schriftliche Befragung kurz nach Beginn und kurz nach Beendigung der Tätigkeit; Dauer: 10-15 Minuten.
Anwendung	- Gestaltung belastungsarmer und persönlichkeitsförderlicher Arbeit; - Bewertung von Arbeitsinhalten bestehender Arbeitstätigkeiten oder Trainingsverfahren; - Schaffung von Normen auf der Ebene der Zumutbarkeit bzw. Beeinträchtigungsfreiheit.
Variante	Der BMS II enthält als vierte Dimension eine Streß-Skala und schließt auch Überwachungstätigkeiten mit ein.
Verwandte Verfahren (zur Erfassung der Beanspruchung)	- Eigenzustandsskala (EZ) von NITSCH 1976; - Fragebogen zur Einschätzung der Arbeitsbeanspruchung von UDRIS 1979; - Befindlichkeits-Skala (Bf-S) von v. ZERSSEN 1976; - Eigenschaftswörterliste (EWL) von JANKE & DEBUS 1978.
Literaturhinweise	- PLATH, H.-E. & RICHTER, P. 1978; - RICHTER, P. & PLATH, H.-E. 1979; - HACKER, W. & RICHTER, P. 1980.

Anhang

Bezeichnung	TBS (Tätigkeitsbewertungssystem)
AutorInnen	HACKER W., FRITSCHE, B., RICHTER, P. & IWANOWA, A. 1995. Tätigkeitsbewertungssystem (TBS). Verfahren zur Analyse, Bewertung und Gestaltung von Arbeitstätigkeiten (Mensch-Technik-Organisation, 7). Zürich: Verlag der Fachvereine
Allgemeine Zielsetzung	Analyse und Bewertung objektiver Tätigkeitsmerkmale und der für die Ausführung der Tätigkeit notwendigen kognitiven Prozesse.
Theoretische Basis	Psychologische Handlungsregulationstheorie (vgl. HACKER 1986).
Aufbau	- Merkmalsteil mit fünf Merkmalsgruppen und 45 Skalen (ordinal); - Handanweisung mit Darstellung von Konzepten, Gütekriterien, Findehilfen und Bewertungsvorschlägen; - Erhebungsbogen mit Profilblättern; - Auswertungsschablone mit Musterprofil.
Durchführung und Auswertung	Beobachtungsinterview; zwei Möglichkeiten der Auswertung: - Gesamtkennziffer; - Profilauswertung (Vergleichs- und Leitprofile).
Anwendung	- Erfassung und Klassifikation objektiver Ausführungsbedingungen der Arbeitstätigkeit; - Untersuchungs- und Anwendungshilfe für mehrstufige psychologische Arbeitsanalysen; - Hinweise für die Arbeitsgestaltung und Aussagen über die Persönlichkeitsförderlichkeit durch die Verbindung mit einem subjektiven Instrument möglich (z.B. BMS von PLATH & RICHTER 1976).
Varianten	TBS-GA; TBS-K, TBS-S (vgl. HACKER & BÖGER 1994)
Verwandte Verfahren	VERA; VERA-G; RHIA; RHIA-B; KABA; ATAA.
Literaturhinweise	- BAARSS, A., GAMPERT, S., HACKER, W., RICHTER, P. & WENDRICH, P. 1980; - HACKER, W. 1980; - BAARSS A., HACKER, W., HARTMANN, W., IWANOWA, A., RICHTER, P. & WOLFF, S. 1981; - HACKER, W. 1984; - HACKER, W. & BÖGER, S. 1994; - FRITSCHE, B., HACKER W., IWANOWA, A., & RICHTER, P. 1994.

Bezeichnung	JDS (Job Diagnostic Survey)
AutorInnen	HACKMAN, J.R. & OLDHAM, G.R. 1974. The Job Diagnostic Survey. An Instrument for the Diagnosis of Jobs and the Evaluation of Job Redesign Projects. (Technical Report No. 4). Yale University: Department of Administrative Sciences
Allgemeine Zielsetzung	Aussagen über intrinsische Arbeitsmotivation, Arbeitszufriedenheit u. einige Verhaltensvariablen.
Theoretische Basis	Fünf Kerndimensionen der Arbeitssituation (Anforderungswechsel, Identität der Aufgabe, Wichtigkeit der Aufgabe, Autonomie und Rückmeldung) führen zu drei psychologischen Erlebniszuständen (wahrgenommene Bedeutsamkeit der Aufgabe, Erfahrung der Verantwortung für das Ergebnis, Wissen um die Ergebnisse der eigenen Arbeit), deren Erhöhung vier verschiedene "Outcome"-Variablen beeinflussen kann (höhere intrinsische Motivation, höhere Qualität der Leistung, höhere Arbeitszufriedenheit, geringere Fehlzeiten und Fluktuation).
Aufbau	83 Items mit sieben- bzw. fünfstufigen Likert-Skalen, die in sieben Abschnitte gegliedert sind und zur Einstufung verschiedener Aspekte dienen: - 1+2) für die Dimensionen der Arbeitssituation; - 3+5) für die psychologischen Erlebniszustände, die intrinsische Motivation und die allgemeine Zufriedenheit; - 4) für die Arbeitszufriedenheit; - 6+7) für die individuellen Bedürfnisse nach Entfaltung.
Durchführung und Auswertung	Schriftliche Befragung (standardisierter Fragebogen) und Ratings durch externe BeobachterInnen und Vorgesetzte; Auswertung mit regressions-, korrelations- und pfadanalytischen Verfahren. Ziel: Ermittlung des MPS (motivating potential score), der die Höhe des persönlichen Anreizwertes einer Arbeit für den Einzelnen angibt.
Anwendung	- Im Rahmen von "job-design"- bzw. "job-redesign"- Projekten (USA); - In Forschungsprojekten zur "Humanisierung der Arbeitswelt" (Deutschland).
Varianten	- JDS Short Form; - Job Rating Form.
Verwandte Verfahren	SAA, Verfahren zur subjektiven Arbeitsanalyse (UDRIS, I. & ALIOTH, A. 1980).
Literaturhinweise	- HACKMAN, J.R. & OLDHAM, G.R. 1976, 1980; - KLEINBECK, J.R., SCHMIDT, K.H. & RUTENFRANZ, J. 1982; - IDASAK, J.R. & DRASGOW, F. 1987.

Anhang

Bezeichnung	ATAA (Analyse von Tätigkeitsstrukturen und prospektive Arbeitsgestaltung bei automatisierten Tätigkeiten)
AutorInnen	WÄCHTER, H., MODROW-THIEL, B. & SCHMITZ, G. 1989. Analyse von Tätigkeitsstrukturen und prospektive Arbeitsgestaltung bei Automatisierung (ATAA). Köln: TÜV Rheinland
Allgemeine Zielsetzung	Gestaltung menschengerechter Arbeit in Betrieben des Maschinenbaus und vergleichbarer Industrie.
Theoretische Basis	Psychologische Handlungsregulationstheorie (HACKER 1986).
Aufbau	- Fünf Handlungsblöcke (Orientieren, Planen, Ausführen, Kontrollieren, Interagieren); - 24 Handlungsarten (jeder Handlungsblock enthält zwischen 2 und 9 Handlungsarten); - 105 Merkmale mit 2-9 Stufen (jede Handlungsart enthält zwischen 1 und 21 Merkmalsdimensionen; jedes Merkmal ist in 2-9 Stufen ordinal skaliert).
Durchführung und Auswertung	- Beobachtungsinterview mit StelleninhaberIn; - Orientierung an Brückenbeispielen; - Benutzung eines Fragebogens bzw. Algorithmus zur Bearbeitung der Einzelmerkmale.
Anwendung	- Bestimmung der psychischen und physischen Eignungsvoraussetzungen; - Bearbeitung berufsbezogener Fragestellungen; - Projektierung der Arbeitssituation und Arbeitsorganisation; - Auswahl von MitarbeiterInnen des internen Arbeitsmarktes zur Bedienung neuer Anlagen; - Arbeitsbewertung und Lohnfindung; - Negativauswahl von qualifikationsfördernden Technologien unter Berücksichtigung des gegebenen Qualifikationsniveaus.
Varianten	Keine bekannt.
Verwandte Verfahren	VERA; VERA-G; RHIA; RHIA-B; TBS; TBS-GA.
Literaturhinweise	- WÄCHTER, H., MODROW-THIEL, B. & ROßMANN, G. 1989; - PULLIG, K.K. 1990; - GOTTSCHALCH, H., MODROW-THIEL, B., ROßMANN, G. & WÄCHTER, H. 1992; - MODROW-THIEL, B., ROßMANN, G. & WÄCHTER, H. 1993.

Bezeichnung	**RHIA/VERA-Büro-Verfahren** (Verfahren zur Ermittlung von Regulationshindernissen und -anforderungen bei Bürotätigkeiten)
AutorInnen	LEITNER, K., LÜDERS, E., GREINER, B., DUCKI, A., NIEDERMEIER, R. & VOLPERT, W. 1993. Analyse psychischer Anforderungen und Belastungen in der Büroarbeit. Das RHIA/VERA-Büro-Verfahren. Handbuch. Göttingen: Hogrefe
Allgemeine Zielsetzung	Analyse der durch die Arbeitsaufgabe geforderten Denk- und Planungsprozesse (VERA) und psychisch belastender Arbeitsbedingungen (RHIA).
Theoretische Basis	Konzept der Regulationserfordernisse und Belastungskonzept basieren auf der Handlungsregulationstheorie (vgl. HACKER 1986); Partialisierung des Arbeitshandelns.
Aufbau	RHIA-Komponente: s. RHIA-Verfahren VERA-Komponente: Die Regulationserfordernisse werden mit dem 5-Ebenen-Modell der Handlungsregulation (vgl. OESTERREICH 1981) beurteilt.
Durchführung und Auswertung	Beobachtungsinterview; Dauer für betriebsfremde AnwenderInnen: - ca. 2-5 Stunden Analysezeit; - ca. 3 Stunden Ergebnisdokumentation.
Anwendung	- Ermittlung konkreter Hinweise zur Erhöhung von Denk- und Planungsanforderungen und damit Erhalt und Ausbau der erworbenen Qualifikationen; - Ermittlung konkreter Hinweise zur Beseitigung von psychischen Belastungen; - Bewertung durchgeführter Arbeitsgestaltungsmaßnahmen.
Varianten	VERA, VERA-G, RHIA.
Versionen	- RHIA/VERA-CNC, (VOLPERT, W. u.a. 1988). - VERA Version 2 (OESTERREICH, R. & VOLPERT, W. 1991).
Verwandtes Verfahren	KABA
Literaturhinweise	- OESTERREICH, R. & VOLPERT, W. 1991; - ROTHE, I. 1991; - DUCKI, A., NIEDERMAIER, R., PLEISS, C., LÜDERS, E., LEITNER, K., GREINER, B. & VOLPERT, W. 1993; - LÜDERS, E. 1994.

Anhang

Bezeichnung	P-TAI (Planungskonzept Technik-Arbeit-Innovation)
AutorInnen	KANNHEISER, W., HORMEL, R. & AICHNER, R. 1993. Planung im Projektteam. Band 1: Handbuch zum Planungskonzept Technik-Arbeit-Innovation (P-TAI). München: Hampp
Allgemeine Zielsetzung	Gewinnung von Grundlagenwissen, Handlungsanleitungen und Methoden, um Planungsprozesse (in Team- und Projektarbeit) zu optimieren.
Theoretische Basis	Beurteilungsschema von HACKER 1986: Vier Bewertungsebenen (Ausführbarkeit, Schädigungslosigkeit, Beeinträchtigungsfreiheit, Persönlichkeitsförderlichkeit).
Aufbau	Das P-TAI besteht aus vier Komponenten: - Prinzipien der psychologischen Arbeitsgestaltung; - Grundlagen der Projektarbeit; - Ablaufmodell für Projektarbeit; - P-TAI-Methoden.
Durchführung und Auswertung	Das Projektteam und die Projektverantwortlichen können sich in den verschiedenen Phasen des Planungsprozesses an konkreten Aufgaben und Arbeitsschritten orientieren. Die Analysen mit manchen P-TAI-Methoden sollten jedoch nur von arbeitspsychologisch geschulten ExpertInnen vorgenommen werden.
Anwendung	- Unterstützung bei der Ein- und Durchführung team- und projektorientierter Planung; - Untersuchung der Projektziele auf wechselseitige Einwirkungen und Abhängigkeiten; - Ableitung des Qualifizierungsbedarfes; - Checkliste zur Schwachstellenanalyse (CSA); - Belastungsanalyse (BEA); - Bewertung und Ableitung von Arbeitsgestaltungsmaßnahmen.
Variante	Erstes Teilverfahren des TAI I (KANNHEISER, W. 1985a, 1987) als methodische Grundlage.
Verwandte Verfahren	Keine bekannt.
Literaturhinweise	- KANNHEISER, W., HORMEL, R. & BIDMON, R.K. 1989; - HORMEL, R. 1990, 1993; - AICHNER, R., KANNHEISER, W. & HORMEL, R. 1993.

Bezeichnung	KABA (Kontrastive Aufgabenanalyse im Büro)
AutorInnen	DUNCKEL, H., VOLPERT, W., ZÖLCH, M., KREUTNER, U., PLEISS, C. & HENNES, K. 1993. Kontrastive Aufgabenanalyse im Büro. Der KABA - Leitfaden. Grundlagen und Manual. Zürich: Verlag der Fachvereine
Allgemeine Zielsetzung	Beurteilung der Arbeitsorganisation, der Arbeitsaufgaben und eingesetzter oder geplanter I & K - Techniken hinsichtlich acht Kriterien menschengerechter Arbeitsgestaltung (Humankriterien).
Theoretische Basis	Psychologische Handlungsregulationstheorie (HACKER 1986) wird durch Überlegungen aus dem Bereich der Kritik der 'Künstlichen Intelligenz' (z.B. DREYFUS 1985) und aus Selbstorganisations- und Evolutionstheorien (VOLPERT 1990) ergänzt.
Aufbau	14 Teilverfahren (A-O), die sich in folgende Kategorien gliedern lassen: - Vorbereitende Teilverfahren (A-D); - Bewertende Teilverfahren (E-M): Hauptdimensionen der Bewertung (E-G), vertiefende Dimensionen der Bewertung (H-L); - Bewertung der Informations- und Kommunikationstechniken M; - Teilverfahren zur Entwicklung von Gestaltungsvorschlägen N; - Zusammenfassendes Teilverfahren O.
Durchführung und Auswertung	Beobachtungsinterview, ExpertInneninterview, Dokumentenanalyse. Dauer: ca. 3-5 Stunden. Auswertung: Quantitative Ergebnisse anhand vorgegebener Skalen, qualitative Beschreibungen, graphische Aufbereitungen.
Anwendung	- Bewertung allgemeiner Technik- und Organisationskonzepte bei geplanten Veränderungen; - Einschätzung von Sollkonzepten und Pflichtenheften; - Prüfung von Prototypen; - Beurteilung eingeführter I & K - Techniken; - Vorher-Nachher-Vergleich; - Entwicklung von Gestaltungshinweisen.
Varianten	Keine bekannt.
Verwandte Verfahren	RHIA/VERA-Büro-Verfahren; TBS-GA.
Literaturhinweise	VOLPERT, W. 1992.

Basistexte Personalwesen

Mikropolitik

Der alltägliche Aufbau und Einsatz von Macht in Organisationen

Von **O. Neuberger**

1995. 377 Seiten, 24 Abbildungen, 12 Tabellen,
DM 34,-/ÖS 265,-/SFr 34,-
ISBN 3 432 26731 2

Der vorliegende Text ist in 3 Teile gegliedert:
im ersten (konzeptionellen)Teil werden nach begrifflichen Klärungen acht Merkmale des Politischen vorgestellt und anhand von Fallbeispielen diskutiert;
im zweiten (handlungsorientierten) Teil geht es um mikropolitische Haltungen, Strategien und Einflußtaktiken und
im dritten (theoretischen) Teil werden vier Zugänge zum Phänomen der Mikropolitik vorgestellt: die "organisierte Anarchie", die Spiele-Metapher, die Arbeitsprozeß-Debatte und die Strukturationstheorie.

Preisanderungen vorbehalten

Bestellungen nimmt Ihre Buchhandlung entgegen.

Bei Fragen zur Produktsicherheit wenden Sie sich bitte an:
If you have any questions regarding product safety,
please contact:

Walter de Gruyter GmbH
Genthiner Straße 13
10785 Berlin
productsafety@degruyterbrill.com